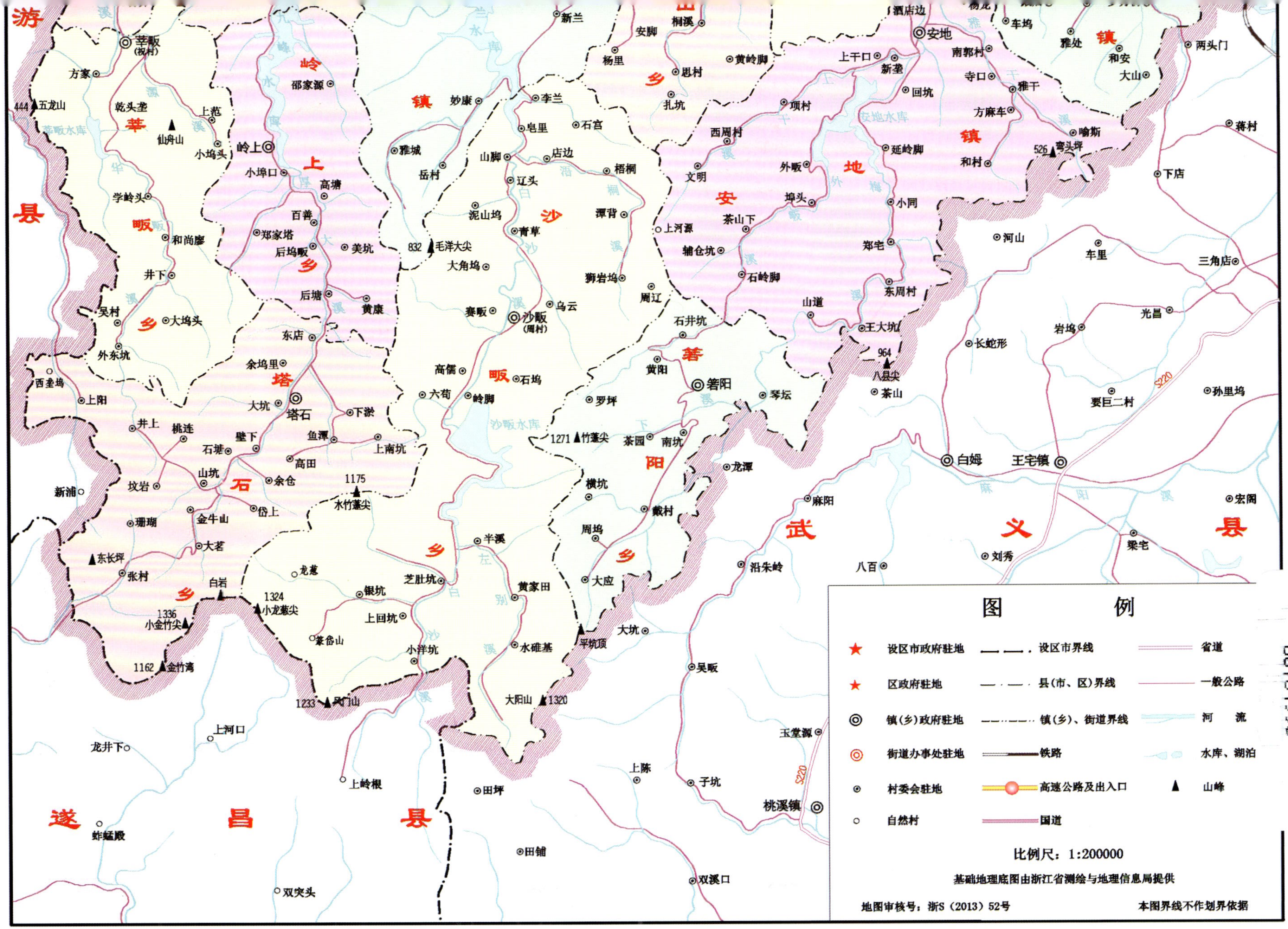
游
县
遂
昌
县
武
义
县
岭上乡
莘畈乡
塔石乡
沙畈乡
箬阳乡
安地镇
莘畈
岭上
塔石
沙畈
箬阳
安地
白姆
王宅镇
桃溪镇
莘畈水库
沙畈水库
安地水库
S220
五龙山
仙舟山
毛洋大尖
竹蓬尖
水竹蓬尖
小龙葱尖
小金竹尖
金竹湾
八县尖
弯头坪
大阳山
平坑顶
龙井下
上河口
上岭根
蚱蜢殿
田坪
田铺
双溪口
双突头
玉堂源
子坑
上陈
吴畈
大坑
沿朱岭
麻阳
八百
刘秀
梁宅
宏阁
孙里坞
要巨二村
长蛇形
岩坞
光昌
车里
河山
三角店
下店
蒋村
两头门
图例
设区市政府驻地
区政府驻地
镇(乡)政府驻地
街道办事处驻地
村委会驻地
自然村
设区市界线
县(市、区)界线
镇(乡)、街道界线
铁路
高速公路及出入口
国道
省道
一般公路
河流
水库、湖泊
山峰
比例尺：1:200000
基础地理底图由浙江省测绘与地理信息局提供
地图审核号：浙S（2013）52号
本图界线不作划界依据

婺城年鉴

(2016)

金华市婺城区地方志编纂委员会　　编

方志出版社
Publishing House of Local Records

图书在版编目(CIP)数据

婺城年鉴. 2016 / 金华市婺城区地方志编纂委员会编. -- 北京 : 方志出版社, 2019.1
ISBN 978-7-5144-3507-8

Ⅰ. ①婺… Ⅱ. ①金… Ⅲ. ①区(城市)-金华-2016-年鉴 Ⅳ. ①Z525.53

中国版本图书馆CIP数据核字(2019)第026844号

婺城年鉴(2016)

编　　者:金华市婺城区地方志编纂委员会
责任编辑:宁　芳
出 版 人:冀祥德
出 版 者:方志出版社
　　地址　北京市朝阳区潘家园东里9号(国家方志馆4层)
　　邮编　100021
　　网址　http://www.fzph.org
发　　行:方志出版社图书经销中心
　　电话(010)67110500
经　　销:各地新华书店
印　　刷:金华市远大印刷有限公司
开　　本:889×1194　1/16
印　　张:22
字　　数:587千字
版　　次:2019年1月第1版　2019年1月第1次印刷
印　　数:001~300册

ISBN 978-7-5144-3507-8　定价:200.00元

金华市婺城区地方志编纂委员会

《婺城年鉴(2016)》的编纂工作,是在中共婺城区委、区政府高度重视下,依靠广大撰稿人、摄影者共同完成。本年鉴的编辑出版,得到了全区各级领导和撰稿人的大力支持,在此谨表谢意。由于编辑水平有限,书中疏漏和不妥之处,恳请广大读者批评指正。

《婺城年鉴(2016)》编辑室

主　编: 戴增贵

编　辑: 朱艳萍　　范升元

编辑说明

1.《婺城年鉴(2016)》全面、客观、系统记述婺城行政区域自然、政治、经济、文化、社会生态建设等情况。资料力求全面、真实、准确,具有一定的权威性和连续性。为各方面了解研究婺城提供全面、系统、翔实的信息资料。

2.《婺城年鉴(2016)》高举中国特色社会主义伟大旗帜,以马克思列宁主义、毛泽东思想、邓小平理论、“三个代表”重要思想、科学发展观、习近平新时代中国特色社会主义思想为指导,以辨证唯物主义和历史唯物主义的立场、观点和方法、以服务婺城改革开放、经济建设、全面建设小康社会为宗旨, 记述 2015 年婺城区贯彻落实党的各项方针政策的情况以及全区各系统、各部门、各行业的新成就、新经验、新情况、新矛盾,客观反映婺城的经济建设和发展。

3.婺城年鉴采用分类编辑法。分为类目、分目、条目 3 个层次,以条目为主要载体,个别内容设有子目。为方便检索,不同层次的标题用不同的字号、字体和版式。索引采用条目检索,以笔画为序,笔画相同则音序排序。

4.本年鉴记述年限为 2015 年 1 月 1 日至 2015 年 12 月 31 日。收录范围为婺城区(含委托婺城区管理)的机关部门、园区、乡镇、街道和企事业单位。

5.本年鉴采用的文稿由区机关各部门、单位指定专人负责撰写,经年鉴编辑部修改后,再反馈各供稿单位,经领导审核后定稿。照片由各单位、部门提供。撰稿人姓名加括号列在类目、分目或条目后面。

6.本年鉴中的数据均经有关部门核实,综合性数据以区统计局提供的统计年鉴为准。

7.组织机构及负责人名录由区四套班子及组织部提供。

8.本年鉴的编辑出版,金华市地名委员会办公室提供了金华城区图;照片除署名外,由各单位提供。金华日报社洪兵提供了封面照片;区统计局提供了大量表格数据。

9 月 17 日，国家工商总局副局长甘霖、市场司司长刘红亮(中)考察市场监管局全程式培育电商服务
(区市场监管局提供)

3 月 19 日，省人大常委会副主任姒健敏(左三)到塔石调研，区人大常委会主任张菲菲(左四)陪同(区人大提供)

2 月 10 日，金华市委书记徐加爱（中）慰问消防大队官兵

（区消防大队提供）

10 月 21 日，市长暨军民（左五）、副市长祝伦根（右三）在区长申屠福华（右五）和副区长蒋献忠（左四）陪同下调研新城区污水处理厂运行情况

（婺城新城区提供）

8月4日，市长暨军民(中)调研婺城区市场监管局全程电子化工作

(区市场监管局提供)

9月9日，市人大常委会副主任钱世茂(右一)带队调研新城区开发建设

(婺城新城区提供)

5 月 8 日，区领导林业考察工作（区人大提供）

6 月 5 日，竹马乡洁美竹马协会垃圾分类企业公益联动座谈会召开

（竹马乡提供）

12 月 31 日，民进婺城总支 2015 年度工作总结会召开

（民进婺城总支提供）

7 月,婺城新城区开发建设(婺城新城区提供)

7 月,婺城新城区开发建设(婺城新城区提供)

4 月 11 日,民革婺城总支台儿庄祭奠先烈活动

(婺城民革总支提供)

1 月 19 日,民革婺城总支部献爱心活动

(民革婺城总支提供)

6 月 6 日，“全国人民游婺城”大型公益活动举行

（区旅游局提供）

8 月 19 日，民革婺城总支部纪念抗胜利 70 周年活动

（民革婺城总支提供）

3 月 15 日，区市场监管局开展“3.15”消费维权活动

（区市场监管局提供）

12月31日，区机关妇委会走进喻斯村开展垃圾分类巾帼先行活动(区妇联提供)

7月，在塔石小学举行 婺城区"城乡手拉手 相约中国梦"绿色行动夏令营(区团委提供)

11 月 16 日，在塔石小学成立安泰春蕾班(区妇联提供)

8 月 27 日，区旅游局在金环宾馆组织开展全区乡村旅游人才培训

(区旅游局提供)

2月16日，区审计局工会领导到箬阳乡结对扶贫家庭慰问　　(区审计局提供)

12月25日，行政服务中心慰问残疾人
(区行政服务中心提供)

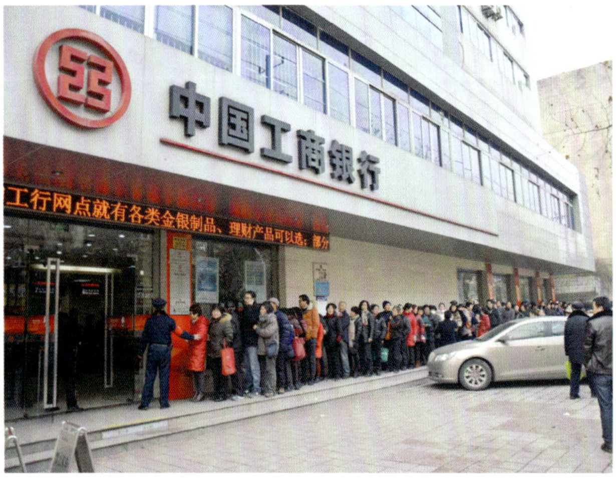

2月6日上午上午9:00，婺城支行营业部有序发放贺岁普通纪念币　　(工商银行婺城支行提供)

2015年7月,婺城区代表队获浙江省青少年男子(丙组)足球锦标赛第一名

(区教育局提供)

10月27日,“信义金华 美丽婺城”婺城区文化走亲江山文艺会演专场

(区文化馆提供)

9月10日，“信义金华 美丽婺城”婺城区纪念抗战胜利七十周年文艺巡演

（区文化馆提供）

9月14日，公安婺城分局组织人员到人民医院、河盘桥小学进行反恐演练

（区公安分局提供）

3 月 16 日，民房着火成功扑救

（区消防大队提供）

9 月 28 日，工商银行婺城支行参加“8890”进社区反诈骗宣传

（工商银行婺城支行提供）

11 月 3 日,站前派出所洪源警务站授牌使用
(区公安分局提供)

8 月 18 日,中国银行宾虹支行揭牌
(中国银行婺城支行提供)

婺城区地税分局领导走访企业送政策,为纳税人办实事

区公积金管理中心开展扩面工作，走访企业八达服饰　　　　　　（公积金管理中心提供）

11月,乾竹电灌渠道加宽改造

（乾西乡政府提供）

全省首个微税务矩阵平台

（婺城地税分局提供）

12月24日,区消防大队开展"平安夜"零点夜查

(区消防大队提供)

11月24日,盲人影院

(区残联提供)

目 录

中国共产党金华市婺城区纪律检查委员会

金华市婺城区人民代表大会常务委员会

金华市婺城区人民政府

中国人民政治协商会议
金华市婺城区委员会

民主党派

社会团体

园 区

法 治

军 事

工 业

统计 物价 粮食

经济 贸易

教育 文化 体育

科学技术

民　政

财政　税务

劳动人事和社会保障

城乡建设

旅　游

交通　运输

农林　水利

卫生　人口　计划生育

审 计

食品 药品 监管

国土资源

城乡规划

环境保护

质量技术监督

安全生产监督

城市管理

供电　移动　电信

金融　保险

街道 乡镇

附　录

特 载

补齐短板 走在前列
加快建设金华中心城市核心区

——2016年5月26日在中共婺城区委六届十一次全体(扩大)会议暨区政府八届九次全体会议上的报告

中国共产党婺城区委员会书记 王健

同志们：

这次区委区政府全会的主要任务是：深入学习贯彻习近平总书记系列重要讲话精神，按照省委十三届九次全会、市委六届十一次全会统一部署，研究做好我区补短板工作，审议通过《中共金华市婺城区委关于补齐短板走在前列加快建设金华中心城市核心区的决定》，动员全区上下统一思想、提高认识、迅速行动、狠抓落实，以强烈的担当精神肩负起建设金华中心城市核心区的重要使命，争当“走在前列、共建金华”排头兵！

下面，根据区委常委会研究意见，讲四个问题。

一、深刻领会中央、省委和市委关于补短板重要论述和部署，坚定自觉践行“走在前列、共建金华”新要求

中共十八大以来，习近平总书记就补短板作出了一系列重要论述，深刻阐明了补短板的重大意义、主要任务和具体要求。省委、市委全会专门就补短板工作作了部署，要求我们深刻领会总书记“补短板”重要论述中蕴含的发展观、方法论和群众观，以查补短板开启“十三五”新的历史进程。我们要结合实际抓学习贯彻，深入开展补短板工作，坚定自觉践行“走在前列、共建金华”新要求。

(一)清醒认识“走在前列、共建金华”的时代背景，以高度的政治自觉主动融入“共建金华”发展大局。习近平总书记在浙江工作时，多次对金华发展作出重要指示。2002年12月28日在金华调研时，总书记指出“金华的中心城市形态是组团式城市群的形态”，“如今以组团式城市群为主要形态的浙中中心城市已形成雏形，但要真正把金华建成中心城市，任务还相当艰巨”。2004年8月10日，总书记在金华调研时强调“建设城市群，不仅是金华的大事，也是优化全省城市空间布局的大事；省有关部门要大力支持浙中城市群的建设，协调解决浙中城市群建设过程中的重要问题，使浙中城市群成为带动金华全市乃至浙江中西部地区经济社会发展的增长极”。历届省委对金华发展也寄予厚望，要求加快形成全省发展新的重要增长极。2010年8月，省委常委会专题研究金华工作，指出“建设浙中城市群、加速浙中崛起，是几届省委、省政府一直努力追求的目标”。随后制定出台的《浙江省城镇体系规划(2011-2020)》和《浙江省深入推进新型城市化纲要》，提出把金华作为全省第三大城市群和四大都市区之一进行重点培育。今年1月25日，省委夏宝龙书记在参加省人代会金华代表团审议时，对金华发展又提出了“力争走在全省前列”的新要求。这一系列重要论述和部署，一方面凸显了金华在全省发展大局中的重要地位和作用，为金华加快发展创造了历史条件。另一方面也客观反映出金华发展离省委要求还有距离，说明金华自身在全省发展大局中仍是“短板”。为贯彻落实省委要求，市委在深入调研基础上，顺时应势，以高度自觉的担当精神提出了“走在前列、共建金华”新要求。全区党员干部必须要清醒认识到金华“建设中心城市”，“打造全省发展新的重要增长极”关系省委全局战略的顺利实施，“共建金华”是打造第三大城市群、第四大都市区的现实要求，切实以高度的政治自觉抓好市委决策部署的贯彻落实，始终与市委合心合力合拍谋发展。

(二)深刻领会“走在前列、共建金华”的命题实质，以高度的思想自觉引领观念转变。改革开放30多年来，由县域经济起家的金华，各县(市、区)在县域经济发展时代各展所长，创造了辉煌的发展历史。但在以都市区发展为主引擎的时代背景下，面临着资源整合性差、行政分割造成资源浪费严重、资源共享性较差等诸多县域经济的局限性。市委明确指出，“散”的问题，是(金华发展)最大的短板。“走在前列、共建金华”新要求，是市委着眼于金华组团式城市群中存在的一系列深层次矛盾和问题，从补短板的角度出发，以“共”为突破口，通过“共建共融共享共赢”，彻底破解金华发展“阿喀琉斯之踵”散的问题。可以说，“走在前列、共建金华”是因短板而起，用意也在补齐短板。我们补短板也必须做到理念先行，厚植到思想深处，用“四共”理念来破除大局意识、利益共同体意识不强等思想层面的问题。要主动向市委看齐、靠拢，自觉更新理念、转变观念，扬长避短、扬长克短、扬长补短，不断增强区域协调意识、团结协作意识，自觉在“走在前列、共建金华”大局中谋划发展、开展工作。

(三)牢牢抓住“走在前列、共建金华”的历史机遇，以高度的行动自觉勇立发展潮头。改革开放以来，从特区经济到东部率先发展，到中部崛起、西部大开发、东北老工业基地振兴等，整个开放和发展从沿海向内陆依次推进，这是发展的大逻辑。市委赵书记指出“新一轮开放开发继续向内陆腹地推进，这是金华千载难逢的机遇”。市委提出“走在前列、共建金华”新要求，正是顺应经济社会发展规律，根据金华现实条件、资源禀赋作出的决策。“共建金华”需要核心带动，这势必要求金华市区加快发展，早日建成中心城市。婺城作为市区的核心区，这既是我们责无旁贷的使命担当，同时也是难能可贵的历史机遇。在机遇面前，我们唯有牢牢把握，勤练内功，以高度的行动自觉，加快补齐婺城在经济、城市、生态、民生等领域的短板，以更好的发展基础拥抱时代、融入潮流、把握机遇，努力完成补课和赶超的双重任务，全力跑出弯道超车的加速度和争先竞位的新优势，推动婺城走在全市前列。

二、准确把握补短板的基本遵循和总体要求，为“加快建设金华中心城市核心区”提供理论指导和行动指南

补短板作为推进落实“十三五”规划、高水平全面建成小康社会的重大战略举措，必须要有全局视野、系统思维和辩证方法。要结合婺城实际，深入研究补短板的目标、思路、要求、方法等问题，推动全区上下思想大解放，指导婺城发展新实践，促进婺城全面发展、整体进步。

(一)坚持一个目标，确保与全省同步高水平全面建成小康社会。对于“十三五”发展，省委明确提出了高水平全面建成小康社会的目标，要做全面建成小康社会的“标杆省份”，这是省委对全省人民作出的庄严承诺，也是我们必须落实的一项政治任务。我们将以“与全省同步高水平全面建成小康社会”为目标，立足婺城现实基础，厚植优势，补齐短板，在“同步”“全面”“高水平”上下功夫，咬定目标，加压奋进，切实为浙江全面建成小康社会标杆省份多作贡献，决不拖全省后腿。

(二)遵循两个导向，以补短板的科学方法开启金华中心城市核心区建设新征程。在婺城相对薄弱的基础上建设金华中心城市核心区，这是一段新的历史征程。“补短板”作为建设金华中心城市核心区的“起手式”，必须要指向准确、方法对路、举措得当，切实将问题导向和效果导向贯穿始终，确保工作的科学性。遵循问题导向，就是以问题为先，抓住影响全局发展最突出的问题，以重点突破带动全局发展。遵循效果导向，就是以效果为要，用是否有利于提高经济发展质量和效益、是否有利于促进社会公平正义、是否有利于增进百姓福祉作为检验一切工作成效的根本标准。

（三）正确处理三对关系，将补短板的高标准贯穿金华中心城市核心区建设全过程。补短板作为浙江推进“十三五”高水平发展的关键之举，对“短”的定义是相对的、也是动态的。省委提出要拉高标杆，市委提出要走在前列，意在推动发展标准要高、速度要快，在不断补短板过程中促进全面提升、整体进步。我们要深刻领会省委、市委的高远立意，正确处理好补齐短板与拉高标杆、补齐短板与走在前列、补齐短板与协同推进三对关系，从高处、长远、全局着眼来加快金华中心城市核心区的建设。补齐短板与拉高标杆是辩证统一的，长相对短而言，短也是相对长而言。高水平全面建成小康社会的特点是高质量、均衡性，只有补齐短板，才能确保小康社会的“均衡性”，只有拉高标杆，才能确保小康社会的“高质量”。补齐短板是走在前列的基本前提。走在前列需要相对较快的速度为支撑，补齐短板则是甩掉尾巴，全力跑出婺城发展的加速度。补齐短板与协同推进代表的是发展的个体与整体。发展并不是孤立的，个体的提升需要整体的力量为支撑，整体的发展也需要个体的成长为动力。我们只有发挥组织优势、团队力量，以整体实力的提升，才能不断战胜困难，夺取补短板的全面胜利。

三、努力补齐婺城改革发展主要短板，加快建设金华中心城市核心区

在前期充分调研的基础上，我们认真分析了制约婺城发展的主要问题，我们认为，要加快“中心城市核心区”建设必须补齐实体经济、科技创新、交通建设、城市工作、生态旅游、民生保障、改革落地“七块短板”。

（一）着力振兴实体经济。实体经济是经济发展的基础。婺城经济总量小、产业层次低是建设金华中心城市核心区必须要跨越的坡和坎。我们要牢牢把握新常态下的经济发展规律，抓牢供给侧改革这个重点，坚定不移打好转型升级系列组合拳，大兴实体经济，推动经济高质高效发展。一要做强新城区。将“做强新城区”作为重中之重，围绕打造婺城工业主战场、主阵地，突出重大项目建设、资源要素整合、基础设施完善和发展氛围营造，切实增强园区的集聚力、承载力、辐射力和带动周边乡镇融合发展的能力。要深入推进新城区挖潜扩容，加快栅川分区等重点功能区块建设，积极开发总部经济区块，开辟45省道经济新走廊，完善蒋堂界首区块基础配套，推进四破攻坚收回土地二次开发，增强园区综合承载能力。要紧盯重大项目招商，力争引进一批对园区发展带动力强的龙头产业项目和重大公建配套项目。要加快推进华东环保设备、明远新能源等重点项目建设，积极打造环中轴景观商业核心圈，促进婺城经济做大总量、提升质量。二要完善产业体系。认真落实“四大百亿产业”三年行动计划，建立健全“四大百亿产业”项目推进机制，加快形成以先进装备制造、信息经济、生物医药健康、商贸文化旅游四大百亿产业为核心的现代产业新体系。紧抓“中国制造2025”“互联网+”战略机遇，推进产业分工细化和交叉融合并举，以新经济业态支撑新发展。全面实施“三名”工程，强化扶优扶强政策导向，创建一批区域及全国和国际知名品牌，提高“婺城智造”“婺城创造”竞争力。三要开拓产品市场。以市场为导向，认真研究国家产业发展方向和市场需求，遵循市场规律优化产品供给，努力增强区属企业市场应变能力，在市场经济的大潮中历练成长、做大做强。积极鼓励有实力的企业加快“走出去”步伐，支持企业境外并购、股权置换，设立产业合作园、海外仓和营销网络。积极组织企业参加境内外各大展会，全力帮助企业抢订单保份额拓市场。大力扶持电子商务中介服务组织发展，积极鼓励企业大力发展电子商务和销售平台，开展“婺城制造上京东”行动，提升婺城制造影响力。四要优化发展环境。以更加积极的态度应对经济发展新常态下的风险挑战，全力落实中央、省、市降成本优惠政策特别是市委、市政府31条减负新政，研究制定符合婺城实际的优惠政策，完善土地供给、节能减排等全方位的政策激励和约束，再创婺城扶工政策新优势。认真当好服务企业“店小二”，牢固树立“政策有底线、服务无止境”思想，继续开展“双千”“走亲连心”等活动，成立企业帮扶机构，积极为企业提供信息、技术、人才、用地、资金等各方面的菜单式、个性化服务，切实帮助企业解决发展中遇到的实际问题，营造“亲”、“清”的政商关系。

(二)着力提升科技创新能力。科技创新是产业优化升级、企业长盛不衰的动力源泉。2015年婺城R&D经费支出占GDP比重仅为1.75%，低于全省、全市平均水平，科技创新能力弱是影响婺城发展最明显的短板。要把科技创新作为重点工程来抓，着力增加科技研发有效投入，加快整合创新资源，推进科技成果转化及产业化，不断提升区域创新能力和竞争力。一要积极拓展创新平台。进一步健全以企业为主体、市场为导向、产学研相结合的技术创新体系，积极打造一批集科技研发、资源共享、企业孵化等功能于一体的科技创新平台。积极响应市委打造金义科创走廊新要求，结合浙师大智力资源和品牌效应，谋划建设婺城科技园。支持浙中信息产业园、婺星产业基地、金华电子商务创业园等科创平台建设，谋划一批科技企业孵化器和众创空间，打造创业创新生态链。加强企业研发中心和技术中心建设，今年确保新增市级研发中心3家，市级企业技术中心3家。二要大力培育创新主体。大力实施“高新技术企业倍增计划”和“科技型中小企业倍增计划”，今年确保新增市级以上高新技术企业5家、科技型中小企业8家，力争市级以上科技项目立项30项，达成科技合作项目5项以上。加快建立以企业为中心的产学研协同创新体制，推进形成创新带动创业、创业促进创新的体制机制。三要全力打造人才生态工程示范区。落实招才引智责任制，引资引智并重，深入实施“千人计划”“双龙计划”和“婺城名家”工程，加大高端人才、紧缺人才和创新人才的培养引进力度，完善创新人才培养引进柔性机制，切实为经济发展提供人才保障。今年力争“千人计划”专家数新增1人以上，“双龙计划”专家数新增3人以上，新增高层次人才60人以上。四要浓厚创新氛围。深入推进省级知识产权示范区建设，加大知识产权行政保护力度，引导企业提高知识产权创造、管理、运用和保护能力。营造创新文化氛围，树立崇尚创新的价值导向，大力培育创客文化。完善创新服务体系，大力培育科技中介机构，进一步推广应用创新券，促进科技资源开放共享。

(三)着力推进新型城镇化。婺城以城为名，城市应是主体形态，但实际是发展短板，江北老城区基础设施薄弱，新城区人气、商气不旺，许多集镇面貌多年没有变化，大量的农村经济薄弱，公共服务短缺。“十三五”时期，要紧紧抓住都市区建设的机遇，坚持以人为核心推进新型城镇化，推进精品城市建设，着力增强城市能级，?全面提升城市发展质量。一要做优老城区。注重深度挖潜，深入推进“二七区块”旧城改造，强化规划引领，加大招商引资力度，加快安置房建设，推动区块发展迈上新台阶。充分发挥高铁站对城市发展的带动作用，推进高铁组团连片改造、整合提升，大力推进区域资源整合，打造开放型的城市新组团。加强城市基础设施建设，稳步推进城中村改造和老旧小区改造，促进老城区有机更新，焕发活力，打造精品城市。今年力争完成旧厂区改造6万平方米、旧住宅改造30万平方米、城中村改造60万平方米，创建8个“无违建示范社区”，全面提升城市人居品质。完善精细化管理机制，创建“智慧城市”，对市容、交通、安全等方面实行依法严管、科学善管、社会共管，实现城市治理现代化。二要打造品质效益新城。大力实施“东接南联北拓”发展战略，不断丰富新城区的城市形态。重点抓好双溪西路西延、紫金南街、华龙南街、马海路大桥及接线、龙乾大桥及接线工程、白沙溪两侧绿化景观、临江湿地公园等重要基础设施建设，完成婺城区人民医院建设，开工建设消防站、广播电视站等一批公建项目，进一步优化新城的人居环境。三要加强现代集镇建设。坚持特色化、差异化发展，全力做好“非遗”主题小镇建设，精心谋划梦幻白沙文化小镇、律动养生小镇、茶花小镇等特色小镇，借助“金融+”、“文化旅游+”、“互联网+”等功能，实现产业、文化、旅游“三位一体”和生产、生活、生态融合发展。要不断优化集镇整体布局，加强各规划间的统筹协调，切实保障好集镇建设合理的发展空间，提升集镇承载能力。要积极融入现代城市理念,加强基础设施建设，深入实施美化、亮化、绿化、净化工程,加快改善集镇人居环境,提升集镇生活品质。四要打造美丽乡村升级版。以“山水”为载体,提升美丽乡村形象。积极争创美丽乡村示范区,以高标准编制规划为先导,科学规划美丽乡村建设的“路线图”。大力推进城乡设施一体化,加快城镇基础设施向农村延伸,公共服务向农村覆盖,加快农村设施现代化。加快推进历史文化村落保护建设,挖掘村落历史文化资源,强化村庄景观和风貌特色控制引导,精绘乡情乡韵,留住乡思乡愁。以发展为根本,提升美丽乡村建设质量。深入推进农村综合改革,有效盘活农村资产资源,充分调动农民美化家园、创业致富的积极性,使绿水青山源源不断地为农民带来金山银山。

(四)着力打造综合交通枢纽。婺城自古是阡陌交通、四省通衢的战略要地。但发展至今路网布局不完善、密度低,高等级公路少等问题还比较突出。要紧抓“十三五”浙江交通大投入、大建设、大发展机遇,以更高层次、更大力度地谋划和构建大交通格局,加快推进交通建设,促进全区交通运输事业跨越式发展。一要构建大交通体系。要着眼区域一体化,完善交通规划,以更宽广的视角和空间谋划交通组织。要注重区域内的通达,实现与城市群、都市区各城市主体的快速联接,打造“一小时通勤圈”中心枢纽。要以陆路交通为重点,着力构建公路、铁路、水路等多种运输方式高效对接、互为配套的综合交通体系。要推进“交通、产业、空间”三要素协同化,打通交通与产业链、城市功能布局通道,发挥交通廊道吸引人流、物流、资金流、信息流的综合优势,加速产业集聚,加快产城联动进程。二要打造大路网格局。新建一批交通基础设施,完善优化区域交通路网。谋划南山大道和婺江航运开发,建设金兰、金武快速路,加强与兰溪、武义、开发区等地的密路网联接。积极实施婺江西路、双溪西路西延等工程,打通断头路,形成内畅外联的交通格局。推进农村公路网的互联互通,建设大南山联网公路,打通山区生态绿色发展的致富路。三要实施大提速行动。大力推进高等级公路建设,积极推进杭金衢高速二期拓宽改造、城际轨道交通建设、金安公路改造和景观提升,延伸BRT快速公交一号线至仙源湖,完成330国道改建和菱形立交、汤莘公路、45省道婺城区段等高等级公路建设。启动实施箬阳、沙畈、塔石、莘畈等“四垄”美丽公路建设。四要做好大投入保障。到2020年,全区要实施综合交通重点建设项目23个,争取完成投资106亿元,资金的投入保障非常关键。要整合做强区级交通投融资平台,推广政府与社会资本合作PPP模式,加快建立项目库,完善利用社会资本建设大项目的体制机制。要积极主动地跑项目争资金,做好交通项目的谋划、整合、申报工作,努力争取列入国家和省重点盘子,切实保障交通大建设、大发展资金需求。

(五)着力发展生态旅游经济。婺城生态优势明显,但生态经济总量不足、业态不多、名声不扬,绿水青山还没有真正转变成金山银山。要坚持把旅游业作为战略性支柱产业来培育,深入实施旅游业发展三年行动计划,逐步构建“一核一区一圈三板块”空间新格局,着力打造婺城生态旅游目的地品牌。一要整治环境,全域靓化。牢牢抓住“做美大郊区”这个生态旅游经济总抓手,以生态环境根本性改观为总要求,大力推进“全域景区化、景区生态化”,切实将生态资源转化为生产力。大力推进“三改一拆”,全域创建“无违建村”,绝不把违法建筑带入全面小康,并加快拆后空间合理有效利用。要认真抓好“两路两侧”、“四边三化”行动,突出治理垃圾堆放、赤膊房、蓝屋顶、砖瓦厂、城中村等环境问题,力争7月底有明显改观,年底初见成效,两年内根本改变。要深入实施“五水共治”,全面打响城镇截污纳管、农业面源污染治理、畜牧业转型升级、农村生活污水治理、农村环境“四治两化”、打击环境违法行为等攻坚战,今年实现41条重点支流水质基本消除劣Ⅴ类,积极争创省级“清三河”达标区。二要整合资源,全域统筹。旅游业是一个综合性经济产业,要站在全局的视角抓旅游发展。要科学编制旅游发展总图,整体推进旅游项目设计、旅游设施建设和旅游行业管理等工作,加快从“景区旅游”向“全域旅游”转型。要系统整合旅游资源,发挥龙头景区带动作用,全面将文保、文物、古村落、古建筑、茶花、桂花、油菜花、杜鹃花等资源有机结合,串点成线,打造具有婺城特色的景区、景点、景观。三要融合产业，全域提升。积极推进“旅游+”发展战略，以互联网为依托，整合上下游旅游资源和服务配套优势，加大文旅、农旅、商旅、工旅跨界融合力度，实现旅游产业的聚合式发展。积极推动单一旅游产品向复合型、产业链转变，推动旅游方式由观光式向体验式、参与式、互动式转变，形成休闲购物、生态观光、健康养生、主题农庄、民宿经济等多元化旅游产品体系。加大旅游业发展扶持力度，重点打造三大旅游特色小镇、六大乡村民宿集群和17个旅游特色精品村，到2020年，区域内发展10个特色民宿精品村。

(六)着力增强人民群众获得感。民之所望，施政所向，民生是永恒的中心工作。近年来，我区坚持新增财力70%以上用于民生支出，推动了民生事业不断发展。但与周边发达地区相比，我区民生基本保障层次还比较低，优质公共服务资源覆盖不足，社会治理方式滞后，民生仍是突出短板。要以普惠、均衡为着力点，织密托底民生的“保障网”，切实增强人民群众的获得感。一是更多获得实实在在收入。要坚持精准扶贫，深入实施“低收入农户收入倍增计划”，加强低收入农户动态服务，因地因户因人因需施策，确保扶持精准到位。对绝对贫困现象履行好兜底责任，做到应保尽保。要坚持就业优先原则，千方百计创造更多就业岗位，做好高校毕业生、退伍军人、就业困难人员等重点人员就业工作。开展农村致富带头人培养和农村实用人才培训，到2020年完成农民培训2万人次。鼓励返乡创业，促进低收入农户实现就业转移。要有序推进下山移民，加快建设乾西移民新村、蒋堂移民新村，实现异地搬迁3000人。二是更多获得优质均衡服务。深化教育体制改革，更好实现幼有所教。加快浙江省教育现代化区创建，开展标准化学校建设和薄弱学校改造，加快东市街小学、虹路小学、乾西小学改扩建和浙师大婺州外国语学校新校区建设。到2020年，义务教育标准化学校覆盖率超过95%，全面消除“大班额”现象。深化医疗卫生体制改革，更好实现病有所医。不断完善“双下沉，两提升”长效机制，全面实施分级诊疗，推进区乡村卫生人才管理一体化，全面提升基层医疗卫生服务水平。完善社会保障制度，更好实现困有所帮。全面推进全民参保登记，大力发展社会福利和慈善、残疾人事业，强化社会救助托底功能，进一步筑牢社会保障底线。深化居家养老工作，更好实现老有所养。推进居家养老服务照料中心建设，探索医养结合新模式，提高养老服务规范化、专业化、便捷化水平。到2020年，65岁以上老人全部纳入健康管理。三是更多获得平安和谐保障。深入推进“平安婺城”建设，强化矛盾源头防控，守住底线防范风险，最大限度减少不和谐因素。要加强公共安全重点领域监管。加大对社会治安重点地区的集中整治，突出防范和处置群体性事件，突出社会稳定风险评估，依法严密防范和惩治各类违法犯罪活动，确保打赢平安护航G20大会战。深化“网格化管理，组团式服务”，充分发挥各类民间团体、行业组织、社会中介组织、公益组织等的积极作用，不断提高社会管理的协同能力。建立健全法治、德治、自治“三位一体”的乡村治理机制，加快推进基层治理体系和治理能力的现代化。

(七)着力推动改革落地见效。当前改革已进入攻坚期和深水区，改革项目剩下的都是比较难啃的硬骨头。我们要强化定力，发扬“钉钉子”精神，一项一项地推、一项一项地改，把各项改革举措落到地，切实解决好“中梗阻”和“最后一千米”问题。一是以壮士断腕的决心推进政府自身改革。要深化“四张清单一张网”改革，做到权力清单再“瘦身”，责任清单再“强身”，专项资金管理清单再“创新”，企业投资项目核准目录清单再“完善”，政务服务网再“提升”。要深化行政审批制度改革，全面构建区、乡、村三级联动政务服务体系和“网上中介超市”，推进政务服务方式向“互联网+”模式转型。要深化商事制度改革，加快完善与“先照后证”市场主体准入方式相配套的监管制度，构建权责明确、透明高效的事中事后监管机制，维护公平竞争的市场秩序。二是以市场为导向推进供给侧结构性改革。围绕发挥市场配置资源决定性作用，以工业领域供给侧结构性改革为主攻方向，以制度供给改革为重点，优化调整财税、投资、土地、人才和环境等政策。深入开展“降成本减负担”政策宣讲培训活动，确保惠企政策全面落地。积极调整产业扶持政策，加大区级财政配套力度，实行扶持资金与财政税收贡献和亩产税收有条件“脱钩”。认真抓好“营改增”等政策实施，切实减轻建筑业等行业企业税费负担。继续实施应急周转金制度，及时化解企业“两链”风险。探索建立“区域能评+区块能耗”取代项目能评的工作新机制，深化“零土地”技改项目审批制度改革，降低制度性交易成本。三是以发展实际检验改革成效。改革成功与否，关键看解决了多少突出问题，取得了哪些实际成效。要以增进人民福祉、让人民群众有更多的获得感为出发点和落脚点，把影响经济社会发展的突出障碍和群众反映强烈的突出问题作为重点，切实加大改革力度，干出真真切切的实绩，让各项重大改革举措落地生根、开花结果。

四、加强领导，不断夺取“加快建设金华中心城市核心区”新胜利

干事创业，根本在人，关键在党。要以“两学一做”学习教育活动为契机，教育引导全区党员干部以更强烈的责任意识、担当意识，攻坚克难，积极作为，为加快建设金华中心城市核心区提供坚强保障。

（一）组织领导争一流，构建戮力同心的工作格局。坚强有力的组织领导，是区委各项工作落到实处、取得实效的关键和保证。要着力加强组织领导，凝聚强大合力，确保各项工作取得实效。一要强化党委统揽全局能力。实践证明，充分发挥党的领导核心作用，强化党委统揽全局能力，是我们战胜风险挑战、不断夺取胜利、实现党的历史使命的关键所在。要切实强化乡镇（街道）党（工）委对乡镇（街道）人大、政府、群团组织的领导，村（居）党支部（党委）对村级各类组织的领导，不断增强党组织的凝聚力、感召力和向心力，使我们各级党组织始终能够把牢方向、统揽全局，使各类基层组织和广大干部群众紧紧围绕在党的周围，与党同心同德、同向同行。二要完善目标责任考核体系。切实发挥好考核“指挥棒”作用，将补短板等重点工作作为目标责任考核重要内容，进一步改进和完善考评机制，科学设置考核项目，倒逼各责任主体不折不扣落实目标任务，推动各地各部门加快短板补齐，争先走在前列。三是建立高效运转机制。积极适应形势变化，建立完善党委统一领导，政府牵头抓总，各部门单位积极参与、上下结合、齐抓共管的工作领导体系和运转机制，切实做到每项任务都有标准、有要求、有部署、有检查、有回音、有结果。四是强化守土责任落实。有岗必有责、守岗必担责，领导干部必须在其位、谋其政、负其责。要以责任落实推动工作落实，全体各级领导干部必须知道自己的责任，知晓履职的范围、权限和任务。必须脚踏实地、身体力行，做到行责而不失责。要做到不因事大而难为、不因事小而不为、不因事多而忘为、不因事杂而错为，切实担起保一方平安、富一方百姓、促一方发展的历史重任。

（二）担当精神争一流，形成攻城拔寨的恢弘气势。补短板是系统工程，不可能一蹴而就、一劳永逸。全区党员干部都要扛起肩上的担子，知难而进、迎难而上，全面发扬“二七征迁精神”来闯关夺隘、攻城拔寨。一要发挥关键少数带头表率作用。事业成败，一把手的作用至关重要。面对急难险重的考验和繁重艰巨的任务，各级领导要一线指挥、一线协调、一线服务、一线督查，身先士卒、率先垂范，多喊“向我看，跟我上”，真正把榜样树起来。二要形成一级带一级的干事氛围。抓班子、带队伍，是各级党委的重要责任。围绕贯彻落实省委、市委中心工作，我们各级干部都要主动靠前、主动担当，用为上级分忧解难的自觉，让下一层级干部看在眼里，学在心里。要善于运用“干着指挥”的工作方法，把团结作为真本事，多与基层干部一同冲锋陷阵，敢于为干事者撑腰鼓劲，使三级干部始终保持一条心，拧成一股绳。三要树立有为才有位的实干导向。要树立正确的政绩观，以实干论英雄，把崇尚实干作为选才用才导向，重德才、重实绩、重公认，不唯票取人、不唯分取人，真正把那些不图虚名、埋头苦干、实绩突出、群众肯定的干部选出来、用起来，让“有为才有位”理念深入人心。

（三）队伍建设争一流，锻造事业发展需要的婺城铁军。历史使命越光荣，目标任务越艰巨，发展环境越复杂，就越需要一流的干部队伍。要打好“上下管育爱”组合拳，努力打造“敢闯敢当、善做善成”的狮子型干部队伍。一要经常教育。抓好“两学一做”

学习教育,用心用力,抓细抓实,推动党内学习教育从“关键少数”向全体党员拓展,从集中性教育向经常性教育延伸,以学促知、以知促行,深入推进“三大党员先锋行动”,不合格党员“回炉教育整转”工作,“红色阵地”整体提升行动,在全区党员中形成“两学一做走前列、共建金华当标兵”的浓厚氛围。二要严格管理。将从严管理干部“五个要”的要求贯彻到干部监督管理的全过程,坚持认真较真、敢抓敢管,做到对象全覆盖、管理全链接、措施全配套,切实把各级干部管好管到位。进一步健全干部选拔任用和监督管理机制,构建干部选任工作全过程记实、干部德才表现全方位了解、干部作风形象全社会监督体系,探索建立容错机制,最大限度调动广大党员干部的积极性、主动性和创造性。要经常性开展谈心谈话,落实好“五必谈、五必访”,架起关心关爱干部的“连心桥”。三要一线锤炼。要深入实施“红色接力棒”工程,全面推行“一线工作法”,把基层一线作为干部锻炼成长的主阵地,加强岗位锻炼交流,让年轻干部到基层一线去摔打,到艰苦困难岗位去磨砺,为年轻干部成长指路子、搭台子、压担子,让年轻干部在“风吹雨打”中成长成熟。四要挺纪在前。坚持纪在法前、纪严于法,紧抓区乡集中换届,切实严明纪律规矩,确保换届风清气正。要抓早抓小,对苗头性、倾向性问题紧抓不放,架起严守规矩的高压线,形成动辄得咎的严氛围,切实避免“养痈遗患”“小错酿成大祸”。要深挖廉政文化内涵,加强家风建设,切实营造政治生态上的“山清水秀”。

同志们,目标催人奋进,使命重任在肩。全区各级党组织和广大党员干部要始终保持不畏艰难的闯劲、持之以恒的韧劲和决战决胜的拼劲,干在实处,追求卓越,为加快建设金华中心城市核心区,确保与全省同步高水平全面建成小康社会而努力奋斗!

政府工作报告

2016年2月18日在金华市婺城区第八届人民代表大会第五次会议上
金华市婺城区区长　申屠福华

一、“十二五”时期及2015年工作回顾

“十二五”时期，是我区发展史上极不平凡的五年。面对经济发展步入新常态，克难攻坚任务繁重的工作总体形势，全区人民在上级党委、政府和婺城区委的坚强领导下，继续保持奋发有为、敢于担当的良好精神风貌，全区经济社会各项事业实现新跨越。

“十二五”时期，是婺城“调结构、促转型”经济实力显著增强的五年。2015年实现地区生产总值245.7亿元，年均增长8.6%；财政总收入37.7亿元，年均增长9.7%，其中区级财政收入8.2亿元，年均增长11.3%；固定资产投资98.3亿元，年均增长20.1%；社会消费品零售总额286亿元，年均增长20.7%。工业经济量质并举，开展“四破”攻坚，着力扶优扶强，2015年实现工业产值312.8亿元，其中规上工业产值164.5亿元，年均增长分别达到3.7%和4.8%。农业产业提质增效，农业两区建设有序推进，2015年实现农林牧渔业增加值13.3亿元，年均增长2.4%。第三产业发展势头良好，浙中信息产业园交易额突破60亿元，年均增长25%。全区接待境内外游客355.9万人次，年均增幅17.2%，实现第三产业增加值170亿元，占生产总值比重达69.2%，三次产业结构不断优化。

“十二五”时期，是婺城“筑基础、强功能”承载能力不断提升的五年。主城区配套日益完善，城区规划更趋合理，背街小巷雨污分流改造扎实推进，顺利通过省级文明城区复评。婺城新城区功能不断完善，宾虹西路拓宽改造全面完工，西二环全线通车，BRT2号线投入运营；荣光国际学校、婺城小学北扩、公安应急中心相继建成；伟达雷迪森酒店、浙中信息产业园科创大厦等项目投入使用，累计开工建设房地产项目12个。仙源湖度假区稳步发展，成功引进金华乐园、南山双子湖等项目，金华动物园投入营业，仙源湖实验学校建成招生，区域优势进一步凸显。乡镇工业功能区亮点纷呈，成为推进城镇化的重要载体。完成市区管理体制调整。

“十二五”时期，是婺城“克难关、优环境”城乡面貌日新月异的五年。全力推进“五水共治”，打响长湖治理攻坚战，长湖成为全省“五水共治”现场会参观点。实施“一河一策”整治，累计清理河道1100千米，完成截污干管114.9千米，治水工作得到广大群众点赞。“三改一拆”工作扎实推进，举全区之力启动二七区块改造。森林覆盖率达到58.6%。美丽乡村建设扎实推进，累计建成美丽乡村风景线3条，精品村13个。实施扶贫项目40个，实现不把贫困带入“十三五”目标。

城乡交通快速发展，蒋罗公路、琴南公路建成通车，新建农村联网公路93.2千米，全区等级公路通车里程达到1514.4千米，农村客运通达率达93%，城乡居民出行日益便捷。

“十二五”时期，是婺城“惠民生、增福祉”人民生活明显改善的五年。2015年城镇、农村居民人均可支配收入分别达41510元、17921元，年均增长10.8%和11.7%。教文卫体事业稳步发展，成功创建全国义务教育发展基本均衡区，校安工程全面完成，环城二小等一批学校建成投用，改造薄弱学校13所，义务教育、职业教育、学前教育、民办教育协调发展，“阳光招生”全面推行。公共文化服务网络不断完善，体育创强蓬勃发展。深化医药卫生体制改革，全面实行国家基本药物制度，卫生计生综合服务能力不断增强。社会保障水平显著提升，发放低保、重残、医疗等各类救助款1.4亿元。社会养老事业健康发展，累计建成居家养老服务照料中心254家。社会持续保持和谐稳定，安全生产形势总体

平稳,连续十年成功创建平安区,捧回省平安银鼎。

“十二五”时期,是婺城“重改革,转职能”政府建设不断加强的五年。深入开展党的群众路线教育实践活动和“三严三实”专题教育,严格落实中央“八项规定”和党风廉政建设责任制,一批“四风”突出问题有效解决。按照法定权限和程序履行政府职能,依法行政更加规范。建立健全执法案件信息公开、法律文书网上公开等系统,政务公开更加到位。顺利通过“六五”普法验收,公共法律服务体系初步建成。认真落实人大和政协监督视察决议,及时办理人大代表建议意见和政协委员提案,一批群众关心热点难点问题得到解决。开展“四张清单一张网”改革,工作效能进一步提升。

作为“十二五”规划的收官之年,2015 年,全区各项工作可圈可点、亮点纷呈,圆满完成区八届人大四次会议确定的各项目标任务,全年工作体现在以下几个方面:

(一)经济发展企稳回暖。工业经济难中求进。继续开展“双千”活动,收集化解企业难题 101 件,扎实推进“四换三名”、“两化融合”,新增省级“三名”企业 2 家,市级“两化融合”示范企业 1 家。积极应对“两链”风险,共办理应急周转金 4.5 亿元。“四破”专项整治取得实效,盘活用地 79.66 公顷,消化批而未供 64 公顷,处置低小散企业 101 家。各项指标止跌回升,规上工业产值、限额以上工业投资增幅在全市排名靠前。农业产业转型发展。新建粮食生产功能区 21 个,建成省级特色农业精品园 4 个,深入开展畜牧业污染专项整治行动,完成养殖场生态达标验收 708 家,新增配套消纳土地 8200 公顷。积极开展现代生态循环农业示范区、农产品质量安全放心示范县创建。完成东方红国有林场改革,农村经济合作社股份制改革完成率达 96.2%,启动农村土地承包经营权确权登记颁证工作试点。三产发展势头喜人。旅游业持续增长,接待境内外游客人数、旅游总收入分别增长 40%和 43%。金华网络经济集聚区概念性总体规划基本完成,新增浙江科贸学院文创电商园等多个基地。

(二)转型步伐坚实有力。产业集聚势头明显。婺城新城区主战场地位日益凸显,浙中皮革城一条街投入营业,尚格酒店招商顺利推进,新建、续建商品房项目 7 个、工业项目 30 个,全年实现工业总产值 203 亿元,完成工业投入 16.9 亿元。仙源湖度假区建设取得新突破,40.57 平方公里扩建可研报告通过省级审批,全年累计接待游客 69.6 万人次,同比增长 14.2%。浙中信息产业园入园企业增至 278 家,“合丰”项目主体工程结顶。创新能力显著提升。加强企业技术创新能力培育,完成工业技改投资 16.1 亿元,占限额以上工业投资比重达 75.6%。获批各级科技立项 37 项,其中国家级 4 项;获省级科学技术奖 1 项,市级科学技术奖 6 项;新增国家高新技术企业 2 家、省级科技孵化企业 1 家,成功创建省知识产权示范区。发展后劲持续增强。扎实开展“扩大有效投资月”、“百日攻坚”等活动,全面落实项目警长制等工作措施,省“411”重大项目及省、市重点项目开工率 100%,均超额完成年度投资计划。累计引进区外内资项目 70 个,总投资 65.3 亿元,实际到位 20 亿元,引进外资项目 1 个,实际利用外资 1030 万美元。深入推进商事登记改革,在全省率先实施“一岗综合受理”“五证合一”全程电子化登记,大众创业更加便捷。

(三)城乡发展趋向协调。全力打造精品城市。二七区块改造打响房屋征收“句号工程”,完成规划编制,启动首期三宗地块的招商和开发。22 天内全面完成城中村改造下沿区块的入户调查、评估、签约工作。迎宾大道、金罗公路、高铁站周边环境整治等一批历时多年的历史遗留问题快速高效解决,创造征迁“婺城速度”。持续推进新农村建设。建成精品村 5 个、秀美村 10 个,美丽宜居示范村建设有序推进。蒋堂移民新村首期安置房主体结顶,乾西移民新村四期安置房开工建设。基本完成 164 个村的农村生活污水治理。农村生活垃圾分类全面开展。不断改善生态环境。深入实施“五水共治”,整治黑臭河 8 条 95.4 千米,排污口 277 个,全面消灭黑臭河。开展截污纳管大会战,完成人民西路延伸段、金兰中线等污水干管工程,启动琅琊、蒋堂污水处理厂一级 A 提标改造。温室甲鱼等养殖业污染整治、禁养区畜禽养殖场拆除全面完成。开展“降尘削霾”百日攻坚等专项行动,PM2.5 平均浓度下降 12.3%。

“三改一拆”成效明显,完成百事达石材市场等重大违法整治,全年共拆除违法建筑156.5万平方米,综合排名全市第二。“两路两侧”“四边三化”整治工作成效初显。稳步提升基础建设。竹马馆货场、市第二水厂政策处理全面完成,并进场施工。杭金衢拓宽改造、330国道改建、衢江航运、汤莘公路等工程进展顺利。建成全市首个县级综合智能应急措施指挥平台。重点水利工程有序推进,完成水库除险加固2座,整治山塘9座,新增节水灌溉733.33公顷。

(四)民生水平稳步提升。社会各项事业全面进步。婺州外国语学校顺利结顶,东市街小学扩建工程顺利开工,省级标准化学校创建稳步推进。完善全区教师流动制度。深入推进校园安全工作,“阳光食堂、透明厨房”工程顺利实施。文体事业成效显著,建成文化礼堂22个,小康体育村50个,创建省级文化示范村1个,市级文化示范村3个。卫计事业有序推进,区第二人民医院迁建工程顺利结顶,全面推行分级诊疗和中医药服务提升工程,积极做好计生服务。启动第二轮国家卫生城市复审。各类保障体系日益完善。实施精准扶贫,产业发展、金融扶贫、结对帮扶成效明显,发放小额贴息贷款559万元,到位帮扶资金1124.2万元。社会保障能力不断强化,完成相关保险缴费,开展各项参保人员资格认证,建成社会保险基础数据库。救助水平不断提高,养老体系日益完善,完成区福利中心二期建设,成立首家民办养老院。群众安全感不断提升。建成基层社会治理“一张网”,完成全区423个村(居)《村规民约(社区公约)》修订,妥善处理各类矛盾隐患,平安创建工作取得新成效。全面落实“法治信访、阳光信访、精准信访”,实现全区信访“一无三降”目标。安全生产“党政同责、一岗双责”责任体系进一步完善,安全工作形势平稳可控。

(五)依法履职日益常态。扎实推进依法行政,进一步完善学法制度,坚持用法治理念和方式管理经济、社会事务。自觉接受人大代表、政协委员、社会公众和新闻媒体的监督,办理人大代表建议251件、政协委员提案274件,满意率分别达98.8%和99.6%。严格执行重大决策合法性审查机制,提升依法决策水平。落实行政执法责任制,促进阳光公正执法。围绕重点,公开政府信息5871条,依申请公开及时答复率达100%,充分保障群众的知情权、监督权、参与权。厉行勤俭节约,“三公”经费支出同比减少33.5%。不断健全惩治和预防腐败体系,建立重点领域专项巡查制度,努力营造良好政风。

此外,人民武装、文物保护、民族宗教、外事、侨务、对台以及工会、共青团、妇联、老龄、关心下一代、红十字等各项工作都取得新的成绩。

各位代表,“十二五”期间我区经济社会发展成果喜人,2015年工作成绩令人鼓舞。这是全面贯彻落实中央、省、市决策部署和区委正确领导的结果,是人大对政府工作依法监督,政协积极参政议政的结果,是全区人民齐心协力、共同奋斗的结果,在此,我代表婺城区人民政府,向奋战在全区各条战线上的广大干部群众和外来建设者,向给予政府工作大力支持和有效监督的人大代表、政协委员,致以崇高的敬意!向关心支持婺城发展的上级领导、驻婺部队和武警官兵,向各民主党派、人民团体、工商联和社会各界人士,表示衷心的感谢!

各位代表!“十二五”时期发展成绩卓著,取得的经验弥足珍贵。一是在发展定位上,必须毫不动摇地明确主城地位,坚定不移地贯彻落实市委、市政府打造精品城市的相关部署,在精品城市建设过程中实现婺城崛起争先。二是在发展路径上,必须毫不动摇地走绿色发展之路,持续深入推进“五水共治”“三改一拆”,打好经济社会转型发展组合拳。三是在发展方式上,必须毫不动摇地紧抓“赶超”与“协调”不松劲,振奋精神始终保持追赶态势,多措并举加快城乡发展,统筹推进“两富”“两美”婺城建设。

在充分肯定成绩的同时,我们也清醒地看到,婺城经济社会发展还存在不少短板。主要是:缺乏大平台、大产业、大项目、大企业,经济发展后劲动力不足;城区、集镇基础设施欠账较多,区域交通网建设滞后,推进新型城镇化任务艰巨;财政增收压力较大,经济社会发展的保障能力有待加强;社会维稳事项日益复杂,综合协调处理能力需要提升;政府职能转变跟不上发展要求,少数干部作风不实问题仍然存在。但是我们认为,越是短板就越能形成后发优势,在今后工作中,我们将正视短板,认真补齐,努力解决好发展的协调性和稳定性问题,不断增强婺城后发优势。

二、"十三五"时期的目标任务

各位代表,根据《中共金华市婺城区委关于制定金华市婺城区国民经济和社会发展第十三个五年规划的建议》,区政府制定了"十三五"规划纲要(草案),已经提请大会审议。纲要(草案)全面提出我区"十三五"时期经济社会发展的指导思想、总体目标、主要任务和重大举措,请与会各位人大代表、政协委员认真审议,区政府将认真吸收各位代表、委员的意见建议对纲要(草案)进行修改完善,并作为施政的依据,认真付诸实施。

"十三五"时期是实现第一个百年目标——到2020年全面建成小康社会的决胜期,是实现经济社会转型的关键阶段。纵观婺城发展,外有国家、省、市层面改革红利的不断释放;内有"十二五"发展奠定的坚实基础,全区上下通过不断克难攻坚形成的精气神和比学赶超氛围,"十三五"时期婺城必将迎来深化改革创新、加快转型步伐、推进城乡统筹、提升幸福指数和法治水平新的春天。

机遇稍纵即逝、发展时不我待。"十三五"时期我们要深入贯彻习近平总书记系列重要讲话精神,以"四个全面"战略布局为统领,以创新、协调、绿色、开放、共享五大发展理念为引领,紧紧抓牢"八八战略"这一总纲,紧紧抓牢"引领新常态、共建都市区"战略主线,坚持发展第一要务,紧扣提高发展质量和效益中心任务,深入实施"工业强区、商旅兴区、生态立区、城乡统筹"四大战略,统筹推进经济建设、政治建设、文化建设、社会建设、生态文明建设,为高水平全面建成小康社会,建设"两富、两美"婺城打下坚实基础。

"十三五"时期经济社会发展的总体目标是:经过五年努力,将婺城建设成为"实力更加雄厚、发展更具活力、生态更加优良、文化更加繁荣、生活更加幸福"的"都市核心、生态之区、人文之城、宜居福地"。"十三五"期间,地区生产总值保持7.5%的年均增速;城镇、农村居民人均可支配收入分别保持8%和9%的年均增速,提前完成到2020年底,全区地区生产总值、人均生产总值、城乡居民收入比2010年翻一番的任务。

要实现"十三五"发展目标,必须坚持"四个全面"布局,将"创新、协调、绿色、开放、共享"五大理念贯穿于工作始终。

(一)用创新构筑发展平台。抓创新就是抓发展,谋平台就是谋未来。根据"一带,两城,三区,多点"的空间总体布局,做优做强新城区,实施45省道改造、建设龙乾大桥,完善基础配套,提升拓展新城区栅川分区;继续以"四破"整治为主抓手,盘活临江区块、龙蟠区块存量资源,筑好工业发展主平台。打造二环路网络经济产业带,做优婺星产业基地,完善金华电子商务创业园,培育经济发展新的增长点;依托区位优势,挖掘潜在资源,把握交通路网及衢江航运开发机遇,谋划打造综合物流园区、高铁经济组团区和以郭力垄水库或清塘水库为中心的休闲区;努力培育一批特色小镇,为实现"十三五"发展奠定扎实基础。

(二)以协调加快城乡融合。协调既是发展手段也是发展目标。借势精品城市建设,推进江北老城区崛起,以二七区块、高铁站周边等为重点,启动实施旧城改造。全力推动双溪西路、人民西路和婺江西路西延工程,加快新城区与市区主城区无缝对接。以美丽乡村建设为主抓手,加大对农村基础设施建设的投入,努力改造一批城中村、景中村、校中村。积极谋划实施金武快速路、南山大道等重点交通项目,打造更加便捷的交通网,为区域、城乡协同发展奠定更好的基础。

(三)将绿色作为前进路径。生态环境没有替代品,用之不觉,失之难存。毫不动摇地走绿色发展之路,努力打造绿色发展新优势。继续以"五水共治"为主抓手,扎实推进河流整治,深入开展大气污染综合防治;加强生态承载能力建设,加快老城区及集镇截污纳管、污水处理厂提标改造及农村生活污水治理,完善垃圾分类、畜禽养殖管理等各项长效机制,切实巩固工作成果,不把"污泥浊水"带入全面小康。充分利用仙源湖省级旅游度假区,西南山区生态经济示范区资源,扶持发展"旅游+"美丽经济模式的相关产业,为婺城发展注入绿色动力。

（四）把开放贯穿发展始终。提高把握发展大局的自觉和能力，不断提高开放质量水平。加强与市经济技术开发区和金华山旅游经济区的沟通协调，以“一带一路”国家战略实施为契机，明确丝路重要节点城市定位；把握我省建设金华—义乌第四大都市圈的机遇，努力打造城市群“一小时通勤圈”中心枢纽；强化招商引资“一号工程”地位，创新招商方式，实施精准招商，招大引强、招才引智，增强发展后劲；充分利用好金义跨境电商园、综合保税区资源优势，积极扶持外贸发展；进一步优化行政审批制度改革，为加强对外合作交流打造良好环境。

（五）立共享为奋斗目标。人民为中心的发展宗旨，不能只停留在口头，止步于思想。以“两美”建设为统领，持续实施精准扶贫开发，整合山区发展资源，改善山区群众生产生活条件，促进山区群众增收致富；完善创业就业扶持机制，营造良好的大众创业、万众创新氛围；加快建立更加完善的社会保障体系，大力推动社会事业发展，增加公共产品有效供给，有效保障城乡居民全面发展；牢牢把握解决好农业转移人口市民化这一关键问题，大力推进新型城镇化建设，着力健全完善符合婺城实际的共建机制，进一步增强广大人民群众的获得感。

三、2016 年主要工作

今年是“十三五”发展的开局之年，做好今年工作至关重要。从总体上看，我区经济社会发展的有利条件很多，同时面临的形势也十分复杂，做大总量、做优存量，确保我区经济社会发展指标水平在省内、市内进位争先的压力依然较大。

综合考虑外部发展环境和现实基础，根据区委六届十次全会精神，今年政府工作的总体要求是：全面贯彻落实党的十八大和历届全会精神，认真落实市委、市政府和区委的决策部署，以开展“经济发展、城乡建设、民生保障”三大提质赶超行动为载体，全面落实好“去产能、去库存、去杠杆、降成本、补短板”五大任务，确保今年我区各项工作在全市进位争先，为“十三五”时期全区经济社会发展开好头、起好步。

建议 2016 年国民经济和社会发展的主要预期目标为：生产总值增长 7.5%；区级一般公共预算收入增长 8%；固定资产投资增长 15%；社会消费品零售总额增长 5%；城镇、农村居民人均可支配收入分别增长 8%和 9%；城镇登记失业率控制在 4%以内；完成省、市下达的节能减排任务。

为实现上述目标，必须进一步坚定以下三个方面的认识：

（一）要把加快发展作为第一要务。市委、市政府对婺城发展寄予厚望，没有婺城的崛起、赶超、“两富”和“两美”就没有金华市区的崛起、赶超、“两富”和“两美”；人民群众对发展的渴望日益迫切，上级的重托、人民的期盼吹响了加快发展的冲锋号，必须始终牢固树立中心城区主战场、主阵地定位，进一步增强不进则退的紧迫感，咬定目标不放松，发扬蛮拼精神，夙兴夜寐谋发展、重实干，不断增强发展的后劲动力；甩开膀子攻碉堡、克难关打好新一年各项攻坚战，确保目标任务全面高效完成。

（二）要把提振信心作为第一要求。信心比黄金更宝贵。在当前“三期叠加”的特定发展阶段，先发地区增速普遍放缓，正是我们实现弯道超车的机遇；中央阶段性适当提高财政赤字、国家证券发行注册制等举措的落实，为我们对接资本市场带来重大利好；浙中城市群建设的深入推进，特别是与兰溪的对接融通，婺城的区位优势将进一步显现；婺城新城区等重点平台可用土地资源依然比较丰富，二七改造腾出的发展空间，随时都可以承接大项目、好项目落地。要认清上述形势和区情，进一步坚定发展的信心，始终保持奋发有为的精神状态。

（三）要把狠抓落实作为第一保障。狠抓落实是做好一切工作的基础。适应新常态、把握新常态、引领新常态的工作要求，需要我们以更加务实的作风抓好各项工作的落实。巩固“三严三实”专题教育成果及二七区块征迁、下沿区块改造中形成的优良作风，坚持严字当头、实字为要、干字为先，把思想凝聚到干工作上来，把精力集中到抓落实上来，?以最硬的作风、最快的速度、最高的质量推进发展举措落实，把各项工作抓实、抓细、抓到位，使改革发展的要求真正落地生根。

围绕上述目标和认识，今年要重点抓好以下三个方面工作：

(一)开展经济发展提质赶超行动,加快经济发展转型步伐

夯实创新发展基础。发挥现有平台作用,完善“创业苗圃+孵化器+加速器”多层次孵化体系,谋划建设婺城科技园,加快区域创新体系、平台建设。优化科技型中小企业融资环境,积极推动引导金融资本支持企业技术创新。贯彻落实“小微企业三年成长计划”,力争三年任务两年完成,发挥中小企业在创新中的积极作用。加强创新券宣传推广,扩大创新券使用范围,通过政府购买服务,鼓励企业自主创新。以信息经济为抓手,鼓励发展“互联网+实体经济”模式,实现规模以上企业触网100%,努力在推动创新发展上有新突破。加大政策扶持力度,实施“婺城名家”工程,大力引进培育高层次人才创业创新团队,“国千”“省千”等科技人才。大力发展股权投资、天使投资,为创新人才创业营造良好环境。创新农业经营模式,充分利用“金华购”地方农村电子商务平台营销优势,打造“三分田”农村电子商务园。

提升全要素生产率。加快推进供给侧结构性改革,完善以“亩产论英雄”的企业综合绩效评价制度,严格执行企业评级效果运用政策,促进生产要素配置向优质企业倾斜。大力实施“四破”攻坚,继续开展闲置、低效用地清理,鼓励企业进行工业用地二次开发,进一步提高土地利用率。建设企业监测平台,完善全区企业信息库,对企业发展进行精准评价。继续抓好“两化融合”“四换三名”工程,引导企业实施技术改造,创建一批“名企、名品、名家”,提升企业生产效率。强化政银企对接,帮助企业解决融资难题,发挥上海股权交易中心浙江地区(金华)孵化基地作用,年内帮助1–3家企业挂牌上市。全面完成农村经济合作社股份制改革,扎实推进农村土地承包经营权确权登记颁证工作,为优化农村资源配置奠定基础。

抓好项目增强后劲。发挥“重大项目、重大工程、重大政策”的带动作用,不断提升投资项目的质量和效益。树立“虎口夺食”的信心和勇气,高度重视招商引资工作,加强与国企、央企、世界(国内)500强等大企业及婺商的对接联系,扩大招商领域,创新招商方式,按照科技含量、投资强度、产出效益和生态影响等标准,实施精准招商。当好“店小二”,狠抓入园项目跟踪服务,督促企业早开工、早竣工、早投产。力争引进内资16亿元,浙(婺)商回归6亿元,外资1100万美元。加快转变外贸发展方式,用好出口退税、信用保险等政策,打造我区跨境电子商务平台,力争全年自营出口总额突破6亿美元。

促进产业协调发展。深入实施四大百亿产业发展三年行动计划,以先进装备制造、生物医药健康、信息网络经济、商贸文化旅游四大产业为龙头,打造婺城三次产业协调发展升级版。继续开展“双千”、“走亲连心”活动,增强企业发展信心,健全应急周转金制度,帮助企业应对“两链”风险,确保全年限额以上工业投资达到23.1亿元,规上工业产值达到162.5亿元。抓好粮食生产,完成播种面积1.2万公顷,实现总产量7.1万吨;扎实推进两区建设,新建粮食生产功能区25个、面积933.33公顷,基本完成琅琊现代农业综合区建设;继续开展农产品质量安全示范县创建,新增无公害农产品5个、绿色食品2个。深化省级电子商务示范县创建,完善金华电子商务创业园“一站式”服务体系,加快金华网络经济集聚区建设;完善基础配套,提升接待能力,促进乡村旅游差异化、品牌化发展,加快琅峰山风景旅游区等项目建设,运用“互联网+”模式大力推介大南山旅游;加快竹马馆货运站建设,引导现代物流产业集聚发展。

(二)开展城乡建设提质赶超行动,努力打造宜居宜业环境

着力提升平台建设水平。打造品质效益新城,按照“提升临江分区、整合栅川分区、完善洞溪分区”总体思路,完成三大工业分区规划提升。加快环中轴景观商业核心圈建设,力争尚格酒店投入营业,金华银行、凯得商务大厦等项目投入使用。不断完善基础配套,确保公安应急指挥中心、城北特教中心投入使用,婺城区第二人民医院全面建成,金华广播电视站、婺城消防站开工建设。谋划双溪西路西延工程,加快完成临江东路、紫金南街、华龙南街和金江南街交通闭合圈建设。更加重视仙源湖度假区开发,加快度假区扩建控规编制和安地老镇区

改造，推进金华水上运动中心二期、桂花山庄、仙草苑养生文化园项目建设，确保年内投入营业，启动后山公园建设，进一步完善首期区块及乡村旅游基础设施，打造精品旅游线路。坚持规划引领，杜绝“千镇一面”，加快乾西环保小镇等特色小镇培育创建。

加大城乡基础建设投入。选商引资，推动二七区块开发建设；持续发力完成下沿改造，有序推进重点区域城中村改造，改善8个社区市政设施；实施城市网格化管理，提升城管数字化水平，不断做优做强主城区。启动实施马海路跨白沙溪桥建设工程，完成蒋堂、琅琊污水处理厂提标改造，推进雅畈历史文化街区开发，加快集镇截污纳管进度，发挥中心镇城镇化节点作用。建设秀美南山风景线，新建精品村5个、秀美村10个，省级美丽宜居示范村3个；加快蒋堂、乾西移民安置房建设，以地质灾害隐患村为重点，完成搬迁安置500人；实施农村“两乱”整治，努力提升美丽乡村建设水平。稳步推进杭金衢高速拓宽改造，330国道、汤莘公路改建，衢江航运开发等重点项目，开工建设45省道、莘畈至武义白姆公路，加快330国道跨宾虹西路立交桥、金武快速路、南山大道等重点项目前期工作，实施白门线、湖大线、虹戴公路等美丽公路建设，不断优化区域交通条件。乘势而上，扎实推进非法“一户多宅”整治和无违建创建，对新增违章保持零容忍，提高拆后土地利用率，强势推进“三改一拆”。

切实优化区域生态环境。以全流域水质达到“可游泳”为目标，“不歇气、不松劲”，持续发力做好“五水共治”，全面完成9条县级以上河流治理，消除全流域的劣V类断面，打造长湖、白沙溪、漪溪、桐溪、梅溪等治水亮点工程。完成金华江北岸、黄湖路等共30.3千米污水干管建设，继续开展江北背街小巷雨污分流改造。提升垃圾分类水平，完成农村生活污水治理79个村，实现农村生活污水治理全覆盖。全面关停低小散畜禽养殖场(户)，实现全区畜禽养殖场“零排放”。深入实施“两路两侧”“四边三化”整治。大力推进农田水利基础设施建设，完成山塘整治10座，金华江干堤加固5.1千米，中小流域治理3.9千米。加大水源及生态环境保护力度。按照“一年打基础、三年求质变”总要求，持续开展控煤减煤、治气减排、控车禁烟等行动，扎实实施“气尘合治”。巩固生态创建成果，深入推进省级生态区创建。

（三）开展民生保障提质赶超行动，不断提升人民幸福水平

加快推进社会事业发展。继续推进教育现代化区和省级标准化学校创建，进一步优化教育布局，提升优质教育资源覆盖面，在二七区块规划建设1所高标准小学，确保东市街小学及婺州外国语学校建成并投入使用。强化校园文化和师资队伍建设。持续推进义务教育课程改革，学前教育第二轮三年行动计划。探索职业教育发展新模式，大力支持民办教育发展。推进区现代公共文化服务体系标准化建设，改善基层文化基础设施。挖掘繁荣白沙文化，继续组织开展民俗文化艺术节等系列文化活动，做好送文化下乡工作。广泛开展全民健身运动，推动学校体育场地向社会免费开放，举办第四届婺城区运动会。深化医药卫生体制改革，以贯彻落实基层首诊和分级诊疗制度为契机，加强基层卫生队伍建设，提升医疗机构软硬件水平。积极做好生育政策调整后的计生服务。

健全完善社会保障体系。坚持“保障民生、服务发展”理念，抓好以城乡居民养老保险、医疗保险为主体的民生保障工作。推进全民参保登记工程，完善社会保险基础数据库，形成参保信息动态管理机制。开展医保支付方式改革，推动“阳光医保”提档升级。加强被征地农民生活保障，继续做好历史遗留问题处置。进一步提升社会救助水平，力争年内实现城乡低保一体化。不断完善综合防灾救灾体系，实现避灾安置场所城乡全覆盖。构建“居家为基础，社区为依托，机构为补充”家院互融的养老服务体系，实现居家养老服务照料中心基本全覆盖，机构养老床位达每千人3.3床，市区全面开展8890虚拟养老院建设。继续实施小额扶贫贴息贷款，做好互助资金试点工作，力争发放贷款1000万元以上。提高农民就业创业能力，完成农村劳动力素质培训3200人。

努力维护社会和谐稳定。扎实开展平安创建活

动，全面构建大维稳工作格局，全力确保G20峰会等重大敏感时期社会和谐稳定。不断深化治安防控体系建设，确保社会安定有序。深化领导接访工作制度，重视初信初访办理，畅通信访渠道，加大积案化解力度，着力减少重复信访、越级信访。完善城乡基本公共法律服务体系，全面推进法律援助惠民工程，营造学法用法守法良好社会氛围。加快推进社区矫正工作规范化。开展农村社区实验区建设试点。推进劳动仲裁机构实体化、标准化，积极构建和谐劳动关系。健全各类应急预案，加强产品质量和食品药品安全专项整治，确保人民群众生命财产安全。严格落实安全生产监管责任和主体责任，建立安全生产社会群治机制，不断提升全社会安全感。

四、全面加强政府自身建设

实现"十三五"宏伟蓝图，完成今年各项目标任务，需要全区人民共同奋斗，更需要政府各级各部门勤奋工作、履职尽责、狠抓落实。我们将主动适应形势发展需要，顺应人民群众期盼，全面加强政府自身建设，奋力开创政府工作新局面。

(一)提高依法行政水平。严格落实重大行政决策程序规定，健全区政府常务会议、政府部门学法制度，严格执行行政机关负责人出庭应诉规定，深入推进政务公开，加强规范性文件管理。自觉接受区人大及其常委会的法律监督、工作监督和区政协的民主监督，认真执行区人大及其常委会的决议决定，认真办理人大代表建议和政协委员提案，广泛听取各民主党派、人民团体、工商联、无党派人士的意见，主动接受社会公众和新闻舆论的监督。进一步规范行政执法行为，推进行政复议和综合执法体制改革，加大行政问责力度，提高公正文明执法水平。

(二)深化政府职能改革。继续推进"四张清单一张网"改革，建立投资项目跨部门协同审批机制，推进第二批行政审批扁平化工作，促进权力下沉，提高审批效率。实施"政务服务网"延伸工程，实现省、市、区、乡镇(街道)、村(居)五级政务服务联动，进一步方便群众办事。整合完善"微政务"平台，切实提升应用、服务水平。全面推行政府购买服务工作，优化公共服务供给。

(三)提升政府工作效能。始终保持婺城发展"只争朝夕、时不我待"的紧迫感；始终保持重点项目克难攻坚中的优良作风；始终保持"五加二"、"白加黑"的工作热情；始终保持亲力亲为的"一线工作"方法，积极倡导立说立行、一抓到底，不断提高政府工作效能。坚决破除部门主义和本位主义，大力整治行政不作为、工作不落实、配合不协调问题，确保政令畅通。对政府各项主要工作，都要明确目标，落实责任，强化措施，加强督查与调度，做到逐项抓落实，件件出实效。

(四)大力加强廉政建设。巩固深化《准则》、《条例》学习成果，认真践行"三严三实"，坚持把从严治党与强化政府自身建设有机结合，建立内容科学、程序严密、配套完备、运行有效的制度体系。继续高标准、严要求落实好中央"八项规定"、省委"六个严禁"等廉政制度，持之以恒反对"四风"。严格落实反腐倡廉"一岗双责"，重点加强对项目投资、政府采购等重点领域的行政监察和审计监督。厉行节约，实现"三公经费"零增长。严肃查处各类违法违纪行为，坚决纠正部门和行业不正之风，营造风清气正的政务环境。

新的一年，我们将一如既往关注民生，围绕解决人民群众最关心、最直接、最现实的利益问题，努力办好十个方面惠民实事，请各位代表、委员对政府工作进行监督。

各位代表！"十三五"的宏伟蓝图已经绘就，婺城赶超发展迈上新的征程。让我们在市委、市政府和区委的正确领导下，振奋精神，开拓创新，为建成高水平全面小康社会、开创婺城发展新局面和婺城人民更加美好的生活而努力奋斗！

专 辑

2015年婺城区重点建设项目

2015年婺城区省重点建设项目

表1

单位:万元

序号	项目名称	建设规模及主要内容	项目单位	总投资
	婺城区(5项)			237146
1	金华市婺城区第二人民医院迁建工程	按二级甲等医院规模要求建设,项目用地面积4.67公顷,其中一期用地2.67公顷,总建筑面积39364.5平方米	婺城区第二人民医院	24300
2	浙江万里扬变速器股份有限公司乘用车变速器项目	购置土地220亩,新建厂房85000平方米,购置高效设备884台套	浙江万里扬变速器股份有限公司	62200
3	金华市水上运动中心	总用地8.87公顷,建设水上运动综合场馆等	金华市南山生态旅游投资有限公司	51792
4	330国道金东岭下朱至兰溪沈村段改建工程(婺城段)	本项目婺城区段22.28千米,采用一级公路标准建设,设计速度100千米/时,双向六车道,路基宽度33.5米	330国道婺城区段改建工程建设指挥部	77051
5	婺城区金华江治理一期工程	加固二十年一遇防洪标准堤防,长度11.16千米,排水涵管改建	金华市江河水利发展有限公司	21803

2015年婺城区市重点建设项目

表2

单位:万元

序号	项目名称	建设规模及主要内容	总投资
	婺城区(18)项		2313723
1	金华市婺城区第二人民医院迁建工程	按二级甲等医院规模要求建设,项目用地面积4.67公顷,其中一期用地2.67公顷,总建筑面积39364.5平方米	24300
2	金华恒瑞房地产开发有限公司婺州城市广场	总建筑面积500000平方米,建设大型超市、休闲娱乐、餐饮、家居装饰广场以及高档办公、商务会所和高档住宅小区等	100000
3	浙江万里扬变速器股份有限公司乘用车变速器项目	购置土地14.67公顷,新建厂房85000平方米,购置高效设备884台套	62200

续表 2

序号	项目名称	建设规模及主要内容	总投资
4	浙江康灵电器有限公司汽车单向器项目	用地 8.67 公顷,购置 RQ3-75-9 井式退火炉、液压机、数控车床、磨床等设备	47923
5	尚格花园(康桥别院)	项目总占地 3.39 公顷,总建筑面积 71100 平方米(其中地下面积 9600 平方米)	25729
6	宾虹星城	项目总建筑面积 761670,用地面积 40.33 公顷	268500
7	荣光国际学校	用地约 6.2 公顷,一期建设八幢教学楼、宿舍楼等;二期教师公寓	17500
8	巨龙紫金玉澜房产项目	用地 57338 平方米	48000
9	金华市水上运动中心	总用地 8.87 公顷,建设水上运动综合场馆等	51792
10	婺城区仙源湖旅游度假区基础设施建设	规划面积 9.8 平方千米,一期开发建设 2 平方千米	160000
11	金华市婺城区二七新村棚户区改造工程	项目总用地 112.9 公顷,规划公共服务设施用地 5.41 公顷,公共绿地 12.16 公顷,道路用地 32.81 公顷,保留用地 9.05 公顷,建设用地 53.47 公顷,总建筑面积 156 万平方米	1142589
12	婺城区安居工程城中村改造项目	城中村改造建设安置房 50 万平方米及基础配套设施	103200
13	330 国道金东岭下朱至兰溪沈村段改建工程(婺城段)	本项目婺城区段 22.28 千米,采用一级公路标准建设,设计速度 100 千米/时,双向六车道,路基宽度 33.5 米	77051
14	衢江(金华段)航运开发项目婺城区段工程	游埠枢纽 1 座(由泄洪闸、电站、船闸组成)、界河上游 5.8 千米的航道疏浚、洋港服务区 1 处、洋埠锚地 1 处及 5.8 公里航道相对应的助航与安全管理等配套实施等	120373
15	金华市西二环跨沪昆铁路立交道路接线工程	本项目全长 1629.7 米。其中跨沪昆铁路的立交桥长度为 909.1 米,采用公路 I 级荷载标准和 BZZ-100 轴载标准设计;接线道路长度为 720.6 米,路幅宽 80 米,沥青砼路面	21000
16	婺城区金华江治理一期工程	加固二十年一遇防洪标准堤防,长度 11.16 千米,排水涵管改建	21803
17	婺城区中小河流治理工程	白沙溪白龙桥古方段堤防加固 5.0 千米,琅琊集镇段堤防加固 2.88 千米,高田塍、后金段堤防加固 4.0 千米,白龙桥集镇段堤防加固 2.5 千米,新昌桥、大圩段堤防加固 2.86 千米	11713
18	浙江万象花卉有限公司婺城区莘畈现代农业生态园(金华多肉植物园)	建设集种植、销售、休闲观光为一体的生态观光园,包括智能化连栋温室、游客接待中心、农产品供销中心、手工艺作坊、种养殖园、生态停车场、商务酒店、专家公寓、VIP 联盟田园景观展示等	10050

2015 年婺城区重点建设项目

表 3

单位:万元

序号	项目名称	建设规模及主要内容	项目单位	总投资
	总计(37)			**2842325**
	园区(22)			**1181302**
	新城区(20)			**969510**
1	新宇·宏腾生活广场	项目用地 35 亩,总建筑面积 50000 平方米,规划有超市、酒店、宴会厅、购物商城、西餐厅、儿童 MALL 等	金华新宇置业有限公司	50412

续表 3

序号	项目名称	建设规模及主要内容	项目单位	总投资
2	城北社区服务(邻里)中心	项目占地 7362.31 平方米,总建筑面积 2.2 万平方米,建设以社区管理、餐饮、休闲娱乐等为一体的商业综合性建筑	金华市城北综合区开发有限公司	8000
3	金华海润置业有限公司瑞唐国际项目(二期)	项目总用地 17.32 亩,拟建设商业、创业型办公区及花园式办公区,总建筑面积为 44060 平方米。其中,地下面积(不计容积率)9460 平方米	金华海润置业有限公司	22000
4	尚格假日大酒店	建设一座总面积 3 万平方米的准四星级宾馆、2.4 万平方米的高级住宅区	浙江尚格置业有限公司	52100
5	蓝湾·上林院	总建设面积 15.6 万平方米	浙江正方置业有限公司	110000
6	浙江师范大学婺州外国语学校新校建设项目	用地 126 亩,建设教学楼、实验楼、办公综合楼、图书馆、体育馆、宿舍楼、多功能厅、运动场等能满足 72 个教学班级约 3000 名师生教育教学及生活所需的项目设施	浙江师范大学婺州外国语学校	15000
7	时通电气环保节能型电力设备生产基地	主要生产电动汽车充电设备和 12KV－40.5KV 气体绝缘设备,项目用地约 93.725 亩	浙江时通电气制造有限公司	12800
8	浙江正方机械设备有限公司年产 40 万吨节能环保型沥青搅拌站建设项目	年产 40 万吨节能环保型沥青搅拌站建设项目,项目用地 3.33 公顷	浙江正方机械设备有限公司	12800
9	金华市永强车辆有限公司年产 1 万辆野营挂车项目	项目用地面积 3.28 公顷,新建厂房,总面积 40745 平米	金华市永强车辆有限公司	15730
10	浙江三和印染有限公司转型升级年生产 800 万件功能性无缝内衣及配套染整生产线建设项目	生产 800 万件功能性无缝内衣及配套染整生产线建设项目	浙江三和印染有限公司	10500
11	金华供销农超连锁有限公司供销农超物流仓储配送中心项目	供销农超物流仓储配送中心项目	金华供销农超连锁有限公司	56000
12	年产 5000 吨吹塑薄膜及 2500 吨彩印复合膜生产线	年产 5000 吨吹塑薄膜及 2501 吨彩印复合膜生产线	金华市恒宇包装有限公司	10016
13	水源涵养区群众异地搬迁项目	水源涵养区群众异地搬迁 3627 人	区农办	33000
14	美丽乡村	全区各行政村实施以“绿化、文化、洁化、美化”等主要内容的美丽乡村建设	区农办	24036
15	乾西移民小康示范村四期安置房工程	项目用地 2.87 公顷,建设安置房 40000 平方米	区农办	6000
16	蒋堂移民安置房建设	项目用地 14 公顷,建设安置房 17 万平方米	区农办	25500
17	婺城区农村生活污水处理项目	全区 399 个行政村(居)开展农村生活污水治理扩面提升	区农办	48000
18	金兰中线雨污管网工程	对金兰中线雨污管网进行改造及铺设污水管网进行截污,将周边企业及居民工业和生活污水都纳入市政污水管网	婺城区建设局	4700
19	金华市公安局婺城分局业务用房一期工程	总用地面积 35463 平方米,计容积率建筑面积 30728 平方米,不计容积率 4791 平方米	金华市公安局婺城分局	12008

2015 年婺城区十大惠民实事

1.社会保障。新建城乡居家养老服务照料中心75家,新增机构养老床位300张;政策性农村住房保险参保率在98%以上;城乡居民基本医疗保险制度参保率在95%以上,统筹区域政策范围内住院补偿率在75%以上。

2.就业。开展千万农民素质提升培训工程,完成农村劳动力素质培训3000人,新增就业人数3600人,失业人员再就业1800人。

3.治污。完成29万平方米温室甲鱼关停退养;完成限、宜养区畜禽养殖场污染整治;全面推进农村生活垃圾分类减量化处理,生活污水治理覆盖65%以上的行政村,完成治理村164个,新增受益农户32050户;实施金兰中线二期雨污分流改造1.6千米,加快实施金华江北岸及桐溪等污水干管、江北背街小巷雨污分流、通园溪和回溪雨污管网、人民西路延伸截污纳管工程。

4.教育。完成婺州外国语学校主体工程,东市街小学扩建工程开工建设,婺城小学北扩、罗店小学教学楼竣工并投入使用;完成所有学校塑胶操场改造;普惠性幼儿园覆盖面达70%。

5.医疗卫生。完成区第二人民医院十二局分院改造;开展城乡居民健康体检8万人次;培训红十字救护员1000人,普及培训4000人。

6.文化体育。新建农村文化礼堂20家;开展文化走亲6场,送戏下乡125场;创建市级文化示范村1个;培训非遗传承人50人;建设小康体育村50个。

7.扶贫。蒋堂移民新村一期主体工程结顶,力争开工建设乾西移民新村四期。继续推进地质灾害村异地搬迁,完善乾西、琅琊、长山、九峰、桃源等移民村基础设施。

8.生态建设。完成山地造林133.33公顷,实施生态公益林扩面6666.67公顷;创建市级以上森林村庄3个;完成3个乡镇农村公益性生态公墓建设。

9.基础设施。完成农村公路大中修50千米、农村公路等级提升15千米;改造危桥2座;建成50个农村客运班线公交停靠站候车棚;整治背街小巷8条;完成10个村饮水安全提升工程管网改造;建成快递智能配送点200个。

10.公共安全。建立食品安全基层责任网络,建立网格400个;建成区农产品检测中心;实现区“平安通”村(居)全覆盖、铁路沿线村(居)社会治安监控探头全覆盖。

大事记

1月

1月1日，金兰城际公交正式开通运营。

1月2日，婺城区人民法院升国旗暨新法官宣誓仪式。

1月4日，婺城区开展重点违法用地图斑检查工作。

1月6日，婺城区召开全区城乡环境综合整治工作推进会。

同日，金华市精品城市建设调研会在新狮街道举行。

1月13日，区政府召开第三十六次常务会议。

1月15日，婺城区召开乡镇街道人大工作会议。

1月19日，婺城区八届人大常委会举行第二十六次会议。

1月27日，婺城区政协召开三届十七次常委会会议。

1月28日，婺城区召开落实党风廉政建设责任制情况检查考核汇报反馈会，市委副书记、市长暨军民代表市检查组反馈了婺城区落实党风廉政建设责任制情况，并做重要讲话。

同日，婺城区举行区级老领导迎春座谈会。

1月29日，市领导徐加爱、金中梁、林一心、朱恒钱到婺城走访慰问困难群众，区领导王健、申屠福华、申瑞龙陪同。

同日，区领导王健、徐劲松、许光明、周春然一行先后走访慰问部队官兵和困难群众。

1月30日，婺城区召开2014年度总结和领导干部述职述德述廉述法、区委理论中心组学习（扩大）会议暨全区整改落实推进会。

2月

2月2日，婺城区召开区委六届八次全体（扩大）会议暨区政府八届六次全体会议。会议通过中共金华市婺城区关于全面深化法治婺城建设的决定。

2月4日，婺城区新闻网再获浙江在线“创新奖”。

2月5日，婺城区女企业家协会召开年度总结大会。

同日，省外侨办副主任王通林、市外侨办副主任金烨一行到婺城新城区意谐·缤虹星城走访慰问海外侨领邱爱华。区委常委、常务副区长朱利群参加走访。

2月7日，婺城区人大常委会举行第二十七次会议。

2月10日，《中新社》、《浙江日报》、《钱江晚报》、《浙江法制报》、《金华日报》、金华电视台、金华新闻网等20余家中央、省、市媒体走进二七区块，共同关注二七区块旧城改造房屋征收工作进展情况。

2月15日，婺城区召开纪委六届五次全体（扩大）会议暨组织、宣传、统战工作会议。

同日，婺城区召开全区平安建设暨政法工作会议。

2月20日，婺城区召开烟花爆竹领域安全生产大排查紧急会议。

2月25日，婺城区四套班子领导参加植树活动。

同日，区政府召开第三十七次常务会议。

2月26日上午，金华市召开全市作风建设大会暨“从严管理落实年”活动动员部署电视电话会议。

2月27日至3月4日，婺城区政协三届四次会议召开。

同日，婺城区委召开常委会，研究部署2015年全区“扩大有效投资月”活动等事项。

2月28日至3月4日，婺城区八届人大四次会议召开。

3月

3月2日，记者从婺州外国语学校获悉，该校首批毕业生郭丰毓被杭州学军中学预录取。

3月6日，婺城区干部大会暨“从严管理落实年”活动动员部署会议。

同日，八咏楼社区“侨法宣传角”被国务院侨办授予国家级荣誉。

3月13日，“山花烂漫·美丽婺城”系列活动暨婺城区第六届茶花节闭幕。

同日，婺城区召开全区人力社保工作会议。

3月19日，婺城区召开全区食品安全与放心农贸市场创建工作推进会。

3月20日，婺城区召开人大工作会议。

同日，金华市委常委、东阳市委书记徐建华率领东阳市党政代表团到婺城考察，并开展结对帮扶工作。

3月26日，市委副书记、市长暨军民到婺城区城北街道五星社区调研城中村改造及撤村建居社区基本生活设施改善工作。副市长祝伦根，区领导申屠福华、李小庆参加调研。

3月27日，婺城区卫生和计划生育局成立。

3月30日，婺城区召开安全生产暨消防工作会议。

3月31日，全省创建“平安浙江”会议在杭召开，省委书记夏宝龙作重要讲话。婺城区连续第十年被评为省级“平安区”，受到省委、省政府的表彰。

4月

4月2日，区委召开理论中心组学习会，深入学习贯彻“四个全面”战略布局重要思想。

4月9日，区政府召开第三十八次常务会议。

同日，婺城区召开全区“五水共治”大会。

同日，市委书记徐加爱到婺城区调研乾西环保特色小镇建设工作。副市长傅利常，区领导王健、申屠福华、朱利群、蒋献忠参加调研。

同日，婺城区召开工业暨扩大有效投资工作大会。

4月13日，省政法委综治办主任张卫星为组长的省委第九督导组来婺城区指导拆违和治水工作。区领导王健、申屠福华、李小庆、查志强、陈旭日等参加会议。

4月14日，市委副书记、市长暨军民对西二环跨沪昆项目的建设情况进行调研。副市长祝伦根，区长申屠福华参加调研。

4月16日，婺城区开展春季查灭螺工作。

4月23日，婺城区召开全区民政工作会议。

4月24日，截至上午11:00，罗店镇全面完成尖峰山坟墓搬迁工作。

4月28日，区政府召开第三十九次常务会议。专题研究招商引资工作。

4月30日，婺城区委常委会召开党风廉政建设专题会议。

5月

5月4日，婺城区召开专题会议，部署全区违建项目环保清理专项行动。

5月5日，城北街道完成北山路市郊粮管所房屋征收签约工作。

5月11日，区政府召开第四十次常务会议。

5月13日，婺城区召开人口和计划生育工作会议。

同日，中国农林水利工会副主席孙涛带队的调研组到婺城区东方红林场，专题调研国有林场困难职工帮扶和富余职工安置工作。副区长朱立工陪同调研。

同日，市委副书记、市长暨军民带领市相关部门负责人到婺城区走访调研重点工业企业。副市长傅利常，区领导王健、申屠福华、蒋献忠参加调研。

5月19日，召开区委常委会议。

同日，婺城区召开专题会议，部署2014年、2015年版《婺城年鉴》编纂培训工作。

5月20日，浙江省残联党组书记、理事长郑瑶带领省政府残工委调研组成员到婺城调研残联工作。

同日，婺城区召开区委普法依法治区领导小组(扩大)会议。

5月25日，婺城区召开淘汰燃煤锅炉整治行动部署会。

5月26日，双龙风景区召开“三严三实”专题教育部署会。

5月27日，区委理论中心组成员参加集中学习会。

同日，省司法厅党委委员、副厅长吉永根到婺城区调研司法行政工作。

同日，婺城区召开全区信访工作会议。

5月29日，婺城区召开2015年区机关党建工作会议。

同日，婺城区召开全区安全生产会议。

6月

6月1日，婺城区政府组织召开“三严三实”专题教育党课，传达学习中央和省、市委“三严三实”专题教育部署会精神。

同日，金师附小举行“全国文明单位”揭牌仪式暨庆“六一”艺术节，副市长林丹军、区委书记王健为金师附小揭牌。

同日，召开环保特色小镇建设推进会。

6月2日，婺城区召开E邮站建设工作推进会。

6月3日，婺城区召开“三严三实”党课暨专题教育部署会。

6月5日，婺城区召开创建全国文明城市推进会。

6月9日，婺城区组团赴“浙洽会”期间举行的金华投资环境推介会暨项目签约仪式。共签约外资项目1个，总投资项目10亿元人民币；签约内资项目1个，总投资2亿元。签约项目涉及社会服务产业和建筑材料产业。

6月10—12日，中共浙江省委十三届七次全体(扩大)会议在杭州举行。区领导王健、申屠福华参加会议。

6月15日，婺城区召开领导干部大会，学习贯彻省委十三届七次全体(扩大)会议精神。

6月16—17日，由广州皓业实业有限公司董事长徐祖茂率领的印度尼西亚华侨考察团一行7人到婺城区考察。区委党委、副区长蒋献忠陪同考察。

6月17日，省农业厅党组书记、厅长史济锡到婺城区调研农业工作。

同日，省水利厅党组书记、厅长陈龙率队调研金华江城防工程。

6月18日，婺城区政府举行第四十一次常务会议。

同日，婺城区青年电子商务创业大赛暨婺城区农村电子商务职业技能大赛正式启动。

6月29日，K628婺城区汤溪镇九峰至岩下公交线路开始试运行。

7月

7月10日，召开防汛防台工作紧急会议。

7月13日，区政府召开第四十二次常务会会议。

7月13日—18日，由水利部稽察特派员、吉林省水利厅厅长张德新带队的水利部稽察组一行7人到到婺城，对全区小型病险水库除险加固项目建设管理情况进行稽查督察。

7月16日，婺城区政协举行三届二十次常委会议。

7月30日—31日，区领导王健、申屠福华、施素珍、何海彬、叶青松、朱立工、王国平、邢水成、楼存根分三组走访慰问了驻金部队和武警官兵。

7 月 30 日,召开婺城区河长履职情况汇报会。

7 月 31 日,召开区委六届九次全体(扩大)会议暨区政府八届七次全体会议。区委书记王健作报告,并就加强基层党组织和基层政权建设作部署。

8 月

8 月 5 日,由省委政法委办公会议成员、省综治办专职副主任谢小云任组长的督察组,到婺城督察制定修订村规民约、社区公约工作和社会治理信息化建设工作以及信访工作。

8 月 7 日, 婺城区委召开理论中心组学习 (扩大)会暨“三严三实”专题教育学习研讨会。

8 月 10 日,召开全区重大项目“百日攻坚”活动动员会。

同日,区政府召开第四十三次常务会议。

8 月 12 日,全市农村生活垃圾和污水治理工作例会在婺城区召开。

8 月 13 日,召开全区“党群连心桥”工程推进会暨党建示范带建设现场会。

8 月 14 日,召开全区领导干部大会民主推荐副处级领导,区四套班子领导参加。

8 月 15 日,召开全区安全生产工作会议,贯彻落实中央和省、市主要领导及有关会议关于安全生产工作部署要求,紧急部署全区安全生产大检查等工作。

8 月 18 日,召开区委常委会议,会议传达学习了中央和省、市委“三严三实”专题教育有关精神,部署了全区开展“三学三找三改三比”专项行动。

8 月 21—26 日,婺城区党政考察团赴西藏那曲考察援藏工作,并慰问援藏干部。

8 月 28 日,市委副书记、市长暨军民到二七新村区块调研征迁工作。

8 月 31 日, 金华市委召开市委常委专题议军会, 区委书记王健被任命为区人武部党委第一书记。

9 月

9 月 9 日,区领导申屠福华、方鹰、王国平、方锦瑞分组走访全区部分中小学校,慰问师生员工。

9 月 11 日,区政府召开第四十四次常务会议。

9 月 17 日,国家工商总局副局长甘霖、市场司司长刘红亮一行到金华电子商务创业园调研指导工作,市委副书记、市长暨军民,省工商局副局长方金土,副市长胡国强,市市场监管局局长施欣辉,区委副书记、区长申屠福华,副区长王建良等陪同调研。

9 月 24 日, 区委召开理论学习中心组 “三严三实”专题教育学习研讨会。

9 月 25 日,婺城区召开维稳工作会议。

9 月 27 日,召开防汛防台工作紧急会议,部署防御台风“杜鹃”各项工作。

9 月 29 日,中国光大银行常务副行长马腾等一行到二七区块,就区块改造项目投资等进行考察交流。

9 月 30 日下午,在沙畈乡银坑革命烈士陵园隆重举行烈士纪念日公祭活动, 区领导申屠福华、张菲菲、施素珍、朱立工等参加活动。区委副书记、区长申屠福华主持公祭仪式。

10 月

10 月 21 日,市委副书记、市长暨军民到婺城区调研城镇污水处理设施和生态湿地建设工作。

10 月 29 日,由省委常委、温州市委书记陈一新带队的温州市党政代表团一行,实地考察婺城区信息网络经济发展情况。市领导徐加爱、陶诚华、金中梁、傅利常,区领导申屠福华、蒋献忠等陪同考察。

11 月

11 月 10 日,婺城区委召开全区领导干部会议,传达贯彻中共十八届五中全会精神和省委、市委有关要求,部署年底重点工作。

11 月 12 日, 婺城区召开农村生活垃圾分类工作推进会。

11月15日，省政府、市政府先后召开地质灾害隐患排查治理工作紧急视频会议，区委副书记、区长申屠福华，区委常委、常务副区长李小庆在婺城分会场参加会议。省、市视频会议结束后，婺城区立即举行会议，紧急部署地质灾害隐患排查治理各项工作。

11月18日，召开区委常委会议。

11月21日，市委副书记、市长暨军民带领市国土、交通、农业、林业、农办等部门负责人深入箬阳乡黄阳村走访，进村入户检查指导地质灾害隐患排查整治等工作。

11月24日，召开婺城区截污纳管大会战动员大会。

11月26日，婺城区委召开理论中心组学习(扩大)会暨十八届五中全会精神宣讲报告会，听取省委中共十八届五中全会精神宣讲团成员，省委党校巡视员、副校长郑仓元的宣讲报告。

12月

12月1日，区政府召开第四十六次常务会议。

12月3日，婺城区召开文明委工作会议，总结全区精神文明建设情况，并对下步工作进行部署。

12月4日，省教育厅副厅长于永明一行到婺调研民办教育工作。

2月4日，20多位浙江省在沪商会秘书长在省驻沪办副主任、省驻沪单位党委书记徐建刚和上海市浙江商会秘书长吴仲春的带领下到婺城区开展招商对接活动。

12月11日，区委召开“三严三实”专题教育学习会，学习《中国共产党廉洁自律准则》和《中国共产党纪律处分条例》。

同日，婺城区委召开常委会议专题议军会。

12月22日，婺城区举行新媒体融合暨“婺城新闻”移动客户端开通仪式。

12月29日，国家开发银行浙江省分行行长袁建良、副行长沈财战一行到二七指挥部，调研二七区块改造工程项目，

12月31日，婺城区召开2016年工作务虚会。

由婺城区委防范和处理邪教问题领导小组办公室、区反邪教协会组织拍摄的反邪教微电影《呼唤》，在2015年第四季度全国防范和处理邪教问题领导小组系统微电影评比中荣获优秀视频奖。

概　况

地　理

【位置、面积】 婺城区地处浙江省中部，金华市中西部。东连金东区，南接武义县，西南与丽水市遂昌县接壤，西与衢州市龙游县毗邻，北与兰溪市交界。介于北纬28°44′~29°15′、东经119°18′~ 119°46′之间。东西长45千米，南北宽55千米。距省会杭州市135千米(径距)。土地面积1391.24平方千米，约占浙江省总面积的1.36%。婺城区是金华市辖区，金华市人民政府驻地，浙中城市群中心城市的核心区块。区人民政府驻宾虹西路2666号。

【地形地貌】 婺城区地处金衢盆地中段，地势西南与东北高，中部低。婺城区地跨浙西大复向斜与浙南变质地体两个Ⅱ级构造单元。由于两个构造单元地质历史演化截然不同，因而地层、岩性也不尽相同，大致以江山—绍兴深断裂为界，以北为江南地层区，以南为华南地层区。

江南地层区 属于扬子准地台的一部分，也称浙西台皱带，在地质历史时期经过一系列凹陷与隆起而形成目前的格局。一般地说，江南地层区，在整个古生界，地壳下沉，接受沉积，有页岩、灰岩、砂岩等浅海相沉积建造，主要分布于金华山。进入中生界后，该区地壳褶皱上升，仅在局部凹陷带有陆相沉积建造，主要分布于金华山及金衢盆地北缘。中生代侏罗系后期，地壳运动加剧，形成大片火山岩覆盖和大量侵入岩。白垩系及其后期，地壳岩石经历了强烈剥蚀，在盆地北缘与南缘有红色砂岩沉积。新生界，又经燕山运动、喜马拉雅运动的影响，形成多峡谷小盆地、地面起伏较大的现代河谷地貌以及喀斯特地貌发育的特色。

华南地层区 属于华南地槽褶皱带一部分，也称浙东华夏褶皱带，在元古界有古老变质岩系和灰岩零星分布，主要出露于塔石乡一带。在中生界，该区属于稳定上升地区，整个地表都被火山岩系覆盖。侏罗系后期，地壳运动进一步加剧，有大量的岩浆活动，形成大片火山岩系覆盖和大量侵入岩，后经强烈剥蚀。这些火山碎屑岩和熔岩，主要分布于金华南山和盆地盆底南侧斜坡地带。新生界期，华南地层区在喜马拉雅运动影响下，局部地区有玄武岩喷发和覆盖，从而导致该区多浅小盆地的现代河谷地貌和火山造岩地貌的特色。

以金华江为中轴，向两侧呈阶梯式分布。地形根据绝对和相对高度、坡度可分为山脉、丘陵、平原三种不同类型。

山脉 高低起伏，坡度较缓，绝对高度在500米以下，相对高度一般在200米以下的为丘陵。绝对高度500 ~1000米的为低山。绝对高度1000 ~3500米的为中山。3500米以上为高山。其中丘陵面积约364.46平方千米，占全区总面积的26.20%；低山面积162.89平方千米，占全区总面积的11.71%；中山面积33.98平方千米，占全区总面积的2.44%。

金华山 金华山又称长山，俗称北山。主要绵延于区境东北部罗店、竹马两个乡镇的东北和北部。

金华山北连龙门山脉，由于墩头盆地的陷落和向东侵蚀，浦江盆地的不断向西侵蚀，遂形成龙门山脉两头隔离、中间相连的格局。

金华山南坡，自兰溪市至金东区伸展着一条长25千米、宽约1千米的石灰岩带，有大小溶洞50多个，有效面积大于10000平方米。这些溶洞洞景绮丽多姿，区境内可供旅游的有双龙、冰壶、朝真、桃源、仙瀑、二仙、讲堂等多个溶洞，其中双龙、冰壶、朝真三洞为国家级重点风景名胜区。

金华山西起兰溪市城区兰江东岸，东走经王大尖、白露尖、扁担岗，至兰溪市与婺城区界上的西坑岗。自此沿婺城区、兰溪市界东走6.5千米，经九龙山（海拔1245.2米），至金华城北东4°，距城15千米（方位、距离均以通济桥北堍为基点。下同）、海拔1312米的大盘山。复东北走11.5千米，经武平山（亦名玉壶山）、双尖（城北东15°，距城16千米，海拔1017米）、螺蛳尖出区境入金东区与兰溪市界上，续东走至兰溪、义乌、浦江三市县界上，北与龙门山北支相连，续东走沿浦江、义乌边界，至义乌市大陈江西岸，隔江与会稽山相望。以上为金华山干脉。

南山　区境内西南及南部诸山的统称，绵亘于塔石、沙畈、箬阳、莘畈、岭上、安地诸乡镇，呈西南—东北走向。由于新构造运动上升强烈，在流水侵蚀下，西南诸山，谷深坡陡，多千米以上山峰（50余座）。是白沙溪、厚大溪诸溪与瓯江水系的松阳溪、宣平溪的分水岭。向东北延伸，山势渐趋平缓，多呈块状丘陵。

南山属仙霞岭余脉，经遂昌县华表坑，至棋盘石北入区界，分支沿婺城区、遂昌县界西北延伸为鹅卵石大岗，至金鸡头隔梨树源与塔石乡东长坪（海拔1165米）相望。干脉沿婺城区、遂昌县界东北走3千米，过金竹湾，至区境内最高峰小金竹尖（海拔1336米），复北走1千米，有龙坑尖（海拔1328米），折东转东南走4千米，经白岩（海拔1250米）至小龙葱尖（海拔1324米）。复前走4.5千米，经风门山（海拔1233米），出区界至遂昌县狮子岩。折东北至婺城区、武义县界上的龙潭背。自此沿婺城区、武义县界东北走，经大阳山（海拔1320米）、大坞尖（海拔1180米）、茶园头（海拔1203米）和横岗岭（海拔1048米），于林坑尖（海拔1151米）入武义县。经龙门亭，至婺城区与武义县界上的八县尖（海拔964.2米）、鲤鱼尖、宣家岭和高塘顶，隔武义江与武义县焦岩相望。

丘陵　海拔70~500米，坡度15~25°的丘陵地364.46平方千米，占全区总面积的26.20%。主要分布于以下乡镇：

一、西起婺城区与龙游县界上，东至白沙溪左岸，南自莘畈乡、琅琊镇一线，北至浙赣铁路南北，包括汤溪镇中南部、琅琊镇北部、蒋堂镇大部、白龙桥镇西北部。地势呈南北走向，丘岗与溪谷相间。土壤以网纹红土发育而成的黄筋泥为主，面积约180平方千米，为全区最大的丘岗区。

二、西以白沙溪，北起山嘴头，东至雅畈镇西大路的三角地带，包括琅琊镇东北部、长山乡中北部、安地镇北部、雅畈镇中北部和苏孟乡及秋滨街道的中南部。多呈馒头状浑圆低丘地貌。大黄山一带为冰碛阶地，土壤以红紫色砂页岩发育而成的紫色土为主，面积约150平方千米。

三、自城北街道的洪源、杨梅山向西北，沿金兰北线，至竹马乡姜衙一线东北，包括城北街道北部、新狮街道和罗店镇南部、竹马乡东北部。多为自北而南的低岗与溪谷相间地形，其中杨梅山和洪源一带为冰碛阶地，冲沟由山顶向四周网状延伸。土壤以红沙土为主，面积约40平方千米。

平原　海拔70米以下，横向坡度一般小于10米，主要由江河冲积而成。面积约315平方千米，占全区面积22.64%。主要分布于以下三片：

一、三江冲积平原。东起东关大桥以下义乌江两岸，南自武义江左岸的雅畈镇，西至环城西路。包括城东、城中、江南、三江诸街道全部，城西、西关两街道东部，城北街道南部，雅畈、苏孟两乡镇的东北部。地势略有起伏，海拔多在45米左右，面积约90平方千米。

二、城西冲积平原。环城西路以西的金华江两岸。包括右岸的城西街道西部，乾西乡全部，竹马乡西南部。境内有乾溪、盘溪自东北向西南蜿蜒曲折流贯其间，并有西湖、下湖、长湖等金华江故道残迹湖。地势低平，海拔多在40米以下。左岸东起环城西路,西至西溪,北止于婺城区与兰溪市界。包括白龙桥镇全部,长山乡北部。地势低平,其中白龙桥镇雅苏,海拔31米,为全区最低点。漪溪、桐溪、白沙溪、西溪自南而北流贯其间,沿溪有大小不同的溪谷平原与平畈。面积约120平方千米。

三、衢江冲积平原。西起婺城区与龙游县界上,东北止于婺城区与兰溪市界上,东南大致沿浙赣线和黄路溪。包括洋埠、罗埠两镇全部,汤溪和蒋堂镇北部。有莘畈溪、厚大溪、黄路溪自南而北流贯其间。海拔多在40米左右。面积约105平方千米。

降　水

全年降水量2031.5毫米,与多年平均降水量(1621毫米)相比偏多25.32%,与2014年年降水量(1699.8毫米)相比偏多19.5%。汛期平均降雨量1286毫米,比2014年同期1303.1毫米偏少1.3%。降雨量主要集中在5月、6月、7月。其中,汛前(1月1日—4月14日)平均降水量330.7毫米,主汛期(5—9月)平均降雨量1183.9毫米,6月7日入梅,6月24日出梅,梅雨期17天。梅雨期平均降水量310.6毫米,比2014年梅雨期平均降雨量少30.3%。全区今年发生“6·09”和“6·19”两场小洪水,但洪水期间江河水位未超警戒值。辖区内山塘、水库数次蓄满,五座中型水库多次开闸泄洪。2015年汛期,全区5座中型水库蓄水总量略有增加,入汛初蓄水总量为2.18亿立方米,汛期末蓄水总量为2.94亿立方米,蓄水量增加了0.76亿立方米。2015年,全区受台风影响较小,仅受9号台风“灿鸿”、13号台风“苏迪罗”和21号台风“杜鹃“的外围影响,降雨过程强度不大,对水库、江河水位影响较小。

水　文

结合省统一部署的山洪灾害县级非工程措施建设项目和中小河流水文项目建设,加强全区水雨情监测预警工作。全区新建8个视频监控站点,共有5个水位自动遥测站、26个雨量自动遥测站、31个水位雨量自动遥测站、11个视频监控。平均22.9平方千米就有一个站点,达到了山洪灾害防治县级非工程措施建设标准。在监测信息采集及预报分析决策基础上,通过确定山洪灾害预警指标、预警程序和方式(自动监测、群测群防),将预警信息及时、准确地传送到山洪灾害可能威胁区域,使接收预警区域人员根据山洪灾害防御预案,及时采取防范措施,最大限度减少人员伤亡,由于没有水文站和气象台,婺城区与金华市水文站签订了金华江、武义江的汛期报汛协议和洪水预报;同时与市气象服务中心签订气象服务协议,及时提供气象和灾害性天气预报。通过水雨情遥测站监测和水文、气象信息传递,区防指及时掌握全区水雨情,为防汛抗旱抢险工作提供决策依据。

行政区划

婺城区辖9个街道、9个乡、9个镇,96个居民委员会(社区居委会),578个村民委员会。区域内有国家级金华市经济技术开发区、省级婺城新城区、浙江金西经济开发区(10月划归市经济技术开发区管理)、双龙风景区、仙源湖旅游度假区。其中金华市经济技术开发区辖1个乡、4个街道,48个居民委员会、38个村民委员会。全区土地总面积1391.24平方千米。

2015 年末金华市婺城区行政区划及土地总面积

行政区划及土地总面积表

表 4

乡镇名称	村民委员会（个）	社区居委会（个）	土地总面积（平方千米）
全区合计	**571**	**98**	**1391.24**
城东街道	–	5	2.99
城中街道	–	3	6.21
城西街道	–	5	1.66
城北街道	–	8	4.4
新狮街道	6	13	23.76
罗 店 镇	38	1	66.58
雅 畈 镇	37	–	74.33
安 地 镇	37	–	136.47
琅 琊 镇	30	–	93.07
蒋 堂 镇	35	–	54.29
竹 马 乡	16	–	19.58
长 山 乡	21	–	60.35
箬 阳 乡	14	–	60.38
沙 畈 乡	30	–	184.94
塔 石 乡	39	–	99.63
岭 上 乡	2	–	60.66
莘 畈 乡	11	–	73.04
婺城新城区小计	**60**	**14**	**117.26**
白龙桥镇	49	8	92.91
乾 西 乡	11	6	24.35
金西开发区小计	**157**	**1**	**168.8**
汤 溪 镇	72	1	106.36
罗 埠 镇	61	–	44.33
洋 埠 镇	24	–	18.11
金华市开发区小计	**38**	**48**	**82.85**
江南街道		7	3.03
三江街道	–	17	7.65
西关街道	–	7	4.57
秋滨街道	4	17	29.62
苏 孟 乡	34	–	37.98

人　口

全区总人口 242321户、635511 人（区属户籍管理人口 38.38 万人）。其中：男性 317454 人，占总人口的 49.95%；女性 318057 人，占总人口的 50.05%。总人口中非农业人口 351653 人(区属 20.09 万人)，占总人口的 55.33%。金华市开发区 94514 户、251693 人。婺城新城区 33319 户、86091 人。

2015 年，区属出生 3132 人，其中计划内出生 2930 人，计划生育率为 93.55%；人口自然增长率 3.98‰；免费孕前优生检测率在 98.88%以上。

2015 年，全区有 60 周岁以上老年人 81971 人，占全区总人口的 21.3%，至年底，百岁以上老人 7 人。年龄最大 102 岁。

资　源

【水资源】 婺城区江河属钱塘水系，有钱塘江一级支流衢江、二级支流金华江及其上游义乌江和支流武义江。流入以上四江的溪河，10 千米以上的 18 条。诸溪下游和四江沿岸，水网交织，水利称便，唯受地形和气候影响，溪河之水暴涨暴落，山丘易旱，水土流失比较严重，河床淤积，沙洲迭见。

金华江　义乌江与武义江于燕尾洲汇合后称金华江，亦称婺江、婺港。通济桥以上亦称双溪。唐严维诗“明月双溪水，清风八咏楼”，宋李清照《武陵春》“闻说双溪春尚好，也拟泛轻舟”均指此。

双溪西流，穿通济桥，过金虹桥、双龙大桥、河盘大桥，越橡皮坝至婺江大桥，转向西北流，经筱溪、石柱头，至雅苏北出境入兰溪市，至马公滩与衢江汇合后称兰江。

双溪西南别出为龙渎，穿过城南大桥，沿五百滩南缘西流，至河盘桥复入金华江。

金华江自燕尾洲至雅苏出区境，长 15 千米。河床宽 140~300 米，水深 1.7~4 米，比降 0.43‰。沿岸地势低平，水网交织，是全区水稻主要产区。有 10 千米以上溪流 6 条汇入：

玉泉溪　发源于苏孟乡西南部石人坑，北流经朱店过清江塘入湖海塘，出湖海塘至金华职业技术学院院区和茶花公园园区的金大塘和馒塘，复北流过湖海塘电站，沿磐安街北流于西关汇入金华江。全长 14.5 千米。

漪溪　发源于长山乡猴岭，北流经上溪、石门，过白龙桥镇黄碧塘，于邵家埠头西北汇入金华江。长 16 千米。

桐溪　发源于长山、安地、沙畈三乡镇界上的太平尖，曲折北流，经桐溪、长山、邵村，过白龙桥镇龙蟠、怡村、塌水桥，于下潘家入金华江。长 22 千米。

乾溪　发源于罗店镇西湖，南流过鹿田水库，至前庄头，经后园、溪塍至乾西乡黄桥头，转西流经竹马乡谢村，转西南流，于坛里郑南入金华江。长 20 千米。

白沙溪　曾名白龙溪，发源于武义、遂昌两县界上的狮子岩。南流过门阵入沙畈乡小洋坑，续北流经芝肚坑至柿树岭入沙畈水库(中型)，出沙畈水库，北流经岭脚、周村、山脚，于皂里入金兰水库，出水库经琅琊徐、高田塍，北流经新昌桥、白龙桥、临江，于后杜叉东入金华江。全长 65 千米，区境内长 55 千米。汇入白沙溪的支流有 2 条：银坑溪发源于沙畈乡与遂昌县界上的小龙葱尖，北转东流，经银坑，于黄坛井西入白沙溪，长 10 千米；左别溪发源于沙畈乡大坞头南与遂昌县界上，北转西流，经水碓基、黄家田，于半溪西入白沙溪。长 14 千米。

盘溪　发源于罗店镇九龙山，西南流过洞前，至西旺入双龙水库，出水库经罗店，至罗大门西南入竹马乡竹马馆，转西流入乾西乡，经栅川入兰溪市，于烟溪西入金华江。全长 17.5 千米，区境内约 15 千米。

义乌江　为金华江之上游，亦称东港、义乌港，古称乌伤溪。源出磐安县龙鸟尖，经东阳、义乌、金东三区市，过东关大桥入区境，沿清风公园西流，过宏济桥，复西流于八咏公园、婺州公园与燕尾洲之间，至通济桥东与武义江汇合。义乌江自东关大桥入境，至通济桥长 2.22 千米，河床宽约 350 米，水深 1~6 米，比降 0.3‰，两岸公园和民居相间。区境内汇入义乌江溪流有通元溪。

通元溪　发源于罗店镇盘前，南流经弹子下，过里宅入新狮街道山下吴水库(小型)，出水库至山下曹，折东流至唐村南复南流，经沙溪、车头、道院塘，入城东街道，穿越浙赣铁路、人民东路，于清风龙头东汇入义乌江。长约 17 千米。

武义江　为金华江最大之支流，亦称永康江、永康溪、武义港。源出武义千丈岩，经缙云、永康复入武义县，于金东区焦岩东 2 千米处入区境，曲折西流，至寿溪转东北流，过国湖电站转北流，至竹园东转西流，接纳梅溪后沿苏孟乡北流，过豪乐、洪坞、李渔、金婺诸大桥，至燕尾洲与义乌江汇合。

武义江自焦岩入境至燕尾洲，长 25 千米，河床宽 100~300 米，水深 2~3 米，国湖以下比降 0.65‰，金东区横店以下河道几分几合，沿岸平原渐见，梅溪口以下平原连片，进入三江平原。汇入 10 千米以上溪流(不计右岸金东区汇入溪流)有：

寿溪　发源于雅畈镇与武义县壶山街道界上的鲤鱼尖，北流经大山、罗芳埠，于寿溪北入武义江。长 28.5 千米。

梓溪　发源于雅畈镇东坞南与安地镇界上，北流经下新屋、宜山，于雅畈北入武义江。长 14.5 千米。

梅溪　发源于箬阳、沙畈两乡与武义界上的平顶坑，东北流经瀛头至武义县龙潭，复东北流入箬阳乡，经琴坛至安地镇山道、黄泥岗转北流，经郑宅，于小同北入安地水库(中型)。出水库经安地至苏孟，沿苏孟和雅畈两个乡镇边界流至金桑园东南入武义江。长 54 千米。安地水库以上比降 10‰，安地水库以下比降 3.3‰。汇入梅溪的支流有 3 条：外畈溪发源于箬阳乡上罗坪，至安地镇外畈汇入安地水库，长约 14 千米。上干溪发源于安地镇与沙畈乡界上的横路山，东北流经文明、项村、上干口，于安地西南入梅溪，长12千米。雅干溪发源于安地镇与武义县界上的彭公尖东南麓，北流经和村、雅干、郭村，至下傅西北汇入梅溪，长15千米。

衢江 又称信安江，古称縠水。源出安徽省休宁县青芝埭尖。经开化、常山、衢州、龙游等县市，于洋埠西入境。沿洋埠、罗埠两镇和兰溪市游埠镇边界流，至罗埠镇后张北出区界入兰溪市，区界上长11千米，宽250~450米，水深3~6米，比降0.3‰，为婺城区与兰溪市之界河。沿江和汇入衢江的莘畈、厚大两溪下游有广阔的冲积平原，是全区主要水稻、棉花、甘蔗和淡水鱼产地。

莘畈溪 又名西源，亦称兰源。源出塔石乡青莲山，向北穿流于高山峡谷之中，经井上至莘畈乡井下，过学岭头注入莘畈水库（中型），出水库经姓李，至祝村北入汤溪镇，复北流，经曹界、寺平，至中祝北穿越浙赣铁路入洋埠镇，北转东流于罗埠镇黄稍与厚大溪汇合。

莘畈溪原在洋埠镇下徐，穿万年桥后分两支，一支名鹅头颈，北流1千米入衢江，今已堵塞。莘畈溪长43千米，上游水流湍急，出莘畈水库至洋埠镇盛村比降3.3‰，盛村至黄稍比降1.5‰。汇入莘畈溪的牛桥溪发源于汤溪镇里金坞东南，经戴家、牛桥，至萧家北入洋埠，于盛村北汇入莘畈溪。长12千米。

厚大溪 一名南源，又名塔石溪，源出塔石乡与遂昌县界上的白岩。曲折北流，经里大茗、山坑、塔石，于东店北入岭上乡。复北流，经岭上、黄岩孔、蒋畈，至汤溪镇陶寺，过厚大、蒋村、派溪李北入洋埠镇，于罗埠镇黄稍与莘畈溪汇合后转北流，至董家北注入衢江。全长57千米。自源头至厚大，水流湍急，两岸石岩嵯峨，比降10‰，厚大以下比降3.3‰。

根据金华市水文及水文地质条件，婺城区地下水类型属于一般山丘区，河床切割较深，河床基流量已汇集了地下水排泄量的绝大部分。因此山丘河川基流量即作为地下水资源量。2015年，婺城区地下水资源量2.715亿立方米，比常年值2.4139亿立方米偏多12.5%。

【矿产资源】 婺城区主要金属矿产有锡、多金属、辉钼矿、铅锌矿和金等。非金属矿产有石灰岩、建筑石料、建筑砂砾、沸石、珍珠岩、萤石、砖瓦用页岩和花岗岩。

金属矿

锡 分布于南部的安地镇和村的仁坑垄、沙畈乡黄炫、箬阳乡岭后，有4个矿点，均属锡石—石英脉型高温热液矿床。20世纪60年代中期、80年代早期地质部门做过踏勘调查，规模偏小。

多金属 有安地镇和村、金岭庵，沙畈乡黄石玄、芝肚坑和塔石乡苏坑等5个矿（化）点。矿床成因属高中温热液及矽卡岩型，矿体呈脉状或透镜状，充填于花岗岩体节理中，个别产于岩体外接触带，规模小，品位低，无工业价值。

辉钼矿 位于沙畈乡银坑村，产于花岗斑岩中，呈细脉状充填于裂隙内，钼矿平均含钼0.04%，品位低，未开采过。

铅锌矿 分布于沙畈乡银坑、塔石乡高田、南坑等地，有4处矿产地，矿床成因属高中温热液型，银坑为小型矿床，其余均为矿点或矿化点。银坑铅锌矿为一小型富铅锌矿，伴生铜钼及银可综合利用，矿脉之主要地段已为前人采空。

金 仅有汤溪镇曹界一处，系地质部门于20世纪80年代初发现，规模小，品位低，无工业价值。

非金属矿

石灰岩 金华山南坡自兰溪市洞源至区境九龙长9千米，预测储量2亿吨。九龙、玲珑岩等处探明储量近5000万吨。

建筑石材 分布广，开采点多，重点分布在雅畈镇。采石层位主要为上侏罗纪西山头组熔结凝灰岩，石材质量以雅畈镇南干、铜山一带为最佳，常用于路基、房基或铁路道砟制作碎石等工程建筑。

建筑砂砾 分布甚广，主要分布在洋埠、琅琊、安地、汤溪、白龙桥镇等地的衢江、金华江、武义江、厚大溪、梅溪和白沙溪之低河漫滩或河床浅滩上，经大量开采之后，日益枯竭。

沸石、珍珠岩 分布在岭上乡黄岩孔一带，矿区范围达30平方千米，含丝光沸石和斜发沸石，矿化有5个层位，以第二层较佳（西山头组顶部）。矿层厚度10~50米，一般20~30米，吸钾量5.95~15.5毫克/克，吸铵量54~186.2%毫克，当量/100毫克，折

合丝光沸石 48%。沸石常伴珍珠岩,但膨胀系数较低。沸石与珍珠岩矿在小规模开发利用。

萤石 主要分布在安地镇喻斯、凤凰山,琅琊镇大岩和汤溪镇厚大一带。汤溪镇里金坞萤石矿(即金华县硐矿、双峰硐矿),探明储量 103 万吨,深部控制长 700 米,均厚度 4.37 米,平均品位 60.38%。70 年代开始,陆续开采至 2004 年 2 月发生塌陷事故后,即予封井,结束采掘。琅琊镇大岩、安地镇凤凰山、于山垅、竹坞、荣坑、麻车、白峰、岩石背、枇杷弯、横栏下等 10 处小型矿山,除大岩硐矿、凤凰山硐矿超过 10 万吨外,其余矿点储量一般在 3 万~5 万吨之间,安地镇所有萤石矿点于 2006 年结束采掘。雅畈下店、团盘岭,安地郑宅发现有萤石矿点。经多年开采,萤石资源已所剩无几。砖瓦用页岩分布在白龙桥、蒋堂、汤溪镇一带,储量丰富。

花岗岩 分布于南部沙畈乡、塔石乡一带,沙畈乡芝肚坑花岗岩矿于 20 世纪 80 年代做过勘查,当地曾作小规模开采。

【土地资源】 婺城区山地丘陵地质构造复杂,地层岩性多样,岩石种类繁多。主要成土母质有白垩纪方岩组的暗紫砂页岩、紫红砂页岩、砾岩、砂岩、石灰岩、第四纪的红色黏土、侏罗纪的凝灰岩、流纹岩及燕山运动晚期的花岗岩、花岗斑岩等。山地土壤分成红壤、黄壤、石灰岩土、紫色土 4 个土类、9 个亚类、18 个土属、43 个土种。四大土壤种类中红壤占 63%,黄壤占 20%,紫色土占 15%,石灰岩土占 2%。红壤黄壤具有黏、酸、瘦等主要肥力特征,旱季保水性差,不适于作物高产,主要适于种植茶、竹、果等经济特产及玉米、甘薯等旱粮作物。

全区土地面积 1391.24 平方千米,耕地面积 29948.19 公顷,园地 7120.07 公顷,林地 74365.72 公顷,草地 561.37 公顷,城镇村及工矿用地 14688.80 公顷,交通运输用地 3459.07 公顷,水域及水利设施用地 7349.84 公顷,其他土地 1630.86 公顷。

其中,全区国家所有土地 17848.03 公顷,集体所有土地 121275.89 公顷,与年初面积相比,国家所有土地增加 97.92 公顷,集体所有土地减少 97.92 公顷。

【生物资源】 婺城区生物资源丰富,气候温暖,适宜各种动植物生存。

植物资源 婺城区境属亚热带常绿阔叶林植被地带,按海拔可划分四类:海拔 400 米以下以马尾松和常绿阔叶林为主,主要由松、杉、茶、果等人工栽培树种和次生灌丛组成;海拔 400~800 米,以常绿阔叶林和杉木林、竹林为主,主要树种有松、杉、青岗、木荷、白砾、苦槠、石砾、枫香、浙江楠、大叶榆、牛筋树等;海拔 800~1000 米,以常绿落叶混交林和落叶阔叶林为主,主要树种有黄山松、柳杉、白砾、茅栗、化香、冬青、石楠、三尖杉、红花油茶等;海拔 1000 米以上以灌丛、草丛为主。

全区植被类型分阔叶林、针叶林、灌丛、草丛 4 个植被型组;常绿阔叶林、竹林、暖性针叶林、温性针叶林、常绿混交林、落叶混交林、落叶阔叶林、灌木林、草丛 9 个植被型和 18 个群系。植物种类有 161 科 1500 多种,其中森林树种 83 科 439 种,毛竹 8 属 34 种 2 个变种 2 个变型,草本植物约 70 科 300 余种,农作物品种资源 800 余种。

全区植物资源丰富,不计常年栽培的粮、棉、油、茶、果和野生的藻、菌、蕨、苔藓、地衣等种类在内的主要植物有 148 科 761 种,其中,裸子植物门 9 科 44 种;被子植物门 139 科 927 种,其中双子叶植物纲 113 科 761 种,单子叶植物纲 26 科 166 种。有常见野生蔬菜 39 科 68 种。列为国家和省级重点保护植物的,有南方红豆杉、银杏、金钱松、竹柏、福建柏、鹅掌楸、香果树、浙江楠、半枫落、榉树树敌、花榈木、半枫荷、天竺桂、杜仲、凹叶厚朴、青檀、珙桐、短穗竹等近 20 种。东方红林场被列为浙江省"油桐育种程序系列研究"项目试验基地。

动物资源 区境内动物资源 92 科 340 种。其中无脊椎动物 5 科 35 种;脊椎动物中,鱼类 11 科 42 种,两栖类 6 科 18 种,爬行类 8 科 27 种,鸟类 40 科 137 种,兽类 22 科 81 种。国家一级野生保护动物有云豹、豹、黑麂、白颈长尾雉(鸟类)4 种。国家二级野生保护动物有猕猴、穿山甲、豺、水獭、、小灵猫、原猫、鬣羚、鸳鸯、鸢、赤腹鹰、雀鹰、松雀鹰、红隼、领鸺鹠、斑头鸺鹠、草鸮、短耳鸮、白鹇、虎纹蛙等 20 种。列为国家三级保护动物的有虎纹蛙、鸢、苍鹰、赤腹鹰、松雀鹰、普通 、毛脚 、勺鸡、灰鹤、草鸮

(猴面鹰)、周鸟鸮(猫头鹰)、黑熊、大灵猫、狸猫等。省级重点保护动物有狐、狼、貉、豹猫、鼬、獾、食蟹蟹、豪猪、毛冠鹿、中白鹭、白鹭、夜鹭、四声杜鹃、大杜鹃、小杜鹃、姬啄木鸟、黑枕绿啄木鸟、斑啄木鸟、星头啄木鸟、三宝鸟、虎纹伯劳、牛头伯劳、红尾伯劳、棕背伯劳、红嘴蓝鹊、喜鹊、松鹊、黑枕黄鹂、眼镜蛇、五步蛇、滑鼠蛇、黑眉锦蛇、平胸龟等 33 种。省级一般保护动物在区境内普遍分布,其中兽类有 32 种包括刺猬、花面狸、黄鼬、黄腹鼬、狗獾、猪獾、华南兔、野猪、小鹿及翼手目所有种(23 种)。鸟类国家及省重点保护以外的所有鸟类均作为一般保护动物。爬行类有 14 种包括王锦蛇、乌梢蛇、劲棱蛇、紫灰锦蛇、灰鼠蛇、水赤链游蛇、赤链蛇、玉斑锦蛇、银环蛇、蝮蛇、烙铁头、乌龟、黄喉水龟、缘闭壳龟。两栖类有 2 种棘胸蛙和大蟾蜍。

列为国家二类保护动物的有大鲵(娃娃鱼)、鸳鸯、白鹇、猕猴、穿山甲、棕熊、水獭、金猫、毛冠鹿(乌獐)。畜牧业历史悠久,主要畜禽种类有猪、牛、羊、兔、鸡、鸭、鹅及蜂等。金华两头乌为地方优质品种。主要经济鱼类有青鱼、草鱼、鲢鱼、鳙鱼、鲤鱼、鲫鱼、鲴鱼、鳜鱼、鳇鱼、长春鳊、三角鲂、团头鲂、泥鳅、黄鳝和鲶鱼等 30 多种。

【旅游资源】 全区拥有国家 AAAA 级旅游景区 1 个、AAA 级旅游景区 1 个、AA 级旅游景区 1 个、国家级重点风景名胜区 1 个、省级旅游度假区 1 个、市级风景名胜区 1 个、省特色旅游村 7 个、省旅游特色经营点 1 个。区属旅行社 6 家,星级宾馆 4 家。

全区有全国重点文物保护单位有:太平天国侍王府、天宁寺、法隆寺经幢和铁店窑遗址群;省级重点文物保护单位 有:八咏楼、汤溪城隍庙、金华府城隍庙、鹿田书院、七家厅、陈村桥、滕氏宗祠、汉灶窑址、白沙堰、石楠塘徐氏宗祠、寺平村乡土建筑、永康考寓、金华通济桥、宏济桥码头、方梅生故居、北山摩崖题记、邵飘萍旧居、台湾义勇队旧址等;县(市) 级文物保护单位 48 处; 市级文物保护点 112 处,登录点 719 处。

组织机构及负责人名单

中国共产党金华市婺城区委员会

书　记　王　健（2014 年 11 月~ ）

副书记　申屠福华(2015 年 01 月~)
朱利群(女)(2015 年 04 月~)
傅显明(~2015 年 02 月)

常　委　贾献成　何海彬　丰炳春
蒋献忠　杜建明　吕　贤
李小庆　唐学兵(挂职)(2014 年 07 月~)
朱利群(女)(~2015 年 04 月)
方　鹰(2015 年 04 月~)
叶青松(2015 年 06 月~)
陶澄斌(挂职)(2015 年 07 月~)
申瑞龙(~2015 年 07 月)
徐劲松(~2015 年 06 月)

委　员(按姓氏笔划排序)
吴见孙　吴志军　吴国建
沈兆春　张永伟　张菲菲(女)
陈旭日　陈凯进　郑松有
钟春宏(畲)　施素珍(女)
倪玉奎　徐洪彬　曹　斌
盛奇兵　舒理成　傅水林
傅得樟

侯补委员　姜雍禄　杜金龙　汤云飞

区委工作部门

办公室
主　任　陈旭辉

组织部
部　长　吕　贤

宣传部
部　长　方　鹰

文明办
主　任　徐建陆

统战部
部　长　曹　斌

侨　办
主　任　汪爱春(女)

民宗局
局　长　胡　云

政法委
书　记　朱利群

政法委办
主　任　何　玮

综治委办
主　任　朱菊香

维稳办
主　任　张警祥

老干局
局　长　郑慧光

关工委
主　任　黄海根

区委、区政府信访局
局　长　龚卫东

农业和农村工作办公室
主　任　倪玉奎

台湾工作办公室
主　任　戴红茹(女)

区委两新工委
书　记　姜德进

《今日婺城》报
总　编　李　英

党史研究室
主　任　徐一军

中国共产党金华市婺城区纪律检查委员会

书　记　何海彬
副书记　范跃成　金跃园(2015年10月~)
常　委　楼国伟　洪国胜(~2015年10月)
俞玉园(女)　宋永党　章丹东
委　员　王伟文　王会星　方顺彩
石柏校　李　刚　李　唯
徐建陆　黄东泳　曹云霞
章旭升

监察局
局　长　范跃成

金华市婺城区人民代表大会常务委员会

主　任　张菲菲(女)
副主任　许光明　诸晓东　王国平(女)
邱开祥　王喜军　盛奇兵(2015.03~)
常　委(按姓氏笔划排序)
王少华　吕炳祥　李庆跃
吴建林　周卫中　郑以声
胡金泽　钟春宏　俞文伟
洪健康　夏美丝(女)　唐　瑾
葛炳灶　傅学群　潘　刚
潘启桂

办公室
主　任　　王少华

法工委
主　任　　吕炳祥

财经工委
主　任　　唐　瑾

农经工委
主　任　　郑以声

教科文卫民侨工委
主　任　　俞文伟

城建环保工委
主　任　　吴建林

代表工委
主　任　　傅学群

婺城区人民法院
院　长　　张永伟

婺城区人民检察院
检察长　　徐洪彬
人武部部长　杜世云
人武部政委　叶青松

金华市婺城区人民政府

区　长　　申屠福华
副区长　　朱利群(女)(~2015.04)
　　　　　李小庆　方锦瑞(非党)
　　　　　唐学兵(挂职)
　　　　　王建良
　　　　　蒋献忠(2015.05~)
　　　　　张　璞(2015.12~)
　　　　　李　唯(女)
　　　　　李景兴(挂职)(2015.05~)
　　　　　陶澄斌(挂职)(2015.07~)
　　　　　查志强(挂职)(~2015.07)
　　　　　朱立工(~2015.12)

区政府工作部门

办公室
主　任　　吴志军

区法制办
主　任　　黄　坚

区外事办
主　任　　缪明余

区应急办
主　任　　陈蔚飞

区流管办
主　任　　金卫忠

区机关事务管理局(办)
局长(主任)　周文虎

区行政服务中心
主　任　　姜雍禄

区发展和改革局
局　长　　郑松有

区经济商务局
局　长　　施群毅

区教育局
局　长　　李　刚

区文体新局
局　长　　郭梓军

区卫生局
局　长　　钱学华

区科技局
局　长　　方剑平

区民政局
局　长　　邵福龙

区财政局
局　长　　傅得樟

区司法局
局　长　　盛桂华

区人劳社保局
局　长　　章旭升

区城建局
局　长　　何　宪

区交通局
局　长　　陈凯进

区农林局
局　长　　陈维良

区水务局
局　长　　吴国建

区审计局
局　长　　傅水林

区安全生产监督管理局
局　长　　石柏校

区市场监督管理局
局　长　　张　健

区供销社
主　任　　韩　卫

婺城公安分局
局　长　　丰炳春
政　委　　陈劲松

垂直管理部门

市国土资源局婺城分局
局　长　　李晓峰(~2015.05)
　　　　　钦　帅(2015.06~)

市规划局婺城分局
局　长　　周黎华

市环境保护局婺城分局
局　长　　马小忠

市质量技术监督局婺城分局
局　长　　王会星

市国家税务局婺城分局
局　长　　胡红平

市地方税务局
局　长　　程晓明

市城市管理行政执法局婺城分局
局　长　　蒋震中

市住房公积金管理中心婺城管理部
主　任　　张希玲(女)

中国人民政治协商会议
金华市婺城区委员会

主　席　　施素珍(女)
副主席　　邢水成　曹　斌

周春然　吴月华(女)
张琳鑫　楼存根

秘书长　王金宝

常　委(按姓氏笔划排序)

丁晓伟　万秀兰(女)　丰献平
王文明　王和源　王春燕(女)
孔爱华(女)　叶　倩(女)
刘　央(女)　严亮奇　严振江
苏兵红　吴　晓　应堂亮
张　晟　张太木　陈　波
陈趋源　周国忠　郑池爱(女)
郑荣光　郑艳球(女)
宗红艳(女)　徐建忠
唐金花(女)　盛基伟　缪雪荣
蔡祖华　戴美英(女)

办公室

主　任　丁美国

提案委员会

主　任　苏兵红

社会法治与港澳台侨委员会

主　任　方顺彩

教育文化卫生体育与文史资料委员会

主　任　王剑青

民主党派和工商联

中国国民党革命委员会金华市委员会婺城区总支

主　委　缪雪荣

中国民主同盟金华市委员会婺城区总支

主　委　郑艳球(女)

中国民主建国会金华市委员会婺城区总支

主　委　雷永金

中国民主促进会金华市委员会婺城区总支

主　委　张琳鑫

中国农工民主党金华市委员会婺城区总支

主　委　郑池爱(女)

九三学社金华市婺城区基层委员会

主　委　应堂亮

金华市婺城区工商联

主　席　吴月华

社会团体

区总工会

主　席　周春然

团区委

书　记　陈　波

区妇联

主　席　汤云飞(女)

区文联

主　席　沈根新

区残联

理事长　洪健康

区红十字会

会　长　徐　康

园　区

婺城新城区管委会

主　任　蒋献忠

浙江金华经济开发区党工委、管委会

书　记　傅利常

主　任　　余秋荣

金华仙源湖旅游度假区党工委、管委会

书　记　　刘寿松
主　任　　刘寿松

浙中信息产业园管委会

主　任　　王建良(　~2015.09)
　　　　　蒋献忠(2015.09~　)

乡镇　街道

乾西乡

书　记　　戴忠余
乡　长　　赵建新

竹马乡

书　记　　陈小华
乡　长　　吴祝芳

雅畈镇

书　记　　赵锡生
镇　长　　程增发

安地镇

书　记　　刘寿松
镇　长　　刘寿松

白龙桥镇

书　记　　范锋鑫
镇　长　　包纯正

琅琊镇

书　记　　倪永洪
镇　长　　廖天桂

蒋堂镇

书　记　　唐剑刚
镇　长　　江少华

汤溪镇

书　记　　周晓东
镇　长　　贡慧平

罗埠镇

书　记　　邵天加
镇　长　　沈　南

洋埠镇

书　记　　陈威虎
镇　长　　胡雪洋

长山乡

书　记　　方向正
乡　长　　吴　靓

沙畈乡

书　记　　郭凌燕(女)
乡　长　　陈　平

塔石乡

书　记　　沈剑峰
乡　长　　沈春燕

岭上乡

书　记　　陈　英
乡　长　　陈宝清

莘畈乡

书　记　　王志勇
乡　长　　陈丽萍(女)

箬阳乡

书　记　　方建东
乡　长　　钱红伟

城东街道

书　记　　程继军
主　任　　徐　彪

城西街道
书　记　沈兆春
主　任　金建成

城中街道
书　记　赵建洪
主　任　张时达

城北街道
书　记　舒理成
主　任　黄晓华

新狮街道
书　记　倪红卫
主　任　姜建军

江南街道
书　记　马福彬
主　任　朱　明

三江街道
书　记　朱华锋
主　任　方志敏

西关街道
书　记　唐　军
主　任　李万柳

秋滨街道
书　记　黄彩虹
主　任　何文龙

苏孟乡
书　记　葛光庆
乡　长　叶志忠

金融　保险

中国银行金华市婺城支行
行　长　陈　果

中国工商银行金华市婺城支行
行　长　楼雪君(女)

中国农业银行金华市婺城支行
副行长　斯晶虹(主持工作)

中国建设银行金华市婺城支行
行　长　陈志国

金华银行婺城支行
行　长　金宏纲

浙江金华成泰农村合作银行婺城支行
行　长　张卫军

中国人保金华市婺城支公司
经　理　倪　鸣

中国人寿金华分公司团体业务部
经　理　沈锦东

万通小额贷款有限公司
总经理　朱小昌

丰银小额贷款有限公司
总经理　陈振岩

供电　电信　移动通信

婺城供电局客服中心
主　任　范晓东

中国电信金华分公司婺城分局
局　长　张　斌

中国移动婺城分公司
总经理　贾丽娟(女)

中国共产党金华市婺城区委员会

综　述

2015年以来，中共金华市婺城区委自觉肩负“干在实处永无止境，走在前列要谋新篇”的新使命，围绕区委六届八次全会确定的目标任务狠抓落实，全区经济社会平稳发展。全年实现地区生产总值245.7亿元，增长7.6%；固定资产投资98.3亿元，增长10.1%；财政总收入37.7亿元，增长15.8%；社会消费品零售总额286亿元，增长7.3%；农村、城镇人均可支配收入分别达到17921元和41510元，分别增长9.5%和8.3%。

【转型升级】把打好组合拳与促进经济平稳健康发展结合起来，以更深更实更精准的招法让转型升级组合拳打出彩，见成效。加快实施创新驱动发展战略，提高企业自主创新能力，新增国家高新技术企业2家、市级6家，科技型中小企业25家。新增省级高新技术企业研发中心1家、市级5家，市级以上农业研发中心2家，全区技术交易额达1.75亿元。推进“两化”深度融合，新认定市级“两化”融合重点项目4个，省级、市级企业技术中心各1个，列入市级五大千亿产业重大技术攻关项目6个、技术创新关键技术攻关项目10个，顺利通过省知识产权示范区创建验收。实现浙(婺)商项目回归16个、3.94亿元，资本回归1个、19.2亿元，引进内资项目39个、15.69亿元，实际利用外资1030万美元。完成省、市重点项目投资年度计划的112.8%和137.6%。新增省级企业1家、市级3家；完成限额以上工业投资21.3亿元，增速全市第3；完成工业技改投资16.1亿元，增长23.1%。围绕“提水质”的目标抓治水，实施政府性投资治水项目34个，投资6.64亿元，整治提升黑臭河95.4千米，整治排污口277个，劣Ⅴ类水质断面由年初的13个减少至5个，全年平均劣Ⅴ类水质断面削减30.7%。大力开展“无违建区”创建，拆除违法建筑153.4万平方米，改造旧住宅29.5万平方米、旧厂区14.9万平方米、城中村75.9万平方米。处置僵尸企业8家，盘活工业用地28.53公顷，消化批而未供土地18.05公顷。

【深化改革】坚持把改革放在重中之重位置，着力发挥市场配置资源决定性作用，重点领域和关键环节改革迈出坚实步伐。积极稳妥推进“四张清单一张网”建设，“四张清单”全部网上公开，减少权力事项1341项。商事登记制度改革取得新突破，办理“五证合一”“一照一码”1345件。大刀阔斧推进资源要素配置改革，完善亩产效益综合评价排序机制，建立土地流转机制，重新约定新受让企业投资强度、容积率、亩产税收等指标，提高工业用地利用效率。深化农村确权赋权改革，完成农村经济合作社股份合作制改革382个村(社)，完成率96%，在蒋堂镇开展农村承包土地经营权登记颁证试点。深入推进现代服务业改革试点，新入选第二批国家级现代服务业综合试点项目2个，新争取服务业重大项目9个。开展省级“一事一议”财政奖补助推美丽乡村试点建设工作,争取财政资金4000万元。

（朱德勤）

【园区建设】婺城新城区产城融合进一步深化,城市功能更趋完善。新建、续建永强车辆、康灵实业等工业项目30个。婺州城市广场浙中皮革城、伟达雷迪森酒店正式营业,荣光国际学校、城北邻里中心投入使用,区公安应急指挥中心、尚格酒店、金华银行婺城支行等项目有序推进。仙源湖度假区配套服务进一步完善,旅游品牌更加响亮。度假区扩容提质迈出新步伐,面积增至40.57平方千米。水上运动中心、游客服务中心、智慧旅游信息系统等项目建设有序推进。打造雅干垅生态旅游新游线,实现旅游总收入1.21亿元,增长15%。浙中信息产业园区平台优势进一步凸显,一号产业迅猛发展。基本完成金华信息经济集聚区规划,合丰服务外包产业园、云安阁智慧产业园等重点项目进展顺利,培育了"智汇橙"家居等一批电子商务园区,金华电子商务创业园被评为省级科技孵化器。

【城乡建设】全面打响二七区块改造"句号"工程,私房签约率达99.08%,腾空率达98.46%,拆除建筑面积40多万平方米,首期推出地块成功出让。加快推进精品城市建设,完成高铁金华站北广场周边环境综合整治,下沿区块征迁全面签约。美丽乡村建设深入推进,散落历史建筑保护点建设得到加强,新创建精品村5个、秀美村10个。基础设施建设扎实推进。交通路网不断完善,二环路跨沪昆公铁立交桥建成通车,杭金衢高速拓宽、330国道改建、汤莘公路改建、衢江航运开发等工程进展顺利,金罗路、电大街、东市街北延等城市道路改造提升有序开展,完成农村公路等级提升改造34.35千米和农村联网公路建设5.2千米。城乡公交网络进一步完善,开通首条跨县域城乡公交客运班线、金华至兰溪城际公交、快速公交2号线。开展"截污纳管大会战",建成截污干管60.89千米,浙师大截污纳管、人民西路延伸污水干管等工程全面完成。山塘整治、水库除险加固、中小河流治理、农村饮用水提升改造等工程扎实推进。

【民生事业】民生保障水平进一步提升,新增城乡居民养老保险参保1060人、失地参保1334人,妥善解决历史遗留失地保险9000多人。新建城乡居家养老服务照料中心75家,市区低保对象和重特大疾病医疗救助比例提高至70%。推进标准化学校创建,完成4个薄弱学校改造,新评定6所省级幼儿园和15所普惠性幼儿园。鼓励社会资本办医,新增民营医疗机构13家,完成婺城区人民医院十二局院区改造。新建22家文化礼堂和14个村级公共电子阅览室。实施"富村五年"计划,完成经济薄弱村转化64个,开展山区扶贫攻坚,制定十项精准帮扶措施,全面消除年收入4600元以下贫困现象。

【党的建设】深入开展"三严三实"专题教育和"从严管理落实年"活动,切实把从严治党的责任承担好、落实好。深入实施"党群连心桥"工程,以示范带建设为抓手,全区19个软弱落后村全部完成整转,"古婺新韵"党建示范带建设取得实效。深化干部人事制度改革,牢固树立"重实才、重实干、重实绩"的干部选任导向,对73名在一线工作中实绩突出、表现优秀的同志优先予以提拔和转重要岗位使用。党风廉政建设和反腐败斗争深入推进。严格落实"两个责任",认真守好党风廉政建设"责任田"。严格控制"三公"经费支出,同比减少1524万元,下降42.3%。积极推进派驻机构改革,按照"9+3"模式设置区纪委派驻纪检组,推动乡镇纪委回归主业。加大案件查处力度,共立案95件、95人,移送司法机关10人,开除党籍35人。

【区委常委会会议】2015年,共召开区委常委会会议17次(含扩大会议)。每次讨论若干议题,其中传达、学习中央、市委有关会议或文件精神10次(1次即1个议题,下同),研究讨论区委常委会工作、区委全会工作2次,区人大、政府、政协工作5次,"三严三实"教育实践活动专题3次,党建工作4次,纪检监察工作5次,巡视工作2次,组织人事工作15次,政法工作5次,宣传文化工作3次,统战工作3次,党管武装工作1次,民政与社会建设管理工作5次,安全生产工作3次,财政工作1次,"五水共治"工作1次,评选先进工作1次,考核工作5次,国有农场改制工作1次,重点项目推进1次,其他事项11次。其主要内容有:讨论通过了《区委六届八次全体(扩大)会议暨区政府八届六次全体会议方案及全会报告》《区委关于全面深化法治婺城建设的决定》《中共金华市婺城区委关于加强新形势下党外代表人士队伍建设的实施意见》、《中共金华市婺城区委关于加强统一战线工作的实施意见》《婺城区2015年招商引资工作考核办法》《婺城区关于进一步强化党风廉政建设党委主体责任的若干意见（试行）》《婺城区关于落实党风廉政建设纪委监督责任的实施意见（试行）》《婺城区消防安全“两类责任”追究暂行办法》《关于进一步明确消防安全岗位职责意见》《关于进一步加强殡葬管理、深化殡葬改革工作的意见》《婺城区突发涉稳事件应对办法》《婺城区“河长制”工作考核办法》、《关于深入实施“红色接力棒”工程加强好班长好班子好梯队建设的若干意见》等文件；研究区人大、政协“两会”有关工作报告；部署学习“三严三实”学习教育实践活动有关工作；研究全区纪检、组织、宣传、统战、政法工作；研究区委落实省委巡视组反馈意见整改方案；研究讨论婺城经济社会发展重大事项；讨论决定各项工作考核办法和各类先进评比；讨论决定人事任免；研究有关案件等。

（朱德勤）

区委办公室工作

【概述】 婺城区委办公室紧紧围绕区委中心工作，以“五个坚持”为统领，以争做党性坚强的党委办公室工作人员为目标，积极适应新常态，充分发挥参谋助手作用，为区委决策提供科学依据；充分发挥督导检查作用，确保区委决策落地见效；充分发挥综合协调作用，促进各项工作高效运转，不断提高服务水平，为区委决策部署落地生根和各项工作顺利推进发挥积极作用。

【文字综合工作】 着眼于区委决策需要，紧紧围绕全区经济社会发展中的重大问题、群众关注的热点难点问题，不断提高对领导意图的解析能力、对上情下情的把握能力和对文字运用的驾驭能力，高质量、高效率完成领导讲话、会议材料等文稿的起草和审定任务，为区委领导决策提供有价值的意见和建议，不断提升“以文辅政”水平。全年起草、整理领导讲话稿70多篇，起草总结、汇报、方案、理论文章等其他材料200多篇共计约120多万字，使区委的工作思路、措施、要求得到及时有效的体现。

（朱德勤）

【秘书工作】 秘书科围绕区委中心工作，强化服务责任意识，发挥参谋助手作用。系统地做好会务工作，坚持细致、严密、高效、得体的工作态度，按照领导的安排部署，做好每次会务工作。下发通知做到高效、及时，确保把通知发放到每位参会人员，要求各单位及时上报参会人员名单，把参会情况及时汇报领导。2015年，区委共组织大中型会议40余次、小型会议80余次，短信通知500余条。做好接访工作，秘书科对所有来宾和来访人员做到礼貌热情，根据具体情况与相关领导和单位联系。对突发的上访事件，坚持顾全大局，耐心细致地劝解上访人员，并及时向领导反映情况，有效地防止矛盾的激化。做好传真的上传下达工作，全年收办各级各类文件1100余件，做到高效快地上传下达，未出任何差错。严格遵守财务制度，尽量节约经费开支，提高办公经费的使用率，大件物品走政府采购渠道，严格控制其他费用的开支，管理并使用好行政经费和办公室固定资产登记，在做好各项财务工作的同时，积极为办公室进、出人员办理调进出的工资、人事关系。

（叶琳琳）

【值班工作】 区委区政府总值班室紧紧围绕区委中心工作，认真细致地做好值班室工作。牢固树立“值班室工作无小事”的思想观念，按照值班制度工作要求，努力做到值班工作人员24小时在岗在位，认真填写好值班记录，及时做好各种信息的上传下达，确保信息往来畅通无阻。特别是针对婺城区发生的重大或突发事件，值班人员及时掌握事件发生的时间、地点、事由、经过、事件发生的伤亡情况或损害程度、目前的状况等信息，并严格按照值班工作程序做好紧急事件的上报、传达等各项工作。协助领导处置紧急、突发事件，尤其是非工作时间的紧急情况和信息的处理。做好区委重要会议的通知等有关会务工作，充分发挥了值班室上传下达的窗口作用，严格执行重大突发性事件报告制度。值班人员恪尽职守，及时做好信息的报送和有关事件的处理。

(洪志生)

【信息工作】坚持从“四个围绕”(围绕上级党委、政府的方针、政策和重大决策反馈信息；围绕全区重点工作反馈信息；围绕群众关心的难点、热点问题反馈信息；围绕区委、区政府出台的相关政策措施编报信息)着手，尽量挖掘信息的内涵，力求上报信息符合省、市要求，努力提高全区信息的采用率。全年上报各类信息600余条，被市委办公室《每日要讯》《紧急情况快报》《专报》。《工作情况交流》等信息刊物采用逾70条，其中《专报》采用后《精准发力攻坚克难 二七区块房屋征收工作签约率达97.5%“迎难而上 合力攻坚 全面打赢金罗公路拓宽工程征迁战》获得市委主要领导的肯定和批示；被省委办公厅采用各类信息逾50条，编写的《婺城区着力构建智慧云警务实现警务管理“一点通”》被《浙江信息·工作情况交流》采用，《婺城区突出四个重点优化农业生态环境》等8篇信息被《浙江信息·每日汇报》采用。全年共计编发《婺城信息》共计50余份，其中《婺城信息·专报》23篇，获得区委主要领导批示近20次。

(叶巨擘)

【调研工作】围绕区委、区政府的工作部署，积极履行职责，创新工作方法，加大调研力度，为区委区政府重大决策政策规定的出台发挥了参谋助手作用。按照区委中心工作，以调查研究为手段，以加快转型发展为主题，积极收集各级各部门先进做法、成效，及时编发调研成果，为区领导决策提供参考。全年各单位(部门)上报调研文章203篇，多篇文章得到区委、区政府主要领导批示，其中市级《金华通讯》刊登8篇，《金华日报》理论版刊登5篇，区《调查与研究》刊发88篇。做好全面深化改革工作。认真贯彻落实中央、省市和区委决策部署，坚持以“四个全面”战略布局统领改革工作，实现了预定的目标任务。改革试点项目推进有序。全年获省级以上试点项目2项：“一事一议”财政奖补助推美丽乡村建设试点及生猪保险与无害化处理联动扩面试点。全区改革亮点工作纷呈：深化工商注册便利化改革为全市商事登记改革首开先河；深化“四张清单一张网”改革全力推进；推进环境监管规范化建设，积极推动新环保法实施；创建全省首个驻乡“五水共治”巡回法庭，及时解决“五水共治”活动中发生的各类案件和纠纷。

(周江海)

【督察工作】围绕区委中心工作，紧扣区委、区政府的重大决策和重要工作部署，不断创新工作方法，加大督办检查力度，有效促进了区委重大决策及重点工作部署的贯彻落实。采取书面督察、现场督察、跟踪督察、突击督察、明察暗访等方式提高督查的针对性和实效性，全年共发出督察通知单20期，编发每月工作要点12期，刊发督察通报44期，报送《督察专报》及各类反馈材料30次，树立了督查工作的权威和地位，起到了良好的督察效果。对区委重要会议做出的决策或决议、年度主要工作任务、月度重点工作安排、重要政策性文件精神等，认真分解工作目标任务，适时开展决策督察。对决策落实中带有普遍性、倾向性、政策性的问题及时反馈，为区委决策提供服务。对年度重点惠民实事、重点建设项目和技改项目、经济运行目标管理、克难攻坚项目、新农村建设等，及时开展专项督察，客观反映进展情况，提出督察建议和意见，促进目标任务的达成。坚持按照“批必查，查必果，果必报”的原则，共办理领导批示7件次，做到件件有着落、事事有回音。对其他经常性、随机性督察活动，发现问题及时向区委领导反馈报告，主动协调，狠抓落实，确保区委重要决策落实到位，取得实效。并牵头研究制定全区机关部门、乡镇街道工作目标责任制考核办法，并组织实施。按照区委主要领导要求，对新闻媒体曝光问题进行督办，下发督察通知单12期，报送反馈材料18次，其中涉及《正风问效》15期。《今日聚焦》3期。

全区“8890”便民服务平台运行以来，以“响应灵、服务灵、办事灵”为目标，进一步健全工作机制，并安排2名工作人员专门负责日常运行与管理。一年以来，全区共接到平台交办群众诉求件7350件，在54家承办单位的重视和努力下,7350件受理事项中已办结7225件,其余125件正在办理中,办结率98.3%;在7225件已办结的受理事项中,经市平台工作人员回访,诉求人表示满意的有7225件,满意率为100%。

(徐 胜)

【机要保密工作】 认真贯彻《密码工作条例》和《中华人民共和国保守国家秘密法》,确保机要密码绝对安全,确保机要工作绝对畅通,确保保密工作开展得稳步、扎实、有效。牢固树立责任意识,增强密码管理观念。严格贯彻执行党中央、国务院有关保密工作的方针、政策,落实本区有关保密工作的决定、指示,组织和监督检查保密法和其他保密法规、制度的实施。一是增强保密意识,畅通机要收发工作。大力加强保密教育,做到时时强调保密、事事注意保密,把保密工作及保密教育作为日常工作常抓不懈;认真学习密码管理规定,及时掌握密码管理技术,增强做好密码保密工作的责任感,真正发挥机要工作生命线、指挥线、保障线的作用。二是提高机要业务水平,规范保密管理工作。牢固树立精品意识,坚持质量第一,确保每一份电报的优质、高效、安全;始终把保密工作列入重要议事日程,突出抓好领导干部的保密教育。建立健全保密工作制度,做到事事有章可循、有据可依。认真做好保密设备和密码传输设备的管理,加强对传真、复印机、打印机等办公设施的规范使用管理,由专人操作,专人管理,从源头上堵住办公设施失泄密事件的发生。扎实做好报办理,做到特事特办、急事急办,确保密码工作畅通无误。

(张纯陆)

【党史研究】 坚持以党史研究为重点,加强党史资料征集、党史宣传教育、党史重要事件和重要人物纪念、党史胜迹遗址保护利用,充分发挥党史工作以史鉴今、资政育人的作用。

为纪念抗战胜利70周年,完成省级课题《日军对汤溪实施细菌战综述》,主要内容:浙赣战役前后日军对汤溪的细菌攻击;1944年日军占领和撤出汤溪前后对汤溪的细菌攻击及对汤溪的影响;防疫情况。

助力文化礼堂建设,联合宣传部门将《抗日战争在浙江图片集》《日军在金华细菌战专题研究》《毛泽东与金华图片集》等党史书籍送书下乡活动。

年底,沙畈乡银坑村粟裕将军纪念室被命名为区级爱国主义教育基地。

(蒋 涛)

【档案工作】 全区68家进馆单位档案工作的实体整理和数字化扫描工作全面展开,全部完成2014年度文书档案的实体整理工作和档案登记备份工作,完成率100%;68家单位完成2014年度文书档案的数字化工作,完成率100%(公安、检察院因各自线上的要求没有进行档案数字化)。年底,对56个进馆单位档案工作进行了抽查,对不符合档案安全监管要求的单位下发了整改通知书,并对整改完成的单位进行了复查。根据年检结果评选出档案工作先进单位14家、先进个人15人。

规范化数字档案室创建工作全面展开,指导5家单位开展规范化数字档案室创建工作,新增创建规范化数字档案室2家,截至年底,全区65家完成单位规范化数字档案室创建,创建率达95.6%,超额完成浙江省档案事业发展“十二五”规划中要求达到60%的任务。规范化数字档案室创建不仅实现了全部室藏文书档案的数字化,也实现了照片档案、实物档案、专题目录和编研成果的数字化挂接。档案查阅利用达97人次,较2014年增加了51%。指导3家建设单位完成了5个区范围内5个市级重点建设项目的档案登记备份工作,完成对两个重点建设项目的档案验收工作。

(邱飞飞)

组织工作

【概述】 截至2015年年底,全区有党组织1132个,其中党委70个,党总支23个,党支部1039个,有党员24411人。其中女党员6379人,占党员总数的26.13%。35岁以下4882人,占20.00%;36~45岁4445人,占18.21%;46~60岁7449人,占30.51%;61

岁以上7635人，占31.28%。大学本科以上学历3781人，占15.49%；大专学历3775人，占15.46%；高中、中专学历5913人，占24.22%；初中及以下学历10942人，占44.83%。

全区行政机关干部1073人，其中，女干部306人，占28.52%；其中党员干部953人，占88.82%；35岁以下233人，占21.71%；36~45岁285人，占26.56%；大专以上学历1072人，占99.91%。

【教育实践活动】2015年，区委组织部不断深化巩固党的群众路线教育实践活动成果，有序推进"从严管理落实年活动"和"三严三实"专题教育活动，教育引导党员干部严格遵守党内政治生活准则，增强党内生活的政治性、原则性和战斗性。抓好整改落实各项工作。开展教育实践活动整改落实情况"回头看"活动，推进中央21项整治、省委"十大整改行动""十项整治"等专项整治行动，解决一批遗留难题，相关经验做法得到了省委赴市、赴区督察组的充分肯定与积极评价。抓好专题教育实践活动。开展"从严管理落实年"活动，制定下发"从严管理落实年"活动方案，明确各项"规定动作"，新增"四个问一问"专题讨论、区乡村三级基层党建"书记项目"等内容。开展"三严三实"专题教育活动，推进"三学三找三改三比"专项行动，前期已完成了第一、第二专题的学习研讨活动。区县处级以上党员领导干部先后以集中授课的方式到联系点给党员群众上专题党课；区管党员领导干部分两期开展党章党规党纪集中轮训；9月23—24日，开展为期两天的"三严三实"专题教育集中学习活动；开展《中国共产党廉洁自律准则》和《中国共产党纪律处分条例》集中学习和知识测试活动，组成5个督察组，对全区各机关单位、乡镇街道、农村(社区)党组织进行检查学习活动开展情况。抓好"不严不实"问题查摆和整改。根据省、市关于"不严不实"的五个方面问题，结合区领导联系"九个一"活动，查找出领导干部个人"不严不实"问题共计270余条次；根据省组、市组相关要求开展"三严三实"教育中基层干部不作为、乱作为等损害群众利益问题的专项整治，列出问题清单制定整治方案，健全制度机制，排查并各类问题7个大类28项。一年来，开展正风肃纪专项行动45次，查处违纪人员54人，给予党政纪处分36人。严格抓好党内政治生活。全面健全领导班子民主生活会和党员组织生活会、"三会一课"制度，建立每月15日的固定党日"十项规定动作"，重点对基层党组织建设制度特别是"三会一课"等党内组织生活制度健全落实情况开展全面检查评估；按要求召开好"三严三实"专题民主生活会和组织生活会。

【干部工作】2015年，牢固树立"重实干、重实才、重绩"的选人用人导向，全力推进"好班长、好班子、好梯队"建设。坚持服务中心，一线锤炼干部。坚持一线导向，注重选派年轻干部到急难险重一线培养锻炼，推动重点工作攻坚。2015年，选派300余名科局级干部到"三改一拆""五水共治""四边三化"一线领衔包责攻坚，优选600余名老中青干部集中会战"二七"攻坚，安排95名新录用干部实践体验助力攻坚，集中选派18名善治水的优秀中青年干部充实区"五水共治"办公室力量，从机关部门、乡镇街道抽调65名优秀干部参与城东街道下沿区块征迁工作，使不同层次的后备干部得到全面锻炼，推动和服务中心工作。强化专项巡察，一线识别干部。健全日常考察机制，改进考察办法，多渠道、多层次、多维度深入了解干部的德才表现，将了解掌握干部现实表现的触角直接延伸到一线，拓展了"把精力花在平时"的干部考察新常态，取得"从细观人，从实识人"的良好成效。建立急难险重一线干部专项巡察办法，强化对选派参与"三改一拆""五水共治"和"二七"区块改造等重点工作干部的专项巡察，全年共开展日常巡察950人次，谈心谈话6600人次，调离了5名干劲不足、工作成效不明显的乡镇街道主要领导，优先提拔51名在"二七征迁"、"五水共治"等重点工程一线取得实绩和善于推动"两美"婺城建设的干部，一大批敢抓敢管、遇事不避责的干部通过一线战场的考验走上更重要的岗位。创新工作机制，一线选用干部。制定《婺城区非定向推荐科级领导干部拟提拔使用人选办法(试行)》《婺城区关于进一步加强好班长好班子好梯队建设的若干意见》《婺城区选拔任用区管党政领导干部动议工作暂行办法》《关于建立专兼职干部考察员队伍的实施意见》等制度，提高干部选拔任用的准确性和使用的适宜度，在省委巡视组和市委组织部对全区选人用人专项检查中得到积极评价和充分肯定。2015年，全区调整机关部门和乡镇领导干部187人次，其中提拔或转重要岗位机关部门和乡镇领导干部74人；开展竞争选拔工作，产生的7名乡镇领导干部全部充实到重点项目多、信访压力大、经济建设任务重的乡镇，使干部在一线锻炼、一线培养、一线选拔、一线使用。落实全面从严监督管理干部。深入推进“三超两乱”专项整治，累计消化超职数配备领导干部6人、结构性超配乡镇专职副书记3人、规范党组(党委)成员任职13人，并确保未出现新的超配问题；严格执行事前预审制度，全年12次向市委组织部报告人事调整方案；修订完善《干部监督联席会议制度》，畅通各职能部门信息沟通渠道；开展贯彻执行情况检查，重点对6名离任党委(党组)书记进行了选任工作离任检查；开展领导干部履职监督，对17名新任党政正职进行任前“两责”告知，对11名领导干部进行了任期经济责任审计，受委托对3名市管领导干部进行了离任经济事项交接。严格执行个人事项报告和财产公示制度，对全区599人报告事项进行初审、复核和录入数据库；率先实行乡科级领导干部“逢提必核”，累计核查拟提拔或转重要岗位对象个人事项80人。实施干部监督专项整治活动，开展领导干部企业、社团兼(任)职专项整治行动，清理规范兼职行为9人次，其中1人被给予党纪处分。因需施教，教育培训干部。根据领导干部的实际需求和全区面上各项工作的现实情况，制订下发《2015年干部教育培训计划》和《区管领导干部学分考核管理实施办法(试行)》，开展中共十八届三中、四中全会精神和习近平总书记系列讲话精神学习，下发《第四批全国干部学习培训教材》用书55套，举办培训14期，计1528人次，县处级参加省、市选调培训班47人次，科级及以下参加省、市选调培训班20人次。8月31日-9月8日，分两批组织党员领导干部进行党章党规党纪专题集中轮训，全区418名党员领导干部参加了培训。

【**基层组织**】对照《浙江省农村基层党建工作经验做法》(“20条经验做法”)，坚持以“党群连心桥”工程为统领，全力打造全区党建品牌，夯实基层基础。抓好党建示范带建设。按照“整乡推进、整县提升”的部署要求，制定《党建示范带规划地图》和《党建示范带农村(社区)示范点具体创建方案》，明确3个乡镇27个行政村、5个“两新”组织、2个干部工作示范点、1个人才工作示范点在内的33个基层党组织，线路总长16千米的示范带建设任务。突出“一点一品”，在城市纯社区重点探索“社区大党委”建设等体制机制创新，在竹马乡重点深化农村党组织“联邻帮户”工作，在乾西乡重点打造党员服务“五水共治”示范区等，已基本形成集“党群连心”、“茶花争艳”“礼乐传承”等多种党建元素为一体的全域化党建模式。突出抓好党建品牌建设。探索实施“党群连心桥”工程，推进基层服务型党组织建设，打造基层党建“婺城品牌”。全区45家机关部门(单位)、490余名区管领导干部开展“双联系双结对双服务”活动，已帮助基层解决难题500余件，化解企业用工等问题200余件。开展“全科干部、全心服务”活动，推动乡镇党员干部争当“大脚掌”，争做“民情百事通”，全区乡镇干部走访农户17.12万户。开展“微系列”服务活动，建立城乡联动机制，成立党员志愿服务队47支，完成微心愿2237条，开展“八小微公益”服务活动627次，开设“微热线”“微班级”“微讲堂”等服务平台30余个，开办专题讲座113次，培训班40个；探索社区党组织与驻区单位党组织组建“大党委”，发挥社区“大党委”在社区建设管理、社区服务、社区文化等方面共建作用。从严抓好基层党建基础。各项基层党建“书记项目”齐头并进，区乡村三级党组织书记分别从共性项目和个性项目两个方面确定了年内基层党建“书记项目”任务清单，实行任务清单、公示销号、目标考核三项制度，各类基层党建“书记项目”得到有序推进，该做法获得市委常委、组织部部长温暖批示肯定。同时，推动建立乡、村两级党建责任清单，大幅度加大农村基层组织建设考核权重，党建分值占比从以往的15%左右直接提高到40%。对照《浙江省农村基层党建工作经验做法》(“20条经验做法”)，开展基层党建交叉检查和不定期暗访督察行动，对全区376

个村、44个社区基层党组织党建工作情况进行全面检查，下发整改通知，确保基层党建全面过硬。全面抓好基层党组织建设。采取因村定人的原则，从涉农部门、“两富”局级指导员、后备干部中有针对性地选派业务骨干到软弱落后村和省级扶贫重点村担任“第一书记”。根据选派村的不同问题类型，53名“第一书记”全部建立学习、问题、责任“三张清单”，实行清单销号式管理，使每位“第一书记”都能“在其位谋其政”，确保发挥“强党建、促脱贫、惠民生、促和谐”的良好效应；加强乡村干部队伍建设，分两期共6天，对全区19个乡镇(街道)396个行政村、社区的403名村(居)党组织书记进行了集中培训，深化乡镇“全科干部”建设，制定推出了“四个问一问”专题学习讨论活动；制定印发《关于进一步解决村党组织书记和村委会主任基本报酬的实施意见》，改善村主职干部的待遇。有序抓好“两新”党建工作。开展“村企联建治水”活动，建立市级“村企联建治水示范工程”28个，企业认捐治水资金600余万元，组织志愿者服务78次、2860余人次，征集治水金点子2100多个，整理落实企业减排、河道清淤、村居治污等合理化建议65个，开展技术攻关项目20个。开展“两新”党建示范点、党群服务中心创建工作，制定了两新党建“一区一带”建设规划图，明确16家市、区级示范点重点建设单位。

【人才工作】2015年，根据区情实际，抓好全区人才引培入选平台建设，健全人才服务机制，营造人才发展最优环境。抓好高层次人才引进工作。围绕信息网络经济等“四大百亿”产业需求，认真开展“千人计划”、“双龙计划”推荐申报工作。入围国家“千人计划”答辩人选2人，省“千人计划”答辩人选1人，入选市“双龙计划”人才1名。组织企业赴杭州、北京、长沙和美国等海内外重点城市开展招才引智活动，参加第三届省海高会“千人计划”专家智汇金华电子信息峰会、新一代信息技术与制造业深度融合(义乌)主题峰会，与20余名海外高层次人才进行了对接洽谈。积极培育本土紧缺急需人才。认真抓好高层次人才培养工作，入选市“321”人才工程第二层次培养人选5人，入选市首批网络经济特殊人才1人。首次赴知名高校厦门大学举办拔尖人才素质提升班。成立校企合作联盟，探索校企合作新模式，开展各类职业技能大比武活动，培养高技能人才520名。根据我区企业和市场紧缺急需工种，开展形式多样、符合农民特点的实用人才培训活动。加大名师名校长培养力度，推进教师专业发展培训，打造婺城教育人才工作品牌。三是提升创业创新平台人才集聚效能。起草人才公寓租赁管理办法，建立高层次人才联谊交流服务机制，设立人才服务专窗，在浙中信息产业园提升改造“英才驿家”，营造人才发展良好环境。全面推进浙中信息产业园建设，累计引进落户两批“双龙计划”项目4个，推荐申报2015年“双龙计划”项目4个。申报省高新技术企业研发中心1家、市级以上农业研发中心3家(其中省级1家)。积极扶持金华CRC文化创意园建设，引进落户企业160余家，高层次创业创新人才20人。四是稳妥推进大学生村官工作。完成定向符合条件优秀大学生村官考核招聘乡镇事业编制人员1人(城中街道蓝金玉)，定向大学生村官招聘事业单位工作人员8人。在全市成立首家县级大学生村官创客联合会和支部委员会，围绕创业就业、农村电商、乡村旅游、社会公益等方面开展服务活动，以好土网为平台，鼓励大学生村官电商创业，促进农民增收致富。做好大学生村官选聘工作，首次招录选调生村官2人，选聘大学生村官7人；稳妥做好2009届大学生村官有序流动工作，联合区民政局，开展服务期满大学生村官转任社区专职工作者试点工作。2015年，在岗村官33人，有序流动28人。

【自身建设】继承弘扬组织部门优良传统，对照“三严三实”要求，从严从实抓好组工干部自身建设，引导组工干部争做“六个表率”，打造“讲政治、重公道、业务精、作风好”的模范部门。加强教育培训，增强党性锻炼和业务提升。开展“从严管理落实年活动”，推进“学制度、明纪律、守规矩”、《条例》《准则》学习等专题活动，利用“周一夜学”“组工大讲堂”等载体，常态化开展政策理论知识学习活动40余次，在学习教育中不断锤炼党性素养，提升综合业务能力。加强一线磨砺，增强攻坚克难能力。坚持围绕中心、服务大局，抽调部机关部分干部力量领衔二七区块凤鸣阁区块房屋征收工作,组工干部在攻坚一线锤炼品格、磨练意志、积累经验、增长才干,有效推进区块房屋征收工作。走基层转作风,增强组织工作成效。总结部机关“基层服务日”经验,开展组工干部联系服务基层“七个一”活动,组工干部组团深入村居一线,在基层一线认真听民声、虚心问良策、志愿作服务、踏实办实事、用心解难题,在联系服务中传递关怀、改进作风、掌握情况,提升组织工作科学化水平。全年共开展走亲连心、环境卫生整治、宣传禁限燃、文明城区创建等活动10余次,完成调研课题5个,走访慰问新中国成立前老党员、困难党员群众、拔尖人才40余人。

党员干部参与“五水共治”(区组织部提供)

【中心工作】积极引导党员干部在重点工程一线践行“三严三实”,在一线书写“三严三实”的答卷。在二七区块改造工程中,择优选派600余名干部集中会战,广大党员干部带头攻坚 在城区最复杂的村——上浮桥下沿村征收工作中,面对极为复杂的局面,开展集中攻坚,仅用22天时间,就完成签约工作。在浙师大截污纳管、金罗公路改造、城西片污水管网工程等一系列重点工程项目中也是干出了合力、干出了气势、干出了新风。9月起,我区二七区块阳光和谐高效征收的典型事迹在市本级和兄弟县(市、区)“三严三实”专题教育先进事迹报告会上进行巡讲,反响强烈。

(汪　路)

宣传工作

【概述】2015年,全国宣传文化系统“基层工作加强年”。宣传思想文化战线在区委的正确领导和上级宣传部门的指导下,深入贯彻中央、省、市宣传思想文化工作会议精神,坚持正确导向,保持昂扬基调,着力在巩固提升、拓展深化、增强实效上下功夫,整个宣传思想工作扎实开展、有序推进,诸多方面取得新突破新进展,全面推进“两富”“两美”婺城建设提供了强大的思想保证、舆论支持和精神动力。

【意识形态工作】2015年,区委常委会专门听取意识形态工作专题汇报,对宣传文化队伍配备及管理等工作作出明确部署。区委通过常委(扩大)会、专题学习会等,组织区委理论中心组成员集中学习辅导10次,内容包括“学习习近平总书记重要讲话精神”、“学习贯彻中央、省经济工作会议精神”、“‘三严三实’专题党课”、“新行政诉讼法解读”、“PPP模式专题讲座”、中共十八届五中全会精神学习等。《今日婺城》理论专版发表领导干部理论文章42篇,编发《理论信息参考》12期。成立婺城“乡音”宣讲名师工作室,打造“雷锋讲堂”“山山家讲堂”等特色讲堂,编撰《婺城宣讲名师课稿》3辑。省委宣传部《宣传半月刊》杂志专门发文介绍区“三级宣讲机制”先进经验。全区开展各类宣讲活动300余场次,受众3.5万人次。

【舆情管控工作】健全完善宣传、引导、管理有机统一的网上舆论引导统筹协调机制。强化公众监督和舆论监督,形成全社会齐抓共管、共建共享的良好工作态势。推进全区政务网站的自我管理和行业自律。加强网上巡查监管,集中力量清理网上政治类有害信息,深化对网上淫秽色情和低俗信息的打击整治力度,开展对网上其他违法有害信息的专项治理工作。

【四张清单工作】2015年,根据文件要求,制定下发《关于落实基层宣传文化队伍配备及管理的通知》(婺区宣 [2015]37号)、《关于印发基层宣传文化工作“四张清单”的通知》(婺区宣[2015]43号),明确责任主体。认真对照71项指标任务,自查4个方面15个大类重点指标,如实反映全区宣传思想文化工作薄弱环节,找准整改方向。安排专门人员对各乡镇(街道)的整改落实情况进行督察,针对问题实际,落实整改举措。

【文明创建工作】 做好创建全国文明城市基础工作,建立“横向到边、纵向到底”创建网络。据统计,2015年,组织各类活动206次,参与人数2万人次,清除各类垃圾500余吨,清除城市牛皮癣4.5万张,整治占道经营和流动摊贩22560处,取缔马路市场8处,规范早餐点和夜市58处,开展文明劝导1300余人次,处罚不文明行为870次,发放各类宣传册(单)2.6万份,开展专项督察40次,下发督察告知单106件,交办整改问题673个。推进社会主义核心价值体系建设,选树“信义人物”、“最美先进”典型、“身边好人”130余人,5人入选浙江好人榜。金师附小被命名为全国文明单位,区国家税务局、区纪委被命名为省级文明单位,乾西乡湖头村被命名为省级文明村。未成年人思想道德建设稳步推进。

【文化礼堂建设】 2015年建成文化礼堂22家。做足已建48家文化礼堂的“管”“用”文章,制定下发《婺城区农村文化礼堂星级动态管理实施意见(试行)》《婺城区农村文化礼堂服务供给“菜单”》。组织开展“两美婺城”婺城区美术精品展进文化礼堂活动15场。组织“文化礼堂杯”排舞培训活动。组织开展全区第二届“文化礼堂杯”摄影比赛及公共礼仪活动视频大赛。乾西乡幸福村等文化礼堂开展了“我们的春晚”农民文艺会演。乾西乡湖头村、安地镇喻斯村、箬阳乡琴坛村等文化礼堂分别举办全区第四届民俗文化艺术节、第七届金华仙源湖桂花节开幕式及首届客家文化节活动,深受群众喜爱。

【文化产业发展】 根据《金华市加快文化影视时尚产业发展的若干意见》精神,由区委宣传部牵头组建婺城区文化影视时尚产业发展工作领导小组,在婺城区委宣传部增设文化产业科,负责全区的文化产业指导协调工作,统筹全区文化产业的发展。科学制定文化产业发展规划与实施细则,并将文化产业发展纳入经济社会发展总体布局。大力推进文化体制改革,鼓励社会资本投资文化创意产业,努力打造一批具有较强竞争力的文化创意产业龙头企业和单位。深入实施文化创意产业园区示范、文化集团培育等工程,提高文化创新能力,培育新兴文化业态,做好宣传推荐服务工作,推动文化旅游。

【信义婺城建设】 2015年,在区级媒体上开设建设“信义婺城”创建全国文明城市“信义婺城”精彩故事”等专栏,刊播各类报道200余篇。首设“信义人物宣传一条街”,开展“信义人物”巡展活动;全区中小学开展以建设“信义金华”争创文明城市”为主题的开学第一课;“草根奖”选树中特地增设“重信守义”奖,使信义金华建设在婺城有载体。

(鲁杭燕)

新闻传媒工作

【概述】 婺城区新闻传媒中心围绕区委、区政府的中心工作,紧扣中心,服务大局,精心组织,突出策划,宣传全区的各项重大决策部署和重点工作,报纸、电视、网络三大平台合力唱响“婺城好声音”。

【中心工作宣传】 重点开展两会、“三严三实”、“五水共治”、“三改一拆”、二七区块改造等主题宣传。《今日婺城》开设《从严管理落实年》《三严三实》、《行进婺城 精彩故事》《宏伟蓝图催人奋进 复兴伟业再谱华章》《深入学习贯彻五中全会精神》《社区文明城市创建》等多个专栏。并以报纸《今日婺城》、电视《婺城新闻》、网络“婺城新闻网”三大平台为依托。全年“三改一拆”共刊发60余篇、“五水共治”200余篇,二七区块改造新闻150余篇。真正做到重要事项和重大活动宣传提前谋划,立体互动,宣传报道突出重点、形成亮点。

【外宣工作】 在原有三大平台基础上,与电台新开《婺城之声》,填补广播空白,与电视台《新闻联播》开设《县市周报》。全年在浙江新闻客户端、《金华日报》《浙中新报》《金华晚报》、金华人民广播电台等省、市级媒体上,已刊播各类稿件近300篇。其中,金华日报各版头条刊发十多篇。金华人民广播电台发布稿件200多篇,浙江新闻客户端上发布婺城区稿件130多篇,金华新闻客户端发布稿件100多篇,刊播《县市周报》5期、《先锋广角》9期,65篇电视新闻上送市级台栏目播出。加强央媒的对口联络。播出4个大专题,《品味金华》《六一心愿之旅:大山里的足球梦》《聚焦婺城的"婺州窑"文化》《金华斗牛》《金华火腿》,时长达到120分钟,大容量和密集式的宣传进一步提升婺城对外美誉度和传播力,使婺城在中央级媒体的宣传关注度实现了全新突破,得到区委主要领导的批示表扬。

【媒体融合】加强网络主阵地建设充实网络力量。加强婺城新闻网建设,实现人员、考核与网络对接贯通,建立网络互补、新媒体考核等有效的考评机制,中心编辑记者善用网络,2015年《婺城新闻网》先后策划了"以爱止殇寻访救助侵华日军细菌战受害者系列报道""2015婺城两会专题"、"寻找婺城抗战记忆"、"相约水源地走进石宫村"、"建设'信义金华'创建全国文明城市""婺水流芳诗歌摄影大赛"等多个新闻专题。

【专题活动】开设《记者新春走基层》专栏,把最鲜活的新闻奉献给广大读者。做好两会、全区干部大会精神的贯彻落实宣传。从民生、工业、教育、新农村建设、环境、卫生、交通、城建、农业等领域反映过去一年经济社会发展成就。配合烟花爆竹禁燃限放规定,在《今日婺城》上开设专版,宣传婺城禁限燃工作。做强做大社会新闻、社区新闻、民生新闻。在《婺城周末》板块中继续开设"周末纪实文化掠影聚焦金华山"关注"等系列版面。2015年重点做好《纪念抗日战争胜利70周年》、"行进婺城·精彩故事"《青年创业风采》、"教育大讲堂"、寻访婺城"最美家庭"活动。

信义人物一条街(区新闻媒体中心提供)

【队伍建设】抓队伍建设,提高编辑、记者的素质能力。开展员工交流轮岗、新老帮带、业务竞赛等活动,通过聘用首席记者制、评选季度好新闻,开展每周评报、明星奖、金牛奖、新禾奖评比活动,激发采编人员的工作激情。抓制度建设,规范中心各项工作机制。实行新闻重大差错通报制度。2015年,中心为了杜绝政治性、事实性等差错,在中心岗位责任制有关规定的基础上,制定新闻重大差错通报制度,提高新闻宣传工作质量。明确(驻点)记者、稿费记者、实习记者的管理规定,对电视部的聘用记者实行单独考核,打破电视记者干好干坏一个样的现象,激发全体人员干事创业热情。抓好作风建设,健全社会监督制度。严格执行稿件上版的"三堂会审"制度,倾听社会和读者反映,拒绝有偿新闻、虚假报道、低俗之风、不良广告,提高"新闻媒体"的公信力和认知度。

(戴建东)

统战工作

【概述】2015年,婺城区委统战部根据区委的部署,结合统战工作特点,以开展"从严管理落实年""三严三实"专题教育活动为契机,狠抓干部队伍建设。在全区统战干部中开展"新时期统战干部应该具备怎样的素质,塑造怎样的形象,创造怎样的业绩"大讨论活动。进一步学习传达贯彻中央统战工作会议精神和《中国共产党统一战线工作条例(试行)》。分级培训中央统战工作会议和《中国共产党统一战线工作条例(试行)》,重点抓好乡镇(街道)党(工)委分管领导和统战委员、重点统战成员的培训。学习传达贯彻省、市统战工作会议。加大宣传力度，注重宣传效果，营造统战工作浓厚氛围。2015年，农工党婺城区基层委员会被农工党中央委员会评为全国先进基层组织。组织各党派、知联会走访困难群众，送去慰问金4万多元，涉及困难家庭80多户。新成立基层侨联组织4家，基层侨联实现有效覆盖。成立婺城区侨界人士服务团，开展了送温暖、送法律、送医药活动，送涉侨法律手册200多份，赠医药价值5000多元。区侨联被省外办、省统计局、省侨联评为全省基本侨情调查工作先进单位。

【民主党派知联会建设】积极贯彻落实中央、省、市委《关于加强新形势下党外代表人士队伍建设的意见》，加强新形势下党外代表人士队伍建设的意见。重点统战成员继续列入区领导联系“九个一”活动。协助农工党婺城区基层委员会做好换届工作，协助民革婺城区基层委员会、农工党婺城区基层委员会做好更名工作。与民革婺城总支联合开展抗日战争胜利70周年活动，区统战系统100多名统战干部、统战成员参加纪念活动。纪念活动邀请国民党抗战老兵代表讲述抗战事迹，邀请浙师大历史系教授讲述金华抗战历史，代表区委慰问国民党抗战老兵代表。组织各民主党派等统一战线成员参观黄绍竑故居和台湾义勇军纪念馆，观看抗战电影。

引导各民主党派知联会开展社会服务活动。农工党婺城总支在“世界环境日”到安地镇南郭村开展“2015年中国环境与健康宣传周”活动，为安地镇南郭村村民义诊，并送上药品；区知联会在婺城蒋堂开展“社会服务月”活动，分医疗卫生、法律、农业三组为老百姓开展咨询服务，发放宣传资料1000多份，并为宾虹中学学生上预防青少年违法犯罪的课程，受到当地400多名师生的热烈欢迎。围绕中心，努力为婺城经济社会建设服务。省委和市委发挥九三学社的科技人才优势，在塔石乡三个帮扶村开展科技咨询、医疗服务活动，学社主要领导与区、乡、村三级干部一起座谈交流共谋村级发展思路，帮扶落实扶贫项目资金30多万元，办成了修建村级办公楼、村级环境治理、移动信号塔三件实事。

【“三改一拆”】按照部署，开展对全区范围内涉及宗教场所违法建筑的处置工作。对雅宅教会未经审批擅自建造的基督教堂、安地教会部分违法建筑进行拆除，累计拆除面积80余平方米。加强民间信仰场所的日常监督和检查，巩固整治成果。另一方面，全力推进宗教标志物的整改工作。按照《浙江省宗教建筑规范》的要求，完成了罗店基督教会、城区教会城西聚会点宗教标志物整改工作。做到平稳推进、和谐整改。

【扶持民族村发展】2015年，争取到省、市及社会各界少数民族社会发展项目6个，争取到扶持资金125万元。其中水竹蓬村畲族文化中心项目、绿化提升项目顺利竣工，总投资90万元。大坑村、高塘村防洪堤坝项目已完工，总投资金100余万元。水竹蓬村、大坑村“五水共治、五教同行”项目共争取到绍兴市、金华市佛教协会扶持资金40万元。永康市委统战部帮扶高塘村捐助项目扶持资金5万元。大坑村畲族特色村寨建设项目正在实施中。同时，加大在建民族扶持项目督促检查力度，并顺利通过各级检查验收。

【引才引商】主动配合区委区政府中心工作，积极参与婺城区招商引资工作，为婺城提升产业层次、转变经济增长方式，增强经济发展后劲添加动力。由工商联牵头在谈超亿元投资项目1个，跟踪项目3个，投资规模都在千万元以上。主动融入“一带一路”大战略，联合有关部门基本摸清全区的“一带一路”的基本情况。全区有2家企业在“一带一路”沿线国家投资办厂，总投资1700万美元；有1家企业计划在“一带一路”沿线国家投资办公司；“一带一路”沿线国家在婺城投资办企业5家，总投资1625.5万美元；“一带一路”沿线国侨办侨领研习班及重点人士共有2位。接待印尼华侨侨商一行8人到婺城区考察洽谈。

【非公有制经济】继续开展非公经济人士理想信念教育实践活动。开展“民营企业与中国梦”大讨论活动。引导非公有制人士结合创业经历，忆成长、论梦想、讲贡献，增强创业热情，提高思想觉悟。帮助企业对接资本市场，5家企业成功对接Q板、E板，还有10家企业在准备对接；开展小微企业“促生存、谋发展”调研活动，走访企业60余家，帮助解决劳资纠纷、周边环境、子女就学等热点难点问题，帮助企业解决小额融资、还贷周转金等40多亿元，组织企业家培训、讲座500余人。加强基层商会建设,新成立塑料包装商会,新生代创业者商会2家,婺城武义商会1家,乡镇基层商会换届2家。深圳婺城商会党支部、人才工作站的建设得到了市委组织部、市人才办、市招才局的肯定。引导基层商会企业积极参与“五水共治”、“三改一拆”、垃圾分类、新农村建设等重点工作,捐助资金达600万元。

(袁倩蕾)

民族宗教工作

【概述】2015年,全区有宗教活动场所22个,其中,佛教场所10个,道教场所2个,基督教场所10个。宗教团体3个,分别是婺城区佛教协会、婺城区天主教爱国会和婺城区基督教两会(基督教协会和基督教三自爱国运动会)。宗教界担任区政协委员5人。

全区少数民族行政村有琅琊镇水竹蓬村、安地镇杨垅村、塔石乡高塘村、塔石乡大坑村,少数民族自然村有安地镇安地村横塘自然村、琅琊镇泉口村铁店自然村、雅畈镇汪家村大山下自然村、雅畈镇汪家村莲荷塘自然村。少数民族主要有畲族、土家族、布依族、壮族等。少数民族人士担任市、区党代表3人,担任省人大代表1人,市、区人大代表2人,担任区政协委员3人。

【“三改一拆”】2015年,在全区范围内开展“三改一拆”涉及宗教活动场所违法建筑处置工作。在前期调查摸底的基础上,对雅宅基督教会未经审批,擅自建造的基督教聚会点予以强制拆除,拆除面积400余平方米;对安地教会80余平方米的违章建筑予以拆除。巩固了“三改一拆”工作成果。6月上旬,对罗店教会、金华城区教会城西聚会点两处宗教标志物进行整改,完成整改任务。

【宗教工作基层基础建设】健全宗教工作组织网络,落实属地管理责任。在宗教活动场所建立了组织网络,明确各乡镇、街道党委书记为第一责任人,明确分管领导,责任人,统一制作宗教活动场所组织网络图,统一安装在各宗教活动场所,便于工作联系。开展宗教工作大调研。摸清底数,建立“一库七名册”,实现信息化管理。开展“同心同行·共建和谐”活动在宗教活动场所开展“升挂国旗,奏唱国歌”活动,通过全市组织的“推磨式”检查验收,增强信教群众的爱国爱教意识。加强宗教活动场所规章制度建设,规范场所管理。在各宗教场所统一作了《浙江省宗教事务条例》、财务管理、活动管理、安全管理、值班等政治和规章制度的学习,切实加强宗教事务的管理。开展和谐寺观教堂创建活动,布置星级宗教活动场所评比任务。年底,对创建活动进行考核验收,对创建活动先进单位进行表彰。对符合条件的乾西乡寺西殿推荐上报为三星级宗教活动场所。开展民间信仰场所登记编号工作。有30处场所通过登记编号审核。加强整治后民间信仰场所的日常监管,防止出现反弹现象,确保整改后的用途,截至年底,没有新增违法建筑。

【宗教综合整治工作】在市、区两级党委、政府的高度重视下,对金华城区基督教会的犯罪团伙予以严厉惩治。在整治过程中,高度重视维稳工作,确保有序推进。对部分上访信徒,做好思想工作,化解情绪,确保金华平安和谐。开展重点骨干信徒的调查摸底。区委主要领导高度重视,多次召开会议,进行布置。在调查摸底的基础上,对150余重点骨干信徒,组织街道乡镇干部上门做好工作,落实2名以上的干部负责重点骨干信徒的工作。统一全区基督教界的思想,努力形成共识。区民宗局多次召集各基督教会负责人,基督教“两会”有关班子成员召开专题会议,传达上级有关要求和工作部署,通报有关犯罪事实,统一广大基督徒的思想,认清犯罪分子的真实面貌,真正把思想统一到党委政府的决策部署工作上。确保信徒日常宗教生活有序开展。从2014年6月开始,全局干部、乡镇街道、社区干部会同市局一班人,妥善安排好各地牧师到教会讲道,帮助维护教堂秩序等工作。通过8个多月的努力,教会宗教生活正常开展。

【民族地区经济发展】争取上级部门及社会各界扶持少数民族项目。争取到少数民族扶持项目6个,各类扶持资金125万元。水竹蓬村畲族文化中心顺利建成，生活污水处理项目竣工，并对村内绿化进行了提升。大坑村、高塘村防洪堤坝建设项目全面完工。启动大坑村畲族特色村寨建设项目。积极开展“五水共治、五教同行”活动。争取到绍兴市佛教协会 、金华市佛教协会扶持资金 30 万元，完成大坑村“五水共治”项目，基础设施进一步完善。开展民族团结进步创建活动，有 2 人分别被授予浙江省、金华市民族团结进步先进个人荣誉称号。开展民族村生活困难群众走访慰问，送出党和政府的关怀与温暖，帮助解决生产生活中遇到的困难和问题，切实增强群众的向心力。

（李　琛）

信访工作

【概况】 2015 年，区信访局收到群众信访总量 1220 件，群众来访 772 批、4944 人次；群众来信及上级转办件 448 件（含网上信访 118 件），其中初信 271 件，重复信 177 件。2015 年，全区没有发生因信访而引发的群体性事件和恶性上访事件。

【专题研究部署】 区委、区政府把信访工作列入重要议事日程，定期研究，专题部署，积极推动，压实各乡镇（街道）、区机关各部门（单位）的责任，形成一级抓一级、层层抓落实的责任体系，做到事有专管之人、人有明确之责、责有落实之力。特别是“百日维稳攻坚”活动开展以来，区委、区政府高度重视，专门召开书记办公会、区委常委会和区政府常务会议研究分析全区因经济形势下行和重点工程实施过程中引发的不稳定因素（如房地产行业资金链断裂、二七区块改造、“三改一拆”、“五水共治”、金罗公路拓宽等），区主要领导、分管领导分别在“百日维稳攻坚”的各个阶段牵头主持召开会议部署工作，提出具体工作要求。同时，区委将区领导领衔化解重大矛盾纠纷和带队督察信访积案。作为区领导“三严三实”教育活动的一项重要内容来开展，定期听取工作进展情况汇报，推动各项工作措施的落实。

【领导下访约访】 2015 年，区领导带头每月安排一天下访接访，区机关各部门（单位）、乡镇（街道）领导干部随时接待来访群众。继续开展每月区党政领导接待日活动，重点部门分管领导以及人大代表、政协委员、律师共同参与。全年党政领导接待日接待上访群众 117 批、605 人次，市、区领导联合接待 34 批、386 人次，按照程序已全部办结，办结率达到 100%。区信访局每月给区级领导呈送温馨提示单，提醒区领导在安排好每月一次的下访接访活动，通过各级领导接访，畅通信访渠道，群众合理诉求得到及时妥善解决。

【源头防范治理】 2015 年，各乡镇（街道）、区机关部门（单位）坚持每月定期排查和日常排查、专项排查、重要敏感节点集中排查相结合，做到“横向到边、纵向到底”。对排查出的信访矛盾纠纷建立“一事一表一档”，进行滚动排查、销号管理，最大限度地减少信访增量。全区对矛盾纠纷进行一月一汇总、一季一通报，对当月排查的矛盾纠纷由责任单位落实“三张清单”，做好化解和稳控工作，每月跟踪续报化解进展情况，对因排查不细致、不深入，没有在当月将问题排查上报而发生集体访和越级访的进行全区通报并在考核中予以扣分。1—12 月，全区排查矛盾纠纷 1050 件，调处 1050 件，调处成功 1032 件，成功率 98.3%。

【积案专项整治】 把信访督察“百千万”专项行动作为开展“三严三实”专题教育的重要内容，建立督察项目库，实行“红、橙、黄”三色动态管理。对于一般性的程序问题或办理效率迟缓的信访件由业务科室通过电话督查进行告知整改；对于答复（处理）意见实体上存在问题的，或者经电话督办后整改仍不到位的进行发函督办（发函督办的予以考核扣分）；对于程序和实体上存在问题比较多，且群众满意度评价为不满意的信访件，由局领导带队相关科室进行实地督察指导，提出整改意见并限期整改；对于重大疑难信访问题和信访积案则由区领导带队进行督查，提出工作要求，压实工作责任。在开展“百千万”专项督察工作中，形成了“五督五促”督察工作机制，即区级领导牵头督，促积案化解；联席会议协调督，促机制顺畅；相关部门联合督，促合力推动;局级领导重点督,促工作规范;业务科室定向督,促程序到位。取得了明显的工作成效。截至年底,督查信访案件135件,超额完成市信访局下达的任务指标126件。

【规范信访秩序】全区高度重视非正常维权行为的处置,收集固定证据,依法予以打击处理。2015年,因采取违法行为进行或闹访、非访等被依法处置44人,其中被刑事拘留19人,被行政拘留25人。这对维护正常有序的信访秩序树立良好的法律导向,收到了较好的社会效应。2015年,进京非访批次人次大幅下降,共4批5人次,同比批次人次分别减少73.3%和68.8%,全区信访秩序持续好转。

(林晨宇)

对台工作

【概述】2015年,对台工作以“从严管理落实年”活动为契机,加强涉台宣传教育,团结带领台联会,服务台胞台属台企,提高自身素质。

开展涉台宣传教育。全区18个乡镇(街道)利用自身优势,创造条件,召开座谈会、茶话会或形势报告会,构建对台学习宣传平台。台办、台联会坚持学习持之以恒不放松。春节、中秋前夕,区台办、台联会组织慰问困难台胞台属。开展台联会长挂钩走访片区制度,及时宣传党的对台方针政策。

【交流联络】年内组织两批公务交流团赴台进行现代农业、教育文化考察。台联会以多种形式纪念抗日战争胜利70周年,并于4月初赴长沙交流学习。接待来婺探亲、旅游、投资考察、研讨交流的台胞32人次,连接过程中及时宣传婺城。

【服务工作】开展服务“三台”活动。通过走访、调研、座谈,深入台资企业,了解生产和发展情况,帮助解决实际问题。中秋节前夕,区台办和台联会专门走访慰问有关台商和台胞,送上节日的问候。组织台资企业负责人参加杭州到金华举办的浙江中小企业服务活动。接待来访台胞台属60余人次;帮助继承遗产、寻亲、企业赴台交流等开具证明7份。加强涉台婚姻、赴台就读学生的调研。通过走访,全区有100余对两岸婚姻组成的家庭,了解其家庭生活等情况,为其排忧解难。壮大台联会的同时,掌握了赴台就读大学生的情况并做好引导工作。

(杨金凤)

农村工作

【概述】婺城区农村工作围绕“两美”婺城建设,以“农业强、农村美、农民富”为总目标,以深化农村改革为动力,以“五水共治”为载体,力促“强农”“惠农”“ 富农”政策落地生效,实现农民普遍持续稳定增收。2015年,全区粮食播种面积12086.67公顷,总产量7.07万吨,分别比上年增长1.2%、1.5%。全区投资2129.28万元,建设粮食生产功能区21个,面积813.33公顷,创建白龙桥种猪精品园、婺西特色渔业精品园等2个省现代农业园区精品园。

【农村发展】狠抓农产品质量安全,新增无公害农产品13个,新认证绿色食品5个,农业标准化生产程度达65%,各类农产品检测合格率稳定在98%以上。农村劳动力素质培训实现常态化,完成培训3125人,其中,农村实用人才培训3021人。白龙桥镇双牌村、安地镇茶山下村等3个村建成气象防灾减灾标准化建设标准化乡村,完成平原绿化75.67公顷。投资837万元,实施农村河道整治项目9个,总长度43千米。 利用美丽乡村建设成果,把经营乡村、发展乡村旅游作为培育美丽经济的重要抓手。全区已创建省级农家乐特色村4个、市级农家乐特色村2个、省级农家乐特色点2个、市级农家乐特色点10个、三星级农家乐经营户37家。全年接待游客233.75万人次,同比增长11.5%,实现直接营业收入1.09亿元,同比增长30.58%。推进电子商务进万村工程,完成1个县级服务中心建设,在18个乡镇(街道)建设了150个“电子商务进万村”服务点。

【农村改革】推进农村土地承包经营权确权登记颁证试点,区委、区政府制定了《婺城区关于开展村经济合作社股份制改革的实施意见》《婺城区完善农村土地承包经营权确权登记工作实施意见》(婺区委办〔2014〕126号)《婺城区人民政府办公室关于印发金华市婺城区农村土地承包经营权确权登记颁证工作实施方案的通知》(婺区政办〔2015〕85号),成立了工作领导小组,制定区农村土地承包经营权确权登记颁证试点工作方案,确定在全区蒋堂镇开展试点工作。农村宅基地确权登记发证率85.1%。同时,实施小型水利工程管理体制改革、山洪灾害防治、基层社会治理"一张网"项目、浙江生猪保险与无害化处理联动扩面试点等多项农村区域性改革,起到了先行先试的示范效果,推动全区农村改革工作。

【美丽乡村建设】实施美丽乡村建设升级行动。2015年完成建设精品村5个、秀美村10个,完成3个散落历史建筑保护点修复,基本完成桂花飘香风景线,实施茶花争妍风景线,启动秀美南山风景线。第一批历史文化村落保护利用重点村雅畈村已基本完成建设;第三批重点村上阳村完成规划设计;第二批和第三批4个一般村已完成规划设计。农房改造验收6个村,拆除面积5.1万平方米。安地镇西周、喻斯等5个美丽宜居示范村建设有序推进。实施农村生活污水治理攻艰行动。2015年,全区启动实施220个村生活污水治理,设计方案通过会审,193个村完成招投标,186个村进场施工,164个村基本完工,受益农户2.2万户;全区农村生活污水治理覆盖率达到72%。实施生活垃圾分类扩面行动。全区所有乡镇、行政村已开展生活垃圾二级分类,有330个村达到垃圾分类合格村,占行政村数99%。同时推进农村环境整治长效化,建立监督检查长效机制,由区领导带队,每月对各乡镇、行政村环境卫生进行检查,检查结果排名末三位的乡镇在区级新闻媒体上进行通报。已累计检查行政村600余次,下发通报12期。全区农村环境面貌有了质的改变,农村变靓、变美。加强农民建设用地保障,其中完成无房户建房1294户,危房户改造1580户。

【民生工作】根据市委、市政府统一部署,城镇居民最低生活保障标准从每人每月588调整为655元,农村居民最低生活保障标准从每人每月425调整为532元,平均增幅分别为11%和9%;农村低保为城镇低保标准的72.3%。城乡居民养老金待遇进一步提高到120元,比上年增长20%;月人均养老金待遇由130.6元提高到154.4元,同比增长18.2%。加强农村联网公路建设。2015年,完成联网公路项目21个、15.8千米,总投资934.6万元。加强农村文化设施建设,丰富群众文化生活,新创建农村文化礼堂22家。省级民主法治村创建成果巩固率100%。2015年,农村居民人均纯收入17921元,同比增长9.5%;低收入农户人均纯收入8393元,同比增长18%,增幅高于农民人均纯收入8.5个百分点。全区把美丽乡村建设、扶贫开发、农村生活垃圾分类等考核纳入区党委、政府岗位目标制考核,在全区各乡镇、街道,区机关各部门之间开展美丽乡村建设竞赛活动,在全区所有行政村开展美丽乡村建设系列评选活动,有力地推进了美丽乡村建设。

(陈志强)

农村扶贫

【概述】2015年,全区扶贫工作紧紧围绕区委、区政府年度工作目标,认真按照省市扶贫工作要求,继续实施"低收入农户倍增计划",消除家庭收入4600元以下贫困现象,以产业扶贫、下山移民、金融扶贫、来料加工、结对帮扶为抓手,扎实推进低收入农户增收致富,推动了山区经济社会各项事业的发展。

【消除"4600"】以山区扶贫攻坚精准化为抓手,制定十项精准帮扶措施,全面消除"4600"。累计消除农村家庭人均纯收入4600元以下农户5227户8311人(含金西三镇、罗店镇),消除率100%。对经各种帮扶途径,家庭人均纯收入确实无法到4600元的低收入农户12户、19人,由区财政兜底,发放补助资金1.371万元。2015年,落实结对帮扶资金768.23万元,帮扶476人次。已基本消除家庭人均纯收入4600元贫困现象。

【产业扶贫】大力发展高效生态农业。通过近几年的发展,欠发达乡逐步形成了具有山区特色的产业,极大地促进了扶贫重点村和农户的发展,带动了周边的低收入农户加入,就地解决就业,增加了农户的收入。2015年,申报中央、省级扶贫开发项目27个,总投资1150余万元。项目涉及村组道路建设、堰坝河堤建设、饮用水改造等项目。申报市级项目11个,总投资500余万元。来料加工增收致富。区扶贫重点村来料加工业发展势头良好,特别是下山搬迁安置小区来料加工业发展迅速,重点培育扶持来料加工经纪人,经纪人队伍不断壮大,加工费发放和从业人员逐年增多,大大提高了移民的收入。来料加工从业人员20297人,发放加工费27249.24万元。2015年,山区经济发展实施项目确定罗店镇北部山区休闲旅游风景线建设等8个项目,总投资9800万元,安排省补资金3500万元。年度内已完成项目建设3个,总投资1800万元。

【金融扶贫】创新金融扶贫方式,以小额扶贫贷款和扶贫重点村资金互助社二项金融扶贫为抓手,较好地解决了山区发展资金短缺的问题。发放发放低收入农户"丰收爱心卡"2.28万张,发放小额扶贫贷款559万元。2008—2015年以来,全区先后确定了20个低收入农户集中村为互助资金试点村,借款资金总额达438.43万元。2015年新增2个试点村(沙畈乡黄坛村和塔石乡余仓村),争取补助资金50万元,扶持优秀互助社2个20万元。

【异地搬迁】为促进山区转型发展,区委、区政府高度重视,采取了一系列有效措施,推进山区群众异地搬迁。开展调研。区委、区政府把山区群众异地搬迁工程作为解决深山远山农民脱贫致富有效途径,将山区群众异地搬迁纳入全区"十三五"整体规划,作为"十三五"时期一项重要工作来抓。启动新一轮安置房建设工作。落堂移民新村占地6.8公顷,首期10万平方米安置房已开工建设,目前房屋主体工程已结顶,完成投资9000余万元。乾西四期移民安置房项目占地2.53公顷,规划建设16幢房屋建筑面积6万平方米。已进场开挖地下室土方近万立方米。开展原村址建设用地复垦。加大异地搬迁村宅基地复垦工作,通过领导重视、部门协调、乡村实施、村民配合,奖励加鼓励等多种措施,按照拆旧房办新证、拆旧房购新房的原则下大力气抓好异地搬迁原村宅基地复垦工作,拆除旧房屋近1.1万平方米,取得了显著的成效。

(陈志强)

老干部工作

【概述】区委老干部局按照全国、全省离退休干部"双先"表彰大会精神、全国老干部局长会议精神和全省、全市老干部工作会议部署要求,切实加强老干部思想政治建设和党组织建设,认真落实老干部各项待遇,结合区委、区政府全年工作要点,引导老干部积极参与,发挥作用。同时注重加强部门自身建设,努力提升老干部的服务管理水平。

【政治待遇落实】1月25日,召开老干部迎春座谈会,邀请48名曾经担任县处实职的退休老领导和享受副处以上待遇的离退休干部参加会议,区领导王健、申屠福华、张菲菲、施素珍、吕贤等出席会议,区长申屠福华主持会议,王健书记向老干部通报了2014年度全区经济社会发展情况,向老干部送上新春祝福。区四套班子领导在春节前分组走访了抗日战争时期入伍和曾担任县(处)实职的离休干部代表,送去了新春的问候。全区各单位通过召开座谈会、上门问候等形式,向老干部通报本单位一年来的工作情况,同时送去党和政府的关心慰问,受到了老同志的欢迎。春节前,与区委组织部、区人劳社保局一起开展了离退休干部两项待遇专项检查,各单位通过自查自评、上报总结的方式检查了自身老干部工作开展情况,查找存在的问题,有效地促进了老干部各项待遇的落实。

【"两项"建设工作】为了使离退休干部紧跟时代步伐,适应新常态,继续深化"两项"建设,抢占意识形态主阵地,不断凝聚老干部思想,为党的事业增添正能量。开展"送学上门"活动。针对离休干部高龄、多病、行动不便的实际困难,采取送学上门的方式,挨家挨户为全区86名老干部送上《四个全面党员干部读本》《之江新语》等学习资料。同时,转达全国、全省离退休干部“双先”表彰大会以及中央、省委、市委、区委重要决策部署有关文件精神，引导离退休干部增强中国特色社会主义道路自信、理论自信、制度自信。组织专门培训提升业务水平。增强对离退休干部党支部书记、党小组组长等骨干的常态化教育培训。3月，组织10名离退休干部党支部书记参加全市离退休干部党支部书记培训班，使离退休党支部建设紧跟时代，始终与各级党组织保持步伐一致。选派各单位代表参加最美老干部巡回演讲，通过学习典型、弘扬先进事迹增强离退休干部的思想政治素质。为老干部订阅报刊。为老干部订阅了《浙江老年报》《中国老年》《党员文摘》《今日婺城》等报刊，保证了老同志的日常学习。

【生活待遇落实】保障好离休干部“三项机制”的运转。全区离休干部离休费保障、医药费保障、财政支持“三项机制”已经建立健全，发挥着积极的作用。春节前，结合“两项待遇”专项检查，对各单位三项制度的落实情况进行了检查，发现问题及时整改，确保各项生活待遇的落实。帮扶好有特殊困难的离退休干部。倾注关爱之情，特别关心关注有特殊困难的老同志。向区财政申请专项特困帮扶资金。春节前，区委老干部局走访慰问了10名生活特殊困难的离休干部和离休干部遗属，解决他们的实际困难。实施好老干部“文化养老”工程。针对老干部文化生活需求日益突出的新情况，依托老干部活动中心、乡镇老年大学等载体和平台，繁荣发展各类老干部文化团体、协会、组织，经常性开展积极向上的文化娱乐活动，有效促进老干部们的身心健康。坚持好每周四“局长接待日”制度。做好来信来访工作，主动做好老干部的思想工作，帮助老干部理顺情绪、排忧解难。了解老干部的思想、家庭、生活情况，经常探望患病住院的离休干部和帮助生活困难的离休干部及遗属。全年共处理来信来访8件，及时给予办理和答复，办结率达100%，有效促进社会和谐。

【全省“四大行动”】积极开展“红色典藏”行动。2015年是世界反法西斯战争和抗日战争胜利70周年，为了弘扬红色文化、坚定理想信念，从年初开始，全局积极发动各离退休干部党支部，面向离休干部及民间，广泛征集红色故事，提炼红色精神。同时，组织人员走访全区9位抗战时期入伍的离休干部，深入挖掘他们的红色经历，采集4篇回忆录，整理上报2篇，利用各类媒体宣传老干部抗战事迹，弘扬老干部的优良传统和作风。积极开展“走基层、看变化、促发展”活动。围绕区委、区政府的重点工程和重点工作，组织离退休干部开展“走基层、看变化、促发展”活动，近百名老干部赴各乡镇农村、开发区参观考察“五水共治”、城乡环境整治、“三改一拆”、二七区块改造、新农村建设等重点工作，为全区的经济社会发展积极建言献策，为助推“两美”婺城建设作出贡献。开展“银色人才志愿”行动。目前，全区离休干部人数85人，退休干部3218人，其中教师1605人，农林科技人员73人，卫生医疗科技人员173人，“银”人才资源丰富，为了充分发挥这些老同志的自身优势，倡导大家“人人做公益”，带头服务大局、服务社会、服务人民，根据社会所需及老干部所能，按就近就便原则，通过各部门单位的统筹，发挥各自的优势，分类组建了网吧监督组、文明创建劝导组、基层事务督导团、“禁限燃”劝导宣传等志愿服务团队，组织引导老同志在促进社会和谐、社区建设、帮困扶贫、环境保护等方面发挥作用。开展“三美”推荐评选活动。发挥老干部优势，在全社会弘扬家庭和睦、孝老敬老的传统美德，不断为建设“两富”“两美”现代化婺城增添正能量。5月份，联合各单位开展市级“最美老干部、最美老伴、最美子女”评选活动，通过评选，推荐原金华县人大常委会副主任、现任婺城区关工委主任黄海根为“最美老干部”，站前小学离休教师许纪雁丈夫丁根友为“最美老伴”，离休干部黄振邦儿子黄洪胜为“最美子女”，他们组织参加全市“三个最美”表彰大会，取得了很好的社会反响。

【部门自身建设】2015年，老干局以“三严三实”专题教育活动为契机，开展“从严管理落实年”活动，以“抓队伍、强基础、转作风、提效能”为目标，严抓老干部工作队伍的教育管理，进一步强化了老干部工作者的政治意识、主业意识、责任意识、创新意识，增强在新形势下做好老干部工作的政治责任感和历史使命感，努力提升老干部工作水平。组织全区老干部工作者认真学习全国离休干部“双先”表彰大会内容,深刻领会习近平总书记重要讲话精神,对照全国先进模范,努力查找自身存在的不足。认真开展老干部座谈会,征集意见、建议,提出整改计划和具体措施,提升老干部工作部门的服务水平。传达贯彻省、市老干部工作会议精神,结合全区实际,认真研究制定了《2015年婺城区老干部工作要点》加强信息报送工作,完成《婺城区离退休干部银色人才库建设的现状与思考》《深化老干部工作部门自身建设的思考》《关于加强我区离退休干部党支部建设的思考》3篇调研文章。增强服务意识,坚持以敬爱致恭的感情服务老同志,自觉用老干部作风做好老干部工作,保持务实清廉好形象,用细心到位的服务不断提升老同志对老干部工作部门的满意度。

(申洪广)

关心下一代工作

【青少年教育】2015年,区关工委组织各乡镇街道关工委利用暑期中小学生普遍集中在家的有利时期,结合“春泥计划”的开展,进行广泛的纪念抗战胜利70周年的宣传教育活动。结合省关工委印制的纪念抗战宣传图片,在各乡镇、街道之间进行巡回展出。让青少年铭记历史,不忘国耻,坚定振兴中华的决心和信心。区老教师宣讲团分赴各学校开展丰富多彩的宣传教育活动,宣讲276场,受教育人数2万多人次。雅畈镇、沙畈乡关工委在9月开学后积极联系学校开展以抗战为主题的教育实践活动。各级关工委在建党节加强对青少年思想道德教育,使青少年不断加深对党和国家的情感。城西街道关工委联合金华市委老干部局在河盘桥社区举办“文明创建做表率 信义金华当先锋”文艺表演,为10名“文明小市民”颁奖鼓励;长山乡关工委组织开展纪念建党94周年暨老战士讲故事活动,对学生开展革命传统教育;城中街道西市街社区利用开展建设服务型党组织组织“小志愿者”走访老党员、老干部,邀请老同志参与社区建设。

【扶贫助学】2015年,以“助千名学子圆梦”活动为载体,加强与市关工委、市福彩中心、慈善总会等部门的联动,争取资金开展“关心桥”活动,对贫困家庭学生、外来务工人员子女等开展捐资助学活动,发放8.8万元助学款。团区委开展开展助跑“大学梦”活动,联系企业和社会热心人士,资助了20多名大学新生款项近23万元。乾西乡党委、关工委大力开展资助特困青少年活动,通过建立捐助基金的形式,资助25人次、27000多元。开展关爱留守儿童工作,有计划有步骤地推动关爱山区留守儿童工作,取得了实效。连续到塔石乡开展调研走访,了解山区留守儿童工作的现状和山区学校的困难及师生的需要,联系市关工委、市福彩中心、市科协、市红十字会等上级部门单位为塔石小学赠送价值3.5万元的学习、文体用品。下半年,连续走访了箬阳小学,联系市区多家部门,整合力量和资源,在箬阳小学建立“留守儿童之家”。加强山区学校关工委组织的阵地建设,在新年来临前到箬阳小学开展“暖冬满足微心愿活动”,为60多名山区学生送去温暖和关怀。在这样的氛围下,山区乡镇关工委也发挥作用,联系山区学校开展关爱留守儿童工作。塔石乡关工委建立了以“三知、三多、三沟通”为内容的关爱留守儿童制度。安地镇关工委立足仙源湖实验学校,完善关爱留守学生工作制度。岭上乡关工委为20余名有特殊情况的留守儿童建立档案,开展跟踪管理服务。

【青少年法治宣传教育】为协助政法部门做好失足、归正青少年的帮教工作,区关工委发挥部门优势,2015年下半年,组建了一支“五老”扶苗志愿队,推动区级关爱工作团建设。通过在城区和城区周边“四乡镇五街道”(城中、城东、城西、城北、新狮街道,白龙桥镇、长山乡、乾西乡、雅畈镇)征集志愿者,组建“五老”扶苗志愿者队伍,并为第一批52名志愿者组织专门业务培训,邀请区委、政法委、司法局、有帮教经验的老同志为志愿者们上课,建立档案,发放上岗证,为老同志们投身关爱帮教工作提供知识和业务保障,协助党委政府做好挽救失足失范青少年工作,得到了多方肯定。

【教育实践基地建设】2015年，区关工委主动联系区农办、农林等部门，分次多批实地走访、考察符合条件的农业观光园、农事体验园等农林科技基地，在雅畈、乾西、塔石等乡镇关工委的配合下，为设立“区级青少年校外活动实践基地”做了前期准备工作，为全区青少年在校外开辟实践活动基地有了实质性进展，为“三爱”教育活动的开展创造良好条件。下半年，在市关工委的关怀下，认真筛选，投入近10万元，在城中街道西市街社区、乾西乡幸福村、箬阳小学相继成立“老少E家”青少年绿色上网活动室，为引导城乡青少年绿色健康上网开辟了实践阵地。

【青少年活动】2015年，教育局关工委广泛发动退休老教师积极投入春泥计划、假日学校的活动，发挥重要作用。白龙桥镇有10个村开办假日学校。蒋堂、安地、雅畈等乡镇依托“乡村学校少年宫”开展活动。持续推进“城乡手拉手”活动的深入开展，有效借助“手拉手”活动载体，增加留守儿童与外界的接触，关怀山区孩子的身心健康。“六一节”儿童节在婺城区塔石中心小学举办“城乡手拉手、成长心连心”特别活动暨塔石小学、环城小学见面会。50名环城小学代表和家长代表从金华城赶赴塔石小学参加活动，使山区和城市的结对学生在互帮互助的活动中共同收获友谊和成长的经历。7月2—4日联合团委、少工委在塔石中心小学举办了婺城区“城乡手拉手 相约中国梦”绿色行动夏令营。“手拉手”小伙伴共同参加户外拓展训练、学习垃圾分类保护环境知识、野足爬山，使城乡学生增长了才干，提高了独立生活能力，增进了对山区农村生活的了解。

【关工委建设】2015年，各级关工委按照党委统一部署，组织各基层关工委认真完成好两年一度的“五老”人员登记造册工作，通过登记造册，使各基层关工委组织能有效地掌握“五老”资源基本情况，在登记造册的过程中发现优秀的“五老”人员及其先进事迹，加大宣传，扩大影响，传播社会正能量，以不断吸引老同志投身关心下一代工作，夯实关工委工作的基础。坚持推动基层关工委规范化建设，通过实地指导帮助、外出学习、召开现场会交流工作经验等方法，促动基层关工委加大规范化建设力度，并以评定“五好”关工委来不断推动创建工作进程，使基层关心下一代工作持续焕发活力。已基本完成2012年提出的社区关工委“五好”覆盖率达90%以上的目标要求，城市纯社区关工委“五好”基本全覆盖。

【关工委品牌建设】6月23—24日，全省关工委品牌建设经验交流会在金华召开。来自全省11个市级关工委参加了会议。中国关心下一代工作委员会主任顾秀莲到会祝贺。婺城区“青少年国学教育”“青少年法治教育”两项工作作为本地的工作品牌在会议期间进行了介绍及展示，得到了肯定和赞誉。东市街小学的婺剧折子戏《迎皇妃》作为传承经典艺术文化项目，以活泼的方式在中国婺剧院为参会人员进行了展示演出，取得了较大反响。

【表彰先进】根据年初计划，认真部署2014—2015年“双先”评比和“五好”关工委评比工作。全区各级关工委广泛掀起争先进、创先进、挖掘先进事迹和典型人物的高潮，通过自下而上的推荐和现场考核评比，共推荐了19个区级先进集体、15个“五好”基层关工委、4个“五老”优秀团队及33名关工委工作先进个人、6名优秀“五老”志愿工作者。区人民法院关工委、城西街道关工委、城中街道西市街社区关工委、站前小学关工委、塔石小学关工委等5家单位被评为市级先进集体，蒋士干等9人同志被评为市级先进个人。

（邵蓓蕾）

直属机关党委工作

【概述】婺城区直机关工委围绕区委部署，贯彻习近平总书记系列重要讲话精神，抓好十八大以来中央、省、市、区委和组织工作会议精神的学习，以“干在实处永无止境，走在前列要谋新篇”的标准要求，推进机关党的建设。

【服务型党组织建设】围绕省、市、区委中心工作和重点工程，坚持服务科学发展大局，抓好服务型党组织的部署推动。做攻坚克难的主心骨。机关党员始终坚持“走在前、做表率”,发挥标杆作用。围绕“五水共治”、“三改一拆”、全国文明城市创建、“二七区块旧城改造”工程、上浮桥下沿区块整村拆迁等中心工作以及西二环跨沪昆公铁立交、杭金衢高速拓宽改造、330国道改建等重点项目建设,通过把支部建在一线,发挥临时党支部的战斗堡垒作用,引导机关党员在急难险重一线发挥先锋模范作用,涌现出许多先进感人的典型。做为民服务的领头雁。抽调精干力量组建区直机关党员突击队,全区机关共组织2000余人次赴社区开展文明城市创建行动。建立机关—社区联络员制度,每个机关单位党组织都有一名党员负责联络社区工作,全区45个机关部门通过电话接访、定期走访、上门回访等方式为所联系社区做便民实事600余件。做走在前列的排头兵。成立了8890党员志愿者服务队及其5个志愿服务大队、39个志愿服务中队,初步形成级间联动、层层推进的党员志愿服务体系,共开展党员志愿服务4320人次,树立了婺城机关党员志愿服务的良好形象。

【服务活动】围绕“两富”“两美”婺城建设,以“党群连心桥”工程为总抓手,不断夯实服务基础。推进“双结对双联系双服务”活动。机关党组织结对联系农村、社区和基层党组织,党员干部结对联系重点实事和困难群众的体制机制初步形成。通过结对帮扶,引导机关党组织、机关党员下基层、接地气,进而把下基层的过程变成察民情、解民忧、凝民心、树形象的过程,帮助解决难题难事528件,帮扶困难群众238人。全面深化“微系列”服务活动。以“微心愿、微公益、微平台”为载体,继续引导在职党员深入基层认领微心愿,为贫困学生、孤寡老人等弱势群体送上关心关爱,达到“小小微心愿,点亮一片心”的效果,全区机关党员认领微心愿3187个,实现了机关党组织、党员的全覆盖。全面规范开展“党日活动”。制定机关党组织“党日活动”规范,丰富活动载体、形式、内容,开展系列符合机关特色的党组织活动。以“三走近、三远离、一强化”活动为指引,继续组织“激情飞扬.党徽闪耀”系列体育比赛,300余名机关党员在羽毛球、乒乓球比赛中展现了健康、积极的精神风貌。深化“业务精通、服务精良”主题活动,举办了机关党员法律知识竞赛,引导党员干部自觉学习法律知识,强化法律意识,践行中央依法治国的指示要求。各直属机关党委也结合各自特点开展形式多样的活动,有力提振干部士气,提高业务能力。为全区及各部门全年目标任务的达成发挥积极作用。

【机关党建】始终牢牢把握新形势下机关党建新特点,紧贴党员群众需求,在区直机关打造一批有示范效应的服务型党组织,推动机关党建工作向更高层次、更高水平迈进。在推进党建制度建设上有新动作。规范机关党组织活动,制定党日活动“八项规定”等系列规章制度,严格党的组织生活,促使党组织活动成为机关党员锤炼党性、改进作风的重要途径,更好地增强机关基层党组织凝聚力、战斗力。建立了党内工作考核及月报制度,不仅重视任务下达落实,且更加突出工作目标管理,形成了推动、反馈、落实的工作回路。在机关党建示范点建设上取得新突破。区机关各基层党组织在本单位职能的基础上,能积极围绕“作用发挥、建设队伍”两大主题,紧抓学习型、服务型党组织建设,比学赶超,争创机关党建示范点。区市场监管局、区公安分局、区交通局三个基层党建项目被评为全市机关党建示范点。其中区市场监管局的“老周工作站”评为省级机关党建工作优秀品牌,这是婺城区机关党建工作的重要突破。在机关党建工作阵地上取得新成效。始终坚持高起点规划、高标准建设,在红色文化、红色制度、红色队伍、红色阵地上求创新、求提升、求突破,确保党建阵地能够具有充分的典型性、实用性。

【党员队伍建设】高度重视党员发展质量,做到关口前移,提前介入,将优秀青年纳入党组织视野,进行引导和培养。注重党前培训,严把党员入口关。把从严治党精神贯穿党员培养全过程,强化对“思想报告”“群众推优”“党委预审”“两地公示”落实情况的监督。提升入党积极分子培训质量,充实课程内容,增加参与全国文明城市创建等体验课程,严格通过机制,采取闭卷考试将考试由“基本通过”改为“择优通过”,确保培训真正起到培养教育、增强党性的目的。注重教育管理，狠抓党务干部队伍建设。用足用好市委关于机关党建有关职数的政策规定，按中层正职的标准配强了专职副书记。加强党支部书记培训教育，按照“三年轮训一遍”的要求，组织开展机关党组织书记轮训，强化基层党务工作者抓规范、抓具体的能力和水平。注重督学结合，强化纪律意识。不定期开展作风效能检查，联合区纪委开展专项行动 21 次，检查单位 212 次，反馈、督办问题 43 个。组织落实党务干部准则、条例的学习活动 3957 人次，开展督学 25 次，发放宣传教育短信 1 万余条，营造了“学准则条例、守纪律规矩”的良好氛围。（罗　强）

中国共产党金华市婺城区纪律检查委员会

综　述

2015 年,区党风廉政建设和反腐败工作取得新进展、新成效。区委带头落实全面从严治党要求,带头履行党风廉政建设主体责任,坚决贯彻上级关于党风廉政建设和反腐败斗争的一系列决策部署,凝心聚力、齐抓共管的局面进一步形成。区纪检监察机关聚焦中心任务,积极深化“三转”,不断强化监督执纪问责,各项工作深入推进,成效明显。特别是树立党员领导干部党章党规党纪意识、建立“两个责任”落实新机制、探索实践监督执纪“四种形态”、推进派驻监督全覆盖以及推进基层廉洁治理体系建设等工作取得了较好成效,创出了婺城特色。省委第七巡视组在巡视后,对区党风廉政建设和反腐败各项工作给予高度肯定。

坚持把纪律和规矩挺在前面,党章党规党纪意识明显提升。在全市率先开展区管党员领导干部党章党规党纪集中轮训,全区 430 名区管党员领导干部分两批对党章党规党纪进行再学习、再教育和再体会。第一时间组织学习贯彻新修订的《中国共产党廉洁自律准则》和《中国共产党纪律处分条例》,并创作了《廉洁自律准则》廉政漫画,区 1000 多个党组织、23000 多名党员通过召开理论中心组学习会、专题辅导报告、集中研讨等多种形式增强党员干部的纪律意识和廉洁意识。坚持“以案说纪”,强化对违纪案件的剖析曝光,协助区委组织党员领导干部前往金华监狱开展警示教育,王健书记亲自上专题党课,从剖析案件出发,教育警示广大党员领导干部以案为鉴,警钟长鸣。同时,以高度的政治责任感,推进巡视组反馈意见的整改落实工作,协助区委制定整改方案, 列出 37 条 117 项具体措施。2015 年, 已全部办结省委巡视组交办的 65 件信访件,巡视反馈意见的各项整改落实工作也取得阶段性成效。

层层压实“两个责任”,党风廉政建设责任制稳步推进。区委认真贯彻落实“各级党委对职责范围内的党风廉政建设负有全面领导责任” 的要求,多次专题听取党风廉政建设和反腐败工作情况汇报,研究部署有关工作。年初,制定了《2015 年党风廉政建设和反腐败工作组织领导与责任分工》, 把党风廉政建设和反腐败工作细化落实到每一位区委、区政府领导班子成员。坚持用制度和机制强化落实“两个责任”的刚性,下发了有关进一步强化党风廉政建设党委主体责任和纪委监督责任的实施意见,把党风廉政建设和反腐败工作层层落实到各级党委(党组),做到“到底到边全覆盖”。强化考核和问责,修订《党风廉政建设责任制考核办法》,强化纪律审查工作,实行每月通报制度,让履职和不履职、是否有效履职得到充分体现。2015 年,对 5 家单位因党风廉政建设责任制落实不到位实行 “一票否决”;对 10 名党委(党组)负责人和纪委书记(纪检组长)因落实“两个责任”不力给予党政纪处分。同时，严格落实主体责任报告制度。3月，全区各乡镇(街道)和部门均向区委、区纪委提交了落实主体责任及主要负责人履行“第一责任人”职责情况。

严格执行中央“八项规定”精神，作风建设成果不断巩固。坚决贯彻执行中央“八项规定”精神、省委“六个严禁”和“28条办法”、市委“25条意见”及区委“25条办法”。加大明察暗访的力度，紧盯节日节点，开展酒局、牌局、公车使用、公款购礼品等专项检查。全年开展明查暗访42次，检查单位1223家次，下发预警通知书32份，下发整改通知书35份，点名道姓通报16人次，对2名公车私用和3名参与牌局的党员干部予以党政纪处分。严格控制“三公”经费支出。2015年度，全区“三公”经费同比减少1524万元，同比下降42.33%。持续开展领导干部出国(境)管理和组团外出学习考察、“小金库”清理、党政机关和领导干部办公用房清理等监督检查活动，共检查单位29家，查出问题45个，并督促整改落实。进一步狠抓执行力建设，积极通过监督执纪问责服务区委、区政府中心工作，对4名领导干部在重点工作中执行不力予以党政纪处分。进一步健全完善厉行节约、反对浪费各项规定，健全考核评价机制，将作风建设情况作为落实“两个责任”的重要内容，委托第三方调查机构开展社会评价，量化评估作风建设成效，推动严抓严管常态化。

积极运用“四种形态”，惩治腐败高压态势持续保持。积极贯彻落实上级纪委关于加强和改进纪律审查工作的要求，坚持把纪律挺在最前沿，做到有纪必执、有违必查，查办案件的级别、数量、质量逐年提升，惩治腐败的高压态势和强大震慑持续保持，“不敢腐”的氛围进一步形成。2015年，立案95件、95人，移送司法机关10人，开除党籍35人。查办的案件中，副科以上区管干部20人，同比上升82%，查处的区管干部数量接近前3年总和。进一步加大对基层侵害群众利益突出问题的惩治力度，立案查处基层党员干部违法违纪问题43件、43人。如：查处了莘畈乡大立元村虚报项目套取国家涉农资金案件，移送司法机关6人，党政纪立案4人，诫勉谈话7人。进一步完善纪检信访各项制度，积极在全区纪检系统开展重复信访专项治理，有效遏制越级访、重复访、集体访的发生。同时，积极完善反腐败组织协调机制，进一步发挥反腐败协调小组作用，严格执行上级纪委关于加强和规范纪律审查工作的制度规定，做到安全文明、依纪依法办案。

推进纪律检查体制改革，“三转”工作进一步深化。深化纪检监察体制改革，完成区纪委派驻机构改革工作，通过划转、调剂等方式，调整结构、整合资源，实现统一名称、统一管理。全区设立派驻机构12家，其中综合派驻9家、单独派驻3家，监督47家单位，实现全区派驻纪检机构全覆盖。制定下发了《区纪委派驻机构工作规定(试行)》《区纪委派驻机构对区直部门(单位)“三重一大”事项进行监督管理的办法(试行)》等10项制度，为派驻机构切实履职提供了“操作手册”。进一步强化上级纪委对下级纪委的领导，建立第一至第三纪检监察室分片联点机制，对基层纪律审查等工作进行定期指导和检查，进一步推进各乡镇(街道)和机关部门党风廉政建设和反腐败工作。

坚持标本兼治，婺城特色惩防体系建设不断完善。严格执行《浙江省党员领导干部防止利益冲突暂行办法》等有关规定，进一步加强领导干部权力运行风险防控，制定《关于进一步促进领导干部廉洁从政的若干规定(试行)》，明令禁止违反廉洁从政的21项行为和违反规定插手干预工程建设领域的18项行为。积极开展公款存放方面发生利益冲突和利益输送问题专项整治，严格执行述职述廉、询问和质询等制度，加强对区管领导干部个人有关事项报告情况的审核。强化党风廉政宣传教育，积极通过专题党课、警示教育、专项活动等多种形式，提升党员干部廉洁自律意识，并在区政府大院开辟党风廉政宣传电子屏专栏，展播党风廉政宣传信息，营造清廉氛围。巩固和拓宽基层农村廉洁治理体系建设，推进村(居)务监督委员会规范化建设，促进村(居)务监督委员会的有效履职，全面完成全区68家中小学校、医疗单位和国企的校务院务企务监督委员会建设工作。

从严管理锤炼干部，纪检队伍整体素质日益增强。在区纪检系统开展以践行“三严三实”要求为重点，以打造“七个纪检”为载体的主题教育实践活动,努力建设一支忠诚、精湛、为民、务实、可信、阳光、模范的纪检干部队伍。专题组织全区纪检监察干部学习习近平总书记系列重要讲话精神与中央纪委监察部网站“学思践悟”专栏《加大纪律审查力度、遏制腐败蔓延势头》等文章,强化纪检干部的政治意识和大局意识,并通过组织集中培训、抽调顶岗锻炼、业务比武等多种形式,不断提升纪检干部业务技能和水平。

【六届区纪委五次全会】2月15日,中共金华市婺城区第六届纪律检查委员会第五次全体(扩大)会议召开,会议听取和审议了题为《坚决贯彻落实依规管党、从严治党 坚定不移推进党风廉政建设和反腐败斗争》的工作报告。表彰了先进,研究部署今后一个时期全区纪检监察工作。

【党风廉政建设责任制考核】加大党风廉政建设责任制检查、考核和责任追究力度,并不断创新考核方式,修订完善了《2015年党风廉政建设责任制考核办法》,突出主体责任和监督责任的落实,加大纪律审查工作在党风廉政建设责任制考核中的比重,提高办信办案的分值,坚持一月一通报,半年一汇报,强化考核制度的刚性,以考核倒逼“两个责任”落实。

【派驻机构改革】按照省、市纪委要求,积极落实派驻机构改革,制定了《关于区纪委派驻机构实行统一管理的改革方案》和《关于调整区纪委派驻机构设置明确主要职责和人员编制的通知》,采取“9+3”模式,对各派驻机构的业务、干部、编制和职数进行统一管理,设科级领导职数24人,其中:组长、副组长各12人,并设中层领导职数12人。同时,制定了《派驻机构信访举报工作规程》《派驻机构案件检查工作办法》《区纪委派驻纪检组组长、副组长提名考察办法(试行)》等一系列相关配套制度,积极通过改革盘活存量,优化结构整合力量,为有效发挥派驻机构职能作用打下了较好的基础。

【预防腐败机制】认真贯彻执行党政主要负责人“五个不直接分管”制度,健全完善各级党政主要领导干部“三重一大”决策监督管理规定,严格执行述职述廉、询问和质询等制度。协助区委制定《关于进一步促进领导干部廉洁从政的若干规定(试行)》,重点规范“三重一大”事项决策制度,明令禁止违反廉洁从政的21项行为和违反规定插手干预工程建设领域的18项行为。围绕《浙江省党员领导干部防止利益冲突暂行办法》的有关规定,积极开展公款存放方面发生利益冲突和利益输送问题专项整治。同时,在《今日婺城》和婺江廉风网公示“581”廉政专户,发挥好廉洁自律专用账户功能,2015年,区级“581”廉政专户上交金额同比上升88.4%。

【基层廉洁治理体系建设】加强对乡镇纪委的领导,推进乡镇纪委回归主业,确保乡镇纪委书记和专职纪检干部聚焦主责主业。实行乡镇纪委工作清单制度,进一步明确乡镇纪委、乡镇纪委书记、副书记和纪委委员的职责分工,增强乡镇纪委工作刚性,发挥乡镇纪委作用巩固乡镇纪委回归主业工作成果。推进村务监督委员会建设工作,建立完善履职规范,推进有效履职。

【正风肃纪行动】深化“十大整改行动”,坚持不懈抓好干部不作为、乱作为、纪律松散、权力寻租等整治,按照“整改一项、销号一项”的要求,一丝不苟、较真碰硬,高标准、严要求地开展工作。严肃查处违反中央八项规定精神问题,严纠“四风”,对“酒局”、“牌局”、工作纪律等问题进行常态化检查,并紧盯时间节点,加大对元旦、春节、国庆节等特殊节日前后的监督执纪问责力度,认真开展津补贴发放、公车管理、公款接待等问题的专项检查。

【主题教育实践活动】在全区纪检系统开展以践行“三严三实”要求为重点,以打造“七个纪检”为载体的主题教育实践活动,组织全区纪检监察干部学习讨论中央纪委网站“学思践悟”栏目系列文章,强化对全区纪检监察干部理论思想的指导提升和业务技能的培训。

(叶小磊)

金华市婺城区人民代表大会常务委员会

综　述

婺城区人大常委会在中共婺城区委的领导下，围绕全区中心工作，不断强化政治担当、责任担当和使命担当，积极主动履职。全年召开常委会会议8次、主任会议18次，听取审议专项工作报告17个，开展执法检查1次，作出决定决议23项，组织代表视察7次，依法任免国家机关工作人员78人次。

紧扣全区大局，推进法治婺城建设。常委会深入贯彻落实党和国家关于法治建设的部署和要求，始终紧扣服务发展大局，关注民生热点，推进依法行政、公正司法，助力法治婺城建设取得新成效。全面落实依法治区要求，听取和审议区政府关于“六五”普法工作报告，开展以宪法为核心的法治宣传活动，根据代表建议推动区政府开展贯彻行政诉讼法专题培训和区乡两级政府及部门聘请法律顾问。协助市人大开展地方立法调研、提交有关立法建议。高度关注监督意见落实，重点对“一府两院”落实区人大常委会监督工作意见情况进行监督。开展司法监督工作，听取和审议区人民法院行政审判工作报告、区人民检察院预防和惩治职务犯罪工作报告，组织开展全区司法机关司(执)法人员依法履职、公正司(执)法情况专项监督活动。

紧扣依法履职，提升人大监督刚性。常委会坚持发展导向和问题导向，综合运用听取和审议专项报告、专项工作评议、代表视察调研等方式，突出人大监督刚性，全力服务发展、保障民生。围绕发展主题，开展专项审议。在做好听取和审议了区政府计划、财政、审计、预算分解情况等报告同时，抓好“十二五”规划实施和“十三五”规划编制、交通运输“十三五”专题规划、二七区块改造以及大气污染防治、科技创新、基本农田保护和汤溪现代农业示范园区建设等情况报告的审议，服务创新发展和生态文明建设。着眼监督破题，开展工作评议。部署开展了涉及“一府两院”5项工作9个部门单位的专项工作评议，有效提升监督刚性。强化跟踪监督，开展主题活动。发动辖区代表开展了监督“已治理的河”主题活动，设立基层人大代表监督岗，就近就地巡查，全面开展监督。连续两年听取区第二人民医院迁建工程进展情况报告，跟踪监督、专题询问监督意见落实情况。部署开展“转型升级十大组合拳落实情况”主题监督活动，组织代表开展“查找基层群众办事审批难”专项监督活动，努力促进发展环境优化。

紧扣代表履职，着力发挥代表主体作用。常委会坚持把加强代表工作、发挥代表主体作用放在重要位置，丰富闭会期间代表活动内容，打通联系群众的“最后一纳米”。组织部分代表对10个乡镇街道的年收入4600元以下贫困人口脱贫情况开展核查。邀请基层代表列席常委会会议和政府常务会议，组织部分代表参与有关“三改一拆”、农村防洪排涝治理、330国道改造、职业教育发展、养老中心建设和市开发区建设情况的视察调研。完善代表联系选民平台建设，完善全区代表联络站的工作机制,组织人大代表进站接待人民群众,广泛听取选民意见。配合省人大和省工商局,依托代表联络站,开展“人大代表进小微企业”问卷调查活动。强化代表建议办理工作,坚持把实际解决率和代表满意度作为代表建议办理工作的评判标准，通过对口督办、定期通报和落实代表建议承办部门“一把手”责任制等措施,有效推动代表建议办理。

紧扣夯实基础,加强区乡人大建设。常委会认真贯彻中央18号文件、省委21号文件及省、市、区委人大工作会议精神，加强区乡人大工作和建设，夯实基层基础。认真贯彻上级有关人大工作要求，召开区委人大工作会议并印发《中共金华市婺城区委关于进一步加强人大工作和建设,充分发挥人大作用的实施意见》，区人大常委会及时召开党组会议、主任会议和乡镇街道人大工作会议,对相关精神和要求进行了贯彻落实。深入开展“三严三实”专题教育,坚持把“三严三实”专项教育作为加强作风建设的主要抓手,精心组织,周密安排。加强人大工作整体平衡发展，主动应对婺城行政区管理体制，注重与金华经济技术开发区、金华山旅游经济区加强人大工作的沟通与衔接,推动人大工作在托管乡镇街道的有效开展。强化对乡镇街道人大的联系指导，继续开展常委会组成人员及办委联系基层制度,提高全区人大工作和建设水平。重视人大组织建设,推动人大机关与党政部门之间的干部交流。

【区八届人大四次会议】 2月28日至3月4日，区八届人大四次会议在区行政中心召开。出席会议的区人大代表279人,列席人员186人,参加区政协三届四次会议的全体委员列席会议。会议听取和审查区政府代区长申屠福华所作的政府工作报告,审议金华经济技术开发区管委会工作报告,审查金华市婺城区2014年国民经济和社会发展计划执行情况及2015年国民经济和社会发展计划草案的报告、金华市婺城区2014年财政预算执行情况和2015年财政预算草案的报告,听取和审查区人大常委会主任张菲菲所作的金华市婺城区人民代表大会常务委员会工作报告、区人民法院院长张永伟所作的金华市婺城区人民法院工作报告、区人民检察院检察长徐洪彬所作的金华市婺城区人民检察院工作报告。会议通过关于批准上述七个报告的相应决议。会议选举申屠福华为区政府区长,选举盛奇兵为区八届人大常委会副主任,吴建林、俞文伟、洪健康为区八届人大常委会委员。会议表彰2014年度区人大工作先进单位和先进个人。

【区人大常委会会议】 1月19日上午,区八届人大常委会举行第二十六次会议。会议听取和审议区政府关于调整婺城区2014年国民经济和社会发展主要预期目标的报告、区政府关于婺城区2014年财政预算调整方案情况的报告,批准调整婺城区2014年国民经济和社会发展主要预期目标和调整2014年财政预算。审查批准2015年政府性投资重大项目安排。听取和审议区政府关于二七区块改造工作情况汇报。以无记名书面表决方式接受王健辞去区人民政府区长职务,决定任命申屠福华为区政府副区长,并代理区长职务。以无记名书面表决方式接受李郁华辞去金华市第六届人民代表大会代表职务,补选钱云潘为金华市第六届人民代表大会代表。以举手表决方式接受有关区八届人大代表辞去代表职务,讨论决定补选区八届人大代表有关事宜。作出召开区八届人大四次会议决定。审议通过区人大常委会关于政府投资重大项目审查监督暂行办法(修订稿)。

2月7日上午，区八届人大常委会举行第二十七次会议。会议通报关于区八届人大四次会议筹备工作情况，审查通过关于代表资格审查情况的报告,讨论提出区八届人大四次会议议程草案、主席团和秘书长名单草案、大会日程草案,审议通过区八届人大四次会议列席和邀请人员名单,讨论通过关于表彰2014年度人大工作先进单位和先进个人的决定，审议通过区人大常委会工作报告送审稿,初审区政府工作报告、市经济技术开发区管委会工作报告、计划工作报告、财政工作报告、人民法院工作报告、人民检察院工作报告。以无记名书面表决方式通过区检察院的有关人事提请。

3月20日上午,区八届人大常委会举行第二十八次会议。会议审议通过区人大常委会2015年工作要点(草案)。听取和审议区政府关于二七区块改造项目资金平衡方案的议案。以无记名书面表决方式通过主任会议、区政府的有关人事提请。

5月28日上午,区八届人大常委会举行第二十九次会议。会议听取和审议区人民法院关于行政审判工作情况的报告;区人民检察院关于预防和惩治职务犯罪工作的报告。审议通过区人大常委会专题询问办法(草案)、区人大常委会专项工作评议办法(草案)、区八届人大四次会议代表重点建议督办意见(草案)。报告备案《区人大常委会关于批准二七新村棚户区改造工程项目融资建设有关问题的决定》。以无记名书面表决方式通过主任会议、区政府、区人民法院、区人们检察院的有关人事提请。

7月30日上午,区八届人大常委会举行第三十次会议。会议听取和审议区政府关于2015年上半年国民经济和社会发展计划执行情况的报告、2014年度财政决算草案和2015年上半年预算执行情况的报告、2014年财政预算执行和其他财政收支的审计工作报告,审查批准2014年度区财政决算。听取和审议区政府关于科技创新工作情况的报告、区政府关于区大气污染防治工作情况的报告。以无记名书面表决方式通过区政府的有关人事提请,决定任命陶澄滨为区政府副区长,决定免去查志强的区政府副区长职务。听取金华市公安局婺城分局有关申请报告,以举手表决方式作出相关许可决定。

9月30日上午,区八届人大常委会举行第三十一次会议。会议听取和审议区政府关于区八届人大四次会议代表建议、批评和意见办理情况的报告,补选申屠福华、张世元为金华市第六届人民代表大会代表。以无记名书面表决方式通过区人民法院的有关人事提请。

11月27日上午,区八届人大常委会举行第三十二次会议。会议听取和审议区政府关于“六五”普法工作报告、金华开发区关于汤溪现代农业示范园区情况的报告;开展年度专项工作评议总结工作,以无记名书面表决方式通过主任会议的有关人事提请。以举手表决方式接受有关区八届人大代表辞去代表职务,讨论决定补选区八届人大代表有关事宜。

12月28日下午,区八届人大常委会举行第三十三次会议。会议听取和审议区政府关于婺城区2015年国民经济和社会发展计划执行情况的报告;区政府关于建议调整婺城区2015年财政预算的报告,批准调整区2015年国民经济和社会发展部分预期目标、区2015年财政预算。作出关于召开区八届人大五次会议的决定。听取金华市公安局江南分局有关许可申请报告、区人民检察院有关许可申请报告,以举手表决方式作出相关许可决定。以无记名书面表决方式通过区政府、区人民检察院有关人事提请,决定免去朱立工的区政府副区长职务,决定任命张璞为区政府副区长。

【视察活动】4月16日,组织部分人大代表视察“五水共治”工作。视察组实地察看通园溪杨家相段、青春路段、旌孝街段,以及长湖湖头段、下张家段,听取区政府关于“五水共治”工作情况汇报。

4月16日,人大代表“五水共治”工作视察

(区人大提供)

5月8日,组织部分人大代表视察区林业建设工作情况。视察组实地察看琅琊生态公益林、东方红林场木本油料基地,听取区政府及相关职能部门的工作汇报。

5月21日,组织部分人大代表视察区“三改一拆”工作情况。视察组实地察看新狮街道道院塘社区、城北街道五星社区、白龙桥镇白龙桥村俞克义砖瓦厂卫片执法点,听取区政府有关工作情况汇报。

9月16日,组织部分人大代表视察区交通运输工作情况。视察组实地视察衢江航运婺城区段开发项目工程、超限运输非执法现场、330国道改建工程以及区交通运输局指挥中心，听取区政府及职能部门有关情况汇报。

11月4日，组织部分人大代表视察区职业教育工作情况。视察组实地察看金华市九峰职业学校和金华实验中学，听取区政府、金华开发区管委会及相关职能部门的工作汇报。

11月13日，组织部分人大代表视察区居家养老中心建设情况。视察组实地察看白龙桥择住邻村居家养老照料中心和城北众邦老年保健怡养院，听取区政府及相关职能部门的工作汇报。

12月23日，组织部分人大代表视察金华经济技术开发区建设情况。视察组实地察看北大(金华)信息科技园、330国道湖海塘公园建设现场、新能源汽车产业园、金西医院迁建工程、健康生物产业园、汤九线建设等重点项目，听取了金华开发区工作情况汇报。

【法律咨询委员】5月，为加强区人大常委会法制工作委员会的工作力量，更好地发挥工作委员会的作用，增强人大监督实效，提高人大常委会依法决策、民主决策和科学决策的水平，经主任会议研究决定，聘任金华市婺城区人大常委会法制工作委员会法律咨询委员3人。法律咨询委员人选产生参照市人大常委会做法，从具有一定的法律工作经验或从事法律理论研究、教学工作的有关人员中选定。

【首次专项工作评议】6—10月，区人大常委会开展对区“一府两院”有关工作专项评议活动。具体内容为依法履职公正司法工作、安全生产工作、农村防洪排涝工作、推进全民健身工作、超限运输综合治理工作五项工作，分别对应为婺城区人民法院、婺城区人民检察院、婺城公安分局、江南公安分局、婺城区司法局、婺城区安监局、婺城区水务局、婺城区文体新局、婺城区交通运输局9个部门单位。监督工作采取召开座谈会、发放调查问卷、个别走访等形式，广泛征求被评议工作中存在的问题和不足，并经梳理汇总分析后向有关部门单位进行交办、整改。区人大常委会成立5个专项工作评议调研组，负责对评议意见的汇总、反馈、跟踪督察。

【网上代表联络站试点】根据省人大常委会关于建设“网上人大代表联络站”的要求，上半年在白龙桥镇进行试点。建立“网上人大代表联络站”是在现有的实体“人大代表联络站”的基础上，依托“全省人大代表履职服务平台”资源，开展网上接待活动，其目的是为了进一步拓宽人大代表与选民的互动性，拉近人大代表与选民的关系，提高代表帮助选民解决问题的效率，推动人大工作的不断向纵深发展。

【宪法宣誓】中共十八届四中全会通过的《中共中央关于全面推进依法治国若干重大问题的决定》中明确：决定拟建立宪法宣誓制度，凡经人大及其常委会选举或者决定任命的国家工作人员正式就职时公开向宪法宣誓，培养领导干部对宪法的忠诚。第十二届全国人民代表大会常务委员会第十五次会议通过了《全国人民代表大会常务委员会关于实行宪法宣誓制度的决定》，对宣誓人员范围、仪式标准、宣誓誓词等进行了明确，为规范宪法宣誓活动提供了权威参照。区人大常委会按照相关规定，多次组织了区人大常委会任命人员实行宪法宣誓仪式。

(欧阳靖宇)

金华市婺城区人民政府

综 述

婺城区政府在市委、市政府和区委的正确领导下,在区人大、区政协的有力监督支持下,全区上下认真贯彻落实市委、市政府和区委的决策部署,切实执行区八届人大四次会议决议,继续保持奋发有为、敢于担当的良好精神风貌,全区经济社会各项事业实现新跨越。

截至2015年年底,婺城区辖9个镇、9个乡、9个街道(其中金西开发区的汤溪镇、罗埠镇、洋埠镇于2013年10月与市开发区整合),571个村民委员会、96个社区居委会。土地总面积1391.24平方千米。年末全区户籍管理人口63万人。全区人口出生率10.55‰,与上年同期相比上升0.78个千分点;死亡率8.37‰,与上年同期相比上升2.65个千分点;自然增长率2.18‰,与上年同期相比下降1.86个千分点。

全区实现区属地区生产总值245.7亿元,增长7%;其中第一产业增加值13.09亿元,同比增长2.6%;第二产业增加值69.5亿元,同比增长6.1%;第三产业增加值149.51亿元,同比增长7.8%。在第三产业中,交通运输、仓储和邮政业增长11.9%,批发零售业增长13.5%,住宿餐饮业增长9.3%,金融业增长7.6%,房地产业下降10.4%,其他服务业增长7.9%。人均生产总值60844元,比上年同比增长6.9%。第一、二、三产业增加值占地区生产总值的比重由上年的5.9:30.7:63.4调整为5.6:29.9:64.4。

2015年实现地区生产总值245.7亿元,财政总收入37.7亿元,其中区级财政收入8.2亿元,固定资产投资98.3亿元,年社会消费品零售总额286亿元。

【工业经济】2015年实现工业产值312.8亿元,其中规上工业产值164.5亿元,年均增长分别达到3.7%和4.8%。开展“四破”攻坚,着力扶优扶强,扎实推进“双千”活动,收集化解企业难题101件,开展“四换三名”、“两化融合”等工作,新增省级“三名”企业2家,市级“两化融合”示范企业1家。积极应对“两链”风险,共办理应急周转金4.5亿元。“四破”专项整治取得实效,盘活用地79.67公顷,消化批而未供64公顷,处置低小散企业101家。各项指标止跌回升,规上工业产值、限额以上工业投资增幅在全市排名靠前。

【农业及“两区”建设】农业产业提质增效,农业“两区”建设有序推进,2015年实现农林牧渔业增加值13.3亿元。新建粮食生产功能区21个,建成省级特色农业精品园4个,深入开展畜牧业污染专项整治行动,完成养殖场生态达标验收708家,新增配套消纳土地8200公顷。积极开展现代生态循环农业示范区、农产品质量安全放心示范县创建。完成东方红国有林场改革,农村经济合作社股份制改革完成率达96.2%,启动农村土地承包经营权确权登记颁证工作试点。

【现代服务业】第三产业发展势头良好,浙中信息产业园交易额突破60亿元,年均增长25%。全区接待境内外游客355.9万人次,实现第三产业增加值170亿元,占生产总值比重达69.2%。旅游业持续增长,接待境内外游客人数、旅游总收入分别增长40%和43%。金华网络经济集聚区概念性总体规划基本完成,新增浙江科贸学院文创电商园等多个基地。

【园区建设】婺城新城区主战场地位日益凸显,浙中皮革城一条街投入营业,尚格酒店招商顺利推进,新建、续建商品房项目7个、工业项目30个,全年实现工业总产值203亿元,完成工业投入16.9亿元。伟达雷迪森酒店、浙中信息产业园科创大厦等项目投入使用,累计开工建设房地产项目12个。仙源湖度假区稳步发展,成功引进金华乐园、南山双子湖等项目,金华动物园投入营业,仙源湖度假区建设取得新突破,40.57平方千米扩建可研报告通过省级审批,全年累计接待游客69.6万人次,同比增长14.2%。浙中信息产业园入园企业增至278家,"合丰"项目主体工程结顶。

【改革创新】加强企业技术创新能力培育,完成工业技改投资16.1亿元,占限额以上工业投资比重达75.6%。获批各级科技立项37项,其中国家级4项。获省级科学技术奖1项,市级科学技术奖6项。新增国家高新技术企业2家、省级科技孵化企业1家,成功创建省知识产权示范区。

【城乡建设】美丽乡村建设扎实推进,建成美丽乡村风景线3条、精品村13个。实施扶贫项目40个,实现不把贫困带入"十三五"目标。二七区块改造打响房屋征收"句号工程",完成规划编制,启动首期三宗地块的招商和开发。22天内全面完成城中村改造下沿区块的入户调查、评估、签约工作。迎宾大道、金罗公路、高铁站周边环境整治等一批历时多年的历史遗留问题快速高效解决,创造征迁"婺城速度"。

【"五水共治"】全力推进"五水共治",打响长湖治理攻坚战,长湖成为全省"五水共治"现场会参观点。实施"一河一策"整治,清理河道1100千米,完成截污干管114.9千米,治水工作得到广大群众称赞。深入实施"五水共治",整治黑臭河8条、95.4千米,排污口277个,全面消灭黑臭河。重点水利工程有序推进,完成水库除险加固2座,整治山塘9座,新增节水灌溉733.33公顷。开展截污纳管大会战,完成人民西路延伸段、金兰中线等污水干管工程,启动琅琊、蒋堂污水处理厂一级A提标改造。温室甲鱼等养殖业污染整治、禁养区畜禽养殖场拆除全面完成。

【民生工作】教文卫体事业稳步发展,成功创建全国义务教育发展基本均衡区,校安工程全面完成,环城二小等一批学校建成并投用,改造薄弱学校13所,义务教育、职业教育、学前教育、民办教育协调发展,"阳光招生"全面推行。公共文化服务网络不断完善,体育创强蓬勃发展。深化医药卫生体制改革,全面实行国家基本药物制度,卫生计生综合服务能力不断增强。社会保障水平显著提升,发放低保、重残、医疗等各类救助款1.4亿元。社会养老事业健康发展,累计建成居家养老服务照料中心254家。社会持续保持和谐稳定,安全生产形势总体平稳,连续十年成功创建平安区,捧回省平安银鼎。婺州外国语学校顺利结顶,东市街小学扩建工程顺利开工,省级标准化学校创建稳步推进。完善全区教师流动制度。深入推进校园安全工作,"阳光食堂、透明厨房"工程顺利实施。文体事业成效显著,建成文化礼堂22个、小康体育村50个,创建省级文化示范村1个、市级文化示范村3个。卫计事业有序推进,区第二人民医院迁建工程顺利结顶,全面推行分级诊疗和中医药服务提升工程,积极做好计生服务。启动第二轮国家卫生城市复审。

【社会事业】主城区配套日益完善,城区规划更趋合理,背街小巷雨污分流改造扎实推进,顺利通过省级文明城区复评。婺城新城区功能不断完善,宾虹西路拓宽改造全面完工,西二环全线通车,BRT2号线投入运营。荣光国际学校、婺城小学北扩、公安应急中心相继建成。完成市区管理体制调整。城乡交通快速发展,蒋罗公路、琴南公路建成通车,新建农村联网公路93.2千米,全区等级公路通车里程达到1514.4千米,农村客运通达率达93%,城乡居民出行日益便捷。竹马馆货场、市第二水厂政策处理全面完成,并进场施工。杭金衢拓宽改造、330国道改建、衢江航运、汤莘公路等工程进展顺利,建成全市首个县级综合智能应急措施指挥平台。

【维稳工作】紧扣平安婺城建设，落实平安综治维稳各项措施。创新社会治理，开展社会治理信息采集“平安通”试点，平安基础进一步夯实。加强基层法治建设，建立完善基层司法机构，推动执法力量下沉。开展矛盾纠纷预防化解，有效处置各类重大突发性事件。开展信访积案化解专项行动，有效处理一批复杂疑难信访事项。严厉打击各种违法犯罪行为，市场经济秩序、社会秩序、生活环境得到显著改善。加强欠薪应急处置制度化建设，优化法律援助，一批涉稳事件得到妥善化解。开展食品安全基层责任网络建设试点和食品药品、医疗器械专项整治，农产品快检室、阳光厨房、品牌超市进校园等建设有序推进。落实安全生产党政同责责任制，加强重点行业、重点领域安全生产监管，安全形势总体稳定。

【自身建设】深入开展党的群众路线教育实践活动和“三严三实”专题教育，严格落实中央八项规定和党风廉政建设责任制，一批“四风”突出问题有效解决。按照法定权限和程序履行政府职能，依法行政更加规范。建立健全执法案件信息公开、法律文书网上公开等系统，政务公开更加到位。顺利通过“六五”普法验收，公共法律服务体系初步建成。认真落实人大和政协监督视察决议，办理人大代表建议意见和政协委员提案，一批群众关心热点难点问题得到解决。开展“四张清单一张网”改革，工作效能进一步提升。建成基层社会治理“一张网”，完成全区423个村(居)《村规民约(社区公约)》修订，妥善处理各类矛盾隐患，平安创建工作取得新成效。全面落实“法治信访、阳光信访、精准信访”，实现全区信访“一无三降”目标。安全生产“党政同责、一岗双责”责任体系进一步完善，安全工作形势平稳可控。推进依法行政，完善学法制度，坚持用法治理念和方式管理经济、社会事务。自觉接受人大代表、政协委员、社会公众和新闻媒体的监督，办理人大代表建议251件、政协委员提案274件，满意率分别达98.8%和99.6%。严格执行重大决策合法性审查机制，提升依法决策水平。落实行政执法责任制，促进阳光公正执法。围绕重点，公开政府信息5871条，依申请公开及时答复率达100%，保障群众的知情权、监督权、参与权。厉行勤俭节约，“三公”经费支出同比减少33.5%。不断健全惩治和预防腐败体系，建立重点领域专项巡查制度，努力营造良好政风。

人民武装、文物保护、民族宗教、外事、侨务、对台以及工会、共青团、妇联、老龄、关心下一代、红十字等各项工作都取得新的成绩。

【年鉴编纂】2014年11月，《婺城年鉴(2013)》出版发行，这是婺城区继《婺城年鉴》2012首部年鉴编纂出版后的第二部年鉴。与《婺城年鉴》2012年版相比较，收录内容有所创新，编纂质量有较大提高，有较多亮点，主要有：

新增加条目索引，便于检索；文内增加插图，图文并茂，使年鉴具有可读性、趣味性；新增内容丰富，信息量大为增加。新增的内容有金华市经济技术开发区、市住房公积金、消防大队、名校简介及百岁老人、亿元企业、规模以上企业等简况图表，信息量比上年增加28%。；本书差错率控制在0.1~0.2/万。

《婺城年鉴(2013)》全书收集150多万字的素材，经整理，形成90万字的送审稿，最后确定了76.9万字的成书稿。全书设特辑、专辑、大事记、概况、附录、索引及正文共42个栏目、22个分目、156个子目、1106个条目，彩图114幅，插图39幅。书稿由方志出版社审稿，经初审、复审、终审三审，均获较高评价，一致认为是一部“编校质量较好，且类目、篇幅设计合理”、“质量较高的地方年鉴”。

为做好《婺城年鉴(2014)》工作，3月底，在《婺城年鉴》工作实践的基础上，起草了《关于切实做好2014、2015版婺城年鉴编纂工作的通知》，并于5月13日由区两办以婺区委办<2015>26号文下发，将编写任务分解到各单位、各部门。5月19日，召开婺城区2014、2015版《婺城年鉴》编纂培训会议，由《婺城年鉴》编辑室专家对全体撰稿人员进行技术培训。嗣后，经近半年的通力合作，及多次催稿、寻访核对资料(照片)、电脑录入等工作，共收集140多万字的素材，经多次反复推敲、整理，几易其稿，形成75万字的送审稿，成书稿72.4万字。书稿设特辑、专辑、大事记、概况、附录、索引及正文共42个栏目、20个分目、149个子目、1121个条目，彩图97幅，插图48幅，表25个。《婺城年鉴(2014)》经区领导阅批后，于12月3日寄送方志出版社审稿，可于2016年初付梓印刷。

(徐　意)

区政府办公室工作

【概述】2015年，婺城区政府办公室围绕区委\区政府中心工作，创新工作载体，发挥参谋助手、综合协调、督促检查作用，不断提升"三办三服务"水平，开展党的"三严三实"专题活动，转变工作作风，开创办公室工作新局面。

【组织协调工作】婺城区人民政府加强对政府重点工作和区重点建设项目中相关事项的协调，掌握各方面进展情况，向区委、区政府领导汇报，提出合理建议，研究制定切实可行的工作措施。围绕区政府总体工作决策部署搞好组织协调。根据区八届人大四次会议确定的工作任务，积极协助区领导搞好区政府各项工作的安排部署，确保区政府2015年度各项目标任务的顺利落实。围绕重大事项搞好组织协调。在落实实施"五水共治""三改一拆""四破整治"、美丽乡村建设、招商引资、二七区块征迁改造、下沿村城中村改造等省市区重点建设项目落实上，办公室发挥组织协调职能，做了大量积极有效的协调工作，确保这些重点事项的扎实推进和有序落实。围绕政府日常工作运转搞好组织协调。积极做好各乡镇(街道)、区政府各部门之间的工作协调，全年收集整理区长每周活动安排50期；联系协调省市领导及友好城市领导到婺城视察和考察活动16批、196人次，为确保区政府各项工作有条不紊、紧张有序运行创造了良好的内外部环境。

【政务督查工作】办公室围绕政府中心工作加大协调、督办力度，对区政府常务会议、区长办公会议确定的事项及时进行督办，保证政令畅通。对市、区十大惠民实事等一些重点项目抓落实情况进行通报，确保项目落到实处。2015年，办理省人大和省政府部门、市人大和市政府其他部门交办件200余件，办结区政府主要领导批示件200余件、区长信箱市民来信及投诉114件。同时，高质量按时办结人大代表建议意见251件、政协委员提案274件，办结率均为100%，满意率分别为98.80%和99.64%，均无不满意件，承办质量明显提高。

【政府日常工作】不断完善日常工作运行规程规范，始终把从严、从速、从精、从简办文办会作为办公室落实和促进政府各项工作决策的首要措施来抓。及时办理文件。全年收办各级各类文件3000余件，制发文件514件，办理批示件800余件，收发传真1200件，没有出现误事、误时、失密现象。精心组织会议。除参与承办两会和以区委、区政府名义召开的各类会议外，组织落实各类省、市级会议600多次，没有出现差错和纰漏。强化应急与人口流动管理。健全应急联动组织体系，实现区突发公共事件预警监测网络和信息直报体系全覆盖，成立应急队伍30多支，突发事件应急处置能力得到提高。通过建立流动人口服务信息平台，流动人口服务管理工作得到规范。

【信息调研工作】围绕区委、区政府中心工作，抓住重点，关注热点，剖析难点，捕捉苗头性、倾向性问题，及时收集和上报信息，及时、准确、全面地为领导提供情况和决策依据。2015年，共上报政务信息300多条，市级采用70多条，省级采用20条，其中被省领导批示专报一篇。共编发《婺城信息》20期。主动公开政务信息7000余条，收到政府信息公开申请147件，答复率100%。认真编校婺城年鉴，《婺城年鉴(2014)》即将出版，与《婺城年鉴(2013)》相比较收录内容有所创新，编纂质量有较大提高。另外，各科室按照所服务分管领导的工作，结合全区经济社会发展的难点、热点、重点问题，深入基层和工作一线，组织开展了多次专项调研活动，撰写调研文章11篇，为区委、区政府决策提供了重要参考，较好地发挥了参谋作用。

【法治政府建设】加强制度建设，不断提高规范性文件的质量。全面落实行政规范性文件"三统一"制度，确保行政行为合法有效、公开透明。做好规范性文件有关行政许可规定专项清理工作，维护法制统一和政令畅通。规范行政行为,积极推进行政执法规范化建设。加强行政机关合同管理工作,有效预防和减少合同纠纷。深化行政审批制度改革,规范行政许可行为。坚持依法履职,不断提高政府的执行力。坚持科学民主决策,完善重大事项议事决策制度和重大决策征求意见制度。完善矛盾调处机制,有效预防和化解社会矛盾。加强行政调解工作,发挥行政调解在“大调解”工作体系中的重要作用。加强和改进行政复议工作,发挥行政复议在化解行政争议中的主渠道作用。2015 年,区政府共收到行政复议申请 13 件,正式受理 13 件,已办结 9 件,4 件还在审理中。同时认真做好行政应诉工作,2015 年,区政府行政应诉案件 59 件,行政机关负责人出庭应诉率达 100%, 自觉接受人民法院的司法监督。

【转变工作作风】2015 年,按要求深入开展党的“三严三实”活动,严格落实八项规定,作风转变实现新变化。加强理论学习,不断提高自身政治思想素质,统一给每位党员发放《准则》和《条例》等资料,党员干部政治修养均得到明显提高。召开优质专题民主生活会。在会上,办公室每位班子成员深入进行自我剖析,同时开展相互批评。会后。党组班子成员普遍感到理想信念、宗旨意识和群众观点得到强化。狠抓整改落实,以贯彻落实中央八项规定和市委“七条实施意见”为切入点,聚焦“四风”出重拳、下猛药,一项一项整治,一个一个攻坚,“四风”突出问题得到有效遏制,党风政风明显好转,制定的整改清单已基本得到落实。

(单华杰)

机关事务管理工作

【概述】区机关事务管理局(以下简称管理局)2015 年,不断完善各项规章制度,维护区行政中心正常工作秩序, 确保区行政中心机关工作高效运转。贯彻中央八项规定和《厉行节约反对浪费条例》,推进全区公共机构节能工作,加强机关公务用车管理,降低机关运行成本,各项工作取得成效。

【公共机构节能】指导全区各单位认真贯彻落实《公共机构节能条例》《浙江省实施〈公共机构节能条例〉办法》等有关法律法规,发挥公共机构节能的引导和带动作用, 完成市里下达的节能目标任务。通过加大公共机构节能宣传活动,营造浓厚的节能氛围,把节能工作引向深入,做到节能工作家喻户晓、人人皆知。成立节能工作机构,指定专人负责,制定节水、节电、节油等节能措施,已基本建立节能网络。2015 年,实行新的能耗统计制度,按时上报节能数据,进一步规范能耗资源消耗上报程序。

【公车管理】根据中央、省、市党政机关公务用车配备使用管理办法的有关规定,先后制定和下发了公车管理相关制度。在实际工作中,把好“四关”,即 “车辆编制关”“车辆配备关”“车辆购置关”“采购上牌关”;做到“四严”,即严禁公车私驾;严禁公车私用,严禁公车(款)学驾,严禁擅自处置车辆。由于管理到位, 公务用车各项费用开支明显下降,“车轮”腐败现象得到有效遏制。

【办公用房清理整改】按照省、市有关文件精神和《婺城区党政机关办公用房清理整改方案》《婺城区党政机关厉行节约反对浪费实施细则》等文件要求,督促全区各单位进行自查自纠。建立健全办公用房集中统一管理体制和制度, 实行统一权属登记、统一调配、统一维修,逐步把办公用房管理纳入规范化、制度化轨道,切实提高党政机关办公用房的管理水平和使用效益。进一步做好规范办公用房工作,抓好各单位按规定标准配置办公用房,超标的一定要清理腾退, 强化组织领导和监督检查。 把楼堂馆所建设和维修改造项目实施情况作为政务公开的重要内容,主动接受社会监督。

【重点工作】管理局积极配合二七区块改造工程、“三改一拆”等重点工作,派出工作人员做好重点工作的后勤保障等工作, 保障区重点工作的用车、用餐等服务,有力地支持了区重点工作的稳步推进。

【安全保卫】维护区行政中心机关正常工作秩序,确保机关安全,管理局始终把安全工作放在首位,把它列入重要议事日程,一把手亲自抓,负总责,分管领导具体抓,专职人员主要抓,明确工作职责,责任落实到位。建立了一套严密的治安防控体系,采取人防、物防、技防相结合,加强保安巡逻,实行24小时值班制度。做好信访人员的疏导和劝解工作,严禁信访人员及闲杂人员随意进入办公大楼,做好防火、防盗等工作。加强车辆进出、停放管理,区行政中心公务用车安排停放在办公大楼车库内指定位置,禁止其他车辆占停公车位置;入驻单位私家车辆全部停放在会议中心和后勤楼下车库内,外单位车辆按规定全部停放在四周划分的车位上,摩托车、电动车及自行车按指定位置停放,严禁乱停乱放,确保进出车辆行驶安全。

【会务保障】 严格按规定高效完成会务工作中承担的会场布置、卫生、音响、茶水等工作任务,完成区党委、政府的各类会议工作。完成日常性会务工作,没有出现差错,得到区领导干部的好评。

【食堂服务】 管理局从改进服务入手,切实保障区机关办公区食堂日均600人次的就餐秩序和餐饮质量。确保机关干部职工吃饱、吃好、吃得有营养、吃得健康。把好物资采购关、成本管理关和卫生安全关。注重菜式营养搭配。更注重服务。通过制定相关管理制度,对工作人员进行业务培训,并对厨师、工作人员进行了岗位练兵活动,使得大家转变服务观念,服务质量得到很大的提高。

【环境卫生及园林管理】 管理局委托金华市机关物业中心负责保洁工作,按星级宾馆标准做好保洁工作,具体负责行政中心大院区域的卫生清扫工作,每天坚持循环保洁。确保卫生干净、整洁;金华市金磐开发区绿野园林工程有限公司负责区行政中心的园林绿化工作,及时剪枝、除草、杀虫、补种树苗、清除无头树,确保机关大院周边环境干净整洁。

【队伍建设】 “单位要发展,队伍是关键”。管理局把解决队伍作风、提升队伍活力、肃清队伍陋习、挖掘队伍潜力结合起来,切实加强队伍建设,为各项工作开展提供了强大保障。加强党风廉政建设。以筑牢反腐倡廉思想防线为核心,以建立健全惩防体系为保障,加强党风廉政建设工作。抓好廉政警示教育,构筑廉洁从政思想防线,深化机关干部职工作风建设。严明各项纪律,加强对重点工作、重点岗位、重点环节的监督检查。完善制度,切实做到用制度管权管事管人。重视抓早抓小,有效防范、严肃查处违规违纪行为,切实加强机关党建工作。以服务中心、建设队伍为核心,落实党建工作责任制,完善党建工作格局。在党员管理方面,认真做好党员统计、信息以及党费收缴和管理工作。在党组织建设方面,建立和落实思想情况分析、谈心谈话制度,完善并坚持党员干部理论学习和业务学习制度,采用正反典型教育、电化教育、订阅微信公众号等多种学习形式。

【基层共建工作】 管理局继续积极组织机关党员深入联系白龙桥镇怡村和扶贫帮困户等村户走访慰问活动,深入到基层中去,问政于民,问计于民,为群众带去节日慰问和慰问金,切实解决群众困难。拉近了党群、干群关系,把党和政府的温暖送到群众心坎上,既锻炼了机关干部的群众工作,提高他们的工作能力。

(陈璐莹)

行政审批与服务工作

【概述】 2015年,区行政服务中心大厅集中办事部门19个,工作人员44人。中心以全省行政审批一张网的行政审批制度改革和公共资源网上交易系统的开发和运用工作为突破口开展各项工作。2015年受理各类行政审批与服务事项363285件,办结363285件,办结率为100%。其中即办件345835件,占95.2%。

【商事登记制度改革】 2015年,从年初的多证联办,到4月1日的“三证合一”到7月1日实行“五证一照”,再到10月8日实行“一照一码”的改革,到11月,共办理商事登记4414件,其中办理“五证一照”1291件,“一照一码”1058件。企业和个体工商户已全面实行“一照一码”,事业单位、协会组织等登记在过渡中。

【投资项目并联审批】 由区行政服务中心牵头

召集各相关审批部门采用联合踏勘、联合预审、施工图会审、规划方案会审、联席讨论以会议纪要形式执行办理建设工程规划许可证和建筑工程施工许可证。2015年,办理建设项目并联审批23个。

【清理和调整权力】2015年,中心配合相关部门做好权力事项清理工作，清理前为4503项,清理后为3162项,减少1341项,其中行政审批事项保留了356项。7月10日,根据《金华市人民政府办公室关于取消和调整非行政许可审批事项的通知》要求,全区49项非行政许可事项进行了取消和调整,其中取消1项,调整为内部管理事务1项,调整为行政确认5项,调整为其他行政权力事项42项。

【投资项目审批】按照相关文件精神,全区已将一般工业项目和“零”供地技改项目审批方式改为备案制、承诺制方式。同时,1000万元以下额度的政府性投资项目,把项目建议书、可行性研究报告和初步设计合并，仅编报和审批可行性研究报告,并采用表格式审批。

【“审批一张网”】2015年,省政务服务网婺城分厅已于6月25日正式上线运行,“四张清单”已全部网上公开,接受社会监督。行政处罚类信息、审批办件公告等均在阳光政务栏公开,同时开辟网上咨询投诉、智能问答、人工问答等。15类便民服务事项均在网上可公开查询。并依托浙江政务服务网统一平台,做好省政务服务网向乡镇(街道)村(社区)延伸,2016年6月实现政务服务省、市、县、乡、村五级联动。

【招投标制度】2015年,制订出台《婺城区工程建设项目招标投标管理办法》(婺区政办〔2015〕5号),并于3月1日起施行。交易中心共完成交易项目188宗，总标的额为116041.55万元，中标额为104531.75万元,节约资金11509.80万元,节约率为9.92 %(其中政府投资类项目179宗，总标的额为74332.40万元,中标额为64564.35万元,节约资金9768.05万元,节约率为13.14%)。

【招投标培训】2015年,为加强交易中心和代理机构的沟通,4月2日召开招标代理机构公共资源交易管理工作会议;为更好地规范进行招投标,5月8日召开乡镇(街道)分管领导和有关业务人员公共资源交易业务培训会。

【实施网上报名电子评标交易系统】区公共资源交易中心已全面实施网上下载招标文件,使得符合招标条件的投标企业能够自主在网上进行投标报名,取消现场报名环节,同时网上自助下载招标文件、工程图纸和工程量清单等招标有关资料,提高了招投标效率,减少投标企业成本。

【工程量清单项目电子评标】对采用工程量清单合理低价招标和采用综合评标法的项目推进电子化招标、评标工作。政府性投资项目投标最高限价都经区财政局审核，有效保证工程量的准确性。电子化招标、评标系统的运行,有利于廉政建设和净化建筑市场环境,规范招标运作,减少工程建设领域腐败现象。

【投标企业招标代理机构诚信管理】对投标企业在招投标过程中的弄虚作假行为一经查实按照《中华人民共和国招标投标法实施条例》第 68条处理。2015年,共有3家企业被限制其在婺城区的投标资格。

【交易员持证制度】2015年,凡在办备案过的投标企业、招标代理机构,原则上固定交易员,交易员都要求提供文凭证书、劳动合同、社保证明、法定代表人授权委托书等资料，通过此项举措的实行,使交易员队伍得到有效管理。全年审核办理投标企业和代理机构交易员证772人。

【开展“从严管理落实年”活动】根据区委的统一部署,中心制订活动实施方案和从严管理制度清单。严格按照实施方案，认真开展“学制度、明纪律、守规矩”专题学习和《中国共产党廉洁自律准则》和《中国共产党纪律处分条例》等。

【“双结对双联系双服务”活动】到安地镇南郭村(联系村)、塔石乡下淤村(扶贫结对村)、金奥社区(联系社区)开展走亲连心活动,指导和支持新农村建设,在职党员干部“一对一”结对困难群众等活动。

【新增挂牌】成立婺城区农村产权流转交易管理机构，增挂“婺城区农村产权流转交易中心”牌子。

(陈小方)

表彰会

文明窗口展示活动决赛

(行政服务中心提供)

侨务工作

【概述】金华市婺城区人民政府侨务办公室围绕中心工作,坚持以侨为本、为侨服务宗旨,夯实基层基础,创新工作机制,凝聚侨界力量,发挥独特优势,积极为“两美”婺城建设贡献力量。

【服务中心】开展在“一带一路”沿线国家情况调查,摸清全区在“一带一路”沿线投资情况、友城情况、侨领及重点人士等情况。据调查统计,全区有2家企业在“一带一路”沿线国家投资办厂,总投资1700万美元;“一带一路”沿线国家在婺城投资办企业5家,总投资1625.5万美元。一带一路”沿线国侨领及重点人士共有2人。

6月16日,区侨办、侨联邀请印尼华侨侨商组成的7人考察团,到婺城新城区、竹马乡等企业实地考察,开展座谈交流,为侨商回归及促进全区企业与“一带一路”沿线国家经贸合作打下基础。其中印度尼西亚华侨徐祖茂已婺城区2家企业达成合作意向,并准备注册外贸公司落户。

【为侨服务平台搭建】成立婺城区侨界法律服务中心。9月,聘请浙江圣煌律师事务所为区侨界法律事务顾问,经费纳入区财政预算,为依法护侨工作提供有力保障。

成立婺城区侨界人士服务团。9月21日,在白龙桥镇政府举行了区侨界人士服务团启动仪式,聘请区侨联副主席、白龙桥镇侨联主席郑宝银担任团长。服务团成员由22名区侨联委员、5名乡镇街道工作人员、侨联主席组成,并聘请4家单位为服务团成员单位,下步将继续吸收热心公益事业、支持侨务工作的企业单位作为服务团成员单位,不断壮大爱国爱乡队伍。当天,在举行侨界人士服务团启动仪式的同时,服务团在白龙桥镇政府“365办事中心大院”,开展了送温暖、送法律、送医药活动。送涉侨法律手册200多份,赠医药价值5000多元,受益群众300多人,得到群众点赞。

成立爱国华侨侨园。祖籍在雅畈镇石楠塘村的侨领徐祖茂,其家族有归侨、华人华侨、香港同胞270多人,分布印尼、英国、澳大利亚、加拿大、新西兰、等国家和中国香港地区。9月30日上午,徐祖茂在老家举行“中国梦”——庆祝中华人民共和国成立66周年暨侨园开园庆典活动,表达了海外游子对祖国热爱的拳拳之心,也为弘扬中华传统文化及促进中外经贸合作搭起了平台。

【为侨服务】2015年,按照涉侨有关法律规定,为1位华侨子女和1位香港同胞解决在婺城入学问题,为2位华侨办理回国定居事宜。4月14日,获知雅畈镇年轻侨胞胡卫东,正当家人不知如何是好时,因突发疾病,在阿联酋迪拜去世。区侨办及时上门了解情况,并向省、市外侨办部门汇报,要求上级对亲属赴迪拜处理后事提供帮助。后因迪拜是穆斯林国家，遗体不能在当地火化，其亲属要求将遗体运回金华。区侨办及时向省、市外侨办请示报告，帮助审批遗体运回金华火化事宜，经过反复多次沟通，终获省外事侨务部门批准，使侨胞胡卫东遗体顺利回金华火化安葬。3 月，侨居奥地利华人陈时红因父过世回金华奔丧，陈时红是欧洲少林武术联盟会副主席、奥地利奥中武术协会名誉会长，区侨办、侨联获知此事，及时上门走访慰问，并提供有效帮助。

【引才引智】2015 年，全区共接待 7 批 175 人次华人华侨、港澳同胞回婺城。重点接待了中国留美经济学会会长倪金兰教授和美国硅谷科技协会会长沈贤能博士，并与区人才办做好对接工作。主动将区海外重点人士名册送给区人才办，树立资源共享理念，加强与区人才办联系。

（袁倩蕾）

住房公积金管理

【概述】2015 年，婺城区公积金管理部以“稳中求进、改革创新、规范提升”为主题，以“便民、利民、惠民”为目标，以创建市级文明单位为抓手，不断创新工作举措，提高资金使用效益，提升服务效能，增强整体建设。分别被市总工会、市文明办评为“工人先锋号”和“市级文明单位”。

【住房公积金归集】2015 年，累计归集住房公积金 1.358 亿元。同比下降-5.6%，完成目标任务 1.15 亿元的 118%。（原因：汤溪范围的所有单位调整到开发区，每月少归集 100 万元左右。）

缴存比例严格按《住房公积金条例》及省、市规定执行。年度缴存基数调整最高不超过 26550 元，最低不低于职工工资 1470 元。年终做好与缴存单位、个人年度结息对账及年度验审工作。

【住房公积金提取】2015 年，提取 1.049 亿元，比上年同期增长 2.2%，占当年归集额的 77%。其中住房消费类提取 8358.54 万元，比上年同期增长 20.52%；退休提取 1708.19 万元，户口迁移等销户提取 425.51 万元。

【住房公积金贷款】2015 年，发放住房公积金贷款 12386 万元，发放户数 321 户，同比上年同期增长 45.70%。存贷比率 94.50%。住房公积金个贷金额逾期率为 0。贷款风险准备金充足率为 10.88%。

【住房公积金增值收益】2015 年，住房公积金业务收入 1898.63 万元，业务支出 391.24 万元，实现增值收益 1507.39 万元，同比增长 70.31%。

【增设科室】为提高住房公积金管理工作，更好地服务于住房公积金缴存单位和职工，设立综合业务科、资金管理科、办事大厅 3 个职能科室。

【扩面力度加大】采取宣传发动的方式，提高住房公积金覆盖面。6 月依托区总工会送政策到企业之际，向区所辖企业发送《推进住房公积金制度宣传漫画册》2000 多册。11 月，以“住房公积金圆您住房梦”为主题的公积金制度展板在区行政中心礼堂展出，配送宣传资料。通过行政执法的方式，维护广大职工合法权益。对区 2014 年度工业综合实力 10 强企事业、纳税大户等 136 家企业的社保缴交人数、住房公积金制度建立情况进行摸底和排查，对 45 家未建立公积金制度的企业建立企业情况档案。对未建立公积金制度的 45 家私营、民企发送《婺城区住房公积金催建催缴通知书》。采取多方合作的方式，更大程度展开扩面。多次与区总工会协商，区总工会大力协助展开扩面工作。2015 年，把“企业是否按规定建立公积金制度”作为企业或企业主申请评选先进或劳模等荣誉的条件之一。在区财政局的大力支持下，区机关事业单位聘用人员自 7 月起开

2015 年开展扩面工作，走访企业

始建立公积金制度(补交上一年度)。通过实地走访的方式,用真情实意和企业管理者面对面沟通。多次送政策到企业(八达运动服饰有限公司、山山烘焙等企业),向企业负责人宣传住房公积金制度及缴交公积金的重要性,走访过的企业的建缴工作在下半年已经有序展开。

【严格审查】发挥惠民功能和作用。加强对提取业务材料的审查,确保专款专用,截至10月份,办理提取业务10300人次。查处伪造假合同等提取3例,均采取没收其假合同、预告登记证、购房发票,向当事人单位发送通报的方式严肃处理。核查租赁提取15户,取消提取4户。

【城市建设】2015年,管理部组织人手和力量,多管齐下,助力政府和谐征收工作和服务被拆迁户的安置购房工作,开出绿色通道,推出多项便民措施。2月3月办理提取业务2000人次、1665万元,发放贷款60户、2234万元。旧城改造的专项服务行动取得明显的成效;支持二七改造工程。

【廉政风险防控】根据市公积金中心的统一部署,制定《2015年住房公积金管理重点稽查执法工作实施的方案》,排查廉政风险点。从制度机制存在的决策管理制度入手,查找操作不规范、不够公开透明的问题;在贷款发放的内部管理制度方面重点查找贷款本息归还、他项权证的清收、贷款三级审批等关键环节;在公积金的托收入账、银行票据、印章的保管使用等方面查找风险点;在信息系统安全、数据备份工作方面,查找系统存在的安全隐患。

【财务管理】首先健全内部管理制度和业务操作规程,使干部职工在工作上有章可循、有据可依,各科室在工作上相互连接,相互配合,同时又相互监督,相互制约。其次,以高度的政治责任感和使命感,构建严密的内控体系。严格按《住房公积金财务管理办法》《住房公积金会计核算办法》等有关规定进行财务管理和核算,按规定程序报批住房公积金年度预决算;完成区财政固定资产申报;从5月20日起,严格执行公积金存款和贷款余额及贷款额的日报制度;会计报表、统计报表和市中心要求的各类报表都按时上报。

【文明创建】开展市级文明单位创建活动,制定实施方案,明确工作要求。办事厅各项硬件设施逐步齐备,张贴"构建和谐单位"为主题的宣传海报,增强服务氛围。推进窗口服务工作。每季度对大厅服务人员开展"服务之星"综合测评,很大程度上调动了工作人员的积极性和主动性。积极参与定点扶贫工作。定点帮扶雅畈镇汪家村,送去近8000元大米对该村老人住户进行慰问。开展"慈善捐款"活动,向慈善机构捐助善款1300元。

【阳光服务】在区政府门户网站、阳光工程网、婺城住房公积金网三个网站,公开住房公积金办事流程,公开服务承诺。简化办事流程,对提取业务,实行材料齐全的,一站式办结,实现1—3个工作日资金到账。对个人住房公积金贷款业务,申请材料齐全的,5—7个工作日完成贷款整个审核审批签约流程。11月,我们开通"12329"短信服务,实现每月对账服务。

【信息报送】利用区政府的新闻媒体宣传公积金政策,在《今日婺城》设专刊报道公积金制度及相关政策调整;在《浙江建设信息港》发表宣传文章5篇;对于重要的政策在区政府门户网、阳光工程网、婺城公积金网同步发布,便于缴存职工及时了解。在婺城区政务信息考评中,从上年的倒数第二上升至前二名。

【学习活动】以"三严三实"教育活动为契机,以"为民、务实、清廉"为主题,精心组织,不断将活动推向深入。拓宽学习教育渠道,检验学习效果,在每次日常会议中进行《慎微者方有天地》等好文章学习,学习一些时事热评文章,全年学习好文章17篇。

(徐　超)

中国人民政治协商会议金华市婺城区委员会

综　述

2015年,区政协常委会在中共婺城区委的领导下,以中共十八大和十八届三中、四中、五中全会精神为指导,认真学习贯彻习近平总书记系列重要讲话精神,坚持团结和民主两大主题,强化“三严三实”作风,围绕中心履行职能,发挥优势服务大局,较好地完成了区政协三届四次会议确定的目标任务,推动了人民政协事业新发展,为“两富”“两美”婺城建设作出了新贡献。

深化政治协商,围绕重大决策部署咨政建言。区政协常委会重视加强政协协商与党委政府工作的有效衔接,与区委、区政府共同制定年度协商工作计划,推进政协协商的制度化、规范化、程序化建设。两政协商经济社会发展。组织开展对《政府工作报告》等的全体会议协商,委员分组与区政府领导面对面议政,15位委员举行大会发言,提出了构建总部经济区、发展家庭农场新型经济、发展医养结合养老模式等意见、建议。常委会会议专题协商经济社会运行发展情况,区长参加会议并通报工作。主席会议专题协商财政预算安排等工作。组织常委、委员和区域内的市政协委员视察市经济技术开发区,开展开发区工作协商。专题协商基层政权建设。以常委会议形式,组织各民主党派、工商联、无党派人士和委员代表,就区委《关于全面加强基层党组织和基层政权建设的决定》开展重大决策协商,提出了创新发展“基层党建+”、解决基层组织“三不”问题、推进基层法治建设等十多条意见、建议,在区委常委会上专题汇报,多数意见、建议被区委采纳。专题协商法治婺城建设。围绕“四个全面”战略实施和有关重点工作推进,在区政协三届四次全会期间,组织委员与区政府开展“深化法治婺城建设”专题协商,就加快依法治区、建设法治政府、加强普法工作等重点热点问题进行协商建言,提出了构建干部法律轮训制度、全面推行政府法律顾问、建立部门依法行政考核问责制等意见、建议。系列协商“十三五”规划编制。组织开展“十三五”规划编制系列协商,区委书记陈晓主持召开各民主党派、工商联负责人和无党派人士及各界代表征求意见座谈会,以主席会议形式开展政府“十三五”规划思路和综合交通规划专题协商,组织区政协老领导、专委会委员参加“十三五”总规及分线规划征求意见座谈会,谋划高铁经济组团带动城西板块发展,重视供给侧结构性改革、加快现代服务业发展、统筹发展大南山经济等众多意见建议得到重视和采纳。

强化民主监督,推动重点改革发展工作落实。常委会认真贯彻区委加强政协民主监督有关文件精神,按照省、市政协统一部署,积极开展三大专项集体民主监督,促进党委政府重点工作推进和改革发展措施落实。开展“五水共治”长效机制建设专项监督。组织委员开展“三级政协联动、万名委员同行、助推“五水共治”长效机制建设”专项民主监督，围绕科学规划、工程质量、后续管理及截污纳管、垃圾分类处理、长效机制建设等，开展专项监督、对口监督、片区监督和“万里江河四季访”“、走遍千村看治水”明察暗访，并形成市政协、区政协(专委会)、基层委组三级联动，促进监督全覆盖。建立监督“河长制”工作机制，对区级“河长制”落实情况开展“主席+委员”常态化监督，推动“河长制”落到实处。累计实地查看河溪735千米，察访企业436家、村(居)352个，发现并反映问题218个，提出意见、建议174条，被政府及部门采纳132条。开展“四张清单一张网”改革协商监督。组织委员围绕“四张清单一张网”改革措施落实开展专项民主监督，主动向区委、区政府主要领导书面报告，区长专门作批示，及时与区政府和有关部门对接，开展对口监督协商和分组走访调研，积极反馈监督建议，针对有关问题建言献策，为推进“四张清单一张网”改革措施落实发挥积极作用。开展“两路两侧”“四边三化”整治监督。组织委员配合、参与并监督区政府对“两路两侧”“四边三化”有关问题的整治，积极开展工作对接，协助协调解决有关问题。主席会议专题听取区政府关于“两路两侧”“四边三化”问题整治整改情况通报，形成专项监督报告，区委书记作重要批示，并跟踪监督建议采纳落实及问题整改情况，确保整治整改工作扎实有效。

积极参政议政，聚焦发展热点难题献计出力。常委会积极发挥政协智库和参政议政作用，组织委员开展重点课题调研和重要工作视察，以建议案、调查报告、提案等多种形式，为党委政府提出决策参考和工作建议。应题谋策工业发展难题。由区委主要领导交办，会同有关部门开展“加快工业经济发展”和“理顺仙源湖管理体制”专题调研，提交相关建议案和调研报告。针对经济下行、转型缓速的发展现状，提出了“合力助推转型升级，加快婺城工业经济发展”建议，区委常委会专题听取汇报，主要领导充分肯定并亲自交办，区政府多次召集涉经部门分解落实建议任务，工业企业亩产效益综合评价、土地资源和差别化要素配置、低效用地市场化再开发等工作机制和制度逐步建立完善。调研建言经济发展热点。围绕高铁经济、人才经济、“互联网+”、现代物流业等经济发展热点，由各专委会牵头，组织开展系列调研，形成《产业互联网中的婺城机遇》、《抢抓机遇，主动接轨，全力打造浙中现代物流枢纽》、《打造企业文化优势，助力企业人才建设》、《推进无线网络建设，提升智慧婺城服务管理水平》等多个调研成果。组织常委、委员开展高新企业发展、重点交通工程建设、企业文化建设、民办教育发展、普法依法治理、治安巡防体系建设等工作视察调研，提出了一些针对性、可行性意见建议，得到有关部门重视和采纳。提案议计改革发展路径。在区政协三届四次会议上，委员们聚焦创新驱动战略实施，热议经济社会改革发展，以提案形式提出意见建议290件，立案274件(并案3件)，13件因事权关系转为来信。所有提案全部办复，89.7%的提案所提问题已解决或正在解决，委员满意率99.6%。《关于要求加快栅川工业园区土地开发利用的建议》等10件重点提案的办理，由区长领办、主席督办，实行全程动态跟踪督办，并适时组织常委、委员开展专题视察，切实提高办理实效。《关于推动学前教育发展的提案》《关于加强基层医疗卫生机构建设的提案》等许多涉及民生问题的建议，得到重视和采纳。同时，对跨年度重点提案的办理，进一步强化回访督察，促进提案办理件件有落实。

坚持履职为民，助力民生改善促进团结和谐。常委会牢固树立履职为民工作理念，组织委员深入基层、走进一线，紧扣民生民本、助力民生改善，积极协助党委政府做好促进团结、维护稳定、创建和谐的各项工作。团结凝聚广泛发展力量。积极为民主党派、工商联、无党派人士和人民团体发挥作用创造条件，支持和保障他们参与党委政府重大方针政策和政治社会事务协商，邀请他们列席政府常务会议、参加政协重要会议和活动，促进合作共事。协助落实党政领导联系民主党派制度，认真落实区领导“九个一”联系制度、主席联系常委制度等，保持与各民主党派、工商联、人民团体、无党派人士的经常性联系。加强与港澳台侨人士联系，协助做好民族宗教工作。与区委宣传部、区文体局、区文联联合举办“婺城区纪念中国人民抗日战争暨世界反法西斯战争胜利70周年书画展”。接待到婺城区考察的省内外政协领导同仁，深化联谊交流。联系群众拓展民意渠道。完善《政协委员联系群众制度》，引导委员与819名各界群众形成紧密联系关系，加强政协工作宣传，开展各类联系群众工作。组织委员深入开展“三进三联三促”“我为‘五水共治’献一计”“我为‘十三五’规划献一计”活动，收集反映社情民意和金点子284个。积极发展基层协商民主，邀请基层委员和群众代表参加政协有关重要会议和重大活动，畅通民意表达和反映渠道。参与一线做好群众工作。积极参与二七新村旧城改造征迁工作，加强一线作为，展现一线作风。组织委员和机关干部参与“三改一拆”“四破”整治、年收入4600元以下贫困人口脱贫视察核查等重点工作，参与信访接待和矛盾纠纷调处，发挥法律界委员、委员“老娘舅”的专长和作用，开展法律咨询服务，协助党委政府做好群众工作。稳步推进委员履职平台向乡镇街道延伸，规范建设城西、新狮、蒋堂等12个政协委员工作室，累计接待群众来信来访300多人次，帮助群众反映和解决了180多个困难和问题。服务基层促进民生共享。各民主党派、工商联、人民团体、无党派人士和广大委员主动履职，积极关心关注弱势群体，参与公益慈善事业，助力增进民生福祉。开展专门委员会与山区乡结对帮扶，为新农村建设、“五水共治”、垃圾分类、敬老养老事业捐资出力，到乡镇、街道、村(居)开展“五送五服务”、访贫问苦、爱心助学等活动，累计捐款捐物600多万元。

6月30日，政协代表视察特色农业及相关旅游业发展情况　　　（区政协提供）

践行三严三实，夯实思想引领提升履职能力。常委会深入学习习近平总书记系列重要讲话精神，强化政治意识和政治定力，保持政协工作政治方向，以“三严三实”专题教育为抓手，持续推进思想建设、作风建设和队伍建设。加强党建增强政治定力。抓好党组和机关支部建设，强化履行党风廉政建设主体责任和“一岗双责”“第一责任人”职责，加强从严治党，严格落实党风廉政建设责任制，发挥好党组织战斗堡垒和共产党员先锋模范作用。深入学习中共十八届三中、四中、五中全会精神等，积极参加市、区党章党规党纪集中轮训，严格遵守党章，坚决贯彻《中国共产党廉洁自律准则》和《中国共产党纪律处分条例》，严守政治纪律和政治规矩，严格执行中央八项规定等廉政纪律，坚持高线、把牢底线，营造良好的政治生态。依法守纪树立严实作风。深入开展“三严三实”专题教育，组织学习和研读规定书目，主席、副主席到联系部门和乡镇街道上党课。积极征求意见，开展谈心谈话，召开专题民主生活会，剖析查找“不严不实”问题，抓好立规建制、整改落实、正风肃纪。组织学习宪法、行诉法、环保法等，举办《全面推进依法治国》讲座，开展“发挥政协职能作用，服务法治婺城建设”大讨论，发出《当法治楷模、展委员风采》倡议书，引导委员和机关干部作依法履职和忠诚、干净、担当的表率。规范建设提升履职能力。规范政协机关建设，完善机构职能，加强和改进经常性工作，提高履职科学化水平。规范设置各专门委员会，搭建委组工作QQ群、微信群“直通车”平台，加强和提升委组工作。落实主席联系委组、主席联系常委、常委联系委员制度，每月开展走访委员活动，经常下基层指导委组工作。加强委员管理，开展委员“五个一”履职述职交流，强化委员主动履职、担当作为意识，提升履职积极性和实效性。

【区政协三届四次会议】 2月27日至3月3日，区政协三届四次会议在婺城召开。会议听取了中共金华市婺城区委书记讲话；听取和审议了政协第三届金华市婺城区委员会常务委员会工作报告；听取和审议了政协第三届金华市婺城区委员会常务委员会关于三届三次会议以来提案工作情况的报告;列席了金华市婺城区第八届人民代表大会第四次会议,听取并讨论了《政府工作报告》和其他报告;审议通过了政协第二届金华市婺城区委员会提案委员会关于三届四次会议提案审查情况的报告;表彰了2014年度政协工作先进集体、优秀委员和承办提案先进单位、优秀提案;审议通过了政协第三届金华市婺城区委员会第四次会议决议。会议期间还举行了区政协委员“三进三联三促”活动,组织了大会发言,听取了法治建设专题讲座,开展了“深化法治婺城建设”专题协商和“发挥政协职能作用,服务法治婺城建设”大讨论。

3月3日,婺城区政协三届四次会议(区政协提供)

【区政协常委会议】1月27日,区政协召开三届十七次常委会会议。会议学习了十八届四中全会、十八届中央纪委五次全会和省纪委十三届四次全会、中央和全省经济工作会议、省委十三届六次全会、市委六届八次全会和省市区政协工作会议、省政协十一届三次会议精神等,协商讨论了《政府工作报告》,审议通过了召开区政协三届四次会议的决定、议程(草案)、日程、秘书长、副秘书长及各次大会执行主席及主持人名单;审议通过了区政协三届四次全会邀请列席人员范围原则意见、分组召集人名单;审议通过了2014年度政协工作先进集体、优秀委员、优秀提案、承办提案先进单位名单;审议通过了《关于授权主席会议审议三届十七次常委会未尽事宜的决定》;审议通过了常务委员会工作报告及报告人、提案工作报告及报告人;协商通过了有关委员增辞及人事任免事项。会议决定区政协三届四次会议于2月下旬召开。

3月2日,区政协召开三届十八次常委会会议。会议听取了区政协三届四次会议小组讨论情况的汇报,审议通过了会议决议(草案)和提案审查情况的报告(草案)。

3月20日,区政协召开三届十九次常委会议。会议传达贯彻了省、市政协关于“五水共治”长效机制建设专项集体民主监督有关工作会议精神,部署落实有关工作。

7月16日,区政协召开三届二十次常委会会议。会议专题学习了中共中央《关于加强人民政协协商民主建设的实施意见》,听取了区政府关于全区半年经济社会发展运行情况的通报。

8月6日,区政协召开三届二十一次常委会会议。会议传达学习了全省政协主席读书会精神,协商通过有关委员调整事宜。

9月21日,区政协召开三届二十二次常委会会议暨工业经济发展民主建言会。会议审议通过了《合力助推转型升级,加快婺城工业经济发展》调研报告。

10月30日,区政协召开三届二十三次常委会议。会议审议通过了《抢抓机遇,主动接轨,全力打造浙中现代物流枢纽》调研报告、协商通过了《区政协工作机构设置及职能调整方案》,协商通过了委员增辞及人事任免事宜。

12月18日,区政协召开三届二十四次常委会议。会议专题学习了《中国共产党廉洁自律准则》和《中国共产党纪律处分条例》,听取了区政府关于区政协三届四次会议提案办理情况的通报,开展了区政府职能部门(区教育局、区农林局)提案办理工作民主评议,协商通过了委员增辞及人事任免事宜。

【提案工作】区政协三届四次会议以来,广大政协委员、政协各参加单位积极运用提案履行职责,共提交提案290件。经审查,并案处理3件,作为社情民意参考13件,立案交办274件。这些提案围绕区委、区政府工作中心和群众关注的热点问题,主题鲜明,内容丰富,针对性强。经56家承办单位认真办理,已全部办复,提案所提问题已经解决或基本解决的131件,占47.8%;正在解决的115

件，占41.9%；计划解决的15件；因受条件限制暂不能解决的13件。委员反馈表示满意的262件，基本满意的11件，表示理解的1件。

区政协常委会和提案委依靠广大委员的热情参与和有关部门的通力协作，坚持质量求精、办理求实、督办求严，有效推动了提案工作的发展。加强服务引导，提高提案质量。一是重视提案征集工作。10月就着手谋划，通过线索征集、下发通知、推荐参考题目等方式，发动和引导委员早调研、早撰写。二是引导委员科学选题。依托《婺城政协》、委组QQ群、微信群、委员工作室等平台发布工作动态；利用开展视察调研、对口协商、“三进三联三促”、委员联系群众等活动，促进委员知情明政，有针对性地撰写提案。三是严把审查立案关。坚持委组先行把关、会前预审、会间初审、会后复审“四步走”审查机制，对类同提案并案，不合格提案商请委员修改完善，不符合立案标准的提案作退案或转办处理，确保提案立案质量。深化协商沟通，提升办理水平。一是推动重点提案办理协商。完善重点提案筛选机制，通过大会初选、提案委初审、二次征求政府领导意见、主席会议审定等程序，选好选准重点提案。二是加强提案交办协商。坚持预交办制度，在召开预交办会基础上，充分听取承办单位意见、建议，对办理难度较大的提案，与主办、会办单位多次协商，确保正式交办时承办单位无异议。三是提案办理全程协商。落实办前、办中、办后协商工作机制，通过电话沟通、上门走访、召开面商会及委员意见反馈等方式，促使提、办双方良性互动，达成共识。严格督察考核，增强办理效果。一是抓好跟踪督办。主席会议定期听取提案工作汇报，研究部署提案工作；分管主席领衔督办重点提案，促进解决落实；提案委集中督办，对6件以上办理大户开展重点走访和集中检查，促进提案办理工作整体推进，并做好跨年度未解决提案的回访督办。二是开展民主评议。常委会会议专题审议区政府关于年度提案办理情况，对办理工作提出建议；对教育局、农林局开展提案办理民主评议，邀请委员和新闻单位参加，促进提案办理公开化。三是加强考核评价。利用《今日婺城》和婺城新闻网发布提案办理动态，接受社会评价；继续开展优秀提案和先进承办单位评比活动；完善考核办法，将提案采纳率列入委组考核，明确考核与奖惩的具体要求，为做好提案工作提供制度保障。

7月20日，区委、区政府召开重大决策专题协商会议（区政协提供）

【重点课题调研】 4月，根据区委、区政府主要领导的意见和要求，区政协会同区人力社保局、区旅游局，组织开展了“理顺仙源湖旅游度假区管理体制”专题调研，调研期间走访了市、区有关部门和领导，召开了研讨座谈会，并赴宁波东钱湖旅游度假区、萧山湘湖旅游度假区学习考察，形成《关于理顺金华仙源湖旅游度假区管理体制问题的调研建议》，经区政协三届三十九次主席会议审议通过后报送区委、区政府。7—9月，区政协组成专题调研组，会同区政府有关部门，联合开展了“加快工业经

10月27日，婺城区各民主党派、工商联负责人和无党派人士及代表座谈会（区政协提供）

济转型升级”课题调研,形成了《合力助推转型升级,加快婺城工业经济发展》的调研报告,并经区政协三届二十二次常委会会议审议后报送区委、区政府。7—10月,区政协会同区工商联发改局交通局网络经济发展局等部门单位,开展了“加快现代物流业发展”专题调研,通过走访乡镇和企业、组织专家和业内人士座谈、开展物流市场调查、赴杭州嘉兴学习考察等形式,在集思广益、充分研讨的基础上,形成《抢抓机遇,主动接轨,全力打造浙中现代物流枢纽》的调研报告,并经区政协三届二十三次常委会会议审议后报送区委、区政府。两个调研报告中的有关建议已纳入相关决策和工作部署,为党委政府推进工作提供了有效的智力支持。

【文史工作】 8月,区政协联合区委宣传部、区文体局、区文联,分别在婺城区行政中心和金华市文化馆举办“婺城区纪念中国人民抗日战争暨世界反法西斯战争胜利70周年书画展”,现场展出区美术家协会、区书法家协会会员的100幅抗战题材书画作品,囊括国画、油画、软笔书法、硬笔书法等多种形式。 (吴耀峰)

民主党派　工商联

中国国民党革命委员会
金华市婺城区基层委员会

【概述】 2015年12月，中国国民党革命委员会金华市婺城区总支部变更为中国国民党革命委员会金华市婺城区基层委员会(以下简称民革婺城区基层委)，有党员55人，发展新党员1人。下设3个支部，其中，教育支部17人，机关支部17人，企事业支部21人。担任市人大代表1人，区人大代表3人(人大常委1人)，市政协委员2人(政协常委1人)，区政协委员8人(政协常委2人)。2015年，基层委认真履行参政党职能，不断加强自身建设，积极开展社会服务。与下属3个支部组织16次活动，其中外出活动10次，社会服务活动2次。基层委市区人大代表、政协委员提交提案议案22件。有8位党员获得荣誉与奖励，其中柳玉莲获评开发区最美教师、金华市最美教师提名奖，王根武获评为“2009—2013年度金华市优秀律师”，刘国强参与的“杜鹃花优良品种杂交选育研究”项目成果获2015年度金华市科学技术一等奖，王岚获得民革金华市委会“我的民革情”演讲比赛二等奖。基层委获评民革金华市2015年度五星级基层组织。

【参政议政】 民革婺城区基层委围绕市区党委政府中心工作，关注经济建设和民情民生，以“三农”、社会法制为重点，开展调查研究，积极反映社情民意和建言献策。党员中市、区人大代表、政协委员共提交提案、议案22件，其中缪雪荣《借“四破”强风　促企业转型升级》被列为民革市委会团体提案和大会发言，受到市领导批示；陈丽萍《关于以生活垃圾分类助推“五水共治”的建议》被列为区“两会”大会发言；李小燕《重视古道保护和开发，发展古道乡村旅游》的提案被评为区重点提案、优秀提案，朱国勇《关于建立和推行乡镇街道法律顾问制度的建议》被评为区重点建议。缪雪荣被评为市优秀政协委员，李小燕被评为区优秀政协委员。民革婺城区基层委荣获2014—2015年民革金华市委会参政议政工作先进集体二等奖，缪雪荣和孔爱华被评为2014—2015年民革金华市委会参政议政工作先进个人。

【社会服务】 开展“助学帮困献爱心”活动。1月19日，总支人大代表、政协委员、民革婺城基层委员捐款16000元，走访塔石乡高田村、莘畈乡莘畈小学，为高田村5个困难户送去了甜点和各1000元慰问金，为莘畈小学捐助床上用品28套，助学金2500元和衣物，给他们送去关心和温暖。开展走进小学同庆“六一”儿童活动。6月1日，教育支部响应民革浙江省委会开展“双百”活动号召，发挥教师人才队伍优势，开展走进城西小学同庆“六一”儿童节活动，给孩子们送去生动有趣的英语课、奇妙幻想的美术课，带领孩子们做有趣游戏，给孩子们带去精美的节日礼物。

【自身建设】 民革婺城区基层委贯彻落实中共十八届三中、四中、五中全会精神、时事政策教育以及民革中央、省委会、市委会的有关会议和文件精神开展学习，通过会议学习、外出学习、观看革命电影、参观爱国主义教育基地等形式，基层委与各支部开展10次学习教育活动。1月11日,教育支部组织党员观看革命电影《智取威虎山》;4月10—12日,基层委组织党员参观台儿庄大战纪念馆,在无名英雄纪念碑前举行告祭仪式;5月6日,组织学习万鄂湘主席《参政党要做社会主义协商民主的全力推动者》,缪雪荣主委谈“参政党要做社会主义协商民主的全力推动者”体会;8月14日,机关党员参观雅畈罗芳桥惨案遗址;8月16日教育支部组织党员参观台湾义勇军纪念馆;8月19日,开展抗战胜利70周年纪念活动,隆重纪念中国人民抗日战争暨世界反法西斯战争的伟大胜利。2月1日,企事业、教育和机关3个支部召开换届会议,叶江、王根武、马钢锋、苏国兴、陈永桥被选为企事业支部第二届委员会委员,叶江为主委,王根武、马钢锋为副主委;胡筱雯、张岳、吴旭琳、汪健、滕雁娜被选为教育支部第二届委员会委员,胡筱雯为主委,张岳、吴旭琳为副主委;戴爱红、夏菁、杨杰峰、赵燕被选为机关支部第二届委员会委员,戴爱红为主委,夏菁、杨杰峰为副主委。关心党员工作与生活,在本职工作中取得成绩、获得荣誉的党员送去组织的祝贺;尊重关爱老党员,重阳节和春节,对70岁以上老党员进行专项慰问,10月15日,在重阳节佳节来临之际,基层委组织老党员参观金东区澧浦镇蒲塘和琐元两个历史文化名村。加强制度建设,研究制定基层委会议制度、财务管理和财务年度通报制度。明确继续实行轮值制度,由主委、副主委、委员轮流担任执行主委,每1个季度为一个轮值期。轮值主委在轮值期内主持基层委或支部日常工作,轮值制度发挥基层委和支部领导班子的主观能动性和工作积极性,提升班子成员的服务意识和责任意识,各班子成员在担任执行主委时都充分展示工作能力和工作水平,基层组织活力得以提升。

(孔爱华)

8月19日,民革纪念抗战胜利70周年活动
(区民革婺城总支提供)

中国民主同盟金华市婺城区总支部委员会

【概述】2015年,中国民主同盟金华市婺城区总支部委员会,(简称总支)下辖3个支部,有盟员86人,年内发展盟员4人。有市政协委员4人、区政协委员4人,其中区政协常委4人。总支被民盟金华市委会授予2015年度参政议政工作先进集体、反映社情民意信息工作一等奖。盟员江涛被评为浙江省建筑工程专家,陈肖钰获全国“百龄杯”桥牌团体赛第四名、双人赛第三名,罗良庆的《情韵汉字》校本教材的开发和运用研究获市一等奖。

【参政议政】民盟婺城总支围绕区委、区政府的中心工作,组织动员所有盟员结合工作实际,开展工作调研,履行参政议政职能。盟员中市、区政协委员向区两会递交提案15件,向市两会递交提案11件,共26件;反映信息、社情民意32件,其中《完善普法顶层设计 强化普法产品开发》等2篇信息被民盟中央采用,《关于加强和完善城市地下综合管网建设的建议》等29篇信息被民盟浙江省委、市委采用。盟员吴晓代表民盟市委会,严亮奇代表婺城区政协,在市政协大会上发言,均被评为优秀大会发言。《关于完善市区公共自行车系统的建议》被列为市政协重点提案,《关于深入开展农村生活污水治理的建议》被评为区政协优秀提案。

【社会服务】在盟员中大力提倡无私奉献精神,总支组织和动员盟员在做好本职工作的基础上,采取多种形式开展面向社会,为构建和谐婺城服务的活动。4月,民盟婺城区总支响应市委会的号召,参加了浙江民盟林的植树活动。9月,组织优秀教师赴雅畈初中送教下乡，开展烛光教育活动。

【自身建设】 围绕“做合格盟员，创活力总支”，积极开展学习、参观、联谊等组织活动。先后2次组织盟员学习中国民主同盟章程、中国民主同盟发展历史、中共十八届五中全会精神等内容的学习。11月30日，组织班子成员及盟员骨干赴民盟江西省乐平市总支学习考察，开展盟务工作交流。12月8日，举办盟员先进典型宣讲会，邀请民盟武义总支优秀盟员代表严桂根、巩美英到婺城宣讲，在盟员中营造了学习先进，崇尚先进，努力践行群众路线，争当示范的良好氛围，激发广大盟员的积极性。12月19日，组织部分盟员赴民盟思想教育基地上虞市胡愈之纪念馆参观学习，缅怀民盟先辈优秀事迹，并与民盟上虞基层委员会进行了盟务工作交流，参观了上虞盟员之家。

（郑艳球）

中国民主建国会金华市婺城区总支部委员会

【概述】 中国民主建国会金华市婺城区总支部委员会(以下简称总支)下辖7个支部，有会员107人。有省人大代表1人、市人大代表1人、区人大代表1人，其中，市人大常委1人、区人大常委1人；市政协委员3人、区政协委员10人，其中区政协常委1人；民建市委会委员2人。总支主任雷永金《关于规范农村污水管网建设、运行管理的建议》荣获2015年度省人大代表优秀建议；会员王瑞日被评为民建全国优秀会员；二支部被省民建评为2011—2015年度先进基层组织。

【参政议政】 总支围绕区委、区政府中心工作，组织动员所有会员结合工作实际，开展工作调研，履行参政议政职能。总支主任雷永金积极参加围绕社会热点、难点调研，如《关于城中村改造的调研》《促进房地产业健康发展的调研》《关于婺城区十三五规划的调研》《关于五水共治情况的视察及调研》《关于社会养老服务体系建设的调研》《关于公共法律服务体系建设的调研》等。会员王瑞日认为金华“微政务”能提升行政效能，撰写《职能部门+互联网：如虎添翼》，广泛宣传“微政务”并身体力行。通过“微政务”平台反映了3件影响环境卫生的事情并及时得到处置。如2015年9月22日下午拍到上浮桥新华印刷厂后面垃圾房焚烧垃圾，2015年9月26日发行东关幼儿园门口正对面有个垃圾房臭气熏天，2015年10月1日上午发现上浮桥新华印刷厂宿舍对面花坛里散发出恶臭，均通过微信发到《行风热线》栏目组，得到及时处理。其他会员关注的，有《网购食品安全问题不容忽视》《美容行业监管亟待加强》《促进“农民专业合作社+农户”发展的建议》《塑造农业品牌，实施商标兴农的思考》《老旧小区物业维修金收缴中存在的问题及建议》《对落实带薪休假制度的思考》《如何推进四破工作》《游泳池的水质合格吗？》《莫让瓶装气成“隐形炸弹》《金华东关大桥十护栏风吹倒》等信息，表明情民意工作不仅拓宽了总支参政议政的渠道，也促进了参政议政水平的进一步提高。

【自身建设】 总支多次组织各支部开展学习习近平总书记的系列重要讲话精神，学习民建中央、省民建有关会议精神等，并组织会员外出学习。2015年9月，总支召开总支扩大会议，与会认真学习《习近平总书记在阅兵式上的讲话》；总支主任雷永金学习传达民建中央主席陈昌智《在基层组织主委培训班开班仪式上的讲话》，新老会员一起学习民建会史，增强会员的历史使命感，激发会员的参会热情。2015年10月，二支部全体会员组织理论学习，学习陈昌智主席《提高思想认识 明确目标要求 将基层组织建设工作向更深入推进》的重要讲话，提高支部的吸引力和凝聚力，促进二支部的各项活动不断取得新的发展和进步。2015年11月总支与浙师大总支联合举行学习贯彻中共十八届五中精神学习会。为纪念民建成立七十周年和抗战胜利七十周年，组织会员前往民建中央爱国主义教育基地——上海黄炎培故居等参观学习，接受爱国主义教育。2015年3月，会员参加由民建金华市委会组织的上海自贸区考察。2015年9月，会员在参加中国非公有制经济发展论坛期间，考察中国中车株洲研究所。2015 年 11 月组织会员参加由浙大与上交所举办的《资本市场架构、多层次资市场分析》等资本财商、企业转型年会。

【社会服务】 总支非常重视鼓励会员积极参与社会服务活动和各项社会公益事业，引导广大会员做好本职工作的同时，积极参与扶贫帮困、捐资助学等。总支主任雷永金继续捐款 20 万元用作“民建?金宇”奖学金，资助浙师大家庭经济困难、品学兼优的研究生；四支部与北山雷达部队结为军民共建单位，每年在部队驻地举办一台“军地共建，心手相牵”联欢晚会，为部队官兵改善部分生活设施。

（周国忠）

中国民主促进会金华市委员会婺城区总支部

【概述】 中国民主促进会金华市委员会婺城区总支部(简称民进婺城总支)成立于 2005 年 10 月，成立时下设白龙桥、医卫、汤中、离退休等 4 个支部。2010 年 12 月底进行换届，换届后下设退休、汤中、医卫、白龙桥、金西、城区等 6 个支部。2015 年，共有会员 78 人。10 名会员担任各级人大代表和政协委员，其中市人大代表 1 人，市政协委员 2 人，区政协委员 7 人(其中副主席 1 人)。2015 年，民进婺城总支秉持“有思有行、集智聚力、顺势而为、开拓创新”的工作方针，围绕组织建设、社会服务、参政议政等主题，把坚持和发展中国特色社会主义学习实践活动主线贯穿到各项工作当中，为建设“两富”“两美”婺城作出贡献。

【思想建设】 民进婺城总支结合政治时事学习的需要，引导各支部和会员深入学习中共十八届五中全会精神和民进中央、省市精神，推进坚持和发展中国特色社会主义学习实践活动引向深入。组织会员学习中央统战工作会议精神和《中国共产党统一战线工作条例(试行)》，引导会员认识新形势下统一战线的重大意义，深入学习统一战线特别是多党合作的新理论、新观点和新要求，不断增强多党合作的政治定力和制度信心，为巩固和发展最广泛的爱国统一战线凝聚共识和力量。引导会员进一步坚定中国特色社会主义的道路自信、理论自信、制度自信，真正做到与中国共产党思想上同心同德、目标上同心同向、行动上同心同行。

【组织建设】 民进婺城总支开展纪念民进成立 70 周年暨市委会成立 30 周年系列活动为契机，以“为执政党助力、为国家尽责、为人民服务”的高度责任感，加强领导班子建设、人才队伍建设、基层组织建设，夯实组织基础。根据干部队伍建设的实际，调整充实后备人才库，做好后备干部的培养、推荐、选拔和使用，组织骨干会员参加市、区两级培训。根据总支履行职能的实际，做好组织发展工作，2015 年发展新会员 1 人。在区委统战部的支持和会员所在单位的帮助下，开展各类活动，组织各类活动 20 余次，增强总支活力，增进会员之间的凝聚力。

【参政议政】 民进婺城总支抓住市区“两会”这个参政议政主阵地，组织会员撰写提案、进行大会发言。2015 年，在市、区“两会”上会员提交提案、议案共 14 件，全部被相关部门采纳，得到党委政府领导和有关部门的好评。张琳鑫主委提交的《关于完善我市农村养老的几点建议》被评为市政协优秀提案。邵发明会员代表总支在婺城区政协三届四次会议上做了题为《关于建立医养结合新型养老模式的建议》大会发言，深受与会委员的好评。同时，组织委员参与市、区两级党委、政府召开的各种协商、通报、座谈和调研 15 次，就本地经济、政治、文化建设中的重大决策提出意见＼建议。会员邵发明、吴耀峰被聘为金华市政协 “反映社情民意信息工作”特邀信息员。会员邵发明撰写的《关于我省农村污水治理工程建设的问题与建议》被省政协采纳，并获省委副书记、两名副省长批示。

【社会服务】 围绕民进中央《关于在全会开展社会服务年活动的意见》要求，民进婺城总支发挥广大会员专业优势和支部活力，将社会服务的有效性和影响性有机结合，努力为当地经济民生社会发展作出积极贡献，在社会上树立民进良好的参政党形象和社会影响，增强作为民进会员的自豪感。以医卫界会员为主体，先后 4 次组织会员赴塔石乡、安地镇、武义县王宅镇、义乌市义亭镇等地开展义诊咨询服务活动，送医送药下乡；以文化界会员为主体，在春节前下乡为村民免费写春联；以教育界会员为主体，多次开展下乡支教和师生结对活动，助推农村教育事业发展。6月，主委张琳鑫被民进中央授予全国社会服务工作先进个人称号。

（吴耀峰）

1月31日，民进婺城总支年度工作总结会

（民进婺城总支提供）

中国农工民主党金华市委员会婺城区总支部

【概述】 中国农工民主党金华市委员会婺城区总支部(简称农工党婺城区总支)，于2015年12月换届，并更名为农工党婺城区基层委员会，郑池爱任主任委员，李笑银、杜伟亮任副主任委员，吕建伟、吴章秋、陈卫军、陆卫红、唐金寿、龚琴丹任委员。下设5个支部，有党员87人。有11人次担任金华市、婺城区人大代表、政协委员。婺城农工凝智聚力，坚实履职，2015年被授予“中国农工民主党先进基层组织”。

【思想组织建设】 组织党员深入学习中共十八大、习近平总书记系列重要讲话精神；选派党员参加复旦大学党外干部培训，推进学习型参政党建设。组织开展春游、庆祝教师节、“三八”节等多项活动，凝聚力不断增强。综合支部被评为2015年度市级先进基层组织称号。

【参政议政】 推动市、区两级人大代表、政协委员聚焦中心工作，沉到一线，发挥人才荟萃、智力密集的团队优势和整体功能，关注科学发展，关注社会民生，积极参政议政，先后提交近20多个有一定质量的提案议案，内容涉及现代服务业发展、网络经济、养老服务、养医融合、农村消防、精品城市建设、校园文化建设等。陆卫红《异地迁建促进我市妇幼健康发展建议》被农工党市委会选为集体提案；郑池爱代表农工党金华市委会在金华市政协六届五次会议作《百姓期盼“医养融合”》的大会发言，并被评为优秀大会发言，该提案被列为副市长张伟亚领办的市政协重点提案，产生良好社会影响，中国新闻网、凤凰网、搜狐网、新浪网、浙江在线，《钱江晚报》《都市快报》等作了报道。积极履行民主监督职能。2015年7月，钱育华、郑池爱再次被选任为金华市市级人民监督员，认真做好市、区两级检察院相关案件的监督。2015年11月19日，郑池爱以市政协委员的身份应邀参加市政府第一百一十五次常务会议。

【社情民意】 积极组织党员深入基层，深入民间，多渠道收集、上报社情民意超过20篇，积极反映民思、民盼、民忧，当好百姓“代言人”，内容涉及加强外来务工人员管理、“城中村”管理、教师继续教育、学生课业减负等，引起上级高度重视。黄杰伟《国有企业年报审计存在的问题和建议》被全国政协采用，并获2014—2015年度省参政议政工作先进个人、2014一2015年度农工党中央信息先进个人。

【社会服务】 发挥自身优势，社会服务有新成效。选派郑池爱、李笑银、唐金寿参加金华市区“二七”新村重点区块征迁工作。组织党员赴临安学习考察青山湖治理先进经验，为区“五水共治”出谋划策。“世界环境日”，在安地镇南郭村开展以“农村环境与健康”为主题的“2015年中国环境与健康宣传周”活动，派出医疗专家5人，发放3000元常用药品和多份健康环保宣传资料。积极缴纳特殊党费7900元，用于修缮农工党第一次全国干部会议会址。开展慈善“一日捐”，党员每人捐100元。开展服务进社区、进敬(养)老院、进贫困家庭、慰问低保户等活动。老党员范本富坚持每周到老年大学讲解老年保健知识。2015年5月3日,五中支部组织部分在职党员送温暖活动,支部主委吴章秋出资送15箱苹果到茶花园门口橄榄山老年公寓,慰问劳动节不休息的护工。

【荣誉】 广大在职党员奉献事业,爱岗敬业,金俊英被评为省教育系统内部报表先进;王丽珍区优秀班主任,杜伟亮区信息技术竞赛优秀指导教师。尹燕飞参加区机关职工羽毛球比赛,荣获女子中年组单打冠军。黄杰伟2015年被金华银行评为“最美员工”。

(郑池爱)

九三学社婺城区基层委员会

【概述】 九三学社婺城区基层委员会秉承九三“爱国、民主、科学”的优良传统,在中共婺城区委和九三学社金华市委会的正确领导下,认真履行参政议政,积极开展社会服务活动,为当地社会经济做出积极贡献。现有社员人数32人。

【参政议政】 九三学社社员向区政协提交了8件提案,其中应堂亮委员《关于婺城区花卉苗木产业发展的现状及对策建议》,王和源委员《关于加强城乡环境综合整治的提案》,罗霞委员《关于在乡村一级设立法律顾问的建议》,王平委员《关于加快养老服务体系建设的建议》,季美珍委员《关于建设沙畈垄至箬阳垄联通道路的建议》等五件提案被区政协列入重点提案,得到区委书记王健、区长申屠福华的批示。委员钱善治在政协大会上作“扶持发展家庭农场新型农村经济的几点建议”发言。

【社会服务】 开展社会服务活动,3月组织社员到东方红林场开展了义务植树,共栽植榉树、银杏800株。帮助联系村沙畈乡亭久村争取到珍贵树种榉树2000株、银杏800株,价值3万元。10—11月组织社员到琅琊、塔石等山区乡镇开展技术培训二期,重点开展木本油料、林下经济、珍贵树种培育等技术培训,受益群众300人次。配合九三学社省委会做好塔石乡东岭村、下塔石村、金牛山村三个村的结对帮扶工作,把九三学社的人才、科技优势与山区的帮扶工作有效结合起来,让山区经济的发展立足长远,发挥“造血”功能。通过积极联系,帮助东岭村落实古祠堂翻修资金40万元。

【自身建设】 开展纪念抗战胜利和九三学社成立70周年活动。7月,组织社员到贵州考察学习有关抗战的红色政治文化;9月,在区政府办公楼大厅开展九三学社成立70周年图片展。组织社员开展学习交流,重点学习《十八届五中全会》《中共中央关于制定国民经济和社会发展第十三个五年规划的建议》等精神,号召社员为全面建成小康社会和实现中华民族伟大复兴的“中国梦”贡献力量。结合茶话会、爬山等活动开展交流生活、工作体会,社员之间做到互相帮助,提高党派凝聚力。

(季美珍)

社会团体

金华市婺城区总工会

【概述】 2015年，全区有乡镇街道总工会10个、工委3个，机关工委9个(包括教育工会)，机关事业单位工会197个，非公企业工会266个、联合工会15个，工会会员38926人。

【重点项目建设】 2015年，根据区政府的统一部署，开展“两美”金华活动，积极参与区政府“二七”征迁工作，总工会班子成员和一名干部参与该工程，开展企业“垃圾分类、美丽工厂”宣传活动，制定一系列实施方案和考核评比方法，将此项工作贯穿到各乡镇、街道的考核中。

【当好职工“娘家人”】 2015年，工会组织力量，深入开展调查。开展“走万家企业、访万名职工”活动，全体党员干部，深入企业了解企业经营情况，走进车间，倾听职工群众心愿，逐步形成企业职工有困难找工会、职工困难工会帮的氛围。开展法制宣传，强化职工合法维权。职工维权工作是工会的重点工作之一，从以前事后维权方式逐步转向到职工自主维权。开展女职工维权保护月活动。3月，根据市总工会的要求，在全区企事业单位开展了一系列女职工维权月活动，为女职工提供“四期”保护的有关知识，还发放1200份问卷，进行女职工思想状况调查，提高女职工对自身职业保护意识；组织开展“两法”学习宣传活动。为扩大“六五”普法教育成果和树立广大职工正确的维权观，根据省、市总工会的要求，全区总工会成立了中华人民共和国《劳动法》中华人民共和国《工会法》领导小组，制定具体实施方案，在5—9月多次召开全区乡镇、街道工会干部会议时组织学习，强化干部的法律知识和法律意识，并将“两法”宣传手册3000多份送到各企业。6月16日，在全区开展安全生产大型宣传活动时，区总工会积极组织人员参加，宣传中华人民共和国《劳动法》中华人民共和国《工会法》，发放法律资料300余份，强化职工对中华人民共和国《劳动法》中华人民共和国《工会法》等有关劳动法规的了解，培养增强企业职工依法维权、依法上访的意识，12月3日，参加区法制办普法宣传，分发材料200余份。劳动保护监督工作。健全企业劳动保护监督措施，乡镇、街道都已成立劳动保护监督检查委员会，并要求已单建工会规模以上企业必须100%建立劳动保护监督检查委员会，由职工自己来依法保护自身的权利 。指导企业开展工资集体协商工作。年初，部署在全区全面推进2015年工资协商要约工作。工资集体协商指导员在企业开展工作时严格按照8个程序实施，并明确强化女职工“四期”保护和执行禁忌劳动有关规定的企业要达到95%。全区企业工资集体协商开展率逐年提高，续签率60%。开展困难职工帮扶工作。工会在4月就开展困难职工调查摸底工作，将困难职工档案入库。2015年已结对在读困难学生5人，发放助学金1.4万元，帮助贫困学生顺利就读；陆续对96名困难职工进行走访，将送帮扶资金22.04万元，为困难职工送去政府和工会组织的关怀和温暖。

【工会组织活动】 2015年，组织参加读书征文活动。继2014年“书香38”读书征文的良好势头，在

2015年初，就已经将征文活动计划下发给各乡镇、街道等有关单位，在全区范围内开展女职工“三八书香”读书征文活动。全区女职工，特别是学校教职员工踊跃参加，收到征文400多篇，筛选70多篇较为优秀作品报组委会，其中金华九中陈小花获优秀作品奖，是近年来婺城区获得的最高奖项之一，从而激励广大职工养成静下心来读书、读好书的良好阅读习惯；开展职工文化艺术活动。组织参与市总工会举办第二届“金华工人好声音”歌手电视大奖赛。区总工会通过下发文件，会议动员等形式，推荐、选拔40多人参加全市第二届“金华工人好声音”歌手比赛，通过海选、初赛、复赛三关后，区推荐的选手严水英进入决赛，列第9名(共20名)。培育企业建立“心灵港湾工作室”。“心灵港湾工作室”是企业为职工提供一个个人倾诉感情、烦恼，排解困惑、疑虑等私密空间，由心理辅导师进行心理干预辅导，帮助企业职工解决生活困难，保证企业员工的心理健康，为维护企业和社会稳定起积极的作用。2015年，我们培育了正方集团、万里扬有限公司等3家企业建立“心灵港湾工作室”。开展“安全在我心中”知识竞赛活动。今年3月份，通过区教育工会协助，组织全区中小学开展了“安全在我心中”知识竞赛，提高家长和学生安全意识。

【劳模评选】 2015年，进行全国劳动模范和先进工作者推荐工作，通过严格考察审定，确定推荐金师附小徐锦生为全国先进工作者。下半年，开展市、区二级劳动人才库的建立工作，推选入库市级劳模人才库16人，推荐质量列全市前列，得到市总工会领导的肯定。

【基层工会组织建设】 开展基层工会调查工作。近几年来，婺城区区域划分和企业经营情况等多种原因，部分企业已归属其他区域。为确保数据库管理和进一步加强基层工会建设工作，在全区范围开展基层工会普查，对全区基层工会工作进行摸底调查，为全省基层工会数据库申报和基层工会管理奠定了良好的基础；为加强基层工会组建工作，5月份召开组织乡镇、街道工会干部工作会议，将基层工会组建任务、职工之家、开展“六有”建设标准和工作任务分解到各乡镇、街道；加强工会干部培训和配备。为提高乡镇、街道工会职能和组织力量，举办全区乡镇、街道，区直各系统工会分管领导和工会干部进行工作培训，提高工会干部的工作能力。同时，为提高乡镇、街道工会工作力量，由市总工会组织公开招聘的2名职业化工会工作者，在通过一定的培训后，现已分别在白龙桥镇、乾西等乡镇开展工会工作。

【厂务公开民主管理】 2015年，区总工会干部在和各企业联系中，组织企业开展《浙江省企业民主管理条例》学习，开展民主管理企业进行厂务公开民主管理工作指导，推动《浙江省企业民主管理条例》的落实，推进和规范企业民主管理工作。组织乡镇工会干部和部分新成立工会企业的工会主席参加企业民主管理培训，提高工会干部业务能力，积极带领和提高职工参与企业管理。

(马益君)

共青团金华市婺城区委员会

【概述】 2015年，婺城区共有基层团委60个，基层团工委12个，团总支32个，团支部1031个，志愿者队伍20支。团区委在加强自身建设的同时，注重青少年思想引领，紧紧围绕“双网互动”开展各项工作，坚持服务到基层，工作在一线，进一步推动了共青团青年事业的科学发展。

【贯彻群团工作会议精神】 2015年，召开全区团干会议和青年座谈会，组织学习党的群团工作会议精神，研究部署新的历史起点上全面做好青年工作，要求全区团员青年认真学习、深刻领会、全面贯彻，将会议精神贯彻到日常的学习工作中去，脚踏实地，奋发进取，为建设“两富·两美”现代化婺城奉献青春智慧，汇聚青春力量。

【青少年思想引导】 投入创建国家文明城市工作，4月3—10日，团区委组织市区5个街道、乾西乡及区机关各部门600多名志愿者参加“创建国家文明城市”集中行动。5月26日，团区委组织60多名志愿者在骆家塘社区开展了创建国家文明城市集中宣传活动。组织志愿者参与迎接省治堵综合考核，12 月 23—25 日，200 余名志愿者在江北各主要路口开展治堵劝导疏导集中行动。

广泛参与“五水共治”工作。开展“青春聚力五水共治”暑期志愿者活动，浙江师范大学 129 名师生组成的志愿者队伍，在 11 个乡镇通过文艺晚会、进村入户宣传、实地垃圾清扫、河道整治等形式开展“五水共治”活动。在全区开展“护水哨兵”流动红旗竞赛，广泛招募“护水哨兵”志愿者，组织开展“五水共治”志愿服务活动。区各乡镇已组建日常巡查志、水情调查、护水宣传等 “护水哨兵“志愿者服务队 22 支。2015 年，开展各类卫生巡查、河面漂浮物清理、河边路边垃圾清理、环保志愿服务活动 78 次，参与人员 3570 人次，发放节水倡议等宣传资料 10 万余份。

主动投入垃圾分类工作。婺城区垃圾分类“个十百千”专项行动，成立婺城区垃圾分类志愿者服务队，组织志愿者参加团市委组织的垃圾分类志愿者专项培训。12 月 9 日与区农办、区教育局在长山乡举办“小手拉大手、垃圾分开走、家园风景秀——婺城区青少年绿色大行动”，200 余名青年志愿者和少先队员一同入户宣传垃圾分类，取得良好效果。12 月，团市委垃圾分类暨美丽乡村建设试点工作开展以来，“两新组织”、高校及社会志愿者 530 余人次到长山乡乌石屏、石门等村开展志愿活动。

推行团员“微系列”服务活动。组织团员到社区做志愿服务，持续开展“点亮微心愿?共筑中国梦”主题活动，广泛征集微心愿，组织团员认领。开展“践行微公益，快乐伴我行”主题活动，引导团员参加治水、保洁、护绿等“微公益”行动，促进美丽家园建设。2015 年，全区收集微心愿 668 个，认领 650 个，完成 650 个，完成率达 100%。

开展捐献衣物活动。响应上级团委号召，动员婺城的团员青年们清洗干净的旧衣物整理起来，进行集中消毒后由志愿者统一接收分类处理，寄到需要的地方去。据统计，2015 年，累计发送各类捐赠衣物 540 多件。

【服务青年】 抓青少年综合服务平台建设。2015 年，组织区团干赴宁波北仑、象山学习借鉴青少年综合服务平台建设先进经验，在西市街社区建设区级青少年综合服务中心，在条件成熟的 5 个乡镇(街道)建设首批乡镇级青少年综合服务站，建成网格内青少年服务点 17 个，通过区、乡镇、网格三级服务平台，整合区域内各类团组织的活动场地、资金、物资和项目等服务资源，提供志愿服务、创业指导、心理咨询、权益服务、文体活动等青少年服务项目，增强基层团组织活力，拓展服务青年网下工作阵地。

深化青年创业助推行动。与区人力社保局、区网络经济发展局等联合举办 2015 年婺城区青年电子商务创业大赛暨婺城区农村电子商务职业技能大赛，推荐大赛中脱颖而出的“素直生活”项目参加金华市农村青年电商大赛获得第二名，并代表金华市参加浙江省农村青年电商大赛夺冠。积极做好农村电商园创建的配合工作，推进与成泰银行、万通小额贷款公司的合作，促进小额贷款扶持青年创业工作力度，全年促成小额贷款 146 笔，共计 2890 余万元。

9 月 29 日，浙江省“邮储杯”农村青年电商创业创富大赛总决赛中，区团委电商项目“素直生活”获得一等奖。 （区团委提供）

【组织建设】 开展“青春党建”工作，联合区“两新”工委创建市级青春党建示范点 3 个，新建非公企业团组织 40 个、新社会组织团组织 15 个、农村专业合作社团组织 20 个、产业园区团组织 5 个。通过青春党建工作，促进“双网互动”团建模式，增强乡镇团组织基础，提高团组织的覆盖面。加强团干作风建设。以培养让党放心、让青年满意的“三力五型"团干部为目标,扎根基层,服务青年,开展"学习型、创新型、服务型、务实型、自律型"团干评比,培养有实力、有魅力、有活力的青年团干。全区基层团组织建立考核制度,开展项目承诺制,在年底开展全年工作交流。全区共青团组织通过"三进三服务"大走访,联系青年300多人,深入农村、社区、企业、学校开展调研帮扶活动1200多人次。

(丁　成)

金华市婺城区妇女联合会

【概述】2015年,全区女性18.91万人,其中中共党员6379人。乡镇妇联13个,街道妇联5个,区、乡镇(街道)专(兼)职妇联干部22人。村(社区)妇代会382个。2015年,区妇联被评为婺城区优秀单位。

【素养提升】2015年,举办为期2个月家庭教育讲师团培训班,参训人员70人。举办箬阳家政培训班一期,参训人员60人,55人获得合格证。开展创业妇女电子商务、农家乐等培训班38期,1400余人参训,提高了创业妇女的创业能力。

【创业致富】2015年,区妇联召开全区来料加工表彰会,对6个先进村(社区)、2个创新奖、9个贡献奖进行了表彰,并与工商银行婺城分行进行合作签约。举办全区来料加工技能(平车)大比武,100名加工能手参加。制定实施《来料加工扶持小额贷款贴息补助办法》和《妇女创业创新专项补助资金使用暂行办法》,加大对创业女性的扶持力度,全年为10名经纪人解决贷款195万元,贴息4.68万元。组织5名经纪人参加了第117届广交会,2名经纪人参加第21届义博会,通过展示新产品、拜访新客户,聚信息、捕商机,已有2名经纪人与2家外贸公司、2个批发商合作,完成订单4份。全区现有经纪人606人,月加工人数2.1万人,年发放加工费3.39亿元。

【美丽示范】2015年,评选"最美家庭"45户,其中,朱志云家庭获得省"最美家庭"称号。开展"家训家规"格言征集,采集家风家训135条。开展庆"三八"家庭才艺大赛,表彰十佳"最美家庭""最美庭院""最美女性"。表彰区级"平安家庭"示范户50户、市级"平安家庭"示范户20户。紧扣"五水共治"、"无违建区"创建、生活垃圾分类处理等工作,开展"五好家庭"评选。围绕"美丽婺城"主题,掀起"垃圾分类 巾帼先行"高潮。妇女干部走村入户,发放《垃圾分类指导手册》1万余册。在全区所有村妇代会开展垃圾分类"巾帼流动红旗赛"活动,使得婺城妇女真正成为垃圾分类"主力军"。

【关爱服务】2015年,区妇联与区法制办联合成立性别平等妇女权益保护专家组、联席会议制度及评估机制。在琅琊镇、塔石乡新办"清大新洋"、"美会"、"安泰"春蕾班。开展春节"暖冬关爱计划"行动,走访慰问退位村(社区)妇代会主任86人、"两癌"贫困母亲12人、贫困儿童家庭8户、"圆梦100"困难家庭4户,发放慰问金及慰问品11.89万元。开展"三八"维权周暨"建设法治中国?巾帼在行动——万家联动送法到家"法制宣传系列活动。"和姐工作室"接待来信来电来访40起,帮助调解成功35起。

11月16日,塔石小学成立安泰春蕾班

(区妇联提供)

【固本强基】开展以"访三情、定三策、结三对"为主要内容的"进万家门、访万家情、结万家亲"妇联基层大走访大调研活动,了解妇女的心声和诉求。组织召开区妇联五届五次执委(扩大)会议,替补区妇联第五届执行委员会委员。召开区机关第四次妇女代表大会，选举产生新一届妇委会。召开“巾帼党建”现场推进会，发挥女党员在企业发展过程中的先锋模范作用。

（徐美珍）

金华市婺城区归国华侨联合会

【概述】 2015 年，婺城区归国华侨联合会围绕中心工作，坚持以侨为本、为侨服务宗旨，务实创新，夯实侨联工作基础，做好为侨服务工作，凝聚侨界力量。

【搭建为侨服务平台】 成立婺城区侨界法律服务中心。9 月，聘请浙江圣煌律师事务所为区侨界法律事务顾问，经费纳入区财政预算，为依法护侨工作提供有力保障。

成立婺城区侨界人士服务团。9 月 21 日，在白龙桥镇政府举行区侨界人士服务团启动仪式，聘请区侨联副主席、白龙桥镇侨联主席郑宝银担任团长。服务团成员由 22 名区侨联委员、5 名乡镇街道、侨联主席组成，并聘请 4 家单位为服务团成员单位，下一步将继续吸收热心公益事业、支持侨联工作的企业单位作为服务团成员单位，壮大爱国爱乡队伍。在举行侨界人士服务团启动仪式的同时，服务团在白龙桥镇政府 365 办事中心大院，开展了送温暖、送法律、送医药活动。送涉侨法律手册 200 多份，赠医药价值 5000 多元，受益群众 300 多人，得到群众点赞。

成立爱国华侨侨园。祖籍在区雅畈镇石楠塘村的侨领徐祖茂，其家族有归侨、华人华侨、香港同胞 270 多人，分布印尼、英国、澳大利亚、加拿大、新西兰、等国家和中国香港地区。9 月 30 日上午，徐祖茂在老家举行“中国梦”——庆祝中华人民共和国成立 66 周年暨侨园开园庆典活动，表达海外游子对祖国热爱的拳拳之心，也为弘扬中华传统文化及促进中外经贸合作搭起了平台。

【“访侨企送服务”活动】 区侨联根据上级“访侨企送服务”活动要求，走访区 9 家侨资企业，了解企业在新常态下生产、销售、融资等方面存在的问题，要求侨企依靠当地党委、政府，安排好企业生产、销售，为企业转型升级打好基础。区侨联坚持每季走访联系侨企制度，努力帮助企业转型升级，重点做好缤虹星城房产开发项目服务，多次陪同省、市领导上门走访调研，助项目深度开发。

【“送温暖、送文化、送祝福”活动】 2 月 10 日，市、区、镇三级侨联在白龙桥镇郑岗山村开展三级联动，走访该村困难户 20 户，给每户送上 500 元慰问金，送上 1 袋米、1 壶油、1 千克麦芽糖和 5 千克面条；组织区群英婺剧团为该村父老乡亲演出《贤媳教婆》《五水共治家乡美》等 10 个文艺节目，邀请市书法家协会 6 名书法家为村民书写春联，给百姓送去侨办侨联组织的关怀。2015 年春节前和中秋节，区侨联深入雅畈、城东、乾西、莘畈等乡镇走访慰问重点侨属，困难归侨侨眷以及优秀困难学生和困难户 85 户，送出价值 4.5 万多元的春节大礼包和慰问金，为侨界群众送上党和政府的关怀。

【基层侨联建设】 2015 年 9 月，区侨联召开全区基层侨联组织建设推进会，新建乡镇(街道)基层侨联 5 家，并要求基层侨联按“五有”标准规范运行。白龙桥镇党委为镇侨联安排了一间办公室，建立各项活动制度。镇侨联每季开展一次活动，活动内容丰富多样，侨联委员们热心奉献、积极参与，基层侨联凝聚力、影响力不断增强。

（袁倩蕾）

婺城区工商业联合会

【概述】 婺城区工商联现基层(行业、异地)商会 16 个，会员 1526 人，会员中有省人大代表人、市人大代表 8 人、市政协委员 5 人、区人大代表 35 人、区政协委员 59 人。

【理想信念教育】 结合本区实际，开展非公经济人士理想信念教育实践活动。关注大局，关心大事，引导非公经济人士转变观念，创新思维。开展企业文化建设。围绕“两个健康”工作主题，促进婺城经济发展，加强“五好”工商联建设，使工商联的桥梁纽带和助手作用得到发挥。引导非公经济人士正确认识新常态,立足资源和政策优势,不断主动调整产业结构,转变发展方式,开创新时期的工商联新局面。教育活动促进了非公经济人士理想信念坚定,企业管理制度等方面都有了明显转变,工商联的领导班子建设、会员发展、商会建设、工作保障、作用发挥等方面都取得进步。

【村企联建 合力治污水】贯彻省、市联开展"五水共治"文件精神,贯彻金婺联(2014)5号文件《婺城区工商联合力治污水实施方案》,开展"千企联千村合力治污水"的对接工作。按照省委、省政府"五水共治"的工作部署和总体要求,落实责任,强化措施,形成乡镇(街道)商会主动参与,各会长联系联建企业,破解帮扶难题的良好服务局面;各联建企业也紧密联系,采取"出人、出钱、出物资、出技术"等帮扶手段,助手村企联建项目,取得了显著成绩。各基层商会针对所在乡镇,做好农村治污水对接工作, 每个商会发动企业联村治污水超过5个,2015年全区已实现百企联百村目标。

【服务经济】开展小微企业"保生存、谋发展"调研活动、先后走访100余家企业,梳理企业融资、劳资纠纷、周边环境、子女就学等热点难点问题,召开专题会议,帮助解决,为企业解决相关难点和热点问题。走访企业反映的情况,中小企业面临融资难、融资成本高,资金紧缺情况,工商联主动协调,根据国家政策,加强与金融单位合作,加大对实体经济支持力度,2015年帮助5家企业成功对接上市,还有10家企业在对接中,为企业融资小额担保资金达40亿元。为非公企业正常运行,做了一定的服务工作,得到企业好评。主动配合,参与婺城区招商引资工作,注重婺商回归,为婺城提升产业层次、转变经济增长方式, 增强经济发展后劲添加动力。与深圳婺城商会、北京婺商商会互动频繁,在招商引资工作方面, 两地商会也发挥了积极有效的作用。全年推荐投资项目8个、风投机构2家,到婺城实地考察10余次,其中2个项目入园发展。全年已完成内资和浙商回归到位资金2000万元。

【感恩社会】省工商联关于开展"同心·送温暖"惠民活动的通知要求,结合非公有制企业"双强争先"活动、"义行天下、婺商感恩行动",引导非公有制经济人士回报社会,扩大送温暖活动的社会影响力和感召力,营造社会各方面积极参与,人人奉献爱心的良好氛围,体现送温暖活动是一项"暖人心工程"。开展关爱帮扶"三老、两户"走访慰问活动。引导会员单位参与公益事业,开展"饮水思源",回馈社会活动,增强社会责任感,百家企业与百村结对支持新农村建设、"五水共治"、垃圾分类等资金达600万元。

【学习交流】举办企业骨干各类培训,工商联还与上海股权交易托管中心、浙江师范大学、企业管理咨询机构合作举办4期讲座、培训,内容涉及多层次资本市场对接、企业法律风险防范、现代企业管理制度、新常态下企业的转型升级等内容,组织企业骨干人员、园区管理人员500多人次参加,为推进企业健康发展献计出力。全年以各商会为单位,组织非公经济代表人士外出考察学习11次,人员有200多人,学习先进地区工商联、商会建设经验,考察企业和项目,联络在外婺商,促进双向交流,共赢互利。

(张建红)

金华市婺城区文学艺术联合会

【概述】2015年,区文联有团体会员11个,会员1000余人。区文联以习近平总书记在文艺工作座谈会上的讲话精神为指导,发挥文联的"团结引导、联络协调、服务管理、自律维权"的职能,围绕中心,服务大局,加强文艺队伍的思想和组织建设,调动各协会的工作积极性,加大"文艺惠民"力度,为繁荣全区的文艺事业,助力"两富""两美"婺城建设发挥积极作用。

【组织建设】完善协会各项管理制度,做好协会换届工作;2015年吸收新会员, 让更多文艺工作者参与到文联队伍中来, 加强文艺队伍建设; 实现《婺江文艺》提质提量,扩大《婺江文艺》影响力,已刊出《婺江文艺》二期;成立八咏童心诗社,启动童诗进校园活动,成立婺州书院,推动文化及学术的学习与研究;完善文艺精品奖励政策,抓作者重点作品,为作者创造条件并给予各方面的帮助和扶持。

【协会活动】 2015年,围绕中心开展系列文艺主题活动及文艺惠民活动。开展"纪念中国人民抗日战争胜利70周年"系列活动;与区"五水共治"办共同开展"婺水流芳"摄影及诗歌大赛活动;组织各协会会员深入"二七区块"、新城区等地开展采风活动,创作系列文学、艺术作品,弘扬正能量,助推"二七区块"拆迁工作和其他工作的顺利开展;协同区文化馆共同开展"两美婺城"书画精品巡展进学校、进企业活动,举办16场展出;组织开展"视觉婺城"创作活动;区文联和婺城摄影家协会举办塔石风光专题摄影展;10月,在区行政大厅举办"两美婺城"摄影作品展;开展"婺城文艺家服务农村文化礼堂"系列活动,与结对的农村文化礼堂积极沟通联系,送去文艺服务;开展"垃圾分类""五水共治""两美婺城 信义金华"文艺巡回演出活动,丰富群众精神文化生活,助推中心工作开展,受到区委、区政府高度肯定;春节前后,着重开展"送文化、送服务、送温暖"活动;开展"深入生活 扎根人民"送文艺下乡活动。组织文艺工作者开展丰富多彩的"沙龙"活动。作家协会每月开展一次婺江文艺沙龙活动。舞蹈家协会每月一次开展舞蹈沙龙活动。宾虹书画研究院多次举办笔会交流活动和会员作品展览;诗词楹联学会举办纪念八咏楼重修30周年酬唱活动;音乐家协会在文化馆举办文化礼堂村歌创作活动。

【文艺培训】 2015年,组织三次由文联班子、文学艺术界前辈、各协会负责人及文艺骨干参加的全区文艺工作者学习会;围绕"价值观和我的创作"这一主题在文艺家中开展文艺讨论活动;组织舞蹈骨干进行拉丁舞、肚皮舞、排舞以及舞蹈编导培训班,7期培训人数2000多人,下乡进行舞蹈培训辅导21次,培训辅导人员336人次。定期邀请区书法美术家协会会员在区文化馆开展书法美术培训;多次组织协会会员外出采风写生交流。

【创作成果】 组织文艺工作者参加全省、全国的各类展出评奖活动。乾西乡湖头村黄美仙的农民画获浙江省文化厅和浙江日报报业集团共同举办的"文化集市—2014年浙江省农村文化礼堂成果展示"暨"出彩浙江—浙江省小城镇大文化示范样本"民间手工艺视觉艺术类(现场展示获)金奖。协会会员刘学刚获2015年度浙江省社科联研究课题立项"中国古典舞剑舞的历史与现代传承研究"主要负责人,编创舞蹈《凄清如梦》获得金华市文艺创作扶持项目立项,编创的舞蹈《活着1937》受邀参加由浙江省舞蹈家协会主办的"为人民而舞,为时代而舞"2010—2015年浙江精品舞蹈展演;吴广明参加北京书画名家在金联展及在台州举行的浙江各地名家联展上,均有数件作品展出;作家协会会员在各级刊物发表文学作品120多篇,以李英、汪胜为代表的报告文学作家在《报告文学》《人民日报》上发表作品多篇,以李英、汪胜、柏兰为代表的散文家作品在《散文》《散文选刊》上发表。已刊出《婺江文艺》二期,发表小说、散文、诗歌等文学作品约30万字,繁荣全区的文艺创作。 (张　敏)

【区音乐家协会】 区音乐家协会于2015年8月29日在区文化馆婺星剧场承办了史上规模、水准最高的纪念抗战与反法西斯战争胜利70周年音乐晚会。 (孟展麟)

【区书法家协会】 2015年,罗店镇后溪村农民书法培训班正常上课,协会安排每月15日给农民书法爱好者上课辅导,内容丰富多彩,有讲解文房四宝的,有讲解书法欣赏的,有具体指导临帖的,有指导农民进行书法创作的,至年底,已集中上课10余次。

2015年5月14日配合上级有关部门完成"深入生活 扎根人民"—金华市文联文艺志愿服务走进婺城郑二村活动。

"潇洒桐庐杯"浙江省第七届"陆维钊奖"中青年书法篆刻展评审结果揭晓评选结果于6月28日在桐庐揭晓,本会会员入展的有章国新、张艺枫、刘雪金、张雄华、王琼瑶。

由浙江省文联、浙江省书法家协会联合主办的"人民的力量—纪念抗战胜利70周年浙江书法展",选送区协会邹琪寿、王琼瑶等会员的作品。

雷淼余书法作品入展浙江省第四届群星艺术展,赢得观看领导、专家、书法爱好者的一致好评。 (章国新)

【区摄影家协会】2015年,摄影家协会开展丰富多彩形式多样的摄影采风活动,为婺城区的三个文明建设齐心协力,作出应有的贡献。

按时完成婺城区党代会、人代会、政协会、三干会等重大政治活动的资料拍照和档案制作。

2015年,4月8日组织摄影骨干68人到下张家村参加婺城区第六届茶花节开幕式。4月18日组织摄影骨干24人,分4个组分别到新城区、白沙春晓、郭力垄、宾虹星城、工业园区等地摄影采风,为10月摄影展和摄影画册创作摄影作品。4月21日,组织摄影骨干88人参加塔石三月三摄影采风活动为10月摄影展和摄影画册创作作品。9月,自由安排安地十里桂花长廊暨第六届桂花节。10月1日完成"山花烂谩、美丽婺城"摄影展板60块,展示地点为区政府大厅。10月30日,完成"山花烂谩、美丽婺城"摄影画册1000册。12月30日在乡村大院会议室召开2015年摄影年会,总结2015年度摄影工作,制订2015年新年摄影工作计划。 (叶爱莲)

【区老干部摄影协会】婺城区老干部摄影协会,不断完善各种制度,建立财务制度\发展会员制度\QQ群照片通报制度\每月沙龙月会制度。组织采风创作活动7次,小组组织采风30余次,对婺城区2014年度完成建设的34个村的文化礼堂、11个村的新农村建设、12个村的古村落以及"五水共治"建设工程等进行拍摄工作,为宣传婺城,积累资料而努力。协会召开会员月会摄影沙龙.2015年,召开月会7次,学习上级的有关文件精神;通报协会有关的事务和交流活动;举行摄影作品的评比和点评;不定期举办摄影艺术讲座。协会QQ群自2014年建立以来,全体会员通过上网学习摄影活动等信息,协会会员在网上交流。时事政策、国学知识、传统美德、医疗保健等信息。QQ群已成为会员不可缺少的交流大平台。协会发挥临时党支部的作用。临时党支部带领37位党员,在协会活动中发挥先锋模范作用,每季度召开一次支委会,半年组织一次党员活动。12月,协会与婺城区文联联合举办"夕阳红"美丽婺城摄影展,共展出51个板面、55人参与选送,展出照片268张。分别在协会年会上和婺城区政府二楼大厅展出。

(倪庚耀)

【区戏曲家协会】2015年,为宣传党的政策、推动社会和谐发展,实现"婺城明天更美好"。营造更加和谐的社会环境和浓厚的文化氛围,白龙桥青年婺剧团、城东街道青春俱乐部、城西街道越剧之友社等文艺队伍在区委宣传部、区文体局和婺城区戏曲家协会牵头组织下,积极参与区委、区政府及和各局举办的各类文化、文艺活动,组织编排了一些群众喜闻乐见、思想积极向上主旋律艺术作品,如:为纪念抗战胜利70周年特别创作的节目《军民鱼水情》《祖国万岁》等,为"五水共治"创作编排的音乐快板《"五水共治"金华美》,小品《垃圾分类好处多》《圆美好家园梦》《十三五规划建议放光彩》等主题性节目,并先后在乡镇、街道、村(社区)巡回演出32场。另外,白龙桥青年婺剧团送戏下乡50场,演出500余场次。

2015年,婺剧进校园工作开展得有声有色,东市街小学"阿婺"剧社表演的折子戏《迎皇妃》受邀参加央视《芝麻开门》之《琐园寻宝》的录制。栏目组一行对学校"阿婺"剧社的孩子们给予了极大肯定。竹马小学的快板《垃圾分类好处多》参加市少儿图书馆以环保为主题的"五水共治、环保倡议"故事会,让小读者们深刻感悟到热爱环境保护环境的重要性,起到很好的宣传效果;少儿道情《田鸡飞上天》参加"文化走亲"到东阳、江山、象山、宁海演出。12月18日,婺城区还举办了中小学婺剧演唱比赛。

蒋堂镇文化站长程明芝创作的小戏作品《农家书屋》在非遗活动和民俗文化艺术节的演出中特别突出,深受观众喜欢,受到省新闻出版局的特别重视,专门做了一期报道,在"中国农家书屋"网也做了特别报道,区文化馆章晓华创作的关于"二七征收"题材的小品《美好家园梦》,被列入金华市文化局扶持节目并验收成功;创作编排的少儿金华道情《田鸡飞上天》自2014年8月参加"第六届全国少儿曲艺大赛"获三等奖和演员新苗奖,11月参加"第十四届上海国际艺术节曲艺邀请赛"获金奖之后,今年5月,入围第十六届全国群星奖曲艺类节目。同时,蒋堂文化站站长程明芝创作的戏曲小品专集《沃野风情》由中国言实出版社正式出版发行。该专集将是婺城区各民间演出团体参照的最全面脚本。

原婺城区曲艺家协会主席章竹林出版了《章竹林曲艺作品选》。

自2014年9月，婺城区戏曲家协会副会长苏景阳、戴建东、秘书长李珠珠、理事章晓华等都积极配合，参与区重大工程“二七旧城改造”征收工作。同时也深入基层，收集一线创作素材，为创作更有生命力的作品做准备。在竹马编排了小品《垃圾分类从我们做起》，也分别在茶花节、“三八”妇女节期间还有在安地、沙畈、金殿、东宅等地表演了11场；青春俱乐部、越剧之友社编排了婺剧《抬花轿》、三句半《毒品之害》等节目，参加了“三花烂漫、美丽婺城”2015年塔石专场文艺会演；金华、武义、永康等“打击防范经济罪宣传日”“国际禁毒日”文艺汇演、“远离毒品、牵手幸福”文艺会演等活动。（戴建东）

【区诗词楹联学会】2015年，婺城区诗词楹联学会举办第四届迎春诗会，创新性地举办八咏楼酬唱活动，专项讴歌婺城“两美”建设成果，纪念抗日战争胜利70周年等活动，组织会员春秋两季采风，印《八咏雅集》《诗画婺城》《铭记历史 警钟长鸣》、《婺城诗联》2015等诗集。会员刘树喜诗词专集《世昌组诗》《世昌词集》出版发行。会员李国雄《剪窗花》获中宣部、中央网络电视台、《光明日报》联合征稿二等奖。学会举行诗词进校园、进农村活动，并参与旧体诗词普及和农村文化礼堂建设。（阮 华）

【区美术家协会】区美术家协会加强队伍建设，努力打造婺城美术的新形象。对原有会员进行全面清理、梳理、重新造册，通过电话、短信等方式与会员进行沟通，掌握会员的基本情况及动态，建立美协微信群，及时传递和通报协会工作的新动态，提高协会与会员之间的联络沟通渠道。2015年，协会会员84人，建立了电子档，按特长画种等编号分组，便于更好地开展工作。

2015年5月，吴广明、郑红建、申傲雪、池清参加由市文化馆组织的省视觉大赛浦江采风、写生活动。5月吴广明参加北京名家在金联展，多幅作品展出。

7月，由市美术家协会组织的磐安采风活动区美协有吴广明、应清、熊飞等人参加。7月在台州举行浙江各地名家联展，吴广明展出3件作品。

8月，区委宣传部、区文联主办的“婺城区纪念抗战胜利70周年书画展”区美协组织会员投稿，成立作品征集小组。有针对性地指导会员做一些主题创作和形式上的指导，同时邀请金华名家诸葛栋、严军等参加画展，画展无论在形式上还是水平上都是历年来档次较高的，画展分别在区政府大厅和市区文化馆展示，得到观众的一致好评。市文联通知组织征集“黄宾虹艺术奖第二届金华美术书法大赛作品”，组织会员投稿10余件，应青、李金满等获奖。

8月，组织会员作品40余幅参加由区文化馆举办的书画走亲活动。通过参加学习、展出等活动提高会员的交流、创造能力。

配合文化部门搞好各乡村文化礼堂建设，丰富乡村文化生活。上半年征集国画作品30余幅，由区文化馆在各乡村文化礼堂巡回展出。

9月，为进一步搞好文化礼堂的建设，区宣传部、文联、白龙桥镇镇政府牵头组织区美协会员10余人及特邀名家诸葛栋等参加笔会，现场创作作品30余件。体现书画服务于民的根本，得到群众的好评。

11月，由吴广明带队赴江苏宜兴与当地书画家进行交流，并对紫砂亚的绘画雕刻进行了尝试，通过各地画家交流，丰富画家的经历和知识，扩大婺城书画的影响力。（池 清）

【区舞蹈家协会】2015年，区舞蹈家协会会员参与群众文化的培训、辅导工作。上半年组织舞蹈骨干进行拉丁舞、肚皮舞、排舞以及舞蹈编导的学习培训，参加培训人数达900人次；下半年举行4期舞蹈爱好者拉丁舞、肚皮舞以及民族舞、爵士舞的培训，参加培训人数1200人次；组织文化礼堂和第八届排舞师资培训班，针对文化礼堂团队骨干和优秀团队骨干共120人，进行了2周的培训，共培训600多人次。舞蹈培训、辅导下乡21次，培训辅导人员336人次。

各会员培训机构教育人数和质量也在稳步提升。毛毳、晓萍、舞彤3个舞蹈馆全年培训总人数分别800多人，慧之舞舞蹈馆、舞之韵、杏儿等舞馆人数也是逐年上升，毛毳、晓萍和舞彤还建立3—4个的分馆，通过教学观摩、舞蹈展演等形式，提升舞蹈教学的质量和社会的影响力。

舞蹈加协会与区文化馆共同承办婺城区第四

届排舞大赛、“成梦杯”第二届少儿拉丁舞大奖赛暨浙江省友好城市邀请赛;组队参加市排舞大赛,获2金2银;组队参加省排舞大赛,获2金2银;组队参加市文化礼堂文艺展演,获1金1银;组队参加省文化礼堂文艺展演,获1金;舞蹈家协会主席郑慧娜被浙江省文化厅授予浙江省排舞十年推广贡献奖。

晓萍舞蹈馆参加的第十一届金华市体育舞蹈锦标赛,荣获大赛最高组别6个精英组第一名;参加“成梦杯”第二届少儿拉丁舞大奖赛暨浙江省友好城市邀请赛,共获得金牌36枚、银牌12枚、铜牌18枚。毛毳舞蹈馆17名学员赴香港参加了教育部、文化厅主办的校园时代全国优秀少儿节目总展评,节目《向着梦想奔跑》荣获最高荣誉“大金奖”,选送的独舞《笛中花》《小白驹》《童年的欢乐》荣获独舞组“金奖”;4名学员赴省艺校参加新星璀璨少儿才艺大赛,独舞《中国芭比》获得最高奖项“新星奖”,独舞《爱莲说》《中国结》《小当家》荣获少儿组金奖。协会会员刘学刚为2015年度浙江省社科联研究课题立项“中国古典舞剑舞的历史与现代传承研究”主要负责人;编创舞蹈《凄清如梦》获得金华市文艺创作扶持项目立项;编创的舞蹈《活着1937》受邀参加由浙江省舞蹈家协会主办的“为人民而舞,为时代而舞——2010—2015年浙江精品舞蹈展演”。

舞蹈家协会会员参与群众文化活动,参与送温暖、送演出下乡5场;文艺巡演17场;平安婺城巡演17场。参与群众舞蹈的编排与辅导,为婺城区各乡镇街道结对文化礼堂服务。为了加强舞协会员的工作交流,推动会员们的创作灵感,创作出更多精品的作品,组织会员到沙畈乡银坑村采风,了解粟裕将军抗战历史。举行了首期舞蹈沙龙活动。定期召开常务理事会4次,举行了会员年会活动1次。

(郑慧娜)

【区作家协会】2015年,婺城区作家协会有会员62人,省作协会员13人。作家协会下设主席团、秘书处等机构。陈锦章任主席,李俏红、刘慧君、张震雷任副主席,李英昌任秘书长。

2015年,区作家协会先后开展“全国知名作家走读白沙”大型采风活动,赴沙畈乡开展“石宫之春”采风活动。这些活动融洽文友感情,激发会员创作激情。加强与上级部门和兄弟县市文联、作协的联系和交流,年内接待各级文联、作协会员到婺城区联谊80多人次,扩大了婺城区作家协会的影响力。

2015年,区作协取得了较为瞩目的创作成绩。会员在各级报刊发表文学作品120多篇。婺城诗群创作旺盛,南蛮玉、伊有喜、张乎、许中华、李英昌、朱德康为代表的诗人的诗歌发表于《诗刊》《诗选刊》等诗歌刊物,在省内外有比较大的影响。以王槐荣、胡民主、雅畈、张晓敏为代表的小说作家新作频出。以李英、汪胜为代表的报告文学作家作品在《报告文学》《人民日报》等报刊上发表。以李英、汪胜、叶无痕、山谷幽兰为代表的散文作家作品在《散文》、《散文选刊》等报刊上发表。

(李英昌)

金华市婺城区残疾人联合会

【概述】婺城区残疾人联合会(简称残联),下设金华市婺城区残疾人劳动就业服务所. 区残联主要承担代表、服务、管理的职能:承担区政府残疾人工作委员会的日常工作,负责对各类残疾人专门协会和团体进行指导、监督和管理。年末,区残联辖19个乡镇(街道)残联、413个村(社区)残协,2015年底,全区持证残疾人7521人,其中视力残疾796人,听力残疾1302人,言语残疾160人,肢体残疾3371人,智力残疾887人,精神残疾831人,多重残疾174人。

【组织建设】2015年,落实“基础管理建设提升年”工作要求,举办三期村(社区)残疾人专职委员培训,培训人员312人次;组织各专门协会开展活动,促进“自我管理”水平提升。12月,招聘残联公益性岗位合同工1人。

【共享小康工程】落实市残联下达的残疾人共享小康工程各项任务指标,改善残疾人生活条件和发展环境。2015年,纳入基本生活保障工程残疾人1092人,各级财政补助资金583.3万元。完成468人康复工程任务，实施残疾儿童抢救性康复 38 例，各级财政补助资金 107.5 万元。纳入重度残疾人托安养工程残疾人 840 名，发放补助资金 394.7 万元，创建市级残障人爱心家园 1 家（白龙桥华电新村社区）。实施无固定收入残疾人生活补助 764 人，补助资金 96.5 万元。

【康复工作】 2015 年，组织下乡服务月活动，提供康复筛查 2103 人次。完成无障碍设施进家庭及安居宜居户 155 户，建立社区康复站 2 家并配备两套康复器材，购置轮椅 200 辆，根据乡镇需求摸底进行发放；彩票公益金辅助器具发放 59 例，共计支付各类康复器具费用 65.4 万元。为全区精神残疾人发放医疗救助卡 956 张，每人 1200 元，补助资金 114.72 万元。

【教育就业】 2015 年，为 408 名残疾学生和贫困残疾人子女发放助学补助 41.95 万元。组织 130 多名残疾人参加市区残疾人就业招聘会，开展残疾人求职登记、职业介绍，完成新增就业再就业 51 人，残疾人就业创业技能培训 260 名。发放各类就业创业扶持补助 72.2 万元；复核 2 家市级残疾人扶贫示范基地，创建 1 家市级基地，5 家区级基地；征收残保金 62 万元。

【扶贫救助】 2015 年，走访慰问贫困残疾人 1629 人，送去慰问金 45 万元，实物 600 份。在完成第五轮机关部门结对贫困残疾人基础上，摸底筛查并确定 56 户特困残疾人结对户，与 56 家机关部门开展第六轮机关部门结对帮扶；审核、确定 2015 年贫困残疾人安居户 42 户，发放补助资金 41.17 万元。

走访慰问（区残联提供）

【社会保障】 2015 年，申报重度残疾人和严重精神障碍患者城乡居民医疗保险 3025 人，每人 500 元；申报重度、低保和严重精神障碍患者大额医保 3711 人，每人 100 元；审核个体户或灵活就业残疾人职工养老保险补助申请 87 人，发放补助金 17.48 万元；为全区 8174 名残疾人缴纳重大伤害意外保险，保险金额 24 万元；上报审核省级残疾人爱心医疗救助 10 人，发放补助资金 13.35 万元。

【文体活动】 2015 年 4 月，残疾人运动员陈柏平参加九残会射箭比赛，获二银一铜。5 月，举办全国助残日庆祝活动，邀请省残疾人艺术团“五进活动婺城专场”演出。11 月，组织 35 名残疾人参加棋类比赛，积极为省市棋类比赛推荐选手。11 月，联合“8890”平台组织 40 名视力残疾人参加“8890 光明电影院”无障碍电影活动，得到市长暨军民表扬；12 月，举办国际残疾人日游园猜谜会，各乡镇、街道近 100 名残疾人及残疾人工作者参加活动。

【维权工作】 抓好《中华人民共和国残疾人保障法》、《浙江省残疾人保障条例》、残疾人各项优惠政策的宣传、普及工作，增强残疾人法律意识和维权意识。做好残疾人信访工作，受理群众来信来访 6 件，为 2 名残疾人提供法律援助。全年无集体上访事件。

【残疾人专项调查】 在 2014 年入户调查基础上，2015 年 1 月集中人力以“不错不漏”为基本准则，完成国表省表共 15000 多份调查卷核对、录入、复核工作，做好相关数据核对校正。2 月，在审核基础上完成外包录入。3 月，组织人员对抽样表进行复录，复录比例 10.12%，指标复录差错率 0.0032%。

（金　婷）

金华市婺城区红十字会

【概述】 2015 年，区红十字会募得善款 53.8 万元，用于新农村建设 20 万元，助老 30.8 万元；开展“红十字博爱送万家”活动，活动惠及竹马乡 10 户困难户，发放现金 5000 元，物资价值 900 余元，每户发放现金500元、食用油1壶、大米1袋。开展庆"5·8"世界红十字日活动,与金华市红十字会、金东区红十字会为纪念"5·8"世界红十字日,联合在金华市区开展相关宣传活动,向广大市民宣传无偿献血、造血干细胞捐献和器官捐献等知识。

【老年病防治博爱行动】 向省红十字会"康恩贝健康之旅——老年病防治博爱行动"项目争取到价值32万余元的前列腺疾病治疗药物,向区部分家庭经济困难的前列腺疾病患者免费提供,活动资助613人。

【校园红十字工作】 组织金华实验中学学生开展各种活动. 2015年,"小脚丫基金会杯"中小学生红十字自救互救知识与技能竞赛中,实验中学代表队代表区参赛,取得了第4名。此外,还多次送急救知识入校园,使师生们受益匪浅。

【红十字救护员培训】 为帮助广大群众逐步提高自救互救能力,不断减少和减轻各种自然灾害、突发事件、生产事故造成的损失,努力保护人的生命和健康,促进区经济和社会的协调发展,制定2015年婺城区红十字公益性应急救护培训实施方案。2015年,开办培训班15期,经培训合格取得救护员证人数为1001人,进入学校普及人数4200人。

(邱苗涵)

金华市婺城区科学技术协会

【概述】 区科协围绕"科技服务于经济,科普面向与群众"的要求,贯彻落实《全面科学素质行动计划纲要》,开展科普创建、科普宣传、科技示范与科普惠农系列服务等各项工作,拓宽科协工作的视野与领域,增强科协工作的活力和能力。

【科普宣传】 2015年1月,在竹马乡开展"科普下乡"活动,通过知识讲座、专家义诊和科普宣传等活动,为当地村民提供义务体检与问诊服务,受到群众的一致好评。

5月,区科协联合区有关部门在琅琊镇举办科技"三下乡"活动。活动期间专家现场咨询为群众解答各类咨询100余人次,分发各类科普宣传资料2000余份,把农民最需要、最实用的科技送到农村一线,送到农民心中。

做好科普书籍进农村文化礼堂活动。全区有莘畈乡井下村等10个农村文化礼堂收到了金华市科协赠送的有关农村的政策法规、种养殖技术、健康生活、食品安全等方面内容的科普图书,实实在在地满足了农民朋友的阅读需求。

【青少年科普教育】 组织老科学家进校园活动。中科院老科学家徐邦年、王俊杰教授分别走进金华四中、五中、九中等5所学校,给1200多名师生讲授生动的科普教育课。既开阔大家的视野,普及科学知识,激发同学们的科技兴趣和求知欲。

开展"地震漫谈"培训会。邀请省地震局童志怡博士,为环城二小的师生作一场培训会内容丰富,形式生动活泼"地震漫谈"培训会。通过培训增强在校师生的防震减灾意识,提高学校应对地震灾害的紧急反应能力,确保在地震来临时,学校地震应急工作能快速、高效、有序地进行,最大限度地保护全校师生的生命安全。

【科普示范建设】 2015年,区科协新增国家级科普示范基地1家(白龙桥镇金奥社区)。多年来,婺城区通过实施"基层科普行动计划",充分发挥科普示范社区的示范带动作用,帮助社区居民建立起科学、文明、健康的生活方式,提高社区居民的科学文化素质。已创建国家级科普示范单位2家,省级科普示范单位14家,市级科普示范单位26家。

【社区科普活动】 开展科普讲座进社区活动。9月,区科协在白龙桥镇华电新村社区开展2期科普讲座,内容涉及社区老年人心理健康、居家护理等内容,共有80多人参加。丰富社区居民的生活,提高他们生活技能。发挥科普活动中心功能,开展形式多样,内容丰富,贴近生活的科普活动。2015年,开展以"共建和谐家园""心理健康教育""党建知识"为主题的科普讲座3场,丰富居民的科学知识,促进居民间的情感交流。活动中心阅览室现有20种不同类型的书报杂志类科普读物1500余册,已有1200多人次进入查阅各类资料,为群众提供增长见识与提高自身修养的优质平台。

【惠农服务】2015年，区农函大在塔石乡、莘畈乡等2个山区乡镇开展4期技术培训，涉及茶叶种植、番茄高产技术、有机蔬菜种植、农产品质量安全等内容，培训人数约230人。技术培训的开展，为山区村民的增收致富提供了技术支持。

2015年，区科协申报金桥工程5项，项目涉及泥鳅-莲藕生态高效种养模式、生态鱼高产养殖、水稻无公害生产、碧绿水笋高产、红心猕猴桃种植等技术的应用与推广。同时，金华市琅新粮食专业合作社粮油基地等5家单位顺利通过金华市农村科普示范基地验收。此类项目的实施不仅取得了良好的经济效益、社会效益和生态效益，也为提高农村种植、养殖技术水平提供科技支撑。市级"金桥工程"验收5项，项目涉及蔬菜种植、食用笋技术高产技术、紫薇树种植及无公害蛋鸭规范化养殖技术推广等内容，为提升农村种植、养殖技术水平，提供科技支持。

通过浙江采云间茶叶基地、安地镇桂花基地和乾西乡香葱基地等3家科普惠农服务站，面向周边农民开展科技咨询培训6次，培训350余人次，帮助农民解决生产中遇到的技术难题，为农民提供及时、有效、持续的科普服务，成为农业科技便民服务窗口。

（宋　佳）

金华市婺城区婺剧促进会

【概述】2015年，婺城区婺剧促进会在广大会员的共同努力下，通过一系列的活动，工作呈现出组织健全有网络、活动丰富有平台、载体丰富有影响、宣传广泛有声势等亮点，促进婺剧事业传承创新。

【婺剧促进会二届一次会议】2015年3月20日上午，区婺剧促进会二届一次会议召开。会议总结了婺剧促进会成立5年以来所做的工作，提出了今后五年的工作思路和工作重点，选举产生了新一届区婺剧促进会领导班子，并给3所浙江省婺剧进校园示范单位授牌。金华市婺剧促进会会长杨守春，市文广新局副局长、市婺剧促进会副会长王晓平等参加会议。区委书记王健，区委常委、宣传部部长、婺城新城区管委会主任蒋献忠，区人大常委会副主任许光明，副区长方锦瑞等到会祝贺。会议选举产生了新一届区婺剧促进会领导班子，区人大常委会副主任许光明被推选为会长。

区委书记王健指出，区婺剧促进会自成立以来，通过一系列的活动，在全区形成了"领导越来越重视，热心人士越来越多，氛围越来越浓，活动载体越来越频繁，影响越来越大"的婺剧事业发展局面。王健提出，一要扎根农村，努力扩大喜爱婺剧的圈内人。二要立足学校，悉心培养婺剧传承的接班人。三要面向社会，广泛团结支持婺剧发展的热心人。

【婺剧音乐培训班】8月19日，为期4天的婺城区婺剧促进会音乐培训班在箬阳乡琴坛村开班。婺剧促进会组织全区范围内舞剧艺术传承人及爱好者参加本此婺剧音乐培训班，并邀请到了有关婺剧艺术专家到场授课，对学员们进行了包括婺剧声腔鉴赏、婺剧演唱、婺剧乐器演奏等专题讲座以及唱伴结合训练等内容的系统培训。婺剧促进会还将邀请有关专家到场，就婺剧进校园、婺剧剧本《白沙老爷》改编等热点话题进行了专题研讨。

会议要求，学员们要珍惜此次学习机会，积极提高婺剧艺术水准；发挥岗位优势，促进婺剧人才培养；携手并进，推动婺剧事业发展。婺剧发展正当时，婺剧促进会要坚定信心，一如既往做好婺剧传承与发展工作，持续发力，继往开来，让婺剧艺术向校园、向年轻一代普及，让婺城大地重现婺剧繁荣。

【剧本创作研讨】8月20日，婺剧促进会邀请了婺剧研究、金华地方史学研究、剧本创作研究等多领域专家团，就婺剧《白沙老爷》剧本改编召开专题讨论会。金华市文联副主席、市婺剧促进会副会长兼秘书长王亦平，区人大常委会副主任、区婺剧促进会会长许光明参加了研讨会。

"白沙老爷"传说在民间广为传颂，沙畈乡、琅琊镇、白龙桥镇等地都建有白沙老爷古庙。婺剧《白沙老爷》人物原型为西汉末年一名叫卢文台的归隐将士，卢文台建武三年(公元27年)率部36人从宜阳退隐到辅仓亭久(今沙畈乡亭久村)，垦田卢畈，首筑白沙溪堰，引水灌田，其后数百年，经百姓共力，筑起三十六堰,沿岸百二十余村受益。乡民怀其惠,立庙以祭,尊为“白沙老爷”。

婺剧《白沙老爷》剧本由洪增贵创作。专家团认为,《白沙老爷》剧本改编应充分考虑婺剧这一金华传统地方戏的特点,故事安排应适当紧凑、简洁、明朗,紧紧围绕“白沙老爷”修筑白沙溪三十六堰这一造福百姓的百世功勋为故事主线,符合历史背景,突出刻画人物个性,通过安排自然与人为因素双向阻力,巧妙设计戏剧冲突,把故事情节推向高潮,进而彰显“白沙老爷”高尚的道德品质。

【婺剧进校园】 10 月 18 日下午,在中国婺剧院里举行全省“婺剧进校园”精品汇报演出活动。婺剧促进会、东市街小学选送的《十八棵青松》代表婺城区参加汇报演出。活动由浙江省文化厅艺术委员会、浙江省教育厅艺术教育委员会、浙江省婺剧促进会主办,金华市文化广电新闻出版局、金华市教育局、金华市婺剧促进会等联合承办。全国政协文史委副主任、省政协原主席、省戏剧发展促进会会长周国富,省政协秘书长陈荣高,省教育厅副厅长、巡视员鲍学军等领导观看了演出。

《十八棵青松》从节目选材到编曲,从一招一式的模仿到最后的像模像样,整个节目的编排共历时近 4 个月。这段时间对于孩子们来说,收获甚多,尤其是家长们无私的支持给予学校和孩子们强大的力量,直到正式演出的这一刻,所有为之付出的人都感到莫名的感动。

【《婺剧小故事》读本首发】 9 月 14 日,《婺剧小故事》读本首发式在东市街小学举行,市婺剧促进会会长杨守春,浙江师范大学教师教育学院院长、教授张振新,区人大常委会副主任、区婺剧促进会会长许光明,市婺剧促进会副会长、浙江婺剧研究院院长王晓平,市婺剧促进会副会长兼秘书长、市文联副主席王亦平出席了首发式。

《婺剧小故事》读本是由东市街小学校长贾秀军和教师滕小祎主编,分为“婺剧小故事”和“婺剧小韵文”两个部分。该书作为乡土教材发扬传统教育,教会孩子们婺剧传统,更教会他们“爱国、爱民族、爱英雄,做好人、做好事”的优秀品德。在国务院发文支持戏曲传承发展之际,由区婺剧促进会牵头精选的《婺剧小故事》读本汇编成册。这一图文并茂的课外读本还得到业内专家的高度评价,成为“抢手货”。

【第四届中小学婺剧演唱大赛】 12 月 18 日下午,由区婺剧促进会、区文化体育新闻出版局、区教育局联合主办,区文化馆承办的区第四届中小学婺剧演唱大赛在区文化中心隆重举行,来自全区 12 所中小学、幼儿园代表队的近 300 名学生为观众献上了一台精彩纷呈的婺剧盛宴。

此次大赛是在成功举办前三届区中小学婺剧演唱大赛基础上的延续。经过精彩角逐,金师附小带来的《卖水片段:裱花》和东市街小学演唱的《十八棵青松》拔得头筹,获得金奖。柳湖小学等 4 支代表队获得银奖,雅畈小学等 6 支代表队获得铜奖。

【第四届民俗文化艺术节】 自 11 月 3 日农历九月廿二开始,由区委宣传部、区文化体育新闻出版局、区婺剧促进会主办,乾西乡党委政府、湖头村两委承办,金华电视台都市?农村频道协办,以“弘扬武术新风,传承信义美德”为主题的区第四届民俗文化艺术节在乾西乡湖头村休闲广场举办。

来自全区各乡镇、街道的民俗文化表演、非遗创作展示、八婺民俗摄影大赛获奖作品展纷纷上演,让观众大饱眼福。同时,民俗文化艺术节上还有中华武术展演,浙江婺剧团将为广大戏迷送上《杨八姐闯幽州》等多部精彩婺剧,平安婺城文艺会演、狗狗才艺展示、乾西乡民俗文化展演等活动更是精彩纷呈。此外,非遗现场创作、“八婺民俗摄影大赛”作品、中华武术图片等项目,也在艺术节期间持续展出。

【蒋堂镇泽口婺剧文化园建设】 12 月 8 日上午,区人大常委会副主任许光明来到蒋堂镇泽口村婺剧文化园进行参观调研。12 月 18 日上午,金华市婺剧促进会会长杨守春来蒋堂镇泽口村婺剧文化园调研。杨守春对泽口婺剧文化园的建设十分关心,并亲自题写了“泽口婺剧文化园”题辞。

蒋堂镇泽口村有着悠久的婺剧历史,泽口村为了有效传承婺剧,凸显地方文化,建成了省内首个农村婺剧文化园。占地面积近 3000 平方米的泽口村婺剧文化园,建筑面积达 500 多平方米,于 2015 年 7 月动工,9 月建成。为了建造婺剧文化园、文化礼堂和文化长廊，该村已投入了50多万元。

【婺剧宣传工作】通过“今日婺城”报纸、婺城新闻网、电视婺城新闻、婺城新闻客户端做好婺剧发展的宣传报道工作，努力办好《婺剧之声》刊物。

通过举办各种演出、比赛，让婺剧走向全国，环城小学的黄煜杰学生表演的婺剧《穆桂英》选段，铿锵有力的唱腔、饱满的表演赢得了在场观众热烈的掌声，这是中央戏曲频道1月18日播出的第一场《快乐戏园》演唱会“婺韵留香·新声绽放”的表演节目之一。据中央台调查反馈的消息，18日播出的节目取得了很好的收视率。

1月25日和2月1日，中央电视台戏曲频道还播出两场“婺韵留香新声绽放——快乐戏园演唱会”。在这三集节目中，相关学校的表演节目共有5个，分别是实验中学教育集团演出的婺剧《姐妹易嫁》选段、东市街小学的《迎皇妃》、青春小学的《穆桂英挂帅》、环城小学黄煜杰演唱的《穆桂英》选段和东市街小学音乐老师傅毅君的婺剧唱段。另外，青春小学的黄晟因为连续参加过三届全市中小学婺剧会演，被邀请到中央台演播厅担任本节目的主持嘉宾。

（戴建东）

园　区

金华经济技术开发区（金华市高新技术产业园区）

【概述】金华经济技术开发区成立于1992年，1993年成为省级开发区，2010年晋升为国家级经济技术开发区，2013年10月与金西经济开发区成建制整合，实行“一块牌子、统一对外，一套班子、统筹管理”。现下辖一乡三镇四街道，区域面积251.65平方千米，共有195个行政村、46个社区。直接管理22所学校（中小学20所，职高1所，幼儿园1所）、11所卫生院所。经过多年培育，走出了一条产城互动、城乡共融、经济社会统筹发展的路子。2015年，开发区以五个“三年行动计划”为抓手，深化改革培育发展新动力，推进创新培育发展新引擎，建设平台培育竞争新优势，以赶超的勇气、担当的精神，实干苦干，加快产业转型和城市转型，“十二五”规划确定的主要目标任务顺利完成，开创了创新发展走在前列新篇章。2015年，实现地区生产总值243.7亿元，同比增长8.1%，列全市第2；实现一般预算总收入41.6亿元，同比增长4.9%；城镇常住居民人均可支配收入44382元，同比增长8.8%；农村常住居民人均可支配收入23849元，同比增长9.2%；万元GDP综合能耗降低率达到市定目标。

【聚合力强攻坚】领导一线指挥、指挥部组团服务，乡街部门合力攻坚，2015年，新能源汽车产业园和健康生物产业园分别完成各类投资37亿元和17.6亿元，增长38%和47.1%，入园企业13个，50亿元以上项目1个、10亿元以上项目3个。新能源汽车小镇成功入选第二批省级特色小镇创建名单，引进了华科汽车、吉利动力电池等重大产业项目。健康生物产业园区域环评获批，园区实现集中供热。信息经济和文化科技创意产业园建设步入高端企业集聚阶段，企业总数达720家。乐乐小镇坚持以把西关村打造成金华“中关村”为导向，引进了唯见科技、赛伯乐浙江互联网创新中心、中兴通讯、惠盈集团、科大讯飞等国内外高科技项目与知名企业，设立产业基金8.5亿元。北大（金华）信息科技园创客空间孵化营全面开营。完成了小镇概念规划、金帆街创业大街改造和信息经济产业园设计方案，在建9个产业园项目及部分公建配套设施完成投资14.3亿元。招商引资逆势突破。实施招商引资“一号工程”，全年实到内资58.2亿元人民币、浙商回归资金37.1亿元人民币、外资6618万美元，综合考核位列全市第1。引进亿元以上项目12个，总投资143.5亿元，其中50亿元以上项目2个，20亿元以上项目1个，10亿元以上项目1个。重大项目建设快速推进。2015年，完成固定资产投资165.1亿元，增长15.9%，列全市第2，其中工业投资87.5亿元，增长4.6%，技改投资完成67.6亿元，增长24.6%。华科汽车项目按照“四快”，即密集洽谈签约“快”、一线攻坚供地“快”、一线协调审批“快”、精细服务融资“快”的节奏，实现“年内签约、年内开工、年内投产”目标，创造开发区重大项目建设奇迹。扩大有效投资“百日攻坚”活动成效显著，省“411”重大项目、省重点项目、市重点项目、市区政府性投资项目分别完成年度计划的135%、173%、119%和129%。

【抓创新强服务】工业经济稳中提升，坚持“工业强区”不动摇，围绕主导产业，深入开展“四个一批”服务活动，实现规上工业产值507.7亿元，其中新能源汽车及汽车零部件产业实现产值144亿元，增长12.1%，健康生物医药产业实现产值68.1亿元，增长3.2%。实现规上工业增加值91.3亿元。今飞集团等2家企业产值在50亿元以上、绿源等6家企业产值在10亿元以上，培育高成长性企业38家，列入上市培育企业18家，小升规企业33家，75家企业申请使用应急周转金200笔、8.28亿元。大力实施创新驱动，列入省重点技改项目39个，新增市级企业技术中心3个、市级技术创新项目26个、市“机器换人”示范项目27个，完成“零土地”技改项目备案36个，培育“两化”融合示范企业54家，认定市级以上高新技术企业18家，省级高新技术企业研发中心5家，实现授权专利1208件，认定省、市著名商标20个，创建省市级“三名”企业9家。3家企业获开发区政府质量奖。2名专家入选第八批浙江省“千人计划”专家名单，7个人才创业项目入选双龙计划，18位高校博士（教授）在开发区12家企业挂职。现代服务业高速增长。完成服务业投资76亿元，增长29.2%，完成房地产投资46.97亿元，增长22.7%。服务业增加值占GDP比重达54.4%。实现全社会消费品零售总额105亿元，增长12.5%。新增信息经济企业182家，新增产业发展场地12.3万平方米，实现营业收入35.8亿元，同比增长20.2%。成功立项市现代服务业综合试点第二批项目12个。3家企业获评2015—2016年度浙江省文化出口重点企业，2个项目列入2015—2016年度省文化出口重点项目名单。获批国家知识产权试点创建园区、2015浙江“智慧园区”示范开发区和省公众创业创新服务优秀县（市、区）。高新园区获评2015年省级信息经济发展示范区和生产性服务业集聚平台建设试点，争取上级补贴资金800万元。成功举办“海外名校学子走进金华古村落——寺平”活动，引爆金西旅游，全年接待游客423.03万人次，实现旅游总收入39.26亿元，分别增长91.27%和101.72%，增幅列全市第一。寺平村成功创建国家AAA级景区。现代物流、金融服务、现代商贸等服务业高速发展。农业基础持续夯实。投入扶农资金1.97亿元，出台《2015年度粮食生产扶持政策》，全年粮食种植面积8000公顷，全年粮食总产量突破4.82万吨。全年创建万亩粮食示范方1个、千亩示范方12个；创建棉花千亩示范片1个；新培育家庭农场70家，创建市级示范性家庭农场5家。农民专业合作社总数达317家。基本完成农村经济合作社股份制改革。

【抓整治强倒逼】深入推进“五水共治”。投入“五水共治”重大项目建设资金6.83亿元，8个市控入江口已完成污水截流6个，83个村开展农村生活污水治理，完成4个集镇、10个社区（城中村）、15条背街小巷截污纳管雨污分流改造，开展“六小”服务行业专项整治，农村生活垃圾减量化工作全面铺开，关停拆除禁养区养殖场134家，整治281家。30个区级支流乡镇（街道）交界断面已全部消灭劣V类（其中24个断面达到I—III类水），两年提水质目标基本实现。经市考核评定为优秀。强势推进“三改一拆”。坚持“党员干部带头、公开公平公正”原则，全年拆除违法建筑90.1万平方米，完成全年任务数的150.1%，86个村（社区）基本达到“无违建村（社区）”标准，累计复垦50.6万平方米、复绿49.3万平方米、建设利用66.8万平方米、其他拆后利用48.2万平方米，拆后土地利用率达83.4%；城中村改造完成101万平方米，争取上级资金8000万元；对邵姜、王五元、五里亭、金钱寺等4个社区实施了市政设施改善；旧厂区改造完成24.7万平方米；旧住宅区改造完成59.2万平方米。持续扩大“四破”战果。消化批而未供土地12.93公顷，盘活存量建设用地60.73公顷，城镇低效用地再开发62.07公顷，实现土地出让收入8.13亿元。全年完成土地征收227.93公顷，青苗处理255.47公顷，清表260.6公顷，完成征迁支付8.31亿元，确保重点工程顺利建设。

【重整合强统筹】精品城市再添美景。累计完成城市道路建设投资17.5亿元，八一南街、婺州街等16条优化（新建）道路竣工总长12.6千米，建成大黄山隧道、实现一环路贯通，新330国道、国际友城公园完成大部分建设任务。新增公交专用道7.6千米。实施湖海塘“征迁句号行动”，两个月完成全部征迁任务，湖海塘公园建设全面动工。广泛开展马路市场整治等专项行动,推进城市精细管理。推进金西小城市建设。完成金西区块政府投资10亿元,汤莘公路完成投资2.6亿元,衢江(金华段)航运开发有序推进。洋埠镇人民路、汤溪镇护城街、罗埠镇府前路等金西集镇“美丽一条街”项目、九峰山风景区古栈道和游步道修建工程等基本完工。完成金西垃圾中转站提档改造。创建市级“美丽乡村”27个、区级“美丽乡村”28个。生态建设卓有成效。狠抓气尘合治,淘汰燃煤锅炉(窑炉)113台,淘汰黄标车1706辆;开发区PM2.5平均浓度为54毫克/立方米,同比下降19.4%,优良天数达到258天,空气质量指数(AQI)优良率为71.9%,同比提高7.5%。全面完成“四边三化”19个问题点的整改。创建省级生态乡1个、市级森林村庄3个、市级生态村38个。

【扩投入强基础】扎实推进社会事业发展。教育经费投入超5亿元,完成学校建设项目6个,湖海塘学校投入使用;实行城乡教师交流,全市率先实施农村教师特岗津贴制度,惠及555名农村教师,家庭教育指导服务体系试点工作稳步推进,教学成绩稳居前列,“学在开发区”品牌进一步巩固;“单独二孩”政策顺利实施,基层卫生服务网络实现全覆盖,基本建成20分钟医疗卫生服务圈,基层首诊率大大提升;金华市中心医院托管金西医院后成效显著,全年门诊量12.95万人(次),实现收入4521.09万元,分别增长34.1%和18.1%,投资1亿元的新院区正式投入使用,极大改善金西百姓就医环境,为金西群众提供安全有效方便价廉的公共医疗卫生服务;文明城市创建有序推进,新增农村文化礼堂8家,8个乡镇(街道)综合文化站全部建成,文体工作蓬勃开展。高畈、洪坞菜场建成启用,“阳光厨房”建设三年任务全面完成。不断完善社会保障。推进撤村建居,新增失地农民保险4178人。建成居家养老服务照料中心46家,照料中心区级示范点16家。创建市级农村社区便民服务中心9个。发放各类困难群众补助资金累计1400余万元。全面消除家庭人均纯收入4600元以下低收入农户群体。全面推进职工医疗互助保障工作。全力推进社会综合治理。扎实开展“百日维稳攻坚大会战”、信访督查“百千万”专项行动和“信访工作法治建设年”活动,出色完成各敏感时期的维稳任务。命案和五类恶性案件连续12年全破。深入推进“两打一查”专项行动,查处案件5件,刑事拘留11人,治安处罚23人,教育训诫17人,有效遏制阻挠征迁、抢栽抢种、非法制砂等行为,助推重点工作。江南公安分局荣获全市公安工作综合评估第一。安全生产形势总体平稳。各类事故和死亡人数持续下降,直接经济损失同比下降37.94%。牢牢掌握舆论正确导向、提高舆论引导水平,各类舆情处置及时有效。坚持价值引领、讲好开发区故事,新华社、《浙江日报》等传统主流媒体,央广网、新浪网、腾讯网、中新网等国家级网媒多次报道开发区工作。

【抓改革强动力】持续推进投融资改革。完成融盛集团整合,丰富投融资方式,参与投资金华未名信息科技园有限公司、金华市快速公交有限公司和金华市现代服务业发展投资有限公司,设立金华开发区科技创新创业引导基金,引进PPP投资模式成立浙江中兴智慧城市信息技术有限公司;创新融资模式,实施“股权投资+银团商贷”的组合融资等模式,对成功引进的华科汽车、吉利新能源汽车动力电池项目解决资金难题起到了关键作用。湖海塘公园景观工程实行“EPC+融资总承包、模式”330国道改建项目和国际友城公园景观工程项目实施“PC+融资”模式。持续深化乡镇(街道)管理体制改革。探索建立政府投资项目分级编报和实施机制。扩大乡镇财力,探索将土地出让收入、税收超收分成及奖励、上级资金补助及其他收入纳入乡镇(街道)资金来源。下放政府投资项目立项审批、招投标方案确定审批权限、工程招投标管理权限,推进政府购买服务中介机构市场化竞争。持续深化政府服务改革。重大产业项目实施模拟审批,不断提升审批效率。全年受理各类行政审批事项55603件,承诺期内按时办结率100%。深化商事登记制度改革,成立全省首批“创客服务全程通”站点,全市率先实施“三证合一”、“五证合一”注册登记改革,核发“一照一码”营业执照1559份,新增各类市场主体2642户,完成个转企58家。受理“8890”市民诉求事项7338件,办结6940件,实现按时办结率、回访满意率两个100%。

【抓作风讲奉献】认真开展“三严三实”专题教育。领导带头上党课，千名干部齐培训，“四风”整改常态化，严实教育聚人心。广大干部坚持“一线工作法”，弘扬“6+1”“白加黑”的工作作风，牢记使命、立说立行、真抓实干，保障了开发区各项工作进位争先。创建了三级微政务平台，提升执行力。湖海塘“征迁旬号行动”坚持“四大法宝”，完成既定任务，在一线展示开发区干部精神风貌，得到市委、市政府主要领导充分肯定。严明党规党纪。紧紧抓住党风廉政建设主体责任“牛鼻子”不放松，全面落实《中国共产党廉洁自律准则》和《中国共产党纪律处分条例》，健全党风廉政建设工作机制。深化乡镇(街道)纪(工)委“三转”，配足配强纪检干部，发挥派驻纪检组的监督作用，实现监督全覆盖。坚持抓早抓小，建立党员领导干部廉政档案，开展党章党规党纪集中轮训。对村(居)三务公开和超标办公用房情况、机关事业单位和乡镇(街道)津补贴情况进行专项检查。强化执纪监督检查，开展正风肃纪专项行动33次，检查单位351家(次)，发现问题71个，下发通报14期，问责处理35人。审查案件59件，结案47件，移送司法机关处理4件，党纪处理47人。加强政府投资项目审计和领导干部“两责联审”，节约政府资金5053.3万元。校务、院务、企务监督委员会建设实现全覆盖。加强基层党组织建设。坚持“书记抓、抓书记”，“围绕中心抓党建、抓好党建促发展”，整乡推进整区提升，打造了“九峰探古”等11条市区乡三级党建示范带，1个“全域性”党建示范镇，10个党群服务中心，覆盖提升基层党组织180多个，形成一批党建综合示范群，带动后进基层党组织全面提升，推动党员干部沉在一线、干在一线、拼在一线。工、团、妇等工作同步推进。推进干部培养选拔。坚持实干论英雄，重用埋头苦干、敢于担当、干出实绩的人，共调整科级领导干部66人次，提拔或转任重要岗位25人，其中一线提拔22人，形成良好用人导向。

(何杨啸)

婺城新城区

【概述】婺城新城区是婺城区经济社会发展的主阵地、主平台，规划面积89平方千米，下辖白龙桥镇、乾西乡和城北综合园区，是金华市区“一中两翼两三角”战略规划布局中的西翼。按“工业新城、商贸新城、人居生态新城”理念布局，分设中心综合区、乾西生活区、白龙桥生活区、洞溪工业区块、临江工业区块、郭蓉休闲区、清潭休闲区等七大功能区。婺城新城区经十多年建设，累计投入建设资金20亿元，基础设施建设进一步完善，拉开道路框架15平方千米，建成区11平方千米，绿化面积50万平米。临江、洞溪、栅川等三大工业分区集聚工业企业550余家，初步形成汽摩配、五金工量具、医药食品等主导产业。区行政办公大楼、区行政服务中心、区人才市场、婺城中学、区疾控中心、婺城小学等21个公建项目投入使用，区人民医院、公安应急指挥中心、汽车客运站等15个公建项目正在建设。环中轴景观商业核心圈已经聚集浙中信息产业园、婺州城市广场、伟达雷迪森酒店等十多个商业服务业项目；中心综合区新建、续建精品楼盘20多家，累计结顶120万平方米。婺城新城区已经成为金华最具潜力和价值的居住区板块。

【经济指标】2015年，实现工业生产总值203.02亿元，同比增长5.79%，其中规模以上工业实现产值110.6亿元，同比增长11.8%；实现财政收入7.35亿元，同比增长8.91%。完成进出口总额3.2亿美元，同比下降7.17%；引进内资4.87亿元，引进浙商回归资金1.43亿元。

【招商引资】2015年，共签约项目7?个，总投资6.75亿元，总用地面积14.53公顷，预计达产后可新增产值12亿元，增加税收2000万元，已经完成5?个项目供地，为工业经济增长奠定良好的基础。

【工业项目】2015年新建、续建工业项目30个，完成工业投入16.94亿元，同比下降12.9%。续建项目15个。万里扬乘用车变速器、正方机械沥青搅拌站项目已经投产；海丰实业一期厂房已投入使用；

康灵实业、红牌电器、大象电动等项目已基本完成建设;明远新能源、华纳塑业已经开工建设;琦琦工贸、豪庭家具正在规划设计。新建项目15个,永强车辆已开工建设,白龙桥屠宰场、正达检测、浩明挤塑板等5个项目完成供地;时通电器、胜捷物流等项目准备走供地程序。

【服务企业】2015年,做好入园项目全程代办服务工作,确保项目施工顺利。解决企业交办的难题,逐步提振企业发展信心。加强企业运行监督。密切跟踪重点行业和骨干企业生产运营状况,落实帮扶责任。提高政府应急周转金有效运作,支持一批有市场、有实力、有效益的企业转贷调头扩大生产;协调有关部门帮助部分企业解决招工难、用工难问题。

【"五水共治"】2015年,婺城新城区安排"五水共治"重点项目6个,计划总投资1.45亿元。其中五监污水管道工程已完工;白沙溪西侧污水干管工程进入招投标程序;兰溪污水接入干管已经进场施工;洞溪分区污水干管工程婺城区段完成建设;屠宰场搬迁安置地块污水管道正在建设。全面排查中心综合区和临江分区雨污分流情况,按照金华标准加快提升污水处理厂运行负荷率和处理标准。

【四破整治】2015年,收回工业用地16.77公顷,其中川豹车业5.14公顷、润华0.52公顷、明阳工贸2.82公顷、定点屠宰场0.29公顷、旺达工贸8公顷,为后续招商引资提供发展空间。三环化工18.85公顷评估工作已完成。

【"三产"发展】2015年,婺州城市广场二期浙中皮革城一条街开始试营业,桐乡羊毛衫项目正在洽谈;伟达雷迪森酒店全面投入营业,与浙中乐园形成良好互动;尚格酒店正在装修和招商;房地产巨龙腾达湾、凯得国际、秀水园正在销售;金华银行正在外装修。巨龙紫金玉澜、华阳金御花园、意谐宾虹新城、海润瑞唐中心、金磐西城印象、鸿基彼岸、蓝湾上林苑等房产项目施工正常,部分项目全部结顶,全年累计结顶商品房面积20万平方米。

【公建项目】2015年,荣光国际学校投入使用;婺城区第二人民医院迁建一期工程完成主体结顶;婺城区公安应急指挥中心、婺城小学北扩工程完成外装修;临江分区垃圾中转站和公厕完成装修;消防站、广播电视站项目正在政策处理。城北特教中心投入使用,婺州外国语学校土建工程完成过半,城北邻里中心全面投入试营业。

【基础设施】2015年,新建、续建政府性投资项目30个,计划总投资9.6亿元,全年完成投资1.64亿元。中心综合区工业街、新宇置业西侧规划路完成建设;横六路、横四路进场施工。临江分区七号路、二十六号路已完成建设,西溪路、通溪路完成部分沥青浇筑;临江西路小桥、西溪路小桥完成施工;洞溪分区横三路进场施工;白龙桥老镇区马海路大桥完成方案设计;环镇南路进场施工;城北丹光东路正在加快建设。白沙溪绿化景观工程完成施工图设计,一期完成财政审价,准备招投标。企业需要的自来水工程、路灯工程基本完成安装。宾虹西路、临江西路中央绿化带完成施工招标,部分已进场施工。

7月,婺城新城区开发建设中

【规划编制】2015年,临江分区已完成控规修改初步方案并继续深化编制,计划于12月底报市政府批准。栅川分区完成控规初步方案,白龙桥老镇区控规完成批前会审。城北控规高峰管业地块规划调整公示有关问题完成协调。乾西环保小镇规划编制初步方案已完成,并积极开展招商工作。

【征迁工作】历时五年之久的白龙桥镇定点屠宰场完成拆除,保障省重点项目顺利建设;宾虹西路220千伏高压线顺利拆除。中心综合区马海畈城防工程政策处理已完成;总部经济区块筱溪村地块完成清表,东俞村基本完成政策处理。临江分区邵家地块完成清表和围墙,广源路、规划十四号路完成清表;西溪路60穴坟墓政策处理已完成;市福利中心对面11.33公顷地块基本完成苗木搬迁;意谐房产地块坟墓搬迁正在进行，后童南路、西路政策处理全面推进。洞溪分区湖帆地块完成清表，洞溪污水干管政策处理已基本完成。栅川分区乾西八达服饰以北地块政策处理已完成，准备围墙施工；蚕种场地块政策处理已完成。城北新华书店政策处理正在进行。

【优化服务】2015 年，办理完成婺北法庭、金华广播电视总台、白龙桥镇定点屠宰场等 14 个项目的供地，面积 18.15 公顷。其中工业用地 8 宗，面积 8.45 公顷；公建用地 6 宗，面积 9.70 公顷。完成高峰控股集团公司、荣光国际学校 18 本国有建设用地使用权证办理，面积 45.63 公顷，其中公建用地 6 宗，面积 26.18 公顷；工业用地 9 宗，面积 7.47 公顷；经营性用地 1 宗，面积 6.18 公顷；收储用地 2 宗面积 5.79 公顷。办理了三个批次的“两公告一批复”工作。

【城北开发】2015 年，城北邻里中心一期项目已经营业；电子商务创业园继续保持良好发展势头，CRC 文化创意产业园入园企业 130 余家，入园率在 70%以上。城北 1.2 公顷生态休闲公园建设项目正在政策处理中。完成二环北路桥栏杆维修工程、金盘街绿化工程和部分道路交通信号灯安装、路灯亮化工程，10 千伏杨家相开闭所建设工程已开始建设。城北景观公园路灯已经进场施工。

【维护稳定】在市、区解困领导小组的帮扶下，继续做好中奥邑墅、白沙春晓、婺州城市广场、新宇宏腾生活广场、广天九龙玉府、瑞唐中心、怡景置业、彩云间茶叶等项目的解困帮扶工作，确保社会稳定。办理“8890”投诉 100 多件，有效缓解不稳定因素。

（付晓生）

仙源湖旅游度假区

【概述】金华仙源湖旅游度假区是于 2002 年 1 月经浙江省人民政府批准设立的第 12 个省级旅游度假区。度假区总规划面积 9.8 平方千米。2015 年 11 月《金华仙源湖省级旅游度假区扩建可行性研究报告》获省政府批复，度假区规划面积扩容到 40.57 平方千米，包括安地镇 30 个行政村和雅畈、苏孟部分区域。

【经济运行态势】2015 年，度假区累计接待游客 73.27 万人次，接待过夜游客 7.4 万人次，实现旅游总收入 1.2 亿元，同比增长 15%.其中，金华动物园年接待游客 38.2 万人次，实现营业收入 1356.1 万元。

【招商引资】2015 年，度假区与浙江群升集团签订金华安地木屋博览园项目合作意向。该项目位于仙源湖度假区入口牌楼以西(部分在度假区扩容区块)，总用地 20 公顷（包括山林水域流转用地 18.67 公顷、游客集散中心用地 1.33 公顷)，其中建设用地 0.67 公顷，直接总投资 7350 万元(未包括土地成本)。同时，做好旅游推介工作，组织相关人员到南昌参加 2015 年浙江旅游交易会。

【项目建设】重点打造“梅溪—金华最美河流”。为弥补安地水库列为金华市区饮用水源、不能实施深度开发的遗憾，金华市委、市政府做出了将“梅溪流域”打造为仙源湖度假区新的核心景区打造“金华最美河流”的决策部署。2014 年 7 月，通过概念性规划设计，计划投入 10 亿多元，通过三年努力，将梅溪流域打造为集景观、休闲、旅游、生态“四位一体”的最美旅游景区。市长暨军民多次到仙源湖旅游度假区视察，落实决策部署；专门成立由张伟亚副市长挂帅的指挥部，定期召集市、区相关部门召开现场办公会，协调解决有关问题。根据市政府要求，婺城区政府着力开展了梅溪两岸相关村环境综合整治以及精品村秀美村、精品民宿、现代农业观光区建设等工作。2015 年建成并投入使用梅溪铁堰段和梅溪下傅村段。2015 年启动梅溪上干口村段建设；即将启动梅溪岩头村段、梅溪动物园段建设。加快建设金华市水上运动中心。为打造“吃、住、游、乐、购”一体的旅游目的地，度假区引进金华市水上运动中心项目。项目总投资 5.28 亿元，总用地 8.93 公顷，配套停车场 4.33 公顷，由温泉养生、水上运动、配套休闲度假三大功能区块组成。项目一期 2014 年进场施工，截至 2015 年年底，投入资金 1.5 亿元以上，接待中心和快捷酒店 2 万余平方米土建结顶,进入装修阶段。温泉井打到1600米,打到3个出水带。经测量,井底温度65℃,井口温度43℃,日出水400吨,达到预期目标。规划建成室内室外水上娱乐、温泉养生、康体健身综合场馆,其中大型恒温水上运动设施可一年四季对外开放。计划2016年年底建成试营业,年接待能力100万人次,整体年营业收入2.5亿元。抓紧建设安地后山公园项目。安地后山公园位于安地镇安地村北侧,用地23公顷,投资3000余万元。项目正在规划设计中,计划以十景桥、烈士墓、动物园为空间廊道,打造集生态休闲、运动健身和红色教育于一体的开放型城市郊野山体公园。

【乡村旅游】提档升级小同村乡村旅游。小同村的山水深受省内外游客的喜爱。2015年,小同村乡村旅游进行提档升级。投资800余万元进一步完善民宿设施,改造农家乐长廊,完成截污纳管工程,新建两处停车场、景区wifi等设施。成功打造雅干垅乡村旅游精品游线。2015年,通过实施喻斯、雅干、南郭等村美丽乡村建设,雅干垅乡村旅游精品游线逐步成型。度假区于9月底在喻斯村举办第七届仙源湖桂花节,成功推介以喻斯村为中心的雅干垅乡村旅游。在喻斯村辐射带动下,雅干村、方麻车乡村旅游也在蓬勃发展。积极培育项村垅乡村旅游。投资1000多万元的仙源山养生文化苑已完成装修,进行了试营业。投资1500多万元的桂花山庄已进行装修,2015年可对外营业;投资300多万元、提档改造了"十里桂花长廊";投资300多万元、新建项村游客服务中心、旅游厕所和停车场。项村垅乡村旅游初具形象,前往项村垅旅游的游客逐渐增加。成功举办丰富多彩的节庆活动。6月6日举行"全国人民游婺城"大型公益活动,邀请全国34个省340人免费游玩婺城区代表性景点,邀请众多媒体全程跟踪报道,向全国人民展示仙源湖旅游的风采。还成功举办仙源湖养生文化节、冬泳挑战赛、山货节等节庆活动,进一步集聚了人气,扩大了知名度。

【土地征用】2015年,开展多次集中行动,完成水上运动中心二期、开源泄洪渠政策处理、开源二期(二)标道路水域占补平衡政策处理;基本完成桂语山居、问桂居等项目遗留地块政策处理;完成金海区块遗留问题、雅金堂畈区块遗留问题调查摸底。

【环境整治】根据"规划先行、建管并重"的工作思路,2015年正式设立仙源湖行政执法大队,强化仙源湖城市管理综合执法工作,推进集镇环境卫生督查整改。先后9次组织管委会、镇政府、仙源湖执法大队、安地村干部群众对集镇内200余处乱搭乱建的棚户、围墙及广告牌进行拆除,拆除违建1.2万平方米,安地新建菜场基本完工。

【"三严三实"】2015年5月,区两位副处级以上班子成员认真开展蹲点调研,通过座谈交流、项目实地跟踪等方式,全面调查了解园区开发基本情况与存在问题,做好跟踪服务工作。组织全体党员干部专题学习"三严三实"、《中国共产党廉洁自律准则》《中国共产党纪律处分条例》等内容,要求大家自觉践行"三严三实",加强廉洁自律,依法依规推动工作开展。12月,针对省委第七巡视组提出的反馈意见,主动开展自查自纠,制定切实有效整改方案,严格执行相关整改措施,特别是针对园区范围内50万元以下的零星工程及20万元以内的设计、监理项目,10万元以内的招投标代理等进行年度招投标。

【综合管理】2015年,受国家宏观经济下行影响,度假区房产项目出现一定困难,管委会尽最大努力帮助他们渡过难关,维护社会稳定。通过大量工作,协调解决南山小筑、问桂居等项目农民工工资问题,"桂语山居"停工以来,在各级努力下,7月28日上午实现项目复工,并举行了复工仪式,基本稳定了购房业主及相关债权人的情绪。"香溪玫瑰园"项目停工以来,开发商提出项目自救后,管委会积极做好购房业主、债权人、施工班组、材料供应商等人员的思想工作,劝导其考虑长远,支持开发商项目自救。在原施工单位不肯施工情况下,引进战略合作伙伴共同开发,在该战略合作伙伴复工没有取得实质进展情况下,在上级政府组织下,9月启动了"香溪玫瑰园"项目破产清算程序。多次开展枫丹丽舍泥工班组解约赔偿问题协调,现已正常运作。

(王一鸥)

浙中信息产业园区(婺城区网络经济发展局)

【概述】 2015 年,浙中信息产业园区入园企业达 278 家,其中,2015 年新增企业 96 家,淘汰离园 21 家。交易额超 60 亿元,招商引进内资 1.9797 亿元,浙(婺)商回归 6024.2 万元,超额完成全年任务。

【基地建设】 2015 年,浙中信息产业园区新增浙江科贸学院文创电商园、智汇橙(浙江)电商科技园、CRC 文化创意园等多个基地,金华电子商务创业园被评为省级科技孵化器 ."合丰"项目三幢主体工程已提前结顶。"云安阁"项目已完成地下室和三层土建工程,2016 年 11 月底整个土建主体工程全面完工。

金华电子商务创业园、浙中信息产业园新华基地等园区形成了以电子商务为中心,以国际服务外包、科技创新孵化为支撑的电子商务集聚区。共集聚了近两百家电商企业,产业发展稳步推进。同时,金华电子商务创业园推出的"互联网+虚拟产业园"一站式创业服务模式自 2014 年运营以来,注册并入驻虚拟产业园的企业达 253 家,这些企业主要涉及电子商务、软件开发、文化创意传播、网络科技等行业。文化创意传播、网络科技等行业。

【招才引智】 推荐浙江悦乎信息科技有限公司创始人曾伟再次申报双龙计划并入围答辩,5 个校地合作人才项目成功立项,浙江中科正方电子技术有限公司钟晓蓉成功入围首批市网络经济特殊人才。在 2015 全球跨境电商大会上与合丰跨境电子商务服务平台、世界"金牌"国际营销服务平台等项目签约,总投资约 3.45 亿元。

【产业规划】 金华信息经济产业集聚区以婺星基地为重心,围绕相关基础资源和产业紧密加快建设步伐。联合规划、国土、浙江师范大学等 10 余个相关单位紧密推进规划编制工作,集聚区概念性总体规划与启动区婺星基地的城市设计已基本完成,并在 11 月 21—23 日召开的全球服务外包大会上进行招商宣传。

【电商换市】 根据省、市"电商换市"重点工作部署,完成 2015 年度快递智能配送点(E 邮站)建设目标 190 个,开展了大学生村官"电商创业、强村富民"培训、农村电商人才培训等普及型培训 4000 多人次,园区涉及农产品销售的企业有 14 家,农村电子商务普及工作已经初步展开。

此外,通过整合社会存量物业,组织实施"退二进三",已形成"一区多园"的开放式园区格局,已完成年度 10 万平方米存量物业利用任务。

【服务体系】 上海股权托管交易中心浙江地区(金华)孵化基地落户园区新华基地,通过引导和支持中小企业通过上市、债券等直接方式融资,我区泰利车业、家春秋文化创意、浙江浙中照明公司首批 3 家公司成功在 Q 板上市。引导园区企业申报各类政策共计 102 家次,申报网络经济发展扶持政策资金共计 373.735 万元,组织企业申报了省"电子商务百强"、电子商务示范基地公共服务平台以及现代服务业试点等项目,热心的服务态度受到园区企业的普遍欢迎。

【党建工作】 投资 70 万元建成占地 1200 余平方米的浙中信息产业园党群服务中心,接待省内外党政代表团参观 10 余批,定期组织党建和企业活动 20 余次。不断开发、引进微信、网站、园区协同管理平台、无边界园区管理系统等,努力实现党建工作全面覆盖。制定了党组织联系走访工作机制,增强了党组织与企业的互助互信,全年有 2 名入党积极分子被吸收为预备党员,2 人同志按期转正。

(胡群慧)

法 治

政法委及综治工作

【概述】 2015年,政法委以全国、省、市政法工作会议精神为指导,以全区政法工作会议上提出的"五个着力,五个力求"为重点,围绕区委、区政府的中心工作,全面落实平安综治维稳国安各项工作,有效防范各类风险,破解各种难题,顺应人民群众对公共安全、司法公正、权益保障、队伍形象的新期待,深入推进平安婺城、法治婺城、过硬队伍建设,为区经济社会发展营造和谐稳定的社会环境。

主动服务大局,保障区委、区政府中心工作。全面保障重点工程项目推进。落实保障"五水共治"、"三改一拆"等转型升级"组合拳"的各项措施,在治水、治堵、治气等事关民生的重点工作方面谋举措,想办法.抓落实,对影响工程建设推进的突出问题开展摸排化解,现场参与重点工程的维稳工作,开展保障性施工20余次。全面推行"项目警长制",对34个区级以上重点项目逐一确定项目警长,处置案(事)件75起,教育训诫842人次,打处44人。

安排5名干部参与二七区块征收工作,在规定时间内完成12家企业的搬迁和指挥部布置的各项任务。维护二七区块稳定工作,牵头组织政法各部门积极发挥职能,依法惩治违法阻碍征收行为,刑事拘留3人,治安处罚16人,教育训诫593人次,切实维护二七区块征收整体稳定。妥善处理晟元集团"讨薪事件"。维稳办牵头公安、住建、人劳等部门,组织相关人员赴陕西调查取证,在证据确凿情况下,依法刑事拘留5人,妥善处理以讨薪为名组织民工非法聚集讨要工程款事件。

完成各类安保维稳任务。按省委、市委的安排部署,开展"百日维稳攻坚大会战",抓工作落实,紧盯中秋、国庆、第三届浙商大会、十八届五中全会、第二届世界互联网大会等重点安保时段,开展"三重一保"专项行动,严密重点部位、重点群体、重点人员管控,全区未发生影响重大的涉稳事件,顺利完成各类安保维稳任务,确保重要敏感时期的社会稳定。

营造公平竞争市场环境。强化法治在平安建设中的保障作用,以人民群众对安全的需求为导向,解决食品药品安全、环境污染、通信(网络)诈骗等突出社会问题,加大对严重破坏市场经济犯罪的打击力度,惩治通信(网络)诈骗犯罪,摧毁团伙22个,冻结或追回赃款1275.2万元。开展打击"逃废债"专项工作,参加企业"两链"债务纠纷处置,参加江南中学、晟丰包装等13家企业涉及"两链"债务37亿元的处置工作,涉及2000余人。

实施惠民实事。区委、区政府将铁路沿线村(居)视频监控探头建设列入年度十大惠民实事,联合区公安分局,对铁路沿线村(居)视频监控探头建设情况进行排查梳理,会同相关乡镇、街道进行实地走访,逐个落实监控探头的布点,投资20余万元,完成24个铁路沿线村(居)视频监控探头建设。

【平安综治工作】 2015年,夯实基层基础。完善社会治安防控体系建设,区"两办"下发《加强社会治安防控体系建设的实施意见》,逐步解决防控体系建设的体制性、机制性、保障性难题。扩大群防群治队伍，组建各类巡防队伍215支，群防群治队伍462支，完成社会面自建监控探头建设，超额完成1200只社会面自建监控探头建设。

社会治理创新进一步提升。建立区级和乡镇街道社会治理信息处理中心，建成基层社会治理“一张网”，建立健全事件处理网上网下联动工作体系。乡镇街道576个网格信息员全部配备“平安通”手机，上报信息15161条。会同区委组织部、区民政局、区司法局等部门开展“村规民约、社区公约”制定修订工作，全区423个村(社区)已全部完成，受到省政法委充分肯定。

完善多元化矛盾纠纷解决机制。广泛动员社会组织等社会力量参与社会治安综合治理，成立雅畈商会、竹马花卉协会等12家社会组织，法官工作室、“老娘舅”调解工作室等12个公民个人工作室，物业管理调处中心、劳资纠纷调处中心等6个专业调解委员会，参与社会治理、矛盾纠纷化解。排查矛盾纠纷900余起，调处895起，调处成功率98.1%。

平安综治宣传更加丰富。按照平安宣传接地气的要求，开展平安文艺巡演、宣传展板等传统媒介宣传，利用微信、QQ群等新型媒体全方位开展平安宣传，举办26场各具特色的平安文艺会演，超过5万多名群众参观，发放平安倡议书11万份，平安建设“四率”进一步提升。

加强对重点行业的管理。加强对重点行业公共安全问题的系统治理、依法治理、综合治理、源头治理，集中开展危爆物品、寄递物流清理整顿和矛盾纠纷排查化解专项行动，组织公安、邮管等部门对全区所有寄递网点进行排摸检查，督察寄递行业实现3个100%。

【维护社会稳定】2015年，妥善解决房地产相关涉稳问题。受经济回落和房地产市场不景气影响，涉及房地产领域的矛盾纠纷和不稳定因素十分突出。区委维稳办妥善解决三联集团、中奥邑墅、白沙春晓、桂语山居等12家因房地产工程停工、拖欠工程款而引发的矛盾纠纷，稳妥处置枫丹丽舍等34起工人讨薪事件，未发生影响较大的群体性事件。

推进重大决策社会稳定风险评估工作。召开全区社会稳定风险评估工作推进会，对2015年社会稳定风险评估工作进行部署，对可能引发较大风险的11个重大项目风险评估工作进行交办，举办社会稳定风险评估工作专题培训班，邀请市专家进行授课。

有效处置各类重大突发性事件。相继发生世贸大饭店、信阳实业等企业欠薪或老板失联事件，四中配电房施工工人触电死亡、蒋堂镇外来务工人员二人溺亡、上陈村村民就医意外死亡等13起意外死亡事件，区委政法委积极协调各相关部门做好应急处置工作，全区没有发生不良影响的群体性事件。

创新维稳应急处置机制建设。制定下发《婺城区突发涉稳事件应对办法》，建立涉稳信息搜集和预警制度，做到早发现、早参与、早处置，牢牢把握工作的主动权，构成了“应急有预案、行动有专人、处置能及时”的应急处置工作机制，确定每年3月为全区应急维稳宣传月。

【政法工作】推进司法体制改革试点工作。根据中央和省委的部署要求，解决涉法涉诉信访程序“空转”问题，加大协调公、检、法三家涉法涉诉信访案件的力度。探索人大代表、人民监督员参与化解信访疑难案件工作方式，促进第三方参与化解机制的建立完善。

落实33项防止冤假错案制度。开展“责任重于泰山、底线必须守牢”防止冤假错案主题教育活动和严格规范减刑、假释、暂予监外执行，切实防止司法腐败活动，开展防止冤假错案33项制度和防止减刑、假释、暂予监外执行中的司法腐败活动贯彻落实情况专项检查，推动广大干警执法司法理念的转变，推动各项制度的真正落实，着力筑牢防范冤假错案的“防火墙”。

推进国家安全工作。重新调整健全基层防线组织建设，制定下发《婺城区2015年国家安全人民防线工作考核方案》，开展人民防线基础数据采集工作。组织各乡镇、街道开展人民防线宣传教育活动，对辖区重点群体和重点目标区周边安全隐患及出国留学人员进行专项调研，上报重要情报线索。

【政法队伍建设】加强思想政治建设。督促政法各部门通过中心组理论学习、专题研讨等形式，学习贯彻中央、省委、市委有关重要会议和习近平总书记系列重要讲话精神,引导广大政法干警深刻领会“四个全面”战略布局,坚定理想信念,严守党的政治纪律和政治规矩,做党和人民的忠诚卫士。认真组织开展全区政法系统领导干部开展“三严三实”专题教育活动,深入开展党的政治纪律、组织纪律、廉政纪律,推动政法干警按照“三严三实”要求修身做人、为官用权、干事创业。

强化教育培训工作。不断强化教育培训工作,推进政法队伍正规化、专业化、职业化建设。根据省委政法委的部署要求,年初,在全区政法系统开展“信仰法治、守护公正”主题教育实践活动,召开年度工作会议,对教育活动进行动员部署,明确活动要求。组织开展政治轮训。公、检、法各单位认真制定和落实教育培训计划,年内基本完成本系统工作人员轮训一遍,提升政法干警运用法治思维和法治方式开展工作、解决问题的能力。开展集中学法活动。政法各部门制定法律知识学习计划,集中组织学习以宪法为重点的法律法规,促使工作人员全面掌握履行职责所需的法律知识,强化遵法守法用法的自觉性。

完善制度建设。深入推进政法系统惩防体系建设,严格落实正风肃纪工作制度,不定期组织开展集中明察暗访活动,保持正风肃纪高压态势。建立宪法宣誓制度,政法各部门在每年“12.4”国家宪法日组织开展宪法宣誓活动,增强政法干警维护宪法尊严、保证宪法实施的自觉性和坚定性。认真履行党风廉政建设主体责任和监督责任,健全落实政法干警作风教育、管理、监督和查处等相关制度规定,切实用制度管人管事管权,从制度层面更好预防和减少政法干警违法违纪问题的发生。 (陈雪惟)

公 安

金华市婺城公安分局

【概述】金华市公安局婺城分局(以下简称分局)内设政治处、办公室等职能科室、大队16个,派出机构13个。2015年,实有民警502人(其中,女民警53人,派出所民警293人),协辅警665人。2015年,在全局民警的共同努力下,分局被评为全省公安队伍正规化建设先进单位,实现全省公安执法质量优秀单位“十二连优”目标,在区目标责任制考核中位列先进,全市公安工作综合考评达标,取得了全区落实党风廉政建设责任制、安全生产、“8890”最佳服务先进集体等诸多荣誉。全年打击侵财类犯罪嫌疑人681人,抓获年前逃犯26人、年内逃犯130人、外省逃犯47人,侦破团伙性案件138串。针对通信(网络)诈骗高发的形势,在全市率先成立金华婺城反信息诈骗中心,摧毁团伙22个,抓获犯罪嫌疑人60人,破获案件47起,成功止损案件9起、资金77.93万元,冻结或追回赃款1275.2万元。强力整治黄赌毒问题,查处吸毒人员350人,惩处涉毒人员73人。“百城禁毒会战”居全市第一;“网络扫毒行动”居全市第二;惩处黄、赌犯罪嫌疑人126人、115人,同比分别上升82%和68%。

【派出所勤务机制改革】2015年,落实公安改革部署,针对当前基层警务运行中存在的问题,于5月启动派出所勤务机制改革,根据城区、城乡接合部、农村地域特点,在城中、新狮、白龙桥、蒋堂派出所先行试点,经过反复尝试论证,确立了“1341”的派出所勤务运转模式,即:抓住中层领导履职这一枢纽,打造刑侦、治安、基础警组这三个拳头,建好用好综合勤务指挥室、案件管理室、驻所调解室、国保工作室这四个支点,全面加强社区警务这一前沿,出台了情报指挥一体化、巡逻防控动态化、警情处置规范化、合成作战常态化、打击犯罪专业化、执法管理精细化、社区警务实战化、队伍管理正规化、警务保障多元化、绩效考评动态化等十项工作机制及配套工作规范。经试行成熟后,于11月在全局派出所推广。通过运行新机制,分局打防管控各项效能大幅提升,特别是社会热点乱点问题整治更加强劲。例如,全年惩处黄、赌犯罪嫌疑人分别为126人、115人,同比升幅分别高达82%和68%。

【反恐防暴自卫单元建设】2015年,在加强专业巡防队伍和“警校家”护卫队等群防群治力量建设的基础上，探索建立群众性反恐防暴自卫单元，每个单元原则上由3—5人组成，配备钢叉、警棍等必要装备，在周边发生突发性案事件时，抢抓“135”分钟控制圈之前的黄金60秒，落实处警民警到达现场前的先期处置工作，确保面上会应对、善应对。5月在火车站、江北银泰天地先行试点，9月全局推广，已组建自卫单元165个，设置治安应急点327个，发放防暴钢叉184支、滕棍159根、盾牌134个，开展集中培训、演练9次。

11月3日，站前派出所洪源警务站授牌

反恐演练

（区公安分局提供）

【惩治犯罪新机制】 2015年，对刑侦大队进行机构调整，除4名领导和重案中队、办案中队、综合中队、刑事科学技术室共38人留大队外，其余3名领导和18名民警组成3个驻所中队，分别进驻城中、新狮、白龙桥派出所，分片负责若干派出所辖区的刑侦组织工作，与派出所民警同办案、同值班、同考核，反应速度、破案能力明显提升。建立双层架构，专门下文明确派出所专业打击队伍名单，刑侦大队有民警59人，派出所配备刑侦副所长、刑侦专干计58人，使全局刑侦民警达到117人，占总警力507人的23.08%，且队伍的专业、特长、年龄结构更加科学合理。狠抓分局合成作战室“实体化”运作和派出所综合勤务指挥室建设，充分整合侦查资源、统筹侦查力量，使专业手段、警务保障、基础信息等资源要素最大限度向侦查破案聚焦，形成整体打击合力。严格落实合成作战24小时值班制度，确保每一起案件都有人盯、有人管。

【成立反信息诈骗中心】 针对通信（网络）诈骗警情大幅上升的实际情况，2015年9月，成立金华婺城反信息诈骗中心，与浙江师范大学联合开发已发诈骗案例、可疑线索中心库，开通交互式功能网站、呼叫平台、二级报警平台、公众微信号4个平台，制定工作流程、接线员问答规范等制度，总结10项55类案件防范建议，于10月11日在浙师大启动试运行，力争打造成广大市民群众反通信（网络）诈骗的查询中心、咨询中心和举报中心，切实筑牢安全防线。截至2015年年底，反信息诈骗中心门户网站有2757人注册、51924人次浏览，微信公众号有18212人关注，接到群众报警咨询电话32个。

【监控新模式】 立足婺城实际紧紧扭住视频监控建设这一“重中之重”，切实打好立体化社会治安防控体系建设当头炮。区政府牵头，全区范围内推广城北五星社区“全村67户安装监控探头780个”的监控村经验，对19个乡镇街道下达1200个动员自建任务且已全部完成，成为宏观布局的有益补充。在新城区开展公安“互联网”探头建设试点，点对点、有针对性地在治安复杂且监控未覆盖部位安装价格相对低廉的公安“互联网”探头，切实做到“哪里治安复杂就把监控装在哪里，哪里警情高发就把监控装在哪里”。

【护航经济社会发展】 按照“党委政府有呼，公安机关必应”的总要求，坚持“项目推进到哪里，警务就跟进到哪里”，全面推开“项目警长制”，对34个区级以上重点项目逐一确定91名项目警长（员），真正把自己摆进去，在依法的前提下充分发挥“刀把子”警员作用，先后处置案件77起，教育训诫848人次,惩处44人,二七区块改造、金罗公路拓宽、迎宾大道改造、站前洪源和城北五星村旧城改造、尖峰区块坟墓拆迁等重点工程任务治安总体平稳,下沿区块征迁维稳持续紧抓,得到了各级领导的充分肯定。同时,在护航党政其他中心工作方面不退缩、勇担当,特别是主动惩治了琅琊、长山等地非法采矿案件,破案犯罪团伙4个,抓获涉案人员45名,查封非法矿点10处,得到副市长祝伦根的批示肯定。11月中旬开始,开展站前区域高铁站公共秩序专项整治,查获非法组客人员37人、涉案车辆23辆(其中出租车11辆,私家车12辆),"黄牛"拉客问题得到有效遏制。

【全省公安执法质量优秀单位】始终把执法工作摆在首位,不断加大机制建设、硬件改造、人员调配、经费保障投入,将执法质效作为奖优罚劣的重要依据,在队伍中树立起"想办案、办好案、多办案"的强劲导向。2015年,分局在全市公安机关年度执法质量考评中取得第一名,连续第十二年被评为全省公安机关执法质量优秀单位。

【治安管理信息系统全市推广】根据公安部关于散装汽油购销管控的部署精神,针对前期工作中发现的购销信息登记不规范、台账资料不齐全、落地核查不及时、流转渠道不通畅等问题,立足婺城实际推出自选动作,自主研发散装汽油销售治安管理信息系统,打造数据实时录入、流转、预警的智能平台。系统通过散装汽油相关数据的自动累计,对单次购买超过100升、一天内超过3次购买、连续3天购买的人员信息自动分类,自动预警,并短信推送专管民警落实核查。4月,市局在分局召开现场会,该系统在全市推广应用。截至2015年底,辖区19个加油站的系统覆盖率、使用率均达到100%,共登记信息3万余条,发现可疑情况20起,落地核查20人。

【警风警纪提振】按照"三严三实"总要求,对照《中国共产党廉洁自律准则》《中国共产党纪律处分条例》和有关党风廉政、警风警纪各项规定,严格要求、细化标准,出台并严格实施内容简洁、标准清晰、便于执行的"局规",强化以"四知四会"(即:知民警去向、知警情、知流程、知结果,会当指挥员、会科学布警、会检查督促、会把握整体工作)为核心的中层干部履职,同步抓好民警、协辅警岗位履职,从根本上解决"不严不实"的问题,提振队伍精气神。其间,共组织正风肃纪专项检查47次,督促整改问题93处,纪检谈话16人次,问责9人。

【业务用房结顶】1月16日上午,分局举行新业务用房结顶仪式,全体党委班子成员共同为工程培土。该项目着眼长远、讲求实用,属于"十二五"规划项目,完工后将具有庄重美观、简洁实用、功能齐全的特点,启用后将大幅提升分局基础建设、警务保障水平,有力推进基础信息化、警务实战化、执法规范化、队伍正规化"四项建设",更好地为全区经济社会发展保驾护航。

【侦破徐某某集资诈骗案】通过缜密侦查,分局经侦大队于2015年1月成功侦破晟元集团江西分公司经理徐某某集资诈骗案,涉案金额高达14亿元,挽回国有资产损失3亿余元,有力地维护了社会稳定,受到市政府主要领导的高度肯定。

【捣毁丁某某制毒工厂案】2015年3月,分局通过一名寄递业从业人员提供的情报线索入手,禁毒、情报等部门多警种联动,成功捣毁金华市区首个制毒工厂,抓获制贩毒品犯罪嫌疑人5人,查获毒品甲卡西酮(俗称"浴盐")成品1020克、半成品3352.4克,彻底斩断了一条制贩毒品网络。该案系分局侦破的首例制造毒品案件。

【侦破"5·4"洪源凶杀案】2015年5月,分局刑侦大队 从前科人员入手,快速侦破"5·4"洪源村母女2人被害的恶性凶杀案,凸显了公安机关快速反应、信息作战、攻艰克难的坚强战斗力,得到市委副书记、市长暨军民和省公安厅党副书记、常务副厅长洪巨平等领导的批示肯定,专案组荣立集体三等功。该案件仅用6小时就得以快速侦破,有赖于站前派出所洪源社区民警的基础工作扎实,所采集的被害人、嫌疑人、社会面监控等基础信息在案件侦破时发挥了巨大作用,该社区民警在半年工作总结时被分局给予了嘉奖。

【摧毁以张某某为首的特大省网络诈骗团伙】2015年7月,分局刑侦、网警、合成作战室等部门多警联动,从"婺城20150430方某被诈骗案"入手,以"打团伙、斩链条"为目标,深入开展线索研判与合成作战，成功摧毁以张某某为首的特大跨省淘宝刷信誉诈骗案，抓获张某某、王某某等9名犯罪嫌疑人，缴获作案用电脑18台、手机22只、银行卡138张、赃款100余万元，查封赃款购买的房产3套、汽车2辆，深挖带破全国同类案件千余起。

【侦破系列性"伪基站"诈骗案】 2015年9月，分局依托合成作战平台，与市局相关部门和移动运营商密切协作，建立快速反应、联动处置的打击"伪基站"通信（网络）诈骗案件工作机制，连续抓获12名利用"伪基站"发送信息实施诈骗的犯罪嫌疑人，缴获"伪基站"等作案设备8套，扣押作案车辆3台，实现"伪基站"犯罪"来一个打一个、打一个抓一伙"的目标，使犯罪分子不敢再踏足婺城辖区，并逐渐形成了一套相对成熟的技战法，为侦破此类案件提供积极借鉴。

【侦破徐某某等人非法采矿案】 2015年11月，分局主动出击、缜密侦查，成功侦破徐某某等人非法采矿案件，抓好犯罪嫌疑人17人，查扣非法矿产7万立方米，涉案金额300余万元，强力震慑了一批唯利是图、肆意破坏自然环境的不法分子，有力维护了婺城区环境安全。

【快速处置沃尔玛超市持刀伤害案】 2015年7月，分局动中备勤任务"机动防暴组"按照市局指挥中心指令，与城西派出所巡处警力紧密协作，快速处置"7·30"沃尔玛超市持刀砍人案件，仅用3分钟时间就将作案后逃离现场的持刀凶犯抓获，确保了案件迅速侦破，有效震慑了街面暴力犯罪，有力维护了社会治安稳定。该案系分局实施动中备勤以来首个实战案例，为之后连续处置多起街面暴力犯罪案件提供了示范。

【侦破王某某等人聚众扰乱社会秩序案】 2015年10月，陕西省西安市崴凯建设劳务有限公司工作人员王某某等人纠集50余名务工人员，以讨薪为由，采取围堵办公场所通道、搭灶烧饭、悬挂横幅等方式扰乱晟元集团公司正常生产秩序。分局城西派出所在治安、法制等部门的指导下，通过现场固定证据、跨省调查取证等措施，处置以王某某为首的4名涉嫌聚众扰乱社会秩序的犯罪嫌疑人，以及程某某等4名参与扰乱单位秩序的违法行为人，教育训诫10余人，严厉惩治了聚众扰乱社会秩序的犯罪行为，有效净化了社会风气。

【侦破金某某、朱某某闹访滋事案】 2015年6月，分局新狮、雅畈派出所在法制大队的指导下，通过大量的外围取证和缜密侦查，对多次赴省进京闹访滋事的金建伟和积极鼓动他人赴京非访、状告政府的朱洪樟2人采取刑事强制措施，有力震慑了一批以维权为由扰乱社会秩序的老信访户，有效净化了社会风气。

【侦破翟某某犯罪团伙系列性盗窃车内物品案】 2015年8月，分局雅畈派出所 一系列性盗窃车内物品案件犯罪团伙，抓获翟某某等3名犯罪嫌疑人。该所用足用好监视居住强制措施，在刑侦大队的指导帮助下，成功突破了2人嫌疑人的口供，通过深挖线索在永康市区抓获购赃犯罪嫌疑人徐某，查获了一批被盗物品，形成完整的证据链 彻底捣毁了一条落脚在永康市并四处流窜作案，疯狂盗窃车内物品并返回永康市销赃的犯罪渠道，破获系列性案件6起。该案在案前的分析研判和现场抓捕过程中，灵活运用了多种技战法，为派出所综合研判提供了示范。该案还是分局近年来应用监视居住强制措施突破案件的首个成功案例，为派出所办理类似案件提供了有益借鉴。（佟晓云）

金华市公安局直属交警一大队

【概述】 金华市公安局交通警察支队直属一大队下设综合室、处罚中心、事故中队、二中队、三中队、安地中队（自2014年1月将直属一大队拆分为直属一、四大队后，原一中队辖区归四大队管辖。一中队正式编制自行取消）。办公地址均在婺城区八一南街1266号。

2015年，交警一大队辖区接报交通事故警情29144起，立案6894起，其中简易程序处理6810起，上报交通事故84起，死亡事故11起，死亡11人，受伤96人，直接经济损失40.19万元，与上年同期相比，上报事故持平，死亡人数下降15.38%，受伤人数下降 6.80%,直接经济损失基本持平。

【队伍建设】交警一大队抓好队伍建设,以纪律作风建设活动为切入点,以强化规矩意识为突破口,在“严、勤、细、爱”四字持续激活队伍活力。管理上体现“严”。对照省委“六个严禁”、公安部“三项纪律”等规定,签署责任书,落实民警主体责任,做到谨小慎微、防微杜渐。民警和协警落实重大事项报告制度,加强民警工作日志编写审核工作,规范日志内容和强化日常监督。考核上突出“勤”。实行民警考核“亮化”和“量化”,以日计算、周排名、月考核的形式,对民警进行过程管理,量化工作业绩,并每月进行亮化公示,作为全年公务员考核、评优评先的基本依据。保障上体现“细”。通过细化后勤保障工作,落实从优待警工作。加强食堂就餐环境管理。生活上体现“爱”。通过家访、谈心、慰问等手段让警员时刻感到组织的关怀和温暖,增强民警的集体归属感,使队伍始终保持昂扬向上、奋发进取的状态。

【违法行为整治】交警一大队紧紧盯住酒驾整治、城市公路两个比例、重点车辆检验率以及电动三轮车、残疾车等重点车的管理,坚持常态严管、常态推进,现场查处各类交通违法行为 85284 起,其中,重点查处酒后驾驶 542 起、醉酒驾驶 167 起,公路违法行为现场查处比例 65.02%, 公路重点违法查处比例 72.87%,城市违法行为现场查处比例 26.55%,城市重点违法查处比例 78.01%,均达到省定指标要求,完成 2015 年在用黄标车淘汰工作。紧盯重点车辆年检率,五类重点车辆年检率确保每月达标。强化日常管理,5 次以上违法未处理以及客运车辆违法处理全部超过考核要求。

【道路交通“治堵保畅”专项行动】交警一大队本着“巩固、求实、创新”原则,继续巩固前两年四条重点治堵道路交通秩序整治成果,防止出现各类交通陋习有大的反弹。重点对原有道路交通组织根据交通流的变化实施协同性变化,围绕交通信号配时、交通隔离设置、交通渠化调整等进行精细化设置。2015 年,对辖区 20 个路段(路口)实施交通组织优化调整措施,优化后的路段(路口)通行效率有效提升,应对交通流量变化给市区整体交通带来的影响。

【道路交通事故专项行动】交警一大队将纠违同事故预防有机对应结合,事故中队既处理事故,又排查发现事故隐患。年初。推出大队内部中队之间的交通事故防控建议书, 主要由事故中队在日常处理人伤事故过程中,就形成事故原因的情形进行分析,实现交通隐患边排查边治理、早排查早治理。2015 年,上报 6 处交通事故多发点段, 年内完成治理 5 处,另 1 处 330 国道兰溪街因涉及 330 国道整体改造进程,无法按时完成,并上报市安监局不列入考核。

【市区大货车乱停乱放整治】2015 年 10 月,在 330 国道停车场现投入使用后,一大队对二环内路以内违停的大货车进行了集中整治。管辖中队联合开发区建设局, 首先对秋滨街道王五元村路边乱停放的大货车进行了集中整治, 对违停的驾驶员进行了劝导,要求规范停车,对路边乱停的“僵尸车”、报废车以及无车头的车辆进行转移。

【机动车滥用远光灯专项整治】针对市民、网民通过多种渠道普遍向大队反映城区夜间汽车滥用远光灯现象较为突出的问题, 交警一大队结合民警日常路面执勤过程中获得的信息,开展专项整治行动,明确整治工作目标、重点、措施以及要求,从严查处机动车夜间违规使用远光灯的交通违法行为。民警采取处罚与教育并重的方式,依法处罚,做到处罚一起、纠正一起、教育一起,形成严查严管的态势。在专项整治期间, 处罚机动车滥用远光灯违法行为 74 起。

【交通设施巡查机制】为解决道路交通设施巡查、维护不及时、不系统的问题,及时发现和解决交通设施缺失、污损、毁坏、遮挡等情况,确保道路交通设施完整、清晰、醒目,交警一大队创新思路,打造部门间协作联动微信平台,实行“微政务”—交警大队与开发区建设局市政管理科、园林绿化科以及遮阳棚修理、信号灯维护等相关部门人员组成“交通设施维护群”。大队智能勤务室通过交通监控或者交通事故信息掌握的交通设施问题,利用微信发送“位置”到群里,以地图形式直观、形象地标明实时位置,第一时间通知事发附近巡查民警,实现“同步式”派警。中队巡查警力在巡查中发现的问题, 通过 “大队设施维护” 微信群联系相关单位工作人员解决问题并予以反馈,实现了巡查警力、勤务室以及相关部门工作人员的互动调度与问题反馈。对于巡查维护机制的实行情况,一大队进行每月通报。2015年,“交通设施维护群”转递各类问题200余起,处置完成率在95%以上。

【“暖心服务”制度】 交警一大队坚持问题导向,立足便民利民,倒逼制度改革。主动延长违法处理服务时间。处罚中心自2007年开始就推出周六上班制度,2015年又推出中午提前上班制度,每天中午提前一小时受理业务。事故处理实行“一站式”服务。为了让群众少跑腿,好办事,实行交通事故处理综合受理、集约化服务,事故大厅安排民警坐班,统一受理,负责衔接处理事宜,专门安排业务精通、具备一定协调能力的协警接待群众,对接民警,具体办理交通事故处理后续事宜。

【农村优秀指导员】 根据中共浙江省委办公厅、浙江省人民政府办公厅《关于表彰2015—2016年度省农村工作指导员工作先进单位、省优秀农村工作指导员和第十二批省科技特派员工作先进单位、省优秀科技特派员的通报》(浙委办发 [2017]16号)文件,2015年被派往箬阳乡担任农村指导员的直属一大队安地中队民警斯华臣,被评为2015—2016年度省优秀农村工作指导员。 (邓先辉)

金华市交警支队直属三大队

【概述】 2015年,金华市公安局交警支队直属三大队接报各类事故警情7470起,立案6225起,其中,简易事故6160起,上报交通事故65起,死亡事故28起,死亡28人,受伤50人,直接经济损失8.24万元。

【事故防控】 事故防控是第一要务,大队上下牢固树立“安全第一”理念,坚持“少死一个人就对群众负责”态度。为此,大队积极、有的放矢地开展各项违法行为整治行动,定期分析安全形势,及时调整工作措施,严格督促检查。特别是1月,辖区事故多发,重大死亡频发(1月共发生死亡事故7起,死亡7人,同比增加6倍)。针对这一危险信号,大队马上召开队务会,分析事故原因,研究对策,落实非常措施,事故多发的势头得到控制,特别重大死亡事故得到了遏制。

全警上路,全力以赴,开展联勤、现场测速等。根据支队的相关规定,出台了《严格落实“全警上路”六项措施》的规定。大队领导带头上路,中队领导坚持每天上路执勤,其他综合部门每星期至少上路巡逻一天,及时提高上路率和见警率,做到白天见警车,晚上见警灯。对辖区虹戴公路等重点路段由三个路面中队从早上6点至晚上10点实行全路段的巡逻检查,由汤溪中队负责对事故多发路段开展现场测速行动,加大现场查处力度,提高对违法驾驶员的威慑力。

开展勤务机制改革,施行勤务新模式。改变上下班时间旧规律,提高辖区见警率管事率。白龙桥集镇的金龙路沿线居民集中,车流量较大,公路沿线的7所学校上学、放学以及上班下班高峰时段,极容易产生路段堵塞和交通事故。针对此情况,大队着重调查研究,分析形势,落实措施。对路面中队民警的上下班时间进行调整,改变旧规律。变化秩序考核,强化民警责任意识,将每个路段分片包干到人,要求民警不光是做好日常巡逻纠违工作,更是将隐患排查治理、安全宣传重点管理和事故防控列入考核内容。

排查治理安全隐患,强化源头管理。对辖区道路交通安全隐患进行全面排查,重点检查事故多发和临水临崖高落差危险路段是否得到有效治理,交通标志、标线、交通安全设施是否完善,防护措施是否到位等。对未得到有效治理或新发现的隐患点段,立即落实整改措施,并向婺城区政府、江南开发区和交通局等职能部门报告,与他们加强沟通,商请尽快落实。重点完成315省道梦娜袜业路段的市级事故多发点段治理,增设中心隔离、机非隔离,施划人行横道线等,完成对2个临水临崖高落差的危险路段治理。走访城乡公交金西分公司、金华溶解乙炔厂、星腾化工等客运、危化物品运输企业,教育上课,监督检查,规范措施,落实制度,加强源头管理。上报的金龙路红绿灯、中心隔离等交通设施,315省道与白汤下交叉路口改造,虹戴公路路面摩擦系数整改等隐患治理都紧张实施中。

依托“平安道路警长制”重点培育课题,防控重大事故。支队要求推行交通管理重点培育课题后,大队深入研究,重点分析,结合实际,确定“平安道路警长制”重点培育课题。在原有工作基础上,着重辖区基层基础工作,掌握人、车、路基础信息,建立基层信息和宣传队伍。与政府及各职能部门加强联系沟通,借力政府和部门的力量,治理安全隐患,有的放矢开展整治活动。多策并举,预防和减少道路交通事故发生。明确责任,加强监督检查,重抓落实。实行“平安道路警长制”后,在巡逻中查获“酒驾”2起,处理交通安全隐患3处,快速接处警,帮助困难群众12人次,有效地保障辖区交通安全和秩序畅通。

【队伍管理】针对大队党支部及党员民警存在的不足、缺陷,深刻吸取教训,严格队伍管理,确保队伍“零违纪”,全力打赢队伍建设、队伍管理“翻身仗”。

积极开展“三严三实”教育活动,强化队伍管理。2月10日,支队召开公安机关纪律作风专项教育整改工作会议后。大队认真贯彻落实支队会议精神,及时开展节日纪律作风教育整改活动,组织学习全市纪律作风教育整改工作会议精神,深刻领会纪委书记潘之江、副书记林忠伟讲话精神,要求严格遵守中央八项规定、“六个严禁”、“三项纪律”,抛弃侥幸心理、特权、拜金主义等不健康思想。组织开展党课活动,全体党员民警学习党章,学习《人民日报》评论员文章《不要在最好的位置上睡觉》和市局毛善恩的关于“三严三实”党课文章以及党的纪律。学习《中国共产党党员领导干部廉洁从政若干准则》、《中国共产党纪律处分条例》。强调了关于“精细化”管理工作、从严治警落实年活动、“学制度、明纪律、守规矩”专题学习活动以及提倡节能等工作;扎实“三严三实”教育各项活动,确保活动成效。

查摆剖析,找根源,定措施,防控违法违纪。要求全体民警、职工、协警结合自身存在的问题。认真检查剖析,重点深挖自身的思想根源。敢于动真碰硬,真正将存在问题找准找全,将原因剖析透彻、将整改措施到位。完善与家属沟通联系机制,重点建设“微信群”。除对“五条禁令”、三项纪律、及解决“酒局”、“牌局”等规定进行定期和不定期的提醒,发布值班备勤信息外,大队还采用民警情况问答方式,要求全体民警家属参与,掌握民警思想动态和八小时外的情况,对重点人员重点管理,对重点人员实行重点谈话帮教。要求各部门对每个人进行摸底了解,从存在产生违法违纪因素的人中列重点对象,重点管理。实行大队、中队、家庭三级帮教,多方监督机制,确保苗头倾向扼杀萌芽状态,进行重点管控,重点监管。

关心爱护民警,激发主观能动性和积极性。着力做好警营文化工作,对办事大厅、办公区域走廊进行美化,陈列激励照片,调动民警工作热情、积极性。吸收大队优秀积极向上民警列为入党积极分子和发展对象,增强民警政治荣誉感和归属感。根据支队关于开展阅警分列式及交通指挥手势会操活动的通知精神,大队极为重视,统一思想,立即行动,组织所有民警、协警每天下午开展训练工作,努力提升民警、协警的精神面貌。组织民警、职工、协警学习交通管理法律、法规,积极组织每月检查测试等。大队从细微之处着手,重视民警的生活工作环境。积极改善食堂环境卫生,改良用餐水准。民警协警生病住院或者是执勤过程受伤,大队领导都在第一时间前往看望,提醒安心养病,保重身体。夏天慰问民警,做好防暑降温工作。通过各项关心爱护工作,最大化激发民警的主观能动性和工作积极性。

加强党建工作,积极救助伤者,微心愿献爱心。圆满完成党总支及支部的改选工作。吸收工作积极、表现良好民警加入党组织。根据上级党组织的要求,大队全体民警积极响应号召,踊跃捐款。参加党员关爱基金捐款2900元,“慈善一日”捐款1180元,爱的红手环捐款1000元。关爱事故困难群众,为3人申请困难救助基金60000元,为4人医药费垫付20余万元。做好人好事受到群众称赞,李鑫凯不忘警察职责,下班路上抓小偷。黄炜及时救助为伤者赢得了宝贵抢救时间,当事人送来锦旗表示感谢!胡磊星寒夜救助伤者等。开展微心愿活动,为辖区困难群众,贫困学习送去学习用品和关心祝福。

【禁酒驾】坚持“禁酒驾”常态化，形成长效管理机制，让“酒驾”无处滋生。除全市统一行动之外，规定各路面中队每周开展二次以上集中整治，中队领导带队全程参加整治，综合室、处罚中心等综合部门民必须参加一次夜间禁酒驾整治行动。共查处酒后驾驶违法行为 283 起、醉酒驾驶 101 起。

【“三查三治”】加大对重点时段、路段、车辆的管控，积极开展各类专项整治行动，建立重点违法行为长效管理机制。每月针对辖区实际开展对低速货车、电动三轮车、摩托车违法载人等违法行为进行整治，做到月月有整治。加大对大货车、农村面包车等重点车辆管理，有的放矢地开展专项整治活动。结合过境大货车发生重大事故多的实际，加强对过境大货车的纠违、引导、安全提醒工作。大队共查处重点违法行为 18333 起，超速 12985 起。

【重大死亡交通肇事逃逸案】连续成功侦破 9月 6 日白汤下白少驿路段，“9·27” 白龙桥镇金沙街临江村地方，10 月 8 日开下线 5KM+300M 蒋堂镇泽口村路段三起交通肇事逃逸案。每起事故现场，大队值班领导、分管领导、中队领导都在第一时间赶赴现场勘查，查看现场遗留物证，指挥部署勘查工作等。出警迅速及时，为侦破案件赢得了时间，第一时间掌握相关信息工作，为侦破案件打下坚实的基础。

【宣传服务】大队重视加强宣传工作，努力提升交通参与者安全意识、安全素质。春运服务站工作。浓厚服务站宣传氛围，对“摩托车返乡族”热情服务。服务站工作人员在仔细检查了客运、危化车辆等之后，送上了“福”字、公开信，叮嘱驾驶员遵守交通法规、安全文明出行。在汤溪九峰职校、琅琊木材检查站二个农村交通安全劝导站。中队民警对过往车辆的违法行为进行劝导，发放交通安全宣传资料，加强“点对点”提示。针对辖区电动自行车、三轮车、面包车事故等典型案例信息，警示提醒各行其道，不违法载人、不闯红灯等。针对山区道路复杂，弯道、临水临崖危险路段多的特点，提醒驾驶人集中注意力，减速慢行等。春运期间，检查登记大中型客运车辆 2135 辆次，为返乡的外来务工者提供服务 7000 余次，救助 5 人次。

设立交通事故接待处，再添便民利民新措施。根据市局服务人性化工作精神，以及支队领导的检查指导下，根据支队的意见，大队结合工作实际，在分析研究的前提下，克服警力少事故多的困难，着力解决群众期盼的实际问题，2014 年 12 月成立了交通事故接待处，负责交通事故处理接待，咨询解答交通事故处理情况，受理、调解简易交通事故以及接待相关投诉等。每天接待事故当事人，成功调解简易交通事故 1089 起，一般事故 18 起，重大死亡事故 2 起。

以便民利民为出发点，与中国建设银行联系合作，在处罚中心安装了一台自助缴款机，成为进驻大队的“微型银行”，减少了老百姓到银行排队时间。大队处罚中心窗口推行办理交通违法处理、驾驶证换证、6 年内新车年检、非机动车登记等业务，向办事群众提供“面对面”的告知服务，实行“一次性告知”制度、“一站式”服务，提高工作效率，方便群众办事。共办理驾驶证换证 2173 本、新车年审 2451 辆、非机动车上牌 9995 辆。

建立执勤点，完善就近服务机制。在调查分析的基础上，在辖区内的易堵点或者是边远而又需要加强管理的地点设立琅琊木材检查站、九峰农中职校劝导站，就近服务管理工作。11 月 4 日，琅琊中队举行揭牌仪式，完成琅琊中队搬迁工作，方便琅琊镇交通管理和群众办事，开展集镇道路易堵点的治理工作。

依托新闻媒体，创新举措，传播正能量。将好人好事多渠道多领域加以宣传，掌控舆论制高点。大队事故中队长陆聪喜交警获由省文明办和省公安厅交通管理局、浙江广电集团联合主办的“浙江好交警”荣誉称号，也是金华全市唯一获得此殊荣。依托支队“看交通”客户端，“金华交警”公众微信号发布相关交通信息，提醒交通参与者注意交通安全。开展交通安全作品征集评选活动，大队报送的安全作品 12 件获得奖项。

【交通安全管理】做好黄标车淘汰工作。根据市政府的工作要求，以及市局工作安排与区政府及环保职能部门配合，摸清底数，分解责任，细化工作措施，拟定黄标车淘汰工作的宣传告知单等，分解任务到人,与乡镇、环保工作人员一起做好点对点,人对车的劝导服务工作。完成指标任务1180辆,超额完成101.90%。

做好超载整治工作。开展全市货运车辆超限超载联合集中整治行动,大队主动与交通运输等部门建立工作协作机制,共享交通安全基础信息,联合开展安全检查和专项整治活动,共同做好道路交通安全监管工作。每月将客货运车辆和驾驶人的事故、违法、检验等情况,及时抄告交通运输和教育等部门,并注意及时收集汇总交通运输部门对客货运企业和驾驶人处理的反馈情况。

开展集镇整治工作。对白龙桥、汤溪、琅琊、罗埠、蒋堂等集镇开展整治活动,增设各类交通设施,施划停车位,解决集镇停车难停车不规范的问题。安装红绿灯、智能监控探头等。指派辖区中队开展交通劝导,规范乱停乱放行为,积极配合各乡镇营造良好的交通环境和交通秩序。

做好各项安全保卫工作。一是完成婺城区"两会"交通安保工作。二是大队完成2015年高考、中考交通安保工作。三是完成监狱囚犯的调防和部队的大规模演练行动。四是完成汤溪寺平古村落文化节日保卫。整个安保过程展示了文明、理性、规范的良好形象。（王杭亮）

金华市交警支队直属四大队

【概述】 2015年,金华市公安局交警支队直属四大队接报各类事故警情24935起,立案4814起,其中简易事故4744起,上报交通事故70起,死亡事故8起,死亡8人,受伤77人,直接经济损失23.64万元。

【队伍管理】 始终倡导"快乐学习,快乐工作"的氛围,领导带头,制度管人。大队成立两年以来,内部氛围和谐,上下关系融洽,团结向上,大队党支部被评为2015年市直机关学习型党组织,事故中队也被市局列为创建规范化示范中队。

民警管理始终坚持模范带头,凡酒驾查处、卡口整治等各类行动,必须由中队领导亲自带队。业务排名,民警的重点违法行为查处量以网页飘窗形式排名公示。业务能力,新警一律驻勤,参与事故集体讨论及逃逸侦查,开展手势指挥比武,提升业务素质。督察考核,创新考核机制,以业绩为导向开展民警考核,年终评优一律以考核排名确定。集体关怀,关注民警思想动态,适时走访慰问生病受伤民警,组织篮球赛等集体活动,增强集体荣誉感。

协警管理上围绕"责任心、执行力、归属感"开展队伍工作。责任心,落实责任到人,将区域内的接处警、拥堵疏导、动态巡逻、信号灯摸排等责任落实到警组及个人,并实行组长负责制,个人考核与所在警组相挂钩,不断加强对协警队伍的宗旨教育和职业道德教育,激发协警的荣誉感和集体认同感,强化了协警队伍的责任心。执行力,创新目标考核激励机制,强化督察考核,通过工作量排名、事故超时倒查,视频巡查、定时报岗等方式对协警管事率、工作积极性等方面进行量化考核。2015年,针对执勤中发现的问题共下发督察通报30期,提升了队伍执行力。从优待警为切入点,积极在内部开展为困难协警募捐活动并发动媒体宣传,解决协警的实际困难,合理安排勤务,优化警力资源的管理,通过提升饮食、住宿条件,丰富警营文化活动等方式,使每一名协警感受到集体的温暖,激发工作热情,为队伍的健康发展注入活力。

【勤务机制改革】 2015年,为提升接处警效率,提升辖区交通管控能力,大队实施网格化勤务模式,将大队辖区划分为12个警区。根据辖区通行需求、车流及事故分布特点划分网格范围,各网格化警区实行组长负责制,灵活采用定点执勤与流动摩托车巡逻相结合的布警方式,采用人车捆绑、轮岗轮值的方式,明确在辖区二环内发生的交通事故,网格化巡逻警力第一时间赶赴现场,并由智能勤务室充分依托监控设备、警车GPS等科技手段对人员到岗情况、执勤执法规范、车辆巡逻情况和接处警速度开展常态巡查。大队平均接警到场时间控制在7分钟以内,秩序管控能力大幅提升,全年未发生大范围拥堵现象。

【多措并举常抓事故防控】 大队辖区上报立案

交通事故64起，同比下降4.5%，死亡人数7人，连续2年事故死亡人数下降41.67%，受伤72人，直接经济损失22.92万元同比下降15.68%。

从严从重惩治各类违法行为是工作的主要抓手，2015年，全大队共查获各类交通违法行为191569起（非现场145975，现场查处45594），日均580起，其中酒后驾驶357起、醉酒驾驶131起，查扣严重超载货车221辆次，查处货车违法停车5917辆次，禁“酒驾”及货车管理工作绩效居全市各大队前列。为加强“治超”管理力度，大队主动接洽婺城交通部门，在辖区设货车治超点位3处，每个点位均有路政部门、交警部门警力24小时执勤，极大地震慑了货车超载超限运输，对超限货车实行卸货近2万吨。

【施工路段管理】 根据市政府“五水共治”及相关道路提升改造工作计划，2015年大队辖区先后近15条主要道路进行半幅封闭施工，为有效强化施工路段的交通安全管理，预防交通事故的发生，营造良好的通行秩序，四大队始终坚持管理关口前移、严格现场管控和动态监管，施工路段管理得到有效规范，建立有效的沟通协调机制，全年没有发生一起因施工诱发的安全隐患和重大拥堵情况，大队被市政府评为浙师大区块截污干管工程先进单位。

【交通秩序管理】 建立以商业区为中心的严管示范区，形成违停严管氛围，并将违停严管主战场由主干道向次干道及背街小巷延伸。2015年，共查处违法停车91580余辆次。一环内货车限行及黄标车淘汰工作。淘汰黄标车2527辆，淘汰率101.7%。2014年末，金华高铁站北广场投入使用，因高铁站紧邻环城西路，为确保高铁站北广场周边道路安全、有序、畅通，深化市区大气污染防治工作，于2014年12月15日起、对市区一环线及相邻区域实施局部限行。2015年，继续做好深化货车限行工作，通过完善交通设施、营造舆论氛围、严格路面管控，全年共查处货车闯禁违法行为664起。

【便民措施】 广听民情民意。依托“8890”、胜平接待室、微信等平台收集民意，了解群众需求，并认真对待群众提出每一条合理性意见，如道路提升改造后的中央隔离开口问题、校园周边的安全设施问题、标志标线的合理设置等。2015年，采纳群众建议23条，处理各类投诉867余起，满意率99.5%。优化便民服务。强力推进轻微物损O2O平台，推行以来已处理事故890起，深化事故当事人短信提醒服务，对在大队辖区发生事故的当事人编发包含处理地点处理事故、联系民警、流程等内容的提醒短信，方便群众事故处理，已发送事故短信15000余条，公开事故民警公务手机号，24小时开机，事故大厅无缝接待，方便当事人随时与办案民警联系。开展共建。与浙江师范大学开展警校共建活动。其间大队为师大师生提供多项便民、利民的服务，并与师大开展多层面的交流与合作，如教育培训、舆情引导等方面交流与合作。 （王杭亮）

金华市婺城区公安消防大队

【概述】 2015年，金华市婺城区公安消防大队圆满完成以灭火救灾和防火监督为中心的各项任务，处置各类火灾事故457起，出动车辆1691辆次、人员7735人，扑救火灾174起，抢救被困人员89人，疏散人员223人，抢救财产价值994.5万元，全区未发生亡人火灾事故，确保区火灾形势和队伍形势的双稳定。

【党建工作】 大队党委始终把加强班子自身建设作为部队建设的首要任务来抓。抓党组织建设，抓党员教育培养，抓干部日常管理。2015年，大队党委被总队评为基层先进示范党组织，站前中队党支部被总队评为基层先进党组织，站前中队龚新宪作为基层先进代表被支队推选为先进典型重点培养对象。

【班子能力建设】 按照“组织健全、制度落实、活动经常、作用发挥”的要求，加强自身建设，贯彻党的“十六字”方针，落实党组织七项生活制度，尤其在大队党委班子改选后，大队党委能够不断抓住时事要点、党的新进理论开展党课教育，提高党委班子自身建设，提高党委成员理论水平，提高党委统筹能力。强化党组织活动的经常性、广泛性和有效性,推进基层党建规范化建设,连续4年被评为先进大队、一对好主官、好班子。

【党内民主建设】大队党委始终坚持民主集中制,坚持“集体领导、民主集中、个别酝酿、会议决定”的议事制度,绝不搞“一言堂”,绝不搞“一人说了算”,年度大队党委在营区健身房改造、大队招待用房改造、大队车库改造、白龙桥第二消防站建设等重大事项的决议上,始终坚持党委审议、分工落实。发扬党内民主制度,贯彻落实党委统一领导下的首长分工负责制,有侧重地开展各自工作,确保事前有决议、事中有跟踪、事后有反馈总结,提高党委驾驭重大事项的能力,提高议事决策水平,指明大队发展的总体方向和工作的主要切入点。

【思想政治教育】按期开展思想政治教育和党风廉政建设教育,落实大队军政主官每月授课制度,结合年度“三严三实”专题教育,组织开展三个专题的分期讨论,提高党员干部在做人、做事上是非责任感和担当意识。根据上级党委要求,大队适时组织开展“5·15”警示教育周、纪律作风专项教育整改、领导干部工作生活待遇问题专项清理整治、消防执法腐败问题集中整治专项行动、全面贯彻落实“两个责任”文件宣贯活动以及贯彻落实《公安部从严治警十条禁令》活动等各项专项活动,提高党员干部廉洁从政、执政为民的工作理念。大队党委每月开展队伍形势分析,定期对大队党风廉政建设情况进行总结回顾,坚持抓早抓小的工作方针,坚决打击苗头性问题,把苗头性问题控制在萌芽状态,提高官兵安心服役的意识和拒腐防变的能力,通过前期努力,大队2015年度到期士官共有9人,仅有3人要求退伍,大中队官兵没有发生相关规定和违法违纪行为。

【典型培养】按照“中队有标兵、大队有先进”的目标,将“全省军事业务标兵”站前中队中队长龚新宪、班长苏发能作为大队先进典型,运用媒体、橱窗等载体,扩大典型宣传效应,引导官兵积极向先进典型学习,始终坚持认为“榜样的力量是无穷尽的”,在抓典型培养方面下足功夫,推动典型培育工作,2015年龚新宪先后获得“省级优秀共产党员”“全省灭火救援十大尖兵”“金华市十大杰出青年”等个人荣誉,站前中队支部将苏发能作为中队先进典型进行培养,增强大中队官兵的工作积极性和向先进典型学习的主动性,提高了部队士气和日常的工作效率。

【部队日常管理】坚持部队正规化建设,坚持每月研究讨论部队建设工作,在硬件设施方面,利用大队现有资源对大队健身房进行改造,解决中队雨天无训练场地的问题;年度内大队更换房间空调7台改善,就寝居住环境,提高官兵居住条件;购置电脑11台,提高官兵工作效率。在软件建设方面,大队出台《婺城区大队文职雇员奖惩实施办法》和《婺城区大队文职雇员日常管理规定》,规范大队文职雇员的日常管理,为文员管理提供依据;站前中队根据上级部署要求,开展条令、条例集中学习月,条令、条例和法纪知识专项学习教育活动等专项教育活动,强化按条例管人、按制度管事的日常管理模式,提高了部队正规化管理水平。

【基础数据采集】重视日常点滴的积累工作,尤为注重直接关系灭火救援成败和辖区火灾形势研判分析的基础数据积累。2015年,根据上级统一部署,先后开展石油化工企业分类排摸,夏季消防安全检查中对敬老院、幼儿园等涉老涉幼场所进行排查,针对“8·12”天津港爆炸事故开展危险化学品生产储存场所排查等专项排查整治工作,大队党委针对各项排查工作做了周密部署,细化分工。中队合理安排,对各项数据进行采集,针对采集数据对辖区火灾形势进行了合理研判,制定合理的防控、响应机制,确保辖区内的火灾形势基本稳定。加强辖区道路水源的熟悉工作,制定水源档案,清晰了解掌握消火栓位置、天然水源可利用范围等,为救大火、打恶仗做好充足准备。

【中队实战化训练】“练为打仗,以战促训”,中队结合辖区灭火救援不多的实际情况,通过日常训练、演练等措施提升官兵灭火救援能力,提高实战化救援水平。年内开展实地演练170次,重点单位95家,非重点单位75家,重大火灾隐患单位1家。日常训练中从严从难,以高标准严要求投入日常训练,主动克服营区小、训练场地不足、器材装备老旧等实际困难,不埋怨不抱怨,以积极心态投入到训练工作中，中队长龚新宪带头参与各项训练工作，在 2015 年支队组织的两次比武中分别获得的团体总分第一和第三的好成绩，龚新宪本人也因此被支队荣记个人三等功一次。

消防大队比武(区消防大队提供)

【消防安全教育】 年初，大队召开全区的消防安全工作会议，与 18 个行业主管部门、19 个乡镇(街道)签订消防工作目标责任书，明确行业主管部门、乡镇(街道)的消防工作职责。推动火灾等安全事故防控综合治理体系建设，由婺城区政府出台《全民消防安全宣传教育实施意见》《婺城区推进消防安全网格化管理实施意见》《关于加强按错生产促进安全发展的实施意见》、《婺城区消防安全“两类责任”追究暂行办法》、《进一步明确消防安全岗位职责意见》等一系列文件；推动教育、旅游、民政等 8 个行业主管部门出台消防安全管理制度；推动乡镇(街道)建立常态化的火灾隐患排查制度，依托综合部门的网格化管理系统，为全区 354 名基层网格员开通消防网格化系统账号。

【消防安全整治】 2015 年，根据上级工作部署要求，结合辖区工作实际，陆续开展劳动密集型企业专项治理、夏季消防安全检查等一系列专项行动，重拳整治一大批火灾隐患。全区检查单位 2427 家，整改火灾隐患、违法行为 1194 处，下发责令改正通知书 1049 份、行政处罚决定书 67 份，责令“三停”12 家，临时查封 21 处，行政拘留 3 人，罚款 25.97 万元。对存在重大火灾隐患的人防小百货市场、农行婺城支行以及二七社区、爱斯曼老厂区、古子城等 3 个重点区域予以挂牌督促整改。人防小百货市场已进行了整体搬迁；农行婺城支行增设了自动喷水灭火系统；二七社区完成了 6193 户、62.74 万平方米的房屋征收，政府对该区域进行整体搬迁；古子城区域，制定消防专项规划，按既定整改方案落实整改。协调解决历史遗留多年的“两街”消防供水问题，并得到有效解决，市政消火栓改造工程基本完成。全区通过专项行动，有效整治社会面一大批消防安全隐患，夯实消防安全工作基础，确保全区火灾形势持续稳定。

民房着火扑救(区消防大队提供)

【消防宣传社会化】 开展消防“七进”工作，借助“乡音宣讲团”、“相约 119”、金华电视台《小马开讲》和《新闻节节棒》等栏目，通过视频播放、理论讲解、实地操作等措施，提高社会群众的防火灭火意识。利用消防宣传车，走上街头，走向乡村，开展不定点宣传工作，使消防知识真正得到普及，使消防工作落地生根，成为真正接地气惠民工作。

【经费保障】 2015 年的经常性业务经费 297 万元。农村消防经费 110 万元、合同制消防员经费 248.75 万元。将“四项”补助经费、住房公积金及官兵福利计 120 万元纳入市财政预算予以保障。天津港“8.12”爆炸事故后，大队积极与区政府沟通，争取车辆防护装备 220.32 万元。已争取到经费 876.07 万元，为历年来新高。同时，将白龙桥消防站项目经费 3464 万元纳入区政府 2016 年投资计划，确保该项目经费得到保障。

【财务审核】严格遵守财经纪律,妥善落实财务审批程序,做好财务工作。在1—9月的财务评审中,有6个月评审等级为优秀,位于支队前列。在2015年的“财务大清查”中,重新审核财务凭证1607张,全面检查金额2286.1万元,发现并整改问题12个。在每季度的资金安全检查中,成绩也位于支队先列。

【营造舒心环境】大队针对营区狭小、营房陈旧的问题,采购多种运动器械,改造健身房,改善官兵的训练条件,激发战士们的热情;通过招待用房改造和伙食正规化工作,改善大队住宿条件和食堂卫生条件,提高生活质量,营造拴心留人的温馨警营。在地方政府和支队党委的关心帮助下,大队军政主官积极与政府部门协商,解决1.33公顷“农转用”土地指标问题和规划、国土部门的红线协调问题,完成土地、规划、环评、土地勘探等工作,可研报告正在论证中。(袁　也)

检　察

【概述】2015年,区人民检察院依法立案查办职务犯罪案件20件、24人,依法批准逮捕各类刑事案件936件、1308人,提起公诉1544件、2194人,开展侦查活动监督28人次、审判活动监督16件次、刑罚执行活动监督12件次。区人民检察院整体业务绩效继续位居全省基层检察院先进行列,被市检察院记集体三等功。

【服务保障中心工作】服务保障“五水共治”、“三改一拆”和“二七区块”改造等重点工作,组织开展环境治理、征迁拆违领域刑事犯罪专项治理,依法批准逮捕污染环境、破坏矿产资源等危害环境犯罪22人,起诉45人;批准逮捕暴力妨害执法、寻衅滋事等阻碍征迁犯罪8人,起诉6人,护航重点工作顺利推进。运用法治手段控防资金链、担保链断裂情况恶化,会同有关部门开展“逃废债”集中整治,批准逮捕非法吸收公众存款、骗取贷款、合同诈骗等犯罪25人,起诉29人;慎重办理刑民交叉金融案件和集资类案件,协助党委政府做好涉企案件法律处置等工作。密切关注网络经济的健康发展,依法批准逮捕通信网络诈骗、网贷平台非法集资、危害电子商务经济发展的犯罪46人,起诉44人。严厉惩治严重暴力犯罪和多发性侵财犯罪,依法批准逮捕故意杀人、绑架、强奸等严重暴力犯罪85人,起诉111人,批准逮捕“盗抢骗”等多发性侵财犯罪和“黄赌毒”犯罪829人,起诉1095人。高度重视侵害民生案件的办理,批准逮捕起诉危害食品药品安全、生产销售假冒伪劣产品、拒不支付劳动报酬等犯罪44人。重视检察环节社会关系修复,对符合宽缓条件的轻微刑事案件依法不批准逮捕130人,不起诉207人,促成案件当事人和解36件。实行未成年人案件“捕诉监防”一体化工作机制,依法宽缓处理15名涉罪未成年人,封存轻罪未成年人犯罪记录101件,开展“校园法制宣讲月”活动,预防青少年犯罪。

【反腐倡廉建设】发挥检察机关职能作用,继续保持惩治腐败的高压态势,立案查办贪污贿赂案件12件、16人,渎职侵权案件8件、8人。贪污贿赂大案比例100%,其中百万元以上的贪污贿赂犯罪大案4人,同比上升300%,渎职侵权重特大案件占65%。查办科级以上领导干部职务犯罪7人,其中,现职副科以上领导干部3人,副处级干部2人。严肃查办民生民利领域案件,认真贯彻省委落实中央巡视组反馈意见十大整改行动方案,依法查处土地出让、工程建设、房地产开发和基层干部以权谋利案件9人。组织开展集中惩治和预防惠农扶贫领域职务犯罪专项工作,依法查处贪污挪用、侵占私分支农惠农补贴和新农村建设中失职渎职案件12人。推进职务犯罪预防工作,推进预防职务犯罪社会化,先后与水电十二局、城北电商园等国有企业和园区建立共同开展预防职务犯罪工作机制。其中,预防职务犯罪进园区工作受到市领导的肯定。强化预防宣讲和行贿犯罪预防,深入行政机关、乡镇街道开展警示教育8场,受教育干部1000余人,提供全面、便捷的行贿犯罪档案查询777次。

【维护社会公平正义】强化诉讼活动监督,依法监督立案3件、6人,纠正漏捕漏诉22人,立案监督、追捕、追诉案件中,判处十年以上有期徒刑的6人,其中1人被判处无期徒刑,2人被判处死缓。提出刑事抗诉3件,均被改判。提请民事行政抗诉3件,再审检察建议10件,法院改判或采纳建议13件。开展审判(执行)人员违法行为监督,提出检察建议1件,被采纳。严厉惩治民商事虚假诉讼,向公安机关移送线索4件,立案2件。加强社区矫正监督,监督收监执行12人,认真配合做好检察环节抗战胜利特赦工作。重视查处司法不公背后的腐败问题,依法查办刑罚执行环节司法腐败案件2人。严格规范自身公正司法行为,聚焦同步录音录像、案件质量、律师会见等十个重点环节征集意见建议,依托人民检察院案件信息公开系统,公开案件程序性信息1550条、终结性法律文书522份。建成使用“一站式”检察服务大厅,更新检察门户网站,提升检察服务效果。重视接受外部监督制约,严格执行接受人大监督的各项制度,每月定期向区人大常委会报送不起诉决定书、纠正违法通知书等法律文书和重要文件共110份。密切与人大代表和政协委员的联系,通过邀请参加检察开放日、定期走访、寄送刊物等方式及时通报检察工作情况。推进人民监督员制度改革,配合选任人民监督员13名,诚恳听取意见建议,接受监督。

检察官牵手少年梦(区检察院提供)

【检察队伍建设】 开展“三严三实”专题教育,注重活动促学,组织开展主题党日、党群连心桥、“检察官牵手少年梦”等活动,院党总支连续三年被评为全市五星级党组织,党日活动作为区优秀典型在全市党建平台上推广,党建工作经验在全市检察机关交流。突出司法能力建设,主动对接司法体制改革,不断优化队伍结构,35岁以下青年干警占全院干警的49%,本科以上学历占95%。加强岗位练兵、岗位成才和全员培训工作,全年培训干警137人次,开展“青春的力量”法律辩论赛、“婺检讲堂”、知名专家学者授课等活动。3件案件被评为全市检察机关首届精品案件,5名干警获得市级检察业务尖子、办案能手等称号。加强纪律作风建设,推进“从严管理落实年”活动,认真组织学习《中国共产党廉洁自律准则》和《中国共产党纪律处分条例》,开展系列廉政教育活动,筑牢廉政防线。

(张倩文)

法　院

【概述】 2015年,婺城区人民法院收案22808件,结案21050件,同期结案率92.3%,法官人均结案224.1件,同比分别增长27.8%、25.7%、49.6%,主要办案质量、效率、效果指标.继续走在全省法院前列,量化考核名列全市法院前列,荣立集体三等功。

【审执工作】 宽严相济惩治犯罪。2015年,受理刑事案件1516件、审结1469件2091人,同期结案率96.9%,判处五年以上有期徒刑罪犯86人。依法严惩严重危害人民生命财产安全犯罪,审结故意杀人、“两抢一盗”、强奸等犯罪55件、76人,审结生产销售假药、有毒有害食品5件、13人。保持反腐高压态势,审结贪污、受贿、玩忽职守、滥用职权等犯罪6件、8人。坚持依法从宽,对518人尚属初犯、偶犯、从犯、未成年犯等具有从轻情节的罪犯判处缓刑。规范部分罪名罚金刑幅度,完善暂予监外执行审查,强化罚金自由裁量权,严格暂予监外执行。强化司法人权保障,为227名请不起律师、可能被判处三年以上有期徒刑的被告人,通知法律援助指定辩护律师,刑事辩护率达99.6%。保障受害人合法权益,审结75件刑事附带民事诉讼案件,民事赔偿调解率85%,当庭履行率90%。坚持有错必纠,二审期间因新鉴定标准变化，推翻原轻伤意见而发回重审，准予检察机关撤回起诉，并决定予以国家赔偿1件。

妥善化解民事纠纷。受理民商事案件13567件，审结11783件，同期结案率86.9%，解决争议标的115.8亿元。化解涉群众切身利益矛盾纠纷，审理好婚姻家庭、劳动保障、人身伤害等纠纷，调撤率56.1%。对不宜调解、调解不成的案件，依法作出裁判，发挥判决教育引领、规范社会行为的作用，审结合同纠纷案件8685件。保障和推动知识产权自主创新，助推知识产权示范区创建工作，审结知识产权案件147件。精心审理集中管辖的跨区域涉外商事案件，平等保护当事人合法权益，审结涉外案件64件。加大企业市场化退出机制的司法引导，有序推进破产审判，盘活存量资产，受理破产案件21件。

有效推进依法行政。落实行政诉讼立案登记制，受理行政案件282件，审结217件，同比分别上升248.1%和197.3%。坚持发挥司法审查职能，健全协调化解机制，维护和监督行政机关依法行使职权，保护行政相对人的合法权益，确认被告行为违法17件，撤销被告行政行为并责令重新作出行政行为4件，责令被告履职3件，撤回起诉48件(含4件被告纠错后原告撤诉)。支持行政机关依法履职，裁定准予强制执行违法占地建房等非诉行政执行案件288件。健全预防化解行政争议联席会议制度，向党委政府及有关部门发送行政审判白皮书和10份司法建议，开展行政执法培训4次，将败诉案件和原因通报给行政机关，促进依法行政。

努力破解执行难。受理执行案件6674件，办结5649件，执行到位标的额11.38亿元，执行标的清偿率20.7%，人均执结335件。穷尽执行措施，所有执行案件通过"总对总"、"点对点"等方式，查控银行账户、房产和车辆，注重延伸分红保险、余额宝等新型金融财产的查控，查控86778人次，案均查控量13.7人次。增强执行威慑力，将3600名被执行人纳入失信名单，使其在申请贷款、招投标、资质认定、乘飞机高铁等方面处处受限；落实24小时执行备勤机制，将1202名被执行人纳入公安协助查控平台，协控到位237人；惩处拒不执行判决、裁定等违法犯罪行为，向公安机关移送3件、3人，司法拘留362人次，制裁违法率3.3%。注重财产处置公开，财产拍卖均在淘宝网司法拍卖平台上拍卖，网拍率达100%，成功拍卖157件，成交金额5.26亿元，最高溢价率275%，节省佣金1107万元。

【改革创新】推进"互联网+审判"。打造"智慧法院"，建成高清数字法庭，所有庭审案件全程录音录像。推进审判网络化，依托"12368"司法服务热线和短信平台，向当事人及其代理人发送立案、开庭、判决、查封等审判执行节点信息。依托浙江法院公开网，全面公开审判信息、执行信息和裁判文书，裁判文书上网10670份，上网率达100%，网上摇号选定鉴定评估机构，实行全程留痕。运行网上案款缴退费系统，支持跨银行、跨地区、网上银行等渠道缴纳诉讼费，实现自动退还诉讼费。建院以来261597册档案实行电子化，开放远程异地就近查阅电子诉讼档案，电子阅卷3065人次。

稳妥推进审判改革。推行立案登记制，建立诉讼服务中心，落实人民法庭自行立案。推行民商事案件统一分案机制，强化均衡办案。落实裁判文书签发权，95%以上案件由主审法官或审判长自行签发，加强院长、庭长对审判流程的监督管理，审判管理和过问案件实行全程留痕。强化瑕疵案件审判责任，制定《案件差错和违法审判责任追究办法》和《瑕疵案件评定规程》，聘请人大代表、政协委员及其他司法机关人员组成评议小组参与瑕疵案件认定。严格证据裁判规则，强化直接言词证据，推动关键证人、鉴定人出庭作证，加强刑事裁判说理，回应辩护意见，提升庭审调查、辩论的效率和效果，发挥好庭审事实认定功能。

深化涉诉信访改革。坚持依法纠错、依法救助、依法终结、依法治闹四管齐下，推动涉诉信访纳入法治轨道。开展最高法院远程视频预约接访2人次，引入第三方参与涉诉信访矛盾化解工作机制，13家律师事务所律师参与申诉案件代理，在法院设立法律援助工作站。强化涉诉案件社会稳定风险评估，坚持院长约访、庭长接访制度，严格落实首问责任制，从源头上预防和减少涉诉信访，受理来信来访547人次。推动法治化解决涉诉上访难题，依法终结涉法信访12件，立案再审32件，改判6件，确保有错误的案件得到及时纠正。

【服务大局】依法推进重点工作。服务旧城改造，成立“二七区块”改造法律咨询组，7名中层以上干警参与法律咨询，为拆迁工作人员和被拆迁户提供法律咨询700余人次；拆迁签约、腾房阶段，18名法官以诉前调解、司法确认方式解决50件权属争议纠纷，现场化解租赁补偿款分歧纠纷200余起。对13件涉“二七区块”改造的强制腾房案件准予强制执行。助力“五水共治”，严惩违法排污者，审结污染环境犯罪案件9件、34人，对主犯从严控制缓刑适用，依法加大处罚金力度。参与社会治理。完善多元纠纷解决机制，与各乡镇人民调解组织、公安派出所构建诉调衔接网络，引导调解1337件，司法确认1170件。发挥4个驻乡、社区法官工作室作用，接待群众咨询600余人次，成功调处97起涉婚姻家庭、物业等纠纷。维护劳动者合法权益，畅通清薪绿色通道，办结追索劳动报酬案件424件，开展集中欠薪执行活动，为4397名员工追回工资欠款4700余万元，审结拒不支付劳动报酬犯罪3件、3人。坚持教育、挽救、感化工作方针，积极预防、矫治未成年人犯罪，推进社区矫正工作，发布未成年人刑事审判白皮书。

传播司法好声音。联合金华广播电台创办每周一档的《法在身边》栏目，法官走进直播间，与听众、网友交流互动，介绍立案登记制、新行政诉讼法等内容，解答群众的法律疑惑。与金华电视台联办每月一档的《以案说法》栏目，主审法官选择典型案件释法明理，发挥教育指引作用。与国家、省、市电视台合作，拍摄环境保护题材专题片3部，在《法治天下》《经济时空》《法治金华》上播出，营造“五水共治”法治氛围。拍摄反映法院工作微视频5部，传播司法正能量，在全市政法系统微视频大赛中均获奖。

【队伍建设】改进司法作风。开展“三严三实”等专题教育活动，坚定理想信念，严守纪律规矩，解决“不严不实”问题。强化审执督察、日常巡查、廉政监督，对违反审执纪律、作风不实等问题及时督促整改，予以实名通报，纳入岗位目标量化考核。举行新年升国旗和法官宣誓仪式，激发法官职业责任感和尊荣感。开展红色野外拓展活动举办歌咏晚会，组建合唱团，打造法院文化品牌，提升队伍凝聚力和战斗力。全院6项工作和16名干警分别获得省、市级荣誉称号，或受到记功表彰。严守廉洁司法。层层签订党风廉政建设责任书、“七个严禁”承诺书，向责任主体发送廉政建设任务告知书，落实院领导和中层干部一岗双责，强化连带责任追究机制。开展廉政党课、到警示教育基地接受警示教育、观看警示教育片、学习讨论违法违纪典型案例、发送廉洁司法提醒短信等教育活动，强化廉政意识。注重业外监督，建立院长、纪检组组长约谈制度，中层以上干部接受宴请事先报备制度。坚持“零容忍”态度，查处违纪违法案件1件、1人，从严要求成为队伍建设的新常态。 提升司法能力。开展创先争优活动，运用轮岗、案件评查通报、疑难案件讨论、学术论文PK赛、庭审评查、裁判文书评选，选派150余人次参加上级法院组织的业务培训等多种举措，提升法学理论素养和庭审驾驭、文书制作等实务能力。注重青年法官培养锻炼，通过岗前培训、结对帮扶、现场观摩等形式，不断提升认定事实、适用法律、做群众工作的能力，推进法官队伍职业化、专业化建设。

【群众监督】接受人大监督，重大工作部署、重要人事安排，及时向人大报告。专题向人大常委会主任会议报告行政审判工作、依法履职公正司法开展情况，积极落实审议中提出的意见和建议。重视人大、政协建议和提案的办理工作，在规定期限内办结2件。运用手机报等信息化手段，丰富与人大代表联络沟通方式。邀请人大代表、政协委员旁听庭审、监督强制执行和担任人民陪审员。支持、配合检察机关依法履行法律监督职责，健全检察长列席审判委员会讨论机制，认真对待检察建议。召开人大代表、政协委员、律师座谈会，诚恳听取意见建议。完善涉案舆情研判应对机制，坦诚回应社会关切问题。落实人民陪审员制度，人民陪审员共参与审理案件2143件，一审普通程序案件陪审率达99.7%。

（赵 晨）

司法行政

【概述】2015年,婺城区在管刑释解教人员972人,重点归正人员接回率100%,已衔接归正人员建档率100%、帮教率99.79%、安置率99.48%,重新犯罪率控制在2%以内。区司法局排查一般民间纠纷案件4481起,成功调处4253起,成功率94.9%,涉案金额达21227.17万元;重大疑难纠纷案件1734起,成功调处1734起,调处成功率100%,经司法确认的案件634件。区法律援助中心办理各类援助案件343件,其中民事73件,刑事270件,接待来访、来电咨询1700余人次。

【普法宣传】区委普法依法治区领导小组制定印发《关于进一步建立健全普法教育工作机制的意见》《婺城区普法依法治区领导小组成员单位职责》,区委理论中心组、区政府常务会议定期集中学法;组织全区领导干部和公务员法律知识"网上考试",参考率、合格率均达100%。创新活动载体进行普法宣传,开展普法主题征文、"身边的法"法律案例征集、"法在心中"青少年法治文化创作、"宪法法治好声音"演讲比赛、法制动漫作品征集等法治创作活动;开展"三八"妇女儿童维权咨询、"3·15"消费者维权、依法信访、保护水资源等专项活动;确定"12·4"国家宪法日系列法制宣传方案,组织普法领导小组成员单位举办集中法律咨询活动。推动基层法治实践,建成区法治文化广场,重点宣传宪法、社会主义核心价值观、重点工作、平安创建法律法规等;建成叶店村法治文化街区、黄碧拢村法治文化礼堂等基层法制宣传阵地;制定全区乡级法治文化街区、村级法治文化长廊、法治宣传栏全区覆盖实施计划;完成琅琊镇泉口村、蒋堂镇黄碧拢村、塔石乡高塘村、塔石乡壁下村、长山乡三村5个村市级"民主法治村(社区)"创建。完成"六五"普法总结验收及迎检工作,制定下发区检查验收方案,由区四套班子领导任组长,对全区乡镇街道和机关部门开展检查验收,顺利通过省、市检查验收,其中普法服务二七区块征迁、《金华老娘舅》调解普法栏目及拟提拔干部任前考试等工作受到上级领导的肯定。

【矛盾化解工作】突出重点,做好公共法律服务体系建设。制定印发《关于开展乡镇(街道)公共法律服务站和村(社区)公共法律服务点建设的实施意见》,完善公共法律服务组织网络体系,建立健全区、乡镇(街道)、村(居)三级公共法律服务实体平台,制作区、乡两级平台制度牌20块、公共法律服务联系牌430块、公共法律服务宣传资料25000份。统筹兼顾,行业性调委会工作正常化。诉调衔接工作成效显著,做好复杂疑难纠纷的调解,将矛盾解决在萌芽状态;交调、警调进一步发挥作用,调解室接收案件572起,受理542起,成功化解495起,涉及赔付金额744.2万元;坚持毗邻地区人民调解工作,制定区域联防、联处、联调预案。创新方式,"老娘舅"调解模式进一步发展壮大。与金华电视台联合成立"老娘舅"调解工作室,播出娘舅调解案例;在箬阳乡和新狮街道成立"偏远山区老娘舅工作室"和"个人老娘舅工作室",进一步扩大"老娘舅"调解影响力。强化调解,拓展行业性调委会。建立区环境保护纠纷人民调解工作机制,出台《关于成立婺城区环保纠纷调解委员会实施方案》,组建由区司法局、环保分局共同管理指导的专业环调委。

【特殊人群管控帮扶】将社区矫正、社区监管工作纳入对乡镇(街道)平安考核,并签订监管责任书。根据上级关于开展清理清查专项行动和配合人大执法监督工作通知要求,成立由局长任组长的工作小组,出台实施意见和方案,按照清理检查清单逐项对照检查,落实责任人,并向区人大书面报告。矫正执法大队对新入矫人员办理首次报到时开展入矫教育谈话,编纂社区矫正资料汇编,指导科室和司法所开展工作;选调法检专业人员充实矫正执法队伍,安排专人负责三项教育工作,编制集中教育案例汇编以教育服刑人员。发挥指挥中心监控督察功能,安排专人开展每日信息化核查并与司法所核查情况比对,发布每日督察情况通报;开展节假日双备勤,利用"司法e通"开展移动执法,较好解决重大节假日期间和外出期间的监管问题。对刑释解教人员造册建档、家访,进行法制教育,制定和落实帮教措施。

【法律服务】区法律援助中心指派办理涉及农民工讨薪案件21件，接待农民工法律咨询400余人次，为农民工挽回经济损失40余万元；成立婺城区法律援助中心法院法律援助工作站，工作站专门安排40多名律师和法律工作者轮流值班。组织律师参与二七征迁、“三改一拆”和“五水共治”，宣传相关法律法规及政策，主动参与调处矛盾纠纷；服务企业，提高企业风险预防能力，全区举办法制讲座、宣传、座谈等20场次，参训人员375人，对48家企业开展法律体检；出台《关于全面推行政府法律顾问制度的实施意见》，全面建立政府法律顾问制度作出了系统部署，实现区政府、乡镇(街道)及具有行政执法主体资格的政府部门法律顾问全覆盖；出台《关于加强规范行政村(社区)法律顾问工作实施办法》，制定村(社区)法律顾问五项工作制度，并实行百分制考核；组织律师、法律服务工作者约115人参加业务培训，邀请省高院专家授课；律师参与区领导定期下访接访工作，发挥律师在处理涉访涉诉信访问题过程中保障群众合法权益和维护社会和谐稳定的作用。

【教育培训】学习习近平总书记“三严三实“重要讲话，以“三严三实”标准，开展党的群众路线教育实践活动，确保“从严管理落实年”活动常态化。坚持教育学习常态化，开展司法行政队伍素质提升年活动，举行多种形式的党性党风党纪学习教育，利用每月工作例会组织学习，各分管领导、业务科室负责人轮流授课，学习相关业务法律知识，提升干部综合业务素质；坚持正风肃纪常态化，强化机关效能和干部作风整治，重点整治机关科室工作推诿扯皮和慵懒散问题，组织全局党员干部到党风廉政建设警示教育基地接受再教育。

【法律援助】坚持忠诚履职常态化，开展“法律援助在身边”系列活动，加大法律援助便民服务力度，扩大法律援助受援范围，提升法律援助办案质量和社会知晓率，实现“应援尽援、应援优援”目标。

【规范化建设】督促强化行政监管和行业自律，建立健全律师、法律服务工作者执业规范，完善诚信档案，引导法律服务工作者依法、规范、诚信执业。 (章杨倩)

军 事

【概况】2015年,婺城区人民武装部围绕分区军事工作指示,对照大规模作战准备检验评估标准,以民兵预备役“四队”建设为牵引,按照“抓规范、打基础、求实效”的工作思路,积极推进大规模作战准备向全面、长期、常态化发展,促进军事训练、战备工作和后备力量建设等科学发展。

【主题教育】2015年,坚持正面灌输与解决问题相结合、集中教育与融入渗透相衔接、思想引导与综合培育相促进的办法,广泛开展辨析讨论、实践感悟、体会交流等现地式和互动式教育,第一时间组织学习习主席系列重要讲话精神,延伸学好习近平主席重要讲话“军事篇”“创新篇”“浙江篇”,以及《之江新语》《干在实处、走在前列》等书目。促进学习成果向实践转化。

【基层武装部规范化建设】2015年,全区提升调整专武干部20人,其中3人提升担任地方领导,4人提升,2人交流,11人新任,2人因工作调整出列,全区专武干部编配率达95%(缺编城中、苏孟、箬阳部长3人)。利用1个月时间,强化了水上分队训练,投入10万余元,完成课目演练,被军分区首长机关肯定。利用2周时间,高标准完成了专武干部和民兵应急连年度训练任务。采取分散训练与集中组训相结合方式,组织了全区民兵营连长训练,年底参加军分区考核验收。

【民兵工作转型升级】按照“区有应急连、乡镇(街道)有应急排、专业队伍专业对口”的原则,深入调研,深入动员,深入部署,调整布局,优化队伍,着力编实建强队伍。对编兵的乡镇、街道、学校、企事业单位,区分应急、储备和支援保障三大类队伍,进行拉网式点验,到点率在95%以上,除卫生、交通、气象专业队外,其余单位“七率”均达到上级要求。6月10日,省军区提前24小时临机点验考核双25高炮营二连、导弹旅工程抢修两支分队,全部人员按要求到位。

【开展夏秋季征兵工作】2015年,全面开展网上征兵工作,通过广泛宣传发动、网上登记报名、逐级体检政审,调动高学历、高素质适龄青年的应征热情。圆满完成的征兵任务,合格兵员和大学生比例均超出任务数近10个百分点。

【参加抢险救灾行动】7月,应对“灿鸿”9号台风,动员民兵应急分队17支650人,落实备勤3支60人,本级征集车辆3台、冲锋舟3台、橡皮舟1艘等装备器材。9月,出动民兵应急分队100余人次,协助驻军部队完成机动警戒保障任务。年前,又出动民兵1000余人次,参与北山、南山两个方向抗冰救灾,得到地方政府和人民群众高度赞扬。

【国防动员工作】调整完善区国动委机构人员,召开国动委工作会议,组织八办联络员业务培训,高标准完成年度国防动员潜力统计,开设婺城国防教育网站。进行国防和后备力量建设教育宣传,建立健全各项工作制度,迎接10月市国动委国防动员考评。加大军人荣誉墙、“八一”光荣榜、“红旗”党支部创建,积极开展拥军拥属、走访慰问等活动,金职院民兵党支部被省评为“红旗党支部”。

(祝江浩)

工 业

【概述】2015年，国内外需求疲软、产能过剩矛盾进一步加剧，婺城区努力克服工业经济运行下滑的影响，进一步加大稳增长、调结构、强创新、防风险、优环境工作力度，全区合力攻坚克难，工业经济基本保持稳定。

2015年，婺城区应对挑战，在新常态下全力以赴保运行、稳增长。全年实现工业总产值312.8亿元，其中规上企业实现产值164.47亿元。汽摩配等七大支柱产业保持稳定，实现规上产值112.8亿元，占规上工业总产值的68.6%。

2015年，婺城区努力克服体制调整、要素制约、市场低迷等不利影响，全年完成限额以上工业投资21.3亿元，其中工业技术改造累计完成投资16.1亿元，占工业投资比重75.6%。6家企业实施的技术创新项目列入2015年市技术创新五大千亿产业重大技术攻关项目，10家企业实施的技术创新项目列入2015年金华市技术创新关键共性技术（产品）攻关项目。

2015年，婺城区全力推进经济结构转型升级。“四破”专项整治取得成效，完成旧厂区改造16.73万平方米。创新能力不断增强，组织申报省级机器换人示范项目2项。“两化融合”重点项目计划4家。省级企业技术中心、市级企业技术中心各1家。完成规上工业新产品产值78.27亿元，同比增长13.4%。“小升规”申报入库12家。节能降耗成效明显，电镀、造纸、印染、化工等行业整治基本完成。

2015年，婺城区持续优化经济发展环境。深入开展“走亲连心”、“双千”、“工业竞赛”等活动，完善区级领导联系强优骨干企业和重点技改项目制度，强化对企业的综合协调服务，帮助企业破解生产经营中、项目推进中遇到的难题106件。大力开展有针对性的银企对接活动，建立企业转贷应急周转金制度，为企业解决转贷资金4亿元。严格落实税费减免、专项扶持、奖励补助等政策，扶持产业发展。深化行政审批制度改革，进一步简化环节、提高效率，有效提高服务质量和水平。

【汽摩配】2015年，全区汽摩配行业共有规上企业17家，实现产值39.5亿元，同比增长62.6%；实现利税总额2.66亿元，同比增长2.2%；实现利润总额1.62亿元，同比下降4.6%。

【五金工量具】2015年，婺城区五金工量具产业共有规上企业18家，实现产值11.79亿元，同比增长21.4%；实现利税总额0.28亿元，同比下降3.2%；实现利润总额0.05亿元，同比下降61.6%。

【纺织服装】2015年，婺城区纺织服装产业共有规上企业9家，实现产值6.28亿元，同比下降0.1%；实现利税总额0.28亿元，同比下降23.5%；利润总额出现亏损，亏损额为17万元。

【新型建材】2015年，婺城区建材产业规上企业共有17家，实现产值29.04亿元，同比下降5%；实现利税总额1.78亿元，同比下降52.9%；实现利润总额1.08亿元，同比下降60.6%。

【医药化工】2015年，婺城区医药化工产业共有规上企业12家，实现产值8.67亿元，同比下降8.7%；实现利税总额0.31亿元，同比增长179.8%；利润总额出现亏损，亏损额为0.17亿元。

【食品加工】2015年，婺城区食品加工产业共有规上企业15家，实现产值11.15亿元，同比下降29.9%；实现利税总额0.27亿元，同比下降72.1%；利润总额出现亏损，亏损额为0.19亿元。

【包装彩印】2015年，婺城区包装彩印产业共有规上企业10家，实现产值6.35亿元，同比增长7.1%；实现利税总额0.08亿元，同比下降42.4%；利润总额出现亏损，亏损额为0.05亿元。 （祝晓恒）

统计 发改 物价 粮食

统计数据

【概述】2015 年，全区上下深入贯彻落实国家、省、市各项决策部署，围绕“工业强区、商旅兴区、生态立区、城乡统筹”发展战略，按照“抓转型、重投入、优环境、兴实体、惠民生、促和谐”的工作思路，聚精会神抓发展，全力以赴促转型，克服了各种困难，实现了经济企稳向好的态势，人民生活不断改善，社会保持和谐稳定。

【主要经济指标】（含金华市经济技术开发区）2015 年全区实现生产总值(GDP)489.4 亿元(含金华市经济技术开发区) ，比上年增长 7.8%。其中第一产业增加值 18.6 亿元，增长 2.0%；第二产业增加值 168.2 亿元，增长 3.0%；第三产业增加值 302.6 亿元，增长 11.4%。在第三产业中，交通运输、仓储和邮政业增长 10.6%，批发零售业增长 8.4%，住宿餐饮业增长 4.7%，金融业增长 8.2%，房地产业增长 7.3%，其他营利性服务业增长 12.2%，非营利性服务业增长 17.8%。土地总面积 1391.24 平方公里，年末总人口 63.6 万人，人均生产总值（户籍人口）77351 元，比上年增长 7.1%。第一、二、三产业增加值占地区生产总值的比重由上年的 4.0:36.7:59.3 调整为 3.8:34.4:61.8。

【区属主要经济指标】2015 年，实现区属生产总值(GDP)245.7 亿元，比上年增长 7.6%。其中：第一产业增加值 12.7 亿元，增长 2.0%；第二产业增加值 63.0 亿元，增长 3.3%；第三产业增加值 170.0 亿元，增长 9.8%。在第三产业中，交通运输、仓储和邮政业增长 14.5%，批发零售业增长 8.1%，住宿餐饮业增长 5.2%，金融业增长 7.3%，房地产业增长 9.4%，其他营利性服务业增长 10.3%，非营利性服务业增长 13.0%。人均生产总值（户籍人口）64222 元，比上年增长 7.3%。第一、二、三产业增加值占地区生产总值的比重由上年的 5.4:27.4:67.2 调整为 5.22:5.66:9.2。

【农业统计】2015 年，完成农林牧渔业总产值 22.7 亿元，同比增长 1.4%；完成农林牧渔业增加值 13.3 亿元，同比增长 2.1%。根据粮食监测统计,全年粮食作物播种面积 7267 公顷，同比下降 6.0%；粮食总产量 4.5 万吨，同比下降 4.1%。花卉苗木种植面积 4400 公顷，同比增长 9.3%。全区油菜籽产量 1614 吨，同比增长 8.4%；蔬菜产量 6.8 万吨，同比增长 0.6%；水果产量 3.9 万吨，同比增长 18.1%。全年生猪出栏 34.6 万头，同比下降 9.4%；奶牛存栏数 12750 头，同比下降 8.8%；牛奶产量 36142 吨，同比下降 10.7%；水产品产量 7163 吨，同比下降 11.7%。

全年完成造林面积 812 公顷，迹地更新面积 264 公顷，低产林改造面积 585 公顷，封山育林面积 37845 公顷。

【工业和建筑业】2015 年,全区完成工业增加值 49.4 亿元，同比增长 5.1%，工业增加值占 GDP 的比重为 20.1%。其中规模以上工业企业完成总产值 164.4 亿元，同比增长 5.5%；完成销售产值 153.7 亿元，同比增长 3.7%，工业品产销率为 93.5%。规模以上工业企业完成出口交货值 22.2 亿元，同比下降 21.7%，占销售产值比重为 14.4%。全年规模以上工业企业实现主营业务收入 150.6 亿元，同比增长

2.7%;实现利税总额8.3亿元,同比下降30.1%,其中利润总额4.1亿元,同比下降46.8%。

全年完成建筑业总产值134.8亿元。全区48个三级及三级以上建筑施工企业全年房屋建筑施工面积1730.2万平方米,竣工房屋面积719.6万平方米。

【固定资产投资】2015年,完成限额以上固定资产投资98.3亿元,同比增长10.1%。其中投资项目投资59.2亿元,同比增长45.2%,房地产开发投资39.1亿元,同比下降19.3%。投资项目中工业投资21.3亿元,同比增长5.7%。限额以上固定资产投资按产业分,第一产业没有投资;第二产业完成投资21.3亿元,同比增长5.8%;第三产业完成投资77.0亿元,同比增长12.5%。

【国内贸易和对外经济】2015年,完成社会消费品零售总额286.0亿元,同比增长7.3%。其中商品零售273.0亿元,同比增长7.3%;住宿餐饮业收入10.8亿元,同比增长10.5%。 2015年,实现外贸进出口总额5.9亿美元,同比下降9.5%,其中外贸出口额5.5亿美元,同比下降10.8%;合同利用外资3408万美元,同比增长20.6%;实际利用外资1030万美元,同比下降1.2%。

【财政】2015年,全区财政总收入36.9亿元,同比增长15.9%;区级收入9.7亿元,同比增长10.4%;全区财政总支出24.7亿元,同比增长35.8%。

【科学技术】2015年,科技项目立项数量增长明显。全年累计获国家、省、市各类科技立项48项,其中国家火炬计划2项、国家星火计划项目2项;省级新产品试制计划9项、省科技特派员项目7项、市科技项目8项(工业2项、农业6项)、市科技特派员项目10项、市农业科技成果转化项目1项、省科学技术奖1项、市科学技术奖6项。培育创新主体能力加强。全年累计认定高新技术企业8家(省级2家、市级6家)、省科技型中小企业25家、高新技术研发中心6家(省级1家、市级5家)、农业科技研发中心2家(省级1家、市级1家)。全区专利申请量达2442件,其中发明专利申请量531件,分别比上年同期增长14.6%和5.4%。

【教育文化和体育】通过“全国义务教育均衡区”国家级评估,学校办学条件得到较大提升,实现教育资源的优化配置,使教育教学质量稳步持续发展。启动第二轮“学前教育三年行动计划”,努力发展小学“特色教育”,推广初中“高效课堂”,推进职业教育精品化。全区小学入学率、小学毕业升初中比例均为100%。年末,全区有职业高中1所,专任教师251人,在校学生4370人;普通初中17所,专任教师1099人,在校学生13187人;小学31所,专任教师1741人,在校学生29169人;幼儿园138所,专任教师1269人,入园儿童17265人。

文化体育事业持续繁荣,深入实施重点文化惠民工程,大力推进公共文化服务体系建设,积极探索公共文化标准化、均衡化路径。全区15个乡镇、街道完成综合文化站建设;开展“送戏下乡”“送书下乡”“送电影下乡”以及“信义金华 美丽婺城”、“激情婺城”系列大型文艺活动;10个乡镇被评为浙江体育强乡镇,2个街道被评为浙江省城市体育先进街道,1个社区被评为浙江省城市体育先进社区。

【卫生事业】全区有政府办医疗卫生机构23个,卫生技术人员611人,民营医疗机构32家,个体诊所、村卫生室237家,核定医疗床位570张。2015年,参加城乡居民医保21.56万人,参合率达到97%。全区19家卫生院(社区卫生服务中心)、27家具备运行条件的社区卫生服务站以及118家村卫生室。实施基本药物制度,实施率为100%,达到了浙江省卫生厅的实施要求。2015年开展参保城乡居民健康体检99495人,体检成人40563人次,其中老人27467人次,学生儿童58932人次,体检结果异常22962人次,建立规范化电子健康档案330228份,户籍人口电子建档率达87.43%,提前完成省定目标。

【人口、人民生活和社会保障】据公安人口年报统计,年末全区户籍管理人口为38.38万人(城镇人口20.09万人)。全区人口出生率为10.55‰,与上年同期持平;死亡率为6.58‰,与上年同期相比下降1.79个千分点;自然增长率为3.97‰,与上年同期相比上升1.79个千分点。

据抽样调查,城镇居民人均可支配收入41510元,同比增长8.3%;人均消费性支出25771元,同比增长8.7%,其中食品烟酒消费支出7297元,同比增长9.3%。农村居民人均可支配收入17921元,同比增长9.5%;人均生活消费支出12536元,同比增长9.1%,其中食品烟酒消费支出4654元,同比增长7.0%。

2015年,城镇低保标准每人每月665元,农村低保标准每人每月532元。截至2015年底,全区有3317户4701名城乡低保对象、2556户3820名低保边缘困难群众、519名重度残疾人享受相应救助,累计发放低保、低保边缘、重残、医疗等各类救助款2400余万元;发放冬春荒生活补助100万元,主要用于6600余户因灾受困群众的生产自救。新增89家城乡社区居家养老服务照料中心,全区6000多名老人享受到居家养老政府购买服务政策。开展"2015年慈善温暖行动"、慈善助学系列活动,发放慈善救助金208万元;做好慈善总会筹备前期基础工作,宣传发动并开展募捐,2015年共收到善款433.7万元(其中定向捐款347.8万元)。按政策落实全区符合条件的孤儿(或困境儿童)基本生活费的发放,发放孤儿基本生活费93万元。

劳动部门积极做好就业服务工作。全年完成农村劳动力素质提升培训3125人,其中转移就业培训104人。新增就业岗位4708个,失业人员实现再就业2037人,其中就业困难人员再就业172人,城镇登记失业率2.37%,远低于4%的控制目标。

发改工作

【概述】2015年,实现区属地区生产总值245.7亿元。全区实际引进内资20亿元;实际利用外资1030万美元;浙(婺)商回归产业项目16个,到位资金5.85亿元;浙(婺)商资本回归项目1个,到位资金19.2亿元。实施"扩大有效投资"战略,开展"百日攻坚"专项行动,打好项目建设攻坚战。全年完成固定资产投资98.3亿元,同比增长10.1%,其中服务业投资77亿元,同比增长12.5%,工业投入21.3亿元,同比增长5.7%。省"411"重大项目完成年度投资计划的120.5%,开工率100%;省重点项目完成年度投资计划的118%,开工率100%;市重点项目完成年度投资计划的142%,开工率100%;区重点项目完成年度投资计划的142%,开工率89.2%;区政府投资项目完成年度投资计划的77.2%,开工率87.4%。

【经济体制改革】全面深化改革稳步推进。实施"四张清单一张网",加快推动政府职能转变和机构改革,区卫生局和计划生育局顺利整合为卫生和计划生育局,区统计局单列。2015年,深化"全城通办"商事登记改革,完成"三证合一"到"五证一照、一照一码"的登记制度改革。深化排污权有偿使用和交易制度,四项主要污染物指标都已开展排污权有偿使用和交易。完善林权流转机制改革,开展宅基地确权登记发证工作,推进农村产权制度改革,全区398个村经济合作社完成股份制改革率达96%。创新驱动战略大力实施。深化科技计划管理体制,做好企业研发经费有关优惠政策的落实,出台《婺城区科技创新券实施细则(试行)》,提高企业自主创新能力,深化与高校院所的科技合作关系。2015年,新增国家高新技术企业2家高新技术企业研发中心省级1家、市级5家,科技企业孵化器省级1家、市级1家,市级专利示范企业1家,获市科学技术奖一等奖1项、二等奖3项、三等奖2项,获市专利实施奖3家、区专利实施奖级3家。时通电器、天丰生物分别被认定为省级、市级企业技术中心,万里扬等6家企业实施的技术创新项目列入2015年金华市技术创新五大千亿产业重大技术攻关项目,金磐机电等10家企业实施的技术创新项目列入2015年金华市技术创新关键共性技术(产品)攻关项目。

【计划发展管理】完成各项计划报告的编写。《金华市婺城区2014年国民经济和社会发展计划执行情况及2015年国民经济和社会发展计划草案》在区人大八届四次会议上审议通过,《关于婺城区2015年上半年国民经济和社会发展计划执行情况的报告》通过人大常委会审议。完成预期指标的编制,区2015年国民经济和社会发展主要指标(预案)经区委常委讨论并区人大八届四次会议上审议通过,开展"十三五"规划编制工作,完成《金华市婺城区“十三五”时期国民经济和社会发展基本思路》。

物价工作

【概述】婺城区物价局认真宣传贯彻国家、省、市有关物价管理的方针、政策和法律、法规，组织实施上级价格改革和价格调整方案，组织实施行政事业性收费许可证的核发、管理和定期验审；会同有关部门开展清费治乱减负工作；组织开展价格监测工作，协助上级业务主管部门做好价格监督检查等工作。

【定价机制】贯彻落实上级各项减负政策措施和有关政策。贯彻落实《浙江省财政厅 浙江省物价局转发财政部 国家发展改革委关于取消停征和免征一批行政事业性收费的通知》（浙财综〔2015〕13号）文件，取消国土部门征地管理费等收费；《浙江省物价局、浙江省财政厅关于降低部分行政事业性收费标准的通知》（浙价费〔2015〕207号）文件，涉及住建部门房屋转让手续费及农业部门的国内职务检疫费。联合区卫生局、人社局贯彻落实《浙江省物价局 浙江省卫生和计划生育委员会 浙江省人力资源和社会保障厅关于调整部分医疗服务项目及价格的通知》（浙价医〔2015〕137号）文件。

【收费机制】开展行政事业性收费公示报告制度及做好浙江省价费政策公布平台相关工作。根据《浙江省物价局、浙江省财政厅关于取消收费许可证制度加强事中事后监管的通知》（浙价费〔2015〕56号）文件要求，自2015年1月1日起，全面停止行政事业性收费许可证核发及收费年度审验工作，建立收费单位收费情况公示清单制度及收费单位收费执行情况报告制度，受理各收费单位报送材料36家，并在全国收费监管系统进行网上受理，规范全区行政事业性收费行为。根据《浙江省物价局关于做好“浙江省价费政策公布平台”运行的通知》（浙价办〔2015〕188号）文件要求，做好区2015年新出台价费文件的补充加载工作，2014年底前原加载的文件开展一次查漏补缺，价费政策公布平台的本地站点向社会公布有效文件30个。

【价格监管】加强价格监管，增强服务意识。积极配合市物价局监督检查分局，对全区农林、人社等部门收费及部分幼儿园进行价格检查，与区纠风办、区教育局联合做好治理义务教育阶段中小学补课乱收费、强制服务、食堂管理等。做好价格监测和农产品成本调查。粮食、农业生产资料零售价格监测，在白龙桥镇、汤溪镇、罗埠镇建立监测点，为及时了解市场价格动态，每月5日、15日、25日进行粮食零售价格，密切关注市场价格波动情况，维护市场价格稳定和正常市场秩序。开展油菜籽成本调查，调查17户农户，并对成本进行分析，撰写分析报告。

【收费管理】依法做好价格管理、收费管理工作。及时疏导价格矛盾，根据省物价局授予区定价权限、《浙江省定价目录》。向市物价局要求提交核定石柱头电站上网电价的请示，根据市物价局的批复，贯彻落实上网电价；审批金华市交投有限公司位于人民东路公交首末站停车场、金华市博物馆停车场、金华市婺州公园大门口停车场停车服务收费标准；核定城西街道社区卫生服务中心、中国水利水电第十二工程局有限公司普通病房床位价格；根据《金华市幼儿园收费管理办法》，对民办幼儿园收费标准备案74家。

【价格认证】发挥价格认证中心作用，为社会稳定服务。2015年1—10月，完成各类涉案物品价格鉴定354件。协助金华市国土局婺城分局确定2014年度各类矿场资源价格的鉴定工作，对越界开采矿产资源的案件处理提供相关价格依据。

粮食工作

【粮食购销】根据省、市根据省、市有关文件要求，督促企业抓好订单粮食的落实工作。落实早籼订单粮食22500吨。到5月底止，共落实了192个村，计5433户农户，订单面积3379.4公顷，核定订单数量19500吨。全部录入订单管理系统,发放预购定金36户447万元。同时认真抓好晚籼稻的订单工作,与41户种粮大户签订4000吨晚籼订单粮食。严格执行政策。2015年夏粮收购中,执行《粮食流通管理条例》和“五要五不准”的粮食收购守则,做到“四上墙、五公开”,让农民卖“明白粮”。严格执行收购价格政策和“订单粮食”奖励政策,支付售粮款和奖励款。收购过程中,为严防外地粮、陈粮流入,公司采取“事前、事中、事后”三项措施进行严格控制,起到了很好的效果。继续做好机械化入库设备的投入。进一步减轻农户售粮劳动强度,方便群众售粮,公司连续投入大量资金购置机械入库设备,2015年又投入资金16万元添置了2台除杂机。合理设置收购点10个、农户休息室10个,配备收购用电脑10台,地磅3台、手秤17支、除杂机4台、输送机21台、转向机3台。

【粮储管理与中心库建设】做好储粮保粮基础工作,确保粮食安全。区收储公司承储各级储备粮30928吨,比上年增加2571吨;省级储备粮早籼稻9670吨,同比增加5000吨;市级储备粮14758吨(其中小麦1500吨、杂交早籼稻271吨),代储中央储备玉米5000吨,按照《粮食入库工作流程》《粮食保管工作流程》《粮食出库工作流程》《粮情检查工作流程》等仓储管理工作流程,做到规范化管理,每个季度由分管领导带队检查储粮安全及“一符四无”粮仓鉴定。全区储备粮食达到“一符四无”储粮标准,确保储粮安全无事故。规划对15个库点、51380吨仓容进行维修改造,投入资金922.5万元。通过仓储规范化管理考核验收,“荣获仓储规范化管理优秀企业”称号。做好粮食仓储设施专项调查工作,通过市局的复查。2015年,市局安排区收储公司储备粮轮换4380吨,分3批进行,第一批448吨晚籼已于4月底前完成;第二批晚籼256吨,早籼谷2150吨于5月底完成出库;第三批晚籼526吨,早籼1000吨在6月底前全部完成出库任务。

(邓　磊)

经济　贸易

对外经贸

【概述】 2015 年，婺城区对外经贸实现外贸进出口总额 5.85 亿美元，其中出口贸易 5.42 亿美元。实际利用外资目标任务 1000 万美元，完成 1030 万美元，完成率 103%。

【对外贸易】 2015 年，听取企业意见和借鉴兄弟县市区经验的基础上，结合全区商务发展实际，调整现行外经贸政策，保证政策的稳定性、连续性。为鼓励外贸企业成长，婺城区加大了对具有一定出口规模、成长性较好生产型企业支持力度，鼓励企业加大科技创新投入，加强品牌建设，增强市场竞争力。在防范贸易风险方面，运用进出口政策性信用保险机制，扩大小微企业信用保险覆盖面，凡与中信保已签订保险合同的上年度出口额在 300 万美元以下企业以及当年新增企业所产生的信用保险费由区财政统一支付。区引导企业参加各种境外国际性展会，开拓新兴市场，2015 年，组织 53 家外贸企业参加市贸促会组织的各类展会 65 场次，展位面积达 708 个平方米。推进跨进电子商务发展，鼓励企业充分利用互联网信息传导优势，通过知名国际网站开展产品营销活动。

【利用外资】 面对日益加剧的引进外资困境，拓展引资渠道，利用网络平台优势和境外客商信息优势，通过收购、兼并、资产重组等方式扩大投资规模，增加有效投入。鼓励企业通过跨境人民币投资、融资租赁、股权出资、股东境外借款等多种方式利用外资。简化外资项目的审批环节和程序，加强各审批部门之间的协作配合，做好项目落地前期的各项服务，加快企业投资到位。2015 年，婺城区新设境外企业一家，投资总额 800 万美元，中方投资额 300 万美元。全区实际到位外资 1030 万美元，完成率 103%。

【对外经济技术合作】 区支持企业设立境外营销网点，对现存外贸企业进行全面排摸，对于具备“走出去”条件的企业，进行“一对一”政策辅导，利用政策保险机制帮助企业有效防范化解贸易风险。2015 年，组织企业争取省(中央)外经贸性发展专项资金，申报项目 37 个，申报补助金额共计 54.03 万元。

(黄慧华)

商贸流通

【概述】 2015 年，规模以上工业增加值完成 28.29 亿元，同比增长 3%。规模以上工业产值完成 164.47 亿元，同比增长 5.6%。销售产值完成 153.75 亿元，同比增长 3.7%。新产品产值完成 78.27 亿元，同比增长 13.4%。限额以上工业投资完成 21.3 亿元，同比增长 5.7%. 其中工业技改投资完成 16.1 亿元，完成率为 100.6%，同比增长 23.1%。旧厂房改造完成 16.73 万平方米。“小升规”申报入库 12 家。

【目标确定】 科学分解指标。年初开展调查摸底，结合市、区政府的目标任务，对全区各园区、乡镇(街道)的指标安排作了科学的分解。研究配套政策。根据当前的经济形势，结合全区工业、商业发展实际,对全区现有的工业、商业政策提出了修改意见,加大了对企业的扶持力度。做好运行分析。加强工业经济运行监测预警机制建设,在全区范围内建立工业企业重大情况旬报制度,加强对经济环境变化特别是潜在风险因素的分析监测。

【结构调整】 加快机器换人。组织申报省级机器换人示范项目2项。推进"两化"深度融合。尖峰集团等4家企业实施的项目被认定为市级"两化融合"重点项目。鼓励企业加大科技创新投入。时通电器被认定为省级企业技术中心、天丰生物被认定为市级企业技术中心。6家企业实施的技术创新项目列入2015年市技术创新五大千亿产业重大技术攻关项目,10家企业实施的技术创新项目b被列入2015年金华市技术创新关键共性技术(产品)攻关项目。开展旧厂区改造。共完成旧厂区改造16.73万平方米。

【发展环境】 发挥政策作用。组织48家企业参加了金华市区金融服务小微企业推进会,组织召开了一次小微企业"小升规"培训会议;积极做好资金争取、兑付工作,共申报、兑现各级补助资金2215.11万元。破解企业难题。深入做好企业难题收集,全力协助企业攻克难题。收集到企业难题106件,办结101件。化解企业"两链"风险。在协调企业银行关系,防范和化解"两链"风险的同时,成功办理了91笔周转金约4亿元。积极开展"小升规"培育工作。已申报入库12家。加快培育"三名"企业。万里扬集团有限公司、尖峰集团2家企业列为省级"三名"企业,另有7家企业列为市"三名"企业。

【有效投入】 狠抓项目申报。申报实施市级以上重点技改项目20项。狠抓工业投资。完成限额以上工业投资21.3亿元,其中工业技术改造累计完成投资16.1亿元,占工业投资比重75.6%,20个市级重点技术改造项目已全部开工。狠抓项目服务。对列入"双千亿投资系列工程"的重大工业项目,加强与相关部门的协作配合,协调做好环评、能评等项目落地及开工手续,积极协助企业做好政策处理、解决历史遗留问题等工作。

【商贸发展】 推进市场体系建设。验收再生资源回收利用体系74个回收网点;开展生活必需品应急骨干企业和应急投放网点建设工作,确定4家应急骨干企业、20个应急投放网点;加大成品油市场监管力度,维护市场经营。助推商贸企业发展。2013年度宁波食品博览会展位补助、2014年度市区服务业引导资金项目申报、2014年建成4家放心柜政策、农产品集中连片项目1家企业的政策兑现等工作均已到位。组织项目申报。组织4家重点企业、5个重点项目和1个重点平台申报"十三五"商贸流通领域重点项目。有3个项目入选第二批国家级现代服务业综合试点项目。

招商引资

【概述】 2015年,全区上报浙(婺)商回归项目21项,实际到位资金5.85亿元,完成市下达考核指标任务10亿元的58.5%。

2015年,全区引进内资项目21项,实际到位资金20.02亿元,完成市下达考核指标任务20亿元的100.1%。

【重大招商活动】 区经合办(招商局)组织开展系列重大招商活动。5月组团,参加全球跨境电商大会,签约项目2个,总投资3.55亿元。6月组团,赴宁波参加了浙洽会,签约项目1个,总投资2亿元。11月组团,赴兰溪参加第五届中国国际商贸大会、全球服务外包大会,在第五届中国国际商贸大会上签约项目3个,总投资18.26亿元;全球服务外包大会上签约项目2个,总投资3600万元。

【经济技术协作】 加强交流对接,力促经济合作交流工作。根据省、市"山海协作工程"发达地区与欠发达地区的对口协作安排,义乌市对口协作婺城区,每年安排专项资金用于扶持欠发达地区发展公益事业。区相关部门一方面与义乌市积极开展项目对接活动,加快婺城区欠发达区域发展,另一方面,帮助山区欠发达地区挖掘包装项目,促进当地经济发展。

【优化招商考核机制】 抓住全区开展党的群众路线教育实践活动这一契机,加强单位内部管理,编制了区经合办(招商局)制度汇编,包括工作例会制度、请销假制度、财务管理制度、项目推进制度、联系乡镇(村)走访制度等。 (林　可)

供销社

【概述】 2015年,婺城区供销合作社联合社全系统实现商品销售额7.05亿元, 同比增长29.89%。并荣获2015年度浙江省供销社系统综合业绩考核优秀奖。

【农信担保业务】 2015年,农信担保公司为涉农经济组织、农民种养殖大户及其他小微企业贷款担保119笔\9309万元。其中涉农 (含农户)72笔\5368万元。通过担保贷款的注入,新增产值2.35亿元,新增经济效益2200万元。发挥融资担保平台作用,推动涉农经济组织壮大发展,走出一条涉农经济组织、农户、工业、商业流通、建筑工程行业、银行、公司多方共赢的发展之路。

【农资供应服务体系建设】 做好农资商品组织供应,满足春耕备耕及"双夏"生产需求,2015年,农资销售额达6500万元。同时构建"智慧农资"平台,开展庄稼医院、农资示范店创建,提升农资服务质量与水平。创建庄稼医院1家、农资示范店3家,培养中级"庄稼医生"1人。

【专业合作社等建设】 抓好农民专业合作社发展和农村经营服务综合体系建设工作.2015年,新发展农民专业合作社6家、农民专业合作社联合社1家、综合服务社20家、综合服务体1家,专业合作社累计达43家, 农民专业合作社联合社累计达2家、综合服务社累计达68家,综合服务体累计达8家。其中农民专业合作社入户社员2093人,年销售额达5.22亿元。做好农民专业合作社的规范提升工作。指导农民合作组织调整产业结构,发展高效农业,开展无公害产品产地认证与商标注册,推动合作组织向市场化、规范化、品牌化迈进。全年规范提升4家,创建品牌4个,上报省社系统示范社2家。

【扶贫帮困】 做好联系"两富"指导员新农村建设和扶贫帮困工作,提供资金3万元,利用供销社农信担保公司平台,在发展生产中给予资金担保上的支持,针对当地资源和农业产业结构特点发展农民专业合作社等农民合作经济组织, 走访特困户9户,党员结对助残8人。开展社区"党员连心桥"、"慈善一日捐"等活动共计捐款3000余元。开展农产品经纪人和农业实用技术培训,2015年培训110人次,职工培训115人次。

【社有企业】 抓好社有资产监管工作,提升资产运营效益。完成白龙桥、雅畈等社有资产租赁合同续签及租赁费收缴工作,协调资产所在乡、村关系。配合330国道改造指挥部做好虹路区块被征收社有资产经营户的腾空补偿工作。2015年,投入9万元用于集镇老旧房产的维护,抓好社有资产安全维护和维权工作。推进市第二土特产公司企业改制工作,加强政策宣传,做好职工思想稳定工作,配合区政府抓好对企业的审计工作,重点抓好二七新村区块征迁三宗地块房屋腾空工作。

【信访工作】 重点做好企业军转干安抚、改制历史遗留问题解决和省养老保障政策贯彻落实工作。2015年,依法接访17批166人次,处理来访信件3件,办结"8890"诉求16件,排查化解矛盾12起,兑现基层社改制遗留职工住房补贴3万余元。

【慰问工作】 做好节日期间企业军转干及离退休、困难职工的慰问工作,慰问600余人次,发放节日慰问品6万余元。

【安全生产】 做好节日期间企业军转干及离退休、困难职工的慰问工作,慰问600余人次,发放节日慰问品6万余元。在安全生产方面,加强日常安全检查,抓好出租房及社有企业安全隐患的排查和整改,突出重点,尤其是烟花爆竹仓库、集镇老旧房产的消防安全工作,并根据区安监局要求,紧急部署开展"打非治违"与易燃易爆安全专项整治行动,发现隐患及时限期整改,开展安全检查10次,下发整改通知书15份,确保社有资产和人身安全。

【党建工作】 强化机关思想政治建设,开展"从严管理落实年"活动。组织全系统党员干部认真学习习近平总书记系列重要讲话精神、《中国共产党廉洁自律准则》和《中国共产党纪律处分条例》,教育引导党员干部严格遵守党内政治准则, 进一步增强党内生活的政治性、原则性、战斗性。定期开展党员"党性体检、民主评议"工作,强化民主评议的针对性和实效性,落实"三会一课"制度,提高党组织专题组织生活会质量。注重年轻同志培养,接收2名年轻同志为中共预备党员,增强党组织活力。 (方少云)

教育　文化　体育

教　育

【概述】2015学年初(2015年9月),婺城区共有中小学48所,其中初中15所(九年一贯制3所)、小学32所、职高1所,在校学生共42289人,教职工3003人。幼儿园137所(另有20所教学点),其中公办幼儿园6所、学校办幼儿园12所,在园幼儿17680人,教职工2017人,其中专任教师1279人。婺城教育在教育改革浪潮下,群策群力,满足了婺城人民日益增长的教育需求。

为贯彻落实素质教育,婺城区全面实施"新课程改革行动计划",在初中推进"高效课堂",在小学打造"特色教育",形成了轻负高质的良好态势。创新教师交流模式,推进校级领导、骨干教师城乡轮岗交流,促进教育均衡发展。全区拥有省特级教师14人,省教坛新秀7人,市名师名校长11人,名师名校长培养人选93人。优质的师资资源形成极具优势的人才高地。积极打造人文校园,努力培育"一校一品""一校一特"的校园文化,全区现有省市级体育、艺术特色学校34所,在教育文化建设领域形成了独有的特色。

婺城职业教育全省闻名,金华实验中学教育集团自2008年起,连续8年4届获金华市中职学校师生技能比武冠军,与区内20家企业成员单位成立校企联盟,领衔金华职教发展。毕业生2174人,就业率达100%,并顺利通过"浙江省中等职业教育改革发展师范学校"验收。学前教育深入推进,拥有省等级幼儿园119所,省三级以上标准的乡镇中心幼儿园建园率达100%。成人教育成绩喜人,近年来扫除婺城区文盲18032人,成功获评"浙江省社区教育示范学校"1所。

教育人事管理

【概述】婺城区共有公办中小学校44所,其中职业高中1所,九年一贯制学校1所,初级中学13所,小学29所。2015年,金华市第十四中学、婺城区罗店镇中心小学划转入金华山管委会管辖,由于二七拆迁,原实验小学师生合并入环城二小,保留原有法人单位及人事关系。全区共有事业人员2920人,退休教师1571人。

【新教师招聘及培养工作】随着生源的增加、教师岗位的调整,部分学校教师缺编比较明显。教育局人事科在充分了解各中小学教师需求的前提下,制定了详细完善的招聘方案,储备优秀的教育后备人才资源。2014年12月通过现场招聘,录用2015届应届优秀毕业生33人,应聘人员都具有院校级以上优秀毕业生荣誉,其中211院校、985院校对象占比达到30%,2015年4—6月面向社会招聘新教师72人。在招聘中严把入口关,所聘用人员综合素质突出,其中本科及研究生学历占90.3%。其次,对2014年招聘录用人员,进行了见习期跟踪考核,详细评估近一年教育教学工作情况,对工作中存在的问题与弱点,有针对性地进行强化。

【校级领导和教师的轮岗交流】根据《浙江省人民政府关于加强教师队伍建设的实施意见》(浙政发[2013]26号)、《浙江省教育厅、浙江省机构编制委员会办公室、浙江省财政厅、浙江省人力资源和社会保障厅关于推进县(市、区)域内义务教育学校教师校长交流工作的指导意见》(浙教人[2013]70号)文件精神,深入开展校级领导、骨干教师的轮岗交流,促进城乡教育均衡发展。

【开展不在岗人员清理】为加强中小学教师队伍管理,严肃劳动纪律,维护教师队伍形象,根据省纪委、省编委办等五部门《关于严明纪律严格机构编制管理的通知》(浙编办[2013]22号),婺城区教育局于2014年6月下发了《金华市婺城区教育局关于认真做好教育系统在编不在岗人员清理工作的通知》(金婺教〔2014〕53号),对全区中小学、区教育局直属单位在编不在岗人员进行全面清理。此次清理主要针对全区中小学、局直属单位在编教师(含职工,下同)中,未办理正式调出、退休、辞职等手续,非正常离开工作岗位的人员。通过此次清理,5人已经返回教育岗位上班,8人已经办理辞职手续,1人已办理病假手续。同时坚持严格规范用人制度,并以此为起点,杜绝类似情况再发生。 (胡崇禄)

义务教育

【概述】义务教育阶段学生42289人,其中小学29127人、初中13162人;班级1058个,其中小学739个、初中319个。学龄人口入学率100%,巩固率100%。

【时政 实事 教育】加强和改进中小学时政教育。学校在制定教学计划时,教师把新鲜的时政教育内容及时深入地融合到德育课程等学科教学中,促使学科教学联系实际、生动丰富;校图书馆、读书角都配置一定数量的报纸、时政刊物,供学生阅读;每个学校都已设置时政宣传栏,小学、初中、职高也根据不同学段学生的认知特点和关注点,以新闻摘要的形式进行时政宣传,发挥少先队、团支部等作用,让学生参与到时政宣传活动中,定期更新内容;各中小学校利用校园广播、网站、电视以及电子屏幕等,在学生上学、放学、就餐等课余时段播出或宣传时政新闻。利用国旗下讲话、班(团、队)各类专题教育活动等向学生开展时政教育。完善中小学升国旗唱国歌仪式。学校做到规范开展“升国旗、唱国歌、向国旗敬礼”等仪式,每周组织一次升国旗唱国歌,每月组织一次国旗、党旗、团(队)旗下革命传统教育活动,下发关于全区中小学校奏唱国歌有关事项的规定,使学生爱国必须从尊重国旗、奏唱国歌做起。积极参与推进环境保护等重点工作。局的全区合唱比赛把《大禹纪念歌》作为必唱曲目,全区组织开展了“小手拉大手争做国土小卫士”、“五水共治”主题实践活动;每个学校注重结合“五水共治”“三改一拆”“四破攻坚”等重点工作,丰富学生社会实践活动,宣传普及环境保护知识,撰写社会实践调查报告,引导师生用实际行动关心支持“两美”浙江建设和 “两富”“两美”现代化金华建设。加强用好省级地方德育教材的指导和督察。要求区教研室开展好、用好省级地方德育教材的再培训与指导工作;学校要采用多样的教学活动,强化地方课程活动化、体验化的特点,有效落实德育目标。适时组织学校开展现场课例观摩和展示活动;区教育局着力做好推广普及工作,做好用好省级地方德育教材的管理。

【全区义务教育课程改革推进会】2015年10月30日在环城小学召开婺城区义务教育课程改革推进会,婺城区教育局和教研室有关领导,各中小学校长、分管副校长、教务主任与会。会议特别邀请了来自杭州市江湾小学校长沈兴明、上海市子长学校校长黄宏慧,作学校课程改革经验介绍。下午,与会领导和学校代表们一同参观和考察了环城小学“温暖课堂,快乐城堡”—拓展性课程开展情况,环城小学校长王伟文作会议交流。局长李刚就此次课程改革推进会作重要讲话。要求学校提高认识,吃透文件精神,校长是课改工作第一负责人,要制定出具体实施方案, 要把课程建设工作作为教师评职评优、绩效考核的重要依据,教研室要加强指导,因校制宜地开展好学校课改工作,探索出一条具有婺城特色的课改之路。本次会议的召开,使婺城区区深化义务教育课程改革又往前迈出扎实的一步。

【农村小班化教育】 为了贯彻落实《关于推进农村中小学小班化教育工作的指导意见》(浙教基[2014]119号)精神,加强对婺城区农村小班化教育的研究和指导,实现教育的均衡发展和教育资源的优化,办社会满意的教育,从2014学年起,在全区农村逐步推行小班化教育实验试点工作,制定婺城区推进农村小班化教育实施总体方案,确定莘畈小学、沙畈小学、塔石小学、箬阳小学、蒋堂镇泽口小学、白龙桥天姆山小学、长山石门完小、十六中为小班实验学校,召开工作布置会和教学研讨会。莘畈小学在全市课程改革研讨会上作典型发言。

【"铭记历史 圆梦中华"主题演讲比赛】 为纪念中国人民抗日战争暨世界反法西斯战争胜利70周年,引导广大青少年铭记历史、缅怀先烈、珍爱和平、开创未来,培育和践行社会主义核心价值观,10月29日在环城小学举行婺城区中小学生演讲比赛。参赛选手45人,其中初中14人,小学31人。经过评比选拔,评出初中一等奖3人、小学一等奖7人,金华四中陶语宁、荣光国际学校张小美参加市级比赛。

【校园足球工作】 1月组织材料申报省级足球试点区,金华五中申报国家级足球试点校,婺城小学、箬阳小学申报省级足球试点校。5月8日,在金华五中召开婺城区基层青少年足球培育发展座谈会。足球定点学校、特色学校分管领导和体育教研组组长、体育骨干教师参加会议,此次会议对进一步推动区校园足球建设具有积极的作用。组队参加市中小学生春季足球联赛,实验中学获高中男子组第四名、女子组第二名,金华五中获初中男子组第一名,婺城小学获小学男子甲组第一名、男子乙组第七名,婺城小学女子甲组第六名,站前小学获男子甲组第三名,北苑小学获男子乙组第八名。

【中小学生三大球赛及游泳比赛】 6月2—6日完成婺城区第七届中小学生乒乓球联赛。7月29—31日完成婺城区第八届中小学生游泳比赛。11月10—13日完成婺城区第十届中小学生篮球比赛。11月16—20日完成婺城区中小学生足球联赛,参赛队伍增加不少,水平明显提高。

【中小学生艺术节美术作品比赛】 根据《关于举办2015年金华市中小学生艺术节的通知》精神,举行2015年婺城区中小学生美术作品比赛。此次活动得到全区各中小学的高度重视,收到各学校送评的书法、篆刻、绘画、摄影等作品264件。经过专家评委认真评审,最后评选出各类项目一、二、三等奖的作品若干名。

【中小学生艺术展演"五水共治"合唱比赛】 12月28日,在金华职业技术学院实验剧场举行"雏英杯"婺城区"五水共治"中小学合唱艺术专题演出,全区46所中小学校全部参与了此次活动,活动历时一天,总节目数46个。全区5万余师生传唱,3000学生演出,《大禹纪念歌》为必唱曲目。市、区有关领导与相关部门、中小学师生一同观看了艺术展演,艺术展演引发了强烈的反响,现场观众纷纷表示,这台艺术展演,艺术地展现了"五水共治"的重要意义,唤起大家积极参与"五水共治"的共同意识。

特殊教育

【保障"三残"儿童受教育权利】 2015年秋,全区义务教育段共有残疾儿童134人,其中上门帮教21人,随班就读59人,特教学校就读46人,其他8人。经过多方努力,实现残疾儿童生均公用经费10倍支付。

(张根有)

民办教育

【概述】 婺城区共有各级各类民办教育机构167个,其中民办中小学3所,九年一贯制学校1所,初中1所,小学1所;民办幼儿园131所,其中省一级幼儿园1所,省二级幼儿园19所,省三级幼儿园95所;民办培训机构33所,民办学校在校学生人数18255人,其中民办幼儿园在园幼儿15680人,占全区在园幼儿的 89%；民办义务教育阶段在校学生 2575 人，占全区义务教育阶段在校学生的 6.5%。

幼儿教育

【概述】婺城区有各级各类幼儿园 137 所（另有 20 所教学点），其中公办幼儿园 6 所，学校办幼儿园 12 所。在园幼儿 17680 人，学前三年幼儿入园率为 99%。省等级幼儿园共有 119 所，等级幼儿园占比为 88%，等级幼儿园招生覆盖面为 90%。全区有专任教师 1279 人，大专以上毕业专任教师比例 73%，教师持证上岗率 82%。省三级以上标准的乡镇中心幼儿园建园率 100%。

【政策支持】出台《婺城区发展学前教育第二轮三年行动计划（2015—2017）》，为全区学前教育优质发展明确任务；出台《婺城区发展学前教育专项资金管理办法》，规范专项资金管理。

中等职业教育

【概述】婺城区现有中等职业学校 1 所，金华实验中学是国家级重点职校，开设学前教育、服装设计与工艺、保安、工艺美术、中餐烹饪、酒店服务与管理、商务英语、电子商务、会计、药剂、计算机应用、计算机网络技术、计算机动漫与游戏制作、计算机平面设计、汽车美容与装潢、空乘、电气运行与控制、电子电器应用与维修、模具制造技术、数控技术应用、机械加工技术等 21 个专业，在校生 4915 人，教职工 224 人，其中专任教师 220 人。毕业生 2174 人，就业率达 100%，升学率 80%。

【教学技能】11 月，在金华市中职学校文化课教师优质课比赛中，婺城区参赛的 4 位教师荣获 3 个一等奖、1 个二等奖。

【校企合作】6 月 17 日，由婺城区政府牵头，婺城区人力资源和社会保障局与婺城区教育局积极谋划，金华实验中学和区内 20 家企业成员单位成立了校企联盟。

【德育活动】为了更好地发挥育人作用，发挥育人的规范性和可持续性，金华实验中学从 2015 年开始探索德育课程化，把日常的学习、生活、活动等整合进德育课程，进行动态的评价，实行德育学分制。在此基础上，并尝试创新诚信考场试点，无人监视，让诚信品质在学生的自我要求中得到升华。学校还把红十字精神和学校德育进行有机的集合，成为学校德育的又一特色。

【示范校建设】12 月，金华实验中学通过“浙江省中等职业教育改革发展示范学校”验收。

成人教育

【概述】婺城区建有社区学院 1 所，乡镇成技校和街道社区学校 19 所。2015 年完成成人双证制教育培训 615 人，完成扫盲脱盲任务 3717 人。

【创建工作】罗店镇社区学校被评为浙江省社区教育示范学校。 （邢均林）

教育科研

【概述】2015 年，以《国家中长期教育改革与发展规划》和《浙江省教育厅关于深化义务教育课程改革的指导意见》为指导，以深化区域课程改革和优化课题研究管理为重点，完善教科研工作机制，培育教科研骨干队伍，发挥教科研在教育教学工作中的先导作用。2015 年，婺城区教育局荣获浙江省重视教科研先进单位，金师附小荣获浙江省教科研先进集体，婺城小学刘旭升、青春小学柳巧嫦、红湖路小学郑燕 3 人荣获浙江省教科研先进个人；环城二小、金师附小教育集团、雅畈小学、实验中学被评为金华市教科研先进集体；婺城小学刘旭升、青春小学柳巧嫦、红湖路小学郑燕、站前小学叶燕萍、蒋堂小学倪莉芳、白龙桥小学俞剑士被评为金华市教科研先进个人。在婺城区首届优秀教科室主任评比中,环城小学金军勇、金华四中李君玉、站前小学叶燕萍、仙源湖实验学校汤丽倩、白龙桥小学王玮、十八中张小燕、实验中学徐建军、蒋堂小学钟丽霞、青春中学吴黎君、河盘桥小学范美华被评为婺城区首届十佳优秀教科室主任荣誉称号。站前小学的课题成果获浙江省教育科研优秀成果评比三等奖;在2015年金华市第十届教研课题成果评比中,2项课题获一等奖,2项课题获二等奖,8项课题获三等奖;在2015年金华市教育科研优秀成果评比中,4项课题获金华市教育科研优秀成果一等奖,12项课题获二等奖,15项课题获三等奖。丰硕的教科研成果为教育行政决策学校顶层设计及特色办学发展、教师专业发展提供了服务。

【课题申报】2015年共申报立项省规划课题3项,市重点9项,市规划62项,区级123项。省教研课题5项,市教学研究课题市级39项,区级103项。市教育科研精品培育工程5项。

【心理健康指导工作】实验中学教师夏珊珊被评为浙江省心理健康教育先进个人,教师张文杰、徐佩佩、夏珊珊获省三等奖;金华四中陈玉英老师被评为金华市心理健康教育先进个人,教师徐希玲等的16项成果获市一等奖,教师王馨兰等的19项成果获市二等奖,教师朱虹等的16项成果获市三等奖。为进一步加强和规范区中小学心理辅导室建设,婺城区中小学心理健康教育指导中心于2015年10月至12月开展了全区中小学心理辅导室等级评估工作,最终 8个心理辅导室被评为一级辅导室,13个心理辅导室被评为二级辅导室,8个心理辅导室被评为三级辅导室。在全区范围内继续组织开展对危机学生的筛查、评估和上报工作,组织区心理危机学生的识别与干预研讨会。 (叶一平)

学校简介

【金华市新世纪学校】新世纪学校由朱桂香女士于1996年创办。学校占地4.2公顷,设有幼儿、小学、初中3个教学部,共45个班级,1500余名师生。拥有花园式的校园环境、最先进的现代化教学设施和一支高素质热爱教育事业的优质教师队伍。学校坚持全面育人为本,实施小班化教育,在促进全体学生的全面发展和主体性发展等方面收到了明显的成效。办学20年来取得了丰硕的办学成果和良好的社会声誉。

办学宗旨:一切为了学生,为了一切学生,为了学生一切。

办学目标:把学校办成现代化、示范性、实验型的精品学校

校训:自强　勤奋　博爱　健康

学校获得的主要荣誉有全国民办教育先进集体、浙江省示范学校、浙江省九年制义务教育I类标准化学校、浙江省优秀民办学校 、金华市社会力量办学先进单位、金华市文明单位、金华市婺城区素质教育示范学校、金华市婺城区首届“轻负高质”示范学校、金华市婺城区中考质量优胜单位。

校长朱桂香,女,1937年出生。1959年9月走上教育岗位。长期担任小学语文教师,曾担任金华环城小学校长达10年。上个世纪60年代开展“注音识字、提前读写”语文教改实验并取得优异成果。任环城小学校长期间,又致力于提升办学水平、创建名校而取得显著成效。曾先后被评为浙江省特级教师、全国教育系统劳动模范、金华市专业技术拔尖人才。退休后创办金华市新世纪学校,任学校理事会理事长、校长。学校创办近20年来,实现了跨越式发展,取得了良好的社会声誉,被誉为“浙江民办教育的一枝新秀”。中央电视台曾播出朱桂香校长的办学事迹。2006年,由金华市教育学会、婺城区教文体局主办的“朱桂香办学思想研讨会”在金华市新世纪学校隆重举行,朱桂香办学思想研究文集《圆梦》正式出版。在2006年,荣获“教育终身奉献奖”。2009年,朱桂香入选“金华市媒体人眼中60年60人最具影响力人物”。

【金华市红湖路小学】学校创建于1945年,前身为新安小学,先后搬迁至兰溪门、人民路、八一路,于1995年搬迁至红湖路车门巷,更名为红湖路

小学，现座落于八一北街锦绣金华旁，占地 0.87 公顷。现有 26 个班，1131 名学生。73 名在编教职员工，其中，国家级荣誉获得者 5 人，省级荣誉获得者 6 人，市级荣誉获得者 13 人，区级荣誉获得者 37 人。

以“为学生幸福人生奠基”为办学宗旨，“和老师一起共赢校园”，“和学生一起经营学园”　“和家长一起携手发展”，教师家长共同用好微校务，学校管理步入精致高效“微时代”，家校合作更高效，学校教育更和谐。

学校经过 19 年的研究，构建了多渠道、立体式、网络化、科研化的“绿色学校”创建模式。环境教育成为学校提高学生素质、优化育人环境的有效载体。

学校打造了汉字校园的物质环境，创立了“以字激趣”“以字启智”“以字达意”“以字溢美”“以字育德”的新型汉字学习模式，开发了汉字教育读本，实践“让汉字本身吸引学生”的思想 。学校开展“我们一起看星星”露营、师生朗读 PK、首届农事体验等活动，学生在一个个精彩纷呈的活动中，感受集体的温暖，创造的价值，成功的快乐，成长更健康。

学校坚持办好家长学校，坚持开好家长会，坚持全员家访，坚持举办“红粉会”，坚持“红小孩子王”微信交流，整合教育力量，引领孩子成长，实现家校共赢。

学校先后被评为全国环境教育示范学校、全国首所汉字校园、国家级绿色学校、中国手拉手地球村、全国文明雏鹰假日小队、浙江省绿色学校、浙江省标准化学校、浙江省雏鹰红旗大队、金华市文明单位、金华市教育质量 AAA 学校、金华市中小学行为规范达标学校、金华市卫生先进单位、金华市示范性家长学校婺城区文明单位、婺城区花园式学校、婺城区素质教育示范学校、婺城区最美校园等。

【蒋堂初中】蒋堂初中前身为金华县开化初中，创建于 1974 年，建校 42 年。

学校占地面积 26366 平方米，建筑面积 6810 平方米，拥有 250 米环形跑道的运动场。学校现有学生人数 390 名，10 个教学班，为农村二类初中。近几年来 ，学校硬件设施逐步达标，已拥有实验室、多媒体教室、电脑房、图书室及食堂餐厅等。校园绿化面积约 4000 平方米。

学校现有教职工 44 人，专任教师 39 人，平均年龄 39 岁。其中研究生学历 1 人，本科学历 36 人，专科学历 4 人。建校以来，先后有数名教师在县区级以上教学大赛中获奖，有数十人次荣获县区级以上先进工作者、优秀教师等光荣称号。学校先后被评为“金华市文明单位”“婺城区园林式学校”“市级治安安全单位”“婺城区教育教学成果优胜单位”“婺城区群体师德创优先进集体”。所有教师学历全部达标，年龄结构趋于合理化，中高级职称教师占教师总数的一半以上，基本形成了一支有比较扎实的教育教学能力的教师队伍。

【仙源湖实验学校】南山脚下，梅溪溪畔，屹立着一所百年老校——仙源湖实验学校。仙源湖实验学校是婺城区唯一公办的九年一贯制学校。

仙源湖实验学校现位于金华市婺城区安地镇安地村，东靠半磐山，西临梅溪河。据《金华县志》和《金华县教育志》记载，婺城区安地镇古称仙源，学校前身为金华县南华乡公立仙源初等学堂，创办于清宣统二年(1910 年)二月，名为金华县南华乡公立仙源初等学堂。2011 年，学校由原安地小学和安地初中合并而成，于 2012 年 2 月 23 日正式投入使用。

新校园占地 49500 平方米，坐东朝西，建有小学教学楼、初中教学楼、实验楼、行政楼、学生公寓、学生餐厅、报告厅、食堂及附属工程。设计规模 36 个班，能容纳 1800 多名学生就读。音乐教室、美术教室、电脑教室、实验室、图书室等全部按省 I 类标准配备。教学环境、硬件设施堪称金华市一流。

学校现有 34 个教学班，在校生 1408 人，其中小学部 22 个教学班，初中部 12 个教学班。教职工 102 人，其中高级职称 7 人，中级职称 57 人，市级骨干教师 5 人，区级骨干教师 12 人，师资力量较强，结构合理。

近年来学校坚持全面贯彻国家教育方针，坚持以质量求生存求发展，坚持教育教学改革，走科研兴校道路。近几年中考都进入婺城区农村初中前列，曾连续 6 年被评为婺城区教学质量优胜单位，2007 年考出了金华市中考状元。

学校先后被评为中国教育学会优秀传统文化

进校园首批试点学校、全国冬季长跑先进单位、浙江省标准化学校、浙江省德育教育基地学校、浙江省消防教育先进集体、金华市婺剧试点学校、金华市艺术教育特色学校、金华市数字化校园示范校、金华市信息化特色学校、金华市文明单位、金华市绿色学校、金华市无烟单位、金华市综治先进单位、婺城区教学质量优胜单位、婺城区和谐校园、婺城区优秀党支部、婺城区先进基层工会组织、婺城区少先队阵地建设先进集体、婺城区先进关工委、金华市职工棋类比赛团体冠军、婺城区森林消防先进集体。

学校将以“重德、博学、慎思、尚美”为校训,以“不比享受比学习,不比基础比进步,不比聪明比勤奋”为学风,以师德建设和教师专业素养提升为抓手,帮助教师成就专业理想,实现人生价值。同时做精学校特色,抓住教育主管部门对校园文化建设工作的具体要求,进一步整合、规划学校“四美”课程,为学校教育教学工作提档,创建学校自己的校园文化,以“文化润校、质量立校、特色亮校”为发展理念打造学校品牌。改革和完善学校管理机制,优化师资队伍结构,培育学校办学特色,丰富校园文化内涵,不断提升教育教学质量,把学校建成一流设施、一流管理、一流质量的九年一贯制精品学校,让当地人民在家门口享受优质教育。

【环城二小】 环城小学教育集团第二小学(简称环城二小)本着“让每一个学生健康快乐的成长、成才、成功”的办学宗旨,努力实现“以一流的环境、一流的设施、一流的管理,打造一流的师资,成就一流的学生”的办学目标。学校先后获得国家级普罗米修斯全球互动教学示范校、浙江省标准化学校、浙江省数字校园建设示范校、浙江省中小学示范性图书馆、金华市绿色学校、金华电视台十佳小记者站、金华市校园电视新闻大赛优秀组织奖、婺城区和谐校园、婺城区优秀平安校园、浙江师范大学教师教育学院教师专业发展合作基地、婺城区师德创优先进集体、婺城区消防先进集体、婺城区第十四届小学生艺术展演一等奖、婺城区教职工健身排舞比赛一等奖等60多项荣誉。

环城二小座落于城北综合园区,毗邻美丽的尖峰山、文化气息浓厚的浙江师范大学。学校的前身是新狮小学,2012年2月23日搬入二小新校区。新校区占地50亩,总投入超6000万元,按浙江省标准化学校一类标准设计, 规划36个班级,1620名学生。学校现有37个教学班,1436名学生。学校由行政楼、教学楼、综合楼、餐厅、体育馆、塑胶跑道六大区域组成。

学校拥有乒乓球馆、篮球场、羽毛球场、塑胶操场、舞蹈房、红领巾广播站、阅览室、网格教室、计算机房、科学实验室等完善的教学设施,有校园办公网、交互式教学网、电子白板、微格录播系统等优越的教学技术。

全校共有教师79人,其中有硕士2人,本科学历61人,专科学历16人。中学高级教师4人,省骨干教师1人,省教改之星1人,市、区名师名校长培养对象5人,省、市、区教科研先进个人3人,市教改之星3人,区优秀共产党员3人,市、县、区级教坛新秀11人,市、区优秀教师13人,市、区优秀班主任12人,市、区优秀辅导员16人等。

学校校训:求真、修善、向美。

【金华十六中学】 金华十六中创办于1968年,原名新狮初中。1997年更名为金华十六中。随着城市发展,城北园区的开发,现已成为城郊的一所中学。学校位于新狮街道的辖区内,是城北区块的唯一的初中。学校主要接收环城二小、柳湖小学、北山路小学3所学校的生源。

学校占地面积19065平方米, 各类建筑面积4271平方米。近两年学校办学条件有了提高。配备了一些文体设施和实验教学设备。学校拥有电脑网络机房,12个班安装了电子白板,学校现有电脑93台,其中学生机71台,有效生机比例为4.5:1;教师办公教学用电脑22台,已达到师机比1.7:1;学校配备了各类专用教室和计算机专用教室;配有2个篮球场、2个排球场、1个小型足球场和羽4个毛球球场。及其他体育活动场地,设有标准的250米环形(6个跑道的)塑胶运动场等活动场所。

学校现有9个教学班,300多名学生; 36名专任教师,其中97%以上为大学学历,中高级教师占78%,中共党员17人,民主党派2人。学校现有5名教师任区级名师、教坛新秀、婺城区教研室教研大组成员，曾获区级优秀教师和市级名师培养人选、优秀班主任、教坛新秀等各种荣誉称号30余人次，多人次参加市、区的优质课、班主任基本功大赛等比赛，并获取较好成绩。校园更趋整洁优美，校风学风渐浓，校园文化气氛浓厚。

学校坚持以人为本，全面育人的教育理念，坚持以教学为中心，以质量为本。在不断促进教师专业发展的同时，学校重视“课堂”结构的改革，以提高课堂效率为抓手，减轻学生负担的同时，促进教学质量的提高。同时十分重视学生的思想教育，学校以“国学经典”教育为抓手，建立有效的教育体系，并取得了较好的效果，得到区委领导的肯定初步形成学校的一个特色。

学校还特别重视校园文化的建设，为促进学生素质提高，每年开展丰富多彩的校园活动，如：科技节、校园文化节、校园体育节等。学校还建立以美术教育为特色的兴趣小组，几年来为全国八大美院输送了几十名学生，同时获得了社会好评，美术教育已成为学校的又一特色，并逐步被社会所认可。

学校连续几年获得了区级绿色学校、标准化学校、区文明单位、教学质量优胜单位等荣誉称号。

【琅琊小学】 学校占地面积近1.4公顷，共22个教学班，师生近1000人，是全国德育教育示范基地、省级农村舞蹈艺术教育特色学校，是金华市乒乓球特色学校、金华市非物质文化婺剧传承基地、金华市教科研先进学校、是婺城区非物质文化婺州窑传承基地。多年来，学校坚持“让每个学生的个性特长得到充分健康的发展”的办学理念，坚持依法治教，强化学校管理，美化校园环境，加强师资建设，改善办学条件，促进学生全面、健康、和谐发展，致力于把学校建成有特色、高质量的乡镇中心小学。

学校始终坚持育人为先，从文明礼仪教育出发，在读经典，学美德等活动中，与艺术教育相结合，在扎实、深入的开展德育工作的同时不断发展艺术特色。多年来，在几任校长的领导下，学校实现了让山村孩子登上市舞台、省舞台甚至中央电视台的梦想。一群朴素的山村孩子创造了一个又一个传奇，取得了丰硕的成绩，形成了学校特有的体艺教育氛围。

【青春小学】 金华市青春小学创办于1996年，校园占地面积10096平方米，建筑面积7127平方米。学校现有24个教学班，在校学生1000余人。建校以来，在“发展孩子，成就教师，提升学校”的办学理念指导下，“青春”教育品牌逐步打响，日趋成熟。学校先后荣获“浙江省创新教育优秀学校”“浙江省平安校园”“金华市素质教育示范学校”“金华市师德群体创优先进集体”“婺城区首批园林式学校”等荣誉称号。

学校在汇集本地区优秀师资的同时，向全省公开招聘，组成了一支由名师、教坛新秀、教学骨干为主力军的教师队伍。

学校发挥名师、名校长辐射作用，先后为婺城教育培养了7名校长、副校长，并依托学校先进的办学理念，本着“平等、互助、共享、提升”的原则，共同实现均衡、科学、持续、和谐发展。

学校构建了“五学一练”课堂教学模式，既解放了老师，也解放了学生，真正实现“轻负高效”。高效课堂不仅创造了一流的成绩，还给了学生张扬个性、发展特长的时间和空间。

少儿国标是学校传统特色项目，学校创办之初就成立了学校国标舞队。2001年，学校将国标舞教学进一步规范化、专业化、课程化，组建了国标舞教学班。在专业老师的精心指导下，经过长期的刻苦训练，学生在国家、省、市级国标舞比赛中屡获大奖，并多次受邀参加金华电视台春节联欢晚会的现场直播。迄今，学校已培养了30名省级冠、亚军，青春“少儿国标”已成浙江省少儿体育舞蹈的“一面旗帜”，成为金华文体活动的一个品牌。

此外，学校的拓展性课程丰富多彩，泥塑、实验迷、舞蹈、篮球、跆拳道、空竹、尤克里里……深受学生和家长的欢迎。

【婺城小学】 婺城小学，占地面积4.2公顷，是省义务教育标准化学校。现有教学班41个，教师96人，学生1693人。自2007年9月开办以来，先后取得国家级足球试点学校、全国书香校园、浙江省绿色学校、浙江省义务教育标准化学校、浙江省课程改革首批试点学校、浙江省教科研先进集体、浙江省消防安全示范学校、浙江省体育道德风尚奖、金华市文明单位、金华市五一巾帼标兵岗、金华市中小学教学改革先进学校、金华市足球定点学校、婺城区信息宣传先进单位、婺城区关心下一代工作先进集体等荣誉。

我校实施阳光教育,包含"阳光课堂、阳光德育、阳光评价"三大实践板块。始终把"立德树人"做为育人工作的根本宗旨,认真贯彻夏宝龙书记在全省中小学育人工作座谈会议讲话精神,致力阳光德育,培育阳光少年。

学校开展环境美、卫生美、礼仪美的"三美教室、三美办公室"评比,让干净整洁制度化、常态化、生动化。

落实社会主义核心价值观24字的过程中,学校重点就如何激发学生热爱集体、热爱祖国的意识和情感方面进行了"关爱自己-孝敬亲人传承美德关心社会"四个层次的实践和探索。通过开展"爱心、礼仪、环保、感恩"四大品牌活动,以体验教育为载体,以生为本创新思路,全面做好学校实践育人工作。

每周举行两次的国学操 。依托乡村少年宫建设心理辅导社团"心语小屋"和"班级心理联络员群",开设"小鹿姐姐信箱",架起"心桥",让学生主动关爱自己,做一名健康少年。

开展"十大孝星""最美学生"、"书香家庭"等常规项目评比,建设"最美学生"荣誉墙,发挥榜样的力量,塑造正确的价值观。让"小孝星"等荣誉成为婺小孩子追求的一大目标。

承办金华市"读家训、写家书、树家风"主题活动。推行校园礼仪规范十条"一要二走三请四见",制作《礼仪手册》和印章,评比礼仪之星,成立礼仪小队,掀起争做礼仪少年的热潮。

为响应省提出的"五水共治"活动,学校以"绿色出行和垃圾分类"为两大主题,多次开展"我和环保在一起"社会实践活动,比如节假日或春秋游时头顶一棵小草,携带自制爱心便当,绿色出行;春节期间,编排课本剧普及垃圾分类常识,并走向社会调研垃圾分类的现状;和科学老师一起研究制作污水过滤装置等。学校还把环保和感恩社会相结合,全校师生收集废报纸、废易拉罐等可回收垃圾,每周一次集中卖给收购人员,成立爱心基金会,春节前为敬老院老人们送上节目的同时也送上价值3000多元书籍老年人阅读。

作为浙江省首批课改试点学校,学校在基础性课程中落实"三有"课堂,在拓展性课程中激发学生潜能。在2015—2016跨年活动"我的婺小年"大型体艺嘉年华中,践行课程整合,6个专场活动,110场班级足球联赛,9个学生家长方阵,真正做到了齐参与、共快乐。还以体艺课堂为载体,以体艺竞赛为推手,以乡村学校少年宫为依托,以德育教育为核心,先后开设"婺龙足球""金色舞台""游学体验"等长短课社团,共计59个拓展性课程,夯实了课程内容,丰富了育人途径。

完善各项安全制度,建立学校、社会、家庭三位一体的防护网络。开展"六进"防溺水教育,建立春泥、金盾等宣讲分队。坚持警校家联动,设置隔离缓冲区,成立爱心托管班,解决了放学时段拥挤无序、接送不及时的老大难问题。开展师德讲座和报告会,加强师德师风建设。成立家长学校,召开"国学伴我成长"、《弟子规与家庭教育漫谈》讲座;组织"小雷锋志愿者"进社区,搭建起社会、家庭、学校的稳固桥梁。

【竹马小学】金华市婺城区竹马乡中心小学地处婺城区竹马乡东宅村和西宅村交界处,创办于1912年,现占地面积13157平方米,建筑面积5716平方米,校园环境优美。学校拥有现代化多媒体教学系统及完善的校园信息网络;建有塑胶运动场和体育设施;配有计算机室、多媒体室、图书室、科学实验室、音乐室、美术、舞蹈室、乒乓球室等多个专用教室,班级多媒体设施齐全。

学校现有16个教学班,560余名学生,41名教职工,拥有一支具有金华市名师培养人选、金华市优秀班主任、金华市教改之星、婺城区优秀教师的教师团队。学校秉承"教孩子六年,想孩子一生,为孩子幸福成长奠基"的办学理念,培养学生"家国情怀、身心健康、乐于学习、审美情趣、学会创新"五方面的核心素养;以"特色鲜明、内涵丰富、质量上乘、办学规范的农村示范性小学”为办学目标。

近年来，师生多次在区、市、省乃至全国获奖，学校先后获得全国青少年“五好小公民”主题教育示范学校、全国“零犯罪学校”、全国成教工作先进单位、浙江省示范性小学、浙江省标准化学校、金华市文明单位、金华市绿色学校、金华市茶花文化艺术特色学校、金华市非物质文化遗产(山歌)传承教学基地、婺城区和谐校园、婺城区园林式单位等多项荣誉。学校已成为“四季花香、师生热爱、家长放心、社会满意”的农村示范性小学。

文 化

【概述】 2015年，婺城区文体新局加强公共文化服务标准化建设。完成婺城区《关于加快构建现代化公共文化服务体系的实施方案》及《婺城区公共文化服务标准化两年提升计划》。区文化馆完成全国第四次文化馆评估定级工作。完成14个村级公共电子阅览室建设。完成箬阳文化站、乾西小学、区网络经济发展局、金奥社区教育服务部、驻金部队站等图书流通点的建设。

文化活动有序开展。结合“两美婺城信义金华”“平安婺城”等主题活动，通过送文化下乡、才艺大赛等形式，开展各类巡回演出30场，开展送戏下乡138场、文化走亲6场、送电影下乡3300场等。围绕区中心工作举办各类大型文艺活动和比赛19场。文化培训37期，共1318人次。送展览38场，送讲座59场，参观人次达15000人。打造全民阅读工程。送书下乡6762册，举办“五水共治·两美浙江”大型诗朗诵比赛活动助力“五水共治”建设。举办婺城区第十一届未成年人读书节系列活动。完成2015年婺城区农家书屋的报刊订阅工作，完成2014年农家书屋的图书配送更新，在全区范围推出“您看书我买单”暑期图书赠阅励读活动。组织创作《农家书屋》现代婺剧小戏，首次将农家书屋宣传推广搬上舞台并在全区文化礼堂巡回演出，

文物非遗保护活动积极开展。顺利完成婺城区全国第一次可移动文物普查第二阶段工作。完成将军殿、白沙庙、上阳存义堂的修缮工作。加强与农办合作，确定了祝村宣德堂、新垄申公墓牌坊、长山东村井等为农村散落历史建筑维修项目。落实各项文物安全保护措施，将保管的19件文物移交到市博物馆。通过多种形式开展非遗传承保护工作，举行了“传统技艺进校园”、“美丽非遗文化礼堂百村行”活动11场；举办婺城非遗保护成果展示展演专场；开展金华斗牛的宣传和展演活动；积极创建非遗展示展演馆舍，在金奥花园创建了婺州窑培训基地，在蒋堂文化大院创建了婺城非遗培训传承基地，在开化村创建了婺城剪纸展馆。

文化市场健康稳定。婺城区文化行政执法大队开展“两节”期间、全国“两会”期间的文化市场监管和消防安全专项检查；开展无证电子游艺机(抓烟机)专项取缔行动；会同区文物办对区文物保护单位进行安全检查及校园周边环境整治行动；加强对网吧、出版物市场、音像店等文化市场进行日常巡查力度，出动执法检查人数618人(次)，检查文化经营单位885家(次)，查处违规经营单位20家，市场良好率为96%。其中立案9家，罚没款66500元。取缔黑网吧2家，收缴赌博机2台；取缔无证地摊游商7家，收缴盗版VCD光盘405张，收缴不健康书报刊78册。受理“12318”电话举报12家，办结行政许可证553件。

群众文化工作

【概述】 婺城区文化馆（原称婺城区文化图书馆）于2012年10月两馆分设，为全民所有制文化事业单位，馆址位于金华市婺城新城区临江东路8号，馆舍建筑面积2511平方米，为国家二级馆，下设11处文化场所，有视觉艺术培育中心、表演艺术活动中心和社会活动策划中心，分音乐、舞蹈、书法、美术、曲艺等11个门类，满足社会文化活动的需求。

区文化馆核定编制11人，在编10人。本科学

历占职工人数的 80%，业务人员均有专业技术职称。作为全区群众文化的活动中心、指导中心和培训辅导中心，按照“文化大发展、大繁荣”的指引方向，表演艺术组和视觉艺术组各司其职，全年免费开放 8 个功能室，共接待群众 8400 人次；全年开设了油画、书法、排舞、摄影等 8 个免费服务项目，共培训 4800 多人次，完成 6 个项目的主题培训，受益人数 1189 人次。年内组织、承办市级、区级大型活动 22 场；文化下乡 71 场，受益达 3.28 万人次，形成文艺品牌活动 6 项；大型展览 5 个；文化走亲 8 次；馆办 5 个文艺团队下基层演出 40 场；组织群众业余文艺创作和群众业余文艺作品推广活动 19 次，举办文化馆站人员培训班 3 期。举办社会文化艺术培训班 50 期。举办老年文化培训文化艺术培训班 10 期。区文化馆业务人员培训、辅导的作者、演员获地市级以上奖励 12 件。大型演出活动服务 1.12 万人次，展览服务 0.39 万人次，文化走亲服务 0.5 万人次。组织队伍参加省市比赛、展览 14 场取得省级金奖 3 个、银奖 5 个、铜奖各 3 个，市级金奖 6 个、银奖 14 个、铜奖 13 个。为全区文化发展营造良好的氛围 。

【“田园油画公社”油画作品展】 1 月 4—13 日，由金区委宣传部、区文化体育新闻出版局主办；区文化馆承办 “从泥土中走来”——婺城区田园油画公社第一回油画作品展在区政府大厅举行开幕式，市文广新局副局长陈子根、区宣传部副部长沈根新、区文体新局局长郭梓军等参加开幕仪式，婺城区文化馆副馆长郑红建作为组织者和指导者做了发言，此次农民油画公社作品展共展出了 13 名农民油画爱好者的 70 幅作品，得到了广大参观者的好评，展览历时 10 天。

【“两美婺城”婺城区书画精品展】 1 月 28—2 月 4 日，由区文化体育新闻出版局主办；区文化馆、浙江山山家食品有限公司承办“两美婺城”区书画精品展在山山烘焙展览馆展出，区 20 位书画艺术家 40 余幅书画精品受到大家的好评，这是区文化馆书画展览走进企业的又一举措。

【第六届茶花节开幕式】 3 月 13 日，由区委区政府主办，金华电视台经济生活频道、区文化馆承办的“婺城区第六届茶花节开幕式”文艺演出在茶花之乡竹马下张家村进行。

区文化馆免费开放培训 3 月 23 日，经过前期精心筹备，区文化馆免费开放工作正式启动，开设爵士舞、肚皮舞、拉丁舞、美术、书法、笛子等 8 个项目的免费培训服务，包括演艺厅、多功能厅、舞蹈排练厅等共 6 个场馆的免费开放。共有 140 多人参加每周一次的培训。

【“山花烂漫 美丽婺城”之塔石“三月三”文艺演出专场】 4 月 21 日上午，由区宣传部、区文化体育出版局主办；区文化馆、塔石乡人民政府承办“山花烂漫　美丽婺城”之塔石“三月三”文艺演出专场在塔石乡中心小学校操场举行。节目在金职院大学生艺术团开场舞《最炫民族风》拉开序幕，快板、秧歌、古筝独奏、歌舞等 12 个节目轮番亮相，受到观众的欢迎。

【“两美婺城”婺城区书画精品展进农村文化礼堂】 5 月 4 日，“两美婺城” 区书画精品展进文化礼堂活动在罗店后溪河村拉开序幕，每个文化礼堂展出 4—5 天，满足当地老百姓的需求，已累计 8 场。

【第二期“文化礼堂”排舞培训】 5 月 18—22 日，承办区第二期“文化礼堂”排舞培训在馆演艺厅举行，来自全区 40 多个包括已建的和在建的文化礼堂舞蹈骨干共 48 人参加了培训，共学会了 12 个曲目，完成本次培训内容。

【第八期排舞师资培训班】 5 月 25—29 日，区第八期排舞师资培训班在区文化馆演艺厅举行，共有 80 多人报名参加此次培训，学习了 12 个排舞曲目，受到学员的一致好评。

【“两美婺城 百姓舞台”2015 年青年歌手大赛】 6 月 3 日，由区委宣传部、区文化体育新闻出版局主办；区文化馆承办的区“两美婺城 百姓舞台”2015 年青年歌手大赛在区文化馆演播厅开赛。全区共有 40 名选手参加，通过民族、美声、通俗 3 个类别的比赛，分别选出各组别的金奖参加市级复赛。

【第三届少儿器乐选拔赛】 6 月 6—7 日，由区文化广电新闻出版局、区教育局主办；区文化馆、区音乐家协会承办的婺城区第三届少儿器乐选拔赛在金华市文化馆群星剧场举办。全区共有 281 名选手参加比赛，选手们按弹拨类、弦乐类、管乐类、打击类5类项目和独奏、重奏、组合三种形式参加选拔，共决出20名金奖选手参加市级复赛。

【《视觉婺城》——知名画家走进古村落写生采风系列活动】6月18—21日，由区委宣传部、浙江师范大学美术学院、区文化体育新闻出版局主办；塔石乡党委政府、区文化馆承办《视觉婺城》—知名画家走进婺城古村落写生采风系列活动之"生态塔石"活动在塔石乡塘头村举行启动仪式。全省23名知名画家齐聚塔石塘头村、余仓村、壁下村等村，采风创作了40余幅作品，并在上塔石村文化礼堂和区政府大厅举行了展览，影响深远。

【第二届"文化礼堂"杯排舞大赛暨区第四届排舞大赛】8月24日下午，由区委宣传部、区文化体育新闻出版局主办，区文化馆、区舞蹈家协会承办的区第二届"文化礼堂"杯排舞大赛暨区第四届排舞大赛在区文化馆演艺厅隆重拉开帷幕，来自全区9支队伍近200名选手同台竞技。经过激烈的角逐，文化礼堂排舞组一等奖由乾西乡湖头村长湖排舞队获得；第四届排舞组一等奖由城东街道的舞动组合获得。

【纪念抗战胜利70周年美术书法展】8月27日上午，在区政府大厅举行区纪念抗战胜利70周年美术书法展开幕式，共展出书法美术作品百余幅。此展由区政协、区委宣传部、区文联、区文体新局主办，区文化馆、区美协和区书协承办。

【"欢乐金华·百姓戏迷大赛"选拔赛】8月28日上午，由区委宣传部、区文化体局新闻出版局主办，区文化馆、区婺剧促进会承办的2015年"欢乐金华·百姓戏迷大赛"选拔赛在区文化馆演艺厅拉开帷幕。此次选拔赛得到了婺城戏剧爱好者的踊跃支持和积极响应，来自全区各行各业共32名选手报名参加了选拔赛，经过角逐，10人晋级，根据比赛排名选出"区百姓戏迷之星"4人、"区优秀百姓戏迷"6人，组织奖2个。

【"中国梦·家园情"婺城区纪念抗战胜利70周年抗战歌曲演唱会】8月29日下午，在区文化馆演艺厅举行"中国梦·家园情"区纪念抗战胜利70周年抗战歌曲演唱会，以国难篇、抗战篇、和平篇为主题，邀请金华本地历届声乐获奖歌手演唱脍炙人口的革命抗战歌曲。

【"纪念中国人民抗战胜利暨世界反法西斯战争胜利70周年"书画作品展】9月2—6日，由区政协、区委宣传部主办；区文联、区文体新局承办；区文化馆执行承办"纪念中国人民抗战胜利暨世界反法西斯战争胜利70周年"书画作品展在金华市文化馆二楼群星展厅展出，共展出关于抗战题材的书画作品百余幅。以书画展的形式来纪念这段历史，希望以此来唤起大家对历史的记忆和对和平的珍惜，表达对英烈的缅怀，自警自励，共同努力开创人类更美好的未来。

【纪念抗战胜利70周年文艺巡演】由区委宣传部、区文化体育新闻出版局主办，区文化馆和各乡镇党委政府承办"信义金华　美丽婺城"区纪念抗战胜利70周年文艺巡演活动，自9月8日始至10月初，圆满完成16个乡镇村的文化礼堂巡演，活动以"铭记历史、缅怀先烈、珍爱和平、开创未来"为主题，为婺城群众奉上一台精彩的文艺节目同时，当中还穿插了关于抗战知识的抢答环节，场面十分活跃，让婺城百姓接受了一次深刻的爱国主义教育。

8月29日，在文化馆演艺厅纪念抗战70周年音乐会　　　　(区文体新局提供)

【区"文化惠民"公共文化服务开放培训】10月13日始，区文化馆举办2015年下半年"文化惠民"公共文化服务免费开放培训，陆续开展的培训项目有油画、书法、声乐、拉丁舞、肚皮舞、器乐、爵士舞、摄影、民族舞等，在区文化馆有序的组织和优质教学中，各文艺爱好者们的文艺特长得到显著提高。

【与平安同行文艺巡演暨各地综治晚会】10月9—31日,由区委宣传部、区文化体育新闻出版局、区平安办公室主办,区文化馆承办的2015年“信义金华·平安婺城”与平安同行文艺巡演暨各地综治晚会分别走进岭上乡、桃园村、新狮街道康村、罗店村、长山乡桐溪村等15个农村文化礼堂完成15场演出,以舞蹈、小品、快板、三句半、婺剧等形式,展现与平安同行文艺巡演的精彩,通过文艺巡演宣传,让更多的人了解“平安婺城”创建工作,并积极投身平安家庭、平安单位、平安村(居)、平安校园等创建活动,以身边的“小平安”带动婺城区的“大平安”。

“平安婺城”文艺巡演(区文体新局提供)

【文化走亲专场演出】10月27日晚,由区文化体育新闻出版局、江山市文化广电新闻出版局主办,区文化馆、江山市文化馆、江山市婺剧研究院联合承办的2015“信义金华 美丽婺城”区文化走亲专场演出在江山市赵家村文化礼堂内进行,此次文化走亲活动,以地域特色文化展示为主要内容,利用音乐舞蹈、戏曲曲艺等文艺表演的形式,组织了一台有婺城地域特色的群众文化精品节目,展示近年来婺城群众的文艺成果,受到当地群众的赞誉。

【“李子园·梦想歌手”金华赛区赛】10月31日—11月1日,“李子园·梦想歌手”金华赛区240进120的晋级赛在区文化馆演艺厅分6场进行,来自全区240位选手演唱风格各异的歌曲一一唱响。“李子园·梦想歌手”作为大型平民音乐平台,倾力打造惠及大众、全民参与的大型赛事。为确保此次大赛评选的公平公正,晋级赛邀请5位专业权威评审,依据制定评分细则对选手进行公开公正的点评和指导。此次歌赛由浙江李子园牛奶食品有限公司独家冠名,香港天羽国际传媒集团有限公司主办,金华电视台教育科技频道、区文化馆承办。

11月15日,由金华电视台教育科技频道、区文化馆承办的全国“李子园·梦想歌手”金华赛区120进60晋级赛在婺城区文化馆一楼演艺厅举行。

11月28日,由金华电视台教育科技频道、区文化馆承办的全国“李子园·梦想歌手”金华赛区60进30晋级赛在婺城区文化馆一楼演艺厅举行。

12月27日,由金华电视台教育科技频道、区文化馆承办的全国“李子园·梦想歌手”金华赛区30进10晋级赛及10位排序赛在区文化馆一楼演艺厅举行。

【第四届民俗文化艺术节】11月4日上午,由乾西乡本土节日“九月廿二”狗肉节演变而来的区第四届民俗文化艺术节在乾西乡湖头村休闲广场拉开序幕。为期5天的艺术节通过开展区民俗节目展演、狗狗才艺秀,优秀民俗文化展演、“文化走亲”专场展演、非遗现场创作展示、婺剧展演等活动,充分展示婺城百姓的聪明才智和艺术创造力,展示了婺城民间艺术传承发展的特色和成果。

【文化走亲进宁海、象山两地书画展】11月6—11日,由宁波市海宁县文化广电新闻出版局、象山县文化广电新闻出版局、区文化体育新闻出版局共同主办,宁海县文化馆、象山县文化馆、区文化馆承办的以“信义金华 美丽婺城”为主题的区文化走亲进宁海、象山两地书画展分别在宁海潘天寿艺术中心、象山文化活动中心展出。书画展共展出婺城书画家50幅书画精品力作,书法作品涵盖真、草、行、隶、篆五种书体,气韵生动。绘画作品有国画、油画、水彩和版画,写实、会意形式兼备。作品主题突出、风格多样,以反映金华婺城历史事件、风土人情和山水花鸟为主,浸润着婺州深厚的文化积淀,反映了创作者内心追求的独特审美特征及艺术情趣。

【文化走亲宁波宁海、象山两地专场演出】11月7—8日,由宁波市海宁县文化广电新闻出版局、象山县文化广电新闻出版局、区文化体育新闻出版局主办,宁海县文化馆、象山县文化馆、区文化馆承办“信义金华 美丽婺城”文化走亲宁波宁海、象山两地专场演出分别在宁海县群众文化活动中心和象山县文化活动中心倾情上演。此次文化走亲在给宁海、象山百姓送文化的同时也宣传了婺城自身的文化，增进了两地之间的文化交流和友谊。

【新昌·婺城文化走亲专场演出】 11月19日晚，由区文化体育新闻出版局、新昌县文化广电新闻出版局主办，区文化馆、新昌县文化馆承办的“国遗调腔·山水新昌” 新昌·婺城文化走亲专场演出在婺城区文化馆演艺厅倾情上演，受到婺城观众的喜爱，为演员们演绎齐喝彩的同时也被600的调腔遗韵所深深痴迷沉醉。文化走亲，越走越新。通过这样耳目一新的文化联动，增加了对新昌调腔艺术的了解，实现文化资源共享，促进了两地特色艺术的交流。

【“魅力磐安”书画展走亲进婺城】 11月21日上午，由磐安县文化广播电视新闻出版局、区文化体育新闻出版局主办、磐安县文化馆、区文化馆承办“魅力磐安”书画展走亲进婺城在金华满堂书苑展厅开展，区副区长方锦瑞、区文体新局局长郭梓军等领导及婺城各界书画人士观看了展览。共展出磐安书画家书画作品百余件，以“魅力磐安”为主题，较全面反映了磐安县的整体书画水平，展示磐安所特有的自然风光和深厚的历史积淀以及独特的风土人情，是磐安书画家的结晶，不仅体现了磐安的历史文化，同时也让婺城人民欣赏到了磐安视觉艺术的魅力。在展厅现场，婺城区书画嘉宾与磐安一行书画家还进行了书画研讨，畅谈此展艺术看法。下午两地书画家泼墨挥毫进行了笔会交流，互换个人书画作品，合作书画作品双方留念。展览至11月25日结束。

【送讲座进各乡镇街道文化礼堂】 12月5日始至12月底，根据区公共文化服务体系专项资金管理办法和区关于印发基层宣传文化工作“四张清单”通知工作的要求，为更好提供文化服务普及文化艺术知识，区文化馆实施开展免费送讲座进各乡镇街道文化礼堂活动，其中郑慧娜、郑红建、章晓华、孙傲雪、曾广正五位专业干部参加此次送讲座授课安排工作，在讲课内容上尽量贴近生活，让百姓易于接受和理解，受到大家的普遍好评。

【第四届中小学婺剧演唱大赛】 12月18日下午，区文化馆在演艺厅承办2015区第四届中小学婺剧演唱大赛，来自全区12所中小学和幼儿园代表队约300名婺剧娃娃参加了比赛。最终，金师附小演唱的剧目《买水片段：裱花》和东市街小学的演唱剧目《十八棵青松》分获金奖。活动由区婺剧促进会、区文化体育新闻出版局、区教育局主办。

【郑红建美术作品展】 2015年12月29日至2016年1月4日，由区文联、区文化体育新闻出版局主办，区文化馆、婺城小学承办的婺城“高雅艺术进校园” 郑红建美术作品展在婺城小学体育馆开展，吸引了众多师生前来观赏。活动是婺城小学体育艺术节其中一个系列内容，亦作为文化馆送展览工作的一个内容。展出作品均系作者近几年在油画和水彩互相碰撞、交融语境下创作出的油画和水彩30幅精品。画作既有宏幅巨製，亦有雅致小品；有厚重质感的油画，亦有通透明快的水彩；画风有强悍粗旷，亦有婉约细腻；虽出自同一作者之手，但风格迥异，呈现出游离于传统艺术画作的规模。

【交通局文艺晚会】 12月30日下午，区文化馆在馆演艺厅承办婺城区交通局文艺晚会。

文化馆业务人员培养、辅导的作者、演员获地市级以上奖励(件、次、篇)情况表

表5

序号	辅导老师/作者	时间	内容	奖项	奖级
1	章晓华、李新磊	2015年11月	快板《湖头新气象》	农村文化礼堂农民才艺展演银奖	市级
2	郑慧娜、章晓华	2015年	舞蹈《婺之韵》	农村文化礼堂群众文艺展演优秀展演奖	省级
3	章晓华	2015年10月	小品《为了明天》	第二届曲艺小品大赛创作铜奖	市级

续表 5

序号	辅导老师/作者	时间	内容	奖项	奖级
4	章晓华	2015 年 10 月	小品《为了明天》	第二届曲艺小品大赛表演铜奖	市级
5	郑红建	2015 年 6 月	画作《老巷子》	入选浙江省第十四届水彩粉画展	省级
6	郑慧娜	2015 年 8 月	舞动组合排舞	第七届排舞大赛金奖	市级
7	郑慧娜、章晓华	2015 年 11 月	才艺秀《婺之韵》	农村文化礼堂农民才艺展演金奖	市级
8	郑红建	2015 年 7 月	画作《街头》	入选浙江省第六届青年美术作品展览	省级
9	严水英	2015 年 12 月	声乐类	农村文化礼堂文化员才艺大赛	省级
10	章晓华	2015 年	《奶奶的眼睛》	第二届群文微电影展播优秀作品奖	省级
11	章晓华	2015 年	《奶奶的眼睛》	第二届群文微电影展播优秀编剧奖	省级
12	章晓华	2015 年	《奶奶的眼睛》	第二届群文微电影展播优秀女演员奖	省级
13	孟展麟	2015 年 12 月	《论对社会力量创办综合性文化服务中心的扶持与监管—以金华市婺城区“蒋堂文化礼堂”为例》	浙江省“农村文化礼堂建设”理论研究征文大赛二等奖	省级

(孙傲雪)

文化市场管理工作

【概述】 2015 年,区文化市场执法大队(以下简称大队)全年共出动执法检查人数 679 人(次),检查文化经营单位 999 家(次),查处违规经营单位 20 家,市场良好率 96%。其中立案 9 家,罚没款 66500 元。取缔黑网吧 2 家,收缴赌博机 2 台;取缔无证地摊游商 7 家,收缴盗版 VCD 光盘 405 张、不健康书报刊 78 册。受理“12318’’电话举报 12 家,撰写上报文化市场信息 48 篇,省文化市场 OA 系统刊用 31 篇、理论研讨文章 2 篇。

【落实印刷企业五项制度】 婺城区范围内印刷企业密集,大队按照区文体新局指示,深入执行印刷品承印“五项制度”建设专项活动,为全区 120 余家印刷企业定制了五项制度规范指示牌,为各印刷企业制定了五项制度登记记录规范,进一步规范了全区印刷企业、包装装潢印刷企业、其他印刷品印刷企业、打字复印单位的经营行为。

【打违行动】 为严厉打击文化市场各类违法违规经营行动,进一步推进文化市场建设,净化文化市场环境,根据文化部和省委、省政府的工作部署,按照 2015 年全省文化市场综合执法工作会议精神和开展 2015 年“平安浙江”文化市场专项整治行动的通知要求,大队在 9 月开展了“打违”专项行动。一、全面清查市场。9 月开始结合暑期网吧专项整治和迎接全国文明城市创建复查验收行动,9 月 2 日联合文明办、公安、工商、教育、城管办、综合执法等单位开展对秋季开学后的校园周边文化市场进行专项整治行动。取缔无证游戏室 1 家,收缴“刮刮乐”“洞洞奖”等带有赌博性质的卡片 680 张。二、畅通举报渠道。大队建立举报制度,畅通网上网下举报渠道,加强值班制度,确保“12318”举报电话 24 小时保持畅通,对反映的举报线索立即核查并及时向举报人反馈查处情况。三、做好宣传教育。在专项行动中查处的案件和违法行为及时向社会曝光,扩大影响,形成打击声势。

【净网行动】 落实浙江省“扫黄打非”办公室深化打击淫秽色情信息的要求,按照全省统一部署,在省、市两级党委领导下,深入开展“净网行动”专项治理,把“扫黄打非”共作与整顿规范市场经济秩序和社会治安综合治理工作相结合，封堵和查缴政治性非法出版物，扫除淫秽色情文化垃圾，打击侵权盗版行为，清除互联网有害信息，完善长效机制，建立健全淫秽色情信息监测清查机制，继续完善出版市场监管制度、迅速通报删除机制及重大案件协查协处机制。净化全区文化市场环境。

【清源行动】结合婺城区出版物市场实际情况，在全区范围内深入开展了“清源”专项行动，通过日常巡查和专项检查相结合的手段，严查各类非法出版物经营活动。2015 年婺城区 “清源” 行动开展以来，全区共出动检查 24 人次，检查印刷企业 18 家次、出版物经营单位 64 家次、音像制品经营单位 70 家次。

【消防安全】大队在日常检查中始终贯穿把安全防事故排在首要位置，时刻关注安全生产，时刻重视消防安全。在检查中，执法人员不厌其烦地给业主讲安全生产道理，使其始终绷紧安全这根弦，对发现的问题或安全隐患坚决当场责令整改和限期整改，过后复查过关。2015 年大队召开 2 次安全生产专题会议，举办 1 次消防安全教育授课和消防逃生演练。加强暑期文化市场管理，确保未成年人健康成长和人民群众生命财产安全，7 月 9 日，大队在金华市信息园区组织召开全区网吧、歌舞娱乐场所暑期文化市场监管和安全生产工作会议，并举行消防知识讲座。签订《守法经营责任书》《消防安全经营责任书》。要求各经营单位落实安全管理制度，消除安全隐患。邀请“六进”消防教官就网吧、娱乐场所如何预防安全事故，发生火灾时第一时间如何自救、如何组织人员疏散以及如何正确使用灭火器等消防器材等内容进行讲解，使参会人员学会消防逃生方法和使用灭火器技能。

8 月 18 日，严格落实 8 月 15 日国务院召开的全国安全生产工作电视电话会议精神，根据金华市文广新局的工作要求和部署，金华市文化综合执法支队支队长方绍华、市消防支队领导一行 4 人，对区文化市场进行督察。对检查中发现的消防器材不符合固体物品灭火要求、网吧管理员不会使用灭火器、水管破裂漏水、安全出口标识不完善等问题，督察组当场给网吧业主指出，要求尽快整改，并要求大队复查到位。

【联合执法】12 月 8—20 日，大队在金华市文化市场行政综合执法支队领导下，联合金华市市场监督管理局、金华市公安局、金华市广博电视总台、金华市华数数字电视公司开展联合执法行动，重点整治全市范围内的非法销售、安装地面卫星接受设施。出动执法人员 9 人次，取缔 3 个乡镇 4 家地卫设施销售点，没收地卫设施 11 台。

【取缔无证游戏室】11 月 5 日，大队在日常巡查中接到群众举报，白龙桥古方一村老年活动室有人擅自经营电子游戏。到达现场后发现该场所无任何娱乐场所经营证件，也无电子游艺设备经营许可。大队执法人员亮证执法，取缔游戏机 2 台，对涉事人员进行了警告教育。

【校园周边环境整治】元旦、春节或两会、两考期间及秋季开学后，大队针对校园周边的文化市场开展专项整治，主要是对学校附近的网吧、出版物市场和歌舞娱乐场所进行突击检查。在 “两考”期间，大队在检查时向经营单位提出护考要求，要求网吧和娱乐场所禁止未成年学生进入，要求歌舞娱乐场所和 KTV 厅降低声音分贝，为“两考”学生提供一个安静良好的考试环境。秋季开学后，大队召开校园周边环境整治部署会，制定校园周边环境整治方案，明确校园周边环境整治内容及目标。

9 月 2—3 日，区文明办牵头联合公安、市场监管局、教育、文化、综合执法局、城管办等单位一行 22 人对全区 16 个中小学校周边环境进行综合检查，取缔无证游戏室 2 家，收缴“刮刮乐”、“洞洞奖”等带有赌博性质的卡片 680 张，为全区中小学生创造良好的学习环境。

【对口交流协作】根据省厅文件精神，5 月11—22 日，25—30 日，大队与陕西安康市旬阳县文化市场行政执法大队进行对接交流学习。根据《浙江省文化厅关于中西部地区文化市场综合执法能力提升三年行动计划(2015)浙陕对口交流协作方案》的有关规定，大队与陕西安康市旬阳县文化市场行政执法大队进行对接交流学习，2015 年 5 月、11 月、旬阳县文化市场行政执法大队分三批次到婺城区文化执法大队参与交流学习 46 人次，驻队学习 6 人，两兄弟单位就案卷评查、日常执法检查工作和办公管理平台操作等方面业务相互借鉴，各取所长，结合现场培训、驻场学习、以案施训等形式来提升两地执法人员文化市场管理水平。

【网吧管理】为切实加强寒暑假期间文化市场的管理，确保未成年人健康成长和人民群众生命财产安全，7月9日，大队在金华市信息园区组织召开全区网吧、歌舞娱乐场所暑期文化市场监管和安全生产工作会议，并举行消防知识讲座。整个暑期，大队针对未成年人上网和未核对、登记有效身份证件多发的特点，进行专项大检查，对违规的2家网吧给予警告和罚款处理。

【文物监管】加强日常巡查。本着“安全第一、预防为主”的原则，在元旦、春节、国庆、农村集(庙)会、冬季山火高发期等几个重点时间段内，大队执法人员会同文物办对全区文物保护单位和文物保护点多次进行安全大检查，着重对不可移动文物防火、防盗、危旧房屋等事项实施全面排查。在日常检查中，大队领导十分重视落实第一责任人制度，对检查中发现的问题“充分考虑、及时整改”，做到在“在日常检查中发现问题、在日常检查中解决问题”。全年出动执法检查人次40人次，检查文物保护点30家次。健全管理制度，明确职责划分。大队在日常巡查的同时狠抓制度规范建设，一方面做好巡查登记，及时录入巡查信息，做到“检查记录可查，安全责任可究”，另一方面，积极探索优化乡镇文保联络协作制度，为此进行了多次走访和调研。为了切实做好文物保护与宣传工作，在区文体新局指导下，全区各重点文保单位也配备了相应的文物保护人员和联络员，确保监管队伍能够常态化履行职能。同时，大队依网格确定责任，将全区文物保护单位和不可移动文物按照属地原则，划分为多个网格，由各个网格管理员专门负责该网格内的文物监督工作，一但发现情况，由文保员及时与区文物监察大队联系，大队能在赶赴现场之前就对文物实时信息和现场状况有所了解，从而能达到保障“监管有力，信息通畅，责任明确，落实有效”的效果。其次是通信息、促掌控。为了保证上情下达、下情上报，由各个联络员负责信息的汇总和报告，大队能够及时掌握有关文物保护的动态，并积极上报有关文物执法方面的信息及相关报表。三、多项举措并举，充分保障文物安全。大队开展专门巡查，确认消防、灭火设施齐全完好，检查老旧电路，把电路安全隐患扼杀在襁褓之中。下半年，山区乡镇用火增多，消防安全隐患更加突出，文物监察大队联合区文物办深入山区，对每一处文物保护单位内的消防安全设施进行检查，确认每一支灭火器的压力值都处在正常范围内，确认每一处不可移动文物的管理员都能够熟练使用消防安全设备并熟知文物防火要求，确认每一处文物保护单位附近都有顺畅的消防安全通道。通过检查发现，全区各文物保护单位管理责任人都具有较强的安全责任意识，消防设备也都处在正常有效状态之内。汛期安全，在7月、8月，大队联合文物办专门针对区级文保点附近的危房、老旧房屋坍塌、附近山体滑坡、泥石流及次生灾害发生的风险做了评估，在汛期内建立了专人值班制度，并为防汛风险较大的文物保护单位和文物保护点制定了应急方案，多项措施并举效果显著，2015年汛期期间全区不可移动文物未发生损坏。检查不可移动文物内部结构安全，重点排查危房和老旧墙体，区范围内大量不可移动文物属于祠堂、庙宇建筑，木构件较多，文物监察人员重点对白蚁侵蚀，木材腐烂、墙体、楼板坍塌等问题进行了检查。创新思路，开展文物保护宣传。省文物监察总队、市文物监察支队要求大队，做好文物行政执法工作，关键在于对文物保护的认识。大队充分意识到，文物保护是百年大计，不是几个人一朝一夕能够完成的事业，要做到对文物负责，就要在日常巡查和专项检查之外培养保护文物关心爱护文物的社会风尚，注重发挥精神力量和智力因素的关键作用。大队在日常巡查之余，与当地“两委”负责人和村民进行交流，一方面可以更好地了解当地文物保护现状，另一方面，也为他们普及文物保护知识。大队还同区文物办一同组织文物保护培训，向乡镇文物工作者赠送法规资料。落实“文物保护宣传教育与日常巡查相结合，社会管理相结合”的方针。

【队伍建设】大队每周定期召开例会，组织执法人员进行法律法规学习、案卷讨论和案件评审，积极探索文化市场执法方法。每周都利用例会时间组织学习法律法规和文化部、省厅的文件精神。通过查“四风”，提高执法人员的工作作风，在文化市场监管中树立“管理就是服务、管理必须服务”的理念，始终坚持“教育为主、处罚为辅”的和谐执法原则，有效促进了与人民群众的血肉关系。开展党风廉政建设学习，大队领导经常强调要注重自身形象，遵守法律法规，正确行使自己的职权，要着眼于文明执法、廉洁执法、公正执法、规范执法，严禁利用文化执法职权吃、拿、卡、要，严禁接受业主请吃或吃请，通过警示教育，真正做到警钟长鸣、拒腐防变。

大队积极开展执法业务技能训练，采取“走出去、请进来”、参加上级组织培训和单位自行组织、交叉执法交流等形式开展业务技能训练，遵循“联系实际、讲求实效、秩序渐进、突出重点、因人施训、确保质量”的原则，全年共计安排基础课目训练28课时，执法办案课目训练达到35课时。每周开展业务技能训练，对新进人员进行每周一训，每周一考，共计达到102课时。全年完成文化部规定的《文化市场综合执法队伍业务技能训练考核大纲》的95%。

（盛华君）

图书事业

【概述】区图书馆2015年12月正式开馆。2015年围绕场馆建设和文献资源采购等进行开馆前的各项准备工作：做好馆舍内部功能室改造方案的征询与落实，详细制定计划，分解项目任务，把握好工程的时间节点、目标责任；多方征询业界专家的意见，做好清晰的功能定位、业务架构，安排新招聘工作人员参加业务培训，按要求购置图书条码、磁条等；制定采购计划，完成图书馆开馆前的首批近3万册图书的采购、分编、入库工作，按行业标准做好每一道工序；按行业标准完成2015年借阅室报刊的征订、上架、整理工作。

【农家书屋建设】完成14个村级公共电子阅览室管理软件的安装、服务以及基层管理人员的培训工作。配送至382家农家书屋1.34万册图书，每个农家书屋10种报刊，总计3820份。推出“您看书我买单”暑期图书赠阅励读活动，在活动期间，指派工作人员去新华书店现场办公，指导选书的同时辅导农家书屋管理员做好新书登记、分类、借阅等业务工作。组织创作《农家书屋》现代婺剧小戏，在9月《浙江省新闻出版广电简报》作为创新项目活动在全省通报推广。郑祥福一家被评选为2015年第二届全国书香之家。

【阅读推广】举办婺城区2015“欢乐金华”百姓文化节百姓阅读大赛系列活动，包括通过《今日婺城》向全区人民发出全民阅读倡议书、推荐本土优秀图书、“藏书达人”“说书达人”比赛、“阅读金华”微书评、“悦读知识”大比拼。选送的潘雨萱在“藏书达人”比赛中荣获金华市“百姓阅读之星”称号。

4月25日，举办“五水共治”两美浙江—水之美人之梦”朗诵活动，来自各行各业、不同年龄的婺城百姓同台讴歌“五水共治”、两美浙江—建设所取得的成果，活动共评出了3个金奖、5个银奖和7个铜奖。

5月，举办婺城区第十一届未成年人读书节系列活动。活动包括：“五水共治”、两美婺城”主题征文比赛、启动仪式、图书捐赠、经典诵读、“五水共治”主题图片展。浙江省作协副主席、著名儿童文学作家汤汤阅读和写作讲座。婺城区第十一届未成年人读书节系列活动之一暨“我读书、我快乐、我智慧—“五水共治”，两美浙江”主题读书会启动仪式于5月13日在乾西小学举行，有1200多名师生参加，当天，“五水共治”图片展也在乾西小学校园内同步举行，并向该校赠送了近300册图书，激励孩子们多读书，长智慧。

完成展览18场，其中婺城区纪念中国人民抗日战争暨世界反法西斯战争胜利70周年图文巡展活动有很大反响。

【图书流通点建设】完成箬阳文化站、乾西小学、区网络经济发展局、金奥社区教育服务部等图书流通点的建设，同驻金部队共建图书流通站。

（沈伊娜）

非物质文化遗产保护工作

【概述】 2015 年,区文体新局把非遗保护工作列入重点工作,构建非遗项目、传承基地、传承人三位一体的保护体系,以申报工作为抓手,通过非遗展演、展示等形式,开展非遗进校园、寻梦婺州窑非遗体验等活动,规范进行非遗传承保护基地的申报和创建工作,非物质文化遗产保护工作取得了显著成效。

【非遗项目、传承人申报工作】 通过调研、资料收集整理、指导申报等工作,公盛酱油传统制作技艺、白沙老爷传说申报市级非遗代表性名录成功,詹东明、陈素月、张洪发、姜海棋等 4 人申报成为市级代表性传承人。

【非遗宣传展示工作】 举办传统技艺进校园活动 4 场、美丽非遗文化礼堂百村行活动 11 场,策划婺城非遗保护成果展示展演 1 场。

【非遗传承基地创建工作】 在金奥花园创建了婺州窑培训基地,在蒋堂文化礼堂创建了婺城非遗培训传承基地。在开化村创建了婺城剪纸展馆,在叶店村叶氏宗祠创建非遗传习所。 (朱明升)

文物保护工作

【概述】 2015 年,婺城区文物办坚持贯彻习近平总书记系列重要讲话精神,紧紧围绕"保护为主、抢救第一、合理利用、加强管理"的文物工作方针,做好文物保护工作。

做好文物保护基础工作。完成了婺城区全国第一次可移动文物普查第二阶段工作;开展文物保护修缮工作,抢救性维修了县级文物保护单位雅畈将军殿和琅琊白沙庙;向市文物局争取维修补助经费 15 万元,用于市文保点上阳存义堂修缮工程;配合市文物局做好市级文保单位黄绍竑别墅的环境整治与展陈项目工作。

做好文物安全工作。平时与区文物监察大队紧密配合,做好各文保单位、文保点日常巡查工作;节假日、夏冬等干旱季节做好消防安全专项检查工作。7 月、8 月汛期,建立专人值班制度。加强执法监督,依法制止、处理各类破坏文物事件。

配合基本建设,开展考古调查工作。配合,二七拆迁工作, 开展二七区块的各类建筑的调查工作;处理新狮街道汤家园村发现的一处古墓;配合省考古所开展杭金衢高速扩建 8 米沿线婺城区段考古调查工作等。

配合做好市博物馆的展陈工作,经区政府同意后,向金华市博物馆移交 19 件文物。

【全国第一次可移动文物普查工作】 经过第一阶段对全区 738 家国有单位的摸底调查,有文物线索的单位共 4 家。2015 年,在市普查办的帮助指导下, 区普查办对这 4 家收藏单位进行了文物认定。对认定的文物根据国家统一规范和技术标准,开展文物测量、拍摄、信息数据资料采集和登记,文物信息通过可移动文物信息管理平台联网上报,顺利完成普查第二阶段工作。 (郎亚红)

体育工作

【概述】 为进一步提高全民体育和健身意识,增强人民体质,区文体新局面对新形势,结合区实际,牢固树立和全面落实科学发展观,以大力开展全民健身活动为重点,围绕体育创强建设,着眼于强基层、打基础,认真完成各项工作任务。2015 年,婺城区体育设施建设不断得到完善,全民健身活动蓬勃开展,竞技体育保持领先地位。推进体育创强工作,改善群众健身条件。创建浙江省体育先进社区 1 个、省级社区体育俱乐部 1 个、浙江省村级体育俱乐部 3 个、省级老年体育活动中心 1 个、省级幼儿体育示范园 1 个、省级青少年户外活动营地 1 个;共建成村级农民体育健身工程 35 个、全民健身路径工程 84 个、体育公园 1 个、社区综合运动场 1 个、健身步道 1 条、笼式足球场 2 个、拆装式游泳池

1个、室内外乒乓球桌70张,新建室内篮球场(婺城中学)1个、羽毛球场2片,新增运动场地面积45211平方米。完成小康体育村建设任务60个,完成体育扶贫项目7个。体育经费投入285万元。拓宽体育运动场所,广泛开展群体活动。积极推进学校和区属体育设施向社会开放工作,区体育设施向社会开放的学校共有8所。以"全民健身月"和"全民健身日"为契机,以婺城区轮滑邀请赛、少儿拉丁舞大奖赛、武术比赛、健身排舞大赛、"相约石宫"休闲垂钓大赛等精品赛事为载体,大力开展全民健身活动。青少年体育常抓不懈,出色完成体育中考工作。积极组队参加省、市级各项比赛,取得众多佳绩。加强体育组织建设,完善全民健身服务体系。逐步完善区、镇(乡)、村(社区)三级全民健身组织网络,加强体育协会建设,加快推进体育协会规范化、社会化、实体化进程,加强晨晚练点建设,有计划、有针对性地培养社会体育指导员,在群众健身方面发挥更大的作用。全区共有乡镇(街道)文化体育指导站18个、体育单项协会7个、晨晚练点447个、社会体育指导员736人,分布合理。

群众体育

【概述】以"全民健身月"和"全民健身日"为契机,以婺城区轮滑邀请赛、少儿拉丁舞大奖赛、武术比赛、健身排舞大赛、"相约石宫"休闲垂钓大赛等精品赛事为载体,大力开展全民健身活动。承办浙江省"同一世界足球 与你同行"足球捐赠启动仪式。区委副书记、区长申屠福华参加捐赠仪式并讲话。

【群众体育活动】3月30—4月8日,组队参加金华市第七届八婺杯篮球赛,全市共有10支男子篮球队和6支女子篮球队参加比赛,婺城区女子篮球队获得冠军,男子篮球队获得亚军。

4月19日—20日,举办了一期三级社会体育指导员培训班,学习第九套广播体操,人数有300多人。

5月15日—5月16日,成功举办了金华市婺城区少儿拉丁舞大奖赛暨友好城市邀请赛,共有来自杭州、宁波、台州、温州等地区及金华各县市区的20支代表队1000多名运动员参加比赛。

5月26—28日,组队参加浙江省第二届海洋运动会,局机关及下属单位共10人参加爬船网比赛。

5月31日,成功举办浙江"相约石宫"第三届休闲垂钓邀请赛5月赛事,共有来自温州、丽水、衢州及金华各县市区的105名钓手参加比赛。

6月6—7日,成功举办了婺城区第三届轮滑邀请赛,有来自婺城、金东、义乌、永康、浦江、武义、兰溪等12个代表队的135名运动员参加比赛,在开幕式表演中,4名世界冠军登场献艺,其中包括前世界排名第一的韩国轮滑选手俞金颂(音译)。

6月9—12日,组队参加浙江省第二届海洋运动会海钓比赛,郭云全获对象鱼个人赛第5名。

9月29—30日,婺城区选派的城东街道豪森艺术团舞蹈队参加浙江省首届生态运动会浙江省第四届健身排舞大赛总决赛,凭借自选曲目获得二等奖。

9月20日,举办了浙江省首届生态运动会暨婺城区老年人文体展示活动,乡镇街道、区直机关、区退教协等20个单位约900人参加,展示了第九套广播体操、佳木斯快乐舞步健身操两个项目,市、区老年体协领导参加了开幕式。

10月16—18日,举办了婺城区"激情飞扬 党徽闪耀"系列比赛——羽毛球比赛和乒乓球比赛,机关组12个党委127人参加,"两新"组6个党委(党支部)69人参加比赛。

10月24—25日,举办了婺城区第三届传统武术比赛,共有36个单位500多人参加比赛。

(徐 斌)

老年体育

【概述】围绕全年工作要点,区老年体协举办了多项培训和大型文体展示活动;加强对各个项目组(分会)的指导,充分发挥各个项目组(分会)和基层老年体协组织作用;重点突出了对基层各个老年体育健身辅导站(点)站长、骨干的业务培训,提高体育骨干素质和调动积极性,发挥骨干特长,能更好组织老年人开展科学健身和旅游活动。同时,区老年体协以提升老年人参与健身为主线,举办多种形式的业务培训班,来提高骨干队伍素质;面向全区各个老年体协推荐新的健身项目,增加科学健身的内涵;开展全区性大型文体展示、交流活动,扩大影响面,着力提升老年体育健身人口;全面对小康型老年体育示范村(社区)复查验收,巩固创建成果。2015年,在全区各级老年组织的共同努力下,组织老年人健身活动,做到"就近、科学、健康、安全、有序"进行,不断提升老年人参与体育健身人口,丰富老年人健身活动内容,为老年人健身活动营造良好氛围。

【小康型老年体育示范村(社区)复查】继续开展创建小康型老年体育示范村(社区)复查工作,进一步提升、巩固创建成果。2015年,对全区11个乡镇、街道的43个示范村(社区)进行了复查验收,其中蒋堂镇6个,罗店镇5个,白龙桥镇11个,雅畈镇5个,安地镇1个,琅琊镇5个,箬阳乡2个,新狮街道4个,城东街道2个、城西街道1个,城中街道1个。

【项目比赛和展示活动】5月28日,区老年体协在蒋堂镇文化大院组织了蒋堂镇、白龙桥镇、雅畈镇、罗店镇、琅琊镇、莘畈乡等6个乡镇的14个示范村共200余人开展了文体交流展示活动,各示范村表演了太极拳、太极拳功夫扇、广场舞、柔力球健身操、广播体操等项目。

9月19日,浙江省首届生态运动会金华市婺城区站暨婺城区老年人文体展示开幕式在金华五中举行,来自全区各乡镇(街道)、区直机关、区退教协会老年体协等20支队伍近千人参加了此次活动,展示了第九套广播体操和佳木斯快乐舞步健身操。

6月13—14日,由婺城区与铁路金华站老年体协联合举办的气排球邀请赛在乾西乡中心小学举行,参加的有婺城区、铁路金华站、市开发区、浙师大、金东区、十二局、市教委、二六九、市人民医院9个单位,17支男女代表队,经过两天的比赛交流,切磋了球艺,增进友谊。

7月10日,婺城区、金东区老年体协在市社区服务中心联合举办乒乓球邀请赛,此次邀请赛有市开发区、兰溪市、永康市、市电业局、浙师大、婺城区、金东区7个代表队共90多名乒乓球爱好者参加。邀请赛采取循环赛,各代表队循环对局,经过各队激烈拼搏,永康市代表队、婺城区代表队,金东区代表队分别获得前三名。

11月13日,区老年体协在双龙大桥下举行门球邀请赛,受邀单位有城区、白龙桥镇、乾西乡、金东区、开发区、军队干休所、浙师大、省地质三大队、市教育局、市电业局、市邮政局、市电信局、市建行等13个代表队共95人参加了此次比赛。

【健身项目骨干培训】7月21—25日,婺城区老年体协在市社区服务中心举办了乒乓球项目骨干培训班,来自区直机关、区退教老年体协以及各乡镇、街道的40多名乒乓骨干参加了培训。此次培训以老师授课,电视教学等多种形式开展,内容包括乒乓球比赛相关规定,应用、实战对抗演练等内容。通过培训,学员们纷纷表示,进一步掌握了乒乓球比赛的相关知识和要领,也提高了基本动作的准确性,增强了实际组织比赛的能力。

7月23—25日,区老年体协在江北银泰AB广场举办了柔力球健身操骨干培训班,来自乡镇、街道基层老年体协推荐的38名骨干参加了培训。培训历时三天,此次培训班得到金华市老年体协的大力支持,邀请专业教练为学员们授课讲解示范。经过三天的培训,大家基本掌握了整套动作。此次培训班不仅培养柔力球操骨干队伍,同时也为9月初参加金华市老年体协举办的柔力球健身操比赛打下了良好的基础。

【基层健身体育辅导站建设】4月19—20日,在站前小学举办了全区老年体育健身辅导站站长暨三级社会体育指导员培训班,来自全区各乡镇、街道老年体协专管干部、秘书长、健身辅导站站长、区直机关和区退教协会老年体协负责人共320余人参加培训,考试合格的学员发放三级社会体育指导员证书。

【组队参加市老年体协组织的赛事活动】 3月19—21日，金华市老年体协在市区俏江南宾馆举办了老年人太极拳(剑)、团体、个人比赛，婺城区选派12名运动员、教练员参加团体、个人3个项目比赛，通过激烈争夺，团体太极拳项目荣获优胜奖，个人项目荣获第三名。

4月6—8日，金华市老年体协在兰溪市举办全市老年人乒乓球团体赛，区选派6名运动员、教练员参加比赛；通过第一阶段小组循环赛和第二阶段决赛，婺城区代表队取得团体第二名。

4月13—15日，金华市老年体协在义乌市举办老年人门球比赛，婺城区选派8名运动参加比赛，全市共有15个代表队参加比赛，经过三天10场拼搏，区代表队荣获第五名。

4月27—29日，金华市老年体协在武义县举办老年人排球比赛，婺城区选派男、女代表队共17名运动员参加比赛，经过拼搏，女队荣获第二名，男队荣获第六名。

5月25—26日，金华市老年体协在市区俏江南宾馆举办健身球操比赛，婺城区选派14名运动员参加比赛，荣获了优胜奖。

9月1—3日，金华市老年体协在市体育馆举办柔力球健身操比赛，区选派了15名运动员参加了比赛，获得优秀奖。

【对基层老年体协工作指导】 区老年体协继续以扩大老年人参加体育健身人口为出发点和落脚点。从人力、物力、经费上向各基层老年组织倾斜，支持、鼓励各基层老年体协组织互相开展各类各项目的邀请活动。

白龙桥镇老年体协在洞溪村举行了由10个村组成的文体展示活动，镇党委、政府的主要领导前来参加指导祝贺。还举行镇第三届老年人趣味运动会，有788名运动员参加比赛。2015年还举办了广场舞、广播操、太极拳等项目的骨干培训，参加培训人数达到248人次。

雅畈镇老年体协举办了8式、24式太极拳(剑)骨干培训和开展新创建小康型老年体育示范村培训，2015年又申报了5个村小康型老年体育示范村，已通过验收。开展5次较大规模的村际文体表演展示活动。积极组队参加区老体协在蒋堂镇、金华五中举行的两次大型展示活动，有130多人参加。

琅琊镇老年体协组织九个村老年人进行第九套广播操培训和六个村文体汇演，有170多人参加展示演出，还举办门球邀请赛。

乾西乡老年体协举办文体展示和羽毛球、乒乓球比赛，各个村有1000多人参加活动。同时，组织16名中老年人参加浙江省广场舞比赛，获得了金奖。举行第九套广播操、佳木斯快乐舞步等项目的培训。

竹马乡老年体协举办气排球邀请赛，来自全区6支队伍共50多人参加比赛；组织各个村老年人开展乒乓球、气排球、健身操比赛、展示活动，参加800余人。于12月6日还举办了门球邀请赛，要求区、市直10支队伍78名运动员参加比赛。举办第九套广播操、保健知识、居家养老等3次培训。

城中街道老年体协开展多个社区之间文体展示循环表演赛。举办文体展示邀请赛，有4个单位260多人参加。还进行了第九套广播操、广场舞等多项目的培训，提高了骨干队伍的素质，又扩大老年体育人口。

区退教老年体协开展形式多样、内容丰富多彩的多项活动。举办大型文体展示活动；每月由片区组织的循环展示、比赛活动，有2150多人次参加。还举办24式太极拳、秧歌舞、第九套广播操、广场舞等项目的培训，有392人次参加培训。

区直机关老年体协与退教协联合举办了纪念抗战胜利70周年文艺会演和乒乓球比赛。组织机关退休干部健步走活动和第九套广播体操培训。同时举办冬季养生保健讲座。活动形式多样，内容丰富多彩。

【旅游工作】 为丰富老年人精神活动，提高老年人幸福指数，区老年体协会同东阳市老年体协以优惠价格组织老年人游东阳横店影视城，至年底，已有沙畈乡、乾西乡、塔石乡、岭上乡、城中街道、退教、太极拳项目组、区直机关等8个单位组织老年人游东阳横店影视城。

【信息工作】 区老年体协办有工作简报，全区性主要活动和文体展示均在简报上刊登,反映全区老年体协开展活动情况,交流经验和信息。区老年体协工作简报每季一期,2015 年投稿 3 篇及以上的单位如下:琅琊镇 6 篇、雅畈镇 15 篇、白龙桥镇 6 篇、长山乡 5 篇、乾西 4 篇、竹马 3 篇、城中街道 3 篇、新狮街道 3 篇、区退教 5 篇、区直机关 3 篇。

(覃亚萍)

竞技体育

【概述】 以提高婺城竞技体育水平为目标;坚持求真务实,开拓创新;以“发现和培养体育后备人才,全面推进全民健身运动,促进体育事业的发展”为着力点,顺应形势的新变化、人民群众的新期待、体育事业发展的新格局,着力解决业余训练、体育后备人才的培养、全民健身等问题,并结合党的群众路线教育实践活动,进一步推动区体育事业发展。

【组队参加比赛】 7 月 13—21 日组队到杭州参加浙江省青少年足球锦标赛(男子乙组),获得第九名。7 月 13—22 日,到杭州参加浙江省青少年足球锦标赛(男子甲组),获得第五名。区游泳队参加 2015 年金华市游泳比赛,获得第一名。参加 2015 年省游泳系列分站赛,达到很好的练兵效果。区田径队于 8 月 5—10 日到杭州参加浙江省第十二届少年儿童田径冠军赛,获得 5 金 4 银,位列甲级队第 11 名。参加 10 月 27—30 日在武义县举行的金华市第二届田径锦标赛,以总分 914 分,金牌总数 39 枚的优异成绩再次蝉联双冠军。

【输送运动员】 区输送到国家队运动员董佳慧获得 2015 年法国巴黎国际摔跤 A 级赛 55 千克级冠军。婺城区输送到浙江省田径队运动员郑小倩获得 2015 年全国田径大奖赛女子 800 米冠军,2015 年全国青年田径锦标赛女子 1500 米亚军、800 米亚军;2015 年全国田径锦标赛女子 1500 米亚军。800 米季军,2015 年第一届全国青年运动会女子 1500 米冠军、800 米亚军。

学校体育

【概述】 大力发展体育特色学校和各项目训练网点,多所学校被市教育局、市体育局命名为体育特色学校,推进了全区学校体育稳步前进。

【联合区教育局举办系列中小学生区赛】 6 月2—5 日,在婺城小学成功举办了婺城区第七届中小学生乒乓球联赛。7 月 29—31 日,在金华四中举行婺城区第八届中小学生游泳比赛。10 月 13—16 日,举办婺城区第十五届中小学生田径运动会。 11 月 10—13 日,举行婺城区第十届中小学生篮球赛。11 月 16—20 日,举行婺城区第五届中小学生足球赛。

(范志俊)

科学技术

【概述】2015年,婺城区科技局申报并认定市级以上创新主体、创新机构46家,比上年同期增加13家。2015年,新列入市级以上科技项目53项,其中国家级4项、省级20项、市级20项。获省级科学技术奖1项三等奖,获市级科学技术奖6项,其中一等奖1项、二等奖3项、三等奖2项。

农业科技成效明显。新增省级农业科技企业2家、省级农业研发中心1家、市级农业研发中心1家。新列国家星火计划项目2项、省科技特派员项目7项、市农业计划项目6项、市农业成果转化项目1项。新增省优秀科技特派员示范基地2家。从严抓国家级项目富民强区后续项目实施落实。

科技合作取得实效。2015年,收集技术难题50项,建立技术难题库,对技术难题分行业进行分类,做好企业与高校院所科技合作的对接工作。组织企业开展3场“走出去”对接活动,先后走访上海应用技术学院、上海大学、深圳大学、清华大学深圳研究生院等高校院所实施科技对接活动。2015年的浙江省网上技术市场交易会活动,竞拍成功2项科技成果,达成1项科技合作项目。全区一年来的技术交易额达2.2亿元。

知识产权工作取得新进展。新增区级以上专利示范企业4家(其中市级1家),获市级专利实施奖3家、区级3家。2015年,专利申请2442件,其中发明专利申请531件。专利授权1723件,其中,发明专利授权252件,比上年同期增长69.1%。每万人发明专利拥有量指标9.07,位列全市第一。

科技计划

【科研项目】2015年,新列国家级项目4项(其中国家火炬计划2项、星火计划2项)、省级20项、市级20项、区级14项。项目包括先进装备制造业、电子信息、新能源、新材料、新能源汽车、生物医药、节能环保七大新兴产业以及农业、食品加工等传统产业。通过项目的组织实施,加快科技成果的转化和产业化。以项目带动企业自主创新能力的提高。

2015年国家级立项科技计划项目情况表

表6

项目名称	申报单位	计划类别
高端轻型卡车变速器研发与产业化项目	浙江万里扬变速器股份有限公司	国家火炬计划
高性能MIM旋梭零配件研发与产业化	浙江一火科技有限公司	国家火炬计划
茶叶籽油低温物理压榨技术示范与应用	浙江玉隆山农业科技有限公司	国家星火计划
红阳猕猴桃浙中山区优质栽培技术示范与推广	金华市塔石粮油专业合作社	国家星火计划

2015年省级立项科技计划项目情况表

表7

项目名称	申报单位	计划类别
YHB-7型手机卡托	浙江一火科技	新产品试制计划
YHB-2型托槽、颊面管	浙江一火科技	新产品试制计划
带CAN接口的新能源汽车智能高压配电箱	浙江中科正方电子技术有限公司	新产品试制计划
M1Y-89 迷你电圆锯	浙江金磐机电实业有限公司	新产品试制计划
Z1J-13型快速散热电钻	浙江金磐机电实业有限公司	新产品试制计划
兼容主动ADAS系统的中央车身控制单元ZF-MK201BCM	浙江中科正方电子技术有限公司	新产品试制计划
中华姓氏图形化信息系统	金华天下谱局信息发展有限公司	新产品试制计划
LED车用警示灯	金华市鹰王工具有限公司	新产品试制计划
斜孔钻具	金华市鹰王工具有限公司	新产品试制计划
设施栽培葡萄病虫害规范化防控技术示范	浙江省农业科学院 程建徽	科技特扶贫项目
特色水果品种引进与示范(续)	浙江省农业科学院 楼肖成	科技特派员项目
大棚设施互联网智能控制技术应用	浙江省农业科学院 徐志豪	科技特派员项目
沙畈乡“马家柚”引种及栽培示范	浙江省林科院 杨华	科技特派员项目
金华婺城区优质肉牛产供销系统构建	浙江农林大学 周圻	科技特派员项目
蓝莓适生优产品种筛选与栽培示范	浙江省医学科学院 朱勇	科技特派员项目
竹马茶花现代栽培与经营技术应用	中国林科院亚热带林业研究所 林长春	科技特派员项目

2015年浙江省优秀科技特派员示范基地

表8

申请单位	主导产业及产品	特派员类别	联系人
金华市汇鑫特色农业发展有限公司	果树/葡萄	团队	程建徽
金华市琅新粮食专业合作社	水稻种植	特派员个人	周小军

2015年市级立项科技计划项目

表9

项目名称	承担单位	计划类别
基于APP和故障诊断平台的电动车微机总线控制系统的研发	浙江金开电子科技有限公司	重点
正弦波无霍尔无刷直流电机控制器的研制及产业化	金华市荣科电子科技有限公司	重点
葡萄藤中提取白藜芦醇及其低聚体工艺的产业化技术研究	浙江尖峰健康科技有限公司	重点

续表 9

项目名称	承担单位	计划类别
用于奶牛健康养殖乳酸菌微生态制剂的研究开发	金华银河生物科技有限公司	重点
灰树花优质高效栽培技术研究及产业化	浙江辉珍园农业发展有限公司	重点
云实蛀虫营养成分测定及其产业化开发	金华市森林之宝农林科技开发有限公司	重点
佛手红茶配方优化及其发酵技术研究与应用	金华市婺江丝雨茶叶专业合作社	重点
茭白主要病虫害全程绿色防控技术研究与集成	金华市小彩粮油机械化专业合作社	重点
高效新型除草剂 50%吡嘧·二氯喹可湿性粉剂的产业化	浙江天丰生物科学有限公司	市农业成果转化项目

科技创新

【创新主体培育】 2015 年，新增国家级高新技术企业 5 家，分别是浙江天丰生物科学有限公司、金华市强盛生物科技有限公司、浙江巨龙管业股份有限公司、浙江八达电子仪表有限公司、浙江金磐机电实业有限公司；新增省级科技型中小企业 25 家，分别是浙江高峰控股集团有限公司、浙江金磐机电实业有限公司、金华天下谱局信息发展有限公司、金华市天裕工具有限公司、金华市捷特包装有限公司、金华欧仑催化科技有限公司、金华市双鼎机械有限公司、浙江金华巨能电子科技有限公司、莱恩(中国)动力有限公司、金华美天网络有限公司、浙江红牌智能电器制造有限公司、浙江浩源科技有限公司、浙江天丰生物科学有限公司、金华市爱瑞克橡塑制品有限公司、浙江金圆水泥有限公司、金华豪庭家具有限公司、金华市智凯网络技术有限公司、金华仟桥科技有限公司、金华乐嘉厨具有限公司、金华盛世信息科技有限公司、浙江贝奇尔医疗用品有限公司、浙江安盛机械制造有限公司、金华市光速通讯技术有限公司、浙江海蜜机械有限公司、金华市星球机械铸钢有限公司；新增省级农业科技企业 2 家，分别是金华美和食品有限公司、金华市一康农业发展有限公司；新增市级高新技术企业 6 家，分别是浙江天丰生物科学有限公司、金华市鹰王工具有限公司、浙江红牌智能电器制造有限公司、浙江浩源科技有限公司、金华天下谱局信息发展有限公司、浙江金华巨能电子科技有限公司。

【研发机构】 组建省级高新技术企业研究开发中心 1 家，即一火金属注射成形省级高新技术企业研究开发中心；省级农业科技研发中心 1 家。即浙江天丰生物农药科技研发中心；市级高新技术研究开发中心 5 家，分别为金华市优胜美特头孢制剂高新技术研究开发中心、金华市豪瓦特空气能热水器高新技术研究开发中心、金华市泰利电动车高新技术研究开发中心、金华市六环高阻燃烟环保电缆高新技术研究开发中心、金华市鹰王 LED 车用灯高新技术研究开发中心；市级农业科技研发中心 1 家，即金华市一枝秀稻米科技研发中心。

【科技孵化器培育】 作为金华电商园指定运营服务商的市级科技孵化器浙江电商信息科技有限公司，于 11 月被认定为省级科技孵化器。金华电商园通过开发面向政府职能部门、园区运营服务商和入园企业提供信息化管理平台——北辰无边界园区公共服务平台，初步实现向智慧园区升级的阶段性目标。

科技合作

【浙江省网上技术市场交易会】 浙江省网上技术市场交易会活动，婺城区的浙江中科正方电子科技有限公司以170万元竞得“商用车智能电控系统研发及产业化”成果一项；优胜美特制药有限公司以100万元竞得“头孢洛林酯的研究与开发”成果1项；浙江一火科技有限公司与中南大学签订了“高性能一次性近净成形手机卡托”成果购买协议1项，合同款50万元。

【科技对接活动】2015年9月，组织浙江中科正方电子科技有限公司等5家企业与上海应用技术学院对接，带领企业参观上海应用技术学院的实际研发基地及学校的研发实力，邀请学院老师到金华，为更多的金华企业提供技术服务。11月，组织浙江万里扬变速器股份有限公司等8家企业参加第十七届工博会，与上海大学进行科技对接。同月，组织浙江电商信息科技有限公司等2家企业赴深圳大学和清华大学深圳研究生院开展科技合作对接，参加第十七届中国国际高新技术成果交易会。

知识产权工作

【获评省级知识产权示范区】自2012年12月婺城区被批准为省级知识产权示范创建区以来，婺城区科技局围绕经济社会发展总体目标，以加强宣传培训为导向，以建立激励机制为手段，以提高企业自主创新能力为核心，实施知识产权战略，较好地完成创建的各项目标任务。从2015年3月开始，准备各项创建验收工作。召开领导小组成员单位协调会，分配验收工作任务，总结创建工作成果，收集知识产权工作资料，汇编验收材料。经过创建工作领导小组各成员单位的共同努力，5月底，婺城区创建工作通过了省知识产权局专家组验收评审。12月被正式认定为省级知识产权示范区 。

【专利申请和授权量】通过政策引导和扶持，区专利申请量和授权量逐年成倍增长。2015年，专利申请2442件，其中发明专利申请531件。专利授权1723件，其中发明专利授权252件，比上年同期增长69.1%。每万人发明专利拥有量指标9.07，位列全市第一。

（宋　佳）

民 政

【概述】2015年,区民政工作围绕区委、区政府中心工作和区重点惠民实事,深入开展从严管理落实年活动,坚持“以民为本、为民解困、为民服务”宗旨,对照目标任务,夯实工作基础,注重措施落实,社会福利事业蓬勃发展,城乡社会救助体系进一步完善,救灾救助工作成效明显,落实优待抚恤政策,基层政权建设成效明显,社会事务管理规范有序,各项民政事业稳步推进。

【养老服务体系建设】2015年,新建城乡居家养老服务照料中心89家,正常运营的居家养老服务照料中心已达254家,全年发放居家养老服务照料中心建设和运行补助资金1500余万元;婺城区首家医养结合的民办养老机构金华市婺城区众邦老年保健怡养院已正式成立;落实政府购买服务政策,养老服务补贴对象35人,政府购买服务补贴对象143人,全年发放两项资金近50万元。

【社会救助】2015年,婺城区在册低保对象3261户4625人,其中城市599户810人,农村2662户3815人,发放低保救助金1504万元;全区低保标准再提高,城市、农村居民最低生活保障标准分别调整为665元/人/月、532元/人/月;推进申请救助家庭居民经济状况核对工作,对1530名申请社会救助对象开展家庭经济状况核对;加大医疗救助力度,全区按人均15元筹集落实医疗救助资金,全年救助26720人次,发放医疗救助金494万元;推进重特大疾病医疗救助工作,市区低保对象和重特大疾病医疗救助比例提高至70%。全区纳入重度残疾人基本生活补助金救助528人,其中城镇46人,农村482人。2015年,发放救助资金140万元,救助困难群众1326人次,发放临时救助资金161万元。

【救灾救济】做好汛期的抗灾救灾工作,因台风、洪涝等自然灾害共造成5000人受灾,农作物受灾面积20公顷,倒塌房屋7间,直接经济损失187万元;启动自然灾害救助应急响应,实行24小时值班和灾情零报告制度,准确做好灾情统计和灾后救助工作;加强避灾安置场所建设工作,累计建成避灾安置场所231家,覆盖面达49%,可容纳2.3万人,新建一处区级避灾安置中心婺城中学;推进综合减灾示范社区建设,有4个社区(村)获得国家级或省级综合减灾示范社区的荣誉称号,其中国家级2个,省级2个,发放自然灾害生活补助140万元。

【孤儿、困境儿童】2015年,市区福利机构养育的孤儿基本生活费达到1383元/月,比上年增加了38元/月,社会散居孤儿基本生活费830元/月,比上年增加了20元/月,发放89名孤儿和困境儿童基本生活费80余万元。

【慈善活动】2015年,开展“慈善一日捐”活动,共募集捐款85.9万元;开展慈善助学活动,救助贫困生220人,发放救助金额34.1万元。

【优抚抚恤】做好重点优抚对象定补款发放及物价补贴发放工作,全年共发放定期补助款3887人,共计1263.7万元,做好义务兵优待金计发工作,下拨2014年度义务兵优待金372人,共计570.9万元;做好带病回乡退伍军人认定工作;2015年共下拨“三难”补助款86.2万元;为市区重点优抚对象和农村年满60周岁退伍军人2805人下拨慰问金计84.15万元;2015年新增年满60周岁的农村籍退役士兵136人,全年发放累计金额201.29万元。

【双拥共建】2015年,做好第三轮全国双拥模范城创建工作;春节、“八一”建军节期间,区领导牵头慰问驻婺12家部队，发放慰问金总计58万余元；下拨春节座谈会经费3.15万元；做好军队无军籍退休退职职工接收工作，全年新接收金华军分区无军籍退休退职职工5人；做好烈士日公祭活动，发放慰问金1.8万元。

【退伍安置】做好退役士兵接收安置工作，2015年，接收安置退役士兵142人；做好涉军群体维稳工作、下岗志愿兵维稳及助困工作和“四类”人员推介就业后续管理工作；派遣参加驻京办工作，全国两会期间，涉军群体零上访。

【城市社区建设】做好城市社区建设工作指导，创新社会治理工作；加强社区专职工作者队伍建设，提高基本工资标准，按照分级培训的原则，组织社区书记、主任培训，完成5名大学生村官专任社区专职工作者。村(居)民自治和民主管理工作不断深化。巩固社区三多事项清理成果，减轻社区负担；协助区政法委指导《村规民约和社区公约》修订和完善工作；推进村(居)务公开和民主管理工作。开展城乡社区对口见学活动。

【农村社区建设】指导完成2015年市级示范农村社区建设村19个(任务数15个)、区级农村社区建设村21个；依法指导并完成白龙桥镇高桥村、三联村、怡村三个村的撤村建居工作。

【地名区划管理】开展地名区划管理工作，参与并配合市地名办做好第二次全国地名补查工作；指导相关单位和乡镇做好街、路命名和门牌设置工作。

【殡葬管理】加强殡葬管理，深化殡葬改革，对“三沿五区”已有的坟墓进行整治，加大违法违规处理力度；出台《关于进一步加强殡葬管理深化殡葬改革工作的意见》，健全殡葬管理工作机制。加大公益性生态墓地建设力度，琅琊镇堂坑源公益性骨灰堂(能够放置480穴)已建成并投入使用，按要求制定完善区2016—2035年公墓的布局规划。

【社会组织管理】坚持培育发展和监督管理并重的方针，推进社会组织规范化建设，2015年办理社会团体成立登记3家，变更登记3家，注销登记2家，民办非企业单位成立登记28家，变更登记24家，注销登记3家；完成对89家社会团体、204家民办非企业单位的年检；做好社会组织党建工作。

【婚姻登记】2015年，办理结婚登记5946对，离婚2153对，补领结婚证1317对，补领离婚证109本，出具无婚姻登记记录证明11912份。

【收养登记】严格做好收养登记工作，建立依法收养、登记的长效机制，杜绝违规和不合法的收养要求，保护收养人和被收养人的合法权益。2015年，办理收养登记51件，解除收养登记1件。

【福利企业管理】全区现有福利企业11家，2015年新增1家，注销1家，共安置残疾职工370余人。做好福利企业的资格认定及日常督查工作。

【老龄工作】2015年，全区有60周岁以上老年人81971人，占全区总人口的21.3%，至年底，百岁以上老人7人。2015年做证，9545张，其中绿卡6151张、红卡3394张。历年来累计做证157780张，老人节慰问发放慰问款10万余元。

【水库移民后期扶持】开展2015年度项目申报工作，有64个项目列入计划并付诸实施，总投资1457.76万元；完成大中型水库移民直补资金发放工作，全年发放直补资金1143.84万元，较好地稳定我区移民群体。

(蒋晓怡)

2015年婺城区百岁寿星表

表10

姓名	街道(乡)	居委会	性别	民族	出生日期	年龄(岁)
洪阿全	城东街道	八咏楼社区	女	汉	1913年10月28日	103
顾　珍	城西街道	河盘桥社区	女	汉	1914年05月09日	102
黄岳友	城西街道	二七花园社区	男	汉	1913年10月31日	103
周爱珍	城北街道	祝丰亭社区	女	汉	1915年02月21日	101
乐爱雪	城北街道	站前社区	女	汉	1915年03月15日	101
罗珍香	竹马乡	东宅村	女	汉	1915年04月18日	101
王秀英	新狮街道	柳湖花园社区	女	汉	1915年06月30日	101

财政　税务

财　政

【概况】2015年，婺城区实现生产总值245.72亿元，同比增长7.6%。其中，第一产业增加值12.67亿元，增长2.0%；第二产业增加值63.01亿元，增长3.3?%；第三产业增加值170.04亿元，增长9.8%。三次产业结构比为5.2:25.6:69.2。全区人均生产总值64222元，增长7.3 %。城镇居民人均可支配收入41510元，增长8.3%；农村居民人均纯收入17921元，增长9.5%。财政总收入37.74亿元，增长15.8%，其中区级一般公共预算收入10.12亿元，增长12.3%，占全区财政总收入的比重为26.8%；区级一般公共预算收入中税收收入8.17亿元，占比80.7%。一般公共预算支出24.68亿元，增长35.8%。当年财政收支平衡。

【组织财政收入】强化收入分析预测。科学调整增长指标，加强与相关部门的沟通联动，制定《婺城区2015年度乡镇(街道)财政增收入稳税源加减分考核办法》，明确组织收入具体任务，全面落实各项增收举措。开展税源财源排查。针对区经济形势、税源状况和特点，摸清税源底数，掌握重点行业、重点企业的生产经营和纳税情况，整理区税源财源构成、不确定因素的应对措施、收入缺口的弥补途径等。及时跟踪落实搬迁企业税收划转，确保税收划转到位。推进非税收入征管改革。出台《金华市婺城区财政票据管理实施办法》，在全区范围内开展非税收入和财政票据使用情况专项自查。在青春中学开展统一公共支付平台试点工作。强化对土地出让金、国有资源和资产有偿使用收入等重点非税收入征缴。全年组织非税收入1.34亿元，增长4.7%。

【经济转型升级】加大政策扶持力度。做好纳税大户统计和表彰工作，兑付区级奖励资金525万元、各项产业扶持资金1135万元。发放创新券51万元，使用51万元，使用率达100%。延长企业应急周转金制度执行期限，为49家企业办理应急周转金业务，共计周转106笔，累计周转额4.46亿元。加大招商引资力度。累计引进区外内资项目70个，总投资65.30亿元，实际到位20亿元，引进外资项目1个，实际利用外资1030万美元。助力企业创新转型。支持企业技术创新能力培育，完成工业技改投资16.10亿元，占限额以上工业投资比重达75.7%。加强融资平台建设。开展财政直接融资，拓宽融资渠道，构建多元化融资模式，支持“三改一拆”“五水共治”“二七改造”等重点项目建设。

【保障民生支出】加大民生领域投入。全年用于民生领域支出20.75亿元，占总支出的84.1%，同比增长38.4%。安排教育经费支出6.13亿元，同口径增长42.6%，实施第二轮学前教育三年行动计划，鼓励普惠性民办幼儿园发展，促进各类学校建设；安排社会保障和就业支出2.37亿元，完善养老保险、社会救助、社会福利等政策制度，实施“精准扶贫”，发放小额贴息贷款559万元，到位帮扶资金1124万元；安排文化体育与传媒资金3817万元，大力支持农家书屋、文化礼堂、历史文化村保护等基层文化事业建设。推进城乡统筹发展。做好各项支农专项资金的拨付审核工作，累计拨付各类农业专项资金

4.18亿元。美丽宜居示范村建设有序推进,实施"一事一议"财政奖补项目91个,落实省市项目资金2160万元。婺城区被列入"一事一议"财政奖补助推美丽乡村建设试点县。加大生态建设投入。支持婺城区"811"生态文明建设。投入财政资金3.54亿元保障"五水共治"。做好温室甲鱼养殖污染整治,累计审核拨付政府补偿和奖励资金8824万元。推进乾西环保小镇建设。

【财政管理改革】细化部门预算编制。制定《进一步加强财政预算指标管理的通知(试行稿)》,规范指标办理程序。完善财政专项资金管理。重新修订《金华市婺城区财政专项资金管理办法》,清理整合财政专项资金,拟定并公开财政专项资金管理清单。加强政府债务管理。建立健全政府性债务上报制度,每月统计汇总全区债务情况,及时跟踪并核实。首次实行财政资金定期存放招投标工作。制定《金华市婺城区财政资金定期存放招投标管理办法》,建立以招投标为主要方式的财政资金竞争性存放机制。加快政府向社会力量购买服务工作的改革进程。制定《金华市婺城区政府向社会力量购买服务管理暂行办法》和《金华市婺城区人民政府办公室关于政府向社会力量购买服务的实施意见》,建立婺城区政府购买服务联席会议制度,确定下发2016年政府向社会力量购买服务指导目录。推进机关事业单位养老保险和工资制度改革。追加9813万元推进全区工资改革工作。开展农口资金专项检查。制定年度分阶段改革任务计划,出台《婺城区财政支农体制机制改革实施意见》和《婺城区财政支农体制机制改革三年行动计划》。开展会计从业资格证书"网上申领、快递送达"试点。实现会计从业资格证书办理的"零见面、一网通"。

【财政监督管理】建立透明预算制度。推进财政信息公开,按要求公开财政预决算、部门预决算、"三公"经费以及其他财政资金信息,督促各单位公开部门预决算。经归并共有43个部门公开预算,占比87.7%;46个部门公开决算,占比90.2%。完善政府采购监管。规范采购程序,采取统一采购与展会采购相结合的形式。2015年,区本级执行政府采购预算1.64亿元,实际采购1.42亿元,资金节约率13.4%。开展地方财政存量资金自查。分析区财政存量资金结构、结存状态、变动情况及沉淀成因等,摸清结转结余资金家底,共盘活财政存量资金1.42亿元,其中收回单位部门2年以上结余结转资金4155万元。加强政府投资项目管理。全年完成207个工程预算项目审核,送审金额9.58亿元,审定金额9.01亿元,净核减金额1.24亿元,核减率13.0%。加强交通、水务、建设、教育、卫生等系统的项目资金管理,共审核拨付各级资金5.39亿元。推进预算绩效管理。试行绩效目标执行情况全程跟踪,优化财政资金使用效益。全年共上报绩效目标项目634个,涉及金额20.71亿元,绩效自评项目80个,涉及金额5.39亿元,重点绩效评价项目11个,涉及金额1.52亿元。开展涉农资金审计检查。涉及自查资金21.67亿元,实地检查农业生产类、补贴补偿类等6大类12个项目,涉及资金1877万元。

【干部队伍建设】锤炼干部作风。开展"从严管理落实年"活动。巩固运用党的群众路线教育实践活动成果,常态化整治"四风"问题。加强机关党建。严肃党内政治生活,认真落实党风廉政建设主体责任和"一岗双责",加强《中国共产党廉洁自律准则》《中国共产党纪律处分条例》学习。改进工作作风。出台《金华市婺城区财政局首问责任制》《金华市婺城区财政局限时办结制》,并主动公开,自觉接受监督。提升干部业务能力。加强法律法规和业务技能培训,根据业务工作举办业务知识培训班,定期组织测试,打造坚强有力的高素质干部队伍。区财政局连续四年被评为年度党政机关岗位目标责任制综合考核先进单位称号。 (杨秀清)

税　务

国　税

【概述】2015年,婺城国税组织入库税收收入23.56亿元,同比增长23.07%。其中增值税收入11.86亿元,增长15.71%,但剔除同期免抵调库增加

5005 万元因素，实际不含调库增值税入库 11.36 万元，增长 13.94%。消费税入库 7.45 亿元，增长 90.84%；企业所得税入库 4.25 亿元，下降 14.78%。2015 年，婺城国税分局荣获浙江省“文明单位”称号。

【税收征管】加强日常征收管理工作。开展漏征漏管户清理，参与同地税部门的信息共享与比对,并通过与工商、地税、质监等部门联合开展“五证合一”“一证一码”工作,实现信息共享,健全纳税户籍管理办法,有效杜绝征管漏洞。推行增值税发票系统升级工作。积极组织纳税人开展发票升级培训工作,安排专人专职增值税发票系统升级手续办理工作,共办理增值税发票升级 4332 户次,为市本级户数最多。通过发票升级,实现了开票实时监控,减轻纳税人办税负担。加强对非居民企业税收管理工作。多宣传,多沟通,做好事前纳税辅导,事中密切关注、及时提醒,事后严格审核,确保税款正确足额入库。2015 年,20 户非居民企业共入库非居民企业所得税 4379.38 万元。加强反避税工作,通过加强内控机制建设、关联申报管理、跨境税源监控,提高反避税水平。完成反避税监控管理企业 1 户,入库税款 181 万元，超额完成市局下达的反避税任务。加强个体户定额管理工作。规范个体户核定程序,做好个体双定户超定额补税、调整工作,成立专门小组抽查个体双定户的定额管理情况,对执行期到期的 567 户“双定户”进行重新定额,共退还“双定户”应退未退税款 22 万元。开展企业纳税信用等级评定工作。坚持“事前过问、事中重视、事后考评”的基本原则,召开专门会议,结合 2015 年的部门绩效考核与个人工作岗位绩效内容建立长效的纳税信用数据维护机制。今年对 595 户企业进行信用评定,初步建立区局企业纳税信用数据库。

加强重点税源风险应对。牢抓“风险”二字,以“风险识别、风险推送、风险应对、风险评估”贯穿税源专业化管理始终,通过风险提醒、纳税评估和重点检查,累计补税入库 852.90 万元。深化所得税分类管理,加强组织领导,成立后续审核小组,制定重点审核实施方案,定期召开后续审核分析会,完善指标筛选,顺利完成所得税汇算清缴工作。通过汇算清缴企业应纳所得税调整额 2 亿元,税额类优惠调整额 2.54 万元,弥补以前年度亏损 1997.27 万元,减少本年度亏损 0.75 亿元，补缴企业所得税 0.26 亿元,补缴增值税 19.52 万元,补缴滞纳金 28.17 万元。

加强出口退(免)税管理。4 月起,出口退税函调与外贸企业监管职权下发到区局,区局按要求重新调整进出口管理科室,明确岗位责任和权限,秉承“专人专岗”原则开展工作。建立定期通报制度,加强函调工作的实效性,提高函调工作的质量和回函的准确性。4 月起,办理出口复函 65 份,发函 9 份。办理出口货物劳务退(免)税延期申报申请受理,审核 10 户 80 份报关单;办理进料加工企业手册核销 7 户,支持地方出口企业的发展。

加强信息管税工作推进。牢固树立科学信息管税的工作思路和理念,实施科学合理的数据采集方法,深化各部门信息联动,提升软件管理质量,强化信息管税工作,防止税收跑冒滴漏。综合治理砂石料行业。根据国土资源局、民爆公司和电力公司提供的数据,结合企业实际,较为准确地框算出各家砂石料企业的销售收入,通过实地核查后砂石料企业累计补缴增值税税款 80 多万元、企业所得税税款 20 多万元。开展 2014 年度砖瓦企业以电控税增值税结算,通过纳税资料信息采集、数据分析、典型企业调查、方案测算等环节,形成相应结算方案,共补缴增值税 20.3 万元,加收滞纳金 2.2 万元。

【依法治税】规范行政审批。学习国家税务总局相关文件,对照公告规定,梳理各类行政审批事项,规范审批行为,落实行政审批制度。并依法公开亮权,主动接受社会监督。加强监督检查,强化对已取消和下放的行政审批事项的后续管理,开展跟踪问效,发现问题及时纠正。

规范税收执法。认真落实 税收征管、纳税服务、出口退税、国地税合作四个规范,夯实管理服务基础。加强执法过程监督,通过税收执法管理信息系统实时监控,发现问题,找出解决问题的方式方法,制定改进措施,使执法过错行为得以及时纠正,有效规避执法风险。定期开展重点执法事项督评,对执法是否规范、廉政纪律是否遵守、程序是否合法等方面进行公开督评。对在督评中发现的日常税收管理工作中存在的问题,要求相关科室及人员及时进行整改。

规范政策管理。加强税收优惠政策宣传辅导,努力让纳税人对税收优惠政策应知尽知。抓好一线征管人员对税收优惠政策的把握理解,有效帮助纳税人享受税收优惠。落实政策不打折扣、不留死角,认真开展国务院、国家税务总局重大税收政策落实情况自查工作,确保各项促改革、调结构、惠民生的税收政策在婺城区全面落实。

【纳税服务】税收政策全面落实,服务发展有担当。围绕"稳增长、促改革、调结构、惠民生"的战略目标,发挥税收职能作用,把落实各项税收优惠政策作为减轻和公平企业税负、支持企业发展的有力杠杆,为企业经济转型发展提供后续发展动力。做好各项退税的审核、退库工作。在出口退税管理上,争取出口退税额度,安排骨干人员加快退税审核进度,确保退税准确合法。2015年,区局办理出口退税额39177万元,免抵税额5005万元;落实固定资产加速折旧政策,支持企业设备更新。2015年,累计办理固定资产抵扣836.16万元;用好高新技术企业优惠政策,助力企业技术创新。共有3户企业享受高新技术税收优惠;落实小微企业优惠政策,促小微企业稳步健康发展。全年有个体未达起征点8319户,减免税额1859.6万元;用足用好涉农优惠政策,助推农村经济发展。加强对涉农企业管理的同时,积极深入田间地头,做好政策宣传辅导,为农户开设"绿色通道",使农户感受税收优惠带来的福音;落实资源综合利用优惠政策,促进循环经济发展。自7月1日资源综合利用增值税即征即退优惠政策进行了调整和规范后,区局多次深入企业进行调研,组织纳税人召开座谈会,协调规范操作流程,办理资源综合利用退税335.6万元,推动资源综合利用和节能减排工作。加强福利企业税收管理,确保残疾人员优惠政策落实到位。强化福利企业税收日常化管理,督促企业对残疾人规范用工,工资和"五金"发放位,2015年,区局审核福利企业16户,退税1130.36万元,扶持企业充分享受残疾人就业税收优惠政策。

纳税服务规范落地生根,春风行动暖人心。开展"春风便民活动",简化办税流程,加强宣传辅导,拓展服务方式,真正做到"为纳税人办好税,让纳税人好办税"。加强税法宣传。紧扣"新常态、新税风"这一主题,认真开展第24个税收宣传月活动。有针对性地开展所得税汇算清缴培训、农村苗木合作社税法知识培训、增值税发票系统升级实地或电话辅导等,提高办税人员素质。同时主动拥抱"互联网+",打造"网络+电话+短信"的服务平台,开展涉税提醒、税法宣传、政策辅导与涉税咨询。落实服务规范。按照《纳税服务规范2.0版》要求进一步精简流程、优化环节、缩短时限,包括增值税一般纳税人认定、出口退税等36个服务事项实现程序更简、流程更优。创新服务举措。推行出口企业无纸化申报,纳税人只需通过网上提交申报数据,几分钟便能完成出口申报,平均申报时间缩短约两周,大大减轻企业申报负担。此外,通过召开税企座谈会、深入企业走访调研等形式送政策、听企情、解难题,切实履行"想纳税人所想,急纳税人所急"。

【队伍建设】深入抓好领导班子建设。坚持民主原则,正确处理好集体领导与个人负责的关系,对重大工作部署以及涉及人事、财务等重大问题,必经党组集体讨论、民主决策。坚持信任原则,班子成员和各科室负责人,以诚相见,相互尊重,做到科学分工、合理授权、权责统一。坚持大局原则。处理问题以大局为重,实事求是,公私分明,加强领导班子的凝聚力,发挥整体效能。完善党组中心组学习制度、民主生活会制度,突出以"三严三实"和提高执政能力为核心的学习,党组成员积极参与省、市局组织的调研活动,人人动手撰写调研。坚持廉政原则。班子成员严格按照准则、条例规范自己的言行,在工作生活中做到慎权、慎欲、慎微、慎独。

深入推进干部队伍建设。结合税务工作实际,从政治学习、业务培训、道德教育和榜样引领四方面狠练内功,汇聚内力,深入推进干部队伍建设。政治学习上,3个党支部每月至少集中学习一次,每次围绕一个专题进行交流讨论,每周各科室自行组织政治学习,增强干部向心力;业务培训上,积极开展业务学习与交流,辟出专门学习园地,购置书籍、报刊供大家学习交流，同时，邀请专家专题授课，提升干部战斗力，2015 年，区局共上报各类论文 10 余篇，其中 3 篇被评为市局优秀论文，1 篇入选省精神文明论坛优秀论文。道德教育上，大力开展道德讲堂活动，加强全局干部职工社会公德、职业道德、家庭美德和个人品德的“四德”建设，强化干部凝聚力。榜样引领上，每半年组织一次五星党员评选活动，对星级党员实行动态考核、动态评定。通过学习教育努力打造了一支思想素质好、业务水平高、作风优良的干部队伍。2015 年向市局推荐提拔了副处级干部 2 人，选拔了科长 2 人，调整转任了科长 2 人。

深入开展“三严三实”专题教育。通过多种形式广泛开展学习、研讨，确保“三严三实”学习不走过场。讲好专题党课。党组书记和各支部书记紧扣“三严三实”主题，结合区局工作，在党课上将“三严三实”的重大意义和丰富内涵进行深刻阐释，将“不严不实”的具体表现和严重危害逐一列举。抓好专题学习研讨。围绕“严以修身”“严以用权”“严以律己”三个专题开展支部学习，要求每次至少一个支部委员进行发言，撰写好发言材料，同时每名支部党员要求做好活动手册记录，写下各自心得体会。组织好民主生活会。对照“三严三实”和“忠诚、干净、担当”新标准新要求，扎实开展民主生活会，查摆问题，立行立改，着力解决“不严不实”问题。

深入创建党建品牌和党建示范点。自主创建“税法有度，服务无限”的党建品牌，积极开展以“深入开展纳税服务，助推企业发展”为主题的党建示范点活动。2015 年，区局抓住发展主题，做好服务文章，在经济下滑、企业发展后劲乏力的不利形势下，用足用好优惠政策，积极开展政策宣传，开展业务技能培训，帮助企业建账、规范财务管理，助推企业转型升级，使企业逐步实现由传统产业向高新技术产业转变。

深入强化党风廉政建设。推进党风廉政责任制，制定修订四种廉政建设责任书，确保人人签订。利用廉政风险管理信息系统，加强党风廉政知识学习，形成一级抓一级、层层抓落实的工作格局。继续落实党风廉政建设“三书两报告”制度，落实全局反腐败工作。认真学习中央八项规定，通过分析一系列违反警示案例，以身边人、身边事提醒干部严守纪律，管住口、管住手，把好廉政关。

【文明创建】以巩固文明城市创建为契机，全局上下思想合心，工作合拍，战斗合力，齐心协力加强精神文明建设，树立良好的国税形象。增强宣传效能。利用宣传栏、网站等平台大力宣传文明创建，努力营造人人关注、事事参与的良好“创文”氛围。推广“文明服务”。始终坚持将创建工作与纳税服务紧密结合起来，认真落实领导值班制度、首问责任制度。强化责任落实。税收带创建，创建促税收，坚持用税收工作的实绩来检验文明创建的成效，将文明创建与税收业务工作同计划、同落实、同考核、同奖惩。对有突出表现的给予奖励鼓励；对力度不够的，要求限期整改，强调“没有效果，就有后果”，使文明创建工作有规章可循、有标准可依、有目标可赶。常抓不懈的文明创建工作，取得了常创常新的丰硕成果。区局先后获得省级“文明单位”省国税系统“文明单位”、市级“文明单位”“学习型党支部”“共产党员示范岗”、“市直机关工委先进基层党组织”等荣誉称号。

（王佳杰）

婺城税务

【概述】2015 年，婺城税务分局组织各项税费收入 31.47 亿元，同比增长 6.79%。其中税收收入 16.56 亿元，同比增长 4.23%；社保基金入库 12.99 亿元，同比增长 10.53%；其他收入入库 1.92 亿元，同比增长 13.61%。2015 年，婺城税务分局顺利通过了中央精神文明委员会和中央文明办组织的全国文明单位复评，第三次被评为全国文明单位；在金华市区行业窗口优质服务展示活动中获三等奖和“文明服务示范窗口”荣誉称号；6 月，被评为市直机关 2013—2014 年度先进基层党组织。

【营业税清理工作】制定《婺城分局营业税专项清理工作方案》，抽调分局业务骨干设立金融保险业、房地产行业、建筑安装业、生活性服务业、厂房出租 5 个清理小组和信息支持组、宣传信息组，分工负责，责任到人。召开营业税专项清理纳税人辅导会议,对600余家纳税户进行清理前辅导。对企业交回的自查表格,进行逐条审核,并通过企业所得税、房产税、印花税等纳税信息进行倒查,获得营业税计税依据,倒查纳税户是否存在故意瞒报、虚报的问题。在案头审核基础上,对部分不配合或问题较多的205户企业开展重点审核,做到每户有分析、每户有记录。通过三个阶段的清理,入库税款2188万元。

【欠税清理工作】 通过完善欠税档案制度、规范清欠程序、健全协作机制,多维度推进欠税清理工作,提升税收执法刚性。2015年,分局清理欠税企业1238户,清理欠税金额2551万元。

【"三创"工作】 加强与乡镇、街道数据的交换,开展比对企业申报的营业(销售)额、人数、经营面积、租金,对差异部分进行核实,建立台账,开展后续管理工作。建立《加强与街道、乡镇数据交换工作规程》,取得较好效果。按照"全面摸底,对比排疑,实地核查跟进管理"思路,成立7个小组,开展为期2个月的企业出租房清理专项工作,共清理数据1245条,总户数883户,查补税款687万元。

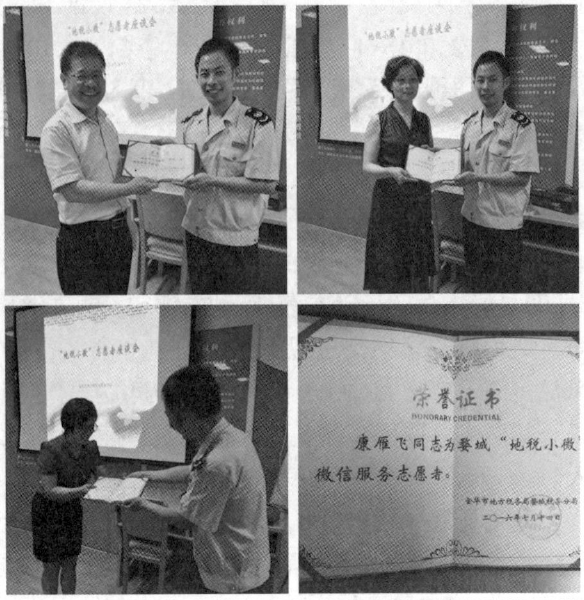

康雁飞同志为婺城"地税小微"微信服务志愿者

(婺城地税局提供)

2015年,婺城税务分局清理征管各类信息数据45361户、67802笔,通过"三创"入库税款1077万元,开辟税收征管新局面。 (王圣昕)

劳动人事和社会保障

【概述】2015年，区人力社保局紧紧围绕“保障改善民生、服务发展大局、促进社会和谐、转变工作作风、提升履职能力”的工作总思路，聚焦民生事业促发展，克难攻坚抓落实，服务群众践宗旨，认真抓好各项工作，成效明显。

【人事招聘】2015年，共完成招录机关公务员63人，事业单位工作人员235人，其中教育系统105人、卫生系统53人，大学生村官9人，安置营职以下军转干部13人。

【权力清单和责任清单工作】推进权力清单“瘦身”和责任清单“强身”，提升行政效能。做好权力清单比对规范信息梳理，督促区机关各部门(单位)做好省市县三级权力清单的衔接比对规范工作，基本形成统一规范、上下衔接的省市县三级行政权力体系。建立健全权力清单、责任清单动态调整机制，印发了权力清单管理办法和部门职责管理办法。

【创业创新】2015年，举办婺城区农村电商职业技能大赛，吸引了32个优秀项目参赛，其中“素直生活”项目还作为全区优秀的农村电商项目，在全省创业创富大赛中获得第一名。举办以农村电商创业为主题的沙龙，邀请了30余名创业者参与沙龙，交流创业经验，分享创业故事。积极推动创客工场创建，初步形成了以浙中信息产业园新华园区、金华市电子商务创业园为中心的创客空间，为创业者提供免费的办公场所和优质的创业服务。

【招才引智】2015年，组织170家企业参加省厅、市局赴湖南长沙、贵州贵阳、安徽黄山学院、杭州等人才招聘对接活动，共提供就业岗位3600多个，达成意向6342人。参加第三届省海高会“千人计划”专家智汇金华电子信息峰会，现场正式签订人才引进、合作项目3个。金华市区人才住房保障申请审核上报19人。认定“青创工场”1家。对区属企业2014年度引进高级人才进行补助，评选“优秀企业科技人才”和“人才开发先进单位”，申报奖励资金41.5万元。

【促进就业】2015年，新增就业岗位4708个，失业人员实现再就业2037人，登记失业率为2.37%。举办2015年婺城区新春大型人力资源招聘会、校企合作专场招聘会等14场招聘活动，建立大学生就业见习基地11个，提供各类就业实习岗位366个。建成市级职业技能大师工作室3个、区级职业技能大师工作室1个、市级高级技能人才培训基地1个、市区两级职业教育名师工作室各1个。

【企退人员管理】以“社保家园”创建为载体，深入开展企退人员管理工作。开展了企退人员资格认证工作，婺城区在市社保局发放基本养老保险待遇，并已在所属乡镇(社区)登记的企业退休人员有4万多人。婺城区“社保家园”以社区、乡镇为单位，按属地管理的原则对企退人员开展各类管理服务，43个社保家园全部通过验收，实现了管理服务工作全覆盖。

【基层劳动争议调解组织建设】指导基层劳动争议调解组织制度建设和规范程序，组织调解员进行调解业务知识培训，邀请了4名授课老师进行授课，区180余名调解员参加培训，全面了提升基层调解的水平和实效。2015年，全区148家规模以上已建工会的企业均已完成劳动争议调解组织建设工作，共受理378件，调解结案339件，调解率为

89.7%；乡镇街道调解组织共受理劳动纠纷235件，调解结案212件，调解率为90.2%。

【城乡居民基本养老保险】 2015年，城乡居民基本养老保险基础养老金标准提高到120元。全年累计发放居保养老金46.55万人次，各类金额7364.59万元。其中基础养老金5586万；高龄补贴人数7.5万人次，金额225.03万元；丧葬费1328人次，丧葬金额265.6万元。及时办理城乡居保各项业务。全年累计办理城乡居保新参保1060人，缴费档次变更1489人，到龄人员一次性补缴3007人，到龄人员待遇核定3017人，待遇暂停、待遇恢复、待遇终止、转保等业务2000余人次。

【城乡居民基本医疗保险】 2015年，全区参保人数达21.3万人，参保率约97%，其中学生4.66万人，参保率100%，共收缴保费2.41亿元，其中个人缴费7067万元，各级财政补助1.71亿元，大额医疗补充保险缴纳21337人。

【被征地农民基本生活保障】 开展全区被征地农民基本生活保障摸底调查工作，召开全区被征地农民基本生活保障历史遗留问题处理培训部署会，做好政策宣传及业务指导督促工作。已将被征地历史遗留问题涉及到的9789人上报市政府审批，预缴政府补贴资金到位。

【全民参保登记】 2015年，按照“村不漏户、户不漏人、人不漏项”的要求，5月完成第一阶段4万人的数据入库，12月完成第二阶段2万人的数据入库，全民参保登记工作取得阶段性成果。

（罗齐梅）

城乡　建设

建筑业

【概述】2015年，完善建设工程质量安全监督检查制度，开展建设工程质量治理两年行动、扬尘控制综合治理、“区级标化工地、优质工程”创建活动。区全年受监项目122个，报建工程项目质量、安全受监率100%，未发生重大质量、安全事故。组织召开安全生产工作会议，开展建筑工地质量安全综合大检查，每个季度3次，发出整改意见1430多条；质量、安全日常巡查700余次，进行质量、安全监督交底50次，发出监督意见书803份。加强建筑工地扬尘治理，确保按要求达到7个100%，指导争创绿色建筑工地。全区16家建筑业企业申报扶持奖励资金共560余万元，2015年办理应急周转金9笔，涉及金额3298万元。

房地产

【概述】为提高办事效率，简化办事程序，启用新的二手房交易网签系统；建立“阳光售房机制”，规范房地产市场管理行为。

【房地产交易】2015年，婺城区房地产管理所办理初始登记1801宗，其中商品房初始登记1723宗，建筑面积24.17万平方米；自建房78宗，建筑面积约24.04万平方米。转移登记2314宗，其中二手交易登记833宗，建筑面积14.53万平方米，总交易额5.08亿元；商品房买卖1481宗，建筑面积18.6万平方米。项权登记3423宗，抵押建筑面积249.06万平方米，抵押金额59.12亿元。办理商品房预售备案1554宗，建筑面积21.91万平方米，交易金额13.95亿元。预购商品房预告登记1224宗，建筑面积16.3万平方米；注销登记2397宗，建筑面积250.44万平方米；变更登记78宗，建筑面积4.4万平方米；限制登记593宗，建筑面积173.49万平方米。完成商品房登记、注销、变更以及合同备案5830宗，建筑面积324.93万平方米。

区政建设

【概述】婺城新城区是金华中心城市的副中心，规划面积22.7平方千米，包括临江工业分区和行政服务中心区块。其中，行政服务中心区块是婺城区新的政治、经济、商业中心，临江工业区以工业为主。新城区主干道2.4万米。其中，宾虹西路与二环西路相交，延伸至330国道和虹戴公路，临江路东起二环西路，西止330国道，是全区城市交通的主动脉。

【道路及给排水养护】2015年，新城区投入道路养护资金129万元，修补破损路面1.2万平方米。定期组织养护单位在雨季前后对新城区的雨污水井、雨水集中口进行清淤，完成清淤160多千米。做好新城区窨井防坠网安装工作，安装防坠网4200个。

【区政设施】实施背街小巷雨污分流改造工程，I-1、I-2 期玩云岭、白云巷、天长巷、红梅巷、新公寓、不老巷、常安街、四眼井 8 条背街小巷改造已完成，共铺设雨污管网 2.9 千米，铺设路面约 1 万平方米，总投资 800 万元。回溪、通园溪治理工程已完工，铺设管网 300 米，恢复路面 1000 平方米，投资 90 万元。

【“五水共治”】响应区委、区政府号召，实施“五水共治”截污纳管工程。金兰中线截污纳管二期工程已完工，铺设主干管 1600 米，投资 2150 万元。人民西路延伸污水干管工程已基本完工，铺设管网 1200 米，投资 1500 万元。金华江北岸污水干管工程完成金华江南侧破堤处开槽 250 米，围堰 80 米，北侧破堤处开槽 310 米，围堰 80 米，完成总工程量 15%。黄湖路污水干管工程完成管道安装 600 米，完成总工程量 46%。人民西路延伸工程污水干管工程已基本完工。

公用事业

【污水处理】蒋堂镇污水处理厂，日处理量 0.5 万立方米，运行正常。琅琊镇污水处理厂，日处理量 0.3 万立方米，已投入运行。全区各乡镇完成污水管网建设 15.5 千米。

【燃气管理】婺城区范围(不含市开发区)现有瓶装液化石油气经营网点 33 家，其中一级站 1 家、二级站 4 家、三级站 27 家、公司直属站 1 家。每月组织相关工作人员对经营网点进行 1 至 2 次安全检查，每季度进行一次全面的安全大检查，及时将检查中发现的问题上报金华市建设局，并监督有关场所及时整改，确保液化气行业安全、有序健康发展。

【环境卫生工作】针对集镇卫生管理难的问题，区住建局指导全区各集镇分别采取委托清运、分片清运、分类处理等形式处置农村生活垃圾、集中清运生活垃圾近 6 万吨，实现农村生活垃圾集中清运覆盖率 100%，无害化处理率 96%。

【小城镇建设】2015 年，区政府拨款 220 万元作为小城镇建设专项资金。区住建局采用“以奖代补”的方式，根据年底考核情况，对各乡镇进行项目补助，主要用于集镇污水管网建设、道路改造、农贸市场建设、环境整治等。完成农村困难群众住房救助验收审核工作，下拨补助资金 56.25 万元。指导全区 13 个行政村完成全国传统村落申报资料编写，上报省建设厅。指导全区各乡镇开展农村危房现状调查及农村人居环境调查，将信息录入全国信息系统，全区调查 381 个村，信息录入 266 个，为后续农村住房改造奠定基础。

园林绿化

【概述】2015年，完成辖区内道路绿化和中轴景观公园绿化的养护工作，除草、除虫、施肥、补种、修剪，提高了公园总体绿化形象，确保城市绿化风貌效果。

(李　敬)

旅 游

【概述】2015年,婺城区接待国内外游客355.9万人次,同比增长40%,实现旅游收入32.6亿元,同比增长43%。

婺城区有省级旅游度假区1个,AAA级旅游景区1个,市级风景名胜区1个;区属旅行社6家,其中四星级1家(浙江金华大唐国际旅行社有限公司),3星级1家(金华美好假期旅行社有限公司);星级酒店3家,市旅游推荐单位1家(金华市伟达·雷迪森广场酒店);省级特色旅游村(点)6家;农家乐特色村3家,其中省级1家,金华市级2家;农家乐特色点12家,其中省级3家,金华市级9家。

【体制调整】2015年7月,金华市委、市政府完善金华市双龙风景旅游区管理体制,设立金华山旅游经济区管理委员会,授予金华山旅游经济区部分经济社会管理权限,双龙风景区规划范围,婺城区罗店镇辖区,新狮街道长岭、对岳殿、鹿村、放生塘、山下曹、唐村、姚垅7个行政村划入金华山旅游经济区管辖范围。

【入境旅游】2015年,接待入境旅游者6.5万人次,同比下降0.4%,实现旅游外汇收入1326.49万美元,同比减少2.98%。在婺游客人均消费916元,同比增长2.23%。

【国内旅游】2015年,全区接待国内游客349.38万人次,同比增长41%,实现国内旅游收入32亿元,同比增长45%。

【假日旅游】2015年,婺城区假日旅游呈现较好发展态势。春节黄金周接待游客8.67万人次,同比增长1 %;实现旅游收入7940.1万元,同比增长9.4%。“五一”小长假接待游客17.88万人次,同比增长33.2%;实现旅游收入1.64亿元,同比增长33.3%。“十一”黄金周接待游客28.61万人次,同比增长36.2 %;实现旅游收入2.62亿元,同比增长39.24%。

【旅游规划】统分结合的旅游规划体系进一步完善。

婺城新城区完成白沙溪、桐溪绿化景观工程初步设计,完成白沙溪景观一期工程施工图设计,完成城北九真公园施工图设计。

金华山制订《金华山旅游经济区第一个三年行动计划》,完成罗店“云谷小镇”特色小镇建设的概念性规划,制定《美丽金华山建设一期方案》。

仙源湖省级旅游度假区《金华仙源湖省级旅游度假区扩建可行性研究报告》通过省级评审,获省政府批复,度假区规划总面积由原来的9.8平方千米,调整为40.57平方千米规划总面积扩大3.14倍。

区旅游局完成《婺城区旅游发展总体规划》和《金华市婺城区“十三五”旅游业发展规划》初稿;塔石乡完成乡镇旅游总体规划编制并通过评审;《金华市安地古镇区控制性详细规划》获市政府批复;琅琊镇完成乡镇旅游总体规划初稿;长山乡旅游总体规划召开初稿评审会。

【项目建设】婺城旅游以AAA级景区、星级酒店标准指导旅游项目规划建设。白鹭园生态文化园完成种植园和亭廊等配套设施建设。婺州城市广场二期正在招商,浙中皮革城一条街试营业。尚格漫都酒店正在装修和招商。

金华山作为徐霞客游线标志地之一申报世界自然文化遗产,通过国家专家组论证初审。

仙源湖度假区以A级景区标准建设“十里桂花长廊”生态休闲园(安地镇项村)项目。“十里桂花长廊”生态休闲园项目完成游客服务中心主体建设,内部装修基本完成。仙源湖旅游配套设施(一期)项目(桂花山庄)项目已进入装修阶段。完成水上运动中心项目(二期)政策处理。

完善旅游标识系统。3A级景区金华动物园增设安全警示、导游标识牌。塔石乡塔石村、余仓村完成旅游标识系统建设,琅峰山和塔石乡小埠口村、塘头村、大坑村、珊瑚村完成旅游宣传广告牌建设。

推动旅游厕所建设。区旅游局加强实地调研指导,制定2015—2017年全区新建、改建旅游厕所三年计划。组织召开2次旅游厕所建设工作推进会。塔石乡余仓村、塘头村、向阳农场等6处旅游厕所完成建设。

推进智慧旅游免费Wi-fi信号覆盖项目建设。金华动物园、小同村、琴坛村、向阳农场免费Wi-fi建成投入使用。

加强停车场、游步道建设。琴坛村、小同村、塘头村和余仓村停车场建成并投入使用,项村停车场完成土地整理,大立元村停车场完成征地。建设完成大立元村游步道、余仓村游步道二期工程;琅峰山风景区游步道完成主体工程建设,完成塔石乡壁下村—余仓村—岱上村古道建设。

【乡村旅游】2015年,婺城区有乡村民宿床位700余张,餐位3000个,接待能力得到改善。

安地镇依托仙源湖资源打造小同村、项村、喻斯村等乡村旅游特色村,乡村旅游接待能力有所提升。塔石乡制定《塔石乡民宿休闲旅游业扶持办法(试行)》,推进乡村旅游发展。莘畈乡完善基础设施,打造祝村—方家—大立元美丽乡村精品线。箬阳乡琴坛村成立旅游开发公司,以村民入股的形式抱团创业,建成浙中首家客家文化陈列馆,打造客家民宿风情村。雅畈镇获批省级非遗主题小镇(婺州窑青瓷方向)。雅畈镇汉灶村获批金华市民俗文化村,在婺州窑遗址成立婺州窑陶瓷研究所。

区旅游局组织乡村旅游管理者、经营者赴天台、安吉、浦江等地学习民宿建设和经营经验。8月举办乡村旅游人才培训班,邀请浙江旅游学院老师对全区90余名乡村旅游经营户进行业务培训。10月,组织重点民宿参加金华市首届“家+”民宿私房菜大奖赛,箬阳乡琴坛村、安地镇小同村的私房菜分别获二、三等奖,区旅游局获团体组织二等奖。

【宣传促销】2015年,区旅游局通过地面推广与线上宣传相结合的方式,多方位立体推介婺城旅游。4月13日,区旅游局组织参加2015浙江(江西)旅游交易会。11月13日,区旅游局组织参加在昆明举行的中国国际旅游交易会。9月,双龙风景区、仙源湖度假区和区旅游局组织的旅游企业参加“惠”游金华·上海社区旅游推介活动。10月,区旅游局赴苏州、无锡、广州参加2015高铁沿线城市金华旅游推介会。组织婺城毛坦赴广州参加2015高铁沿线城市金华旅游推介会,通过展会推广和网站等媒体宣传,加强对特色旅游商品的宣传力度。

5月,仙源湖度假区、区旅游局组织开展“缤纷金丽温衢·高铁首发行”惠民活动。双龙风景区、仙源湖度假区和区旅游局组织开展“5·19”旅游惠民活动。6月,区旅游局组织开展“全国人民游婺城”大型公益活动,全国34个省市行政区的340名游客参加活动,吸引了十余家媒体跟踪报道。区旅游局整合婺城四季游、采摘游、“五一”小长假、“十一”黄金周等线路产品,做好“看晚报,游浙江”宣传推广活动和“山花节”系列活动的宣传工作;在《江南游报》《金华日报》《今日婺城》、婺城旅游网、婺城旅游行业协会微信等媒体上进行婺城旅游;区旅游局编印发放《婺城旅游》宣传画册3000册,婺城旅游的知名度得到提升。

区旅游局开展智慧旅游营销,优化改进婺城旅游网,积极运用微信、微博、H5等网络新媒体开展宣传营销。区旅游局通过多种途径展示婺城的自然风光和人文底蕴,提升婺城旅游的吸引力和美誉度。

【行业管理】区旅游局指导嘉恒宾馆通过三星级旅游饭店复评,对存在安全隐患的原二星级饭店银河大厦给予取消星级处理。伟达雷迪森广场酒店全面投入运营,获评金华市旅游推荐饭店。

大唐旅行社、嘉恒宾馆、金华动物园被评为2014年金华市诚信企业。结合创建全国文明城市工作，指导 11 家旅游企业开展文明旅游行动。

区旅游局组织嘉恒宾馆、华莹宾馆、伟达雷迪森广场酒店参加全市旅游饭店技能大赛，区旅游局获优秀组织奖。开展旅游市场专项整治工作，规范旅行社业务经营。

优化业务流程，做好浙江省政务服务平台信息纳入和权力事项清单整理工作，共有 6 项权利事项纳入清单。

【旅游安全】 区旅游局加强旅游行业安全监管。通过与企业签订责任书，完善安全生产预案，组织安全生产系列宣传和“平安旅游”创建活动，提升旅游企业的安全意识，落实安全责任。

加强对旅游企业重要时间节点和重点领域的隐患排查整治，区旅游局全年联合消防、质监等部门对旅游企业开展了 12 次安全隐患排查，督促企业做好安全隐患整改。区属各旅游企业全年平稳运行，未发生重大安全事故。

【节会活动】 婺城区委、区政府依托丰富的茶花、桂花等花卉产业资源，以“山花烂漫·美丽婺城”为活动主题，精心组织第六届茶花节、塔石三月三民俗文化节、首届箬阳客家民俗文化节、第七届仙源湖桂花节等系列活动，带动竹马、安地、莘畈、塔石、箬阳等节庆举办地旅游产业和观光休闲农业的融合发展。

双龙风景区举办第六届“双龙之春”、第五个“5·19”中国旅游日、第十一届“双龙之夏”“2015·金华山国际黄大仙文化旅游节”等活动，扩大金华山的知名度和影响力。为扩大节会影响，婺城旅游网策划制作了“全国人民游婺城”及箬阳客家民俗文化节活动专题。

（袁 昕）

交通 运输

【概述】2015年,婺城区交通运输局认真谋划大项目建设,推进工程建设,规范运输行业管理,加强交通队伍建设,以铁军要求筑拱全区社会经济的增长。二环路跨沪昆公铁立交全面通车,330国道婺城段改建工程、汤莘公路、衢江婺城段航运开发项目建设有条不紊。应急抢险汛主动参战,养护工人和执法人员坚守一线,奋发作为,在重大工作中敢于担当、恪尽职守,向全社会展现优良的的交通铁军队伍形象。2015年,区交通运输局蝉联市交通运输局优秀单位,婺城区委、区政府先进集体。

【中心工作】2015年,根据省委、省政府关于“两路两侧”乱采乱挖、广告牌残留专项整治暨路域环境整治工作电视电话会议的工作要求,为贯彻落实“两路两侧”、“四边三化”专项整治交办会精神,针对辖区公路存在的路域环境问题,有组织、有步骤、分阶段开展整治工作。省市交办清单79处,完成率100%;自纠自查问题清单中国省道30处,全部完成,县道完成268处,使辖区内公路基本达到路面畅通无障碍,路容路貌有一个彻底的改观。

参与“五水共治”,配合打造白沙溪“最美河流”实施白门线琅琊集镇段改造提升项目,全长1556米,批复投资1296万元,于2014年8月中旬进场施工,路基工程已基本完成,美化白门线琅琊集镇段,优化通行环境。

2015年,承办人大建议27件,政协提案16件。答复率和满意率均为100%。

【重点工程】省重点工程项目330国道婺城区段改建工程,工程指挥部配合白龙桥镇完成4个行政村177户的签约工作,又集中2天时间基本完成农房拆除工作。整个工程路基完成50%;路面完成40%;桥梁完成85%。宾虹西路至兰溪段的强电管道土建部分已经完成90.9%,年底前半幅路面通车。完成二环路跨沪昆公铁立交桥项目,全长1.65千米,总投资2.1亿元,双向八车道,已于2015年7月16日正式全面通车。

衢江航运婺城段项目属省级重点工程,该项目承载金华人的航运复兴梦,项目实施以来多次遭遇暴雨天气,严重影响施工进度和施工安全。项目指挥部先后组织6次防讯抗洪工作,确保工程安全,为赶超进度,加班加点24小时连续施工。项目已完成投资4亿元,婺城船闸建设(由泄洪闸、电站、船闸组成)总形象进度达到40%,界河上游5.8千米的航道疏浚。同时,已完成征地工作。

金华新兴产业集聚区婺城区汤溪至莘畈公路改建工程也属省重点工程,已列入金华市委、市政府督察考核项目工程的开工建设,对于完善金西区块公路网,优化交通条件,推动沿线村镇发展具有重要意义。截至年底,已完成路基形象进度的65%。

【管养新貌】区交通运输局管辖范围的二环线以内以及所有国省道公路、重要县道均实现机械化养护,有效地降低路面扬尘,提高环境空气质量。2015年,国省道大中修主要完成330国道路面大中修工程(白改黑)计10.42千米,总投资8300万元;完成S313金兰线路面大中修工程(破板修复)7.9千米,总投资550万元;完成G330温寿线白龙桥立交桥养护工程,总投资970万元。完成农村公路大中修工程28条,总里程为48.058千米,总投资3900

万元;实施农村公路雅宅桥、东店桥和赵宅桥病旧桥梁加固改造工程3座,项目投资421万元,年底已全部完工。实施农村联网公路6条计5.2千米,总投资677.04万元,农村等级提升改造工程13条计33.751千米,总投资1939.81万元,年底已全部完工。安保实施线路25条,投自发光项目实施线路7条,实施里程89千米。

【路政执法】开展联合整治行动,有效打击重型超限运输车辆。下半年,根据金华市委和市政府提出的"以反腐的力度、铁腕的手段"整治超限运输精神,与交警、运政、行政执法等部门开展超限超载联合集中整治活动,发放宣传资料8795份,查获超限车辆1234辆,卸载吨位31925吨,缴纳罚没款312.39万元,居全市首位,占全市查处总量的36%。S313治超站是浙江公路行业创建100个最美示范窗口之一,已被评为金华市"十大最美示范窗口"。

2015年,路政大队共出动巡查3997次,查处违章案件数1194件,拆除违法建筑1418平方米,清理堆积物3.2万平方米 ,拆除非公路标牌1622块,整治马路市场30个,缴纳赔(补)偿款325515.5元,办结行政处理案件80件,完成行政审批32项。查处违法超限运输车辆1502辆,卸载1480辆,计38869.32吨,收取罚款3907020元,超限查处率占全市总量的31%。

【运政执法】开展行业安全监管,推进交通运输企业安全生产标准化建设。在"安全生产月"活动中,以多种形式进行安全宣传教育培训,开展再排查、再整治的专项行动,对辖区内5家企业运输生产的每个环节、每个岗位进行地毯式检查,要求整改到位。开展运输市场监管,深入开展"打非治违"、"旅游包车整治"等专项行动。做好了辖区内"五一""国庆"等节假日期间的交通运输保障工作以及双龙风景区和浙师大北门等学校放假时段客运秩序维护工作。配合相关部门做好"六小"行业整治工作。全年运管所检查车辆4800余辆,出动执法车辆560余次、执法人员2600人次,查获各类违法案件412件,辖区内道路运输市场秩序得到有效维护,保障道路运输市场稳定有序的发展。开通优化客运班线,新建山区候车棚50个,配合做好BRT2号线建设开通的准备以及选址工作,使今后婺城辖区内的百姓出行越来越方便、快捷。

【"三严三实"推进作风建设】认真开展党的"从严管理落实年"活动,自觉践行"三严三实",深入推进作风建设。加强党员干部思想建设,举行庆"七一"党章知识竞赛,组织全体党员干部参加廉政基地教育活动。高标准全覆盖开展《中国共产党廉洁自律准则》和《中国共产党纪律处分条例》学习活动。以创建"最美行业",争做最美"交通人","党员先锋示范岗"为载体,以制度为抓手,努力打造"特别能吃苦、特别能战斗、特别能奉献、特别能服务"的交通党员干部职工队伍。在开展具体服务工作的过程中,开展"三亮三比三评"活动,使服务窗口成为展示交通工作作风和服务水平的一面旗帜。建立廉政工作体系,制定了各项规章制度。 (李竞然)

农林 水利

农 村

【农村集体经济】 农村集体资产拥有量平稳增加。全区农村集体拥有资产总额18.42亿元，增加0.0978亿元,同比增长0.53%;村均拥有资产462.73万元,同比增加2.46万元。资产拥有量主要集中在少数经济较发达的乡镇（街道)。全区有398个村(社),总收入在1万元以下的村(社)47个,占总村(社)数的11.81%;年总收入在1—10万元的村(社)有67个,占总村(社)数的14.32%;年总收入在11—50万元的村(社)189个,占总村(社)数的47.49%;年总收入在51—500万元的村（社)88个，占总村(社）数的22.11%；年总收入在500万元以上的村(社)7个,占总村(社)数的1.76%。集体经济收入主要集中在少数经济较发达的乡镇(街道),全区村集体经济发展不平衡。 （杨朝洋)

农 业

【概述】 婺城区农业工作以"治水倒逼促转型、生态兴农美田园"为主题,以粮食生产、两区建设、污染治理、农村改革、生态建设为重点,狠抓工作落实,农业经济保持了持续稳定发展。

两区建设稳步推进。投入4845.44万元,建设粮食生产功能区21个,880公顷。安地仙源山铁皮石斛等9个基地被认定为第四批金华市现代农业示范基地;白龙桥种猪精品园、婺西特色渔业精品园通过省级认定。

污染治理成效显著。禁养区内畜禽养殖场全面关停;限、宜养区内整改提升完成沼气设施建设363家;达标验收708家;新增配套消纳土地8200公顷;新增沼液利用15.5万吨;死亡动物无害化处理厂基本建成。

农村改革稳步推进。383个村完成农村经济合作社股份制改革,完成率为96.23%。完成经济薄弱村转化64个,120个村完成农村财务审计及清理工作。在蒋堂镇试点的农村承包土地经营权登记颁证工作已启动。

安全生产得到强化。2015年,新增无公害产地15个,无公害农产品16个,

生态循环建设加快。积极开展蒋堂现代生态循环农业示范区创建，申请认定生态循环示范主体6家,创建生态示范牧场5个,完成了蒋堂寺前畈、蒋堂下汪村等7个农牧对接示范点建设,史济锡厅长一行在参观蒋堂寺前畈农牧对接基地时给予了高度评价,要求多总结经验,扩大推广应用。

（童未名)

【薄弱村经济扶持】 全区114个村为省定经济薄弱村。蒋堂镇清水塘村、年坑村,箬阳乡石井坑村、罗坪村,沙畈乡李兰村、银坑村,一共6个省定集体经济薄弱村的6个项目列入扶持项目,涉及蒋堂镇清水塘村商业楼建设、蒋堂镇年坑村综合楼建设、箬阳乡石井坑村物业经济开发、箬阳乡罗坪村物业出租、沙畈乡李兰村旅居中心、沙畈乡银坑村

投资双溪口电站。（吴天昊）

【家庭农场】2015年，全区经工商部门注册的家庭农场有266家，与上年同比增加76家。其中种植业60家，畜牧业0家，渔业5家，种养结合10家，其他行业1家。家庭农场经营土地面积为1713公顷，劳动力数量1101个。通过培训、项目申报、建立观测点等多种形式，引导家庭农场向规范化方向发展。婺城区薛丽萍家庭农场等3家家庭农场被评为省级示范性家庭农场，4家家庭农场被评为市级示范性家庭农场，15家家庭农场被认定为规范化家庭农场，共获得奖励资金34万元。年销售农产品总值10927.5万元，其中10万元以下86家，10—50万元123家，51—100万元33家，100万元以上24家。拥有注册商标的家庭农场有13家，通过农产品质量认证的有9家。规范区家庭农场，使全区规范化家庭农场朝着经营规模化、成员知识化、产品安全化、农业设施化、产业生态化、销售品牌化的“六化”方向发展。（李思锋）

【农民负担监管】农民负担监督管理长效机制有效运行，惠农补贴政策落实及时到位，无重大农民负担案件发生。“一事一议”奖补政策加强规范化运作，落实有序。全“一事一议”奖补项目66个，涉及人口55699人，承担筹资人口21611人，承担筹劳34088人，总投入5347万元，其中村筹资392万元，村集体投入1788万元，社会捐助337万元。确定全区2015年度村民“一事一议”筹资筹劳以资代劳工价标准每工100元。

【土地承包及流转管理】2015年，全区耕地总面积为12161公顷，家庭承包经营的耕地面积11443公顷，家庭承包经营的农户数67428户，家庭承包合同份数67554份，颁发土地承包经营权证份数65773份。家庭承包耕地流转面积5226公顷，占家庭承包经营耕地面积的45.67％，占耕地面积的42.98%。通过各级土地流转服务组织流转面积778公顷。流转后用于种植粮食作物土地面积1646公顷，农业“两区”内土地流转面积515公顷，签订耕地流转合同份数16612份。（杨朝洋）

【粮食生产】全区粮食播种面积7245公顷，总产45422吨。粮食播种面积同比减少497公顷，减幅6.42%；总产减1963吨，减幅4.14%。

全区水稻播种面积5545公顷，同比减少10.51%。总产38047吨，同比减少7.31%。新品种、新技术推广到位，水稻单产水平提高，达6860千克/公顷，同比增长3.56%。其中，早稻播种面积1361公顷，单产6150千克/公顷，总产8371吨，面积、总产分别同比下降26.63%、24.39%，单产增长3.02%。单季晚稻播种面积2417公顷，单产7530千克/公顷，总产18204吨，面积同比下降0.66%、总产增加3.05%，单产增长3.72%。连作晚稻播种面积1766公顷，单产6495千克/公顷，总产11472吨，面积、总产分别同比减少7.44%、6.81%，同比单产增长0.70%。

【油料生产】全区油料播种面积1140公顷，单产1776千克/公顷，总产2025吨，面积、单产、总产分别同比下降52.56%、0.34%、52.71%。其中油菜播种面积978公顷，单产1650千克/公顷，总产1614吨，面积、单产、总产分别同比下降56.55%、4.68%、58.57%。2015年，油菜播种面积、总产分别占全区油料播种面积、总产的85.79%和79.70%。（祁　雪）

【蔬菜生产】2015年，全区蔬菜播种面积3194公顷，同比减少232公顷，减幅6.77%；产量68114吨，同比增加415吨，增幅0.61%；果用瓜播种面积1021公顷，比2014年894公顷减少127公顷，增幅14.2%，产量26009吨，同比增加4889吨，增幅23.1%。

2015年，申报市本级项目(不包括设施项目)7个，立项4个，验收通过4个，补助蔬菜项目资金79.528万元。重点实施2014年中央“菜篮子”项目—金华市婺城区食用菌标准园建设以及省级生态循环农业示范项目：稻鱼共生—黑木耳(秸秆利用)生态种养模式示范推广项目。项目已进行验收与绩效评价。新增蔬菜连栋大棚24211平方米；玻璃温室4506平方米，改善蔬菜生产条件，提高了蔬菜生产能力。

为确保农产品质量安全，对全区蔬果生产基地生产的农产品组织定期与不定期抽样抽检，抽检4125批次，合格率100%。并积极配合省、市农残检测抽样抽检工作。对各农残检测点进行了调整，新增两个农残检测点分别是金华市婺城区胡启玲家庭农场、金华市婺城区薛丽萍家庭农场。定点基地为铜山蔬菜专业合作社、蒋堂农业试验站、乾西乡雅宅村朱小卫户、金华市天宏农产品配送有限公司。与各基地检测点签检测协议,下达全年检测任务,对于完成全年检测任务的基地进行补助。

2015年,组织技术培训2次。1月设施水生蔬菜技术培训1次,受训人数25人;5月全省基层农技人员知识更新培训班1次,受训人数24人。组织蔬菜种植大户、合作社负责人参加在杭州萧山的第七届浙江瓜菜博览会。

为解决设施蔬菜连作障碍问题,1月,邀请了市农科院蔬菜所高级农艺师所长张尚法为业主进行了设施水生蔬菜栽培的技术培训。在此基础上,在蒋堂胡家、白龙桥上邵安排了2个点进行了设施空心菜、水芹菜种植试验,空心菜取得了很大成功,亩产值预计1.5万元左右,化工成本不高,药肥投入不大,值得推广。水芹菜试验点未种好,主要表现在设施里温度高,极易老化。

【水果生产】 2015年,水果生产继续稳步发展,全区水果栽培面积1104.9公顷,同比减少14.3公顷,减幅1.28%;产量38907吨,同比增加6330吨,增幅19.43%。

2015年,稳步缩减传统水果面积的基础上,以项目实施为抓手,大力发展特色水果产业,推进水果产业的转型升级。积极组织农业企业、种植大户申报市本级现代农业生产发展资金(水果产业)项目。2015年实施水果项目5个,争取资金75.46万元。新发展特色水果弥猴桃141公顷,无花果4.7公顷,新品种桃子5.3公顷。同时对三大主栽水果的柑橘、葡萄和梨进行升级改造。升级改造柑橘园0.75公顷、葡萄园0.45公顷、梨园0.22公顷,实行田间操作道路面硬化1485平方米。通过项目实施,改善了生产条件,提高了生产技术,增加了效益。

开展技术培训和宣传工作,推广标准化生产技术,区经济特产站组织二期水果培训班,培训人数116人次,培训内容主要围绕标准化的整技修剪,疏花、疏果以及按绿色食品要求进行施肥、病虫害防治等。邀请多位省农科院专家讲课,到基地现场指导,传授标准化生产技术,现场解答生产中遇到各种问题。

加大检查力度,保障食品安全。为了较全面地掌握上市果品的质量安全状况,确保上市水果质量安全,2015年于7月5日和7月14日,组织相关人员对上市前的水果进行二次突击抽样送检,共抽取9个样品,其中葡萄6个,蜜梨2个,槜李1个。经省农产品质量检测中心检验,送检的样品安全指标全部合格。

实施品牌战略,推进产业化进程。依托政府平台,通过举办各类活动向社会各界宣传品牌,增加其知名度,提高农产品的市场竞争力和市场占有率。7月,我区组织二家单位参加了年浙江省精品水果展销会,集中展示了区生产的火龙果、葡萄二大水果。通过实施品牌战略,构建起优势产业群,推进产业升级。

【棉花生产】 由于长期受到棉花价格低迷的影响和劳动力成本的提高,农民种棉的意愿跌倒了谷底,棉田已逐渐被绿化苗木、玉米和高粱等取代。2015年全区的棉花面积进一步缩减。另外,近年来棉田多向生产条件差的低产田转移,棉农投入也相应减少,田间管理放松,棉花的产量也大幅的减少。2015年,全区棉花种植面积106公顷,同比减了61公顷,减少36.5%;总产量174吨,同比减少118吨,减少40.41%。继续实施农业部棉花高产创建示范活动,以高产创建活动为依托,重点推广棉花轻简育苗移栽技术、节本增效栽培新技术和棉田套种蚕豆技术。积极开展棉花节本增效栽培新技术试验研究;农业技术推广部门进行了棉花种植制度改革探索,试验油菜茬后棉花直播种植技术,在平产条件下缩短棉花大田生长期,减少棉田用工投入,提高植棉效益。

【茶叶生产】 区茶园总面积1500.8公顷,总产干茶1430.5吨,同比增长1.86%。全区已引进或自繁自育无性系安吉白茶、春雨一号、乌牛早、迎霜、龙井长叶、中茶108等茶树新品种17个。无性系良种茶园面积1056公顷,修剪机265台,采茶机660台,机剪面2166公顷次,机采面积达到了5666公顷次。全区红茶产量150吨,产值2850万元。如箬阳锦科茶厂在生产扁茶、毛峰、香茶的同时,积极开发红茶，红茶售价每公斤达到 300—2000 元，使大量原本丢弃不采的夏秋茶得到利用，促进了增收。

今年省级项目 1 个、市本级项目 4 个。省项目实施单位金华市白龙山茶场，建设规模 14 公顷，主要建设田间操作道、茶园地力提升、防护林带种植、初制茶厂优化改造等基础设施，以及茶园中耕机、割草机、茶叶连续化加工设备购置，总投资 156.52 万元，其中省补 78 万元。4 个市本级项目总投资 170 万元，财政补助 85 万元，企业自筹 85 万元。

玉阳春、婺江丝雨等 30 多家茶叶企业提出创品牌、争优质、树信誉为前提，建立农产品安全生产记录档案，创造条件建立内部检测室，实施病虫害绿色防控技术。组织金华市婺江丝雨茶叶专业合作社、婺城区刘银根家庭农场、金华市绿峰茶叶有限公司 3 家企业参加 5 月 22-24 日在郑州召开的浙江省第十届绿茶博览会。 （朱丽娜）

【农业“两区”建设】 2015 年，整合各类资金 2341.73 亿元（现代农业园区 1613.6 万元）用于农业“两区”建设，成效明显。

白龙桥种猪精品园通过省考核验收，被认定为第六批浙江省现代农业园区精品园；安地仙源山铁皮石斛示范基地等 9 个基地被认定为第四批金华市现代农业示范基地；琅琊油茶精品园和竹马杜鹃花精品园通过省林业厅的现场考核验收。2015 年，全区投入现代农业园区建设资金 1613.6 万元，新（修）建路渠 1.15 千米、钢架大棚 1.33 公顷、玻璃温室 3046 平方米，蓄水池 2240 立方米、畜禽舍 1.65 万平方米，新增养殖设备 2747 台／套，地力提升 117.33 公顷。 （戴爱红）

【农业植物检疫】 2015 年，扶桑绵粉蚧发生面积 0.07 公顷，梨树疫病发生面积 7.47 公顷，柑橘溃疡病发生面积 14.33 公顷，豚草发生面积 11.33 公顷，加拿大一枝黄花发生面积 60.67 公顷。据全区柑橘类种苗繁育情况调查与省局市站要求，3 月采集雅畈镇、竹马乡及新狮街道的柑橘叶片样本 13 份，12 月采集乾西乡、长山乡及沙畈乡的柑橘叶片样本 25 份，经浙江省柑橘研究所检测，其中 36 份为阴性，2 份为弱阳性，首次确认柑橘黄龙病在婺城区发生，面积 0.03 公顷。据全区甘薯茎腐病普查，2014 年 9 月采集琅琊镇甘薯病害样本，经浙江大学生物技术研究所鉴定，首次确认甘薯茎腐病在婺城区发生，面积 0.07 公顷。水稻细菌性条斑病、黄瓜绿斑驳花叶病毒病和葡萄根瘤蚜等在辖区未发生。开展加拿大一枝黄花和豚草春、秋季防控，开展扶桑绵粉蚧、梨树疫病、柑橘溃疡病、柑橘黄龙病等防控，防控面积 230.13 公顷次。

开展产地检疫，受理金华三才种业公司种子产地检疫申报，繁育基地面积 54.07 公顷，检疫合格水稻种子 240 吨，签发《全国农业植物产地检疫合格证》7 份。开展调运检疫，签发《植物检疫证书》191 份，调运农作物种子 47.45 吨；开具《全国农业植物检疫要求书》44 份，同意调入农作物种子 223.14 吨。

开展检疫执法检查，结合“绿剑”专项执法活动，检查市区小码头种子市场等种子经营（生产）企业 57 家，出动检疫人员 43 人次，检查种子 100 吨，苗木 17300 株。开展检疫宣传培训，3 月 12 日召开全区“柑橘类种苗黄龙病专项调查”会议，4 月 30 日在新狮街道唐村开展“柑橘黄龙病的危害与防控”专题培训会，9 月 24 日召开区“举办甘薯茎腐病培训班”会议。9 月 1-30 日开展“全国农业植物检疫宣传月活动”，通过农民信箱发送宣传短信 13 万人次，发放资料 2250 份，张贴标语 40 条，巡回宣传 3 次，培训 19 人次，现场咨询 7 人次。进一步营造了全社会共同关注植物检疫的良好氛围，推进植物检疫执法监管和疫情阻截防控等重点工作顺利开展。据婺城区发改局批准同意，自 2015 年 4 月 1 日起，暂停征收国内植物检疫费，以减轻农民经济负担。

（刘国强）

【畜牧生产】 全区奶牛养殖户 224 户，存栏奶牛 11700 头，占金华市奶牛存栏 60%左右，占全省的 1/4，为浙江省最大的奶牛养殖区。奶站 10 家，全年牛奶产量 41991 吨。生猪养殖户 925 户，生猪年末存栏 20.65 万头，其中能繁母猪存栏 2.18 万头，年出栏生猪 37.19 万头，全年饲养量为 57.84 万头。家禽存栏 93.64 万羽，出栏 98.22 万羽，全年家禽饲养量 191.86 万羽。全区 2015 年肉类总产量 31253.8 吨，同比下降 17.84%，其中猪肉产量 28234.65 吨，同比下降 16.08%；牛肉产量 1198.73 吨，同比下降 16.81%；羊肉产量 62.73 吨，同比下降 33.27%；禽肉产量 1738.49 吨，同比下降 38.98%；禽蛋产量 8922.4 吨，同比下降 2.41%。全区畜牧生产总体形势良好，畜牧总产值达 8.35 亿元，占农业总产值的 37%。全年争取畜牧业项目经费、后备母牛补贴经费 1165 万元。通过系列项目建设，完善养殖场的基础设施，推动区生猪、奶牛养殖的标准化、生态化发展，促进农业增效、农民增收。

【畜禽养殖污染防治】开展低小散养殖户调查。按照省市"五水共治"工作要求，结合区当前畜牧业生产实际，自 4 月 10 日开始对全区下一步关停拆除对象进行了调查。通过调查汇总，拟拆除的栏舍总面积(不包括只拆栏舍面积)为 159235 平方米，处置畜禽 31663 头其中奶牛 1247 头，生猪 28220 头，母猪 2196 头。开展"一场一策"再落实。组织有关乡镇在 2014 年"一场一策"和 2015 年春季防疫工作基础上，进一步强化和落实，明确职责，加强监督检查与指导。对每个列入生态畜牧业规划内的养殖场(户)因场施策，制定整治方案，明确工作计划、措施和完成治理时限。开展验收工作。由农林、环保、国土三部门的技术人员组成验收小组，对乡镇完成初验的养殖场开展验收工作。

【应对奶业困境】为了保证奶农利益，我局根据农业部办公厅下发的《关于协调处理卖奶难稳定奶业生产的紧急通知》精神，结合区奶牛养殖现状，制定措施，积极应对。帮助奶农与乳品企业协调沟通，要求乳品企业履行收购合同，积极收购，善待奶农，少限收，与奶农共渡难关。指导养殖户利用春节前牛肉消费量大、价格高的时机，淘汰低产奶牛，控制养殖数量，降低养殖成本。加强饲养管理，提高抗市场风险能力。密切关注势态发展，上报信息。同时撰写了《当前生鲜乳收购量大幅跳水引发奶业遭遇寒冬现象需重视》调研报告，被省政府《浙江政务信息》专报、市委办《金华信息》专报采用，黄旭明副省长、张伟亚副市长在报告上作出重要批示。因应对及时，措施得力，区未发生大批量倒奶事件。

【后备母牛扶持政策】全区开展奶牛调查工作，12 月底，存栏 11 头以上(含 11 头)，母牛 5 头(含)以上的奶牛养殖场(户)83 个，存栏奶牛 7271 头，其中后备母牛 3835 头，争取后备牛补助资金 191.75 万元。

【生鲜乳专项整治】完成生鲜乳收购许可证换证工作。全区原有奶站 22 家，10 家通过审查并核发了生鲜乳收购许可证。配合农业部、省农业厅及市农业局开展生鲜乳抽样检测共 70 批次，检测合格率 100%。加强奶站日常巡查，奶站巡查 612 人次，发放普法宣传资料 599 份，开展相关培训班 7 场，培训人次达 405 人，确保生鲜乳质量安全工作。

(倪俭余)

【重大动物疫病防控】2015 年，共注射高致病性禽流感 211.4872 万羽、牲畜口蹄疫 98.8594 万头，其中猪 93.8076 万头、牛 4.117 万头、羊 0.9348 万只、猪瘟 91.184 万头、蓝耳病 37.1819 万头，小反刍兽疫免疫 0.6772 万头，做到应免动物全面免疫。开展实验室监测，全年监测高致病性禽流感抗体监测 860 羽次，合格率 86.7%；牲畜口蹄疫抗体监测 950 头次，合格率 91.2%；猪瘟抗体监测 355 头次，合格率 84.2%；鸡新城疫抗体监测 90 羽次，合格率为 74.4%，H7N9 病毒流感飞行监测 785 份，全部阴性，监测畜禽抗体均达到了省市规定的要求。普查监测奶牛布病和结核病 1.317 万头，查出阳性牛 3 头，对查出的阳性牛进行无害化处理。开展耕牛吸血虫病查治工作，共查耕牛 155 头，未查到感染病畜。全区牲畜交易市场肉牛检疫 2.2041 万头，生猪屠宰检疫 22.6439 万头，生猪产地检疫 35.9872 万头，家禽检疫 5.265 万羽，开展生猪"瘦肉精"屠宰环节抽检 27660 份、饲养场户、运输检疫环节抽检 14997 份，未发现阳性生猪。由乡镇和养殖场无害化处理病死猪 3.4347 万头，组织 16180 人次开展漂浮死猪专项整治巡查、打捞、无害化处理，共巡查打捞处理病死猪 205 头、家禽 34 羽、其他 7 只，均进行无害化处理。建成死亡动物无害化处置中心。该中心由金华市莱逸园环保科技开发有限公司承建，建设地点在雅畈镇上岭殿村六部寺，处理方式采用回转式焚烧炉焚烧法，处置全过程符合农业部《病死动物无害化处理技术规范》(农医发〔2013〕34 号)和《浙江省死亡动物无害化集中处置技术导则（试行)》的要求，并通过环境影响评估和社会稳定风评。

（王 鲁）

【农民信箱】2015 年，全区用户注册数 41941 户，启用数 41527 户，启用率 99%。通过农民信箱发布农产品买卖信息 286 条，“每日一助”信息 226 条，群发短信 100 余万条，成交额超过 225 万元。开展全区农民信箱和万村联网培训，培训镇、村信息员 100 余人。

（李安可）

林 业

【概述】2015 年，区林业工作按照“五年绿化平原水乡、十年建成森林浙江”战略部署，扎实推进森林婺城建设，以“关注森林”为主体建设生态文化，以“平原绿化”为重点建设生态屏障，以“兴林富民”为目标建设现代林业产业、以“林权改革”为重点创新体制机制，以“资源保护”为基础建设生态安全保障制度，促进林业持续健康发展，各项林业工作取得明显成效。

（童未名）

【林业产业】2015 年，林业产业方面，重点开展了竹马杜鹃花精品园（金华市永根杜鹃花培育有限公司）建设，已完成杜鹃花新品种种植 2867 公顷；

竹马杜鹃花精品园（区农林局提供）

琅琊上盛村油茶精品园建设，已完成油茶良种种植 56.67 公顷、山核桃种植 10 公顷；琅琊曼地亚红豆杉

琅琊镇上盛村油茶精品园（区农林局提供）

精品园建设已培育曼地亚红豆杉 1000 多万株；铁皮石斛种植示范基地（白鹭园生态农业开发有限公司）建设已完成杉木林树上种植铁皮石斛 4 公顷。

琅琊镇曼地亚红豆杉精品园（区农林局提供）

竹马杜鹃花精品园、琅琊上盛油茶精品园 2 个省级精品园已通过了省林业厅验收；新认定森林食品基地 2 个。

【生态公益林建设】2015 年，婺城区公益林建设工作主要有两项：完成省级重点生态公益林扩面工作。截至 2015 年年底，全区扩面省级重点公益林 14845 公顷，其中个人 13086 公顷，占 88.0%，涉及 11

个乡镇,129个村,1752个小班,5000多农户，扩面后,全区生态公益林面积达到5.1358万公顷,占林业用地面积的60.8%。

青山绿水(区农林局提供)

完成了生态公益林资金发放工作。2015年,发放生态公益林补助资金1793万元（未包括市开发区）。已累计完成重点公益林优质林分面积3.2523万公顷,超额完成了金华市林业局下达的年度建设优质林面积3.22公顷的考核指标。

【**绿化造林**】积极开展绿化造林行动。2015年初,组织区领导、部门负责人、绿化委成员、区农林局、东方红林场干部职工150多人,在东方红林场开展了义务植树活动,栽植榉树、银杏等2600株。充分结合“五水共治”“三改一拆”“四边绿化”“美丽乡村”“精品村”“森林村庄”创建开展各种形式的义务植树活动。沙畈乡、区水务局、九三学社等乡镇、部门都到联系点开展了义务植树活动,累计有 14余万干部群众参加了义务植树活动,栽植各类树苗160万株。

干部群众植树造林(区农林局提供)

开展珍贵树种送苗下乡活动。送红豆杉、浙江樟、浙江楠、榉树、枫香、银杏等珍贵树苗10万多株。完成更新造林441.82公顷（省计划436.67公顷)，其中平原绿化75.67公顷，迹地更新332.8公顷,山核桃、香榧、油茶等木本油料完成造林53.33公顷,榉树、银杏等珍贵树种完成造林33.33公顷,“四边”绿化完成13.33公顷，完成中央补贴造林66.67公顷;完成省、市级森林村庄创建任务。完成创建省级森林村庄3个,创建市级森林村庄8个。

【**苗木花卉**】2015年,区育苗面积为7146.67公顷,和上一年度相比,减少了273.33公顷,其中育苗面积在前三位分别是桂花3753.33公顷，红叶石楠1013.33公顷，茶花833.33公顷。2015年销售额为6.13亿,同比下降23%1.46亿元。2015年苗木总产值是8.26亿元,比上年下降了1.9亿,同比下降23%。

培育珍贵树苗,植树造林(区农林局提供)

做好“二证”核发与管理工作。根据要求完善了林木种子生产和经营许可证的发放核审工作,规范了"两证"发放的合法性。共发放林木种子生产许可证102份,林木种子经营许可证105份。2015年底,有效期内生产许可证319份,林木经营许可证327份。(朱光夏)

【林业有害生物】林业有害生物发生面积141.13公顷,松材线虫病在蒋堂镇(含金华监狱)、白龙桥镇(含东方红林场白龙桥林区)范围内发生,面积18.47公顷,疫情得到有效控制,发生区内枯死松树数量连续四年下降,发生面积逐步减少,部分小班实现疫情拔除。竹卵圆蝽在安地镇、塔石乡、沙畈乡发生,面积80公顷,发生范围逐步扩大。

(郑艳宏)

【森林消防工作】加大了对镇的义务森林消防队建设和成员培训力度。成立了婺城区义务森林消防队并配备了相应的扑火装备。建立了专门的防火储备库,新增价值45万元的防火器材和装备。加大森林火灾案件的查处工作,全区全年发生森林火灾2起,过火森林面积1.77公顷,受害森林面积1.6公顷。相关违法人员已处理。

【森林公安工作】2015年,局共立案件16起,查处16起,其中刑事案件5起,行政案件11起,滥伐林木案14起,失火案2起。来信信访案件得到了100%的办理和回复,没有发生重特大案件。

在禁种铲毒工作方面,2015年全区未发生大面积种植罂粟的情况。4月15日在市区江北德尚小区内铲除700株罂粟苗。5月7日,安地镇铲除了98株罂粟苗,对2名 当事人罚款1000元人民币。

在野生动物查处方面,根据群众举报,在塔石乡、岭上乡、莘畈乡等各乡镇收缴非法捕猎野生动物的"电猫"捕猎工具11只,放生野生动物猫头鹰5只,对36家饭店进行了排摸检查。2015年,全局因工作成绩突出,被浙江省林业厅评为"2015年雷霆3号专项行动先进集体"(浙林办公〔2015〕32号)并通报表彰。(周济果)

【木材运输巡查执法】检查木材运输车辆1370辆,检查木材24311立方米,查处违法运输车11辆,没收违法运输木材136立方米,在整个执法过程中,依法实施检查,做到"依法、公正、文明、合理"。

【木材加工厂管理】开展摸底调查,摸清全区范围内木材加工企业的地址、经营负责人姓名、有无木材经营许可证、木材来源、目前经营状况等情况,加强木材加工经营相关法律法规的宣传,完善木材进出厂台账登记制度,对无证经营的,责令立即停止非法经营加工行为。审查新办木材加工厂16家。

(徐国君)

水 利

【概述】婺城区有中小型水库86座。其中中型水库有沙畈、金兰、安地、九峰、莘畈5座,小(1)型水库15座,小(2)型水库63座,总库容3.9亿立方米。辖区内部分水库除由市水利局和市经济开发区管理外,属婺城区管辖的水库有66座,其中,中型1座(莘畈水库)、小(1)型10座,小(2)型48座。另有山塘202座、引水堰坝634条、泵站403座,总装机容量5932.8千瓦,新建汤溪水厂1座。

区境内河流属钱塘江水系,河道总长度425千米,其中主要河道衢江、金华江以及武义江,区境内长度35.4千米,集雨面积50平方千米以上的小流域有7条分别是梅溪、白沙溪、莘畈溪、厚大溪、盘溪 、桐溪、横路溪,总长度190.6千米。

2015年,婺城区水务局被评为全省水政监察队伍考核优秀单位、2015度金华市"五水共治"工作先进集体。

【水利工程建设】2015年,水利项目建设总投资2.9亿元。山塘整治、水库除险加固、白沙溪中小河流治理、金华江一期治理、第六批重点县农村饮用水改造提升、温室甲鱼整治等列入区政府主要工作任务和惠民实事项目。主要工程建设有完成婺城区第六批重点县2015年度项目建设山塘整治10座,灌区改造渠道长度15.6千米,河道清淤整治长度1.75千米。工程总投资2507万元。完成长山乡朱山水库、琅琊镇庙湾水库除险加固主体工程建设,新增节水灌溉面积726.66公顷。完成婺城区金华江干堤(马海畈堤)应急加固工程列入2011年第二批中央预算内投资计划,应急加固马海畈堤3.1千米,总投资5290万元的工程建设及虹路堤2.52千米,总投资4000万元。完成2015年省“五水共治”新增投入任务5000万元,白沙溪中小河流治理工程白龙桥集镇段堤防加固2.5千米,投资2652万元;新昌桥至大圩段2.86千米,投资1881万元;完成农村河道综合整治23千米,投资7489万元。投资500万元完成2015年度婺城区水毁修复工程。完成10个村农村饮用水提升改造工程,完成投资393.2万元。全区59座小(2)型以上水库实现洁水渔业,供水水库库面保洁1800公顷。

【水政水资源管理】 区多年平均水资源总量13.111亿立方米,2015年水资源总量20.6602亿立方米。人均用水量366.46 立方米,是金华市水资源量较丰富的区域。区总供水量为2.8177 亿立方米,区总耗水量1.7232亿立方米。水政监察大队承担全区水政水资源、河道、水土保持监督、渔业生产监察执法管理职能。开展水政、渔业执法巡查249人次;完成开发建设项目水土保持方案审批10项。完成对全区范围内,年度取水量5万立方米以上12家取水户的取水实时监控系统安装工作。加强饮用水源地保护。2015年5月发布《2015年度金华市婺城区莘畈水库饮用水水源保护生态补偿专项资金项目立项指南》的通知;完善莘畈水库水源保护区范围水源环境、生态环境保护治理项目及生态补偿资金的管理工作。做好水功能区和水环境功能修编,排查饮用水源地安全隐患,确保饮用水安全。水法宣传营造人水和谐环境。

【水电建设和管理】 2015年,发电量6605.4万千瓦时。加强水电行业安全生产监督管理,全年对所有水电站开展20多次安全生产常规检查、专项检查。参加水利安全生产网络知识竞赛20人次,举办水电站安全运行管理培训22人次,开展消防讲座和演练60人次,开展特种作业人员培训64人次,开展水利生产经营单位主要负责人、安全管理人员安全知识培训23人次,实现全年水电安全生产无事故。

【水产生产】 2015年,全区年水产品总量10266吨。其中,主要产品产量鳖2958吨,同比增长0.96%,占水产产量的28.81%,淡水养殖产量10114吨,同比增长12.31%。渔业总产值2.10亿元,渔业增加值6346万元。2015年已争取到省级以上补助资金237万元,完成婺城区水产品生产质量管理体系平台区级平台建设 ,实施 2015年省级现代渔业生产发展资金项目4个,争取省级补助资金150万元。2014年水产种苗项目、2014年省级现代渔业生产发展资金项目已基本完成建设内容。全面完成温室甲鱼整治任务,投入9100万元,拆除温室甲鱼养殖场120家,累计拆除及复垦面积281464.4平方米。

【防汛抗旱】 2015年,全区雨量充沛。全年降水量2031.5毫米,比上年同期1699.8毫米偏多25.32%,降水主要集中在5月、6月和7月。汛期全区平均降水量1286.0毫米,较上年汛期1303.1毫米偏少1.3%。2015年6月7日入梅,6月24日出梅,梅期为17天,梅雨量310.6毫米,比2014年梅雨量445.9毫米偏少30.3%。台汛期,仅受9号台风“灿鸿”、13号台风“苏迪罗”和21号台风“杜鹃”的外围影响,降雨过程强度不大,对水库、江河水位影响较小。2015年降雨量由于时空分布比较均匀,全区只发生少量村庄进水、农田被淹情况,未发生重大灾情。全区坚持“防大汛、抢大险”思想,不断总结经验,针对薄弱环节,加强责任落实和检查督察,完善各项预案方案,推进基层防汛防台体系规范化建设,加强山洪灾害防治,全面做好防汛防台抗旱准备。在防御各次洪涝、台风灾害过程中,坚持把确保人民群众生命安全作为首要任务,加强监测预警,及时启动应急响应,督促各地落实各类水利工程安全巡查。密切关注天气变化,及时转发气象暴雨预警;全区58个水雨情遥测站实时监测水雨情变化,发送气象信息11000多条,传真500余份次,掌握防汛安全主动权。

(王　静)

卫生　人口　计划生育

【概述】2015年，婺城区卫生计生整合发展开局之年，全面深化改革、加快发展的关键之年。全区卫生计生工作认真贯彻中共党的十八届五中全会精神，按照区委、区政府和市卫计委的决策部署，推进医药卫生体制改革，做好基本公共卫生服务均等化和重大疾病防控；推进“三项政策”奖励扶助，加强流动人口管理，加强依法行政。统筹做好各项卫生计生工作，推进全区卫生计生事业协调发展。

【机构整合】2015年3月，婺城区卫生局和婺城区计划生育局整合为婺城区卫生和计划生育局。在改革中，婺城区卫计局积极转变职能、整合资源、强化服务，高效平稳地完成了机构、职能、人员、财物等整合，实现干部队伍的有效融合和优化组合。

11月26日，区妇幼保健院和区计划生育指导站合并为婺城区妇幼保健计划生育服务中心。在区级整合的基础上，婺城区加快镇村级优化整合工作，在11月28日前，所有乡镇卫生院（街道社区卫生服务中心）增挂“**乡镇（街道）妇幼保健计划生育服务站”牌子，全面完成镇乡（街道）优化整合工作。

【基本药物制度】2015年5月正式执行新一轮浙江省药品网上集中采购，公立医疗机构网上采购药品5109万元，基本药物采购比例基层平均达到94.5%，公立医院前5个月平均为20.59%，后7个月平均为59.83%，全年平均数为45.18%，基本符合省要求。

【基层服务】2015年，婺城区出台了《婺城区基层医疗卫生机构经常性经费补助管理办法(试行)》，提高财政对基层医疗单位保障程度，促进基层医疗单位发展业务。推进绩效考核与绩效分配改革，调动工作积极性，提高医疗服务水平，稳定医疗队伍。通过开展城乡医疗机构对口扶持工作、加强卫生人才培训、开展中医药服务提升工程等方面工作，提升基层服务能力。2015年，全区2家卫生院新增开设住院业务，开设5家卫生院特色专科。截至2015年12月底，全区19家基层医疗单位总门急诊人次同比增加10%，业务总收入增长15%。基层医疗单位就诊率保持在70%，通过全科医生签约建立契约的健康服务方式，全年签约61651人，完成既定目标。开展中医药服务提升工程，派出22人到中医院开展“西学中”项目学习，提高区公立医疗机构的人才储备；在乾西乡卫生院开展中医“治未病”示范点建设。推进社会资本办医，2015年全区新增民营医疗机构13家，让群众就医更加方便快捷，可选择性增加。

【公共卫生服务】2015年，按照省、市要求完成基本公共卫生服务各项目工作任务。其中电子建档人数建档率达93.97%；60岁以上老年人健康管理达65.2%；重点做好高血压、糖尿病、重性精神病患者的随访管理。落实优生“新两免”政策，不断提高婚前医学检查率，婚前医学检查8756人次，婚检率95%，全区共对1291名农村产妇进行补助，补助金额64.55万元，农村妇女住院分娩率达100%，“两癌筛查”任务中乳腺癌国家任务数400人，宫颈癌任务数3024人，均超额完成。全区无神经管缺陷儿出生。

【生育水平保持平稳】据2015年1—12月的报表汇总显示，全区上报出生3132人，计划内上报出生 2930 人,计划生育率为 93.55%。“单独二孩”政策实施以来,全区 2015 年人口计划执行良好,未出现出生剧增现象,生育水平保持平稳。孕前优生检测率为 98.88%,质量控制评价全优。完成市下达的年度出生人口控制在 3900 人以内的目标。

【“单独二孩”】2015 年,全区对 1366 对符合“单独二孩” 政策对象进行了审批, 其中 2014 年审批 700 对夫妇,在当年出生 113 人;2015 年 1—12 月审批 666 对夫妇,在当年出生 272 人。

【人口数据库综合平台】在全区乡镇街道计划生育工作中,全员人口数据库和综合决策平台已正常有序运行。

【奖励扶助制度】认真调查核实申报农村部分计划生育家庭奖励扶助对象和特别扶助对象。2015 年,全区符合农村部分计划生育家庭奖励扶助新增对象有 423 人,最终确认 2015 年度符合奖励扶助对象有 1963 人,发放奖励扶助金 188 万元。确认 2015 年度共符合特别扶助对象 332 人,发放特别扶助金 230 万元。加大对计划生育特殊家庭帮扶力度,帮助计划生育特殊家庭走出困境。

【公益金管理实施】为帮助解决计划生育家庭的优待、养老问题,建立健全计划生育利益导向和社会保障机制,2015 年新增的公益金补助对象有 8 人,全区有 89 人享受公益金补助,2015 年 1—12 月发放补助金 14.138 万元。

【党风廉政建设】开展 “从严管理落实年”活动,把从严管理的各项制度、措施和要求推行到位,真正落实到医疗服务、公共卫生、药品供应、健康服务、提升公共卫生保障能力,加强法治卫生计生建设,稳步实施“单独两孩”政策等各个方面;贯彻全面从严治党方针、践行“三严三实”要求、打造“七个纪检”主题教育实践活动,将主题教育实践活动与深化纪检体制改革、案件查办、正风肃纪等主要工作、重点任务紧密结合起来。建立健全院务监督委员会,进一步深化“阳光工程”。

【行风建设】开展“强管理、强服务、强队伍、树形象”主题实践活动,开展纠正医药购销不正之风和违规收受“红包”专项整治月活动,严肃查处行业内违规行为;通过“8890”、群众来信来访等渠道,受理群众投诉举报 70 余件次;组织策划“5·29”。计生协会员活动日等主题宣传活动,打造卫生计生行业良好形象。

【重点工程建设】婺城区第二人民医院迁建项目。该工程项目是婺城区十大惠民实事之一,总占地面积 4.22 公顷, 总建筑面积 46969.35 平方米, 2015 年 9 月 22 日项目主体全部结顶; 内部装修设计已招标, 预计 2016 年 3 月份开工、10 月份完工。预计 2017 年 1 月能投入使用。

婺城区第二人民医院十二局院区的改造工程。工程于 2015 年 9 月底完工, 项目总投资 498 万元。现已投入使用,改造后的十二局分院将成为金华市首家“医养结合”模式的新型医疗机构。

其他建设项目。新狮街道社区卫生服务中心工程综合门诊楼建设项目,已开工建设。基层医疗机构维修专项资金,计划开展基层医疗机构维修一期项目,蒋堂、沙畈、新狮、长山 4 家卫生院修缮项目已动工。

(余　莉)

审 计

【概述】2015年,审计局组织实施审计项目142个,其中经责项目8个,同级审项目1个,财务收支审计项目25个,财政收支审计项目3个,专项审计调查项目6个,其他项目2个。查出违规和浪费资金3621万元,管理不规范资金12.38亿元。完成政府投资审计项目97个,送审投资4.95亿元,审定投资4.33万元,净核减政府性资金支出6190万元,核减率12.51%;出具审计内参9期、专报15期,批转、移送案件11件,土地整治项目专项调查被金华市审计局评为优秀项目,被浙江省审计厅评为表彰项目。

【财政预算执行审计】2015年,围绕"推进政府全口径预决算体系的建立和健全"目标,全部政府性资金纳入监督视野,揭露罚没收入未缴国库、结余结转资金未及时清理、债务收支计划未报批等7个方面9项具体问题,促进出台《婺城区财政资金定期存放招投标管理暂行办法》和《金华市婺城区财政专项资金管理办法》。开展第二批公务支出公款消费审计,揭露部分单位违规使用车辆,个别单位以大额现金方式结算公务接待费和不合规票据支出等问题,报告得到原区长申屠福华批示。开展二三级预算单位财务审计,分别对住建局7个下属单位和教育局17个小学开展财务收支审计,纵向延伸审计监督覆盖面。

【领导干部任期经济责任审计】2015年,发挥好经责联席会议办公室职能作用,3月筹备召开区经济责任审计联席会议,加强成员单位的信息互享和协作配合,形成监督合力。实施好经济责任审计项目,全年实施8个领导干部经济责任审计项目,涉及3名市管干部和8名区管干部,揭示公务接待支出控制不严、违规发放津补贴、违规账外收支、在下属单位列支费用、工程未按规定招投标、资产管理欠规范等问题,督促相关单位及时整改。建立经济责任任前告知、年度报告、离任交接工作台账,实现领导干部履行经济责任全程制度约束,配合区委组织部对17名新上任领导干部开展任前谈话。

【各项专项资金审计】2015年,根据区政府要求开展杭长客运专线婺城区段工程建设专项资金审计调查,延伸审计两个乡镇的专项资金,涉及资金24.1亿元,促进项目建设单位进行整改。针对二土公司改制、琅琊污水处理厂闲置等重点难点问题开展审计调查,报送7篇审计内参和1篇专报,从审计专业角度提出了建议。组织实施住房公积金、医疗保险基金、科技经费和安居工程专项审计调查,重点关注专项资金在筹集、管理、分配、使用等环节存在的管理不善、损失浪费、绩效差和重大违纪违规问题,通过督促整改切实保障了群众利益。开展丰银小额贷款公司专项审计,发现区丰银小贷公司存在不良贷款率偏高,贷款风险准备金计提不足等问题,提出建立风险预警机制的建议。

【政府投资审计】2015年,完成投资审计项目97个,送审投资4.95亿元,审定投资4.33亿元,净核减政府性资金支出6190万元,核减率12.51%,揭示区政府投资项目中存在的未按规定招投标、项目超概算、设计变更未按规定程序审批、多计工程造价以及送审资料不齐全等问题,从促使建设单位完善工作流程、加强内部管理、严格质量控制等方面提出审计建议,有效提高区工程建设管理水平和投资效益。前移监督“关口”,开展长湖河道生态清淤及淤泥干化处理工程、蒋堂移民新村安置房工程等全程跟踪审计项目,促项目顺利推进。开展“五水共治”政策跟踪审计,针对政策措施落实情况提出了加强“五水共治”项目实施计划和资金计划管理、细化预算安排等建议。

【审计成果提升】 2015年,针对审计中发现的突出问题和共性问题,以审计专报和内参的形式及

3月10日,婺城区召开审计项目竞标承诺会议,首次对五个重点项目以公开竞标承诺的方式确定审计组(区审计局提供)

时向区委、区政府反映,报送专报16期,内参9期,其中8期专报获得区委书记批示,4期获区长批示,5期获组织部部长批示,推动问题整改落实。加大案件线索移送力度,对审计发现的涉嫌违反廉洁自律规定、违反财经法纪、失职渎职等案件线索,及时移送纪检监察和公安机关,并跟踪问题处理情况,全年批转、移送案件线索11件,提高审计反腐威慑力。提高信息采用层次,报送审计信息65篇,被各级信息平台和媒体采用41篇,其中被省厅《审计信息》和网站采用7篇,被《中国审计报》采用4篇,被省审计厅评为优秀审计论文1篇、优秀调研文章1篇。

【队伍建设】 2015年,完善考评制度,制定《审计纪律反馈制度》,修订完善《审计局专业技术量化考评计分办法》和《信息宣传工作考核办法》,对工作实际表现实行量化考核和民主测评,激活干部创先争优动力。强化业务培训,加大“内培外送”力度,对外派出人员参加培训、工作13人次,举办了为期3天的全区内部审计人员培训班,为全区各相关部门、乡镇(街道)70余名内审人员“充电”“补课”。深化结对帮扶,参与“五水共治”“三改一拆”和防汛救灾等工作,给予农村建设补助资金共22万元,选派2名审计干部到扶贫山区村黄阳村和软弱落后村马坦村担任“第一书记”,因村制宜做好驻村帮扶工作。

(赵一帆)

食品 药品 监管

【概述】区市场监督管理局于2014年5月由原婺城工商分局和婺城区食品药品监管局整合成立，有12个职能科室，4个直属机构，8个派出机构。2015年，全局全程式培育服务电商产业发展工作得到了国家工商总局副局长甘霖、市场司司长刘红亮、市长暨军民、副市长胡国强、市局局长施欣辉等领导的肯定。在“全城通办”“五证一照”联办基础上，在全省率先实施“一岗综合受理”“定向无偿代办登记”，节省办事群众跑证时间，改革工作走在全省前列。取消134项前置审批事项，实行先照后证。在全市率先发放首批“五证合一”营业执照，在全省率先发放首批全程电子化“五证合一”营业执照，为全市商事登记改革首开先河。2015年，全区登记“三证合一”“五证合一”市场主体3373户，“一照一码”市场主体605户，办理1046项证照合办申请，办理先照后证1803户，新设企业登记1284户，同比增长15.41%，新设个体登记2574户，同比增长57.66%。

【民营经济】成立“小微企业三年成长计划”工作领导小组，2015年出台实施方案，走访小微企业329家，跟踪对接96家，收集困难、问题30个，对15项疑难予以协调解决。协助人大代表对40家小微企业开展调查走访活动，了解企业诉求，开展有针对性的帮扶。开展动产抵押、商标质押等贷款融资服务，扶持小微企业发展壮大，出质股权数额2.99亿元，担保债权金额3.32亿元，实现融资1.75亿元。开展“送讲座”进民企、银企对接等活动，助推“小微企业”发展升级。将“个转企”列为重点工作，健全“个转企”工作责任制，构建起“个转企、小升规”的市场主体升级通道，以“量质结合、以质为先”为宗旨，并全面落实财政支持、税费优惠、社保扶持、金融支持等扶持政策，确保“个转企”工作取得实效。办理“个转企”712户，注册资本81928.7万元，超额完成市政府下达的工作任务。

【商标品牌建设】以省知识产权示范区创建为契机，依托“品牌指导站”，发放联系卡、建议书、指导书，激发企业创业创新热情，2015年新增行政认定驰名商标1件，上报省著商标延续认定7件、市著商标新申报18件。

【企业年报】2015年，落实个体户、企业、农民专业合作社年度报告公示，加大宣传和推进力度，向企业主和联络员发送短信25000余条，接收电话和上门咨询2150人次，发放年报宣传资料4000余份，完成2013年度、2014年度年报企业12322户，个体户26202户，农民专业合作社442家，定向抽查企业公示出资信息经营主体94家，抽查年报信息企业203家。

【广告市场监管】清理整治市区内户外、印刷、互联网等违法广告，开展虚假违法广告整治“雷霆2号”、小区违法广告清理等专项行动，加强药械保健食品违法广告监测，监测检查各类广告5912条次，办结违法广告案件7件。

【消费维权】2015年3月15日，婺城市场监督管理局、婺城区消保委联合主办以“携手共治、畅享消费”为主题的“3·15”国际消费者权益日纪念活动，受到广大消费者的欢迎。全市率先建立“365”农村消费维权平台，在全区17个乡镇、街道“365”便民服务中心建立消费维权服务点，明确联络员职责，出台农村消费维权工作规范，建立消费教育制度和工作考核机制，构建农村消费维权工作格局。加大涉及人体健康、产品质量安全的商品质量监测，抽检10个批次，对服务领域违法行为立案6起，商品质量检测15批次，切实保护消费者合法权益。全年受理消费者申诉举报1241起，解决率100%，为消费者挽回经济损失50万元，发放宣传资料12000份。

开展3·15消费维权活动(区市场监管局提供)

【专项整治】2015年，查处各类案件61起，案值62.01万元，罚没款135.75万元，其中查处“四品一械”案件11起，罚没款30.5万元，商标案件5起，罚没款60.92万元。查获“佳德假冒茅台案”“云数贸网络传销案”“中和联领导传销案”等重大案件，进一步肃清了市场秩序，成效明显。对肉制品企业、制血加工点有毒有害物质添加开展专项检查，向公安移交案件1起。开展“百日执法”“金剑·秋风”“网剑行动”等大型执法行动，在行动中查处案件8起，完成网上亮照404户、591个网站，规范25个网站。与区公安分局相互配合，持续加大传销打击力度，全年出动执法人员697人次，刑事拘留63人。婺城区市场监管局办理的“中和联特大传销案”被评为全市“十大典型案例”。

【食品安全监管】2015年，辖区有在册流通环节食品经营户4007户，食品批发经营户616户，乳制品(含婴幼儿配方乳粉)经营户240户，乳制品(不含婴幼儿配方乳粉)经营户2199户；标注酒类经营户81户。利用食品安全快速检测仪器完成了100余批次食品检测工作。承担国家级省抽任务44批次，其中，非发酵性豆制品18批次、新鲜蔬菜21批次、水产品暂养殖池用水5批次。派出检查人数共计512人次，检查大小型餐饮单位106余家。开展食品安全隐患排查，纠正轻微食品违法行为，对食品经营单位发放行政指导书，规范食品经营单位的日常经营行为。出动执法人员1435人次，检查食品经营单位2123户，对重点食品的重点环节等进行约谈，如豆制品流通及学校食品经营等，组织开展联合执法3次。逐步实现食品安全全过程的电子化监管，全局现在重点食品经营单位中安装123家。根据《2015年金华市食品安全监督抽检实施方案》(金市监发［2015]47号)，根据婺城区的人口数量，按照每年度4批次/万人的检测标准，开展定量检测149批次。办结各类食品案件10起，罚没款14万余元。

建成68家“阳光厨房”，顺利完成辖区内大型及以上餐饮单位和学校食堂总数“阳光厨房”建成率30%的目标，顺利完成全区中小学食堂范围内80%的“阳光厨房”建成率。创建成功2条省级餐饮示范街、10家省级餐饮示范单位(学校食堂)。完成了省局下达“321”示范创建工作指标。同时根据省局要求，全局顺利通过省局对已经创建的省级餐饮示范街、单位进行的督察工作，2条省级示范街和10家餐饮示范单位(学校食堂)全部通过检查和验收，无摘牌和降级的情况。实现持证小餐饮监管全覆盖，持证小餐饮等级公示率达到85%。顺利开展2015年度餐饮服务量化等级评定工作，新评定A级单位5家、B级单位8家。完成2015年春、秋季学生开学期间学校食堂及周边餐饮服务单位食品安全专项检查。出动执法人员634人次，检查学校(幼儿园)食堂80余家、学校周边餐饮单位294家，要求整改124户，整改合格124户。开展网络订餐专项行动，出动执法人员212人次，经核查，实际入网餐饮单位数581家，持证餐饮单位数511家，下线单位数28家。

【药品安全监管】2015年，婺城辖区有药品生产企业6家(正常生产3家)，医疗机构制剂室2家；药品经营企业139家，其中批发企业6家、零售连锁企业4家、连锁门店91家、单体药店38家；药品使用单位(医疗机构)290家。检查药品生产企业6家次、医疗机构制剂室4家次，检查覆盖率均为100%;检查药品经营企业158家次,检查覆盖率为100%;检查医疗机构265家次,检查覆盖率为91%。监督抽验药品80批次(中药饮片15批次),出具检验报告书73批次,其中不合格8批次(中药饮片6批次),不合格率11%,对检查中存在问题单位发放药械监管建议书17份、责令改正通知书11份;对7家未按规定实施GSP的药店当场处以警告,对1家非法渠道购进个别药品的医疗机构当场处以罚款;立案查处案件8件(抽样不合格7件,非法渠道购进药品1件),均已结案。婺城辖区有器械生产企业10家、器械经营企业95家(正常经营85家)、器械使用单位(医疗机构)290家。检查器械生产企业10家次,检查覆盖率为100%;检查器械经营企业85家次,检查覆盖率为100%;检查医疗机构265家次,检查覆盖率为91%。对检查中存在问题单位发放责令改正通知书12份，对医疗机构使用过期体外诊断试剂进行立案查处案件3件,结案1件。开展明胶空心胶囊和胶囊剂药品专项监督检查、中药材中药饮片质量安全专项检查、专门管理药品和高风险药品专项检查、打击药品零售企业和个体诊所销售使用假劣药品行为专项整治、医疗器械“五整治” 回头看工作、打击“两非”联合行动、积极做好药械经营企业行政许可工作、深化药品电子监管工作、认真抓好药品不良反应监测/器械不良事件工作、开展药品安全示范创建“回头看”工作、药品安全月宣传活动、2015年度药品医疗器械安全信用分类管理工作及浙江省药学初中级专业技术资格和执业药师资格审查工作。

【食品药品安全宣传】印制、发放法律、法规汇编等食品安全宣传材料3000余册。加强对涉械企业人员有关新修订《医疗器械监督管理条例》等法律法规的贯宣培训。加强自身监管人员的业务培训。根据省局关于开展2015年全省“安全用药月”活动的通知(浙食药监应[2015]8号)精神,围绕宣传活动主题,结合当地实际,进行全方位、多视角、多角度的宣传。宣传月期间,发放用药安全知识宣传资料2600余份，现场接受群众咨询120多人次,解答问题20条次,举办药品安全知识讲座2场,制作户外宣传栏15块,组织药品安全网络知识竞赛,回收过期药品210批次、730盒(瓶)。开展药品安全宣传工作和过期药品回收等,并积极开展自查自纠。

【合同监管】2015年,对消费类格式合同开展专项检查,查处违法行为,保护消费者的合法权益。办理格式合同备案6件,检查合同86份,涉及金额8.33亿元。2015年新申报认定AAA 级守合同重信用企业1家,延续确认4家；新申报认定AA 级守合同重信用企业 3家,延续确认3家,新申报认定“A”级企业7家,延续确认2家。

【农贸市场】2015年,推进市场规范提升,开展马路市场整治规范。在区政府牵头下,对安地综合市场进行改造提升,改造面积3300平方米,投入资金495万元。将罗店农贸市场、琅琊综合市场和北苑沁园村农贸市场列入省放心农贸市场创建。提高江北夜市管理水平,联合行政执法、卫生监督、环卫等开展夜宵摊点集中整治,推进精品城市建设。做好农贸市场的H7N9病毒防控工作。开展放心市场创建,组织市场安全生产检查。

【市场主体基本情况】2015年,全区有各类企业8277家,其中,公司6653家,同比增长22.05%。全区有农民专业合作社798家,同比减少1.60%。全区有个体工商户13899户,同比增长12.70%。

国家著名商标一览表

表11

序号	名称	序号	名称
1	浙江万里扬集团有限公司	2	浙江高峰控股集团有限公司

表 12

省级著名商标一览表

序号	名称	序号	名称
1	浙江尖峰集团股份有限公司	2	浙江采云间茶业有限公司
3	金华一枝秀米业有限公司	4	浙江高峰控股集团有限公司
5	金华市方可园林景观有限公司	6	金华市蜂御医养蜂专业合作社
7	金华市清风寨农业发展有限公司	8	金华市美然食品有限公司
9	浙江广宇商标事务所有限公司	10	浙江玉阳春农产品有限公司
11	金华美和食品有限公司	12	浙江新辰食品股份有限公司
13	金华火腿实业有限公司	14	金华市汉邦食品有限公司
15	浙江山山家食品有限公司	16	金华明月楼食品有限公司
17	浙江晟丰包装有限公司	18	金华市仙源山铁皮石斛种植基地有限公司
19	浙江天丰生物科学有限公司		

表 13

市级著名商标一览表

序号	名称	序号	名称
1	金华兴华皮件有限公司	2	浙江金华豪森制衣有限公司
3	浙江金华高峰建材实业有限公司	4	金华市清风寨农业发展有限公司
5	金华市大发产业有限公司	6	金华市美然食品有限公司
7	金华雅帅纺织有限公司	8	浙江金华三清国际旅游股份有限公司
9	金华市新华齿轮有限公司	10	金华昆仑润滑油有限公司
11	金华市星球机械铸钢有限公司	12	浙江晟丰包装有限公司
13	浙江六环电线电缆有限公司	14	金华光华印务制衣有限公司
15	金华市捷特包装有限公司	16	浙江山山家食品有限公司
17	浙江占士邦服饰有限公司	18	金华市仙源山铁皮石斛种植基地有限公司
19	金华市元盛粮油有限公司	20	浙江巨龙管业股份有限公司
21	金华市炭花香酥饼有限公司	22	金华市婺城区兰香雨家庭农场
23	金华大山茶蔬专业合作社	24	浙江海螺万家调味品有限公司
25	金华市金阳光工贸有限公司	26	金华市绿春苗木专业合作社
27	金华市婺城区华峰食品厂	28	浙江金开电子科技有限公司
29	浙江豪瓦特节能科技有限公司	30	金华市然兰蔬菜专业合作社

(方瑞敏)

国土资源

【概述】国土婺城分局属金华市国土资源局派出机构，下设10个科室、18个乡镇(街道)国土所。2015年，婺城区土地总面积139123.92公顷，耕地面积29978.99公顷，占土地总面积21.55%；园地面积6909.2公顷，占土地总面积4.97%；林地面积74258.89公顷，占土地总面积53.38%；草地面积506.92公顷，占土地总面积0.36%；城镇村及工矿用地面积14963.86公顷，占土地总面积10.76%；交通运输用地面积3524.47公顷，占土地总面积2.53%；水域及水利设施用地面积7328.6公顷，占土地总面积5.27%；其他土地面积1652.99公顷，占土地总面积1.19%。

【各地类变化情况】2015年，全区耕地增加101.42公顷，园地减少119.92公顷，林地减少39.49公顷，草地减少21.05公顷，城镇村及工矿用地增加42.54公顷，交通运输用地增加26.63公顷，水域及水利设施用地减少3.92公顷，其他土地增加13.79公顷。

2015年，全区国家所有土地18020.23公顷，集体所有土地121103.69公顷，与年初面积相比，国家所有土地增加28.31公顷，集体所有土地减少28.31公顷。

2015年，全区耕地面积29978.99公顷，其中坡度小于2°的面积为20556.12公顷，坡度在2°≈6°的面积为5970.66公顷，坡度在6°≈15°的面积为2039.93公顷，坡度在15°≈25°的面积为1296.5公顷，坡度大于25°的面积为115.78公顷。与年初面积相比，耕地面积增加101.42公顷，变化情况分别为增加4.30公顷，增加98.17公顷，减少1.05公顷，增加0公顷。

2015年，全区可调整地类面积1050.45公顷，其中可调整果园492.43公顷，可调整茶园376.53公顷，可调整其他园地79.79公顷，可调整有林地6.16公顷，可调整其他林地81.65公顷，可调整坑塘水面13.89公顷。与年初面积相比，可调整地类面积减少1.47公顷，其中可调整果园减少0.38公顷，可调整茶园减少1.09公顷。

2015年，全区设施农用地413.42公顷，与年初面积相比，增加4.91公顷。

【耕地保护】2015年，垦造耕地任务93.33公顷，已立项16个、186.73公顷，已验收3个、102.6公顷(水田101公顷)，完成110%；高标准基本农田建设任务1533.33公顷，已完成认定类项目13个、439.93公顷；农村土地综合整治任务8公顷，2015年已完成立项3个，8.86公顷，完成111%；建设占用耕作层剥离再利用任务16.67公顷，2015年完成剥离17.33公顷，完成104%；已立项到期农村土地综合整治验收项目14个，9个项目通过验收；省级“旱地改水田”耕地质量提升示范项目2个，15.33公顷完成招标，进入实施阶段。

2015年，有基本农田面积26966.66公顷，完成市级下达基本农田保护任务；有标准农田面积19880公顷，完成市级下达标准农田保护任务。

【节约集约用地】2015年，上级下达婺城区消化批而未供土地任务63.33公顷，盘活存量建设用地任务50公顷，完成低效用地再开发43.33公顷，要求近5年平均供地率大于等于60%。截至年末，全区消化批而未供土地面积64公顷；盘活存量建设用地面积57.43公顷；完成城镇低效用地再开发面积60.02公顷,近5年平均供地率为63.3%。

2015年,土地规划工作继续执行既定规划目标,落实土地宏观调控和土地用途管制,严格做好耕地保护、控制城乡建设用地规模。并依据当前乡镇基础设施建设、破解农民建房和县级重点工程建设的需要,适时优化土地利用总体规划结构布局。全年完成报批审批16个乡(镇、街道)土地利用总体规划修改,涉及局部调整25个方案,建设项目149个,调整总面积126.86公顷;完成金华江治理一期工程重点建设项目规划调整1个,调整面积37.07公顷。

在开展规划年度调整同时,根据国土资源部《土地利用总体规划调整完善工作方案》和土地利用总体规划调整完善视频会议的部署和要求,开展了土地利用总体规划调整完善工作。

按照国土资源部、农业部《关于进一步做好永久基本农田划定工作的通知》精神和要求,结合土地利用总体规划调整完善工作,开展了永久基本农田划定工作。

【土地出让】2015年,全区完成上报城市分批次项目13个,总面积36.8448公顷,共209个地块,其中农用地31.281公顷(耕地20.8326公顷)、未利用地0.9536公顷、建设用地3.7487公顷。低效用地再开发批次1个面积0.8615公顷,其中建设用地0.8615公顷;计划批次9个,面积24.5730公顷,其中农用地20.8245公顷(耕地14.9341公顷)、未利用地0.0579公顷、建设用地3.6906公顷;农房单列批次3个,面积约11.4103公顷,其中农用地10.4565公顷(耕地5.8985公顷),未利用地0.8957公顷。利用农村土地综合整治周转指标挂钩地块3个,面积1.9575公顷,其中,农用地1.1279公顷(耕地0.9187公顷),建设用地0.8296公顷。重点保障了尖峰山区块智者街、罗店镇倪西店功能区道路、解放西路西延、蒋堂污水处理厂、琅琊污水处理厂等基础设施、"五水共治"项目和东市街小学扩建、城中村改造勤俭一期、蒋堂移民新村二期以及各乡镇农民建房等民生项目用地。

抓好建设项目供地、出让工作。2015年,全区总供地77宗,面积84.28公顷,其中工业用地10宗,面积10.04公顷;住宅用地2宗,面积5.73公顷;公共管理与公共服务用地7宗,面积14.32公顷;交通运输用地5宗,面积42.72公顷;特殊用地1宗,面积1.63公顷;村民建房用地52宗,面积9.85公顷。

2015年,出让工业用地10宗,面积10.04公顷,出让金总额3162.6595万元。办理工业用地转让8宗,面积9.18公顷。

【矿产资源开发利用】婺城区矿产资源种类有水泥用灰岩、建筑石料用凝灰岩、砖瓦用(泥)页岩、萤石等,开发利用的主要矿产仅有3种,水泥用灰岩、建筑石料用凝灰岩、砖瓦用(泥)页岩。至年底,水泥用灰岩矿山保有资源储量614.55万吨、建筑石料用凝灰岩矿山保有资源储量1002.27万立方米、砖瓦用(泥)页岩矿山保有资源储量184.55万吨。

2015年,全区有持证矿山17家,水泥用灰岩、建筑石料用凝灰岩、砖瓦用(泥)页岩等是全区的优势矿产。能源矿产十分贫乏,金属矿产零星分布,查明资源储量非常有限。

水泥用灰岩资源,主要分布婺城区北部山区,2015年,开采水泥用灰岩矿山企业1家,年采矿石量59万吨,产值1357万元。

凝灰岩主要分布在雅畈镇竹园、铜山小窑村一带,2015年,开采建筑石料矿山企业有7家,年开采矿石量433.79万立方米,产值6213.77万元。

砖瓦用(泥)页岩资源主要分布于盆地内,为白垩系地层的"黄土丘陵",经风化、半风化的岩层和软土层,厚度由几米到几十米不等,2015年,砖瓦用(泥)页岩矿山企业有9家,年开采矿石量35.23万吨,产值4501.433万元。

【矿产资源管理】2015年,完成20家矿山企业矿产资源开发利用年审年检和实地核查工作,征收矿产资源补偿费132.898万元;完成工程性建筑用砂采矿权协议出让收取采矿权拍卖所得51.48万元。完成7家建筑用石料矿储量动态监测和储量年报审查工作;办理采矿权变更、注销、延续登记3宗;完成2个废弃矿井治理任务。

【依法行政】按照依法行政、公开公正的原则,在浙江政务服务网公布权力清单,依法行使纳入权力清单的行政权力。利用"4·22"、"6·25"等主题日开展普法活动，组织全区有地质灾害点的乡镇分管领导、村级主管和全局干部职工参加的地质灾害防治培训会，邀请市国土局业务处室领导和省地质三大队专家进行授课；结合“五水共治”、“四破”整治、“三改一拆”等活动进行普法宣传；组织村级干部国土资源法律法规培训。

围绕上级的部署和要求，做好初信初访和及时受理、及时登记、及时交办、及时报结的制度落实，认真做好国土资源信访与维稳工作。全年办理信访119件，报结率为100%。其中，来信87件，来访32批次、68人次，来电55件，省部级批转35件，市级37件。

做好2014年土地卫片执法整改工作。2014年度卫片执法整改、拆除、复耕违法图斑61宗，面积12.60公顷，其中，耕地面积7.90公顷(特别是百事达地块拆除面积6.75公顷，复耕面积3.33公顷。卫片执法监督检查违法用地的履职率在95%以上，整改查处到位率50%以上，违法耕占比(扣除重点工程)为3.32%。2015年，立案查处88宗，应缴罚款总额587.32万元，移交法院强制执行54宗，已收缴罚没款207.61万元

打击非法偷挖砂、破坏耕地行为。2015年，监察大队在加强夜间值班巡查情况下，接“110”警情通知60余次，开展夜间巡查106次，扣留挖机等机械25台(其中挖机21台、汽车3辆)。以破坏耕地、非法采矿罪移送公安机关侦查案件7起，收缴罚没款120.04万元。

“两网化”建设得到推进。全局完成“两网化”综合执法管理信息系统建设项目设备采购及矿产勘测、土地卫片执法技术服务单位招投标工作，信息系统建设已基本完成，自系统运行以来出巡249次，342人，巡查总里程8600.77千米，巡查更点数量573个。

【基础建设】推进土地登记标准化建设，做好集体土地使用权登记发证工作。开展土地登记标准化建设，启用浙江省土地登记信息监管查询系统，全面实施土地登记信息监管，稳妥推进发证工作，通过标准化考核。2015年，完成宅基地登记申请2781宗，其中初始登记198宗，变更登记1984宗，遗失补证登记75宗，合并登记17宗，更正登记36宗，注销登记471宗。

金华市国土资源局婺城分局国土协管员培训

(区国土局提供)

2014年，分三次下发婺城区(不含市开发区)土地变更调查遥感监测图斑571个，监测总面积236.42公顷(耕地面积93.36公顷)，涉及18个乡、镇(街道)。完成省级内外业核查和成果信息套合标注入库，通过国土部复核。

村庄数字地籍调查进展顺利。婺城区9个建制镇34.8平方千米的城镇数字地籍调查工作，已完成选点埋石、一级控制测量和地籍调查70%工作量。

国土局开展城镇数字地籍调查工作

(区国土局提供)

【地质灾害防治】编制《2015年婺城区地质灾害防治方案》，与有地质灾害隐患分布的11个乡镇签订《地质灾害防治工作责任书》，明确工作任务，落实防治责任。开展汛期地质灾害隐患点巡查，加

强24小时值班制度,做好值班记录。2015年,发布地质灾害预警短信8次、540条,开展重点地质灾害隐患点巡查75组、204人次,撤离转移31处受威胁群众202人,及时处置新发生的9处地质灾害灾(险)情,安装地灾警示牌30余块。全年虽有险情但未造成人员伤亡。组织200余名乡镇、村干部及村民开展塔石乡高田村、鱼潭村地质灾害应急演练,提高群众临灾避险与救灾能力,成效显著。确定新一轮婺城区地质灾害防治与地质环境保护规划编制项目承担单位,并配合开展前期调查摸底、基础资料收集等工作;完成婺城区农村山区地质灾害调查评价项目最终成果验收;开展高田村、鱼潭村的避让搬迁,2015年完成避让搬迁61户、157人。

(沈　丹)

城乡 规划

【概述】 婺城分局是金华市规划局派驻婺城区的正科级城乡规划管理机构。2015 年,完成控规编制(含修编)7 个,其中城市控规 3 个,分别为《竹马片区(ZX-01 单元)控制性详细规划》《金华仙源湖旅游度假区首期区块控制性详细规划》《金华市婺城新区白龙桥区块控制性详细规划》;建制镇控规 4 个分别是《蒋堂镇控制性详细规划》《安地老镇区控制性详细规划》《雅畈镇控制性详细规划》《琅琊镇控制性详细规划》。以上控规已全部通过评审,其中仙源湖、安地控规已获市政府批复。启动村庄规划编制(修编)40 个,完成 37 个。其中完成省、市重点联系规划设计村、美丽宜居示范村、试点村村庄规划设计共 6 个;完成村庄公共建筑配套项目内部局部方案的规划调整 11 个;完成上盛村、雅干村中心村规划修编 2 个;完成东周村、水碓村、浩仁村等其他村庄规划修编 18 个。2015 年,完成审批建设项目 137 件,其中建设项目选址 11 件,用地面积 2.36 万平方米;建设用地规划许可 18 件,用地面积 8.26 万平方米;建设工程规划许可 86 件,建筑面积 46.72 万平方米;建设工程规划竣工验收 22 件,建筑面积 11.35 万平方米。完成农房审批 140 户, 用地面积 1.10 万平方米,建筑面积 3.28 万平方米。

【规划管理】 2015 年,深化行政审批制度改革。健全建设工程规划许可并联审批制度, 实行规划、消防、人防、气象、环保、水务、绿化、环卫等部门联合审查,完成建设项目联审 21 个,行政服务中心落实专人,全程代办相关审批手续。根据省市"三张清单一张网"的工作要求,核查权力清单和责任清单,完善法律法规依据及行政许可文书形式,落实到政务网的行政审批系统中。同时根据市级"三测合一""联合验收"等实施办法,宣传推广,引导社会资源推动简政放权,加快审批时间,完善服务内容。

优化规划服务水平。2015 年,在各业务科室和区行政服务中心规划窗口推行首问责任、一门受理、一次告知、受理承诺、限时办结、全程服务等 6 项制度,向广大人民群众彰显规划部门的良好工作形象。同时,对市局和区委区政府确定的重要项目,建设单位和个人申报提交的规划项目或设计方案,市局、区委、区政府临时交办的重要工作立即审查,若符合规划要求,则马上进行批复。优化经济发展软环境,支持婺城工业经济发展,分局在帮助企业破解发展难题的同时,推出 6 项举措助推婺城区工业经济发展,为基层政府、企业、村庄解决了一大批规划上的问题。分局主要领导亲自带队深入基层为民办实事,实地走访调研了新狮、罗店、白龙桥、蒋堂、雅畈、安地、箬阳、琅琊、沙畈、长山等 15 个乡镇(街道)的 44 个行政村、27 家房地产和工业企业,帮助基层解决一大批实际困难和问题。如迪耳药业项目一期的规划竣工核实问题,沙畈李兰等 4 个村的居家养老中心建设问题、雅干村的旧村改造问题、罗店西片区的控规调整和有关村的村民建房问题等。

加强市区重点工程项目规划管理服务工作。如婺城区下山脱贫整体搬迁安置工程蒋堂移民新村一期项目,金华市水上运动中心项目,婺城区安居工程城中村改造项目(西郊一期、勤俭一期),中国电信互联网大楼项目,"五水共治"长湖区块截污纳管工程,通源溪、回溪整治工程、江北背街小巷雨污管网改造工程等,积极配合项目实施单位,通过开通绿色通道、进行容缺审批等模式,有效推进项目进度。继续配合做好尖峰山高尚生活休闲区和仙源湖旅游度假区的规划服务工作,和网络信息局共同完成了金华市区信息产业集聚区规划的编制工作、婺城区环保小镇规划有关工作以及婺城区公墓(地)布局规划编制工作。参与二七区块、下沿区块征迁工作,参加区块政策制定、无证建筑认定及企事业单位征迁工作,认真做好相关规划服务,得到了区委、区政府的高度好评。深入推进“三改一拆”工作,配合市规划局对婺城区范围内涉及到的35个卫星变化图斑进行逐一现场踏勘。对接城中村改造布局专项规划,做好与市总规、相关区块控规的衔接工作。配合婺城区政府实施对百事达临时用地上建筑物的强制拆除工作。参与高铁站周边环境整治工作,就完成高铁站周边环境整治方案编制,做好整治过程中的规划指导工作。派员参加“四破整治”工作,开展全区范围的破僵尸企业、破围墙圈地、破低效用地,破既得利益,加快工业企业转型升级工作。同时,完成了临时建筑档案核查、现场核实、拍照标记等工作。配合做好“五水共治”有关工作,做好“五水共治”长湖治理及白沙溪治理有关规划工作,拟定了长湖公园景观设计的红线范围,协助区政府起草了《金华市长湖公园方案设计招标任务书》,拟制了规划方案评分标准,配合区农办为农村生活污水治理提供有关规划服务,配合建设局完善污水管网改造项目共15个,涉及污水管网约3万米,做好畜禽养殖污染整治有关规划,白沙溪、莘畈溪、梅溪综合治理及两侧景观设计方案的规划对接工作。

深化阳光规划。对经审批的项目,全部在市局网站和分局网站上公布。依法做好政府信息依申请公开工作,收到信息公开申请19件,均按法定程序予以受理并按期作出回复。受理“8890”便民服务平台交办事项6件,对每件事项均落实具体经办人,主动与诉求人沟通联系,认真予以答复。2015年受理群众来信来电6件,接待群众来访11批,均认真对待,及时予以处理及答复。

【队伍建设】2015年,分局领导班子调整到位后,根据市局机关党委有关要求,召开支部党员大会进行支委改选,产生全新的支部委员会。同时,结合实际,开展党员承诺、领导点评、领导干部上党课等活动,组织干部职工观看市警示教育基地,参观杨东海革命传统教育基地,筑牢廉政思想防线,塑造风清气正的队伍形象。深入开展“规划有线、服务无限”党建品牌提升创建活动,在已有党建工作品牌基础上,优化服务,提升效能,创新管理,使得分局队伍服务意识明显增强、办事效率明显提高、机关作风明显转变与提高。组织干部职工认真学习市、区关于开展“从严管理落实年”活动的有关文件,学习了十八届五中全会精神,习近平总书记、省委领导关于党的纪律的重要论述摘录以及市纪委“六个必须”和新党章等,认真开展了“明纪律、守规矩、严管理”“四个知晓”“深改革,强规管,提能效”专题活动。分层次开展“四知三解”谈心谈话活动,组织召开生活学习会,优化分局作风和效能建设。强化干部业务能力建设,组织全体人员认真学习与规划管理有关政策和法律、法规等,同时通过派人员到宁波、杭州、上海参加专家讲座培训,鼓励个人参加规划师考试等以提高业务素养。 (高 俊)

环境 保护

【概述】2015年,全区已命名市级生态村236个,占全区行政村的67.4%。已正式命名市级以上生态乡镇12个,其中,省级9个、国家级3个。婺城区安地镇在金华市率先开展生态文明示范建设。

【环境整治】严格总量控制,推进污染减排。"十二五"期间,根据市级下达全区"十二五"减排目标任务,全局层层落实减排任务,强化目标责任考核,加大工程减排、结构减排、管理减排、农业减排工作力度。2015年,全区COD_{Cr}排放量削减任务完成"十二五"总目标的125.98%;NH_3-N排放量削减任务完成"十二五"总目标的108.66%;SO_2排放量削减任务完成"十二五"总目标的131.91%;NO_x排放量削减任务完成"十二五"总目标的135.73%。四项指标均超额完成"十二五"目标任务。

【环境监测】2015年,全区监测点站PM2.5均值浓度为57微克/立方米,比上年同期(65微克/立方米)下降12.31%;AQI优良率为71.5%,比上年同期(62.4%)提高9.1个百分点。2015年,全区列入省市考核的交接断面沈村断面、婺城大桥断面水质均值为Ⅳ类,考核总体评价结果为合格。全区29个乡镇交接断面中Ⅰ-Ⅲ类水质断面12个,占41.38%;Ⅳ类水质断2个,占6.90%;Ⅴ类水质断面2个,占6.90%;劣Ⅴ类水质断面13个,占44.83%。

【项目审批】严格实行建设项目环境准入制度,2015年审批项目64个,初审项目8个,坚决制止高能耗、高污染项目进入区境,从源头控制污染物排放。加强项目全过程监管,杜绝建设项目出现未批先建、批小建大、批建不一现象。 加强项目竣工环保验收管理与试生产审核,全区"三同时"验收项目合格率100%。

【执法检查】2015年,贯彻落实新环保法为契机,坚持将日常监管和专项执法相结合,在全区范围内陆续开展了"亮剑斩污1号"、"亮剑斩污2号"、环境安全隐患大排查大整治、"环保风暴"联合执法、环境保护大检查等系列专项行动,参与"三改一拆"、"低小散"非法加工作坊专项整治、畜禽养殖行业联合整治等行动。2015年,出动执法人员1188人次,检查企业568家,关停取缔企业7家,责令限期改正11家,下发环保建议书22家,对44家(是上年同期10件的4倍以上)企业的环境违法行为进行立案查处,处罚金额156.3万元;其中移送公安案件7家(涉行政拘留4家,刑事拘留3家)。

【宣传教育】2015年,召开各种会议,"6·5"世界环境日、"12·4"法制宣传日等重大节日活动,广泛开展环保法规知识宣传。围绕2015年世界环境日活动主题"践行绿色生活",结合全区"五水共治"和大气污染防治工作,开展"生态环保微点子献言大赛"活动,营造保护水环境、人人有责、人人参与、从我做起的氛围。对环境保护相关法律法规等内容进行宣传,发放宣传资料300余份。

【信访与建议】2015年,办理人大、政协议案、提案9件,代表和委员的满意率均为100%。全年受理环境污染举报投诉758件,其中水污染113件、大气污染331件、声污染85件、其他41件,调查处理率100%,满意率98%以上,确保全区社会稳定;开展环境矛盾纠纷排查4次,解决各类矛盾纠纷6件,妥善处理群众反映较集中的热点、难点环保问题。

(张树云 吴 梦)

质量技术监督

【概况】 婺城区质量技术监督局(以下简称婺城区质监局)以“抓质量、保安全、促稳定”为工作目标,加大对质量、创牌、标准化等重点产品工作监管,继续保持产品质量和特种设备“两大安全”不放松,各项工作顺利完成。2015年,共荣获婺城区政府质量奖2家,获省名牌3家、市名牌7家。

【品牌建设】 质监局牵头组织开展质量强区建设相关工作,印发了《婺城区质量强区行动计划》和《婺城区质量工作考核办法》,并召开了区质量强区领导小组各成员单位协调会,分解各项任务指标,推进质量强区建设。通过召开领导小组成员单位会、建立专家库、制定评选规划与细则、发布申报区政府质量奖通告、媒体宣传等系列工作的开展,多渠道推进政府质量奖争创。建立了婺城制造乡镇推荐委员会,明确各乡镇婺城制造的分管领导和络员,联络员负责推荐报送各自辖区内符合浙江制造培育潜力的企业。编制了《婺城质量》信息报告,内容涵盖婺城企业注册情况、“浙江制造” 相关标准、技术性贸易壁垒预警资讯等方面,通过产业信息交互,促进婺城汽摩配、新型建材及五金工量具三大主导产业发展,为浙江制造输送企业打好基础。

【标准化战略】 鼓励和推进企业积极采用国际标准或国外先进标准,提升区产品质量和技术水平,增强企业市场竞争力。累计完成产品质量达到国际标准企业36家。全区主导制定国家标准2个,申报市级农业标准化推广示范项目验收6家、市级地方标准规范项目1家;投入7万元资金开通自助标准查询系统持续使用,该系统收录400余个国内外标准组织的120余万份标准题录,60余万件包括国标、行标、地标等各级标准文本,为企业提供标准查询服务60余次。

【特种设备安全监察】 开展高能耗锅炉、游乐设施、公共场所电梯等多次专项检查。出动特种设备监察人员260人次,检查特种设备使用单位117家,受理安装告知458台,排除隐患99家,消除张家良冷库废弃液氨设备、东方前城社区电梯超期未检等重大隐患。组织特种设备安全“三进”宣传,发放宣传手册300余份。开展电梯安全监管大会战,共出动安全监察人员136人次,检查企业52家,检查电梯68台,维保单位完成自查电梯1811台,发现安全隐患电梯15台,排除隐患15台。全力攻坚“六小”服务行业锅炉专项整治,整改规范锅炉7台,关停注销拆除锅炉64台。全区特种设备安全形势总体平稳,未发生特种设备事故。

【工业产品区域监管】 加强对工业产品获证企业监管,严把企业初审关,重点加强对人造板、门业、建材的监督抽查,监督抽查合格率达98%。全区工业产品生产许可证年审35家、换证4家、新申请领证4家;食品相关产品获证企业5家,新申证2家。受理监督抽查后处理13起,复查合格10家,3家正在整改中,已对婺城区45家生产许可证企业定期巡查,填写巡查记录。完成32种产品146批次的监督抽查及后处理工作。

【行政执法】 根据区委、区政府和市局重点工作安排,采取处室互动、上下联动、区域联动等方式,针对计量违法、衬衫成品和不锈钢制品(食品接触用)等质量问题的专项检查行动,以涉及民生民安、节能减排、知识产权等领域,以及涉嫌行业潜规则等方面产品为重点，组织开展专项执法行动。2015 年，全局出动执法人员 198 人次，检查企业(个人)97 家次，查处案件 8 起，没有行政复议撤销案件，没有行政诉讼败诉案件。也未发生执法人员违法违纪行为。

【民生服务】加强对民生计量的监督管理，重点对县域内集贸市场、超市、加油站、定量包装企业等使用的计量器具进行检查，开展能效标识专项、医疗卫生单位计量器具专项、加油机及房屋面积测量计量器具专项、尾气检测用计量器具专项等各项专项检查。开展“计量惠民服务活动”，提供免费计量服务社区 4 个，服务 265 人次，发放宣传资料 3000 份。转变职能提升服务质量。优化窗口服务，实现组织机构代码证办证即办即结，配合做好“五证合一、一照一码”工作。2015 年，受理代码证业务 4233 家，为全区小微企业减免费用 3.3 万元。开展企业技术帮扶行动。精准对接企业需求，接轨“互联网+”趋势，探索利用微信、微博等，搭建“在线技术服务平台”，为企业提供互动交流平台，时时解答企业提出的问题，为企业排忧解难。

【服务区块拆迁】根据区委、区政府要求，局抽调 3 名工作人员赴二七新村负责拆迁工作。在全体工作人员积极努力及全体拆迁户的配合支持下，第二网络组 66 家按时间、按计划 100%完成签名及腾空工作，协助兄弟网络组做好重点户工作，帮助兄弟组完成签名 3 户，较好地完成二七拆迁工作。

【队伍建设】开展从严管理落实年、部署“三严三实”专题教育活动，开展“不作为、乱作为”问题专项整治，开展问题排查，明确整改措施及整改时限。全年召开各类学习会 40 多次。开展“四个知晓”等专项行动，通过谈心交心、召开党员生活会等形式，强化队伍管理。组织结对帮扶活动，领导班子带头走访企业 50 多家，实地走访对口帮扶村 2 次，帮助解决“微心愿”6 个。

(张倩云)

安全生产监督

【概述】2015年,全区发生各类生产安全事故105起,同比持平;死亡20人,同比下降13.04%;直接经济损失96.47万元,同比下降4.42%。其中工矿商贸企业事故2起、死亡2人、直接经济损失63万元,与上年同期相比均持平;道路交通发生事故103起、死亡18人、直接经济损失33.47万元,与上年同期相比分别持平、下降14.29%和下降11.76%。发生生产经营性火灾18起,直接经济损失46.95万元,与上年同期相比分别下降63.27%和73.49%。

【责任体系建设】2015年,贯彻落实“管行业必须管安全、管业务必须管安全、管生产经营必须管安全”要求,制定下发《金华市婺城区安全生产委员会及成员单位工作职责》和《婺城区安全生产工作目标管理考核奖励办法》,明确指出负有安全监管职责的行业主管部门做到安全生产责任“五落实”:落实“党政同责”,部门党政主要负责人对安全生产工作负总责;落实领导班子成员“一岗双责”,部门领导班子成员要在各自分管领域各负其责;落实行业领域安全生产监督管理责任,健全工作机构、明确工作职责、充实专业力量;落实日常监督检查和指导督促职责,加强本行业领域安全生产监管执法,做好有关事故预防控制,发生重特大事故立即派员到现场指导参与抢险救援、事故调查等工作;落实安全生产工作考核奖惩、“一票否决”等制度,建立自我约束、持续改进的安全生产长效机制,按照“谁主管、谁负责”“谁审批、谁负责”的原则,督促落实企业安全生产主体责任,健全本行业领域安全生产责任体系。全区各级共签订安全生产综合目标责任书2800份,切实落实综合监管、行业监管、属地监管、企业自管的工作责任体系。

【隐患排查体系建设】2015年,建立健全隐患排查体系,深入开展“百日攻坚”“打非治违”行业专项整治行动。

开展烟花爆竹行业专项整治。根据金华市安监局《关于进一步加强烟花爆竹安全管理工作的实施意见》,采取统一规划布点、统一专店直营、统一进货渠道、统一数字监控、统一日常管理等“五统一”措施,全面清理规范烟花爆竹零售经营行业,达到禁燃区全面禁售、非禁燃区销售点压缩70%以上的目标(由原来的131家削减为33家以内)。区安监局召集33家烟花爆竹经营门市部负责人和2家烟花爆竹批发公司负责人进行了安全生产警示约谈。

开展危化领域大排查大整治。全区召开危化企业生产经营(带储存)负责人、安管员培训教育暨与安全警示教育集中约谈会,教育企业切实履行安全主体责任;天津“8.12”特别重大火灾爆炸事故后,组织消防、经贸、安监、环保、交通、市场监管等部门执法人员,聘请危化行业技术专家,对全区危险化学品生产、使用、经营、仓储、运输单位开展全覆盖安全检查;区政府办公室、区安监局、消防大队负责人联合对29家石油化工企业和易燃易爆危险品场所的45名负责人、消防安全管理人又进行集中安全警示约谈。全区出动检查人员398人次,排查出涉及危险品企业(单位)163家(经营无仓储120家),发现隐患234个,完成整改228个,下发隐患整改通知书114份,责令停产整顿2家,核销危化经营许可证35家,立案查处1起,罚款3万元。

开展重点领域排查和专项整治。以防范较大及以上事故为重点，落实隐患排查治理各项工作措施，市挂牌重点事故隐患9处，完成整改7处，两处电力设施安全隐患因土地问题没有按时整改；开展涉爆粉尘行业专项整治“回头看”；交警部门制定“全警上路”六项措施，强化路面执法力度；落实《道路交通安全严管七条规定》，推进公路安全生命防护工程；质监局开展高能耗锅炉、游乐设施、公共场所电梯等专项检查，强化特种设备安全监管；住建局全面实施建筑工程质量治理“两年”行动，强化建筑工程质量安全监管；交通运输局加强在建工程施工现场、临水临崖危险路段和事故隐患点等专项行动；经商局和市场监管局加大对商场、市场等人员密集场所的安全检查，消除不安全隐患；发改局抓好燃气管道的隐患整改；推进劳动密集型企业、“三场所一企业”、夏季安全生产“百日攻坚”、以村级集体留用地建筑为重点的生产经营用房、危险化学品和易燃易爆危险品场所、矿山等专项整治，提升重点行业安全监管水平；区安监局组织涉及可燃爆粉尘、涉氨制冷、喷涂行业有限空间作业场所等企业单位负责人进行集中安全生产警示教育。

【标准化和诚信机制建设】2015年，按照国务院提出的：“要不断探索创新与经济运行、社会管理相适应的安全监管模式，建立健全与企业信誉、项目核准、用地审批、证券融资、银行贷款等方面相挂钩的安全生产约束机制”的要求，落实区政府关于进一步加强企业安全生产工作的意见，全面部署、同步推进企业安全生产诚信机制建设和安全生产标准化建设工作，实现企业诚信建设与标准化建设的有机结合，相互促进，提升工作效能，达到夯实企业安全管理基础，提高企业安全管理水平，推进落实企业主体责任、部门监管责任和属地管理责任，实现全区安全生产形势的根本好转。下发《2015年金华市婺城区工贸企业安全生产标准化建设工作方案》，召开了标准化建设工作动员暨培训会，把安全生产标准化工作宣传贯彻到乡镇(街道)、企业和员工，90家单位已上报市局组织评审。印发《关于进一步加强企业安全生产诚信体系建设实施方案的通知》，通过建立企业安全生产诚信机制，对3家隐患整改不力单位进行曝光。

【社会化服务和智慧用电】2015年，根据《关于加强安全生产监督执法的通知》(国办〔2015〕20号)和《关于推进安全生产社会化服务工作的指导意见》(省安监局〔2014〕55号)等文件精神，从4月起，以公开选聘化工、冶金、机械等相关行业专家形式，组成两个工作组，分类分批对全区156家规上企业开展安全生产巡检会诊，其间共排查各类隐患512条，提出建设性意见96条，企业对存在的隐患进行了积极整改，监察大队隐患整改不力单位进行处罚，提高安全生产环境。

根据省、市、区关于加强安全生产促进安全发展的实施意见 精神，区安委会办公室下发了《关于推广利用信息化手段防范火灾事故工作的通知》，督促引导企业走科技强安之路。全年已有45家企业安装了120余台智慧用电信息管理系统，提高企业安全生产本质水平。

【宣传教育】开展形式多样的安全生产宣传教育活动，不断提升全民安全意识和企业职工安全生产事故防范能力。开展法律宣传工作进企业、进村居、进单位等活动，发放新安全生产法、职业病防治法、消防法等法律法规宣传册8000余份；严格“三类人员”安全教育，严厉打击企业负责人、安管员、特种设备作业人员无证上岗现象，2015年，组织6期安全生产培训班，培训企业负责人和安管员共1032人，培训其他从业人员逾2万人。区安监局领导到乡镇(街道)、企业讲授安全生产课7次，参与人员400余人；注重各地各部门之间信息平台的构建，与交通局联合在虹戴公路LED电子屏幕上全年滚动宣传安全法规和安全常识，与教育局联合每月向学生家长发送一条安全温馨提示，与区新闻中心联合每月在《今日婺城》开辟安全生产专版；四是制作法律法规宣传专版，结合全国第14个安全生产月，在人民广场“6·16”咨询日活动，机关大院，万里扬、巨龙管业等大型企业进行集中展示教育；利用各单位LED显示屏上宣传安全标语，弘扬安全文化，普及安全知识。

(华白璐)

城市管理

【概述】2015年，金华市城市管理行政执法局婺城分局(以下简称分局)关于“无违建创建”工作，拆除面积达154万平方米；承办案件总数3.07万件，罚款总额达547.48万元，其中一般程序立案355件，罚款金额84.83万元；简易处罚3.03万件，罚款金额超过4百万元；共受理“8890”投诉3999件，办结率达到了100%；受理来信来访111件，办结111件，办结率100%，劝导流动摊贩超过2万人次。

【队伍建设】加强从严管理教育，提高城管思想认识。启动“从严管理落实年”系列活动，“2015年度婺城行政执法分局队伍建设周”活动，提高干部队伍的先进性和全体队员的自我管理能力。科学组织军训锻炼，培育新人良好风尚。开展42名合同制队员军训锻炼。不仅锻炼队员们吃苦耐劳、坚持不懈的精神意志，还提高队员们的法律素养。更新法律知识，强化城管执法能力。参加上级组织的法律业务培训的同时，自主开展法律业务知识培训，“实事求是、依法从严”的办案精神内化于心，外化于行。组织新入职人员开展执法业务学习，顺利通过执法资格考试。组织学习准则和条例，提高队员言行规范。统一订购学习读本，集中组织学习，创新开展“你问我答”的专题学习活动，形成浓厚的学习氛围。凝聚城管执法队伍，开展团体趣味运动会。通过组织吹气球、接力、拔河等运动项目，展示队员们的活力和热情，发扬执法队伍团结精神和意识，增强凝聚力。

【中心工作】全力助推全区“三改一拆”重点工作，配合二七和下沿区块征迁。分局牵头试点区块，建立二七征迁示范试点样板，派出10多人具体参与征迁，最终实现100%的签约率和100%的腾空率。年底下沿征迁工作启动，抽调队员28人，发挥敢为人先、“五加二”、“白加黑”的精神，认真研究征迁户的动态，安排跟进方案，不分昼夜，推进征迁工作，得到领导的肯定。

合力攻破违章搭建拆除难题。先后派出队员2000余人次，参加安地镇、乾西乡、竹马乡、长山乡、后城里村、洪源村、东上小区等地拆违保障工作。参与城北街道两大城中村拆违保障，2个多月的时间，拆除乱搭乱建的围墙、简易房、雨棚等217处，面积达1.53万平方米，清运建筑垃圾、生活垃圾1205多车。参与通元路天益公司(原金华酱油厂)拆除保障。利用5天时间，完成位于通元路天益公司所在地块的拆除任务，比原计划提前38天完成整体拆除，拆除面积6000平方米，体现分局领导和广大执法队员“情况掌握在一线、工作开展在一线、问题解决在一线”的优良作风。百事达市场拆除保障，拆除百事达怡村区块仓储用房21间、5460平方米，腾空旧货市场4间、1040平方米。仓储用房10间2600平方米；高桥区块拆除1500平方米，累计拆除1.06万平方米。

【市容环境整治】在兰溪门、骆家塘、道院塘、白龙桥集镇、安地镇等地多次开展占道经营整治等行动。抓好对山路、曙光路、景云寺等几大马路市场整治。开展市容环境整治。分局在二环内市区、二环外集镇多次开展环境卫生专项整治，对道路两边的乱堆杂物、河道两边的废弃杂物、店家住房周边的占道杂物等严重破坏市容环境的堆放物，组织执法队员进行搬移清运，赢得市民的肯定与支持。通过推进各大集镇环境卫生综合整治，开展“市容整治月”活动，学校周边环境常态化严管，落实门前三包责任，市容环境风貌明显改善。启动“六小”服务行业专项整治，截至12月30日，“六小行业”餐饮单位应整治数994家，已安装油烟净化器281家，无油烟611家，关停102家，完成率100%。餐厨回收协议已签订552家，无餐厨340家，关停102家，完成率100%，餐厨立案3起，处罚金额1500元。顺利完成了整治目标。推进户外广告整治。3月底，对二环以内违法户外广告开展联合整治，突出楼顶违法户外广告的摸排统计、立案查处、督促整改。截至目前，楼顶违法户外广告95%以上得到整改，店招、横幅、灯箱、LED等类型广告也进入全面的整治阶段。

2015年，金华市城市管理行政执法局仙源湖大队成立　　(区城市管理行政执法局提供)

【专项工作】严格抓好禽流感防控工作。开展专项整治行动，重点对马路市场活禽交易进行查处，同时对市场内和店内发现杀白上市的活禽及时告知相关部门。3月，针对金华禽流感联防联控实际，邀请金华市婺城区疾控中心传防科科长召开了禽流感防控措施专业培训会。10月，禽流感疫情有加重的趋势，分局高度重视，加大对活禽交易的整治力度，整个防控工作平稳有序开展。全面落实市区禁燃禁放工作，制定针对性的烟花爆竹禁限燃行动方案，与各大队、科(室)签订责任书，每名队员签订个人承诺书，组织春节烟花爆竹禁燃工作、元宵节、情人节、七夕节禁放“孔明灯”行动，先后组织340余人次在人民广场、八咏桥、回溪街公园、婺州公园等重点区域进行有力值守和劝导，确保节日的安全，赢得市民和领导的好评。

【创新管理思维】创设微信平台，促进全局大沟通。将日常工作、亮点行动、先进事迹、经验做法等方面的内容进行实时播报，促进全局信息资源的大沟通、大共享。创新办案思路，餐厨立案零突破。创造宣传渠道，提高城管公信力　为提高城管公信力，创造两大宣传渠道：推进志愿服务活动，开展“城管进校园”系列活动。

(崔梦琪)

供电　移动　电信

供　电

【概述】2015年,婺城全网最高负荷64.65万千瓦,同比增长4.97%,其中网供负荷64.52万千瓦,同比增长5.00%。供电局全年未发生人身、电网、设备事故,累计安全日1309天。城网电压合格率100%,供电可靠率(RS3)99.9698%;农网综合供电电压合格率99.713%,供电可靠率(RS1)99.134%。10千伏线路"手拉手"环网率100%。获得地市公司级科学技术进步三等奖3项,合理化建议及技术改进一、二、三等奖各1项,工会工作理论研究成果一等奖,省公司"五星级班组"及"工人先锋号"称号。

【安全生产】落实安全生产责任制。贯彻《中华人民共和国安全生产法》和《安全工作规定》,强化"一岗双责",落实各级安全主体责任。有序开展专项安全活动。组织开展"安全反思月"、春秋查等安全专项检查、配合做好城市电网安全性评价复查等,促进安全水平的提升。加强现场安全管控。加强现场作业规范化管理,严格执行安全生产十条禁令和《配网运检人员现场作业规范》,签订《作业现场使用手机承诺书》,规范作业现场手机的使用,严格执行到岗到位制度,领导干部和管理人员全年到岗到位510人次。深化安全教育。组织开展"安全学习周""安全日"等安全活动,学习安全事故,深刻吸取教训,增强安全意识。高度重视安全教育培训,参加安全技术等级培训及安规月考,组织参加配网安规调考,提升员工的安全意识和安全技能。开展电力设施保护和隐患排查整治。开展模拟110千伏罗店变失压桌面推演和10千伏银河线故障重要用户保供应急演练,编写应用突发事件应急处置卡,做到"一事一卡一流程",有效提高应急处置效率。开展春查、秋冬查和安评专项整治,实现151项问题整改闭环管理。强化全员安全意识,开展人员转岗、安规调考、现场工作规范、工作票实施等系列培训。深化隐患缺陷排查整治,制定"一患一档",加强电力线路交跨苗木绝缘化改造,年底基本实现全面改造。加快线路设备命名牌整治,共整改各类标示标牌23201块(处)。开展交跨鱼塘苗木整治和电力设施保护警示牌挂设,挂设各类警示牌1280块。加大电力设施保护宣传,接受安全咨询1600余人次,张贴发放安全海报11400余份。建立三级稽查网络,开展"口袋书"专项稽查,强化稽查记分和考核管理。开展现场稽查544次,查纠现场违章29起,处罚人员15人次,违章记分47分。完善应急处置机制,修编应急处置方案,加强班所"一事一卡一流程"执行。

【电网建设】2015年,完成配网建设与改造投资1.51亿元,网架结构得到完善。全年新建及投运10千伏线路9条,开闭所9座,户外环网站34座,完成34条10千伏线路电缆化改造,完成10千伏精深、东科等线路分流改造。推进迎峰度夏项目。合理安排迎峰度夏项目,完成迎峰度夏项目6项、低电压改造项目7项、配变增容补点49台、分接箱更换192台。配合道路改造等市政工程建设。完成市区一环路贯通、婺州街、李渔路、迎宾大道等道路优化改造工程,配合开展330国道、金罗公路等市政迁改工程及二七区块拆迁。配合完成大网前期工作。完成220千伏汤溪变电所和110千伏罗埠变电站政策处理,基本完成220千伏输电线路双龙侧和南竹侧共36基铁塔和110千伏汤溪—罗埠输电线路21基塔基政策处理。参与攻坚项目“220千伏兰溪电厂改接工程”,婺城区域20个塔基政策处理工作取得突破性进展。推进市重点项目“110千伏五一输变电工程”政策处理和110千伏吕塘输变电工程前期各项证件办理和变电所政策处理工作。

【优质服务】推进业扩报装提质提速工程,制定低压业扩报装流程优化实施细则,营业厅实施“一证受理”、“首问负责制”和“一次性告知”。推行电力服务外包工作试点,营业窗口实施外包模式,强化提升人员素养,开展低压业扩“一岗制”快响作业等用电服务模式。推广电子服务平台。2015年,绑定网浙江省电力公司微信公众账号33901户,绑定户号37996户,推广国网手机APP用户5239户。持续开展“三进”活动,联合区教育局,专题开展“强化用电安全教育,用电便民服务带回家”活动,历时3个月,走遍婺城34所小学和17所中学,惠及4万多家庭近5万名学生。助力市政府“二七拆迁绿色通道”、BRT站点建设等惠民便民工程,抽调人员实行无休办公,提供“一站式”便民服务。抢修出勤4501次,同比增加288次。其中,表后服务2082次,故障平均修复时间为95分钟。出色完成各项保供任务。完成春节、国庆等重要节假日、高考、中考等特殊时期及重大活动的供电保障工作。

【三个建设】开展“三严三实”专题活动。严格按照公司党委要求做好规定动作,开展专题学习研讨4次,领导班子讲党课4次,组织召开专题民主生活会和支部组织生活会,班子成员进行谈心交心,对照检查,深入查找“不严不实”问题。加强党组织建设和党风廉政建设。组织开展“三亮化”“学党章”“修党性”亮承诺“七一”党员活动,做好支部改选、党员发展和转正等相关工作。下发《廉洁从业倡议书》,逐级签订廉洁从业承诺书,组织党员参观浙中预防职务犯罪警示教育基地,召开正风肃纪警示教育大会,进行防职务犯罪警示教育。推进工会建设。开展员工文体“1+1”活动,先后开展拔河比赛、包饺子比赛、登山健步走、“三走进”摄影作品征集、房屋装修沙龙、健康生活你我行等系列活动,《构建和谐班组的探索与实践》获金华公司理论研究成果一等奖。开展慰问、送温暖、爱心互助、“慈善一日捐”、生日慰问、退休职工座谈等人文关怀活动,增强企业凝聚力和向心力。加强和谐建设,确保企业稳定。关注员工心声,做好解释、思想疏导;开展道德讲堂进配电、心理辅导等活动,组织班组编制《班组公约》,为运检室的安全生产、和谐稳定保驾护航。深入推进品牌宣传。加强亮点工作宣传报道,刊登各级网站内外刊200余篇次;做好新闻应急,未发生影响企业形象的负面新闻。加强精神文明建设,金华供电营业厅代表市公司参加“为文明窗口点赞”金华市区行业窗口优质服务展示活动,以第二名的成绩获得“文明服务示范窗口”荣誉称号。主动关注干部员工思想动态,畅通信息渠道,构建协调预警机制,顺利完成农电用工方式调整。加强阵地建设,完成党群服务中心及便民服务中心建设。

(胡卫军)

移　动

【概述】2015年,婺城移动分公司实现运营收入5.76亿元,通话客户76.45万户,4G网络客户37.16户,有线宽带用户8.99万户。

【员工关怀】开展系列“送温暖”活动,关心员工生活,继续扎实深入开展“六必访”工作,为员工办实事,增强员工的归属感。走访慰问了结婚、生育、丧病员工家庭。关爱互助缴费工作顺利开展,筹集善款总额8880元。

【结对扶贫】婺城移动分公司在职党员代表前往安地镇南畈村开展“温暖1+1”扶贫活动。走访慰问了村上的贫困户,与他们亲切交谈沟通,询问他们的健康、生活等情况,党支部送上慰问品,表达了公司的关怀与祝愿。公司坚持在党员中开展“创先争优办实事,扶贫帮困献爱心”活动,以深入开展结对帮扶为抓手,充分发挥党员的先锋模范作用,发动党员为群众解难题、办实事,真正将创先争优活动落到了实际行动中。

【微型消防站成立】 为了进一步加强消防安全,将火灾消灭在着火初期,结合婺城区消防安全重点单位建设"微型消防站"的整体部署,12月24日,婺城移动"微型消防站"正式成立,该微型消防站配备了水带、水枪、灭火器、空气呼吸器等消防器材。"微型消防站"是以救早、灭小和"3分钟到场"扑救初起火灾为目标,依托公司志愿消防队伍,配备必要的消防器材,组织制定各项管理制度和灭火应急预案,开展防火巡查、消防宣传教育和灭火训练,不断提高扑救初起火灾的能力。

【网络建设】 2015年,完成浙师大有线宽带校园网建设,这是一个基于IP的高带宽、高可靠性、可运营管理、多出口、多业务的灵活网络,共完成200台"华为"2352接入交换机和40台"5300"汇聚交换机的安装和替换。开学季成功受理5832条宽带,日均装机量在600张以上,最多的一天完成安装870张,累计完成装机5723单。 (张　乐)

电　信

【概述】 2015年,电信金华分公司 固话、移动和宽带业务均超百万,iTV用户超30万。其中,移动及宽带用户满意度居同行业第一。4G移动网络乡镇以上有效面积覆盖率提升到92.1%,高铁、风景区覆盖率达95%,IP城域网出口能力从720G提升到1200G,总宽带用户承载能力由110万提升到120万。全省第二核心金华节点出口带宽从800G提升到3000G。

1月29日,公司召开2014年度党委专题民主生活会。党委书记、总经理樊振华通报党的群众路线教育实践活动整改工作落实情况,代表公司领导班子进行对照检查材料及个人对照检查材料发言。党委成员陈华平、陈涛、虞望圣分别作个人对照检查材料发言,班子成员之间进行严肃、认真、诚恳的批评与自我批评。省公司党组书记、总经理卢耀辉出席会议并作指导,要认真学习贯彻王晓初董事长在集团党组扩大会上的讲话精神,准确把握学习成果,增强党性观念,带头在思想、政治和行动上与党中央保持高度一致。坚持不懈抓好作风建设、严格遵守八项规定和八个严禁,坚持"四条底线",确保四风不出问题、服务不出问题、队伍稳定不出问题、廉洁自律不出问题,建立健全党委负主体责任、纪委监督责任的反腐倡廉机制,建立健全民主集中制议事决策机制,营造创业干事、奋发向上的氛围和良好的发展环境。倡导"一个意识"、"两个导向"、"三个一线"的理念,以市场化为抓手,深化划小承包、建立倒三角支撑体系,推动企业规模发展。

2月15日,公司召开党委中心组学习专题会,会议集中学习中纪委五次全会及集团反腐倡廉暨纪检监察会议精神,并布置党风廉政建设和反腐败工作专项活动。

3月19日,落实信访维稳工作责任制,公司在综合管理部下设信访室,负责本地网整体信访维稳工作,包括信访维稳体系建设、基础管理、重大不稳定问题排查和化解、重大涉稳时间处置等。

4月22—23日,公司举办应急通信展演活动,向外部重要客户、合作伙伴、党政军等展示电信应急通信保障实力,并通过信息安全及智慧城市展演,开展客户发展、商机挖掘及商务合作。演练模拟台汛影响金华区域、某流域堤坝多处出险、引发化学品泄漏以及局部地区人员大量聚集等突发事件,造成电力中断、通信光缆被毁、公网通信大面积瘫痪和阻塞。此次演练出动了大、中型综合应急通信车,国家应急短波网指挥车,国家应急通信指挥车,国家应急静中通卫星指挥车,国家应急动中通指挥车等应急指挥车11余辆,以及应急短波便携站、应急VSAT便携站、海事卫星、4G单兵等应急通信设备,并通过卫星通信方式,与省政府应急办进行互动。

6月30日,公司携手金华市公安局共同打造的"金华114社会化移车服务平台"召开新闻通报会,标志着该服务平台正式启动。此次金华公安和金华电信以服务民生为出发点,以推进金华市社会应急联动工作为着眼点,整合公安信息资源和电信高效话务平台优势，合作推进114移车服务项目，为人民群众提供便利、快捷、高效的出行移车服务。

8月6日，公司召开2015年半年度会议暨巡视整改工作推进会，审视半年工作找差距，全力落实整改任务，以“严和实”强化作风建设，推动公司企业经营工作新突破。

10月13日，省公司卢耀辉总经理来金华分公司调研指导百日冲刺活动。调研期间，卢耀辉总经理会见了金华市政府暨军民市长、张伟亚副市长，双方就战略合作事宜进行洽谈。

10月16日，公司与金华市公安局、浙江省通信产业服务有限公司签订了共同推进金华市“科技强警”建设战略合作协议。根据协议，三方将共同合作，通过信息化、科技化手段进一步提升金华公安软硬件水平，共同为金华公安“科技强警”建设提供支持指导，为全面保障社会稳定，实现平安城市的战略目标做贡献。

10月26日，副市长邵国强、副秘书长潜高星副到中国电信浙江公司云计算中心项目基地，实地调研项目进展情况。听取公司和施工单位专题汇报项目进展及存在的困难。邵国强对项目总体进度较为满意，对仍未落实的电力施工、供水等配套工程，要求相关单位要通力合作、积极配合，全力支持市重点工程的如期完工。 （王 伟）

金融　保险

工商银行婺城支行

【概述】 2015年，工行婺城支行本外币各项存款余额(不含同业)37.48亿元，本外币各项贷款余额43.23亿元。新增个人有效客户2.06万户，其中中高端客户新增1035户。新增对公有效户302户，净增现金管理客户94户。全年风险管控良好，内部管理持续加强，实现零案件，无重大差错和责任事故。

【经营效益】 2015年，支行拨备前利润同比增长6.12%，存贷款净息差同业排名第一。本外币各项贷款时点新增4.90亿元，占同业份额的40.25%，排名第一。公司贷款增幅11.36%，项目贷款增幅23.09%，分期付款增幅50.26%，信贷业务发展良好，贷款投向结构基本稳定合理。支行做大金融资产，突出理财业务重点。顺势而为，抢抓时机，做好客户经理队伍理财业务产品销售的督导工作，集合优势资源推动个人理财产品销售的大幅提升，重点推广结构性保本理财、私人银行理财等产品，促进客户、资产、收入的联动发展，全年个人金融资产增幅20.32%。继续提升信用卡业务市场份额，重点围绕畅通卡、工会卡和企业联名贷记卡三大发卡项目，结合零售业务转型改革，开展中高端客户信用卡渗透及批量项目发卡工作，信用卡发卡工作成效明显，全年信用卡发卡净增8036张。

【网点建设】 2015年，开展市场与客户调研的基础上，进一步优化网点布局，推进网点建设，持续扩大服务辐射范围，提升服务渗透能力。大力推进物理网点与自助银行建设，积极营销推广电子银行等离柜业务与产品，多管齐下，大幅提升服务供给能力，满足客户对业务办理渠道的多元化选择的需求，致力打造“您身边的银行”品牌形象。对婺州街二级支行进行迁址装修，打造优质的业务办理环境的同时，做好营业部、婺州街支行智能化网点转型工作。

【安全经营】 严控信贷关口。坚持审慎稳健、依法合规、安全经营原则，正确处理发展与风险的关系，采取有效措施，坚决遏制不良贷款上升势头，同时加快清收进度。支行努力营造合规氛围。各科室、网点定期组织员工学习员工管理文件，形成反腐倡廉长效机制；组织开展“增强风险意识，坚守合规底线”案防主题教育活动；组织开展平安风险隐患专项排查，并针对性地制定处置预案；组织开展员工动态排查，掌握员工八小时以外的“生活圈”“社交

9月11日，婺城支行组织开展消防安全培训
(工行婺城支行提供)

圈”“消费圈”;完善网格化管理,明确管理的重点环节,建立和完善相关制度;强化业务风险管理,明确重要风险点,明确防控治理措施及责任与分工,加强考核力度。支行切实保障安全运营。强化安全教育,组织消防知识等培训,开展营业网点模拟预案演练,定期组织学习安全保卫有关文件,利用晨会、周会交流学习心得;开展安全大检查,加强重要部位的监控和安全管理,特别是对离行式 ATM、24 小时自助银行进行了重点巡查,确保安全达标率100%;创建平安金融,深入社区建设“心防工程”,普及金融安全知识,提高居民识骗的意识和能力,为“平安婺城”的建设做贡献。

【党建和队伍建设】坚持人本管理和从严管理有机结合,统筹推进党建和员工队伍建设,同时注重人才培养和成长,为发展提供源源不断的动力。强化专业指导,通过老带新、一对一帮扶等有效手段与方式,较快提升客户经理、新员工的业务技能与专业素质。结合支行经营目标及业务发展重点,专业科室有针对性地组织业务技能培训,并且强化对网点工作的指导与序时推进,在深入网点开展调研分析的基础上,提出“一网点一策略,一网点一市场”的经营思路,要求网点扬长补短形成核心竞争力。强化精细化管理。贯彻落实各岗位员工的工作周报制度,跟踪网点(部门)工作的开展和落实情况,加强过程监督管理,有效提升队伍工作效能。加强党风建设,提升队伍战斗力。继续巩固党的群众路线教育实践活动成果,解决“四风”问题,党员干部树立正确的价值观,坚决摒弃浮夸风、腐败风,融入到群众中去,发挥先锋模范作用,凡事主动做、认真做,带领行内所有员工尤其是党员干部落实好每项工作。深化支行文化建设。发挥党、工、团、妇作用,组织开展各类活动,办好职工小家、支行文化墙、宣传栏,有效增强员工凝聚力与向心力,打造最佳的状态,全力投入工作。完善干部选拔任用管理机制,改进管理人员考核评价办法,强化考核结果反馈,完善经营压力传导机制,提升管理人员履职能力与管理水平。开展立体化人才培养机制,组织实施壮苗、青苗、幼苗“三苗”人才培育计划,为支行发展储备近期、中长期和远期人才。 (周文斌)

农业银行婺城支行

【概述】2015 年,婺城支行本外币各项存款余额 72.07 亿元,比年初增加 7.67 亿元;各项贷款余额 68.95 亿元,比年初增加 1.56 亿元,各项贷款余额在四行份额占比为 10.63%,比年初上升 0.27 个百分点。全年实现中间业务收入 8479 万元,同比增加 1257 万元,完成计划数的 100.7%。内控管理持续加强,年度内无责任案件发生。支行获得 2015 年度市分行运营基础管理先进单位、市分行普惠金融工作先进支行、市分行治安安全先进单位等称号。

【服务“三农”】坚持做实做好农村金融自治村创建,坚持一村一方案,满足农村居民各项金融服务需求,2015 年,经市分行审批通过新准入自治村 20 个,建立“三农”金融服务工作室 5 个,合作专业大户、家庭农场 53 户,农户贷款比年初增加 3665 万元。举办了一次专业大户座谈会,邀请政府农业部门领导、村主任、书记和专业大户等参加,宣传农行服务“三农”的产品和业务,加强对专业大户、家庭农场等新型农业经营主体的重点支持,了解农户的实际需求,更有针对性地开展“三农”业务,较好促进了农户贷款转型提质。对各网点惠农通管理员和商户就惠农通机具功能、服务应用、安全管理、故障修理等内容做了一次培训,引导网点将城中村、城郊村及各乡镇区域内的便利店作为机具推广的重点,积极推介其代收代缴、刷卡消费等功能,全年布放惠农通机具 85 台,在线率 22.49%,机具有效率 89.41% ;创建星级服务点 4 个,比年初增加 4 个,创建“农村 E 店”试点一家。

【网点转型】三行整合后,为减少内部竞争、提升营销效率,根据各网点所处环境及客户、业务特点等,适度调整发展重点,将原三行营业中心设定建设成为城区行标杆网点;其他城区网点以社区、校区、市场为服务主体,设定建设成为精品特色网点;乡镇网点以当地产业优势为主,设定建设成为在当地有品牌影响力的全能网点。2015 年,婺城支行专门派人到省分行投行部跟班学习,积极营销同业市场业务,在行长带领和推动下,成功营销同业融出、同业理财、票据转贴现等业务,获得较好收益,全年投行与金融市场业务收入1505万元。此外,通过优选合作中介、优化审批流程,提高放款效率,做大汽车专项分期总量,上下联合推动消费分期、账单分期、现金分期等,信用卡收入持续提升。

农行大楼(农行婺城支行提供)

【风险管控】信贷方面。2015年,根据上级行检查发现的问题及线索,确定了重点检查对象,按季对贷款还款来源、信贷资金流向及贷后管理落实情况进行检查。要求客户经理重点关注还款资金来源、信贷资金流向,按时落实贷后管理等。运营方面:对照各类案件风险点进行检查,重点针对开户手续不全、验印与身份核查不细、客户代理关系不清、印章与重空凭证及钥匙保管不严等情况开展专项治理,有效遏制了高风险环节的违规现象。支行全年共开展“三化三铁”监管检查32次,各类专项检查9次。全行11家网点中营业中心、汤溪支行、白龙桥支行被确认为总行级“三铁”单位,其余8家网点全部被确认为“良好”单位。同时,支行结合各类监督检查发现问题,不定期对典型案例以及屡查屡犯的问题及责任人处理情况等进行通报以起到警示作用,增强员工的制度意识、责任意识和风险意识,增强遵章守制、防控风险的自觉性,提高全行的制度执行力。2015年度支行内控合规系统检查问题录入和整改均100%完成。

【人才培养】始终坚持“以人为本、唯才是用”的原则,提拔前认真做好考察工作,广泛征求意见,发挥民主,不搞“一言堂”,未发生违规用人问题,也未接到反映违规用人的问题。2015年,通过公开竞聘,大胆培养、启用管理经验丰富的员工,新选拔中层干部5人,其中营业网点正职1人,中层副职4人。另外,为建立优秀人才储备库,11月份,开展中层副职资格竞聘,共有20名本科以上学历青年员工参加竞聘,竞聘后,最终择优入围4名员工。挑选各网点青年骨干组建了支行内训师队伍,通过每周微信平台学习、树立网点营销典型、网点轮换指导、宣讲产品PK赛等形式,加强为基层服务的意识和能力,加强与上下级行沟通,营造奋发向上积极进取的氛围。

【员工关怀】“职工之家”推进措施更加明确。2015年,“职工之家”建设和“职工小家”建设成绩显著,得到了省市分行领导和基层员工的一致好评,其中支行“职工之家”建设已获推荐上报总行先进。工会成立钓鱼、烹饪、篮球等7个兴趣小组,举办职工趣味运动会,缓解了员工的工作压力。邀请专家为员工开展各类讲座,倡导科学健康的生活方式。建立定期沟通机制,支行、部门、网点负责人定期与员工进行谈心谈话,了解掌握员工行为和思想动态。每年开展困难员工慰问活动。广泛开展文体活动,增强员工对农行的责任感和归属感。(姚清正)

中国银行婺城支行

【概述】2015年,中国银行金华市婺城支行(以下简称支行)各项业务稳步发展,本外币存款余额29.12亿元,比年初新增2.52亿元;本外币贷款余额30.11亿元,比年初新增4.02亿元;综合不良率1.38%,比年初下降了2.898个百分点;实现拨备前利润7128万元。

【行政事业存款】支行存量行政事业单位客户涵盖财政、社保、公积金、烟草、教育、基层单位、社团组织及其他。2015年,支行设置了行政事业单位客户经理专职、专人对接相关单位的日常业务需求,做到密切跟进、及时反馈,为行政事业单位客户提供满意、高效的金融服务。经过这一年的统一部署和精心维护，支行行政事业单位的时点及日均存款余额均实现了正增长。截至年末，行政事业单位存款时点余额为15亿元，比年初新增1.2亿元，日均比年初新增0.48亿元。

【不良清收】受经济大环境拖累以及企业“两链”风险蔓延的影响，支行面临的资产质量管控形势十分严峻。在行领导统一指挥下，大家齐心协力、积极应对，勇于向不良资产“亮剑”；同时密切联系法院、公安等司法部门，加强与分行各职能部门的联动，积极借鉴和探索行之有效的风险管控方式，全面推进清收工作，取得阶段性成效，实现不良资产清收超亿元。

【普惠民生】本着便民、惠民的经营理念，找准履职突破口，通过创新金融产品和服务，解决普通百姓融资难的问题，让老百姓享受更多的金融服务带来的便利。如针对公积金贷款偏紧，与公积金共同开展“搭桥贷款”业务；针对琅琊镇某村一期造地改田项目资金短缺，在全辖首笔发放福农分期业务；为了帮助某市场解决摊位转让、租赁资金需求，向上级行申请启动摊位租赁分期付款业务；作为支行强项，汽车分期更为购车者解燃眉之急；通过互联网和移动互联网为社区提供中银E社区，为客户提供“一站式”社区金融与商务服务等，让老百姓享受到金融服务带来的便利。

【网点转型】秉承“勇于创新，做特色网点”的经营理念，在推进汽车金融专业化、打造品牌化服务平台方面进行积极的探索，抓住宾虹支行改造搬迁契机，打造成汽车金融特色支行，成为全辖首家汽车金融特色支行和汽车金融中心。宾虹支行不仅网点环境优雅、设施功能齐全，而且配备专业的服务团队，可提供包括一手车分期、二手车分期、厂家金融(贴息)、融资租赁、车融易等专业性、综合性、全方位的汽车金融服务，为广大客户和合作方提供更加标准、高效、专业的服务体验。

【内控管理】根据《婺城支行2015年合规管理建设年工作实施方案》，明确全年内控合规工作，细化和完善内控检查计划表，组织有关人员有序、稳步推进各项检查工作。自查项目涉及外汇业务、个人代收付业务、本外币大额存取款业务、信用卡发卡和柜台操作业务、ATM业务现金管理业务、服务收费业务，以及对个人客户身份识别操作风险、公司授信客户持卡风险、个人客户经理职业操守和道德等风险管理，自查出问题共75个，当年整改问题70个，对不合规行为实行“零容忍”。

【企业文化】以党群众路线教育实践活动为契机，聚焦“四风”问题，转变工作作风，将“和谐创业”、“共同成长”理念融入支行整体发展。通过业务培训、录像点评等系列“架桥修路”的工作，提升员工业务技能和服务能力；组织青年团员协助交警，宣传交通规则；参加金华电视台“二十分可乐男神女神”的录制，向观众传授假币识别、点钞技巧以及防诈骗知识；组织员工开展“合规在你我身边”主题演讲，观看案例警示教育片，时刻敲响警钟；炎炎夏日向一线员工送清凉，把温暖人心的工作落到实处。

（吕爱姣）

建设银行婺城支行

【概述】2015年，建设银行金华婺城支行各项贷款余额为233560万元。其中公司贷款余额155818万元，个人贷款余额77742万元。一般性存款余额为154618万元，其中企业存款余额90139万元，个人存款时点余额64479万元。全年实现中间业务收入2570万元。其中公司中间业务收入1503万元，个人中间业务收入为1067万元。1—12月，共完成非零余额账户新增78户；完成新型结算业务收入41万元，完成率106.3%；单位结算业务收入95.90万元；单位结算卡57户；企业自助服务系统收费528户；对公一户通新增签约30户；资金定时归集完成率100%。以上指标均在城区单点型支行序列内名列前茅。

2015年，全行不良贷款余额1576.22万元，不良贷款率0.67%，比年初下降5188.66万元。其中公司类贷款不良额1070万元，个人类贷款不良额506.22万元。完成资产质量控制各项指标，为全分行完成资产质量控制计划做出了贡献。对公打包转让不良贷款4户,金额6793万元;通过法律途径现金回收845万元;平移不良贷款620万元。

【安全运营】加强合规文化传导工作,培育和践行核心价值理念。以"以守志笃行的精神;以合规经营的行为;以又好又快的发展;转型谋新篇;共享新成果;重塑新辉煌"为主题,全面把握核心理念的丰富内涵,将学习践行核心理念引向深入,转化为现实成果。将核心理念作为凝聚人心、形成共识、振奋精神、鼓舞士气的重要手段。结合自身实际因地制宜,将核心理念贯穿于各项工作的全过程,强化全体员工的危机意识、服务意识、责任意识和创新意识,直面金华分行面临的严峻复杂局面,勇于担当、敬业奉献,打造金华分行的核心竞争力,上份额提位次。带动形成人人讲核心理念、个个明核心理念、处处行核心理念的良好局面。开展内部审计项目整改工作,行长离任审计发现问题整改率100%。向全行员工发起"合规建行、人人践行"的倡议书,号召全行员工增强"规则牢不可破"的底线意识、红线意识,践行"内控促发展,合规创价值""全员、全面、全过程""合规无偏好""内生性与自发性""自律与他律"等合规理念,推进"强化从严治行、力促合规经营"专项活动。通过举办合规经营讲座,提炼合规经营理念,剖析合规经营案例,配合纪检监察条线做好违规违章案例宣传教育工作,切实增强从严治行、合规经营意识。组织开展"学案例 知法纪 明禁令"员工管理主题年活动,行领导、营业主管和客户经理参加了分行举办的"讲规矩"主题教育活动、"案防大讲堂"底线教育讲座暨"消费者权益保护"知识培训、"保密党课"。组织领导干部和员工报告个人有关事项并做好台账。先后3次召开员工会议观看警示教育宣传片。2015年,开展了2次全体员工行为排查, 组织一次非法集资风险专项排查活动,均未发现员工有不良行为和异常表现。先后开展了两次开展成长伙伴活动,针对员工工作岗位变动,调整成长伙伴联系人,并面对面开展交流活动,了解成长伙伴的工作生活情况。对工作执行不力、违反相关规定、办理信贷业务超过时效要求、部门及岗位协作存在问题等方面的员工积分处罚24人次,扣罚积分92分。组织领导干部和员工报告个人有关事项并做好台账。

【网点管理】为提高工作效率,加强时效管理,改善金融服务,营造良好的工作氛围,杜绝有令不行、有禁不止、办事拖拉等不良现象,根据上级行有关工作作风建设要求,支行制定了《2015年效能监察工作实施方案》,对执行力、违反相关规定、办理信贷业务时效要求、部门及岗位协作等方面工作进行监察,转变了工作作风,员工精神面貌得到根本改观。全年有两名优秀员工通过竞聘进入市分行相关岗位,人员结构实现了优化,为下一步业务发展创造了有利条件。细化精细化管理。通过强有力推进,员工日常将7S管理作为一种习惯,深深贯穿于每日作业中,管理效果初现,一定程度上提升了支行的竞争力。为进一步加大支行信息宣传和调研工作力度,营造良好的舆论环境,更好地为全行的改革、发展和管理服务,支行制定了《2015年信息宣传和调研工作考核办法》。员工投稿踊跃,信息宣传序列排名第一。

【其它工作】深入社区、走进政府和学校开展金融服务。结合"开门红"活动,组织业务骨干深入明月、西市街社区、机关幼儿园、环城小学、婺城区政府开展金融服务,宣传理财、黄金、金融IC卡等建行产品和存款利率上浮10%政策,同时邀请老干部为居民写春联、送福字,"新春送福到社区"受到居民们的欢迎。以多种形式组织开展"客户接待日"活动。充分发挥"客户接待日"对维护和拓展客户关系的促进作用,深入了解客户尤其是中高端客户对本行产品、服务以及渠道方面的意见和建议,为更好地提升客户服务体验营造良好氛围。组织引导团员青年投身业务发展,建功成材。组织青年员工开展学习宣传贯彻党的十八大精神活动。配合分行开展"青春正能量"青年主题团日和"青年展风采"主题系列活动。积极参与以"创新打造建行新优势"为主题,以"创新产品、优化流程、节约成本、增加效益"为主旨的第二届"青年创新建行强"创新创效金点子大赛,员工上报3条"金点子"参与比赛。积极开展"学习雷锋 服务民生"主题活动,开展学雷锋日金融知识宣传活动,"消费者权益保护知识宣传,普及金融知识—产品宣传进社区、企业、农村活动，网络文明传播，道德经典诵读，文化体育传播，“绿化婺州”植树活动，公园护绿锄草，市区交通文明劝导，“五水共治”捐款，员工互助基金捐款，百里毅行献爱心，员工无偿献血，到福利院看望残障儿童，到敬老院慰问老人，图书捐赠，设立“爱心饮水点”等各项公益活动。引导青年员工承担更多的社会责任，不断提高员工社会责任意识。提升文明创建工作水平。大力推进以“一堂”“一队”“一牌”“一传播”“一帮扶”为主要内容的“五个一”建设，开展道德讲堂活动，做好扶贫结对村婺城区沙畈乡东山村的走访和帮扶工作。配合分行规范文明单位申报和创建工作，及时完善服务设施，花费近2万元对残疾人通道、贵宾室进行改造。严格落实“六个一”要求，以文明创建工作促进提升全行服务水平。（方翠荷）

金华银行婺城支行

【概述】2015年，金华银行婺城支行各项存款余额535057万元，剔除不计入完成数的财政存款26000万元，实际完成各项存款509057万元，比考核基数上升45702万元，完成目标任务的60.85%；日均存款519229万元，剔除不计入完成数的财政存款日均30301万元，实际完成各项存款日均488928万元，较考核基数上升25573万元，完成总行下达目标任务56.36%。其中，储蓄存款余额268626万元，比考核基数上升15203万元，完成目标任务的39.43%；储蓄日均余额为254513万元，比考核基数上升1090万元，完成目标任务的4.71%。对公存款余额240431万元，比考核基数上升30499万元，完成目标任务的83.47%；日均存款额234415万元，较考核基数上升24483万元，完成目标任务的111.67%。2015年末，支行各项贷款余额282691万元，比年初上升13178万元，完成年度目标任务的87%；其中小微企业贷款204083万元，比基数上升11679万元，其中500万元以下39130万元，较考核基数下降4511万元；新增小微企业客户36户，其中500万元以下30户。

【资产业务】2015年末风控指标。婺城支行本息逾期90天以上口径显示数据：不良贷款余额为4538万元，完成总行下达12月控制额(签订目标为3500万元)的70%，完成总行调整下达12月控制额(调整目标为5000万元)的109%；上划债权数据：上划债权四户，年度清收目标2600万元，比年初下降861万元(含息)，年度目标清收完成率33.12%。

【负债业务】2015年，开展各类专项活动10余次，如扫街式营销活动、“激情飞羊”业务竞赛活动、金融知识进行社区活动、打击银行卡非法买卖宣传活动、成立二七拆迁营销小分队开展扫楼式营销活动、攻坚克难不良贷款清收活动、征信主题宣传活动、“从严管理落实年” 活动 、“攻坚克难 奋战20天零售专题营销活动”、“深化金融服务活动”等。根据总行《关于开展运营条线“清雷防险”专项行动的通知》(金银[2015]450号)要求，支行高度重视，逐一对照《浙江省金融机构运营条线重要风险点及防范措施》、《金华银行运营条线重要风险点自查检查表》的工作要求开展自查。此次自查全面覆盖，涵盖各风险点。为巩固“两个加强、两个遏制”专项检查成果，落实检查发现问题的整改，防范操作风险，遏制违规经营和违法犯罪，根据《中国银监会金华监管分局办公室转发关于开展“两个加强、两个遏制”专项检查“回头看”自查工作的通知》(金银监办发[2015]23号)文件要求，支行组织各科室、各网点认真对照检查内容逐项自查，针对检查发现的问题，逐步建立及时有效的检查机制，做好各项内部控制风险工作。

【零售业务】加大零售业务发展力度，推进全行普惠金融建设，提高支行干部员工的工作积极性和业务能力。2015年6月11日起，开展“攻坚克难、奋战20天”零售业务营销竞赛活动。在这20天内支行上下紧密围绕活动目标，开展业务营销，零售业务指标取得了不同程度的增长。活动期间，储蓄存款新增9969万元；新增信用卡有效发卡151张；新开立企业网银有效户11户、个人网银有效户271户、手机银行有效户216户；新拓展特约商户1户；贷记卡不良收回1.11万元。同时还积极宣传推广

“旺息宝”理财、“聚息宝”、“双龙盈”等新产品,在总行开展奋战70天营销竞赛活动中,婺城支行的双龙盈A、B产品的新增开户数为500户、新增储蓄存款6310万元,超额完成总行下达的指标。

【内控管理】健全制度建设,严防操作风险。2015年,支行根据整合后的实际涉及综合、存贷款、安全、财务四大类共43个制度修订成制度汇编。同时根据经营状况,对涉及信贷合规操作、大额资金管理、自助设备应急管理等方面十余个制定修订。2015年,开展银行员工涉非法融资“八个不得”行为排查活动,对在排查发现问题及时上报总行相关部门,对排查中发现问题的员工采取调离原岗位的措施,规范全行经营管理行为,增强风险合规意识,消除风险隐患。开展全行性学习培训,提高员工综合业务素质。根据相关培训计划,为提高支行员工的业务素质,继续开展以优质文明服务、业务学习、降低合规操作风险为主题的业务培训。2015年度组织业务培训49次,参加培训人员达2144人次(2015年以部门、科室、一级支行为单位每周开展一次客户经理学习培训,全年开展各类信贷培训42次,参训人员达1300人次。),内容涉及文明服务、信贷业务、会计核算、合规操作、消防安全、反电信诈骗等方面。

【文明服务】积极开展合规活动。2015年,支行督导小组按要求开展日常合规检查,主要通过现场检查、查看书面业务记录,调阅录像监控,核对信息记录,查阅各网点部分操作流程和各类登记簿情况,使各类登记簿记录完整、准确,各类资料保管齐全,业务合法合规。在每月对各网点进行现场与非现场检查和辅导的基础上,于次月对发现的问题进行回头看工作,坚决杜绝类似问题屡查屡犯。全年共及时发出督察通报11份、检辅通报13份、文明服务督导通报11份,通报内容涵盖会计结算、零售业务、信贷业务、文明服务、劳动纪律、安全保卫等。

积极投稿,加大宣传力度。2015年各科室、二级支行结合自身部门、区域特色,开展各项宣传活动,并多次在媒体上进行宣传报道,2015年,支行向总行、区级、市级刊物投稿65篇,被采用刊登33篇,其中区级报刊7篇,市级报刊8篇,省级报刊1篇。

(许美丹)

金华成泰农村商业银行

【概述】2015年,金华成泰农商银行9家支行实现各项资产总额71.94万元,比年初增加5.14亿元,增幅7.69%;各项存款余额70.28亿元,年内增加4.9亿元,增幅7.5%;各项贷款余额49.69亿元,年内增加2.24亿元,增幅4.72%。

【普惠金融】2015年,推进贷款增户扩面工作,新增普惠金融客户建档12.09万户,新增贷款4941户。有效推进电商惠民,在杜宅古方、车客、金店、东叶试点农村金融综合服务站。建成65家“丰收驿站”综合金融服务点。推广省农信联社丰收购、丰收家电子商务平台。加大电子渠道建设,ATM机总量139台,便民自助终端33台,贷记卡发卡量23834张,借记卡发卡量49.1万张,个人网银及手机银行开户9.5万余户,企业网银覆盖率43.87%,电子银行替代率69.67%,丰收卡消费额29.77亿元。

【业务创新】启动社区银行转型,制定转型试点方案,组织人员赴杭州、泉州等地学习考察,开展城区旗舰型、乡镇全能型、社区型、专营型、社区微网点型5类社区银行转型试点。强化社区银行跨界营销,与电信公司签订战略合作协议,试点在双方物理网点互设业务营销点,新服务载体。在汤溪、孝顺支行营业大厅设立智能延伸办税服务点,强化业务产品创新。开办“科技贷”,试点开办“土地经营权抵押贷款”,推出“光伏贷”“信农贷”。推进资金业务创新,新拓同业理财、同业存单、债券回购、收益凭证等同业业务,取得中债及以上清所的债券托管资格、同业存单发行资格和存单发行资格。2015年,发行理财产品33期、7.8亿元。代理销售黄金4750克,金额120.2万元。深化政银合作力度。持续做好乡镇财政国库集中支付、社保卡、一卡通、公务卡等金融服务工作,累计发放社保卡21.51万张,为全市21个乡镇提供财政国库集中支付服务,为20家单位提供公务卡服务。9 月,全面推广上线 ETC 业务,已办理 ETC 6315 台。全面发放“丰收爱心卡”共计 4.26 万张,占全辖低收入农户的 99.88%。全行建成金融自助村 11 个,288 户村民加入自助组织,授信额度 5056 万元; 发放金融自助信用贷款 171 户,金额 3115 万元。

【风险防控】推进不良化解。开展不良贷款化解专项清收行动,形成了“全员参与、上下联动、严格考评、奖惩结合”机制。成立贷后检查中心,组建专职贷后管理队伍,分阶段推进试点工作。加强“限三禁五类”存量客户梳理和监测,制订合理退出目标和计划, 累计退出“限三禁五类”客户 23 家,金额 8670 万元。严肃不良问责追究管理,对 32 户大额不良完成贷款责任追究审计, 缴纳赔偿金 98.6 万元。加强合规管理。制定案件风险排查工作方案,按季开展案件风险排查,对重点机构、重点项目、重点岗位实行常态化检查监督。组织“清雷防险”运营条线专项检查, 共检查网点数量 49 个, 金融服务点 8 个,检查笔数 6692 笔,金额累计 27.44 亿元。排查员工行为 436 人,排查出风险点 18 个,违规问题 117 个,问责 76 人,解除劳动合同 2 人,行政警告 1 人。强化安全保卫,全年检查工作日 257 天,发出整改意见书 19 份,整改意见 35 条。落实信访工作责任制,确保信访投诉得到及时、有效处理。

【品牌形象】提升品牌形象,总结提炼普惠金融工程三年行动计划,编制印发《成人达己 泰定民生》普惠金融书稿,获得副市长傅利常肯定并作序。

成泰农商银行领导班子带领品牌文化建设领导小组成员宣誓 (成泰银行婺城支行提供)

引进艾加品牌文化公司, 开展品牌金字塔文化建设,提炼本行核心文化理念和九大文化理念。加强队伍建设,深入推进“五个百人”计划,招聘专业人才 6 人,制定完善《职业生涯规划管理办法》,选派 6 名优秀干部赴乡镇、团委挂职。 (成 龙)

金华市婺城区万通小额贷款有限公司

【概述】金华市婺城区万通小额贷款有限公司是一家以服务“三农、小企业”为宗旨,从事小额放款和金融活动的新型金融组织。作为银行等金融机构的有效补充, 公司发挥金融毛细血管的作用,坚持贯彻“小额、分散”的服务宗旨,繁荣市场经济,拓宽市场融资渠道,扶持“三农”经济,携手中小微企业及个人创业者共谋发展。

公司于 2009 年成立, 是由上市公司万里扬集团联合其他 10 余家企业和自然人发起, 注册资本人民币 3 亿元。是浙江省小额贷款公司行业协会理事单位, 金华市小额贷款公司行业协会副会长单位,是市本级首家小额贷款公司。公司依托股东强大的实业背景, 拥有一支专业化的金融管理团队,秉承“责任、尊重、沟通”的企业理念,合法合规经营,在促进自身持续健康发展的过程中,承担起服务区域经济发展和社会和谐进步的重责,和同业一起树立起金华小贷的良好品牌形象,共同繁荣行业的发展。至 2015 年底, 公司全年累计发放贷款 39679 万元, 共计 496 笔。年末贷款余额 37593 万元,营收 2263 万元,上缴税收 513.22 万元。公司自成立以来连续荣获浙江省“A+”级优秀小额贷款公司、浙江省创新服务中小微企业先进单位、金华市纳税超千万元大户、小额贷款公司信用建设示范单位等荣誉称号。

【风险管控】2015 年,小贷公司面临着经济下行压力增大、互联网金融平台崛起、市场竞争加剧、坏账攀升、优质客户难寻等一系列发展瓶颈,经营环境较前几年更为严峻。在此背景之下,作为类金融企业,公司始终不折不扣地执行覆盖业务全过程并行之有效的风控技术和管理体系。在原有的完整有效的风险控制体系上，从优化流程、化繁为简、专注细节着手。精益求精，再加以完善和细化，构建起信贷精细化管理长效机制，强化信贷条线简单检查管理，从而构筑起一道道牢固的风险防火墙。另外，有效地重新梳理排查所有客户，对类似主业不清、投资过大、负债较高、用途不明的高风险客户，选择主动退出或核减授信额度。

【队伍建设】 构建学习型组织，打造一支业务水平过硬、综合素质较高的团队。公司每月开展业务培训，每季开展素质培训，既有内训，也有外送的委培，交叉选送。另外，组织和积极参与省市小贷协会举办的各项活动，如知识竞赛、牌技大赛、登山比赛等。公司也组织员工安地十里桂花长廊野炊聚餐、采摘水蜜桃等，以各项集体活动为载体，丰富员工业余文化生活，强健身体，陶冶情操，增强员工凝聚力。7 月，公司党支部组织全体党员开展古都西安的红色之旅，回顾历史，展望未来。（单霄鹏）

金华市婺城区丰银小额贷款有限公司

【概述】 金华市婺城区丰银小额贷款有限公司(以下简称公司）是经浙江省人民政府金融工作办公室批准而设立的一家小额贷款公司，成立于 2012 年 12 月，由浙江高峰控股集团有限公司联合其他 10 余家企业和自然人发起，注册资本人民币 12880 万元，是浙江省小额贷款公司行业协会及金华市小额贷款公司行业协会成员。

公司秉承“服务三农、支持中小企业及个体工商户”的宗旨，通过“小额、分散”的贷款方式，方便快捷的手续、低于民间借贷的贷款利率，帮助解决小微企业的资金需求。贷款投向实体经济，主要涉及农业种养殖业、生猪养殖、批发零售、电子科技制造业、电动工具、建筑等十多个行业。公司全年发放贷款 14533 万元，收回贷款 18224 万元，年末贷款余额 11714 万元，全年缴税 235 万元。

公司密切关注宏观经济政策及企业经营形式的变化，积极支持小、微企业的发展。从婺城区区域实际出发，认真调查市场，依据中国银监会、中国人民银行《关于小额贷款公司试点的指导意见》《浙江省小额贷款公司试点暂行管理办法》等文件精神，建立本公司的各项规章制度，制定公司章程，按《公司法》建立健全公司管理结构，制定稳健的议事规则、决策程序和内审制度。制定贷款发放流程及操作规程，做到稳健经营。制定《业务岗位责任制》《风险控制岗位责任制》《贷后管理责任追究制度》《职业道德风险防范及处罚办法》《贷后风险管理办法》等十多个管理制度，以内控建设为保障，强化内部管理，全面提升防风险、抗风险的能力。

在经营管理的过程中，公司关注员工发展，重视员工业务和技能的培养与提升。根据有关要求，签订廉洁自律责任书，规范放贷行为，促进业务健康有序发展，狠抓文明优质服务工作，为客户提供周到、便捷、高效服务。2015 年，监管评级等级为良好。（周　蔷）

中国人民财产保险股份有限公司金华市婺城支公司

【概述】 2015 年，中国人民财产保险股份有限公司金华市婺城支公司，实现保费收入 8193 万元，同比增长 10 %，主要险种为车险、农险、责任险、意外险、财产险。累计支付直接赔款 4477 万元，同比增长 16 %，有效发挥社会保障和经济补偿功能。

【合规经营】 在公司业绩较好较快发展的同时，坚持合规经营，严守政治规矩、业务规矩、多措并举筑牢合规防线。通过“合规文化宣导月”活动，开展员工职业道德、法律法规、行为规范教育，强化思想底线；启动“三严三实”专题教育活动，加强党员干部作风建设；结合保监会《关于开展保险机构“两个加强、两个遏制”专项检查的通知》文件要求，开展自查，进行整改，杜绝风险隐患，防范经营风险。

【服务创新】 以客户为中心，优化服务举措，提升客户感受度。加强综合大厅建设，优化服务窗口形象，推进综合柜员制，提升窗口人员综合能力素质；通过外部“神秘人”监督检查，将服务标准化工作制度化、职业化、常态化；建立健全客户投诉处理机制，落实领导接待日制度，保障消费者权益，“3·15”期间，客服经理在一楼出单大厅开展现场接待活动，解答客户咨询和投诉，得到了客户的一致好评。同时，创新保险服务形式，通过“浙江人保”微信公众账号和人保之友客户俱乐部微信平台，推送增值服务举措，开展互动，提升客户黏性和参与度。

【政策性农业保险】贯彻落实“中央一号文件”推进农业保险健康发展，推进保险产品、保险服务和保险人员“三下乡”，完善农业保障体系、发挥农业保险的风险保障和经济补偿功能，促进农民增收致富和改善农村民生。继续推进农村网点基层建设，加强面向农民的保险服务能力建设。公司分汤溪、雅畈、白龙桥三个片区初步构建了管理较为清晰、运行日益规范、服务趋于到位的“三农”保险基层服务体系，将服务触角延伸到基层一线，基本实现“网络到村、服务到户”。继续将“三农”保险融入农村发展，扩大农业保险的覆盖面，逐步提高农险保障水平，结合地区实际创新险种，加强政策性农业保险强农惠农的作用。据统计，2015 年，全年农险累计支付赔款 536 万元，发挥保险补偿功能。

【企业文化】公司宣导“勇担责任与共享成果”的价值理念，营造“分担与共享”的文化氛围，不断提升公司凝聚力。深化队伍建设，实现人才可持续发展。提高准入门槛，引进高素质优秀人才；以内部“星火训练营”为载体，开展员工综合素质、职业技能教育培训；引导青年员工进行职业生涯规划，提升“80 后”中层干部占比，完善后备干部队伍建设机制。完善职工之家建设，添置活动室健身器材，增设借阅书籍，每季度组织文体娱乐活动，丰富员工业余生活，倡导健康生活。落实员工关爱工程，关心员工工作、生活，在传统节日送上问候和祝福，每年定期组织员工体检，募集关爱基金帮助困难员工，认真营造“以人为本，和谐奋进”的良好氛围，凝心聚力促发展。

（卢珊珊）

中国人寿保险股份有限公司金华分公司

【概述】中国人寿保险股份有限公司金华分公司（以下简称公司）2015 年全年完成总保费收入 22.9 亿元，同比增长 10%。其中首年期交保费首次跨越 4 亿元大关，达到 4.6 亿元，同比增长 49%；短险保费 1.85 亿元，同比增长 10%；续期保费 12.4 亿元，同比增长 6.2%。一年来公司各项经营管理工作进一步夯实，公司整体实力进一步提升，获得了全国保险系统先进集体、金华市诚信经营示范单位、市区税费超千万元大户、省金融工会共建职工之家等荣誉。

【经营管理】公司严格遵循“分级管理、逐级授权、权岗对应、依权操作”的管理原则，划分权限。落实操作权限管理制度，严格划分各个部门和人员的操作权限。确保办理同一笔经办业务的不同环节必须经由二人以上相互制约操作完成，前台操作和后台审核分开，强化安全。建立信息系统灾难安全防范机制，定期对数据安全管理情况进行检查。中国人寿遵循严格的监管规则，努力提升公司治理和风险防范水平。推进外树形象、内塑精神的企业文化，全面塑造厚重诚信、自强致远的企业品格。公司着力防范销售风险，在员工内部普及和推广风险管控意识，组织诚信合规的展业氛围，组织内控标准知识培训和考试，开展各项检查和自查。做好数据真实性自查工作，加强理赔、调查业务知识的学习培训，提高理赔管理的能力。

【客户服务】按照业务集中管理方案的部署，公司不断加强客户服务工作，配备专职的客户服务人员，建立一整套服务制度与规范，开通了“95519”客户服务专用电话，方便客户，强化文明优质的服务，建立专业服务品牌和形象，把公司的客户服务工作提高到了一个新的水平，有效地改善了业务发展环境。公司不断提升理赔服务，提供定点医院联网结报及网点受理结报服务，确保快速、准确、高效地为参保群体进行理赔。不断优化电话和自助服务,通过公司“95519”客服热线、手机APP、短信平台等,提供全国性的的保险查询、咨询等相关服务。不断完善参保人满意度考核管理办法,确保服务质量,提升参保人服务满意度。

【队伍建设】公司党支部结合业务发展,不断规范党组织建设,创新党建工作。把创先争优与业务发展紧密结合,在党员中设立党员先锋岗,强化教育管理,促进党员先锋模范作用的发挥,增强科学发展的能力,推进创新创优活动,有效调动干部员工的工作激情,组织员工培训班,提高员工培训水平,提高员工和营销人员的职业技能和服务能力,为公司业务发展和服务优化提供保障。公司组织篮球、羽毛球、乒乓球等多个项目的比赛,丰富职工的业余生活。

【社会活动】公司积极组织开展青年员工学习、拓展训练活动,开展保险知识宣传咨询、进乡镇、进社区等活动,组织员工开展慈善捐款、无偿献血、捐赠衣物等活动,坚持开展结对扶贫、文明创建工作,勇于承担企业社会责任,营造关注民生、关爱社会、奉献爱心的良好氛围。 (滕春生)

街道　乡镇

城东街道

【概况】 2015年,城东街道辖区面积2.99平方千米,常驻人口9861户,23337人,流动人口近万人。街道下辖5个社区和2个经济合作社。2015年,被评为平安创建先进集体、“百日维稳攻坚”先进集体、“五水共治”优秀单位、“8890”最佳服务单位。

【工业经济】 2015年,工业总产值27602万元,是计划的100%,工业销售产值27800万元,外贸自营出口225.9万美元,引进内资4100万元,是年计划的102.5%,工业经济稳步发展。出租房税收征管工作完成税款征收180户,税金合计近22万元。现有来料加工经纪人23人,其中2015年新增1人,淘汰6人;现有集中加工点8个;从事来料加工人数890人;发放加工费2188.3万元。评选出“五好家庭”1248户,“五好家庭”示范户115户。

【党建工作】 围绕重点,开展从严管理落实年。按照上级统一部署,围绕大局,把握主线,突出重点,开展从严管理落实年活动。街道高度重视,成立领导小组,制定实施方案,召开动员会部署会,开展“学制度、明纪律、守规矩”专题活动,组织学习讨论并进行知识测试。区委组织街道干部开展基层党务基础知识测试,重点对基层党建应知应会基础业务,“浙江经验20条”等内容进行检验,提升基层干部的党务基础。做好上级要求的各项任务,开展广泛宣传及各项专题活动,抓好“三严三实”“书记项目”“党群连心桥”“四个知晓”“七一”等专题活动,使党员干部队伍素质有新提高、与群众感情有新增进、服务效能有新提升、整体形象有新转变。与“五水共治”“四破整治”“三改一拆”等中心工作结合起来,以从严管理党员干部的实际成效,加快建设“两富”、“两美”现代化婺城提供强有力的组织保障和作风保障。精心组织、做好党建示范带创建工作:街道党工委将党建示范带创建作为落实抓基层党建责任制、加强基层党建工作的重要载体,统筹规划、加强领导,为党建示范带建设提供人、财、物的保障。按照“一居一品”“一企一品”的要求,立足自身实际,科学合理规划、创建。2015年,浙江山山家食品有限公司新成立党支部,创建山山家市级青春党建示范点。八咏楼社区创建市级党建示范点,两个党组织多次接受市区领导的考核指导,接待多批周边县市区的考察团。规范程序,抓好党员发展工作。抓培训,专门举办业务培训班,将发展党员“三政审”的新要求,传达到各社区、两新党组织,使他们在党员发展工作中严把关、把好关。抓培养。“七一”前夕对发展对象进行专题培训和党建知识理论测评。2015年,入党积极分子培训12人,发展预备党员7人,预备党员转正11人,街道有在册党员1210人。开展生活困难党员、老党员和老干部走访慰问工作,共60余人,慰问金4万余元。抓检查。区委组织部组织党建工作交叉检查,围绕五星争创、“三务”公开、党员发展规范等方面,深入社区,采取听取汇报、查阅档案资料、多角度检查基层党建工作成效。

【民生事业】 坚持以人为本,改善民生。2015年,为555人申报“4050”社保补贴173.8万元,为自主创业人员申请办理小额担保贷款8万余元;申请自主创业场租补贴4人,补贴金额7890元;全年完成参保入户调查并信息入库2556人;完成城镇居民医保续保及新参保3207人,完成率98%;办理居保续保389人,完成率95%。同时还为364名新增企业退休人员建立信息档案,发放联系卡和便民手册;慰问死亡退休人员家属66人,发放慰问金7万元;慰问重病住院的退休人员88人,慰问金额4.4万元,日常帮困12人,帮困慰问金额5447元。有效调节投诉的3起劳资纠纷,调解率为100%,调解金额2万元。做好下岗失业人员失业金登记认证工作,11月底,有129人领取失业金,做到及时签证,按时上报。系民情解民忧,做好民政残联工作。全街道现有低保132户205人,新增低保1户,取消11户。2015年,发放低保金87.59万元、低保对象各类救助金12.24万元;发放各类慰问补助金183万元。根据市民政局《关于加快推进8890虚拟养老院建设的通知》精神,更好应对人口老龄化,发挥8890便民服务平台作用,城东街道作为婺城区试点,采集老年人信息2340人。开展优抚对象数据信息核查工作93人。与时俱进,开展计划生育工作。2015年,街道共出生135人,其中计划内出生134人,计生率为99.26%,出生婴儿男女性别比为99:100;二孩及以上出生性别男女比为83:100;二孩生育全过程管理率达100%。

【文化宣传】2015年,街道的文体宣传活动,以创建文明城区工作为抓手,弘扬先进文化,彰显城东深厚文化底蕴,为辖区干部群众奉献出一道道精美的精神食粮。认真抓好队伍建设。街道一直重视文体骨干的培训工作,2015年推荐金雪芳、盛红英参加市排舞师资培训;尹碧莲等9名骨干参加区排舞师资培训。旌孝街社区引进以吕爱群为团长的群英婺剧团,为广大婺剧爱好者提供平台,为婺剧促进工作打下基础。5月4—14日上浮桥社区由翁献忠等人赞助18万元演出20场婺剧。认真组织参与区级活动。在“两美婺城、百姓舞台”婺城区2015年青年歌手大赛中,选送参赛的7名选手全部获奖。傅毅君、童明光获一等奖;陈好、朱雅琪获二等奖;王悉丁等3人获三等奖。下半年,在浙江省第九届排舞大赛中,城东街道包揽婺城区获得的两金中的两枚金牌。2015年,金华首届广场体育文化节广场舞大赛中,舞动组合舞蹈队获得一等奖。认真抓好阵地建设。为做好宣传文化主阵地,上浮桥社区创建文化礼堂的工作已经基本完成。加大力度,对外宣传工作上新台阶。在各级各类新闻媒体的报道,据统计,《金华日报》3篇、《金华晚报》74篇、《今日婺城》81篇、电视台报道7次。黑板报刊出73期。

【城市管理】2015年,街道城市管理工作以“五城四边三化”“精品社区”创建为目标,智慧城管工作长抓不懈,按照市智慧城管中心的工作要求,街道城管办认真落实工作制度,确保上班时间平台管理不断人,对系统中下发的案卷做到第一时间下发、第一时间整改、第一时间反馈,严防案卷超时及重新派遣。到11月30日,街道处理智慧城管案卷3997宗。“8890”便民服务平台管理,通过市民、市场、政府的良性互动,架起连心桥,不管市民诉求有多小、有多烦,街道都将交办的诉求认认真真去办好,为市民提供更多便利和实惠。2015年街道,接收434件,办结286件,退办148件。狠抓整治,“创文保卫”工作取得新成果,2015年以来,街道社区开展环境卫生整治200余次,清理垃圾1000多吨,清理卫生死角100余处,清理楼道堆积物6000余处,清理楼道“牛皮癣”5万余处,开展文明劝导2000余次。做好精品社区创建和物管工作。各社区在市、区、街道城管办的协助下,狠抓精品社区创建活动和物管工作,积极应对区城乡环境综合整治督办考核,在历次检查中都取得较好的成绩。

【重点工程】城东街道推行“一线工作法”,引导动员党员干部深入一线,包干重点项目,破解建设难题。街道党工委倾尽街道之力进行精心组织、任务分解,发挥街道全体干部的积极性、主动性,发扬“白加黑、五加二”的连续作战精神;利用时间,分阶段,较好地完成市区交办的重点项目工程。完成通园路通车、通园小区提档改造、东市街北延、东市街小学扩建土地征迁等工作,启动丰亭东路、市农批市场迁建、电大街征迁、下沿村征迁等工作。“三改一拆”街道领导班子高度重视,调整工作班子,加强舆论宣传。针对城东实际,推进违章拆除,街道联合行政执法、公安、社区干部进行 9 次违法建筑整治大活动。拆除违法建筑 31 处，面积达 1.79 万平方米，完成全年任务的 178.87%，位居乡镇、街道第二位。“三改” 任务完成 10.92 万平方米，完成率 109.24%。继续开展无违建街道、社区创建工作。“五水共治”工作，街道成立领导小组，由党工委主要负责人任组长，做到层层抓落实，分段分块包干。落实河长责任制，制定“一河一策”。加强宣传，营造“五水共治”工作的氛围。建立长效管理机制，开展专项整治。街道、社区干部及志愿者积极参与治理通园溪的活动。进行背街小巷雨污分流改造。经费投入 120 万元。使区域内的水环境得到明显提高。

（张凌雁）

城西街道

【概述】 2015 年，城西街道面积 1.66 平方千米，下辖 5 个社区，户籍人口 6471 户、15426 人。辖区内有私营企业、个体工商户及新经济组织近千家。

【工业经济】 2015 年，实现工业总产值 7.70 亿元，其中规模以上企业工业总产值 6.92 亿元；实现工业营业收入 7.83 亿元，自营进出口完成 3190.8 万美元。来料加工费发放 1129.28 万元。出租营业房征税已完成征收 1732 户，共计 324 万元。

【重点工作】 作为房屋征收工作的排头兵和主力军，城西街道把二七区块征迁工作作为恪守群众路线、践行“三严三实”的主战场，牢固树立严的纪律、严的规矩、严的标准，让勇于担当、主动作为的精气神成为党员干部的新活力，让艰苦奋斗、连续作战成为工作新常态，让一线工作、上门做群众工作成为践行“三严三实”新模式，担起了二七征收的重担，连续攻克了一个又一个壁垒，基本完成区块的评估、签约、腾空和房屋拆除工作，创造了和谐高效征迁的“二七精神”。

【“三改一拆”】 自“三改一拆”行动开展以来，街道边排摸边宣传，边管理边疏导，开展“无违建街道”创建活动，特别是针对西郊社区作为公寓房改造试点，在前期对房屋调查测绘、规划建设方案编制基础上，年初对一期 5 万平方米安置房工程涉及的 11 户居民楼进行调查摸底和意愿征询。同时，街道和西郊社区两委班子又组成 8 个工作组，对西郊社区 1000 余户的居民进行了排查走访，化解对高层公寓改造不接受的现状。另外，2015 年街道拆除违建面积 12.1 万平方米，超额完成任务 121%，加快二七区块改造工程建设。

【“五水共治”】 咬定 “一年灭黑臭，两年提水质，三年可游泳”的总体目标不放松，通过建立“河长制”，切实履行工作职责，落实各项河道管理措施，层层实行目标责任制，逐级抓好落实。首先征用西郊 120 户 6.67 公顷土地，完成 82 家企业“四破攻坚”工作，关停恒昌集团金华印染有限公司等污染严重企业，完成解放西路西延及连接线 800 米截污纳管工程。完成 2.4 千米河道的淤泥清淤和长湖“活水工程”渠道加宽涉及西郊社区 100 余米的政策处理工作，从婺江提灌引水，提升长湖水质。对接市区多家单位进行专项规划编制，在环城西路东侧非机动车道上新建 D2000 雨水管，管道全长 557 米，在排江口处安装 DN2000 橡胶止回阀，加快环城西路热电厂门口的积涝水改造工程，改变汛期积水情况，增强城市综合排涝能力，使周边近 3 万市民受益，惠及 50 余家企业。落实长湖和回溪的常态化保洁管理力度，指定人员，每日清理，水面基本无飘浮垃圾，环境卫生有了明显改善，辖区的 5 个排污口都得到彻底整治，从源头上杜绝了河道水系的污染。

【城市管理】 加大“数字城管”工作力度，做好城乡环境综合整治工作。街道进一步完善“路长制、街道长制”，开展“精品社区”、“绿色楼道”创建工作。实行常态化动态巡查机制，每月对各社区环境整治进行考核，将社区联点领导、联点干部纳入责任体系，实行谁管辖谁负责，干部考核情况与社区整改情况相挂钩。街道设专项资金，实施流动红旗竞赛，安排街道和社区的分管人员每个月 4 次对辖区的环境卫生对照检查，加强对辖区 14.9 万平方米的 75 条小街小巷保洁工作，城市环境明显改善，城市精细化管理水平不断提高。2015 年，街道组织环境综合整治工作30余次，清理卫生死角40处,清理生活垃圾209吨、建筑垃圾100车、破旧杂物80车,清理牛皮癣4.1万条,保洁草坪绿化2500平方米。

【民生工作】街道大力推进企业退休人员社会化管理服务,积极做好城镇居民医疗保险。2015年,净增就业岗位179人,失业人员实现就业123人,为293名来料加工人员及“4050”个体经营、灵活就业失业人员发放社保补贴102万元；慰问困难群众251户,发放各类慰问补助金21.5万元,医疗救助金21.7万元,发放低保金60.2万元。据统计,上半年,街道开展各类服务项目30多个,服务1万余人次,开展各类文化活动12场,参加人数3000余人次,丰富居民文化生活,展现城西居民新风貌。

【人口计生】本着“自我教育、自我管理、自我服务”的宗旨观念,以“优生两免”为主题,开展计生协会活动,为外来流动人口提供生殖保健、宣传教育、就业、文化娱乐、法律援助等服务。据统计,2015年，街道发放各类宣传资料1300余份，计生率95.74%。出生婴儿性别比100:84:31;“三查”率99.06%;生育全过程管理率99%。

【平安综治】坚持“预防在先、排查在先、疏导在先、化解在先、应急处置在先”原则,街道建立健全长效机制，强化住宅小区治安综合治理各项措施,开展平安家庭、平安社区、平安学校系列平安创建活动。开展“走亲连心”活动,深入社区、居民、企业,面对面倾听群众呼声,搭建微平台,征集“微心愿”,践行“微公益”,2015年,街道共收集“微心愿”1026个,兑现900余个,开展“微公益”便民活动6场,服务居民400余人。做好维稳信访工作,重点关注二七区块改造被征收户的思想动态,及时做好西郊未批建房居民的思想工作。安全生产隐患排查更加深入。抓好责任制落实,强化日常监督,健全监管网络,高度重视企业生产、食品、消防和交通等安全生产工作。坚持安全大排查和集中清查相结合,联合公安、执法、安监、消防等职能部门,深入老化肥厂、爱斯曼物管等重点领域进行地毯式排查,督促整改安全隐患问题20余个。开展安全生产培训3次,张贴安全生产标语牌100多处。打击各类非法活动更加有力。加大对毒品、传销及邪教等违法活动的打击力度,认真开展矫正人员帮教工作,建立一人一档制度,坚持每月集中学习教育和集中公益劳动活动。整顿市场经济秩序,巩固无毒社区阵地建设。开展食品药品安全创建,延伸食品药品安全工作网络,建立“网格化管理”机制,配合区食药局,整顿食品药品生产经营秩序。

【党建工作】街道按照区委、区政府的统一部署,围绕重点,把握主线,开展“从严管理落实年”活动,成立领导小组,制定实施方案,召开动员部署会,开展广泛宣传、抓好各项任务落实。推动党员干部素质提高、形象提升、服务提效、作用提质,确保各项工作落到实处。完善各项勤政廉政制度,认真贯彻落实中央八条禁令,深入开展“慵懒散奢”等不良风气整治行动,加强廉政教育和作风建设。健全领导干部作风状况考评机制,建立街道机关效能督查小组，对街道和社区干部实行定期不定期的检查,将检查结果及时公布。街道坚持每周一晚上开展夜学夜访制度,鼓励街道所有干部相互交流工作思路和实践等。

(丁小璐)

城中街道

【概述】2015年，城中街道辖区面积6.21平方千米，下辖3个社区居委会，人口8990户、24032人,流动人口15000余人。辖区内有大小商户5000余家。是江北经济、文化中心。

【工业经济】2015年,城中街道有企业11家,其中，规模以上企业2家。全年完成工业产值0.9121亿元,规模以上产值0.5661亿元。招商引资引进内资2.1亿元,完成任务数的525%;完成婺商回归1500万元,完成任务数的100%;引进外资30万美元，完成任务数的100%。来料加工经纪人17人,月加工人员661人,完成加工费收入483万元,完成年度任务103%。完成出租房税款征收475户,税金277万元。完成地税15559.28万元,财政收入42614万元,比上年同期增长12.87%。

【重点工程】2015 年，街道完成“二七新村”改造征迁户 186 户，环城村农户 55 户；完成二七新村改造集体土地征收 2.16 公顷，拆除房屋面积 2.23 万平方米；完成市八一北街道路拓宽优化工程土地征收 0.49 公顷，拆除房屋面积 1321 平方米。全年完成“三改一拆”任务 8985 平方米（完成任务数的 178.76%），妥善处理信访件 12 件。加大“五水共治”宣传力度，发放 1200 余册“五水共治”宣传资料，组织 8 次 500 多人次党员、志愿者参加的“五水共治”整治行动；开展六小行业排摸，投资 10 余万元，对重点区域的污水乱排放、长期积水、破损雨水管道及路面损毁等情况进行清理整治改造，疏通污水管子破损、污水外排 10 余处。配合市住建局开展新华街、胜利街、体育街等城市主要街道的截污纳管工作，协助区建设局做好背街小巷的截污纳管，天长巷、红梅巷、四眼井三处 420 米雨污分流工程已完成，确保了无障碍施工。警民巷、朝官巷雨污分流工程正在开工。联合市建设局、自来水公司等有关单位协调处理宾虹广场和西华广场消防水系统工程，投资 21 万元，完成消防栓的修理工作，增设市政消防栓 6 只，切换改造 3 只消防栓，保障市政道路上消防栓的正常供水。

【基层党建】全面开展党建示范点创建和书记项目工作。3 个社区已完成创建任务并通过验收“古婺新韵”党建示范带，恒大望江联合党支部和金华大世界党支部的“两新”示范点创建工作已通过验收，完成“两新”党建“覆盖检修”7 家。提升社区远教平台站点建设，在党员活动室安装电脑、宽带和投影仪。认真开展“微系列”服务活动。深入实施“党群连心桥”工程，设立 29 个网格，3 个社区活动中心，42 支种类多样、服务齐全的党员志愿者服务团队。开展“真情服务共建美好家园、党群连心同铸信义金华”活动，组织 500 多名党员志愿者赴杨思岭、明月楼、西市街开展环境卫生大清理及不文明行为劝导活动。持续开展党员义工广场服务活动。100 余名党员志愿者参加，为 500 余名市民开展了 17 项志愿服务。加强城乡联动，组织市机关事务管理局、人民医院等党员志愿者 16 人，在清明期间到塔石乡塘头村开展党员服务活动。投资 6 万元，在西市街社区创建“婺城区党群连心桥党建示范点”和“婺城区在外党员管理服务中心”，创立“西市街社区党群连心桥”微信公众号，全 55 个党组织和 998 名党员进行了五星评比，其中五星级党组织 4 个，四星级党组织 23 个，三星级党组织 25 个，二星级党组织 3 个，评定五星党员 288 人、四星党员 331 人、三星党员 379 人，2015 年共发展党员 8 名。

【文化宣传】依托市民大讲堂、市民学校开展各类学习讲座 36 次。市级文化礼堂复检 1 个。积极举办婺剧进社区、百姓才艺大赛等各类文化活动 42 场次。深入开展文明创建共建工作，为居民办实事 30 余件。健全和完善信息及调研工作网络，组建街道网评员队伍，制定《城中街道宣传报道及信息调研工作考核办法》，2015 年在各类报刊上共刊登 300 余篇，金华电视台正面报道 11 次，举行大型的宣传活动 65 次，发放倡议书 38400 份，宣传栏宣传 36 期，制作宣传展板 36 块。出黑板报 52 期，营造了浓厚的宣传氛围。

【民生事业】关注弱势群体，在重要节日开展扶贫帮困走访慰问活动。城中街道 2015 年共慰问困难群众 135 户，发放各类慰问补助金 116550 元；新增低保户 5 户、6 人，全年发放低保金 390456 元。完成对伤残军人、“三属人员”、两参人员信息采集工作，采集 132 人；完成 189 户廉租房的年审和全国第二次地名普查工作。完善社区残联康复室和活动室，开展残疾人扶贫解困活动，对残疾人进行走访慰问，发放慰问金 15000 元，为 1 名重残儿童办理困境儿童救助。完成企业退休人员资格认证 3445 人，发放慰问金 87900 元；积极做好城镇居民医疗保险，办理人员 1904 人、79.36 万元，参保率达 98.14%。办理“4050”社保补贴 324 人、103 万元。开展居保未参保人员调查 1600 人，举办企退活动 20 余场，积极开展争创社保家园星级服务活动。

【城市管理】街道党工委、办事处完善城市管理长效机制和城管工作考核办法，落实街道所属 89 条街巷的责任制，投入 15 余万元设立城管墙体美化宣传栏 1430 米。投入 8.6 万元，对路面、垃圾房等进行修缮和更换。举办大型宣传活动 67 次，发放倡议书 36000 份，制作宣传展板 522 块。向建设部门争取资金,修补路面10800平方米,更换窨井盖52个,改造地下管网2600米,疏通化粪池62个,改造垃圾房3个。认真开展创示范一条街活动,配合执法局开展小码头五金市场、兰溪门市场周边整治,发动共建单位、党员楼道长及志愿者开展183次整治活动。全面开展“降尘消霾”工作,淘汰黄标车461辆,整治锅炉17台,超额完成规定任务。加强街道范围内住宅小区的物业管理工作,调解6起物业纠纷。开展城市管理宣传和健康教育101次。2015年投入1800万元,新增绿化面积18000平方米,绿化提档2300平方米,绿化补种1800平方米。认真落实智慧城管派遣任务,受理4539件,结案4539件,结案率100%,考核均位列市本级智慧城管考核第一类街道前三名。受理“8890”求助事项163件,办结率100%,市民满意率100%。

【文明创建】 做好全国文明城区创建工作,成立创建全国文明城市工作领导小组,落实区文明办交办的整改项目162件,在市区街道(乡镇)综合测评中排名第一名。开展3次“好邻居达人秀”活动,举办“家风家训”征集等,丰富创建全国文明城市的工作载体,提高创建全国文明城市的参与度与知晓度,引导人们自觉践行社会主义核心价值观。组织共建单位、党员志愿者、街居干部进行大规模的整治活动13000人次,消除“牛皮癣”,清理绿化带内杂草、垃圾,进行绿化提档、破损路面修补,开展文明创建文明劝导活动,努力改善居住环境,提升江北城区品位。

【平安综治】 推进平安综治月、反邪教、禁毒和普法教育,开展大型活动8次,悬挂宣传横幅18条,宣传橱窗15块,发放各类安全小册子52000张。持续开展四轮矛盾纠纷排查调处和社区矫正监管帮教工作,确保各级“两会”、十八届五中全会、第二届世界互联网大会等重大会议顺利召开。2015年,成功调处各类矛盾纠纷116起,打击捣毁传销窝点1个,未发生重大矛盾纠纷及50人以上的群体性事件。完善平安综治各项规章制度,修订完善社区居民公约,落实社会治理信息采集“以奖代补”考核办法。创新社会管理,联合金华电视台教育科技频道和市交警支队开展道路交通安全法制教育,录制播放由社区居民任伯窈主演的微电影《听妈妈的话》,设立调处工作群众微组织“民间议和团”,邀请社区内党员、群众来担任议和团成员。开展法轮功、“全能神”的排摸工作,巩固“无邪教社区”“无邪教”街道创建成果。广泛开展“无毒社区、无毒街道”创建工作。组织社区矫正人员参与社区服务226人次,个别谈话223人次,落实安置帮教基地3个,审判前社区调查案件6起,顺利解决人民调解案件167起。

【安全生产】 以社区为单位,签订安全生产、消防安全等责任书,明确安全维稳工作责任,教育引导群众严格落实安全防范措施,提高安全意识。健全安全生产管理各项制度,定期通报安全生产指标完成情况,努力构建“政府统一领导、部门依法监管、企业全面负责,群众参与监督、全社会广泛支持”的安全生产工作格局。积极开展食品安全大整治百日行动和药品安全示范街道创建工作,延伸食品药品安全工作网络,整顿食品药品生产经营秩序,药品安全示范创建工作通过市级验收。抓好安全生产隐患排查治理。坚持安全大排查和集中清查相结合,联合执法局等职能部门,在重点节日和特殊时段加强对校园周边等重点部门和场所的排查。加强人员密集场所的消防安全和燃气安全检查,开展出租房消防整治专项行动。全年开展安全生产、消防安全检查4次,检查重点企业单位58家、娱乐场所22家,非星级宾馆16家,督促整改安全隐患问题23个,有效杜绝各类事故发生。 （舒 畅）

城北街道

【概述】 2015年,城北街道下辖8个社区,其中城市社区6个,村改居社区2个。辖区面积4.4平方千米,常住人口15858户,39409人。

【经济工作】 2015年,完成工业总产值19317万元,完成任务数101%,同比增长7.1%;自营进出口值3313.69万元;引进内资任务1亿元,完成任务数250%。街道辖区有来料加工点36个,由原来单一形式,拓展为接单、打样、采购、加工、包装等小型家庭式企业模式,全年共发放来料加工费2800万元。继续做好个人出租房屋税收代征工作，强化“勤征细管”,完成出租房税收征收户数1174户,税收额270.5万元。

【“三改一拆”】2015年,“三改一拆”行动违法建筑共累计拆除8.21万平方米，完成全年任务数164.17%,全区排名第三。全市“三改一拆”“城中村改造”6月18日,现场会婺城分会场在五星后城里成功举办,工作得到了市、区领导的高度肯定。采取强力措施,制止并拆除违建房屋、围墙、阳光房等近百处,违法建筑拆除行动向纵深推进。

【城市管理】街道制定下发《城北街道道路路长和网格化管理制度实施方案》,发挥街道、社区的城市管理职能,加大市容环境秩序整治力度,强化社区的监督力度。2015年办理智慧城管案件5400件,结案率99.89%,按期整改率达99.57%,其中月平均量约470个,最多量586个。以“精品社区创建竞赛”活动为契机,协调整改上级督办问题,全年办理区城管办督办问题1274个。

【综治维稳】2015年,全国“两会”、纪念抗日战争胜利70周年大阅兵、十八届五中全会、世界互联网大会期间,无影响社会稳定事件发生。从4月15日至5月15日的组织开展“安全记心间?幸福常相伴”铁路安全宣传月活动,切实加强高铁线路和电气化安全常识宣传,确保铁路运输安全畅通。街道排查化解矛盾纠纷148起，排查率100%，化解率98%,防止群体上访3起,未发生一起民转刑事件。开展禁种铲毒、防邪反邪工作和普法教育,强化居民防范意识。做好宗教场所稳定工作,通过沟通疏导、值班巡查,保证依法守法的宗教自由。

【社会救助】对登记在册的8041名企业退休人员进行走访以及领取待遇资格认证工作。对死亡、特困、重病住院企业退休人员慰问共计26.8万元;2015年度城乡居民医疗保险保费催缴工作,4019人完成参保缴费,基本医疗保费缴费率达96.6%,大额保险缴费率达28.7%。发放2015年度社保补贴民政经费324.20万元,发放残疾人各类政策补助104.85万元。

【人口计生】2015年,全年计划生育率为97.28%,出生婴儿性别比为100:117.8，社会抚养费征收率44.65%。审批再生育对象124对,其中“单独二孩”再生育112对,二孩生育全过程管理率100%。

【基层党建】成立站前社区大党委,组建多支党员志愿者队伍,建立“红色公益文化日”,深化与辖区单位的沟通联系,丰富党建内涵,实现街道及社区服务力量由原来“单兵作战”向“抱团联合”转变。制定《城北街道关于推行党员五星积分制管理的意见》，在街道全体党员中推行党员五星积分制管理。对分值不足的,其组织关系将被转入“城北街道后进党员管理教育党支部”进行整改教育。通过推行党员五星积分制管理,实现党员日常管理的精细化、科学化、规范化,及时严肃教育处置后进党员,解决党员管理不力、“出口”不畅的问题。

（张国军）

新狮街道

【概述】2015年,新狮街道有19个村(居),其中,4个纯社区,9个村改居社区,6个行政村。辖区面积23.76平方千米,人口11665户、31480人,外来人口2.4万人。

【党建工作】抓“三严三实”专题教育。贯彻中央八项规定精神,落实区委、区政府“从严管理落实年”各项要求和“三严三实”主题教育活动,组织全街道党员认真学习十八届五中全会精神和准则、条例两项。抓作风转变。通过各种形式的教育整顿,激发党员干部的潜能。周一组织机关干部夜学,同时开展“学制度、明纪律、守规矩”的专题活动。全体机关干部坚定理想信念,强化作风建设,优化服务意识,营造一个能干事、干好事、干成事的氛围。完善各项制度和考核办法。街道制定了《村(居)月度考核办法》《村(居)干部岗位目标责任制考核办法》,完善街道干部月考核办法,加强考核。开展基层党建整改落实。通过街道党工委的指导,使辖区党建工作得到有效的提升,上年底被确定为一星级党组织的唐村,经过半年的整顿得到了转化,在支部的带领下,各项工作开展的有气色。充分发挥党组织基层堡垒作用。在“五水共治”、垃圾分类、环境整治工作中，全街道党员都起到了很好的示范带头作用，推进各项工作的开展。以“党员连心桥”为载体，打造党建工作示范点。各支部开展党员联系户和“联邻帮户、守望相助”活动。完成勤俭社区和玫瑰园社区基层党建工作示范点建设。同时在城北园区内还建成区级党群服务中心示范点1个，落实村企联建(唐村和高峰)治水项目1个。

【经济工作】2015年，街道实现工业总产值17.2亿，完成年计划102%，同比增长4.9%；规模以上工业产值10.03亿，完成年计划102%，同比增长6.8%；规模以上工业新产品产值6.5亿，完成年计划83.8%，同比增长1.05%；限额以上工业投入4804万元，完成年计划120%，同比增长29.1%。完成引进内资8300万元，超过计划指标5300万元，完成年计划277%。浙婺商回归3135万元，完成年计划125.4%。自营进出口额完成4747万元，完成110.39%。完成税收收入26981万元，同比增长2.26%。国税收入7583万元，与上年持平；地税收入19398万元，同比增长4.77%。完成区级财政收入8887.35万元，完成年计划的95.61%。总量列全区各乡镇第二。完成代征出租房屋税收394户，税费62.17万元。唐村、下裴等村的花卉盆景等特色农业得到有序发展。第三产业发展快速。汽摩配件、出租房、来料加工等特色经济发展强劲。

【重点工作】“三改一拆”。街道采取抓重点，促全面，使“三改一拆”工作得到有效推进。年初，对骆家塘社区违建户宋某八层房屋3200平方米依法进行整体拆除；对道院塘社区十多年的违建户管某的违法建筑进行强制拆除。2015年，拆除违法建筑160处，面积10.9万平方米，完成任务数的100.87%。

“五水共治”。街道建立机制，强化组织领导。成立以书记为组长的领导小组，实行“河长制”、“河段长制”，明确分工，落实工作责任。每季组织区人大代表、政协委员进行监督；实施行动，突重点灭源头。开展六个农村污水改造工程，除下裴、高村未完工外，其余4个村已完成。对车头、康村等9个村改居进行了生活污水改造的设计工作。动用挖掘机、冲刷机等机械设备，清理水底淤泥、水面杂草。2015年，完成通园溪清淤8558米、回溪清淤4656米，清理污泥100余吨。组织十里牌楼、康村、勤俭等村对池塘内的垃圾、淤泥进行清理，全面提高水环境，唐村、杨家相等村中池塘也进行了全面的改造。统筹协调，推动全区域治理。按时完成浙师大截污纳管工程，做好东市街北延、芙峰街雨污合流改造等工程政策处理工作。积极争取村改居社区污水改造政策，通过协调沟通，村改居的污水改造工程已列入城中村配套基础设施建设项目。组织城北园区对辖区内所有企业、小区内的排污情况进行全面排查，研究制定整改措施。抓好保洁，杜绝反弹回潮。街道出资30余万元，将通园溪、回溪的溪面日常保洁承包给保洁公司。街道每周不定期对溪面卫生情况进行检查，保持河道流水通畅，河岸整洁。

城乡环境整治。街道重点抓好各村(居)环境卫生长效保洁机制，按照《新狮街道村(居)环境卫生考核办法》，拿出专项资金60万元对各村(居)环境卫生进行考核。街道数字城管中心每周不定期的检查，通报检查情况，将检查和整改情况列入各村(居)每月考核，街道在大厅设置《村(居)环境卫生评比公开栏》，每月将检查考核情况进行公布；以班子成员带队，分片对各村(居)进行检查，检查结果以照片的形式报整治办汇总，对于限期不整改的扣除当月考核奖。

村经济合作社股改。召开两委成员动员会、联村指导员和村干部业务培训会等，印发《关于开展村经济合作社股份制改革实施意见》。由于股改工作涉及千家万户，政策性强，街道涉及9个村，村改居股改工作难度更大；2015年，全街道15个村，已完成11个村，还有4个村未完成。

各项专项行动。深入开展“两路两侧、四边三化”整治。对高速公路两侧视线范围内违法广告和违章搭建进行拆除，拆除广告牌4处，拆除违章面积1.55万平方米；做好黄标车、大货车乱停放专项整治行动。通过宣传，制定实施方案，上门调查教育劝导，联合执法，大货车乱停放现象基本得到整治效果，黄标车原来有235辆，到年底基本消除；“六小行业”整治逐步推进。街道成立专项整治领导小组，对二环以内村(居)进行全面摸底，涉及6个整治企业531家，街道分片对各家发放整改通知落实整改。完成二环以内12台锅炉的整治任务。烟花爆竹禁限燃工作行动迅速，成立领导小组，制定行动方案，明确各部门、村(居)职责，进行宣传发动，层层落实责任。

【扶贫脱贫】按照省委、市委提出的不把贫困人口现象带入“十三五”的工作目标，2015年对全街道人均年收入4600元以下的贫困人口179户、266人，通过“一户一册一干部”的帮扶措施，多次上门逐户逐人调查，把扶贫工作作为一项民生工程来抓，在年底前实现脱贫。并组织辖区人大代表、政协委员、议政员开展全面的视察核查。

【重点工程建设】浙师大截污纳管工程。市区城西片浙师大截污纳管工程是市政府的重点工程项目，该工程涉及骆家塘和高村两个村土地征用和8户房屋征收。街道接到上级任务后，迅速召开班子成员会议进行专题研究，并抽调了精干力量组成工作组，制定了《先行拆迁协议》。经工作组人员和村干部的日夜奋战，用时三天，完成了土地征地和房屋拆除工作，工程顺利施工，这也是在征地拆迁工作中用时最短，难度最大的一次。此次工作得到了市领导的肯定，同时也得到省委书记的重要批示。

金罗公路拓宽改造工程。金罗公路拓宽改造工程也是市委、市政府重点工程，要求2015年10月1日通车。工程涉及骆家塘社区自建房征迁安置户32家，骆家塘属于村改居，历史遗留问题多，情况复杂，而市政府征收方案确定后又作调整，征迁工作难上加难。街道组建抽调经验丰富的班子成员任组长，抽调群众工作经验丰富的骨干参与到征迁工作中。从房屋征迁政策、各户征迁房屋细况、签约、选房等环节都实行公开、公正、透明，在阳光下操作。由区指挥部牵头，街道组织公安、行政执法等相关部门依法对2户“钉子户”违章建筑进行强制拆除。街道多次组织力量全力以赴保障金罗公路无障碍施工。此项工作得到市委主要领导和区委领导的肯定。

迎宾大道景观提升改造工程。该工程是2015年市政府重点工程项目，项目全长约2.7千米，街道配合做好沿线有关村的苗木搬迁、附着物迁移及浙赣铁路桥涵违建拆除工作。项目还涉及街道后垅村0.65公顷、五一村0.84公顷的土地征用工作，正在和村沟通衔接，同时也等待市里相关政策的出台。

杭金衢高速公路拓宽工程。通过前期对杨家相、姚垅地块的选址，征地，地面苗木的评估和清表，五一社区位于高速公路边上的公墓在清明节前后已全部完成红线内搬迁任务；高速路匝道口改造及“大小三改”、管线迁移都在正常施工。自上半年开展“百日清零”活动以来，征迁各项指标逐步完成，征迁工作已进入个别矛盾调处和扫尾阶段。按照省指挥部的要求，就项目施工反映的突出问题，采取现场查看、集中商议、与施工单位做好对接，加快完成征迁工作。

芙峰街雨污合流改造工程。该工程南至丰亭东路，北至丹光东路，9月初动工。这是一条商业老街，街路不宽，两则店面房占道经营严重，还有少数经营户门口搭篷，占用场地，不配合施工，给工程建设带来严重影响。为此，街道组织干部会同新狮执法大队拆除固定及临时搭建篷20多处，并将历年应拆未拆的“订子篷”进行拆除，使工程得到有效推进，工程进展顺利。

【综合治理】街道以全区平安建设“十连冠”为目标，抓重点时段、重点人员、重大案件，全面落实维稳、平安、综治各项工作措施。开展不稳定因素和矛盾纠纷的排查调处。对排查出来的22件信访问题逐件落实包案领导和责任人。2015年，排查矛盾纠纷393件，调处成功391件，成功率达99.5%，成功化解信访积案2起。组织人员对辖区所有村(居)、企业、学校(幼儿园)、宾馆饭店、人员密集等区域开展了消防安全隐患大排查，下发整改通知书67份，安装社会面监控146只。在全区率先成立道院塘警务站，介绍经验在全区公安机关推广。根据区政府要求，2015年已在7家规模以下企业中创建安全生产标准化企业；开展“全国安全生产月”活动，组织企业负责人和企业安全人员、特种设备操作人员进行培训；开展危化品和易燃易爆物品安全生产综合整治，“六打六治”打非治违、百日整治、涉粉企业和劳动密集型企业等各项专项行动。在全区率先成立了2个“老娘舅”工作室、1个律师工作室，该项创新得到区政法委领导的充分肯定。全街道各村(居)全部完成村规民约和社区公约的修订工作。社会治理信息采集“以奖代补”工作启动，运行良好。勤俭社区法制广场建设得到了市、区两级领导的充分肯定。扎实推进反邪教示范点创建工作,成立反邪教协会新狮分会,省平安浙江网对此进行了刊登报道。

【劳动和社会保障】 落实就业创业政策,加快推进城乡居民养老保险工作,完成全民参保工作任务调查摸底,完成城乡居民医疗保险 96.7%,认真做好企业欠薪工作,完成职工维权。做好民政救济工作, 积极推进城乡居家养老服务中心建设,2015 年新建居家养老中心 5 家。

【便民服务】 街道以"以人为本、高效有序、便民利民"为服务宗旨,以"事事有回音,件件有落实"为要求,加强干部能力培养,提升队伍素质,完善服务机制,确保为市民办实事、办好事。2015 年,累计为市民办理求助事项 392 件, 按时接收率为 99.78%,群众满意率为 99.7%,受到社会各界一致好评,得到市政府的表彰。

【其他工作】 2015 年,全街道出生 225 人,计生率 95.11%。人民武装及工青妇等群团工作协调发展。街道人大、政协工作室发挥作用。发展监督职能,通过视察、调研,利用人大政协接待站平台等活动参政议政,助推重点工作和重点工程的推进。一年来接待群众 80 多人, 解决各类矛盾纠纷 60 多件。

(楼祖跃)

江南街道

【概况】 江南街道辖区面积 3.03 平方千米。下辖 7 个社区(含 6 个城中村)。户数 11232 户,常住人口 47725 人,户籍人口 29312 人,流动人口 18413 人。

【工业经济】 2015 年,江南街道工业经济稳中有升,实现规模以上工业总产值 134.69 亿元,同比增长 1.23%;固定资产投资 13.89 亿元,其中工业投资 11.83 亿元,同比增长 9.04%;服务业投资 2.06 亿元,限上服务业销售额 6.37 亿元,限上消费品零售总额 2.62 亿元,同比增长 4.3%;能源消费量 3.7 万吨标准煤,同比增长 0.3%;万元产值综合能耗下降 1.08 个百分点。

【市场改造】 高畈综合市场改造是重点民生工程,市开发区高度关注。2015 年协调解决资金短缺、施工困难等问题,处理了与高畈经济合作社之间的矛盾,完成项目主体工程建设、配套设施建设及内部装潢并通过验收。成立高畈综合市场管理有限公司对市场进行经营管理, 组织一楼菜场招商,11 月 6 日,高畈综合市场已正式开门营业。江南街道会同市国资委、公安、市场监管、行政执法等七部门,深入摊位做工作,顺利关停高畈临时交易点,彻底解决临时交易点周边脏乱差现象,确保老农贸地块顺利出让。

【城市管理】 加大城市管理硬件建设,信用街、高畈街、汪姜街、中村路、金钱寺街等主要支路进行路面改造。建立城市管理微信群,沟通联系和意见反馈。按照"精品城市"建设要求,对高畈街、南苑路等主要道路开展综合整治,对占道违章建筑进行强制拆除,改造南苑路部分路段,统一规范南苑路高畈街沿街店门面。对主要支路占道经营的打击处理力度,规范沿街经营户经营秩序,确保综合整治效果"不反弹"。参与南市小区马路市场取缔工作,组织人力、物力分批分次对经营户进行疏导。组织对明伦街、高畈街、中村路进行规范化整治,取得良好效果。加大数字城管考核整改力度,对数字城管交办的案件做到早处理、早办结、早反馈,2015 年,市区数字城管考核中成绩优异,11 个月获满分、7 个月获一类街道第一名。

【"五水共治"】 建立以"河道长"、"河段长"、"河道警长"的"三级河长"工作格局,实现"河长制"全覆盖,制定"一河一策"治理方案。紧盯治理目标,排查整治行动, 整治后江堤绿化带垃圾明显减少,河堤环境卫生得到有效改观。利用老旧小区改造契机,完成南苑地块宁苑路、七泉路、高畈路、广苑路、国贸街截污纳管工作, 完成下官桥区块双溪西路 196 号及区间道路雨污分流工程。建立一月一例会、一周一督查、一天两巡查的工作机制,加强"五水共治"长效机制落实。开展以"依法治水保民生,清河净水美江南"集中宣传活动,发动街道党员干部开展"我为治水做什么、我为群众做什么"治水护水先锋承诺活动。组织辖区人大代表、政协委员到治水现场开展督查。

【"三改一拆"】坚持以"拆存、控新、防抢、打违"为指导,开展两街立面整治、临时建筑整治、违法建设治理等专项工作。拆除后山区块乱搭乱建,"四边三化"整治率100%。完成两路两侧违法建筑攻坚拆除任务,13处阳光房及雨棚全部拆除到位。落实防违、控违、打违长效机制,2015年开展巡查5800多次,一户多宅整治率100%,新增违法建筑整治率100%。拆除各类违法建筑1.25万平方米,完成年度任务数的124.6%,完成南苑、兴学、金龙湾3个社区及南市小区"无违建"社区迎检准备工作。完成高畈街、汪姜街、中村路三条主要支路改造,完成南苑西1—8幢老旧小区改造。后姜、汪家店城中村改造项目1、2、3、8号楼主体工程已结顶,金钱寺金隆家园安置房项目建设已完成60%。

【民生事业】2015年,累计发放低保金28.96万元、重度残疾人家庭困难补助8.29万元,发放秋季救灾救济困难户85户9.3万元。做好优抚金发放工作,做到不错不漏。开展"8890"虚拟养老院老年人信息采集工作,规范居家养老服务照料中心、居家养老服务站建设运行。慰问295人,定期组织企退人员开展文娱活动,营造"老有所学、老有所乐"的浓厚氛围。发挥网格长、网格员作用,推进计划生育居民自治,做好计生"三查"服务工作,加强性别比综合治理和人口信息管理,发挥计生协会作用,推进人口和计划生育工作和谐、持续健康发展。

【平安综治】调整领导小组人员,签订目标责任书。开展"反邪禁毒"文艺演出和图片展,发放平安倡议书1万多份。完成社区公约修订。全年开展组团式服务200多人次,排查矛盾纠纷356起,调处率100%,成功率99.7%。（李　春）

三江街道

【概述】2015年,三江街道辖区面积7.65平方千米。下辖15个社区,托管定业新村社区,常住户25595户,户籍人口67808人,暂住人口4.373万人,流动人口6.8368万人。

【重点项目】2015年,制定《三江街道2015年重点征迁项目建设任务分解表》,细化任务,责任到人,按照工作目标,分类、限时推进征地拆迁工作。完成330国道拓宽改造红线内房屋拆迁;完成涉及330国道改造沿线绿化带苗木处理;完成360坑坟墓搬迁工作;解决历经10多年的三路口金磐路断头路历史遗留难题;同时10天内完成四联路以南地块"四破"任务。完成废品收购站等7家企业关停搬离和清表工作,拆除建筑面积近5000平米,清运废土1.5万多立方米。

【"三改一拆"】三江街道所处位置特殊,城中村多,违建情况复杂,拆违难度大。街道围绕年度工作目标,统一思想,迎难而上。调动全街上下一切积极因素,做到满负荷,实行倒计时。截至12月底,拆除违章建筑5.49万平方米,完成旧小区改造16万平方米;超额完成全年拆违任务。对钉子户,在开展一对一工作的基础上,还发挥单位、亲戚朋友的作用,利用各种关系渠道做工作。为夯实拆违工作氛围,四个拆违攻坚小组开展拆违进度比赛,每天通过微信群和街道公示栏进行拆违进度排名公示。历经整整两个月的努力,拆除三路口房前屋后违建户235户,拆除违章建筑面积1.87万平方米。

【"五水共治"】三江街道东临武义江,沿江有新园、万达、王下滩、洪坞和姜家社区,南有湖海塘干渠,经项宅、三路口和姜家社区,向东流入武义江。街道抓好宣传造势,巩固形成浓厚氛围,注重典型引路,群策群防。发扬社区干部的模范带头作用,带动居民共同参与,提高居民保洁责任意识,使治水治污工作进入良性循环。在宣传教育的同时,对乱倒垃圾不文明行为进行治理,落实专人蹲守的办法,对乱倒行为,发现一起曝光一起,从源头上杜绝垃圾河的死灰复燃。抓牢排查、建立督察督办机制,为确保长效,街道建立了社区、街道巡查制度,街道专门安排一名干部每天对辖区江干渠、武义江段进行巡查,对发现问题以督办单的形式要求整改,每月以简报的形式进行通报,整改落实情况与社区主要干部年度考核相挂钩。

【精品城区建设】“五水共治”、卫生城市复评、文明城区创建等活动,街道、社区先后8次集中组织街道和社区干部、党员代表、楼道长和社区志愿者参与卫生清理整治8000余人次,清理垃圾4000余吨,清除卫生死角2800多处。强化城中村自主卫生保洁意识,实行街道、社区、居民三级联动。街道将管理权限下放,保洁人员由社区管理,街道负责日常巡查考核。保洁奖励费与日常巡查考核得分直接挂钩,与社区主要干部年终考核及评先评优相挂钩。以此增强社区抓环境卫生的积极性、主动性,形成“要我做变我要做”的工作新局面。

【社会综合治理】开展“百日维稳攻坚大会战”,深入推进“两打一查”专项行动,为经济社会发展提供有效保障。组织开展平安创建活动,完善网格化管理体系,推进反邪教、社区矫正、流动人口管理等工作,严厉打击非法传销活动,查处非法传销人员27人。信访维稳工作成效显著提高,2015年处理各类信访案件33件,办结并出具答复(处理)意见书31件;受理“市长信箱”交办信访件19件,已全部办结;处理“8890”便民服务平台交办事项670件,办结652件,正在办理18件。做好重点信访人员稳控工作,完成省市、全国“两会”、“6·4”敏感时期、北京“9·3”大阅兵等期间的维稳工作。

7月4日,街道开展情系三江晚会演出

(三江街道提供)

【安全生产】开展安全生产(消防)“百日整治”、食品安全百日严打等行动。辖区15个社区实行网格化管理。抓好消防、食品药品安全教育培训和实地演练22次,培训人员1200余人次,确保了辖区无重大安全责任事故发生。

(金一婷)

西关街道

【概述】2015年,西关街道辖区面积4.57平方千米,下辖7个社区和4个经济合作社,户籍人口9012户、22448人,流动人口24179人。

【党建工作】街道深化“三严三实”为抓手,以“抓党建,促发展”为突破口,扎实推进基层党建工作。集中推进,从严管理各项要求的落实。积极推动,从严管理和重点整治各项举措落实。

落实好三严三实专题教育有关要求。4月,启动“从严管理落实年”主题实践活动,通过上好党课、集中学习、开展活动、查找问题等系列动作,加强队伍建设,规范干部管理。精心打造社区党建阵地建设示范点。街道以寺后皇、董宅2个社区为示范点,创新“四联服务”管理模式,推动社区党群共建。组织社区“微党课”,丰富党员教育模式,解决社区党支部党员教育存在“主动学习难”等问题。开展社区“暖心工程”,强化党组织的关爱机制。稳步推进街道党建示范带的建设。街道通过以点串线,以线成带,以带促面,着力创建以7个社区为点的“党建示范带”建设。在党建示范带创建过程中,街道按照“一社一品”的发展思路,因地制宜培植特色亮点。部分社区改造整修社区办公用房以优化功能,提升社区级阵地整体形象。部分社区重新选址安装了党务(居务)公开等宣传栏设施,统一制作了管理制度和便民卡册,基本实现“议事决策、便民服务、文体娱乐”的综合服务功能。

【工业经济】2015年,街道完成固定资产投资额9.45亿元;完成限上服务业营业总额20.7亿元,同比增长14.14%;实现工业总产值2.51亿元,同比增长2.31%。2015年以来,街道从规范税收征管秩序入手,结合社会管理工作要求对个人出租房进行了重点普查。截至2015年11月20日,街道共征收入库税款357万元,已缴税款1739户;纳入管理45.52%,同比增长6.69%,排列在全市第二开发区第一。

【重点工程】“三改一拆”取得突破。街道坚持把“三改一拆”及无违建街道创建工作作为提升民生福祉的基础工程来抓。完成拆违4.32万平方米，完成全部任务的144.07%；二环内逾期临时建筑整治任务数16处,已完成整治15处,完成率94%。党员干部违法建筑自查自拆12处,完成率100%;市区主干道两侧违法建筑治理首期攻坚任务上级通报27处已全部拆除,完成率100%。城中村“房前屋后”违章搭建拆除工作按“一个村一个社区过”的要求稳步推进，完成婺星社区章宅新老两区块共18户房前屋后乱搭乱建的拆违工作，拆违面积1600平方米。“五水共治”扎实有效。3月以来,街道坚持每月组织专人对河道进行集中清理,2015年，已累计清淤9次，清理河道达7000多米，清运垃圾淤泥580多吨。全面推进生态修复工程,为完成水电渎水质消灭劣五类水的治理目标做准备。

整治后水电渎(西关街道提供)

【社会治安综合治理】做好矛盾纠纷和初信初访工作，突出重点集中力量开展信访老户化解工作，对上级交办的9件信访事项进行了调查反馈，收到群众来信2件,处理2件,接待群众来访13人次。做好矛盾纠纷排查化解工作,街道调解矛盾纠纷253起,成功率达100%;建成平安宣传阵地3处，制作展板12块,展架20个,悬挂横幅130多条,张贴挂图3000余张,发放宣传册(单)20000余张。通过开展平安创建、禁毒知识等图片展,极大增强了居民群众对平安创建的参与率、知晓率、满意率。

【居家养老服务】为实现老有所养,改善养老服务功能,实现“居家养老”服务保障一体化,街道积极开拓思路,寻求创新方法,依托第三方建立“社区+专业健康服务单位”的新模式,推进社区“居家养老”照料中心健康、可持续发展。10月,寺后皇社区与和圣和健康服务有限公司共同创办的社区居家养老照料中心正式挂牌成立。

【纪委督查】2015年，街道纪工委着重对各办及社区上下班(值班)纪律、三务公开、便民服务中心、水电渎整治、“三改一拆”、汛期巡查等重点工作进行督促检查和问题通报。加大对党员干部的约谈问责力度,要求各级在职干部要按照“三严三实”要求,认真反省,改进不足,努力提高自身工作标准。协调整合法官工作室、司法所、信访办、公安派出所等力量,建立信访信息排查评估机制。　　(虞志倩)

秋滨街道

【概况】2015年,秋滨街道辖区29.62平方千米,下辖17个社区、4个行政村,常住人口6328户,16209人,外来人口6万人,是金华市4个重点工业乡镇(街道)之一。街道工业用地面积896.89公顷,其中,规模以上工业占地面积609.86公顷,工业企业数有800多家,其中亿元企业有40家。

【工业经济】2015年1—11月,实现工业总产值260.75亿元，同比下降3.73%；固定资产投资额52.50亿元,同比增长34.87%,其中工业投资43.72亿元，同比增长40.61%;1—11月，街道税收收入

12.77 亿元，同比增长 2.5%。

【开发建设】 完成华科汽车项目涉及的蟠龙、后屋、吕献塘、马鞍山四村 25.04 公顷用地的土地征用、青苗评估、政策处理工作，成功保障华科汽车的企业建设按计划推进。完成吉利项目 13.33 公顷用地清表工作，土石方平整工程正按计划进行。完成湖海塘公园西北角(马鞍山区块和华夏射击场)13.33 公顷、涉及 73 户村民的青苗处理工作。剩余 15 户未签约，秋滨街道再次成立蟠龙句号行动攻坚组，集中攻坚。通过工作小组剖析每户难题，做细致工作，成功签约 8 户。蟠龙整体拆迁安置工作已完成 330 户的拆迁，拆除建筑面积 15000 平方米，得到了市长暨军民的肯定和表扬。

【“三改一拆”】 拆除违法建筑面积 21.28 万平方米，完成年度目标任务的 236%。8 月，街道对百事达地块进行集中性拆违，一天内拆除违章建筑 22000 万平方米，街道一鼓作气，成立集中攻坚组，在确保稳定的前提下，对百事达违章建筑进行彻底排查、彻底拆除，此项工作得到市委、市政府的表彰。根据“无违建村”创建要求，对秋高社区开展集中整治，坚持“一个目标、一条红线、一项政策”原则，对存在违章搭建的 177 户进行逐户走访，逐户调查，逐户讲解，耐心细致地进行劝导，逐户发放限期整改通知书。涉及的 1.32 万平方米违章搭建已经全部拆除，实现了和谐拆违。

秋滨街道“三改一拆”工作布置会(秋滨街道提供)

【城市建设】 秋滨街道始终把“精品城市建设”这个理念贯穿于环境整治工作当中，注重精细化管理和制度化管理。落实“河长制”，治理河道支流 4 条，清淤长度达 5 千米，动用机械 100 余台次，清淤淤泥垃圾 5000 多立方米，河岸绿化 1000 多平方米，有效洁化美化绿化了河道周边环境。积极推进截污纳管和农村生活污水处理项目，从源头上解决水质问题。已完成吕塘下、邵姜 2 个村的截污纳管和生活污水处理，其他社区逐步推进中。推进养殖场、砂石场整治工作。石门溪沿线农业面源污染严重，在 2014 年养殖场整治的基础上，关停石门溪沿线的 10 家养殖场、黄元砂石场，基本杜绝养殖场对石门溪的污染。

【社会管理】 积极开展维稳工作。2015 年，处理信访案件 64 起，“8890”投诉件 315 件，结案率达到 100%，接访群众来访 109 人次；集体访 11 次，化解 101 件。街道未发生重大集体访，越级访案件，维护了社会的稳定。保障民政残联工作。发放低保 43 人，22.38 万元；发放重残补助 7 人，5.22 万元；2015 年，秋滨街道冬令春荒救灾救济款发放 38 人，3.04 万元。开展综治、禁毒等法制宣传教育活动，采取悬挂横幅、发放宣传材料等方式在居民中进行宣传，全年宣传 4 次以上。加强对居民的思想政治工作，广泛开展以社会公德、职业道德、家庭美德为内容的教育活动，不断化解矛盾，稳定人心，统一思想，凝聚力量，确保一方稳定。

【基层党建】 抓好社区党建示范点建设。建立吕塘下村、陆村社区 2 个示范点。吕塘下党建示范点建设为标准，包括朱基头、陆村、张坞垅、社路、冠山顶、吕献塘、姜山头、前周、后周、秋高等 10 个点。至 2015 年底，党建示范建设已基本完成。抓好自身素质建设。发放习近平总书记系列重要讲话精神读本 800 余本；发放 8890 先锋志愿者活动旗子 17 面；为 834 名党员每人发放学习用书《党员学党建》；将准则与条例发放到辖区内每一位党员手中。抓好思想阵地建设。召开 3 次“三严三实专题教育”研讨会议。深入学习贯彻习近平总书记系列重要讲话精神，重点学习研讨如何严格遵守党章、准则、条例，按照“三严三实”要求律己用权，以反面教材为戒，聚焦严守党的政治纪律和整治规矩，深刻总结反

思，汲取教训、引以为戒，真正在思想上、工作上、作风上严起来、实起来。 （郑紫钰）

雅畈镇

【概况】2015 年，雅畈镇镇域总面积 74.33 平方千米，户籍人口 8751 户，22844 人。全镇下辖集镇、雅畈、华南 3 个管理处，37 个村民委员会，下设 209 个村民小组。

【工业经济】2015 年，全年实现工业总产值 10.8 亿元，占年计划的 102%，同比增长 5%；实现工业增加值 2.3 亿元，与 2014 年同期基本持平；全部工业投入 9000 万元，与 2014 年同期持平；规模以上企业完成产值 3.26 亿元，利税总额 2820 万元，规模以上工业新产品产值 1.18 亿元，完成工业出口交货值 1.77 亿元；完成来料加工 2955 万元；截至 11 月，完成区级财政收入 2829 万元，同期增长 1.17%。

【农业发展】注重加强农村农田水利基础设施建设，完成梓溪两岸堤坝修建，已完成百合塘水库除险加固，芳雅溪排涝工程正在建设中；完成宜山村背塘重点县项目建设和芳雅渠灌区建设。投资 30 万元；协同修建白杜龙南干水渠和农村生活污水提升改造工程，投资 10 万元，修复上马山大坞垅水库渗漏隐患。重新规划调整雅畈镇 506.67 公顷粮食功能区编制。严防畜禽污染整治反弹，完成畜禽养殖沼气设施建设任务 40 家。全镇畜禽饲养量存栏整体下降明显，超额完成上级所布置的改造、减存数量和减排任务。注重动物防疫，对 39600 头次生猪，3500 多头次奶牛、18 万羽禽注射防疫药品，检查奶牛“两病”1524 头，全部得到妥善处理。

【集镇建设】集镇污水一、二期项目加紧实施，已基本完成一期修复资料的查验和二期政策处理工作，农村污水处理工程注重抓好工程质量，调偏扭正，解决 10 余个施工遗留问题。集镇 5 个村卫生保洁统一外包，加大集镇道路洒水除灰力度。督促周边沙石场实施运输车辆灰尘清洁，有效降低了粉尘污染。投入 30 余万元完成一村段绿化 1000 平方米，场地硬化 1500 平方米。投入 20 余万元硬化市场南空地 1800 平方米，一定程度上缓解了菜市场停车难的问题。两次对雅新街严重破损道路进行修复。成立行政执法大队，全面负责对雅新街及集镇的日常工作管理，较大改善了集镇面貌。

【新农村建设】太阳能垃圾房以单建和联建形式进行建设、拟建，已建 19 座，可腐烂垃圾入房率已达到 100%。发放垃圾分类宣传围裙 8600 条、垃圾筒 1.3 万只，投入宣传费用 30 余万元。组织党员、代表、女户主培训 25 场次。先后组织 5 个批次镇、村干部参观学习，群众分类习惯正逐步养成。“美丽乡村”已基本完成 1 个精品村和秀美村、30 个洁美村改造，验收准备工作就绪。农房改造工作已经区级验收 5 个经市级验收 2 个。完成全镇 37 个村的污水处理设计，25 个村年底已交付验收。实施山区扶贫项目 2 个，总投资 1800 万元，已完成工程量 80% 以上。历史文化古村落保护修缮一期、二期工程基本完成，三期工程已完成 90%。对七家厅、将军殿、陪嫁井、点将台、四面厅、八字前、中药房等保护建筑和古民居进行重点修缮，对上街古街立面进行改造及装修。

【平安建设】完成 37 个行政村村规民约制定修订工作，将农村垃圾分类、卫生费收缴、平安创建及确权赋权等内容纳入其中。推进社会治理创新工作，成立雅畈商会参与社会矛盾调处工作室，成功调处 4 起历史积案。调处各类矛盾纠纷 94 件，稳妥处理芳田“9·25”杀人案民事调解，妥善解决韵达 UV 镀膜厂欠薪纠纷。加强社会治安防控工作，对专职巡防队 25 人、护村队员 229 人统一进行集训，全镇新装治安及社会面监控 71 个。开展“平安通”以奖代补工作，采集上报各类社会治理信息 900 多条。“我为平安浙江建设献一策”金点子征集活动，上报的平安微视作品获区级优胜奖。坚持以领导包案和公开接待为主要抓手，突出对土地、房屋等信访问题的调处和化解。开展平安综治双月宣传、信访宣传月、第二届“反邪教”宣传月和禁毒宣传月等活动，对 37 个行政村的办公场所、居家养老室、三合一企业、出租房和加油站等重点部位开展消防大检查,消除安全隐患。在汪家村成立了反邪教示范基地,教育警示作用明显。

【重点工作】巩固“五水共治”成果,强化“绿水青山就是金山银山”的理念,加强镇属溪流的长效管理,辖区内各主要河流在省、市、区多次明察暗访中得到肯定。镇分中心组织每周一次督察、每月一次交叉检查,镇人大代表、区政协委员参与监督。镇级河长每周一次督查,村级河长每周二次。镇政府对行政村和村正职干部考每月进行考核。抓河道保洁工作,改善雅畈水质,梓溪水质从原本的Ⅴ类水质变为Ⅲ类水质,11月为Ⅳ类水质,寿溪和梅溪保持Ⅱ类水质。强势推进“三改一拆”工作,全年拆除违法建筑51处,面积达10.02万平方米,完成任务指标的100.19%。着力构建长效防控机制,结合旧村改造、一户一宅等工作,解决群众住房难问题,从源头上杜绝违法建筑的产生,坚决走出“违建-拆除—再违建—再拆除”的恶性循环。

【社会事业】注重民生民计,保障惠民实事的落实,加强“信义金华”的宣传,营造团结和谐的政治氛围,不断丰富群众业余文化活动,协调安排30万元文体器材的配备,申报2个村文化礼堂项目,已经通过验收。石楠塘村通过市级文明村验收,雅帅纺织公司与雅畈卫生院2个市级文明单位正在全面创建中。举办两台大型主题演出,配合区文体局举办送戏下乡20余场。关心困难群体生活,发放各类救灾款和优抚金,走访慰问老干部和困难党员63户,发放慰问金5万余元。加大对困难、残疾、无固定收入对象的帮扶力度,全年发放各类补助120万元。新建农村居家养老中心6个,完成移民项目1个。提供法律咨询及援助56件,接收社矫20人,发放各类法律政策宣传画册200余份。完成362个企业退休人员资格认证工作,认真做好城乡居民医疗保险缴费工作,完成医保13964人,完成率为95.6%。认真抓好计划生育工作,截至12月,全镇共出生217人,性别男女比为100:93,计划生育率为92.6%,应征社会抚养费106.52万元,征收率为89.6%。做好汀杨线、桥岭线道路修复及各乡村道损毁路面修复工作。（陈　健）

安地镇

【概　况】2015年,安地镇镇域面积136.47平方千米,辖37个建制村,69个自然村,有人口6339户,16544人。安地镇位于金华南山核心区,水资源丰富,境内主要有梅溪、龙潭溪、外畈溪、上干溪、雅干溪等溪流,建有总库容6621万立方米的安地水库(即仙源湖)。2002年,在境内设立了全省第12个省级旅游度假区——“仙源湖旅游度假区”,是省内唯一一个城郊湖山型旅游度假休闲区。经过10年开发,建有金华动物园、十里桂花长廊游步道等游乐设施;开发建设了“仙源欧境”“双溪源”“香溪玫瑰园”等3个高档住宅区;实施了梅溪综合治理工程、雅干垅桂花飘香风情线工程,丰富旅游设施。2013年,安地镇获批国家级生态乡镇。

【土地征用】开展“清旧账”活动,在完成水上运动中心10公顷土地政策处理工作的同时,基本完成配套停车场3.33公顷土地征用政策处理;做好第二水厂政策处理,完成土地征用1.33公顷,搬迁坟墓1座2穴,保障了市重点工程第二水厂的顺利施工;发动村上党员干部,推进上干口地质灾害治理政策处理及安地集镇雅金塘畈土地托浮工作,完成上干口45穴坟墓搬迁;喻斯石岭头造地改田项目顺利施工并通过验收。

【“五水共治”】成立“五水共治”工作领导小组,印发《安地镇区域内溪流“河长”责任制实施方案》,按“一河一长”原则,全镇5条主要河道建立“河长”、“河段长”制度,由镇主要领导担任镇级河长,由各流域村支部书记担任村级河长,设立河道长公示牌41块,各级河长严格落实村级河长一周巡查两次、镇级河长一周巡查一次,建立了“治水巡查”周报制度,镇治水办每周对镇级河长巡查记录作汇总,对巡河中发现的垃圾河等问题中在每周一的干部例会中通报,要求各联村干部即查即改。全镇37个行政村都制定保洁方案,将环境卫生保洁列入村规民约,建立长效保洁机制,安排有专职保洁员，对村里进行日常的卫生保洁。推进农村生活污水提升改造工程，全镇的37个行政村已有29个已完工，6个村正在按计划紧张扫尾施工当中，1个村由于准备下山移民取消污水工程，还有1个安地村列入2016年计划。所有的施工的村庄都有一名镇班子成员联系，每周对污水工程的进度及质量进行督察。经过大家的一致努力，2015年几条溪流的断面流域水质几次监测结果均维持在Ⅱ类以上。

【各项经济】2015年，实现经济和社会事业平稳发展。全镇实现工农业总产值2.39亿元，固定资产投入130万元，桂花苗木销售近8944万元，税收收入833万元。全年累计接待游客73.27万人次，接待过夜游客7.4万人次，实现旅游总收入1.2亿多元，同比增长15%，其中金华动物园年接待游客38.2万人次，实现营业收入1356.1万元。

【新农村建设】推行农村生活垃圾分类减量处理，全镇建成太阳能减量化垃圾房15座，发放垃圾桶5056组、电瓶垃圾车37辆，分发印有垃圾分类宣传标语的围裙6000余条。村村配全垃圾分类设施。各村相继组织召开村“两委”、全体党员、家庭妇女等几个层面的垃圾分类工作动员会，广泛宣传垃圾分类处理。设立垃圾分类荣辱榜，每月进行评比一次并进行公布，深化农户垃圾分类意识。强势推进“三改一拆”。结合农房改造、卫片执法等，共拆除违法建筑9万余平方米，100%完成任务。按照“无违建镇”创建计划，37个村全部开展“无违建村”创建。安地集镇老旧菜场改造完成，快速推进美丽乡镇建设。深入推进精品村、秀美村、洁美村以及省级美丽宜居示范村创建，喻斯完成精品村建设，王大坑完成秀美村建设。依托自然优势和种植传统，以美好乡村建设为契机，成功在喻斯举办第七届仙源湖桂花节，打造“桂花飘香”精品旅游新游线。全镇有5家文化礼堂，2015年，新建2家并顺利通过验收，多次开展联欢晚会、文化讲座、婺剧下乡等文化活动，极大丰富农民生活。

【综治平安】落实矛盾纠纷排查制度，确保矛盾纠纷早发现、早化解，排查矛盾纠纷17起，成功调处17起，调处成功率达100%。接待和受理群众来信来访14件，结案14件，结案率达100%。坚持落实重点人员回访制度，加大教育转化力度。深入开展食品药品、道路交通、消防安全、危险化学品等重点领域安全隐患排查和应急事故处置，开展安全生产大检查40次，检查企业、房地产工地、公共场所、商业门店等，排查出各类安全隐患15项，整改15项，安全隐患整改率达到100%，确保全镇范围内无重大安全事故发生，妥善处置各类突发事件。

【“三严三实”】2015年，镇党委坚持全面从严治党要求，深入贯彻中共的十八大、十八届三中、四中、五中全会和习近平总书记系列重要讲话精神，落实区委工作部署，开展“从严管理落实年”活动，狠抓工作落实、狠抓作风转变，在全镇营造守规矩、敢担当、重落实、有作为的良好氛围，加强党员干部队伍的学习教育，严格执行周一上午例会、晚上集中学习、月专题党委会议研究制度。“七一”前夕，对全镇900多名党员上“三严三实”专题党课；12月初，带头组织党员干部学习、考试《中国共产党廉洁自律准则》《中国共产党纪律处分条例》等内容。组织办建立镇村党员干部微信群，根据不同群体创新学习形式、跟踪掌握学习情况。加大低星级村党组织教育整转和党建示范带的建设，提升镇农村基层党组织凝聚力和号召力。在区联系领导、联系部门、“第一书记”的指导帮助下，做好喻斯、寺口等村的党建示范点创建及山道、黄桑园2个软弱落后村的整顿转化工作，同时对其余5个二星级党支部安排实行党委班子成员蹲点整改，补上短板，切实完成提档工作。开展党风廉政建设，从严管理党员队伍，镇纪委对8人党员进行立案处置，开除党籍4人，党内严重警告2人，党内警告处分2人。加强机关效能建设，对11月下旬市委组织部值班驻夜检查中发现的问题进行深入整改。加强对外出党员、流动党员的管理。对5名长期失联党员迁入镇后进整转支部教育整顿，对6名长期在外党员办理组织关系迁出，对5名2星级党员留村支部整转。认真执行流动党员双重管理工作，研究制定安地镇服务中心党员双重管理原则，对服务中心6名党员进行分流管理。

【社会民生】2015年，发放低保款33余万元、农村退役士兵老年生活补助款约14万元、临时救助款10万余元、优抚金约40万元、困难群众医疗救助14.8万元。实施跨库移民村后期扶持项目9个,扶持资金170余万元;跨库移民结余项目2个,扶持资金45万元,小型水库资金1个20万元。镇原有居家养老中心10家,2015年新建居家养老中心8家。计划生育工作水平逐步提高。全年有育龄妇女4125人,其中已婚育龄妇女3279人。出生人数159人,计划外出生9人,计划生育率94.34%。出生男孩85人,出生女婴74人,男女性别比为114:86。二孩应全过程管理127人,已全过程管理人数127人,管理率100%。 (费 芳)

白龙桥镇

【概述】2015年,白龙桥镇镇域面积92.91平方千米,辖46个行政村,6个居委会,521个村民小组,人口24707户63513人。辖区内有华电新村5943人,华核社区2955人、玉龙社区15268人、金奥社区5516人、外来人口20778人,流出人口944人。

【工业经济】开展“千名干部进企业、千方百计解难题”活动,班子成员和干部分别联系规模以上、规模以下企业制度,走访企业,收集化解各类难题25件。2015年,工业总产值166.9亿元,同比增长6.4%;全年新产品产值53.6亿元,同比增长16.8%;新增固定资产投入14.5亿元,同比增长5.1%;引进内资6.7亿元;联合公安部门查处洞溪村一涉嫌敲诈企业,刑事拘4人,优化企业发展环境。对照区“僵尸企业”“低效C类企业”名单,完成18家企业的“四破”攻坚,盘活土地资源42.66公顷,再次被评为“金华市工业十强乡镇”。

【农业经济】2015年,实现农业总产值4.3亿元。培育农业精品园1个、农民专业合作社195家、家庭农场33家;完成粮食种植面积3066.67公顷,完成平原绿化造林25公顷,流转土地1074.93公顷;创建省级水稻高产千亩示范片1个;发放惠农补贴资金319.97万元;完成47个村股改,完成高桥、三联、怡村3个村的撤村建居。

【重点工程】2015年,完成330国道改扩建、洞溪污水干管、BRT婺城首末站、金华江马海畈城防、华阳房产马海地村留地等22个重点工程项目的政策处理;意谐房产、经济总部、龙蟠区块等一批项目政策处理进展明显。完成横四路建设,白沙溪集镇段蓄水工程实施中,环镇南路(含府临街、安东南路)开工建设,马海路及大桥交付设计。

【“五水共治”】2015年,白沙溪、洞溪治理项目建设中;桐溪段奥林匹克花园及实验中学污水纳管建设工程基本完成;洞溪污水干管完成3000米;核工业二六九大队及12局的生活污水排放临时改造工程实施中;完成30个排污口整治。集镇污水管网一期工程基本完工,19个村生活污水治理主体工程基本完成。关停畜禽养殖场55家,整治提升165家,完成率101.85%,落实消纳土地3339.27公顷,完成率100%。“桐溪”“漪溪”完成黑臭河深化提升整治,完成“白沙溪”垃圾河治理。

【新农村建设】2015年,建成太阳能垃圾处理站41座,配备好氧系统管网工程,49个行政村开展农村生活垃圾分类减量工作。对金龙路、白门线进行综合整治,成效明显。成功创建1个“秀美村”,完成2个“历史文化散落点”评定。

【“三改一拆”】2015年,完成拆违27万平米,完成年度工作任务的110%。强制拆除百事达建材市场临时用地,阻止违法用地67起,控新效果明显。

【社会保障】2015年,完成失地转社保180人,办理失地保险299人;创建社保家园2个;创建就业村12个、就业社区2个;城乡医保参保率达96.5%;新建居家养老服务照料中心10家;发放各类救助金35万余元。

【文化宣传】2015年,建成农村文化礼堂2个,创建区级文明单位、村(社区)7个,复评区级文明村、单位21家。继续开展免费送戏下乡“春泥计划”、文艺巡演、送宣讲等活动。加大村级体育健身场所的建设力度,全面推进全民健身运动。

【平安综治】2015年,建立镇信息中心,聘任6名专职信息采集员,巡查与网格管理相结合,对“三改一拆”、“”五水共治”、土地违法、城乡环境卫生整治等重点工作进行动态巡查，发现问题即时整改。完成56个村(社区)《村规民约(社区公约)》修订工作。接待初信初访65件，排查调处矛盾纠纷356起，被评为金华市级综治(平安维稳)工作先进单位。

【党政建设】开展“学制度、守规矩、明使命、比业绩”活动。组织实施镇机关干部“双向选择、竞争上岗”，优化干部配置。坚持每月15号村级党日活动制度；抓好3个软弱落后支部的整转，实施了9个村、3个企业的党建示范点建设，投入100多万元，夯实党建基础。召开镇十六届人大五次、六次会议，按完成选举任务。　（陈元庆）

琅琊镇

【概述】2015年，琅琊镇镇域面积93.07平方千米，人口6957户，19407人，辖3个分中心，30个行政村，有43个党支部。全镇以农业为主，特色产品有畜禽、西瓜、冷水茭白、葡萄、富硒米、生态鳖等。有全国重点文物保护单位铁店古窑址和省级文物保护单位白沙堰、杨塘下滕氏宗祠，市级风景名胜区琅峰山等名胜古迹。

【工业经济】2015年，实现工业总产值6.2亿元，其中规模以上企业实现总产值1.1亿元，同比增长46.7%；规模以上企业实现新产品产值5472万元，同比增长21.6%；实现限额以上工业投入4800万元；引进区外内资3398万元；引进浙婺商项目1个，投资2175万元；实现外贸进出口780万美元；投入技术改造资金3473万元。实现来料加工费收入2910万元，同比增长2.6%。

【农业经济】2015年，实现农业生产总值2.04亿元，增长7%。完成粮食生产任务。全年完成粮食种植1433.33公顷，落实粮食订单农户385户。以农业公共服务中心为平台，抓好农技推广，做好农业农残检测工作，完成区下达的200个检测任务；推荐科技示范户33户，其中优秀科技示范户6户。加大农业改革，基本完成农村股份制改革相关工作。林业工作全面提升。完成人工造林20.13公顷，新增公益林567.47公顷，积极抓好森林防火工作。保障强化用地。完成新兰小坑口土地复垦3公顷，有序推进泉口长坑一期17.33公顷垦造耕地项目；完成杨塘下畈83.33公顷粮食功能区建设任务。

【新农村建设】2015年，全面推行农村生活垃圾分类减量化处理，全镇建成太阳能减量化垃圾房26座，发放垃圾桶1.2万组、垃圾车30辆，村村配齐垃圾分类设施。召开垃圾分类工作动员会，各村召开村两委、全体党员、女户主大会，广泛宣传垃圾分类工作。组织党员开展垃圾分类等公益活动240余次，清理垃圾3200多吨。建立“网格化督察、清单式整改”的长效管理机制，对垃圾分类进行周评比、月考核，发现问题及时督促整改到位。

【“三改一拆”】2015年，推进农房改造、卫片执法等，拆除违法建筑8.4万平方米，完成任务的105%。按照“无违建镇”创建计划，11个村开展“无违建村”创建，一户多宅、党员干部违法建筑得到整治。

【重点工程】基本完成美丽乡镇风景线沿线墙体粉刷、道路拓宽、沿路绿化提档改造，完成白沙溪沿岸4.7千米的绿道建设任务，有序推进500米的琅峰山绿道建设。完成总投资1000余万元的14个村农村生活污水处理提升工程。完成污水处理厂的修复运行，并按期开工一级A改造，计划2016年6月完成。

【生态镇村创建】打造“洁化、绿化、美化、文化”的“四化”生态乡镇，申报市级生态村2个，实现市级生态村全覆盖，国家级生态镇创建成果不断巩固。

【“五水共治”】按“一河一长”原则，全镇9条主要河道建立河长、河段长制，设立“河道长”公示牌13块，成立党员护水队进行全面巡查，形成共治共管局面。将镇域内的白沙溪、东子马龙溪、山周溪等主要河流引入市场化保洁管理长效机制，白沙溪交接断面水质保持在Ⅲ类和Ⅱ类以上。落实沙金兰生态功能区各项保护措施，市区饮用水源保护不断得到加强。

【畜牧养殖】开展畜禽养殖整治“一场一策”126

家，建设沼气设施68家、拆除36家，达标验收95家，基本实现了生猪饲养量控制在6.46万头以内，落实消纳土地1133.33公顷。

【水利工程】2015年，总投资680万元的黄坡兰水库除险加固工程通过检查验收并蓄水；概算投资380万的庙湾水库、老鼠形水库除险加固工程已完成工程量的80%；上盛村投资60.5万元的水系激活连通项目已完成。

【平安创建】2015年，从总体形势上看，镇没有发生重大治安事件和大规模群体性事件，矛盾纠纷控制在村、镇层面，社会维稳形势良好。扎实推进平安琅琊创建。举办各类宣传活动，发放宣传画册2000余份，张贴标语百余条，通过微信、农民信箱等多渠道的宣传，营造出浓厚的平安氛围。

【矛盾纠纷排查】不断完善矛盾纠纷排查调处工作机制，完善调解队伍建设，依托“综治e通”平台，采集各种信息1000多条，从中梳理出矛盾纠纷及不稳定因素93件，调处成功92起，调处成功率98.9%。狠抓上级交办件的办理。全年共收到区交办的信访件5件，办结5件，办结率100%；“8890”便民系统收到交办件96件，做到办结率100%。

【安全生产】签订安全生产责任书108份，建立安全生产长效管理机制，2015年，开展安全生产大检查12次，各类专项检查4次。

【文化宣传】文化建设逐步推进。顺利完成山后金、水竹蓬2个农村文化礼堂的建设任务，已建的6家文化礼堂相继开展了敬老礼、乡音宣讲、现代剧下乡等丰富多彩的活动。深入实施“春泥计划”，未成年人思想道德建设水平进一步提高。镇文化公共服务中心投入使用。

【民生事业】计划生育水平得到提高。计划生育率94.93%，出生率7.6‰，自然增长率4.99‰，综合节育率80.1%。超额完成征兵任务，人武工作连续多年被区人武部评为先进。成立了镇归国华侨联合会。

【社会保障】2015年，完成城乡居民医疗保险和农村养老保险的征缴任务，医保、农保基本达到全覆盖。完成村级居家养老服务照料中心项目建设4家，17家正常运行。市级社区创建项目2个。加大困难救助力度。发放低保金202户、63万元，抚恤金76万元等。

【廉政建设】深入开展“三严三实”专题教育活动，严格贯彻落实中央八项规定、省委“28条办法”、市委“25条意见”和党风廉政建设责任制。抓好党的群众路线教育实践活动的学习、党员活动、典型事迹宣传等工作。坚持用法治理念和方式管理经济、社会事务。自觉接受人大、政协和新闻媒体的监督。按照法定权限和程序履行政府职能，促进阳光公正执法。不断健全惩治和预防腐败体系，全年开展上下班工作纪律、重点工作效能等各类检查18次，加大对党员干部违纪案件查处力度，努力营造良好政风。

（朱楚一）

蒋堂镇

【概述】2015年，蒋堂镇镇域面积54.29平方千米，有35个行政村，人口7289户，19337人。

【工业经济】2015年，全镇实现工业总产值15.62亿元，其中规模以上企业产值5.57亿元，规模以上工业新产品产值2.73亿元；工业新增固定资产投入1.69亿元；引进内资1000万元，完成自营进出口额769万美元；实现税收总收入3289万元，本级财政收入2212万元。全镇正努力适应经济新常态，不断创新调整工业发展结构。为企业排忧解困。开展“双千”活动，安排干部入企调研，寻忧解难，全力优化服务，协助晟丰公司完成债务重组；拓宽人才引进“绿色通道”，协助双香伟业引入台湾、香港高层次人才。牢牢把握“一带一路”“互联网+”等发展机遇，鼓励企业创新；完成佳怡包装、东兴实业两家企业“小升规”，使其发展潜力进一步提升；加快企业转变生产方式，金杰铝业投资2850万元的新型铝素材生产线已建成投产，转型升级更进一步；依托蒋堂农副产品生产基地，吸引优秀青年返乡开展电商创业，以“互联网+农业”助推农业产业化发展。打好基础招大商。依托虹戴公路产业带发挥蒋堂区位优势，搭好工业发展新平台，与婺城新城区、区经商招商局做好对接，开展双汇项目前期准备，预计总投资10亿元，达产后销售30亿元，税收1亿元以上；界首区块已供地企业主动做好与项目投资方的对接服务，通过限期开发、转让转产等方式，推动企业抓紧入园开工建设，重新凝聚镇域企业发展信心，保障工业经济平稳发展。

【基层党建】从严管理提升干部队伍建设。开展“我是共产党员，我为党旗添光彩”活动，激发党员活力；通过支部五星争创和党员五星管理，聚力班子软、管理乱、发展慢等现象，推进低星级、后进村和党员的整转提升；开展党章党纪党规专题教育，打好思想“预防针”；落实村主职干部季度考核评分制和农村党支部书记抓党建述职评议工作，以考核促转变，实现对症下药、靶向治疗；开展党员干部“效能风暴”，规范村干部“值班坐班”制度，确保“打开大门迎群众”。完成管理处体制调整。结合镇实际创新管理体制，并得到区编办批复，完成现有3个管理处（镇中、镇北、镇南）科学划分为4个管理处（开化、直里、蒋堂、莲堂）的重大结构化调整；调整干部管理体制，开展中层干部选拔任用和管理处干部双向选择工作，将42名干部下沉到管理处，2名干部待岗，把资源力量全面向急难险重一线倾斜整合，形成能上能下良好工作氛围。探索区域化党群服务中心。按人口、区域对基层党组织进行资源整合，在4个管理处分设党群服务中心，做强一点、辐射周边，由管理处总支组织治水护水、垃圾分类推进等各类活动；加大“两新”党建力度，在捷特包装设立“两新”组织党群服务中心，增强“两新”组织党员凝聚力；开展党员示范性建设，拓展党员公益日外延，组织环境卫生整治、河道保洁、困难户走访230余次，引导广大党员干部亮身份、树形象、尽义务，推动“党群连心桥”工程深入开展。推进作风建设。从严治党，强化监督“紧箍咒”；启动“织网工程”，构建“村两委——党员—农户”的工作网络，以工作实效检验作风转变成果；持续反“四风”，加大对“中梗阻”等问题正风肃纪，镇纪委切实回归主业，建成党员谈话室，推行查岗查责查案的“三查”工作法；对重点工程每月开展专项督察，经查办案件开除党籍3人，严重警告2人；结办信访8件，“8890”办结89件，办结率98%以上，推动党风廉政建设落到实处。

【“五水共治”】落实河长制不松懈，邀请浙师大环科院专家编制《石坑溪流域污染调查与评价报告》，投资360万元，实施两边驳埂、部分改道0.7千米，淤泥清运3000多立方米，科学推进石坑溪流域系统化治理；做足农村生活污水治理减法，推进生活污水整治提升，召开反面现场会自查自纠，督促工程质量，已有18个村完成建设任务；开展农业面源污染整治，对规划内237家养殖场实行一场一策，拆除42家，退养29家，已验收42家，待验收124家；试点病死畜禽丢弃有奖举报制度，开展畜禽养殖巡查，防止反弹；完成集镇东区新建污水管网7.8千米，沿线32家企业、7个村庄、3家单位纳管，污水处理厂日均处理量4500吨，运行负荷率90%，启动一级A标改造工程；近几月石坑溪断面均已消灭劣Ⅴ类。

【“三改一拆”】2015年上半年，开展白汤下沿线木材加工厂专项整治，关停白汤下线两侧32家锯板厂，拆除并腾空违章建筑和堆放面积2万余平方米，清理占道堆放木材5000余立方米；开展两路两侧专项巡查，关停、拆除铁路沿线锯板厂2家，拆除钢棚7个；推进四边三化行动，同步做好拆后利用工作，对大立元、开化的拆后闲置用地进行绿化提升和重点区域景观改造；开展卫片执法2处，推进“无违建镇”创建，整治非法一户多宅，通过镇、村、农户“三级联动”，完善镇村土地巡查网络；2015年拆违103处，拆除建筑面积8.3万平方米，完成年度任务的104%。

【环境整治】新增太阳能垃圾减量化处理房19座，涉及27个村，已完成验收并投入使用；另有8个村采用机械式垃圾堆肥装置进行减量处理；发放分类垃圾桶6125套，分类垃圾车35辆，各村自行增加6500套，垃圾分类工作实施覆盖面已达100%。成立镇行政执法中队，多次对主要道路进行集中整治，清理乱搭乱建及道路两侧占道经营2270平方米；强化农村保洁员（分拣员）队伍建设，推动农村环境整村提升；开展气尘合治，淘汰高污染燃料锅炉18个，淘汰黄标车63辆。创新工作方式方法，规定联村干部每天必须生活污水治理、畜禽养殖整治、农村垃圾分类现场三个必到,通过微信实时播报进度,通过微信群即查即改,实时到位,使全镇迈入环境综合整治“4G”速度。出台了《农村环境卫生长效管理考核办法》和《蒋堂镇环境卫生及垃圾分类长效管理考核办法》,每月召开环境卫生推进会,实行环境卫生、“五水共治”、垃圾分类“四个一”(一公示、一评分、一表态、一整改),并将结果纳入镇村干部考核;开展流动红旗竞赛评比,奖优罚劣,不合格村的村书记、主任和联村干部在每月例会上表态发言,增强党员干部参与积极性,农村环境面貌焕然一新。

【民生事业】民生项目全面完成。完成界首区块杨梅垅村征地工作,电力线杆正在架设;下尹下山脱贫移民安置点工程建设,主体施工率达85%,二期征地已完成,正在清表阶段;完成全镇控制性规划编制;完成市开发区低丘缓坡杨梅山区块征地后续收尾;二七征迁包干的工电巷第八区块第6、7网格的征迁工作“房改房”55户、自建房11户、公租房51户,均提前100%完成签约和腾空任务。民生事业全面发展。农村确权赋权改革和村规民约修订100%完成;城乡医疗保险1.16万人完成参保,参保率达95.7%;计划生育率92%,社会抚养费征收率94.56%,“三查”透检率99.0%;新建居家养老照料中心8家;成立区首个乡音宣讲队,新建泽口、黄碧垄农村文化礼堂2个,创设婺剧文化园1座,《一把三弦闹花台》成功申遗(区级),开化、许里分别申报市、区级文明村创建,开展省级老年体育活动中心创建,举办各类文艺演出7场,建立森林扑火队一支。民生工程提质提效。实施金华监狱46.67公顷、移民村燕山背25公顷、下汪畈48公顷土地整理项目;推进许里、西杨、开化等村120公顷粮食功能区建设;修复渠道1.9千米,新建灌溉水渠300米;建立无公害富硒稻生产基地113.33公顷及市级晚稻高产示范基地20公顷;完成西垅山塘除险加固工程和黄泥垅水库配套渠道工程;完成沿宾虹中学段排水工程建设;建立健全基层防汛体系建设,制定防汛应急预案,开展应急演练。 (吕兰婉)

汤溪镇

【概况】汤溪镇地处金华市区以西28千米,东邻本区蒋堂镇,南邻本区塔石乡,西邻衢州龙游县、北邻兰溪市,2007年被省委、省政府列入省级中心镇,2003年省级经济开发区——金西开发区成立后,与周边罗埠镇、洋埠镇一起托管金西开发区,2015年,汤溪镇镇域面积106.36平方千米。全镇共有72个行政村、1个居委会,总人口16415户,46211人。汤溪镇属春秋时期姑蔑国所在地,明成化七年(1471年)设立汤溪县,1958年撤销县制。有中国历史文化保护名村——寺平村、省级风景名胜区——九峰山风景区、省级非物质文化遗产1项抢头杵,市级非物质文化遗产4项。

【工业经济】2015年,实现规模以上工业总产值25.37亿元,新培育规模以上工业企业7家;实现全社会固定资产投资23.91亿元,增长17.1%。其中实现工业投资19.22亿元,增长36.6%;实现服务业投资4.69亿元;完成税收收入1.21亿元。2015年“小升规”企业培育完成1家,金华领翔机电有限公司现已上报审批。

【开发建设】全力推进现代生物医药产业园征迁工作,试点征迁范围386.67公顷土地,已100%完成征迁协议签订并完成全部评估,全部完成征迁工作并清表交地共13个村、302公顷。里朱垄村搬迁安置地块已签约4户,腾空2户。完成金华监狱92.07公顷土地征收,15户苗木大户和10余户散户、4个养殖户协议签订和补偿款发放。

【“美丽乡村”建设】5个精品村已完成工程60%以上,9个秀美村已完成整个工程65%以上,下村、石羊2个村已基本完成,13个“洁美村”基本完工,12个“洁美村”年内基本能够完工,已初步建成太阳能垃圾房的村有50个,陶寺村污水处理提升工程已基本竣工,22个村污水处理提升工程正在紧张有序的施工中。

【集镇建设】最美一条街”城河路道路及管网

改造工程，已完成总工程量的75%，电力、污水管道埋设完成，已进入路面路基工程施工。护城街北段污水管网建设工程已竣工，并通过了初步验收。

【“五水共治”】年初，关停非法采砂场5家，通过经营权公开拍卖，新设2家制砂点。开展了禁养区畜禽养殖场专项整治，关停养殖场132家，拆除面积达8.31万平方米，全部完成拆后复垦，拨付补偿资金2400余万元。开展了垃圾河整治大会战，投入大小机械140余台、人力2200余人次，对452条沟渠、180余千米河(沟、渠)段、82个大小山塘进行清淤整治，共清理清运垃圾约8272吨，生态环境和水质量明显改善。同时落实保洁队伍，实行经费包干，落实长效管理机制。建设“最美河流”——莘畈溪鸽坞塔至金星堰段，工程中标价320万元，年底完成主体工程。

【重点工程】汤九、汤莘公路涉及24个行政村、53.33公顷土地的征迁，涉及440户苗木和构筑物、100余穴坟墓的搬迁，该项目从8月正式启动，经过镇村两级3个月的共同努力，已完成征迁工作涉及的土地勘界、土地类别确定、面积核定、附属物和构筑物的评估、涉及坟墓的清点及信息摸查等工作。已完成苗木政策处理240户，完成率54.5%。

【“三改一拆”】2015年，拆除违建12万平方米，其中养殖场8.1万平方米。　　（范　翠）

罗埠镇

【概况】罗埠镇镇域面积44.33平方千米，设3个分中心，下辖62个行政村，户籍人口12981户，35278人，耕地面积2437.2公顷。

【工业经济】工业经济难中求进。2015年，全镇完成工业总产值28.29亿元，比上年同期27.60亿元增长4.8%；其中，17家规模以上企业完成总产值9.13亿元，比上年同期10.32亿元下降11.5%；完成工业销售产值28.69亿元，比上年同期27.28亿元增长5.2%；完成规模以上新产品产值4.28亿元，比上年同期3.42亿元增长24.7%；完成新增工业投入4.54亿元，同比下降35.7%；规模以上工业实现利税总额3344万元，比上年同期6154万元下降45.7%，其中，规模以上企业实缴税金2872万元，同比下降27%。税收收入4622万元，同比增长17.37%。

【农业经济】农业经济固本强基。加大农业资金扶持力度。积极开展送政策、送技术、送农资、送服务的下乡活动，春耕备耕工作细致落实，早稻种植面积达519.51公顷，订单早稻296万吨。发放农资综合补贴、早稻种植补贴等惠农补贴175.3万元，政策覆盖7755户、1883公顷。加强重大动物疫病防控和食品安全监管。全镇现有规模养殖户160家，关停拆除26家，沼气池新建43家、改造提升108家，已全部完成。做好病死畜禽日常巡查、无害化处理，加强对流感病毒的防控监测。区、镇两级协同，食品安全监管常态化。加快农田水利体系建设。依托“一事一议”、市级农田水利扶持等项目的包装，实施了13个村14个小型机埠改造，完善农业灌溉水利配套。实施农村股份制改革。62个村均已启动股改工作，完成了清产核资、人口调查，实施方案均已通过。

【新农村建设】新农村建设有序推进。2015年2个精品村、10个秀美村，设计方案、预算编审等前期工作已完成实施，6个洁美村全面完成；农村生活垃圾分类步入常态化，7个村实施农房改造，累计拆除292户、2.5万平方米，征岩头、何家、山下陈3个村文化礼堂建设通过验收。S315省道景观改造塘下朱段完成施工，“一村一品、一村一韵”打造迈出第一步。

【开发建设】攻坚破难成效明显。2015年，涉及10个村的5.3千米宁能热电管道建设项目租地政策处理、11个村的110千伏罗埠变29座塔基工程租地政策处理6个村2.89公顷的白汤下公路、虹戴公路与金西大道连接线绿化带租地政策处理14个村的11千米健康生物医药产业园污水处理厂尾水管网建设租地政策处理。“一厂”即金西污水处理厂项目二期2.63公顷征地及政策处理，围墙施工已完成。以“无违建乡镇”创建为目标，以农村存量违法建筑、非法一户多宅、房前屋后乱搭乱建、危旧房整治和“四边三化”整治为重点，逐村开展“三改一拆”工作，累计拆除违法建筑面积16.47万平方米，完成任务数16万平方米的103%。

【“五水共治”】“五水共治”持续巩固提升。制定作战图、表、册,继续实施“河道长”负责制,落实河道巡查长效保洁机制。加快推进集镇截污纳管建设,完成雨水管网改造 4.9 千米、污水管网 13.6 千米,完成 29 个村的农村生活污水提升改造。关停拆除养殖场 35 家,处理病死猪 280 余头,清理河道垃圾 80 余吨。

【信访工作】2015 年接受信访件 46 件,比去年同期降低 51%。到上级机关群访或参加群访 5 人以上,有 15 批次,3 人以下到上级机关上访 20 批次;8890 接收 205 件,已处理 205 件。因基础工作扎实、信息搜集迅速,没有发生人员进京或者赴杭州、乌镇等地上访。

【平安综治】平安创建及信访维稳工作成效显著。重心下移,化解重点难点纠纷。罗埠“野居民”、敬老院、周益忠户、胡松贵户等事件已妥善处理。在平安创建工作的基础上,深入开展矛盾纠纷排查活动,排查各类矛盾纠纷 93 起,调处 93 起,调处率 100%,人民调解 155 件。2015 年,社区矫正人员共 25 人,全部走访和教育到位,没有发生违纪违法问题。

(徐雍骏)

洋埠镇

【概况】2015 年,洋埠镇镇域面积 18.11 平方千米。地理位置优越,交通便利。下辖 24 个行政村,1 个居委会,全镇 5779 户,人口 15507 人,其中农业人口 14950 人,耕地面积 766.67 公顷,其中粮食作物播种面积 1290.53 公顷,粮食生产功能区面积 326.27 公顷,省级 146.72 公顷。

【工业经济】2015 年,规模以上工业企业总产值完成 15.59 亿元,其中规模以上工业新产品产值 4.6 亿元;完成固定资产投资 2.74 亿元,其中鼎源糖业续建项目投资 1.2 亿元;双冠定时、伊利乳业、豪迪染整、江天电机、丁丁实业、金鼎织带等 11 家企业实施技改项目投资近 4.8 亿元。财政税收 5306 万元,同比增长 11.82%。

【开发建设】宁能热电热气管线征迁工作,涉及到下潘等 6 个村,利用两周时间完成签订租用协议,同时保证无障碍施工;扎实推进衢江金华段航运开发项目建设,确保无障碍施工。

【“三改一拆”】全镇 24 个村通过了“无违建村”创建的初步验收。2015 年,拆除各类违法建筑 8.28 万平方米,完成计划的 118.23%。在 10 月 23 日全市无违建创建推进会上洋埠镇的做法得到了市、区领导的高度肯定。“四边三化”省、市、区交办的 40 项工作任务均已完成。同时开展自查自纠,排查出 27 处需要整改的地方,均已整改到位,拆除违章建筑 30 处,建筑面积 2 万平方米,搬运杂物、垃圾、各种物品 5000 余吨,累计种植各类树木 500 余株、苗木 4000 余株,较好地美化了环境,达到整治的效果。

【新农村建设】以建设“两美”“两富”洋埠为总目标,投资 700 余万元,实施 8 个村的“美丽乡村”建设,1 个精品村、5 个秀美村、2 个洁美村,已全部完成设计,进入招标程序。三益里、一乐堂、五四、坝头等 11 个村的农村生活污水提升工程全部完工。

【集镇建设】开展“美丽一条街”项目实施。2015 年投资 800 万元,完成人民路、邮电路和望江路提档改造工程。通过部门联动整治集镇“乱停乱放、乱搭乱建”等行为,清理非法广告、横幅、落地灯箱等 400 余处,取缔流动摊点 420 余次、占道经营 500 余次,实施综合保洁设施改造、增加保洁力量和经费投入、明确责任包干等多项举措,集镇卫生状况有了明显改观。

【民生事业】2015 年,全镇出生人口 111 人。完

书记傅利常现场指导中小学迁建项目实施情况

(洋埠镇政府提供)

成五三、五四、西十、洋埠、下潘、寺前杨 6 个村的居家养老照料服务中心建设。完成 2 个村 211 人失地农民转社保工作,成功调处 2 起意外死亡事件和 12 起劳资纠纷。做好城乡居民医疗保险工作,全镇参保人员达 9521 人,参保率 95.6%,完成 4050 人员社保补贴申报,共 15 人。全镇低保对象 202 户 281 人,其中,新批低保 1 户 1 人,核减 10 户 12 人,发放救助金额 56.91 万元。

【平安综治】2015 年,全镇发生治安案件 12 起,查处结案 9 起;刑事案件受立案 32 起,已破案 18 起;排查矛盾纠纷 292 起,调处 292 起,成功率 90.96%。接待来访件 11 件、46 人次,其中群体访 1 件,来镇上访 38 件 51 人次,信访件办结率 93%。认真办好市长信箱及"8890"便民服务台交办事项,满意率达 98%。

（董　燕）

乾西乡

【概述】乾西乡位于金华市区西郊,环城西路西侧,距金华铁路新客站、汽车西站仅 2 千米,乾西下辖 6 个居委会,常住人口 8612 户,22578 人。

2015 年,乾西全乡实现了工农业生产总值 37.35 亿元,其中工业产值 36.13 亿元,财政收入 10975.2 万元。

【工业经济】在宏观经济形势严峻的大背景下,乾西乡党委政府千方百计为企业提供帮扶,企业自身则全力以赴攻克难关,由此保持了稳中有升的良好格局。全年实现工业总产值 36.13 亿元;实现规模以上工业产值 26.07 亿元,与上年基本持平;实现新产品产值 10.49 亿元,同比增长 15%;实现限额以上工业投入 1.1 亿元,实现自营进出口额 5.51 亿元,实现规上利税总额 8630 万元。特别是 6 家亿元龙头企业发展强劲,时通电气、八达电子、厚鹏化工产值均大幅增长;10 家主要出口企业中,也有 3 家保持了增长势头。

【农业经济】乾西乡现代农业实现了持续增长。其中,全乡新建粮食生产功能区 60 公顷,粮食播种面积 279.5 公顷,总产量 1566.6 吨;实施金泉畈高标准基本农田建设项目,目前已铺设机耕便道 2000 平方米,新建及修复渠道 4500 米,水塘、水闸、堰坝改造各 1 处;启动乡蛋鸭生态养殖小区筹建,已完成项目立项和林转用报批手续。此外,乾西香葱基地获得了"金华市放心菜示范基地"荣誉;益康真菌研究发展有限公司"益康"牌孢子粉获"浙江省名牌"称号。还有浙江省科技特派员项目——大棚设施互联网智能控制技术得到了落实应用;万村联网 3 个村获评"浙江省季度之星"。

【城乡统筹】乾西乡二环以内以二类街道的标准接受数字城管考核,但此前考核排名一直比较靠后。一年来,乡党委政府全力补"短板",一方面落实形象工程,对工贸街南侧道路进行改造,对易通路、天仙路环境绿化进行提档,对天师东路、长湖路及繁茂街实施联合整治;另一方面,发动二环以内各行政村(社区)并联合城管乾西大队共同努力,对环境问题展开实时监管和及时整治提升,实现了全市数字城管考核排名从倒数变成了靠前。同时,二环以外各行政村积极整治村庄环境,形成"比学赶超"氛围,有效改善农村面貌。此外,乾西乡还全面实施垃圾二级分类工作,加大环卫工人队伍的建设力度,发放垃圾桶 6000 余只,建设太阳能沤肥房 9 座,配备垃圾车 22 辆,实现了 90%以上农户分类到位,垃圾减量近 1/3。

【"五水共治"】深入开展"五水共治"工作,让水环境得到了进一步改善。通过全面落实"河长制",紧盯问题抓整改,完善制度促长效。一年来,全乡完成了长湖支流 9 公顷河道清淤;完成乾竹电灌渠道加宽改造;封堵取缔了 10 个长湖排污口;并顺利完成金华江 7 号市控排污口整治。在年底开展第二轮河道清淤之前,长湖的水质检测结果已连续 4 个单月在 V 类水标准以上。与此同时,在全区率先完成了温室甲鱼养殖整治,关停拆除并复垦了 17 家养殖场;加快农村生活污水管网建设,栅川、王店等 10 个村生活污水治理完成 90%以上,同时启动杨石等 4 个村(居)的生活污水治理及扩面提升工程。

【"三改一拆"】乾西乡"三改一拆"工作取得了累累硕果。2015 年,拆违 17.97 万平方米。其中,通过积极开展卫片执法工作,使违法占用耕地比例由

2014年的31.20%降至5.15%。此外,乾西乡抓住难点攻坚,组织拆除了一批省、市、区重点督察的“两路两侧”、“四边三化”违建项目,受到了上级部门肯定。还通过“三改一拆”助力推进节能减排工作,全年累计拆除高污染锅炉42家。

【重点工程】2015年,乾西乡党员干部加班加点攻坚克难,认真开展工作,推动了辖区诸多重点工程建设:实现杭长安置地块雅宅地基抽签到户;完成竹马货场配套工程601铁路征地及农房征迁;完成市重点工程浙中粮油交易中心道路河道改道工程政策处理;实现金竹公路苗木补偿款、地面构筑物补偿款发放到户;实现后畈田二期工程强电安装进场施工,同时完成二期签约182户(签约率94.8%),老村旧房拆除77户;完成栅川工业园区坛里郑村146亩土地政策处理。此外,还完成了4个村庄的5处机埠改造;完成了金兰中线、人民西路乾西段、黄湖路污水干管等一批治水项目建设。

【党建工作】乾西乡党委坚持全面从严治党要求,以“从严管理落实年”活动为契机,以“三严三实”为标准,狠抓党员干部的工作落实、作风转变,在全乡营造守规矩、敢担当、重落实、有作为的良好氛围,促进了党建工作全面发展。一是“定人、定点、定责”;开展末位问责,诫勉谈话等方式,形成奖优罚劣、奖勤罚懒的机制。二是扎实开展“三严三实”教育,严格条例、准则学习及夜学夜访制度、每周工作交流制度。全乡增挂“共产党员户”牌子768块,乡干部全年走访农户7058户,796名党员联系群众7349户,切实打造了“党群连心桥”品牌。三是按照“古婺新韵”党建示范带要求,建成湖头、幸福两个市级党建示范点,完善硬件和软件建设。在此基础上以点带面,其他各村(居)也陆续对党建规范化进行了提升建设。四是惩防结合,守牢底线。通过完善乡党风廉政工作考核办法,对17个村(居)进行量化考核;严格的党务政务公开,以及考核督察机制。一年来,全乡追回村级财务经济损失17万余元;党纪处理5人,行政处理(因违反“八项”规定)1人,约谈村干部3人。

【平安综治】乾西乡从加强宣传、提升服务、完善机制、创新平台等方面着手,为全乡百姓编织了一张防控结合的“平安网”。2015年,全乡共发生各类矛盾纠纷117起,调解117起;处理群众信访22件,回复率达100%。乡党委政府还进一步加大了对各类安全隐患的排查力度,先后展开夏季安全生产“百日攻坚”联合检查、企业和出租房屋消防安全检查、“六小”服务行业经营情况检查等多项行动。

【社会保障】2015年,乾西全乡投入低保、残保、居家养老、慈善救助、优抚等各类补助超过182万元,新增失地农民转社保543人,提高弱势群体保障水平。同时,积极发展教育事业,启动了乾西小学改造工程。辖区初中金华十七中的综合实力也得以不断提升,已在婺城农村初中排名第二。乾西乡还不断深化精神文明建设,不仅成功举办了婺城区第四届民俗文化艺术节,还开展和承办其他各类文化活动30余场次。同时,管好、用好了湖头和幸福两个村的农村文化礼堂。(余小蕾)

竹马乡

【概述】2015年,竹马乡乡域面积19.58平方千米,辖16个行政村、38个自然村,人口4144户,11718人,耕地面积693公顷。全乡有花卉种植面积533.3公顷,其中茶花生产基地连片186.67公顷。1999年,获“中国茶花之乡”美誉,世界原始物种最丰富的国际山茶花物种园位于竹马乡下张家村,2012年,被评为世界杰出公园。

【工业经济】2015年,工业总产值26.7亿元,同比增长6.43%。关停淘汰亩产税收低于万元的低小散企业5家,成功拆除需淘汰落后产能的福立砖瓦厂旧窑。利用2014年“四破”盘活的土地积极招商引资,引进金华市百一特车辆制造有限公司、浙江蓝森装饰用品有限公司;金华天裕工具有限公司成功拍得1公顷土地并已投产。培育小上规企业1家。鼓励企业转型升级,浙江金圆水泥有限公司投入800万元完成水泥熟料生产线窑尾电除尘改为带除尘的环保技改项目。鼓励企业实施“四换三名”工程,如天启工具厂完成“机器换人”;金华市振兴模拟器、金华市汇港玩具等2家有限公司完成空间换地，增加厂房约2000平方米。

【农业经济】 2015年，农业产值1.22亿元，同期增长8.9%。村级集体经济收入比上年同期增长7%。流转土地面积306公顷，比上年同期增4.8公顷，累计流转土地面积已占耕地总面积44.6%。成功承办婺城区第六届茶花节暨第二十三届茶花展活动，茶花销售超过2000万元。全面完成16个村经济合作社股份制改革工作。筹备茶花精品园，涉及东宅、西宅、邵湖头、方下店等4个村13公顷土地，2015年完成造地项目立项和规划设计。

【征迁工作】 依法依规完成省重点工程竹马货场及配套建设项目遗留问题的扫尾工作，2015年已全面进场施工。对省重点工程云山-灵洞π入兰溪电厂220千伏线路工程13座塔基和云计算金华分中心项目输电线6座塔基进行政策处理，其中220千伏线路工程7个塔基2015年开工建设。

【"五水共治"】 完善河道长效管理机制，落实专人巡查保洁、台账登记。大力开展温室甲鱼养殖业污染整治，拆除19家4.88万平方米，现已全部复垦到位。开展农村生活污水截污纳管工作，16个村基本完工。

【垃圾分类】 成立环保公益组织洁美竹马协会，采取乡村两级"互相监督管理"模式开展分类竞赛，使垃圾分类及长效保洁工作落到实处。现已初步形成"垃圾分类人人参与，卫生保洁有偿服务，分类方法简单易行，定点定时收集清运，监督考核规范操作"的有效垃圾分类模式，实现了可沤肥垃圾不出村，外运垃圾减量六成以上，垃圾资源化利用的显著成效。

党建示范带创建-图为汪山头村党群服务中心

（竹马乡提供）

【无违建乡创建】 全面深入推进专项整治，拆除各类违法建筑7.62万平方米，超额完成任务数152.41%。其中拆除非法"一户多宅"9454.95平方米，拆除卫片图斑占用基本农田的违法建筑联民教堂1050平方米，拆除审批使用年限已过的违法建筑宏通物流15000平方米，拆除两路两侧、房前屋后乱搭乱建的简易房、钢棚、围墙等259.6平方米，党员干部违建拆除1处，整治1处，拆除旧厂房2348.5平方米，拆后利用率达71.65%。

【民生工程建设】 完成金店畈、姜衙26.6公顷粮食生产功能区建设任务。投入103万元完成古塘里玉食塘整治项目；投入914万元完成九龙水库和横垅水库除险加固工程；投入35万元完成金店桦塘里水渠改造工程；投入184万元完成向家源和李经堂村口溪块石护砌项目；投入47.7万元完成李经堂饮用水改造项目。完成王包地水库涵管改造及坝体渗漏加固工程政策处理；完成联民村长湖堤岸道路和护砌工程项目、姜衙村山江堰塘和姜扬头布包塘山塘的设计方案；成功申报姜杨头村下村底畈、方下店村牛长坑畈、王包地水库等灌溉水渠项目立项以及汪山头村环村公路建设等7个"一事一议"项目立项。

【社会事业】 创建完成下张家精品村。人口与计划生育工作2015年全乡出生91人，计划生育率

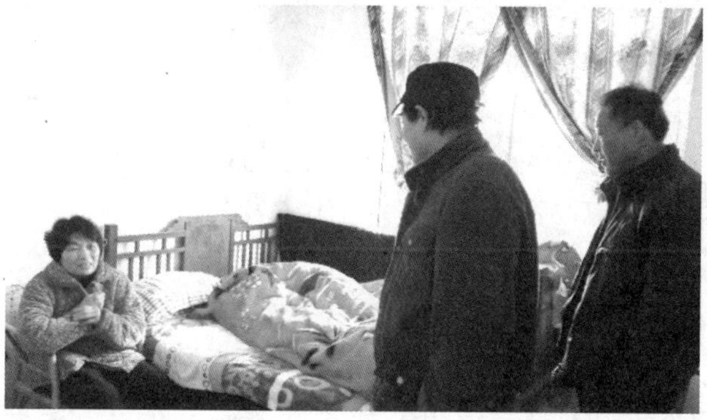

人大代表走访"4600"以下农户（竹马乡提供）

93.41%，社会抚养费征收率91%。社会保障体系不断健全。全乡农村低保户共有119户，187人。城乡养老保险和医疗保险参保率不断提升。完成全民参保登记调查工作，为省重点工程竹马货场及配套建设项目被征地失地农民657人和中国电信浙江公司

云计算金华分中心项目被征地失地农民18人办理了失地农民保险。完成邵湖头、方下店、古塘里、郭店等4村居家养老服务照料中心建设；确定残疾人无障碍设施进家庭项目20户；申报了汪山头、金店、西宅等3个村小型水库移民扶持资金项目。

【平安建设】成立花卉协会人民调解委员会，创新社会管理模式，增强行业自我管理、自我服务、自我完善功能。新安装治安监控59只。深入排查化解矛盾纠纷，2015年排查矛盾纠纷17起，成功化解率达100%，各类信访件7件已全部按规定处理。完成“六五”普法验收工作。认真做好全乡7名社区矫正人员管理教育工作。2015年新增7人，累计解矫14人。与村、企签订92份安全生产目标管理责任书，每月组织开展安全生产例会和培训，开展“打非治违”和安全生产“百日整治”活动，提升改造4家碎石厂。

【基层党建】推进“全域化”党建，完成“茶花争艳”“山歌悠扬、“党群连心”“礼乐传承”和“红色工业”五条党建示范带建设。建立并落实驻村指导员“联村联党建”制度，结合党员干部“联邻帮户”责任区管理和“全科干部、全心服务”活动，深入开展夜学、夜访、夜谈工作，干部服务群众能力与水平不断提升，党群、干群关系不断加深。（朱　雯）

长山乡

【概述】长山乡乡域面积60.35平方千米。下属21个行政村，146个村民小组，人口5001户，13241人。森林面积6047.47公顷，山塘水库109座，距离婺城区政府中心所在地9千米。境内田园秀美，空气清新，有着悠久的历史文化底蕴，较著名的有北宋期间的玉兰亭、东村桥及30余口古井，2处明清时期的牌坊，还有朱大典读书处破浪轩等文物，其中，东村桥是省级重点保护文物。

2015年，荣获区工业竞赛优胜奖、党风廉政建设先进单位、“居家养老”工作先进单位、计划生育工作先进单位、美丽乡村建设三等奖、社会管理创新竞赛三等奖，被评为2015年度岗位目标责任制考核表扬单位；石门村被评为区级五水共治工作先进单位。

【工业经济】2015年，完成工业总产值3.4亿元，其中规模以上企业产值1.2亿元，与上年持平；新产品产值1000万元，同比增长45%；新增投入5040万元，同比增长152%；技改投入2980万元，同比增长49%。

【农业经济】2015年，实现农业生产总值1.59亿元；培育省级农业精品园1个、农民专业合作社7家、家庭农场13家；全年完成平原绿化造林46.67公顷，新建油茶基地6067公顷，发放生态公益林补助款22.8万元；完成了21个村的农村经济合作社股份制改革。

【“五水共治”】按照“五水共治”工作为重点，采取有效措施抓紧落实，全面打响治水攻坚战。全乡完成养殖场整治提升197家，新建沼气池76座，关停27家，拆除139家，拆除面积达1.68万平方米。6月底前，漪溪沿线80家低小散全面关停。同时，因养殖场污染排放问题被环保部门立案查处5起。全面落实河长制，按“一河一长”原则，明确每条河道的河长、河段长和保洁员，逐级分解河道保洁任务，认真落实乡、村两级河长定期巡查制度；制作“河长公示牌”27块，接受群众监督。各村签订“五水共治”目标管理责任书，对各村河道、村庄环境卫生情况进行月考核，定期通报考核情况，考核与奖惩相挂钩。河道保洁工作实现市场化运作，在主要河道配备保洁员，实行每天8小时水上垃圾清理作业。加快推进洁水养鱼工作，11座小(2)型水库已全部开始实行洁水养鱼。与各村签订洁水养鱼承诺书，并明确每位班子成员联系一座小(2)型水库，确保洁水养鱼工作有人管、有人抓。

【新农村建设】长山乡始终把新农村建设作为重中之重的工作来抓，在全力推进垃圾分类工作的同时，探索完善农村环境卫生长效管理机制。2015年，全乡21个行政村的垃圾分类工作全面铺开，太阳能垃圾房全部投入使用。成立专门垃圾分拣员队伍26人，通过集中培训，提高分类标准。加强垃圾分类宣传工作，通过有线广播定期播报垃圾分类宣传标语，为每个村配备宣传小喇叭，建立村劝导员队伍，经常性上门劝导垃圾分类工作。开展垃圾分类光荣户、促进户评比活动，发挥党员干部“宣传员、督导员”作用，做好联系户垃圾分类工作。全乡垃圾分类工作在全区走在前列，上年被列为全市垃圾分类现场参观点，得到市领导的充分肯定。加快推进农村生活污水改造提升工程进度，已完工8个村，开工建设8个村，完成招投标1个村。投入50万元，对石门村至二环西侧1.5千米进行道路绿化。石门、乌石屏、东屏3个村的整治工作得到市、区各级领导的肯定。大力发展乡村旅游，完成长山乡旅游总体规划编制工作，通过专家评审。

【“三改一拆”】按照婺城区“三改一拆”工作的具体要求，乡党委、政府集中精力，因地制宜，抓重点，攻难点，与移民工作相结合，拆除违章建筑251个，完成上级下达的拆除任务。全面推进无违建创建工作，按照无存量违法建筑、无新增违法建筑、无非法“一户多宅”的创建要求，深入开展“一户一宅、拆旧建新、法定面积”工作，破解村民建房难，土地落实难的困境。2015年，农村宅基地根据依法申请且符合规定的全部给予确权发证。全乡加大拆违力度，建立健全“两网化”防违控违工作机制，对新增违法建筑做到即查即拆，确保无新增违建，同时认真落实拆后土地利用工作。

【社会事业】2015年，新建居家养老照料服务中心3家，总数达到14家。全年足额发放各种救灾救济款50余万元，发放率达100%。城乡居民医疗保参保率达到96.1%，企退人员社保家园达到市级创建标准。全年完成计划生育率95.12%，性别比为95.24∶100，征收抚养费33.47万元，育龄妇女“三查”透检率达到99.1%。开展生育文明示范村的创建活动，全乡设置宣传橱窗42个、标语牌75块。2015年，完成了杨里村文化礼堂建设，全乡共创建文化礼堂5个，全年组织文化活动35场次。

【平安综治】积极开展平安综治宣传活动，实行电子化“网格管理”。加大安全隐患排查力度，做好森林防火、防汛防旱、抗台等工作。成功抗击冰冻寒潮灾害天气，转移危旧房农户26人。开展重点单位企业安全生产大排查，排查安全隐患17起。通过努力，一年来无重大事故，无严重伤亡事件发生。

【重点工程】桐溪村罗盘形造地改田项目进展顺利，已将近完成工程量40%；三村周思塘茶叶山造地改田项目已进场施工，相关政策处理工作有序进行，工程各项工作进展顺利。

【党建工作】以“从严管理落实年”活动为载体，加强基层组织建设。每月15日农村党员固定日活动，结合当前环境卫生整治、垃圾分类等中心工作积极开展党员公益活动，把党员活动参加情况作为党员星级评定的主要依据。深化党员联系群众制度，确保每位党员联系一批群众，每位群众都有党员联系，联系内容涉及政策宣传、指导垃圾分类、环境卫生等工作，通过“四必到、四必访”，密切了党群关系。积极开展软弱涣散支部教育整顿工作。2015年张思桥支部列入全区软弱涣散支部，在前期集中整转中，通过区领导联系、“两富”指导员指导、下派“第一书记”等措施，支部整转效果明显。两委班子已全部配齐，支部书记通过补选产生，村上各项工作推进顺利。从严加强党员干部队伍管理。全面修改了村干部岗位目标考核办法，按照基层组织建设、党风廉政建设、“五水共治”和新农村建设、国土资源管理和“三改一拆”工作、社会事务管理工作和其他重点工程项目等方面进行了细化考核，其中基层组织建设分值占40分，考核结果直接与年终评优和报酬发放直接挂钩。加强对党员队伍管理，对不配合、不支持中心工作的党员，2015年，共有2名党员被评为低星级党员，组织关系转移到乡党员教育整转支部管理。

【政府自身建设】深入开展“全科干部、全心服务”活动，落实乡干部“夜学、夜访、夜谈”和节假日值班制度，落实“走村不漏户，户户见干部”要求，提升干部深入基层服务群众水平，积极打造敢担当、有作为的乡镇干部队伍。从严加强村干部考核管理，严格实行村干部创业承诺、辞职承诺和坐班值班等制度，深入开展党员干部联系群众制度，帮助解决身边群众实际困难。推行乡机关干部“一岗双责”、“工作首问责任制”等工作机制，严格乡干部考勤和请销假制度，从严落实中央八项规定，乡纪委进行不定期督察通报。加强制度约束，强化监督职责，效能作风建设永远在路上。加强政府绩效管理，实行量化考核,以时限倒逼进度,以目标倒逼责任,提高执行刚性。以“一分部署、九分落实”的劲头,从实处着眼,用实干考量,拿实绩说话,确保在产业发展、“五水共治”、“三改一拆”、环境整治等方面取得新业绩。厉行廉洁自律,坚持对腐败问题“零容忍”,强化廉政风险防控,不断完善惩治和预防腐败体系。

(郭文琴)

沙畈乡

【概述】2015年,沙畈乡乡域面积184.94平方千米,是金华市最大的纯山区乡,也是省级贫困乡。下辖30个建制村,70个自然村,全乡人口4816户、12948人。有耕地399公顷,山林14591公顷,主要特产是毛竹和茶叶。全年完成财政税收1606万元,乡财政收入达480万元。

【工农业经济】2015年,工农业总产值21738万元,同比增长6.5%,其中,农业总产值6323万元,同比增长7%。根据山区特点,发展林业、农业以壮大集体经济,请教专家,问计于民。梳理发展难题95个,帮助7个村解决出路问题。依托优势资源,发展以毛竹、茶叶、油茶、红豆杉等10余个极具沙畈特色的农林产品,推动农村经济发展。

【党风廉政建设】加强领导、健全机制、落实党风廉政建设责任制,乡纪委以强组织、促公开、严管理、抓落实、转作风为工作机制,建立健全乡、村两级党风廉政建设小组。

加强对村干部特别是村书记的日常管理和监督考核,调整党组织战斗力不强、服务能力弱、群众意见较大的村书记1人。抓好党员发展工作,2015年新吸收预备党员16人。启动党建示范点建设。投资15万元,分两批对29个村支部的党员活动室进行规范化建设。全面推行党组织每月15日固定活动日制度,开展党员志愿服务、党员大会、上党课等活动。认真开展基层党组织五星争创和党员五星管理。落实党员联系群众制度和共产党员家庭户挂牌制度,发挥基层党组织推动发展、服务群众、凝聚人心、促进和谐的作用。

实行乡干部“双岗双责”管理制度,推行“双向选择、竞聘上岗”的驻村工作新机制。严格乡机关干部考勤和请销假制度。实行上下班签到和请销假审批制度,并与年度考核、奖金待遇挂钩。完善乡机关干部驻村住夜制度。要求乡干部每月住夜不少于8天。开展“ 三严三实”专题教育。在班子会议上进行传达贯彻,就“ 三严三实”进行专题学习。召开“三严三实”专题党课会,全面谋求在新常态下实现沙畈经济社会发展新跨越。

【“五水共治”】深化推进“五水共治”工作。认真实施农村生活污水治理提升工程,2015年,计划10个村完成污水治理,12月底已全面完成。同时2016年治理污水村3个,到目前周村村已完成50%左右工程量。积极开展农业面源污染治理,建立巡查和信息报告制度。

定期对白沙溪沙畈段进行全面清理;加强小流域治理,完成山脚、大角坞、石坞、芝肚坑等小流域排涝水治理工程建设,加强基层防汛防台体系建设,投入资金12万元,完善乡村两级避灾安置点及防汛物资储备,提升灾害防范和应急救援能力。

抓用水保障,2015年投入212万元,完成回坑、石坞、青草、亭久等6个村饮用水改造提升。实施周村、高儒等7个村应急备用水源管网建设工程,推进用水收费等节水措施落实。

加强治水宣传,以反映沙畈乡“五水共治”的电影《迫在眉睫》上映为契机,进一步推动沙畈人民群众转变观念,主动投身到治水护水的实践中。

【“三改一拆”】持续加强违章建房整治,全年共处置违建26起。共拆除拆除违法建筑面积1.32万平方米,占地面积7495.7平方米。规范农村建房,2015年审批36户新建户,并对部分村建设规划和土地利用总体规划进行调整,及时开展农村集体土地确权登记,有效推动新农村建设健康发展。

【城乡环境整治】推进城乡环境综合整治,开展垃圾分类入户宣传,制作宣传牌120块,设置固定宣传栏15个,组织宣传培训6次,发放宣传资料6000余份。配备电动垃圾清运车31辆,发放分类垃圾箱4600只、围裙4600条。认真抓好农村垃圾分类减量化工作，2015 年完成 18 座太阳能垃圾处理房建设(部分村采用合建的模式)，实现垃圾分类工作全覆盖，力争到 12 月底 28 个村全部达到合格村以上。

【社会事业】加强计生工作，组织全乡开展计生“三查”，透检率达 99.03%，计生率 91.6%，做好社会抚养费征收工作。

做好教育、卫生事业等各项工作，积极帮助乡中心小学解决资金及教学物资共计 5 万余元；帮助乡卫生院解决了部分基础设施投入缺口。推进银坑、梧桐、东山等村居家养老照料服务中心建设，全乡已建成 16 个居家养老照料服务中心，解决留守老人照料问题。全面完成 4600 元以下贫困人口脱贫工作，落实低保救助、大病救助和各项社会保障，尽最大能力保障弱势群体生产生活。按时完成城乡居民医疗保险征缴工作，基本医疗保险参保率在 96%以上，大额补充保险参保率也较往年有所提高。积极推进农村电子商务发展，利用电商平台推销沙畈特色农产品，如石宫村的猕猴桃、李来滨的马家柚、沙畈有机茶等，取得了良好的效益。

积极稳妥推进集体经济股份制改革，全面完成股权证登记。认真开展矛盾纠纷排查调处，2015 年 1—11 月，受理矛盾纠纷 62 起，调处成功率 100%。抓好安全生产，1—11 月未发生重大火情和安全生产类事故。

【文化宣传】加强文化阵地建设，完成芝肚坑村文化礼堂建设，全乡文化礼堂总数达到 3 个；成功举办沙畈乡第三届竹笋节暨首部以“五水共治”为主题的电影《迫在眉睫》首映式。　(沈　元)

塔石乡

【概述】2015 年，塔石乡辖区面积 99.63 平方千米，下辖 39 个行政村，人口 4139 户、10883 人。山林总面积 10533 公顷，耕地面积 370.73 公顷。全年完成税收 900 万元，同比增长 6%。

【工业】2015 年，工业总产值 6100 万元。来料加工业稳定增长，专业经纪人增加到 30 人，从业人员 900 余人，产值 864.2 万元。

【农业】2015 年，农业产值 7815.5 万元。新引进有机米种植、水果种植示范大户 5 个，建立有机米示范基地 26.67 公顷，新增家庭农场 6 家，培育有机茶、翠冠梨、山茶油等各类专业村 14 个，无公害家庭农场 3 家。高度重视粮食生产，投入 45.2 万元完成了山坑、上阳等村 13.33 公顷粮食生产功能区建设任务。果蔬基地化进程明显，新建高田、东岭、井上等村 21.4 公顷红心猕猴桃基地，东店、吴庄的蓝莓基地实现扩面增产。农业人口收入稳步增长，农民人均收入 7075.5 元，较往年增长 6%。山区小流域农业开发项目顺利推进，已全面完成前期筹备。完成毛竹覆盖示范基地二块，油茶、毛竹低产林改造 133.33 公顷。

【“美丽乡村”建设】塔石乡公路养护站投入使用，修复水毁、塌方地段道路 11 处。完成 23 条乡村道路的养护保通。苏坑和东店两村的进村大桥、井上村通山道路、下淤村至谷口村连接道路硬化、坟岩村至杨婆岭连接线路基工程建设。硬化 2 条、新建 3 条林区道路共计 11 千米。吴庄、余坞里两村的新办公楼建成并投入使用。2015 年完成人工造林 55.27 公顷，林木抚育 373.33 公顷，“四旁”植树及义务植树 1.3 万株；封山育林 6133 公顷；完成毛竹覆盖示范基地两块，面积 0.4 公顷；公路补植增绿 1700 株，其中县乡道 1400 米，村道 500 米。山坑、银岭等村公墓完成扩容提档，东岭村等 3 个公墓筹备完毕，坟前绿化全面完成。禁止坟墓乱建，鼓励公墓安葬，全年落实公墓安葬补贴发放 1 万余元。完成全乡畜禽养殖场整治工作，拆除栏舍 4000 平方米，处理畜禽 1530 头。全年共清除乡村道路两侧乱堆乱放 400 余处，拆除乱搭乱建 80 处。推进重点村整治 6 个，美化绿化村庄 7 个，农村面貌焕然一新。

【生态旅游】乡村休闲旅游业快速发展。完成《塔石乡旅游发展总体规划》编制，加强旅游资源的挖掘和项目策划。投资 350 余万元完成余仓村旅游开发综合项目二期，投资 400 余万元完成塘头村厚大溪沿岸休憩带二期项目；新修壁下、小埠口等村绿道(徒步道)11 千米，迈开古道经济新步伐。余仓峡谷飞瀑、塘头山水长廊、岱上采蔬礼佛、上阳古民居等塔石十大景点已经初具形态。新开农家乐4家,新增床位45个。开通塔石乡村旅游官网和微信公众平台,塔石旅游知名度和影响力不断扩大。全年接待游客21万人次,直接营业收入达432万元,带动特色农产品销售收入100万元。农产品电商化销售增速明显。山区传统小吃商品化种类增多,农产品网上销售火爆,麻糍、千层糕、番薯干等产品通过微商、电商平台推出,销售额突破100万元。

【重点工作】“五水共治”成效明显。防洪排涝基础建设日趋完善,大坑民族村河道治理、文头村防洪坝、后塘村防洪坝工程完成建设并投入使用;保水供水稳步推进,完成下塔石、山坑、岱后3个村饮用水改造工程设计、项目申报等工作;农村生活污水改造提升再上台阶,16个村立项,其中15个村完工并投入使用。2015年,拆除违法建筑1.18万平方米,完成区下达考核任务的117.90 %,其中拆除卫片图斑占用基本农田违法建筑799.2平方米,开展对公路边违法建筑、乱搭乱建集中整治行动十余次,拆除简易房、钢棚、围墙等1827.25平方米。拆除一户多宅、水泥地、围墙等其他违建9163.75平方米。农村垃圾分类工作卓有成效。5月全乡启动垃圾分类工作,由乡统一购置垃圾桶、垃圾清运车,投建41座垃圾房、28座太阳能垃圾房,按照先易后难、循序渐进、全面覆盖的原则,有计划地推进农村生活垃圾分类投放、分类收集、分类运输、分类处理工作,全乡37个行政村(除高田、鱼潭两个地质灾害移民村外)实现农村生活垃圾分类收集资源化综合利用工作全覆盖,初步建成农村生活垃圾分类投放、收集、运输及处置运行体系。防灾避灾工作有序开展。高田、鱼潭两个村地质灾害避让搬迁工作顺利推进,第三期19户、32名移民顺利落户乾西移民新村。新建7处避灾点全面投入使用,有效解决灾害天气群众临时应急避灾问题。防洪体系建设全面完成。严格落实巡查、演练制度,定期开展地质巡查员培训,随时监控地质隐患,加大清明等特定时间段森林防火的巡逻检查,汛期应急体系运转正常。

【群众路线教育】开展党的群众路线教育实践活动,严格执行中央八项规定省委“28条办法”、“六项禁令”等各项工作,认真查找“四风”并加以整改,党员干部服务群众意识和服务水平明显提高。持续深化“全科干部、全心服务”和“走村不漏户、户户见干部”活动。深入开展“从严管理落实年”和“三严三实”教育实践活动,全面加强党员干部作风建设,增强干部队伍的凝聚力和执行力。加强农村基层组织的建设管理,监督村务活动规范化运行,全方位提高村干部为民服务的能力和水平。动真格抓实效,干部队伍“精气神”改观明显。认真听取代表、委员意见建议,及时办理落实各项提案、建议。积极响应群众诉求,办理回复“8890”交办事项43条,群众满意率达到100%。政务公开不断加强,招投标工作规范有序。重视廉政建设,坚持勤俭办事。

【社会事业】文教卫体事业持续发展。乡文化活动中心建成投入使用,余坞里、上阳3个村完成文化礼堂建设。举办了第10届“三月三”民俗文化节、第二届塘头美食节等“山花节”系列活动、“随手拍”微摄影大赛,群众文化生活得到极大丰富。社区卫生服务不断提升,新开展特殊人群签约上门服务。人口计生工作继续加强,2015年出生人口103人,计划生育率为92.23%。计划外生育8人,应征收社会抚养费483486元,已征收483486元,征收率达到100%。扶贫工作扎实推进。全年共申报实施省级扶贫项目3个、市级扶贫项目4个、“一事一议”项目11个,争取上级补助资金343万元。发放小额扶贫贷款12户、110万元。新增低收入农户集中村资金互助社2家,发放借款57户、115万元。社会保障不断完善。医疗保险率达97.98%,企业退休人员全部实现社会化管理。走访慰问各类残困家庭460余户,发放慰问金10万余元,发放实物价值20余万元,并组织开展免费体检、送医送药下村等活动。开展“爱心助跑·圆梦大学”活动,39名贫困大学生得到资助。开展助医、助学、助困等工作,受助群众200余人。重视关爱残障人士,创办市级残障人“爱心家园”,98名残疾人落实低保、助困,实施7户残疾人安居工程。农村劳动力技能培训和转移就业工作继续加强,全年举办各类技能培训6期,受训农民1200多人次。安全维稳工作继续加强。综治工作不断深化,全年成功调处纠纷23起,一些矛盾隐患在基层得到化解，流动人口、社区矫正人员、归正人员等特殊人群得到有效管控。严格落实安全生产责任制，加强农产品质量安全检测工作，发放农产品质量安全资料300余份，全年抽样检测238批次，其中瓜果检测92批次，蔬菜检测79批次，畜牧检测50批次，其他产品17批次，合格率100%。完成年度征兵和应急基干民兵集训等工作。共青团、妇女、儿童、老龄、统战、民族、宗教等工作扎实有效。

（严光远）

岭上乡

【概述】 2015年，岭上乡乡域面积60.66平方千米，是九峰水库移民乡。下辖9个行政村，人口3590户，8787人。分别安置在汤溪镇南门和白龙桥镇上邵两个安置区。

【工业经济】 2015年，全乡完成工业总产值2360万元，同比增长8%；完成出口交货值1130万元，同比增长27%，企业增加值600万元，增长率9%。全乡发放来料加工产值788.4万元。完成财政税收任务285万元。

【“美丽乡村”建设】 做好移民新村宅间路侧石安装等扫尾工作。做好新村绿化美化工作。桃源村完成了二号路以南绿化带的护栏安装以及白汤下公路沿线绿化带草坪种植等工程，二号路以北约6000平方米的绿化带清障工作；九峰村完成村口小广场到汤苏公路引线绿化工作，启动村内公用地块的绿化工程，两村绿化总投入400余万元；对部分区块进行绿化种植。投入400余万元，完成桃源村、九峰村来料加工基地建设；桃源村、九峰村均启动“两堂”“五廊”的文化大礼堂建设及文化长廊建设，预计总投入140余万元，路灯安装工程已完成招投标。

【“五水共治”】 实地细查再找不足，履行“河长制”、“渠道长制”。围绕全民治水抓氛围。在两个新村加强宣传引导，通过制作标牌、标语，营造全乡上下联动、群众共同参与的良好氛围。开通治水热线，畅通群众监督渠道，收集社情民意，及时释疑解惑。围绕“河长制”抓深化。建立例会制，掌握“治水”动态。召集村级河段长进行每月工作报告，掌握“治水”动态，分析研判存在问题，协调解决。坚持巡查制，履行“监护人”职责。乡级“河长”巡查至少每周1次，村级“河长”巡查至少每周2次，每月组织村级河段长、联村干部沿河实地巡查，遇有特殊情况则加密强巡查频率，监护其水质持续改善。围绕清淤保洁抓提升。库区环境优美，风景怡人，吸引大量的游人在九峰水库库尾露营、烧烤及垂钓戏水，也留下了大量垃圾。组织专门力量，进行环保劝导和安全宣传，保洁员每天进行一次巡查清运、清理遗留的垃圾，确保水岸洁净。

【平安建设】 深入排查化解矛盾纠纷，2015年，排查化解矛盾纠纷9起，成功化解率100%；化解信访积极案1件、来信5件以及“8890”平台转来信件11件，都已按程序进行答复；加强维稳工作，做好全国、省、市、区重大会议和节日期间的维稳安保工作。认真开展安全生产大检查，对重点经营场所、重点部部位做到每季一查；做好普法、流动人口管理服务、反邪教、禁毒、社区矫正和治安巡逻等级工作，提高干部的工作水平和村民的法治意识。

【民生事业】 群众文化事业方兴未艾。两村均启动九峰、桃源村的文化大礼堂建设；与市区文化馆联系，桃源村在区文化馆的支持下举办了戏曲专场，在市文化馆举办了一期非遗文化下乡活动，争取器材和资金，在两村安装健身器材4套。抓好人口与计划生育工作。一季度“四查”率达99%，征收社会抚养费7户、416217元，征收率80%。民生保障不断加强。农村居民养老保险续保、新增及调档工作全乡续保率97.3%。做好婺城区低保家庭经济收入审核，取消不符合条件的低保户3户、助学户7户。按要求落实好农村股份制改革工作，已转入权证发放阶段。启动虚坞里6.13公顷改田造地项目和原邵家源片4公顷土地复退项目，有效促进经济效益、社会效益和生态效益的提高。精准扶贫，深入推进年收入4600元以下低收入农户消除工作。制定规划，对低收入农户开展“一户一策一干部”活动，逐户落实了帮扶对象，明确帮扶责任、联村干部，定期对低收入农户开展走访联系活动,同时采取小额贷款实业帮扶、发展来料加工、落实居家养老服务等多项措施进行帮扶。同时工、青、妇、团、人武、统战、关工委、老龄委等各项社会事业协调发展。

【队伍建设】贯彻落实党建工作责任制。牢固树立“党建工作是最大的政绩”理念,形成聚精会神抓党建的工作格局。践行“三严三实”,确保干部队伍素质过硬。把“三严三实”要求贯穿于干部队伍建设全过程,坚持“全科干部、全心服务”服务,将我乡干部建设成为一支作风过硬、战斗力强的队伍。要坚持贯彻落实“党建”20条,促进整乡提升整乡推进。注重反腐倡廉,确保干部风清气正。严格履行党委主体责任和干部“一岗双责”,建立完善“三重一大”决策制度。要抓好干部队伍的廉政建设,防止出现不守规矩人和事。（傅小婷）

莘畈乡

【概况】2015年,莘畈乡乡域面积73.04平方千米,下辖11个建制村,全乡共2252户,共6231人。

【工业经济】发挥农业资源优势,围绕培育、壮大、做强农副产品加工业,打造农产品加工循环链。全乡完成工业总产值9965万元,做好来料加工工作,2015年,发放加工费1193.37万元,加工品种也呈现出多样化,有窗帘、皮包、珍珠饰品、竹制品等十多种产品。

【农业经济】按照“效益农业特色化、种养殖业规模化”工作思路,继续抓好效益农业发展。振兴土蜂养殖产业,鼓励土蜂养殖专业户做好统一规范生产技术,确保蜂产品质量安全,提升蜂产品品质。打造科技特派员示范基地,优化6公顷闲置土地,配套生态旅游观光采摘等功能需求,配套种植果桑、蓝莓等。

【重点工程】按时完成汤莘公路政策处理,莘畈段共涉及500米,征用地0.87公顷,拆迁房屋2户,移高压、低压线2路。完成莘畈溪改造工程政策处理,租用土地3公顷,两侧游步道、骑行道建设总投资预计800万元。祝村500米特色产品创意街项目,投资200万元,已初见成效,祝村“风情小镇”已显现出大致轮廓。大立元户外运动休闲基地,流转土地3.33公顷,第一期为户外露营基地,已经基本完工。祝村至大立元、祝村至小坞头公路拓宽改造工程,已基本完成政策处理并进场施工。大立元村旅游接待中心、姓曾自然村至莘畈水库游船码头1000米游步道都已完工。祝村、方家、大立元3个精品村设计方案正在实施,莘畈乡祝村—方家—大立元乡村旅游精品线逐渐形成。外东坑、吴村、井下3个村新建防洪堤450余米,新建堰坝4座,和尚廖村防洪保安工程已按规定要求顺利完工并发挥工程效益。祝村等4个村的水毁工程及时得到修复,上范等饮用水改造工程进入扫尾阶段。结合“饮用水源保护”“五水共治”,我乡及时对莘吸溪外东坑至学岭头段、大立元至祝村段进行清障清淤。通过一系列项目建设,我乡的水利基础设施建设得到进一步的加强,防灾减灾能力得到进一步提高,水环境得到明显改善,河道保洁工作有了提升。

【“美丽乡村”建设】对各村继续推进环境整治工作,乡里成立巡查组,进行每周巡查,确保村庄保持清洁。继续开展农村生活污水治理提升工程,5个村污水处理工程已完成。加强河道保洁,落实“河长制”及河道保洁员考核,确保河道水面洁净。抓好农村饮用水的保供,小坞头等村实施饮用水改造项目。落实“三改一拆”。健全网格化动态巡查、部门联动执法、“无违建”承诺等机制。完成农村住宅普查建档、非法一户多宅清查工作,为下步整治做好准备;落实国土资源执法监察巡查周报制;对全乡危旧房建立台账,启动整改。完成2015年“三改一拆”任务1.04万平方米。有序开展“垃圾分类”。落实生活垃圾“户集、村收、乡运”长效管理机制,提升卫生保洁水平。开展垃圾分类工作,加强工作队伍,全乡配备29名垃圾分类督导员,新增保洁清运人员14人,在祝村试行垃圾分类“集赞”活动。从10月开始,以工作片为单位,逐村落实垃圾分类整改和“路边三化”整治行动,全乡清运垃圾1000余吨。

【平安建设】深化“排查整治,强基促稳”工作,排查调处矛盾纠纷,有效化解2起社会重点、难点纠纷，预防纠纷2起，成功调解纠纷6起，维护辖区社会稳定。加大平安创建工作的宣传力度，提高安全感“三率”；严格实行安全生产责任制，宣传与督查双管齐下，2014年未发生安全生产责任事故。加大夏季森林防火宣传力度，落实护林员责任制；按照山洪防范预案要求，充实乡防汛防旱指挥部领导班子，组织各村抓好汛期山塘水库、水利设施的全面排查和防洪防汛工作；做好社区矫正人员的各项管理工作。为加强安全防范，全乡整体覆盖，新增监控57个，做到村村有监控、村村有防范。

【社会事业】最低生活保障、社会救助、救济救灾得到进一步完善，残疾人就业和扶贫力度不断加大。2015年，完成省、市级扶贫项目3个，投资额150余万元。积极开展小额扶贫贷款工作，全年送批小额贷款户45户，报批贷款额800余万元，正常贷款回收率达100%。消除4600元以下低收入户263户、530人。另外时刻关注弱势群体，做好重要节日的走贫访苦工作。发放低保、救助、救济、救灾款累计30余万元。完成一年一度的民政低保、低保边缘年审户工作；2014年新建并正常投入使用居家养老1处，全乡有9个村完成居家养老工程，有8个村正常运行。做好新农合、新农保工作，全乡城乡居民医疗保险参保率96.8%以上。持续开展“走村不漏户、户户见干部”活动，全年乡村干部走访农户2071户，党员联系群众制度深入开展。开展普法教育，全民的法律意识明显增强。推进政务公开，村务公开，基层民主进一步扩大。认真接受乡人大监督，受理人大代表建议案8件，已办理5件。人口和计划生育工作扎实有效；乡招投标中心工作有序进行，无违规现象发生；全乡的国防教育、人民武装工作继续得到加强；围绕和谐主题，人才和劳动保障、统战、工会、共青团、妇女、老龄、残疾人、关工委等各项事业取得新进展。

【生态旅游】2015年，抓住各种发展机遇，借助重点工程，为乡村旅游产业提升档次。同时加大宣传力度，组织农家乐协会成员到上海参加2015长“三角”休闲农业与乡村旅游博览会，上海客源市场稳定；通过金华味道栏目，组织趣味活动，展示本土农事文化；结合好土网金华市农家乐对接展示活动，宣传“生态莘畈，醉美立元”；配合农办组织的“美丽乡村行”，顺利举办多次活动，吸引了不少周边地区自驾游游客。为更好地满足游客需求，2014年年底我们还完成了大立元WiFi全覆盖。通过这些努力，莘畈的乡村旅游档次上去了，客源增加了，农民的收入也提高了。据不完全统计，全年游客超过14万人次。

（潘晨晨）

箬阳乡

【概述】箬阳乡位于金华市婺城区南部山区，东南与武义县相界，西靠沙畈乡，北临安地镇。2015年，乡域面积60.38平方千米，辖14个建制村，1619户4147人。全年工农业总产值5418万元（其中：工业总产值3424万元，农业总产值1994万元），农民人均纯收入逐年提高。

【工业经济】乡镇工业以竹木加工、茶叶制作、小水电为主。2015年，成功引进浙江榧龙生态农业开发有限公司和浙江药谷农业发展有限公司两家企业，引进内资1800万元。税收1042万元（其中地税1009万元，国税33万元），财政收入394.5万元。大力推进信贷帮扶和来料加工业，积极促进创业发展和脱贫，全年审批低收入农户小额贴息贷款1户5万元，专业合作社3家60万元，家庭农场1家20万元。全年发放来料加工费305.2万元，共有加工人数186人。

【农业经济】巩固茶叶产业主导地位，2015年，全乡茶叶面积286.67公顷，白茶种植面积33.4公顷，推广茶叶烘干机生产茶叶，新增茶叶机械50台，全年推广农机101台，新增动力683千瓦特。引导农民增收致富，鼓励做强做大茶叶、红豆杉等特色农业，萎缩化管理菜黄牛养殖，兑现2014年度奖励扶持资金20万元。引进榧龙公司建设香榧基地，与7个村签订林地流转合同，合计流转山林面积274.87公顷、承包田13.33公顷，发放租用款近350万元，一期完成80公顷香榧基地建设。

稳步推进生态公益林扩面提升工作，核定生态公益林3382公顷。加强森林管护,积极开展森林防火宣传和森林防治工作,防治柳杉毛虫面积415公顷,促进生态建设,严格林木审批,有效保护森林资源。加大林道建设力度,建成箬阳村林道5.8千米、琴坛村林道2千米、大应村林道3.5千米、横坑村林道9千米。

【新农村建设】 开展美丽乡村建设,积极推进瀛头、周坞、罗坪、石井坑、岩溪沿等5个村的综合楼建设。切实推进琴坛秀美村建设,建成停车场3000平方米。完成露营基地基础设施建设和猕猴桃观光基地建设。推进“三改一拆”,加强巡逻、管控,扼制新增违法建筑4起,拆除违法建筑6262平方米,拆除危旧房12处1060平方米。

深入推进“五水共治”,全面落实河长制,做到“一日一清理、一周两巡查”,两条溪交接断面水质稳定在Ⅱ类水以上。全面推进8个村的污水治理提升工程。拿出专项资金推进环境整治长效管理,推进乱堆乱放治理,强化“门前三包”和“垃圾分类”。全面开展畜牧业整治回头看工作,防止畜禽反弹。

扶贫工作不断深化。2015年,申报实施省级扶贫项目1个、市级扶贫项目2个、“一事一议”项目3个、经济薄弱村发展项目2个,其他结对扶贫项目8个,争取上级补助资金260余万元。帮助4600元以下农户41户、76人实现脱贫解困。横坑村、箬阳村茶山头自然村到2015年共有74户、196人顺利搬迁至乾西小康移民示范村。完成了毛岭脚自然村、葛山自然村、狮毛坪自然村的下山移民会议动员、制定计划和农户调查摸底工作。

【生态休闲旅游】 依托乡旅游发展规划开发琴坛—茶园旅游风景线,推进乡村旅游和民宿经济发展,全乡民宿和农家乐经营户已发展20余家,床位150余张,2015年游客超过10万人次,经营收入超过300万元,带动山区经济发展和群众脱贫致富。

【社会民生】 注重民生,统筹推进,社会事业发展取得新风貌。扶贫工作成效明显,2015年实施各类扶贫项目73个,争取到各级补助资金925万元。全乡年收入4600元以下的41户、76人全部脱贫。走访慰问各类残困家庭150多户,发放慰问金8万余元。居民基本医疗保险参保率达99.8%。7个村新建居家养老服务照料中心,是全区首个覆盖率达到100%的乡镇。琴坛、沙坑两个村新建了文化礼堂,举办首届客家民俗文化节和“情益重阳久久感恩情”文艺会演,基层文化阵地建设不断深入。举办农村劳动力技能培训6期,受训农民210多人次,55名妇女取得家政服务上岗证。组建箬阳乡基层社会事务督导团暨“老娘舅”队伍,一批矛盾隐患得到及时化解。完成平安通信息平台和信息员队伍建设,主要路口均安装了治安监控探头。开通乡、村干部微信群,乡、村干部“比一比,赛一赛”的氛围进一步加强村规民约修订并实施,得到了省市政法委领导的肯定。安全生产和森林防火工作扎实,食品药品安全工作得到加强;计划生育达到区里考核要求在全区率先完成农村股改,完成农村确权、赋权改革两项工作。

【省部门领导到乡调研村规民约】 8月5日,省综治办专职副主任谢小云、省民政厅关笑丹处长一行带领省信访、民政、司法等部门领导到箬阳乡调研村规民约修订工作。

【举办首届箬阳乡客家民俗文化节】 8月12日,“山花烂漫 美丽婺城”暨首届箬阳乡客家民俗文化节启动仪式在琴坛村举行。 (沈 丹)

苏孟乡

【概况】 2015年,苏孟乡乡域面积37.98平方千米。辖34个行政村,66个自然村,135个村民小组,常住人口7262户,人口18920人,流动人口7589人。

【工业经济】 2015年,完成规模以上工业总产值15841万元,完成规模以上新产品产值11589万元,完成主营业务收入5923万元;工业实现利税总额617.49万元,其中企业实交税金407.64万元。全年实现财政总收入16663.35万元。

【农业经济】 苏孟乡原先是以种养殖为主的农业乡,全乡耕地面积1213.4公顷(包括市石门农场耕地235.6公顷),山林800公顷。2014年以来,根据

“五水共治”要求，苏孟乡实施畜禽养殖“清零”行动，农业产业结构进一步调整，花卉苗木成为全乡农民增收的支柱产业。

【新农村建设】 近年来，苏孟乡抓住“市区南延”战略机遇，开展新农村建设，二环以北清湖、木杓塘、桥儿头、后山、山背、塘上、清江塘、叶村、清江桥、寺南10个村进行整体搬迁，实施公寓式安置。对江家、双枧头等村进行新农村改造，苏孟、溪口下、山下、楼司、新楼、合山头等村开展“美丽乡村”建设，湖海塘休闲区、新能源汽车产业园等基地及苏孟“美丽一条街”、“苏孟水乡”工程正在建设中，新楼、合山头、淳昌、溪口下等10个村开展居家养老工程。

【开发建设】 2015年，苏孟乡随着市区南延开发建设，重点征迁工作十分繁重，开发区交办重点工作11项，主要有新能源汽车产业园征迁，湖海塘学校周边道路项目，梅溪变至湖海塘区块双回路电力线路项目，湖海塘区块征迁项目，农业科技园征迁项目，31号路以南8.4公顷、10.67公顷待出让地块政策处理，330国道改造项目、石门农场棚户区改造项目，BRT公交首末站和交警大队用房项目、金华市第二水厂管道铺设，湖海塘区块征迁扫尾工作等。持续推进“三改一拆”。完善防违、控违长效管理机制，强化日常监管巡查，有效控制违法建设的滋生，全年拆除违法建设243处，9.58万平方米，完成开发区下达任务数的159.7%。依法深入开展江家村、清湖村安置地块房前屋后乱搭乱建整治，历时一个月全部拆除整村184户，面积5754平方米的违法建筑。巩固“无违建创建”成果，规范农房审批，确保新违建“零增长”，对苏孟、后徐、合山头等村的村庄规划进行了局部修编，使规划布局更加合理、适用。

【“五水共治”】 推进“五水共治”。紧盯提水质目标，坚决贯彻“河长制”，完善设立“河长”信息，重点对梅溪等7条主要河流进行全面排摸，建立“一图分档案”，即制定一张作战图，设置“一河一档”，因地制宜，实行河道保洁长效管理，做好巡查、督察、考核，登记归档，做到保洁工作制度化、常态化。抓好治水项目进程，“苏孟水乡”横一路改造工程9月份已开工；“美丽一条河“中干渠苏孟段改造项目于上半年完成验收，中干渠二环以北段河道清淤工程已招投标开始实施；“美丽一条街”暨苏延路改造工程已完成总工程量的70%，合山头等7个村的生活污水治理工程全部完工。

9月16日，在后尘村召开“三改一拆”现场会

（苏孟乡政府提供）

【平安综治】 创新管理，维护稳定强根基。高度重视信访维稳工作，深化重大矛盾纠纷领导包案、乡村干部联动接访等制度，深入开展矛盾纠纷排查和疑难案件会调等工作机制。2015年底，，接待群众来访或咨询229人次；收处信访事项23件，答复处理22件，正在办理1件；收处省长信箱件2件，答复处理2件；收处市长信箱件10件，答复处理9件，正在办理1件；收处行风瞭望-胜平接待室交办单1件，答复处理1件；收处“8890”便民服务平台交办事项254件，答复处理248件，正在办理6件。无中央和省挂牌交办未办结信访积案。落实安全生产“党政同责、一岗双责”制度，健全安全生产网格化管理制度，开展“六小”行业专项整治，规范做好食品安全监管，切实维护社会安全稳定。

（傅文斌）

附 录

2015年金华市婺城区国民经济和社会发展统计公报

2015年，面对复杂多变的国内外经济形势，全区上下深入贯彻落实国家、省、市各项决策部署，紧紧围绕“工业强区、商旅兴区、生态立区、城乡统筹”发展战略，按照“抓转型、重投入、优环境、兴实体、惠民生、促和谐”的工作思路，聚精会神抓发展，全力以赴促转型，克服了各种困难，实现了经济企稳向好的态势，人民生活不断改善，社会保持和谐稳定。

一、综 合

全区主要经济指标(含金华市经济技术开发区) 全区实现生产总值 (GDP)489.4亿元，比上年增长7.8%。其中第一产业增加值18.6亿元，增长2.0%；第二产业增加值168.2亿元，增长3.0%；第三产业增加值302.6亿元，增长11.4%。在第三产业中，交通运输、仓储和邮政业增长10.6%，批发零售业增长8.4%，住宿餐饮业增长4.7%，金融业增长8.2%，房地产业增长7.3%，其他营利性服务业增长12.2%，非营利性服务业增长17.8%。土地总面积1391.24平方千米，年末总人口63.6万人，人均生产总值(户籍人口)77351元，比上年增长7.1%。第一、二、三产业增加值占地区生产总值的比重由上年的4.0:36.7:59.3调整为3.8:34.4:61.8。

区属主要经济指标 实现区属生产总值(GDP)245.7亿元，比上年增长7.6%。其中：第一产业增加值12.7亿元，增长2.0%；第二产业增加值63.0亿元，增长3.3%；第三产业增加值170.0亿元，增长9.8%。在第三产业中，交通运输、仓储和邮政业增长14.5%，批发零售业增长8.1%，住宿餐饮业增长5.2%，金融业增长7.3%，房地产业增长9.4%，其他营利性服务业增长10.3%，非营利性服务业增长13.0%。人均生产总值(户籍人口)64222元，比上年增长7.3%。第一、二、三产业增加值占地区生产总值的比重由上年的5.4:27.4:67.2调整为5.2:25.6:69.2。

二、农业

全年预计完成农林牧渔业总产值22.7亿元，同比增长1.4%，完成农林牧渔业增加值13.3亿元，同比增长2.1%。根据粮食监测统计全年粮食作物播种面积7267公顷，同比下降6.0%，粮食总产量4.5万吨，同比下降4.1%。花卉苗木种植面积4400公顷，同比增长9.3%。全区油菜籽产量1614吨，同比增长8.4%；蔬菜产量6.8万吨，同比增长0.6%；水果产量3.9万吨，同比增长18.1%。全年生猪出栏34.6万头，同比下降9.4%；奶牛存栏数12750头，同比下降8.8%；牛奶产量36142吨，同比下降10.7%；水产品产量7163吨，同比下降11.7%。

全年完成造林面积812公顷，迹地更新面积264公顷，低产林改造面积585公顷，封山育林面积37845公顷。

三、工业和建筑业

全区完成工业增加值49.4亿元，同比增长5.1%，工业增加值占GDP的比重20.1%。其中规模以上工业企业完成总产值164.4亿元，同比增长5.5%；完成销售产值153.7亿元，同比增长3.7%，工业品产销率为93.5%。规模以上工业企业完成出口交货值22.2亿元,同比下降21.7%,占销售产值比重为14.4%。全年规模以上工业企业实现主营业务收入150.6亿元,同比增长2.7%;实现利税总额8.3亿元,同比下降30.1%,其中利润总额4.1亿元,同比下降46.8%。

全年完成建筑业总产值134.8亿元。全区48个三级及三级以上建筑施工企业全年房屋建筑施工面积1730.2万平方米,竣工房屋面积719.6万平方米。

四、固定资产投资

全年完成限额以上固定资产投资98.3亿元,同比增长10.1%。其中投资项目投资59.2亿元,同比增长45.2%;房地产开发投资39.1亿元,同比下降19.3%;投资项目中工业投资21.3亿元,同比增长5.7%。限额以上固定资产投资按产业分:第一产业没有投资;第二产业完成投资21.3亿元,同比增长5.8%;第三产业完成投资77.0亿元,同比增长12.5%。

五、国内贸易和对外经济

全年完成社会消费品零售总额286.0亿元,同比增长7.3%。其中商品零售273.0亿元,同比增长7.3%,住宿餐饮业收入10.8亿元,同比增长10.5%。

全年实现外贸进出口总额5.9亿美元,同比下降9.5%,其中外贸出口额5.5亿美元,同比下降10.8%;合同利用外资3408万美元,同比增长20.6%;实际利用外资1030万美元,同比下降1.2%。

六、财政

全区财政总收入36.9亿元,同比增长15.9%,区级收入9.7亿元,同比增长10.4%;全区财政总支出24.7亿元,同比增长35.8%。

七、科学技术

2015年,科技项目立项数量增长明显。全年累计获国家、省、市各类科技立项48项,其中国家火炬计划2项、国家星火计划项目2项;省级新产品试制计划9项、省科技特派员项目7项、省科技特派员基地2家;市科技项目8项(工业2项、农业6项)、市科技特派员项目10项、市农业科技成果转化项目1项、省科学技术奖1项、市科学技术奖6项。培育创新主体能力加强。全年累计认定高新技术企业8家(省级2家、市级6家)、省科技型中小企业25家、高新技术研发中心6家(省级1家、市级5家)、农业科技研发中心2家(省级1家、市级1家)。全区专利申请量达2442件,其中发明专利申请量531件,分别比上年同期增长14.6%和5.4%。

八、教育、文化和体育

通过了"全国义务教育均衡区"国家级评估,学校办学条件得到较大提升,实现教育资源的优化配置,使教育教学质量稳步持续发展。启动第二轮"学前教育三年行动计划",努力发展小学"特色教育",切实推广初中"高效课堂",积极推进职业教育精品化。全区小学入学率、小学毕业升初中比例均为100%。年末全区有职业高中1所,专任教师251人,在校学生4370人;普通初中17所,专任教师1099人,在校学生13187人;小学31所,专任教师1741人,在校学生29169人;幼儿园138所,专任教师1269人,入园儿童17265人。

文化体育事业持续繁荣,深入实施重点文化惠民工程,大力推进公共文化服务体系建设,积极探索公共文化标准化、均衡化路径。全区15个乡镇街道完成综合文化站建设;开展"送戏下乡"、"送书下乡"、"送电影下乡"以及"信义金华 美丽婺城"、"激情婺城"系列大型文艺活动;10个乡镇被评为浙江体育强乡镇,2个街道被评为浙江省城市体育先进街道,1个社区被评为浙江省城市体育先进社区。

九、卫生事业

全区有政府办医疗卫生机构23个,卫生技术人员611人,民营医疗机构32家,个体诊所、村卫生室237家,核定医疗床位570张。2015年,参加城乡居民医保21.56万人,参合率达到97%。全区19家卫生院(社区卫生服务中心)、27家具备运行条件的社区卫生服务站以及118家村卫生室实施了基本药物制度,实施率为100%,达到了浙江省卫生厅的实施要求。今年开展参保城乡居民健康体检99495人,共体检成人40563人次,其中老人27467人次,学生儿童58932人次,体检结果异常22962人次,建立了规范化电子健康档案330228份,户籍人口电子建档率达87.43%,提前完成省定目标。

十、人口、人民生活和社会保障

据公安人口年报统计，年末全区户籍管理人口为38.38万人(城镇人口20.09万人)。全区人口出生率为10.55‰，与上年同期持平；死亡率为6.58‰，与上年同期相比下降1.79个千分点；自然增长率为3.97‰，与上年同期相比上升1.79个千分点。

据抽样调查，城镇居民人均可支配收入41510元，同比增长8.3%；人均消费性支出25771元，同比增长8.7%，其中食品烟酒消费支出7297元，同比增长9.3%。农村居民人均可支配收入17921元，同比增长9.5%；人均生活消费支出12536元，同比增长9.1%，其中食品烟酒消费支出4654元，同比增长7.0%。

2015年，城镇低保标准每人每月665元，农村低保标准每人每月532元。截至2015年年底，全区共有3317户4701名城乡低保对象、2556户3820名低保边缘困难群众、519名重度残疾人享受相应救助，累计发放低保、低保边缘、重残、医疗等各类救助款2400余万元；发放冬春荒生活补助100万元，主要用于6600余户因灾受困群众的生产自救。新增89家城乡社区居家养老服务照料中心，全区6000多名老人享受到居家养老政府购买服务政策。开展“2015年慈善温暖行动”、慈善助学系列活动，发放慈善救助金208万元；做好慈善总会筹备前期基础工作，宣传发动并开展募捐，2015年共收到善款433.7万元(其中定向捐款347.8万元)。按政策落实全区符合条件的孤儿(或困境儿童)基本生活费的发放，发放孤儿基本生活费93万元。

劳动部门积极做好就业服务工作。全年共完成农村劳动力素质提升培训3125人，其中转移就业培训104人。新增就业岗位4708个，失业人员实现再就业2037人，其中就业困难人员再就业172人，城镇登记失业率2.37%，远低于4%的控制目标。

注：1)本公报所列各项数据为年度初步统计数据
2)公报中生产总值和各产业增加值绝对数按现价计算，增长速度按可比价计算

金华市婺城区统计局

2015年主要社会经济指标一览表

表14

指标名称	单位	全区	与2014同比(+%)	区属	与2014同比(+%)
人口、土地面积					
人口	万人	63.55	0.88	38.38	0.63
年平均人口	万人	63.27	0.65	38.26	0.29
人口自然增长率	‰	4.45	–	3.98	–
土地总面积	平方千米	1391.24	–	1139.59	–
地区生产总值(当年价)	**亿元**	**488.06**	**7.8**	**245.11**	**7.6**
第一产业	亿元	18.70	2.0	12.60	2.0
第二产业	亿元	169.77	3.0	64.42	3.3
工业	亿元	142.54	3.4	50.14	5.1
建筑业	亿元	27.23	0.4	14.28	–3.4
第三产业	亿元	299.59	11.4	168.09	9.8

续表 14

指 标 名 称	单位	全区	与 2014 同比(+%)	区属	与 2014 同比(+%)
人均国内生产总值(按常住人口计算)	元	63620	–	56877	–
工农业总产值(当年价)	**亿元**	–	–	–	–
工业总产值	亿元	–	–	312.80	3.7
农业总产值	亿元	–	–	22.43	–
固定资产投资		–	–	–	–
固定资产投资额	亿元	263.45	13.7	98.33	10.1
其中:房地产开发投资	亿元	86.09	–	39.12	–
批零贸易和外贸业		–	–	–	–
社会消费品零售总额	亿元	391.08	8.7	286.03	7.3
自营出口总额	万美元	–	–	59382.20	−9.5

国民经济产业结构一览表

表 15

项　目	绝对值(亿元)		构成(%)	
	全区	区属	全区	区属
地区生产总值	488.06	245.11	100.00	100.00
第一产业	18.70	12.60	3.83	5.14
第二产业	169.77	64.42	34.78	26.28
第三产业	299.59	168.09	61.38	68.58

人口情况表(公安年报)

表 16

乡 镇 街 道	年 末 数			
	总户数(户)	总人口(人)	其中:男(人)	其中:城镇人口(人)
全区合计	242321	635511	317454	351653
城东街道	9861	23337	11542	23337
城中街道	8990	24032	11859	24032
城西街道	6471	15426	8042	15426

续表 16

乡镇街道	年末数			
	总户数(户)	总人口(人)	其中:男(人)	其中:城镇人口(人)
城北街道	15858	39409	19564	39409
新狮街道	11665	31480	15315	26256
罗店镇	6746	17956	8915	3256
雅畈镇	8751	22844	11559	5926
安地镇	6339	16544	8468	3444
琅琊镇	6957	19407	9858	5088
蒋堂镇	7289	19337	9779	6508
竹马乡	4144	11718	5952	0
长山乡	5001	13241	6619	0
箬阳乡	1619	4147	2143	0
沙畈乡	4816	12948	6639	0
塔石乡	4139	10883	5757	0
岭上乡	3590	8787	4380	0
莘畈乡	2252	6231	3261	0
婺城新城区小计	33319	86091	42763	48187
白龙桥镇	24707	63513	31585	37018
乾西乡	8612	22578	11178	11169
金华市开发区小计	94514	251693	125039	150784
江南街道	11232	29312	14463	29312
三江街道	25595	67808	33537	67808
西关街道	9012	22448	11208	22448
秋滨街道	6238	16209	7890	16209
汤溪镇	16415	46211	23358	9512
罗埠镇	12981	35278	17662	3419
洋埠镇	5779	15507	7803	2076
苏孟乡	7262	18920	9118	0

全区农村基本情况表

表 17

指　　标	计量单位	全区		区属	
		2015 年	2014 年	2015 年	2014 年
一、农村人口与从业人员					
1.农村户数	万户	13.06	13.11	8.99	9.02
2.农村人口数	万人	35.88	35.55	24.54	24.37
二、农村劳动力资源总数	万人	23.16	23.12	15.76	15.7
三、农村从业人员数	万人	20.82	21.15	14.08	14.58
其中:从事农业人员	万人	9.87	7.81	6.86	6.18
四、农村用电量	万千瓦小时	31153	30148	22419	21399
五、农用化肥施用量					
1.按实物量计算合计	吨	66438	67084	35836	36244
2.按折纯法计算合计	吨	14969	15125	7758	7859
六、农用塑料薄膜使用量	吨	1199	1212	986	995
七、农用柴油	吨	6393	6498	2896	2901
八、农药使用量	吨	1746	1829	970	987
九、农作物播种面积总计	公顷	29396	32247	17766	19121
(一)粮食作物合计	公顷	15025	16802	7245	7742
1.谷　物	公顷	14009	15357	6389	6979
(1)稻 谷	公顷	12973	14003	5545	6196
(2)小 麦	公顷	188	156	186	45
(3)玉 米	公顷	843	1134	653	685
2.豆 类	公顷	584	939	445	475
(1)大 豆	公顷	482	773	356	404
3.薯 类	公顷	432	506	411	288
(1)蕃 薯	公顷	233	307	218	151
(二)油 料	公顷	2561	4138	1140	2403
#油 菜 籽	公顷	2252	3844	978	2251
(三)棉花(皮棉)	公顷	438	699	106	167

续表 17

指　　标	计量单位	全区		区属	
		2015 年	2014 年	2015 年	2014 年
(四)甘　蔗	公顷	166	174	78	85
(五)药 材 类	公顷	10	8	8	8
(六)蔬菜(含菜用瓜)	公顷	3772	3734	3194	3171
(七)果 用 瓜	公顷	1210	1014	1021	894
(八)花卉园艺					
# 花卉苗木	公顷	5589	5051	4401	4028
(九)其他作物	公顷	623	625	573	623
十、茶叶生产					
(一)茶园总面积	公顷	1852	1836	1501	1490
(二)茶叶总产量	吨	1802	2885	1431	1303
十一、水果生产					
(一)果园面积合计	公顷	1343	1430	1083	1120
1.柑橘园	公顷	598	717	435	493
2.梨　园	公顷	72	91	58	79
3.桃　园	公顷	33	44	31	41
4.葡萄园	公顷	187	111	172	98
(二)水果总产量	吨	52643	41757	38907	32579
1.柑橘	吨	8244	10006	4733	4826
2.梨	吨	1450	1873	1240	1673
3.桃	吨	591	390	586	375
4.葡萄	吨	2845	2029	2562	1824
十二、生　猪					
1.生猪年末存栏头数(含未断奶小猪)	万头	34.56	36.58	19.42	20.69
# 能繁殖的母猪	万头	3.25	3.55	1.86	2.06
2.年内生猪出栏头数	万头	55.31	63.07	34.61	38.15
十三、牛					
1.牛年末存栏头数	头	16981	17600	14302	16445
其中:良种及改良种乳牛	头	13781	14598	12750	13979

续表 17

指 标	计量单位	全区		区属	
		2015 年	2014 年	2015 年	2014 年
2.年内牛出栏头数	头	6146	9165	5632	7667
十四、羊					
1.羊年末存栏只数	万只	0.73	0.75	0.46	0.48
2.年内羊出栏只数	万只	0.61	0.77	0.34	0.53
十五、家 禽					
1.家禽年末存栏只数	万只	117.96	111.15	70.32	80.58
2.家禽年内出栏只数	万只	210.34	230.13	110.9	141.91
十六、兔					
兔年末存栏只数	万只	0.22	0.27	0.19	0.24
十七、养蜂年末箱数	箱	14199	14456	10547	10343
十八、畜禽产品产量					
1.肉类产量	吨	38011	53423	27451	30217
(1)猪 肉	吨	34022	48328	25023	26703
(2)牛 肉	吨	676	1053	630	843
(3)羊 肉	吨	94	131	53	79
(4)禽 肉	吨	3191	3896	1718	2579
2.鸡鸭鹅蛋产量	吨	7962	7831	6830	6852
3.牛奶产量	吨	42845	41413	36142	40454
十九、淡水产品	吨	10305	11481	7163	8114
1.鱼 类	吨	7978	8570	4987	5392
# 淡水珍珠(千克)	公斤	4505	4545	3510	3400
二十、农林牧渔业总产值(当年价)	万元	333179	329365	224315	224300
1.农业产值	万元	146313	144825	103599	99671
2.林业产值	万元	11857	11758	9456	9342
3.牧业产值	万元	139396	138402	83575	88601
4.渔业产值	万元	20235	19676	15655	15169
5.农林牧渔服务业	万元	15378	14704	12030	11517

农林牧渔业总产值、增加值一览表

表 17

指标名称	合计	1.农业	2.林业	3.牧业	4.渔业	5.农林牧渔服务业
一、总产值	224315	103599	9456	83575	15655	12030
二、中间消耗	92360	30872	4556	44638	6226	6068
㈠物质消耗	70297	17841	4353	38821	5683	3599
1.用种量	884	801	83	0	–	–
2.饲料	26524	270	–	24774	1480	–
3.肥料	8559	6064	2495	–	–	–
4.燃料	3430	557	165	2400	308	–
5.农药	970	740	230	–	–	–
6.电	17145	4641	500	8575	3429	–
7.农用塑料薄膜	1194	1194	–	–	–	–
8.小农具	761	374	42	120	225	–
9.其他	7231	3200	838	2952	241	–
㈡劳务支出	22063	13031	203	5817	543	2469
三、增加值	131955	72727	4900	38937	9429	5962
㈠固定资产折旧	14544	7436	886	4084	1452	686
㈡劳动者报酬	125212	70224	5880	35567	8265	5276
㈢生产税						
㈣生产补贴㈠	7801	4933	1866	714	288	–
四、按可比价格计算的增加值	133573	75002	5020	38241	9413	5897

农村基本情况表

表 18

单位名称	一、农村人口与从业人员												二、农村基础设施		
	农村户数(户)	农村人口(人)			农村劳动力资源数(人)			农村从业人员(人)					自来水受益村数(个)	通有线电视村数(个)	通宽带村数(个)
			1.男	2.女		1.男	2.女	合计	1.男	其中:从事农业人员	2.女	其中:从事农业人员			
婺城区	89860	245401	124097	121304	157561	84220	73341	140802	75529	38191	65273	30397	384	384	384
婺城区罗店镇	7738	20918	10425	10493	13411	7006	6405	12314	6447	3062	5867	2724	38	38	38
婺城区雅畈镇	7870	21290	10780	10510	14686	7708	6978	13206	6956	4397	6250	3859	37	37	37
婺城区安地镇	6210	16065	8255	7810	9978	5477	4501	9338	5123	3464	4215	2610	37	37	37
婺城区琅琊镇	6725	19335	9983	9352	13210	7059	6151	12038	6383	3296	5655	2994	30	30	30
婺城区蒋堂镇	5980	17194	8740	8454	11805	6176	5629	11313	5900	2920	5413	2664	35	35	35
婺城区竹马乡	4153	11568	5826	5742	7398	4019	3379	6592	3533	1663	3059	1450	16	16	16
婺城区新狮街道	2054	5933	3005	2928	3997	2057	1940	3793	1974	525	1819	232	7	7	7
婺城区长山乡	4690	12690	6481	6209	8130	4273	3857	7702	4022	2260	3680	1831	21	21	21
婺城区箬阳乡	1559	1920	995	925	1255	666	589	1105	589	507	516	466	14	14	14
婺城区沙畈乡	4779	13203	6842	6361	8997	4874	4123	7255	3936	1711	3319	1300	30	30	30
婺城区塔石乡	2916	7165	3941	3224	4939	3952	987	3379	3162	2206	217	146	39	39	39
婺城区岭上乡	2036	5028	2465	2563	3010	1730	1280	2950	1680	850	1270	410	2	2	2
婺城区莘畈乡	2190	6145	3205	2940	3992	2071	1921	3817	1946	587	1871	553	11	11	11
婺城新城区小计	30960	86947	43154	43793	52753	27152	25601	46000	23878	10743	22122	9158	67	67	67
婺城区白龙桥镇	21676	61634	30578	31056	39348	20219	19129	33935	17530	7812	16405	6739	52	52	52
婺城区乾西乡	9284	25313	12576	12737	13405	6933	6472	12065	6348	2931	5717	2419	15	15	15

表 19

工业、企业、能源购进、消费与库存表

能源名称	计量单位	企业单位数(个)	年初库存量	本年购进量	购自省外	本年消费量					年末
						合计	1、工业生产消费	用于原材料	2、非工业生产消费	合计中：运输工具消费	
原煤	吨	29	63092	412466	203861	435062	434339	9968	723	–	40625
其中：1.无烟煤	吨	6	85	4931	620	4939	4939	849	–	–	77
3.一般烟煤	吨	23	63007	407534	603241	430123	429400	9119	723	–	40548
洗精煤	吨	1	–	4187	–	4187	4187	–	–	–	–
焦炭	吨	2	–	278	–	378	278	–	–	–	–
天然气(气态)		4	–	3028	–	3028	3028	–	–	–	–
液化天然气(液态)		2	–	113	–	113	113	231	–	–	–
汽油	万立方米	97	4	1195	–	1277	624	–	–	–	1
煤油	吨	1	0	5	–	5	5	9	653	433	–
柴油	吨	78	44	4496	–	4491	3194	–	–	–	53
燃料油	吨	1	47	560	–	575	575	33	1297	2801	32
液化石油气	吨	3	–	478	–	478	478	–	–	–	–
润滑油	吨	1	–	43	–	41	41	–	–	–	2
其他石油制品	吨	1	–	60	–	60	60	–	–	–	–
热力	百万千焦	8	–	193977	–	193977	193024	–	–	–	–
电力	万千瓦时	154	–	55570	–	65333	64621	–	712	22	–
余热余压	百万千焦	2	–		–	584284	584284	–	–	–	–
其他然料	吨标准煤	1	–		–	19085	19085	–	–	–	–
能源合计	吨标准煤	154	–		–	489969	485679	–	4290	–	–

固定资产投资项目完成情况表

表 20　　　　单位：万元

指标名称	完成投资额
1.计划总投资	4066341
其中：本年新开工项目	1031266
2.自开始建设累计完成投资	2455289
3.自年初累计完成投资	983348
其中：国有投资	344732
其中：非国有投资	638616
其中：民间投资	635265
其中：房地产开发投资	391180
其中：投资项目	592168
其中：基础设施投资	315476
1. 水利、环境和公共设施管理	123858
2.电力、燃气及水的生产供应业	6999
3.交通运输、仓储和邮政业	83907
4.电信和其他信息传输服务业	67278
5.教育设施	23856
6.广播、电视、电影和音像业	–
7.文化艺术业	230
8.体育设施	5160
9.卫生设施	4188
其中：农村投资	–
其中：工业投资	213098
其中：工业技术改造投资	161005
按三次产业分：	–
第一产业	0
第二产业	213218
第三产业	770130
按登记注册类型分：	–

续表 20

指标名称	完成投资额
内资企业	972698
国有企业	318782
集体企业	10133
股份合作企业	500
联营企业	9735
国有联营企业	9735
集体联营企业	–
国有与集体联营企业	–
其他联营企业	–
有限责任公司	139793
国有独资公司	16215
其他有限责任公司	123578
股份有限公司	16092
私营企业	476139
其他企业	1524
港、澳、台商投资企业	6439
外商投资企业	3351
个体经营	860
按建设性质分	–
(1)新建	174515
(2)扩建	192232
(3)改建	206298
(4)单纯建造生活设施	5490
(5)迁建	2104
(6)恢复	–
(7)单纯购置	–
(8)内涵技术改造	11529
3.按构成分	–
建筑工程	532569

续表 20

指 标 名 称	完成投资额
安装工程	52040
设备工器具购置	158958
其中:购置旧设备	0
其中:用于更新的设备	71608
其他费用	239781
其中:旧建筑物购置费	2047
其中：土地购置费	184696
按国民经济行业分 2012	–
(一)农、林、牧、渔业	0
农业	–
林业	–
畜牧业	0
渔业	–
农、林、牧、渔服务业	–
(二)采矿业	0
煤炭开采和洗选业	–
石油和天然气开采业	–
黑色金属矿采选业	–
有色金属矿采选业	–
非金属矿采选业	–
开采辅助活动	–
其他开采业	–
(三)制造业	206099
农副食品加工业	12087
食品制造业	3532
酒、饮料和精制茶制造业	2400
烟草制品业	–
纺织业	5747
纺织服装和服饰业	6890

续表 20

指标名称	完成投资额
皮革、毛皮、羽毛(绒)及其制品业	-
木材加工及木、竹、藤、棕、草制品业	900
家具制造业	415
造纸及纸制品业	3510
印刷业和记录媒介的复制业	10084
文教体育用品制造业	180
石油加工、炼焦及核燃料加工业	-
化学原料及化学制品制造业	4785
医药制造业	4355
化学纤维制造业	-
橡胶和塑料制品业	8535
非金属矿制品业	22279
黑色金属冶炼和压延加工业	15142
有色金属冶炼和压延加工业	4455
金属制品业	33964
通用设备制造业	20346
专用设备制造业	9028
汽车制造业	23230
铁路、船舶、航空航天等制造业	3561
电气机械及器材制造业	10139
计算机、通信和其他电子设备制造业	-
仪器仪表制造业	-
其他制造业	200
废弃资源综合利用业	-
金属制品、机械和设备修理业	335
(四)电力、热力、燃气及水的生产和供应业	6999
电力、热力的生产和供应业	4331
燃气生产和供应业	500
水的生产和供应业	2168

续表 20

指标名称	完成投资额
(五)建筑业	120
房屋建筑业	–
土木工程建筑业	120
建筑安装业	–
建筑装饰和其他建筑业	–
(六)批发和零售业	0
批发业	–
零售业	–
(七)交通运输、仓储和邮政业	83907
铁路运输业	29028
道路运输业	53342
水上运输业	–
航空运输业	–
管道运输业	1537
装卸搬运和运输代理业	–
仓储业	–
邮政业	–
(八)住宿和餐饮业	0
住宿业	–
餐饮业	–
(九)信息传输、软件和信息技术服务业	86493
电信、广播电视和卫星传输服务业	67278
互联网和相关服务业	11022
软件和信息技术服务业	8193
(十)金融业	1048
货币金融业	1048
资本市场业	–
保险业	–
其他金融业	–

续表 20

指标名称	完成投资额
(十一)房地产业	412695
房地产业	412695
(十二)租赁和商务服务业	0
租赁业	–
商务服务业	–
(十三)科学研究和技术服务业	0
研究与试验发展	–
专业技术服务业	–
科技交流和推广服务业	–
(十四)水利、环境和公共设施管理业	123858
水利管理业	18180
生态保护和环境治理业	25845
公共设施管理业	79833
(十五)居民服务和其他服务业	0
居民服务业	–
机动车、电子产品和日用产品修理业	–
其他服务业	–
(十六)教育	23856
教育	23856
(十七)卫生和社会工作	5188
卫生	4188
社会工作	1000
(十八)文化、体育和娱乐业	14441
新闻和出版业	–
广播、电视、电影和影视录音制作业	–
文化艺术业	230
体育	5160
娱乐业	9051
(十九)公共管理和社会组织	18644

续表 20

指 标 名 称	完成投资额
中国共产党机关	–
国家机构	18644
人民政协和民主党派	–
社会保障	–
群众团体、社会团体和其他成员组织	–
基层群众自治组织	–
(二十)国际组织	–
国际组织	–
三、本年新增固定资产(万元)	604690
四、项目个数(个)	–
1.施工项目个数	227
其中:本年新开工	160
2.本年投产项目个数	143
五、房屋建筑面积(平方米)	–
1.房屋施工面积	4487586
其中:住宅	2140795
2.房屋竣工面积	734547
其中:住宅	494422
3.房屋竣工价值	220039
其中:住宅	136408
六、本年资金来源合计(万元)	1330724
1.上年末结余资金	109482
2.本年资金来源小计	1221242
(1)国家预算内资金	8447
其中:中央预算资金	3087
(2)国内贷款	66578
(3)债券	0
(4)利用外资	0
其中:外商直接投资	0

续表 20

指标名称	完成投资额
(5)自筹资金	774414
其中:企、事业单位自有资金	35148
其中:股东投入资金	22634
其中:借入资金	25516
(6)其他资金来源	371803
七、各项应付款合计(万元)	139633
其中:工程款	66813
八、投资项目土地征用和购置土地情况	–
1.投资项目规划用地面积(平方米)	0
2.投资项目本年实际征用和购置土地面积(平方米)	0
3.投资项目本年实际征用和购置土地成交价款(万元)	0

社会消费品零售总额

表 21

指标名称	代码	2015 年	2014 年	累计增幅(±%)
社会消费品零售总额	01	2860335.5	2666016.6	7.3
餐饮收入	02	108072.6	97833.4	10.5
商品零售	03	2730430.9	2545404.8	7.2

限额以上批发零售法人企业商品购进、销售和库存表

表 22

单位：万元

指标名称	代码	本年消费量									
		法人企业数（个）	从业人员期末人数（人）	商品购进额	进口	商品销售额	其中：通过公共网络实现的销售额	批发额	出口	零售额	期末商品库存额
甲	乙	1	2	3	4	5	6	9	10	11	14
总计		91	4148	1651334.3	16205.6	3045471.1	936823.9	1617620.1	41503.2	1427851.0	107276.7
一、批发业	51	51	1959	1128164.4	7223.1	2498283.0	930146.9	1556295.4	41503.2	941987.6	64407.0
农、林、牧产品批发	511	2	25	12419.0	–	12367.1	–	12267.1	–	100.0	50.0
谷物、豆及薯类批发	5111	1	10	2650.0	–	2600.0	–	2500.0	–	100.0	50.0
牲畜批发	5116	1	15	9769.0	–	9767.1	–	9767.1	–	–	–
食品、饮料及烟草制品批发	512	8	626	721514.5	–	1000396.6	930146.9	999435.9	–	960.7	46646.1
米、面制品及食用油批发	5121	2	74	9969.0	–	10668.5	–	10668.5	–	–	964.0
果品、蔬菜批发	5123	1	15	4203.0	–	5139.0	–	5139.0	–	–	56.2
盐及调味品批发	5125	1	30	4871.4	–	6084.3	–	6078.0	–	6.3	518.2
酒、饮料及茶叶批发	5127	2	121	12444.5	–	15108.7	–	14154.3	–	954.4	1083.0
烟草制品批发	5128	1	334	686294.3	–	959326.5	930146.9	959326.5	–	–	43547.7
其他食品批发	5129	1	52	3732.3	–	4069.6	–	4069.6	–	–	477.0
纺织、服装及家庭用品批发	513	5	50	21154.5	7006.0	21054.3	–	21054.3	10813.5	–	1295.4
纺织品、针织品及原料批发	5131	2	12	7164.5	7006.0	7278.0	–	7278.0	1689.1	–	126.3
服装批发	5132	2	18	9872.4	–	9124.4	–	9124.4	9124.4	–	–
化妆品及卫生用品批发	5134	1	20	4117.6	–	4651.9	–	4651.9	–	–	1169.1
文化、体育用品及器材批发	514	1	16	3400.0	–	3721.0	–	3721.0	–	–	95.2

续表 22

单位:万元

指标名称	代码	本年消费量									
		法人企业数(个)	从业人员期末人数(人)	商品购进额	进口	商品销售额	其中:通过公共网络实现的销售额	批发额	出口	零售额	期末商品库存额
文具用品批发	5141	1	16	3400.0	–	3721.0	–	3721.0	–	–	95.2
医药及医疗器材批发	515	2	122	19219.7	–	20353.2	–	20353.2	–	–	2672.4
西药批发	5151	1	78	15585.4	–	15416.3	–	15416.3	–	–	1989.7
医疗用品及器材批发	5153	1	44	3634.3	–	4936.9	–	4936.9	–	–	682.7
矿产品、建材及化工产品批发	516	19	905	290153.1	217.1	1376077.7	–	439046.2	8808.6	937031.5	9238.6
煤炭及制品批发	5161	3	22	4531.0	–	5798.8	–	4862.3	–	936.5	305.0
石油及制品批发	5162	3	656	37685.2	–	1116947.4	–	181082.3	–	935865.1	1671.1
金属及金属矿批发	5164	6	75	92387.3	–	94140.3	–	94140.3	–	–	3158.4
化肥批发	5166	2	48	9613.0	–	9939.7	–	9709.8	–	229.9	708.8
其他化工产品批发	5169	5	104	145936.6	217.1	149251.5	–	149251.5	8808.6	–	3395.3
机械设备、五金产品及电子产品批发	517	13	200	55660.4	–	59421.9	–	55526.5	21881.1	3895.4	4271.7
汽车零配件批发	5173	3	62	11373.6	–	12100.9	–	12100.9	4061.2	–	483.0
五金产品批发	5175	2	16	5984.8	–	6307.9	–	6307.9	3490.1	–	18.1
电气设备批发	5176	4	51	23205.6	–	24653.4	–	22123.0	14329.8	2530.4	473.7
其他机械设备及电子产品批发	5179	4	71	15096.4	–	16359.7	–	14994.7	–	1365.0	3296.9
其他批发业	519	1	15	4643.2	–	4891.2	–	4891.2	–	–	137.6
再生物资回收与批发	5191	1	15	4643.2	–	4891.2	–	4891.2	–	–	137.6
内资企业	100	51	1959	1128164.4	7223.1	2498283.0	930146.9	1556295.4	41503.2	941987.6	64407.0
国有企业	110	1	334	686294.3	–	959326.5	930146.9	959326.5	–	–	43547.7

续表 22

单位:万元

指标名称	代码	本年消费量									
		法人企业数(个)	从业人员期末人数(人)	商品购进额	进口	商品销售额	其中:通过公共网络实现的销售额	批发额	出口	零售额	期末商品库存额
有限责任公司	150	8	128	88568.1	–	91295.5	–	91059.3	–	236.2	4477.7
国有独资公司	151	1	15	9769.0	–	9767.1	–	9767.1	–	–	–
其他有限责任公司	159	7	113	78799.1	–	81528.4	–	81292.2	–	236.2	4477.7
股份有限公司	160	1	631	–	–	1077335.5	–	141470.4	–	935865.1	0.1
私营企业	170	41	866	353302.0	7223.1	370325.5	–	364439.2	41503.2	5886.3	16381.5
私营独资企业	171	1	14	3910.1	–	4011.2	–	4011.2	–	–	289.3
私营有限责任公司	173	39	797	339836.8	7223.1	354386.9	–	348500.6	41503.2	5886.3	15348.1
私营股份有限公司	174	1	55	9555.1	–	11927.4	–	11927.4	–	–	744.1
国有控股	1	4	1010	700934.7	–	2052513.4	930146.9	1116642.0	–	935871.4	44066.0
集体控股	2	1	3	18986.9	–	19249.8	–	19249.8	–	–	–
私人控股	3	45	936	403575.8	7223.1	421798.0	–	415681.8	41503.2	6116.2	20118.3
其他	9	1	10	4667.0	–	4721.8	–	4721.8	–	–	222.7
独立门店	01	45	1774	1079923.9	5279.4	2444026.1	930146.9	1502999.2	39814.1	941026.9	60683.0
其他	04	6	185	48240.5	1943.7	54256.9	–	53296.2	1689.1	960.7	3724.0
大型	1	2	965	686294.3	–	2036662.0	930146.9	1100796.9	–	935865.1	43547.8
中型	2	8	337	138318.1	217.1	147086.2	–	146850.0	–	236.2	7059.6
小型	3	36	642	262280.7	1726.6	272726.9	–	266840.6	38069.6	5886.3	13730.4
微型	4	5	15	41271.3	5279.4	41807.9	–	41807.9	3433.6	–	69.2
二、零售业	52	40	2189	523169.9	8982.5	547188.1	6677.0	61324.7	–	485863.4	42869.7

续表 22

单位:万元

指标名称	代码	本年消费量									
		法人企业数(个)	从业人员期末人数(人)	商品购进额	进口	商品销售额	其中:通过公共网络实现的销售额	批发额	出口	零售额	期末商品库存额
综合零售	521	4	553	100226.0	–	119698.4	–	–	–	119698.4	1984.3
百货零售	5211	3	553	100226.0	–	119698.4	–	–	–	119698.4	1984.3
超级市场零售	5212	1		–	–		–	–	–	–	–
食品、饮料及烟草制品专门零售	522	4	102	18963.7	–	18260.5	–	900.0	–	17360.5	2113.2
粮油零售	5221	2	77	6352.3	–	6329.3	–	–	–	6329.3	407.5
肉、禽、蛋、奶及水产品零售	5224	1	5	930.0	–	959.1	–	900.0	–	59.1	244.7
烟草制品零售	5227	1	20	11681.4	–	10972.1	–	–	–	10972.1	1461.0
纺织、服装及日用品专门零售	523	5	290	13779.7	–	15358.5	2706.6	–	–	15358.5	6836.1
服装零售	5232	4	219	9204.7	–	10125.3	2706.6	–	–	10125.3	4912.2
钟表、眼镜零售	5235	1	71	4575.0	–	5233.2	–	–	–	5233.2	1923.9
文化、体育用品及器材专门零售	524	3	56	5599.5	–	5792.6	1085.1	–	–	5792.6	459.4
体育用品及器材零售	5242	1	12	1043.5	–	1085.1	1085.1	–	–	1085.1	26.4
图书、报刊零售	5243	1	13	2525.2	–	2800.0	–	–	–	2800.0	211.1
珠宝首饰零售	5245	1	31	2030.8	–	1907.5	–	–	–	1907.5	221.9
医药及医疗器材专门零售	525	5	455	39791.0	–	42277.2	–	2331.4	–	39945.8	6104.0
药品零售	5251	5	455	39791.0	–	42277.2	–	2331.4	–	39945.8	6104.0
汽车、摩托车、燃料及零配件专门零售	526	12	389	145961.4	8982.5	146645.2	–	13921.5	–	132723.7	19892.9
汽车零售	5261	8	276	135033.0	8982.5	132257.6	–	11771.3	–	120486.3	18665.9
汽车零配件零售	5262	1	81	5928.4	–	8562.9	–	1545.4	–	7017.5	1084.4

续表 22

单位：万元

指标名称	代码	本年消费量									
		法人企业数（个）	从业人员期末人数（人）	商品购进额	进口	商品销售额	其中：通过公共网络实现的销售额	批发额	出口	零售额	期末商品库存额
机动车燃料零售	5264	3	32	5000.0	–	5824.7	–	604.8	–	5219.9	142.6
家用电器及电子产品专门零售	527	3	27	3110.4	–	3254.9	1813.0	–	–	3254.9	1229.7
日用家电设备零售	5272	2	16	1763.1	–	1813.0	1813.0	–	–	1813.0	70.1
通信设备零售	5274	1	11	1347.3	–	1441.9	–	–	–	1441.9	1159.6
五金、家具及室内装饰材料专门零售	528	1	2	647.7	–	638.7	–	–	–	638.7	278.3
五金零售	5281	1	2	647.7	–	638.7	–	–	–	638.7	278.3
货摊、无店铺及其他零售业	529	3	315	195090.5	–	195262.1	1072.3	44171.8	–	151090.3	3971.8
互联网零售	5294	1	35	2387.9	–	1072.3	1072.3	–	–	1072.3	1337.6
生活用燃料零售	5297	2	280	192702.6	–	194189.8	–	44171.8	–	150018.0	2634.2
内资企业	100	40	2189	523169.9	8982.5	547188.1	6677.0	61324.7	–	485863.4	42869.7
集体企业	120	2	59	40180.6	–	40092.5	–	–	–	40092.5	6266.8
有限责任公司	150	18	1007	205798.5	8982.5	216450.9	1813.0	13466.7	–	202984.2	20205.2
其他有限责任公司	159	18	1007	205798.5	8982.5	216450.9	1813.0	13466.7	–	202984.2	20205.2
股份有限公司	160	2	295	190866.0	–	193040.2	–	43982.1	–	149058.1	2863.2
私营企业	170	18	828	86324.8	–	97604.5	4864.0	3875.9	–	93728.6	13534.5
私营有限责任公司	173	17	594	37982.0	–	40953.6	4864.0	3875.9	–	37077.7	11605.6
私营股份有限公司	174	1	234	48342.8	–	56650.9	–	–	–	56650.9	1928.9
国有控股	1	4	315	202547.4	–	204012.3	–	43982.1	–	160030.2	4324.2
集体控股	2	2	59	40180.6	–	40092.5	–	–	–	40092.5	6266.8

续表 22

单位:万元

指标名称	代码	本年消费量									
		法人企业数(个)	从业人员期末人数(人)	商品购进额	进口	商品销售额	其中:通过公共网络实现的销售额	批发额	出口	零售额	期末商品库存额
私人控股	3	33	1764	258776.8	8982.5	281108.0	6677.0	15011.2	–	266096.8	30581.7
其他	9	1	51	21665.1	–	21975.3	–	2331.4	–	19643.9	1697.0
独立门店	01	32	1671	496597.7	8982.5	518576.7	6677.0	61324.7	–	457252.0	37026.0
连锁总店	02	6	504	23966.3	–	26024.0	–	–	–	26024.0	4837.9
其他	04	2	14	2605.9	–	2587.4	–	–	–	2587.4	1005.8
中型	2	15	1823	399031.5	8982.5	425991.6	–	48048.6	–	377943.0	22765.9
小型	3	14	315	112236.1	–	108726.5	2157.4	11740.1	–	96986.4	17915.0
微型	4	11	51	11902.3	–	12470.0	4519.6	1536.0	–	10934.0	2188.8
有店铺零售	1000	35	2122	515429.4	8982.5	540511.1	–	61324.7	–	479186.4	41256.6
超市	1040	1	69	3809.6	–	3814.6	–	–	–	3814.6	209.0
百货店	1070	4	750	105367.3	–	125635.3	–	–	–	125635.3	4918.7
专业店	1080	16	902	232787.7	–	240908.1	–	46958.0	–	193950.1	12820.1
专卖店	1090	12	393	170922.1	8982.5	167638.4	–	14366.7	–	153271.7	23110.3
厂家直销中心	1120	1	8	2542.7	–	2514.7	–	–	–	2514.7	198.5
无店铺零售	2000	5	67	7740.5	–	6677.0	6677.0	–	–	6677.0	1613.1
网上商店	2030	5	67	7740.5	–	6677.0	6677.0	–	–	6677.0	1613.1

–
–
–

十强企业

婺城区 2015 年度工业综合实力 10 强企业

万里扬集团有限公司
浙江高峰控股集团有限公司
浙江金华南方尖峰水泥有限公司
莱恩(中国)动力有限公司
浙江时通电气制造有限公司
浙江浙能金华燃机发电有限责任公司
浙江虎鹰水泥有限公司
浙江八达电子仪表有限公司
金华中燃爱思开汇能城市燃气发展有限公司
优胜美特制药有限公司

婺城区 2015 年度区级工业财政贡献 10 强企业

浙江万里扬变速器股份有限公司
浙江浙能金华燃机发电有限责任公司
金华送变电工程有限公司三为电力分公司
浙江金圆水泥有限公司
浙江金华南方尖峰水泥有限公司
金华中燃爱思开汇能城市燃气发展有限公司
浙江虎鹰水泥有限公司
浙江尖峰集团股份有限公司
浙江耐司康药业有限公司
浙江巨龙管业股份有限公司

婺城区 2015 年度工业企业亩产税收 10 强企业

浙江尖峰集团股份有限公司
金华中燃爱思开汇能城市燃气发展有限公司
金华市龙达塑胶助剂有限公司
浙江八达电子仪表有限公司
浙江浙能金华燃机发电有限责任公司
浙江润华机电有限公司
浙江高峰控股集团有限公司
金华市捷达商品混凝土有限公司
金华市巨龙商品混凝土有限公司
浙江时通电气制造有限公司

婺城区 2015 年度工业特色产业 10 强企业

汽摩配
万里扬集团有限公司
浙江润华机电有限公司
五金工量具
浙江金磐机电实业有限公司
浙江赤诚工贸有限公司
医药化工
优胜美特制药有限公司
金华双宏化工有限公司
食品加工
浙江金华双汇食品有限公司
纺织服装
浙江八达运动服饰有限公司
新型建材
浙江金圆水泥有限公司
浙江高峰控股集团有限公司

婺城区 2015 年度工业企业纳税大户

浙江万里扬变速器股份有限公司
浙江浙能金华燃机发电有限责任公司
浙江金圆水泥有限公司
浙江金华南方尖峰水泥有限公司
浙江虎鹰水泥有限公司
浙江八达电子仪表有限公司
浙江时通电气制造有限公司
金华中燃爱思开汇能城市燃气发展有限公司
浙江尖峰集团股份有限公司

浙江巨龙管业股份有限公司
浙江耐司康药业有限公司
金华市精工工具制造有限公司
金华市星球机械铸钢有限公司
金华送变电工程有限公司三为电力分公司
优胜美特制药有限公司
浙江今飞亚达轮毂有限公司
浙江金磐机电实业有限公司
浙江高峰控股集团有限公司
浙江天丰生物科学有限公司
金华市巨龙商品混凝土有限公司
浙江新辰食品股份有限公司
浙江润华机电有限公司

婺城区 2015 年度
自营出口超千万美元企业

浙江金祥板业有限公司
金华市捷顺贸易有限公司
浙江嘉格进出口贸易有限公司
浙江八达运动服饰有限公司
金华市精工工具制造有限公司
浙江精深实业有限公司
浙江润华机电有限公司
浙江孚泰科技有限公司
金华中动电器有限公司
金华市润华对外贸易有限公司

婺城区 2015 年度
纳税千万元以上企业

浙江省烟草公司金华市公司
浙江万里扬变速器股份有限公司
新世纪建设集团有限公司
浙江浙能金华燃机发电有限责任公司
金华银行股份有限公司婺城支行
金华泰龙置业有限公司
金华银泰购物中心有限公司
浙江国贸集团金信资产经营有限公司
浙江茂新房地产开发有限公司
浙江正方置业有限公司
浙江金圆水泥有限公司
浙江金华南方尖峰水泥有限公司
金华市嘉恒房地产开发有限公司
金华鸿基置业投资有限公司
金华市中心医院
金华送变电工程有限公司三为电力分公司
浙江师范大学
中天建设集团有限公司金华分公司
中国建设银行股份有限公司金华分行
浙江欧瑞房地产开发有限公司
中国工商银行股份有限公司金华分行
金华意谐房地产开发有限公司
浙江虎鹰水泥有限公司
浙江八达电子仪表有限公司
金华市第一百货集团股份有限公司
浙江省交通投资集团有限公司杭金衢分公司金华管理处
金华市通济置业有限公司
浙江时通电气制造有限公司
北京红牛饮料销售有限公司金华分公司
金华市巨龙置业有限公司
金华中燃爱思开汇能城市燃气发展有限公司
浙江银泰百货(金华)有限公司
浙江尖峰集团股份有限公司
浙商证券股份有限公司金华后街证券营业部
浙江巨龙管业股份有限公司
浙江耐司康药业有限公司
金华市精工工具制造有限公司
浩龙建设集团有限公司
中国农业银行股份有限公司金华分行
金华市星球机械铸钢有限公司
浙江天众建设有限公司
华融金融租赁股份有限公司金华分公司
优胜美特制药有限公司

婺城区 2015 年度 工业企业纳税大户

浙江万里扬变速器股份有限公司
浙江浙能金华燃机发电有限责任公司
浙江金圆水泥有限公司
浙江金华南方尖峰水泥有限公司
浙江虎鹰水泥有限公司
浙江八达电子仪表有限公司
浙江时通电气制造有限公司
金华中燃爱思开汇能城市燃气发展有限公司
浙江尖峰集团股份有限公司
浙江巨龙管业股份有限公司
浙江耐司康药业有限公司
金华市精工工具制造有限公司
金华市星球机械铸钢有限公司
金华送变电工程有限公司三为电力分公司
优胜美特制药有限公司
浙江今飞亚达轮毂有限公司
浙江金磐机电实业有限公司
浙江高峰控股集团有限公司
浙江天丰生物科学有限公司
金华市巨龙商品混凝土有限公司
浙江新辰食品股份有限公司
浙江润华机电有限公司
浙江金祥板业有限公司
金华市捷顺贸易有限公司
浙江嘉格进出口贸易有限公司
浙江八达运动服饰有限公司
金华市精工工具制造有限公司
浙江精深实业有限公司
浙江润华机电有限公司
浙江孚泰科技有限公司
金华中动电器有限公司
金华市润华对外贸易有限公司

婺城区 2015 年度 建筑企业纳税大户

新世纪建设集团有限公司
浩龙建设集团有限公司
浙江天众建设有限公司
金华市鑫隆路桥建设有限公司
金华中宇建筑工程有限公司
浙江金华兴达建设有限公司
浙江通园建设集团有限公司
浙江婺丰建设有限公司
金华名宇建设有限公司
晟元集团有限公司

“2015 年婺城区政府质量奖” 获奖企业

浙江时通电气制造有限公司
浙江山山家食品有限公司

婺城区 2015 年度 人才开发先进企业

浙江正方控股集团有限公司
浙江万里扬变速器股份有限公司
莱恩农业装备有限公司
浙江中科正方电子技术有限公司
优胜美特制药有限公司
浙江润华机电有限公司
金华市锦程人才服务有限公司
浙江高峰控股集团有限公司
金华市捷特包装有限公司
金华双宏化工有限公司

婺城区 2015 年度 优秀企业科技人才

陈　勇(浙江正方控股集团有限公司)

章建辉(浙江万里扬变速器股份有限公司)
杨小志(浙江万里扬变速器股份有限公司)
郑海霞(浙江高峰控股集团有限公司)
曹　炬(浙江中科正方电子技术有限公司)
朱伟韬(金华市捷特包装有限公司)
刘　强(浙江润华机电有限公司)
任东亮(莱恩农业装备有限公司)
倪志权(浙江巨龙管业股份有限公司)
陈　涛(浙江天丰生物科学有限公司)

著名商标

2015 年婺城区获省著名商标

表 23

序号	企业名单	商标	法定代表人	企业住所
1	浙江天丰生物科学有限公司	野老	王国华	浙江省金华市婺城区大岩路 666 号

2015 年婺城区获市著名商标

表 24

序号	企业名单	商标	法定代表人	企业住所
1	金华大山茶蔬专业合作社		邵莲香	金华市婺城区箬阳乡沙坑村
2	浙江海螺万家调味品有限公司	海螺万家	夏　环	浙江省金华市河盘桥路 243 号
3	金华市金阳光工贸有限公司	金川	陈庚跃	浙江省金华市婺城区雅畈工业园区东阳南街 2778 号
4	金华市绿春苗木专业合作社	金绿春苗木	叶锦棠	金华市雅畈镇雅东街 28 号
5	金华市婺城区华峰食品厂		华兆根	浙江省金华市婺城区琅琊镇文卫路
6	浙江金开电子科技有限公司		鲍有根	浙江省金华市工贸街 788-2 号
7	浙江豪瓦特节能科技有限公司	舒量 空气能热泵热水器	韩　夏	浙江省金华市婺城区白龙桥临江工业区通溪路
8	金华市然兰蔬菜专业合作社	然兰 RAN LAN	吴春兰	浙江省金华市婺城区长山第一良种场

名牌企业

2015年婺城区浙江省名牌企业、名牌产品

表26

序号	名牌企业	名牌产品
1	金华市精工工具制造有限公司	工具箱(车、柜)
2	金华市汇鑫特色农业发展有限公司	葡萄
3	金华市益康真菌研究发展有限公司	灵芝孢子粉

2015年婺城区市名牌企业、名牌产品

表27

序号	企业名称	产品名称
1	浙江时通电气制造有限公司	XGN68-12户内交流金属封闭开关设备
2	浙江尖峰通信电缆有限公司	电线电缆
3	浙江豪瓦特节能科技有限公司	热泵热水机
4	浙江金华高峰新型塑业有限公司	塑料管材
5	金华市九康茶蔬专业合作社	茶叶
6	金华市百事通旅行社有限公司	旅游服务
7	金华金穗农资连锁有限公司	农资产品服务
8	金华欧仑催化科技有限公司	排气消声器
9	浙江海螺万家调味品有限公司	调味品
10	金华光华印务制衣有限公司	贺卡
11	浙江美保龙种猪育种有限公司	种猪
12	金华市白龙山茶场	茶叶

重要文件目录

区委文件目录

中共金华市婺城区委办公室金华市人民政府办公室转发市委办市府办关于全力做好当前安全生产和人员密集场所安全管理工作的紧急通知

中共金华市婺城区委办公室金华市人民政府办公室关于调整婺城区二七新村区块改造工程领导小组组长和副组长、指挥部总指挥的通知

中共金华市婺城区委办公室关于认真学习贯彻习近平总书记重要讲话精神和十八届中央纪委五次全会精神的通知

中共金华市婺城区委办公室金华市人民政府办公室关于印发王健、申屠福华同志在区委六届八次全体(扩大)会议暨区政府八届六次全体会议上的报告、讲话的通知

中共金华市婺城区委办公室金华市人民政府办公室关于召开2015年全区干部大会的通知

中共金华市婺城区委办公室金华市人民政府办公室关于2015年度区领导信访接待日和下访接访工作安排的通知

中共金华市婺城区委办公室金华市人民政府办公室关于开展2015年"扩大有效投资月"活动的通知

中共金华市婺城区委办公室金华市人民政府办公室关于表彰2014年度信息工作先进单位和个人的通知

中共金华市婺城区委办公室金华市人民政府办公室关于继续开展"千名干部进企业,千方百计解难题"活动的通知

中共金华市婺城区委办公室金华市人民政府办公室关于开展婺城区2015年"扩大有效投资招商月"活动的通知

中共金华市婺城区委办公室金华市人民政府办公室关于印发《2015年第六届"激情婺城"文化艺术系列活动实施方案》的通知

中共金华市婺城区委办公室金华市婺城区人民政府办公室关于成立婺城区农村生活垃圾分类减量处理工作领导小组的通知

中共金华市婺城区委办公室金华市婺城区人民政府办公室政协金华市婺城区委员会办公室关于印发《中共金华市婺城区委金华市婺城区人民政府政协金华市婺城区委员会2015年度协商工作计划》的通知

中共金华市婺城区委办公室关于印发婺城区委理论学习中心组2015年学习计划的通知

中共金华市婺城区委办公室金华市婺城区人民政府办公室关于基本消除农村家庭人均纯收入4600元以下贫困现象及欠发达山区乡镇"摘帽"的实施方案

中共金华市婺城区委办公室印发关于进一步强化党风廉政建设党委主体责任的实施意见(试行)和关于落实党风廉政建设纪委监督责任的实施意见(试行)的通知

中共金华市婺城区委办公室金华市婺城区人民政府办公室关于进一步解决村党组织书记和村委会主任基本报酬的实施意见

中共金华市婺城区委办公室金华市婺城区人民政府办公室关于切实做好2014、2015版《婺城年鉴》编纂工作的通知

中共金华市婺城区委办公室金华市婺城区人民政府办公室关于下发2015年招商引资目标任务的通知

中共金华市婺城区委办公室金华市婺城区人民政府办公室关于成立"五水共治"工作督导组的通知

中共金华市婺城区委办公室金华市婺城区人民政府办公室关于婺城区平安建设信息系统建设的实施意见

中共金华市婺城区委办公室印发《关于在全区副处以上领导干部中开展"三严三实"专题教育的实施方案》的通知

中共金华市婺城区委办公室金华市婺城区人民政府办公室关于公布2015年度婺城重点建设项目的通知

中共金华市婺城区委办公室金华市婺城区人民政府办公室关于继续开展区领导“九个一”活动的通知

中共金华市婺城区委办公室金华市婺城区人民政府办公室关于成立婺城区创建全国文明城市工作领导小组的通知

中共金华市婺城区委办公室关于印发《中共金华市婺城区委党建工作领导小组2015年工作要点》的通知

中共金华市婺城区委办公室关于转发《关于明确媒体曝光报道事项整改工作纪律的通知》的通知

中共金华市婺城区委办公室金华市婺城区人民政府办公室关于调整婺城区反恐怖工作协调小组的通知

中共金华市婺城区委办公室金华市婺城人民政府办公室转发中共金华市委办公室金华市人民政府办公室关于印发金华市婺城区人民政府职能转变和机构改革方案的通知

中共金华市婺城区委办公室金华市婺城区人民政府办公室关于开展“慈善一日捐”活动的通知

中共金华市婺城区委办公室金华市婺城区人民政府办公室关于转发《市委办市府办关于认真贯彻执行领导干部干预司法活动、插手具体案件处理的记录、通报和责任追究规定的通知》的通知

中共金华市婺城区委办公室金华市婺城区人民政府办公室关于交办2015年信访积案的通知

中共金华市婺城区委办公室关于印发2015年全面深化法治婺城工作要点的通知

中共金华市婺城区委办公室金华市婺城区人民政府办公室关于印发婺城区创建无传销县（市、区）工作实施方案的通知

中共金华市婺城区委办公室关于转发《市委办关于严格正风问效曝光问题整改落实情况报送工作的通知》的通知

中共金华市婺城区委办公室金华市婺城区人民政府办公室关于进一步培育发展和规范管理社会组织的意见

中共金华市婺城区委办公室金华市婺城区人民政府办公室关于印发金华市婺城区事业单位控编减编方案的通知

中共金华市婺城区委办公室金华市婺城区人民政府办公室关于印发金华市婺城区卫生和计划生育局主要职责内设机构和人员编制规定的通知

中共金华市婺城区委办公室金华市婺城区人民政府办公室关于印发婺城区2015年主要工作任务和重点惠民实事的通知

中共金华市婺城区委办公室金华市婺城区人民政府办公室关于印发2015年党风廉政建设和反腐败工作组织领导与责任分工的通知

中共金华市婺城区委办公室金华市婺城区人民政府办公室关于调整婺城区岗位目标考核委员会成员的通知

中共金华市婺城区委办公室金华市婺城区人民政府办公室关于召开区委六届九次全体（扩大）会议暨区政府八届七次全体会议的通知

中共金华市婺城区委办公室金华市婺城区人民政府办公室关于严肃会议纪律进一步加强和改进会风的通知

中共金华市婺城区委办公室金华市婺城区人民政府办公室关于印发《区委全面深化改革领导小组2015年工作要点》的通知

中共金华市婺城区委办公室金华市婺城区人民政府办公室关于印发《婺城区年度土地管理卫片执法检查考核办法》的通知

中共金华市婺城区委办公室金华市婺城区人民政府办公室关于印发婺城区2015年度区级机关部门（单位）工作目标责任制等8个考核办法的通知

中共金华市婺城区委办公室金华市婺城区人民政府办公室关于印发王健、申屠福华同志在区委六届九次全体（扩大）会议暨区政府八届七次全体会议上的报告、讲话的通知

中共金华市婺城区委办公室金华市婺城区人民政府办公室关于开展婺城区五好家庭创建活动的实施意见

中共金华市婺城区委办公室关于区政协全面加强基层党组织和基层政权建设专题协商反馈情况的函

中共金华市婺城区委办公室关于开展三学三找三改三比专项行动的通知

中共金华市婺城区委办公室金华市婺城区人民政府办公室关于印发婺城区重大项目“百日攻坚”活动实施方案的通知

中共金华市婺城区委办公室金华市婺城区人民政府办公室关于印发《婺城区关于进一步明确消防安全岗位职责的意见》和《婺城区消防安全“两类责任”追究暂行办法》的通知

中共金华市婺城区委办公室金华市婺城区人民政府办公室关于进一步加强殡葬管理深化殡葬改革工作的意见

中共金华市婺城区委办公室金华市婺城区人民政府办公室婺城区突发涉稳事件应对办法

中共金华市婺城区委办公室关于印发《婺城区干部人事档案专项审核工作实施方案》的通知

中共金华市婺城区委办公室关于金华市婺城区处理信访突出问题及群体性事件联席会议更名为金华市婺城区信访工作联席会议的通知

中共金华市婺城区委办公室金华市婺城区人民政府办公室关于转发《市委办市府办关于印发初次信访事项十日办结和依法规范审核工作制度的通知》的通知

中共金华市婺城区委办公室关于印发《婺城区干部监督工作联席会议制度实施办法(试行)》的通知

中共金华市婺城区委办公室金华市婺城区人民政府办公室关于印发2015年区社会主义新农村建设领导小组成员单位主要工作任务的通知

中共金华市婺城区委办公室金华市婺城区人民政府办公室关于做好“五水共治”存在问题整改工作的通知

中共金华市婺城区委办公室金华市婺城区人民政府办公室关于组织开展第六轮机关部门（单位)与特困残疾人结对帮扶活动的通知

中共金华市婺城区委办公室金华市婺城区人民政府办公室关于切实做好2016年度党报党刊征订发行工作的通知

中共金华市婺城区委办公室关于认真学习贯彻《中国共产党廉洁自律准则》和《中国共产党纪律处分条例》的通知

中共金华市婺城区委办公室金华市婺城区人民政府办公室关于调整婺城区“五水共治”工作领导小组的通知

中共金华市婺城区委办公室关于印发2015—2018年金华市婺城区党员教育培训工作规划的通知

中共金华市婺城区委办公室金华市婺城区人民政府办公室关于成立婺城区“河长制”办公室的通知

中共金华市婺城区委办公室金华市婺城区人民政府办公室关于命名沙畈乡银坑村粟裕将军纪念室为区级爱国主义教育基地的通知

中共金华市婺城区委办公室关于要求做好省委第七巡视组反馈意见整改方案分解落实工作的通知

中共金华市婺城区委办公室金华市婺城区人民政府办公室关于成立婺城区应急管理委员会的通知

中共金华市婺城区委办公室金华市婺城区人民政府办公室关于印发婺城区“河长制”工作考核办法的通知

中共金华市婺城区委办公室金华市婺城区人民政府办公室关于做好乡镇街道、园区和机关部门(单位)2015年工作目标责任制考核工作的通知

中共金华市婺城区委办公室金华市婺城区人民政府办公室关于调整充实区委人才工作领导小组成员的通知

中共金华市婺城区委办公室关于做好2015年度党委(党组)履行党风廉政建设主体情况报告工作的通知

中共金华市婺城区委办公室金华市婺城区人民政府办公室关于成立婺城区下沿区块征迁工作领导小组的通知

中共金华市婺城区委办公室金华市婺城区人民政府办公室关于成立婺城区下沿区块征迁工作指挥部的通知

中共金华市婺城区委办公室金华市婺城区人

民政府办公室关于成立婺城区文化影视时尚产业发展工作领导小组的通知

中共金华市婺城区委办公室金华市婺城区人民政府办公室关于区社会管理综合治理委员会更名为区社会治安综合治理委员会的通知

关于印发《乡镇(街道)纪工委书记、副书记提名考察办法(试行)》《区纪委派驻纪检组组长、副组长提名考察办法(试行)》的通知

中共金华市婺城区委办公室金华市婺城区人民政府办公室关于成立区委网络安全和信息尽人皆知领导小组的通知

区府文件目录

转发金华市人民政府办公室关于切实做好当前安全工作的通知

关于印发2015年婺城区烟花爆竹禁限燃行动方案的通知

关于开展清理规范税收等优惠政策工作的通知

关于在全区开展春节前安全生产大检查工作的通知

关于印发婺城区工程建设项目招标投标管理办法的通知

转发市应急办关于切实做好2015年春节元宵期间突发公共事件应对工作的通知

关于印发婺城区生态畜牧业发展专项规划的通知

关于印发金华市婺城区人民政府常务会议学法制度的通知

关于印发婺城区安全生产工作目标管理考核奖惩办法的通知

关于做好2015年无偿献血工作的通知

转发浙江省人民政府办公厅关于做好行政处罚结果信息网上公开有关事项的通知

关于印发婺城新城区非绿标车限行实施方案的通知

关于开展风险企业滚动排摸工作的通知

关于下达2015年全区工业经济和外贸进出口主要目标任务的通知

关于下达2015年有关经济计划指标的通知

关于印发婺城区加快市区建设与发展第六期克难攻坚活动实施方案的通知

关于印发婺城区生态畜牧业发展专项规划《金华市婺城区生猪屠宰厂(场)设置专项规划(2015-2020)》的通知

关于下达2015年度全区粮食生产工作任务的通知

关于下达2015年度城乡社区居家养老服务照料中心建设任务的通知

关于印发婺城区全面清理违法违规建设项目环保专项行动工作方案的通知

关于印发金华市婺城区东方红林场改革实施方案的通知

关于开展2015年1%人口抽样调查的通知

关于做好“十三五”专项规划编制工作的通知

关于下达2015年乡镇(街道)财政收入任务的通知

关于印发2015年婺城区地质灾害防治方案的通知

关于印发婺城区智能快递配送点(E邮站)建设实施方案的通知

关于印发《婺城区违法建筑物拆除以奖代补办法》的通知

关于下达2015年度“三改一拆”行动工作任务的通知

关于组团参加第17届浙江投资贸易洽谈会等活动的通知

关于做好粮食生产功能区建设规划优化完善工作的通知

关于印发婺城区温室气体清单编制工作方案的通知

关于开展道路交通安全隐患排查整治专项行动的通知

关于印发婺城区2015年度大气污染防治实施方案的通知

关于印发婺城区2015年主要污染物总量减排计划的通知

关于做好2015年高中段学校招生考试组织工作的通知

关于进一步加强中小学生防溺水工作的实施意见

关于印发金华市婺城区创建浙江省农产品质量安全放心示范县工作实施方案的通知

关于调整衢江婺城段航运开发工程建设领导小组及指挥部成员的通知

关于印发《婺城区基层医疗卫生机构经费补助管理办法(试行)》的通知

关于开展货运车辆超限超载联合集中整治行动的通知

关于成立婺城区"十三五"规划编制工作领导小组的通知

关于促进农村社区居家养老服务照料中心健康发展的意见

关于做好市区商贸企业难题办理工作的通知

关于印发金华市婺城区财政专项资金管理办法的通知

关于印发2015年婺城区服务业工作要点及责任分工的通知

关于进一步加强行政应诉工作的通知

关于请求同意我办郑艳球同志赴台湾考察交流政务管理工作的报告

转发市府办关于金华市投资项目资金全流程高效审批管理暂行办法的通知

关于印发婺城区2015年度"四破攻坚"工作要点的通知

转发金华市人民政府办公室关于取消和调整非行政许可审批事项的通知

关于进一步推进村级(社区)便民服务中心建设的通知

关于印发婺城区高污染燃料锅炉整治实施细则的通知

转发金华市人民政府办公室关于加强燃气安全管理工作的紧急通知

关于组织申报区级农业龙头企业的通知

关于成立婺城区移动通信基础设施建设工作领导小组的通知

关于印发《婺城区制砂行业规范化管理实施意见》的通知

关于开展农村经济合作社股份制改革考核验收工作的通知

转发金华市人民政府办公室关于印发金华市区城区生活垃圾分类工作实施方案的通知

转发市府办关于加快推进移动通信基础设施建设的通知

关于开展中秋、国庆节前安全生产大检查的通知

关于印发《金华市婺城区蒋堂镇、乾西乡安置房项目一期工程征迁补偿实施办法(试行)》的通知

关于印发婺城区土地整治项目和资金管理暂行办法补充意见的通知

转发浙江省林业厅《关于印发〈浙江省林地经营权流转证发证管理办法(试行)〉的通知》的通知

关于印发婺城区发展学前教育第二轮三年行动计划(2015—2017)的通知

关于印发婺城区加快市区建设与发展第七期克难攻坚活动实施方案的通知

转发金华市推进五大千亿产业发展考核细则的通知

关于转发金华成泰农商银行电商综合惠民工程实施方案的通知

关于印发婺城区四大百亿产业三年行动计划实施方案的通知

关于印发《婺城区秋冬季"降尘削霾"百日攻坚行动方案》的通知

关于印发婺城区工业和外贸企业服务月活动方案的通知

关于全面推行政府法律顾问制度的实施意见

关于印发金华市婺城区大货车乱停放专项整治工作方案的通知

关于印发金华市婺城区防汛防旱应急预案的通知

关于印发《婺城区"六小"服务行业专项整治实施方案》的通知

关于对领导班子成员分工进行调整的通知

关于开展婺城区第十四届"优秀企业科技人

才”“人才开发先进企业”评选的通知

关于建立婺城区应急联动处置领导小组及应急联动指挥中心的通知

关于调整婺城区粮食安全工作领导小组成员的通知

关于印发婺城区世界互联网大会环境质量保障工作方案的通知

关于印发婺城区政策性生猪保险全覆盖与无害化处理联动工作实施意见的通知

关于做好2015年粮食生产功能区建设验收认定工作的通知

关于印发金华市婺城区农村土地承包经营权确权登记颁证工作实施方案的通知

关于印发2016年婺城区烟花爆竹禁限燃行动方案的通知

关于印发金华市婺城区矿山事故、危险化学品事故和生产安全事故应急预案的通知

关于印发《金华市婺城区居住出租房消防安全综合整治工作方案》的通知

关于印发金华市婺城区政府职能转变任务分工方案的通知

关于病死猪等死亡动物收集和无害化处理工作落实情况的报告

关于成立婺城区应对气候变化工作领导小组的通知

关于印发婺城区畜禽养殖污染整治工作方案的通知

关于政府向社会力量购买服务的实施意见

关于印发金华市婺城区政府向社会力量购买服务管理暂行办法的通知

转发浙江省人民政府办公厅关于印发浙江省政府部门权力清单管理办法的通知

名词解释

“五位一体” 从经济建设、政治建设、文化建设、社会建设、生态文明建设 五 个方面总体布局,组成一个有机整体,共同推进中国特色社会主义事业。其中经济建设是根本,政治建设是保证,文化建设是灵魂,社会建设是条件,生态文明建设是基础。

“四个全面” 指全面建成小康社会、全面深化改革、全面依法治国、全面从严治党。

“两富”“两美” “两富”浙江由省十三届党代会提出,全称为建设“物质富裕精神富有”的浙江。“两美” 浙江由省委十三届五次全会提出, 全称为“建设美丽浙江、创造美好生活”。

“双千”“双服务” 指“千名干部进企业,千方百计解难题”“服务基层、服务企业”活动。

“两链风险” 指企业资金链、担保链风险。

浙中信息产业园区“一区八园” “一区”是指浙中信息产业园区,“八园”是指:以信息科技类企业为主的“新华信息产业园”;以电子商务类企业为主的“金华电子商务创业园”;以摄影制作创意类企业为主的“八咏文化创意园”;以服务外包、信息安全类企业为主的“婺星信息科技园”;以学生自主创业为主的“科贸创客园”;以创意设计类企业为主的“CRC 文化创意园”; 以传统工业转型升级为主的“智汇橙家居科技园”;以农村电子商务为主的“三分田农村电商创业园”。

“R&D”经费支出 指统计年度内全社会实际用于基础研究、应用研究和试验发展的经费支出。包括实际用于研究与试验发展活动的人员劳务费、原材料费、固定资产购建费、管理费及其他费用支出。

“四张清单一张网” “四张清单”具体指的是政府权力清单、企业投资负面清单、政府责任清单、省级部门专项资金管理清单。“一张网”则指的是浙江政务服务网。

“五证合一” 指浙江省在全国率先实行的“营业执照、组织机构代码证、税务登记证、社会保险登记证和统计登记证”合并为一证的登记制度。

“一岗综合受理” 指市场行政管理部门在商事登记制度领域的一项改革,任何一个业务窗口都能受理企业、个体户的所有登记事项,节省了跑证时间,大大提高了审批效率。

“农村三权改革” “三权”,即农村土地集体所有权、农户承包权、土地经营权。当前开展的三权改革是在保持农村土地集体所有不变的基础上,通过确权、登记、颁证等基础性工作将权利分置,量化到人(户),并在此基础上探索“权随人走”“带权进城”的具体办法,进一步保障农民权益,激发农村活力。

“三改一拆” 指开展旧住宅区、旧厂区、城中村改造和拆除违法建筑。

“五水共治” 指治污水、防洪水、排涝水、保供水、抓节水。

“四破”攻坚 指破僵尸企业、破围墙圈地、破低效用地、破既得利益。

“个转企,小上规” 个转企”指具有一定规模的个体工商户转型升级为企业、“小上规”指规模以下企业转型升级为规模以上企业。

“互联网+” “互联网+”代表着一种新的经济形态,它指的是依托互联网信息技术实现互联网与传统产业的联合,以优化生产要素、更新业务体系、重构商业模式等途径来完成经济转型和升级。

“两路两侧” 指围绕公路、铁路两侧开展环境美化行动。

“四边三化” 指在公路边、铁路边、河边、山边等区域开展洁化、绿化、美化行动。

“四治两化” 以改善农村人居环境为目的，全面治理乱堆、乱放、乱搭、乱建，提升绿化和美化。

“AQI” 空气质量指数(Air Quality Index)的简称“AQI”，是定量描述空气质量状况的重要指标，指数越大、级别越高说明污染的情况越严重，对人体的健康危害也就越大。

“双下沉，两提升” 为有效破解城乡卫生资源不均衡的结构性问题，浙江省委、省政府提出以“人才下沉、资源下沉”为手段，引导优质医疗卫生资源流向基层，支持基层医疗卫生机构“服务能力提升，服务效率提升”。

“激情婺城”系列活动 以培育和打造文化品牌、繁荣和丰富基层文化生活为目的，通过举办“三花节”、文化走亲等活动，展示婺城区独特的文化魅力、辉煌的发展成果、丰富的旅游资源以及婺城人民昂扬向上的精神风貌。

“六大”防控体系 指自防守护、巡逻防控、技术监视、信息联网、动态处警、哨卡围堵6个防控体系。

“五大”平安系统 指平安家庭、平安医院、平安工地、平安校园、平安交通。

“党群连心桥” 指我区探索实施的一项以服务群众、做群众工作为主要任务，旨在发挥基层党组织和党员干部在联系服务群众中的桥梁纽带作用的基层党建工程。

“九个一”工程 指每位区领导联系一个乡镇(街道)、一个贫困村、一个社区、一个整治村、一批强优重点骨干企业、一项重点工程(或重点技改项目)、一家农业龙头企业(或专业合作社、种养大户)、一批重点统战成员、一项招商引资任务。

“联邻帮户” 这是我区推行的强化农村基层党建、进一步密切联系群众的重要举措，以基层党员包片联户为手段，目的是实现家家户户都有党员联系，进户到人，做到联系服务全覆盖，搭建起党群“零距离”沟通桥梁切实解决群众困难。

“整乡推进，整区提升” 这是近阶段我区抓农村基层党建工作的总思路、总载体，目的是以推进党建示范带建设为抓手，以乡镇、村党组织全面晋位提升，实现“整县(区)提升”，努力把基层党建工作的基础打得更牢、各项任务落得更实，推动农村基层党建全面进步、全面过硬。

“红色接力棒” 围绕破解干部队伍老化、青黄不接、后继乏人问题，以选拔“狮子型”干部为重点配强好班长，以增强整体功能为重点建设好班子，以加强优秀年轻干部队伍建设为重点培养好梯队，努力建设一支适应我区经济社会发展、忠诚干净担当的好干部队伍，

“两个责任” 党的十八届中央委员会第三次全体会议提出，落实党风廉政建设责任制，党委负主体责任，纪委负监督责任。

“供给侧改革” 指在经济结构中，调整劳动力、土地、资本、制度创造、创新等供给要素，从而实现最优配置，提升经济增长的质量和数量。

“八八战略” 省委第十一届四次全会在总结浙江经济多年来的发展经验基础上，全面系统地总结了浙江省发展的八个优势，提出了面向未来发展的八项举措，即：进一步发挥浙江的体制机制优势，大力推动以公有制为主体的多种所有制经济共同发展，不断完善社会主义市场经济体制；进一步发挥浙江的区位优势，主动接轨上海、积极参与长江三角洲地区交流与合作，不断提高对内对外开放水平；进一步发挥浙江的块状特色产业优势，加快先进制造业基地建设，走新型工业化道路；进一步发挥浙江的城乡协调发展优势，统筹城乡经济社会发展，加快推进城乡一体化；进一步发挥浙江的生态优势，创建生态省，打造“绿色浙江”；进一步发挥浙江的山海资源优势，大力发展海洋经济，推动欠发达地区跨越式发展，努力使海洋经济和欠发达地区的发展成为我省经济新的增长点；进一步发挥浙江的环境优势，积极推进基础设施建设，切实加强法治建设、信用建设和机关效能建设；进一步发挥浙江的人文优势，积极推进科教兴省、人才强省，加快建设文化大省。

“一带两城三区多点” “一带”指二环路信息经济产业带，“两城”指婺城新城区、江北老城区。“三区”为仙源湖省级旅游度假区、山区生态经济示

范区、高铁经济组团区。“多点”主要指以乡镇为主体的紧凑型发展平台等。

“五大”发展理念 十八届五中全会指出,实现“十三五”时期发展目标,破解发展难题,厚植发展优势,必须牢固树立并切实贯彻的创新、协调、绿色、开放、共享的发展理念。

“四换三名” 是腾笼换鸟、机器换人、空间换地,着力培养知名企业、知名品牌、知名企业家。

“一区一镇” 指农业产业集聚区、现代特色农业强镇。

“一轴五区” 即在安地镇北部打造“梅溪滨水休闲观光区”主轴,安地镇中、南、西、东南、东北部分别打造“安地古镇生活休闲区”、“仙源湖观光游览区”、“项村垅桂花产业休闲区”、“雅干垅风情民宿休闲体验区”、“安雅田园湿地度假区”,提升旅游品质。

“811”美丽婺城建设行动 全省同步开展的第四轮“811”专项行动,通过绿色经济培育、节能减排、五水共治、大气污染防治、土壤污染防治、三改一拆、深化美丽乡村建设、生态屏障建设、灾害防控、生态文化培育、制度创新这11项专项行动,达到绿色经济培育、环境质量、节能减排、污染防治、生态保护、灾害防控、生态文化培育、制度创新8个方面的目标。

“一加强三整治” 指加强规划设计引领,整治环境卫生、整治城镇秩序、整治乡容镇貌。

“海绵城市” 是新一代城市雨洪管理概念,是指城市在适应环境变化和应对雨水带来的自然灾害等方面具有良好的“弹性”,也可称之为“水弹性城市”。

“一核一区一圈三板块” 是实现婺城旅游由分散向集聚化、板块化、集约化转型的新格局,一核指城市休闲核、一区指仙源湖旅游度假区、一圈是环城游憩圈、三大板块分别是都市休闲板块、大南山生态旅游板块、生态保护板块。

“三位一体”农民合作经济组织体系 指在浙江省开展的深化供销合作社和农业生产经营管理体制改革,构建“生产、供销、信用”为一体的农民合作经济组织体系。

“一点一区,两大通道” “一点一区”指全面深化义乌国际贸易综合改革试点,努力争创金义商贸特区。“两大通道”指“义甬舟”大通道和“义新欧”大通道。

外贸“四个多元化” 是指外贸经营主体多元化、出口商品多元化、出口市场多元化、贸易方式多元化。

宣传文化领域“六大行动” 指在全省宣传文化领域推行的核心价值普及行动、优秀文化传承行动、文化礼堂推进行动、最美风尚培育行动、网络空间清朗行动、推进诚信浙江建设行动六项行动,旨在推动社会主义核心价值观落地生根、取得实效。

“低收入农户收入倍增”计划 主要目标是到2017年,计划中列入的26县和台州市黄岩区、金华市婺城区、兰溪市部分乡镇低收入农户人均纯收入比2012年翻一番,达到10000元以上。

全民健身“四提升四覆盖” 指我省推进全民健身国家战略四项重要举措,一、提升群众身边的体育场地建设水平,努力实现“15分钟健身圈”便民体育设施全覆盖;二、提升群众身边的体育组织水平,努力实现乡镇(街道)“1+5”体育社会组织网络全覆盖;三、提升群众身边的健身活动水平,努力实现常态化健身活动全覆盖;四、提升群众身边的健身指导水平,努力实现行政村(社区)社会体育指导员及乡镇(街道)体质测试网点全覆盖。

安全生产“七大重点领域” 指具有较大安全生产隐患的道路交通领域、消防领域、建筑施工领域、危险化学品及烟花爆竹和非煤矿山领域、水上交通娱乐领域、特种设备领域、“三场所一企业(有限空间场所、涉可燃爆粉尘作业场所、喷涂作业场所、涉氨制冷企业)”领域。

“六大纪律” 指党的政治纪律、组织纪律、廉洁纪律、群众纪律、工作纪律、生活纪律。

“四种形态” 指一、党内关系要正常化,批评和自我批评要经常开展,让咬耳扯袖、红脸出汗成为常态;二、党纪轻处分和组织调整要成为大多数;三、对严重违纪的重处分、作出重大职务调整应当是少数;第四、而严重违纪涉嫌违法立案审查的只能是极极少数。

“四破” 破僵尸企业、破围墙圈地、破低效用地、破既得利益。

索 引

一 画

二 画

三 画

四 画

五 画

六 画

七　画

八　画

九　画

十　画

十一画

十二画

十三画

十四画

十五画

撰稿人名单

(按编稿循序排列)

朱艳萍	朱德勤	叶琳琳	洪志生	叶巨擘	周江海	徐　胜	张纯陆	蒋　涛	邱飞飞
汪　璐	鲁杭燕	戴建东	袁倩蕾	李　琛	林晨宇	杨金凤	陈志强	申洪广	邵蓓蕾
罗　强	叶小磊	欧阳靖宇	徐　意	单华杰	陈璐莹	陈小方	徐　超	吴耀峰	孔爱华
周国忠	郑艳球	郑池爱	季美珍	张建红	马益君	丁　成	徐美珍	张　敏	章国新
叶爱莲	倪庚耀	沅　华	池　清	郑慧卿	孟展麟	李英昌	金　婷	邱苗涵	宋　佳
吴　超	何杨啸	傅晓生	王一鸥	胡群慧	佟晓云	邓先辉	王杭亮	袁　也	张倩文
赵　晨	章杨倩	陈雪淮	祝江浩	祝晓恒	邓　磊	黄慧华	林　可	方少云	胡崇禄
张根友	邢均林	叶一平	孙傲雪	盛华君	沈伊娜	朱明升	郎亚红	徐　斌	覃亚萍
范志俊	宋　佳	蒋晓怡	杨秀清	王佳杰	王圣昕	罗齐梅	李　敬	袁　昕	李竞然
杨朝洋	董未名	吴天昊	李思锋	祁　雪	朱丽娜	戴爱红	刘国强	倪俭余	王　鲁
李安可	朱光夏	郑艳宏	周济果	徐国君	余　莉	赵一帆	方瑞敏	沈　丹	高　俊
张树云	吴　梦	张倩云	华白璐	崔梦琪	胡卫军	张　乐	王　伟	周文斌	姚清正
吕爱姣	方翠荷	许美丹	成　龙	单霄鹏	周　蔷	卢珊珊	滕春生	张凌雁	丁小璐
舒　畅	张国军	楼祖跃	李　春	金一婷	虞志倩	郑紫钰	陈　键	费　芳	陈元庆
朱楚一	吕兰姣	范　翠	徐雍骏	董　燕	余小蕾	朱　雯	郭文琴	沈　元	傅小婷
严光远	潘晨晨	沈　丹(箬阳)		傅文斌					

金华城区图
婺城区
金华市
白龙桥镇
竹马乡
竹马馆站
金华站
白龙桥站
汽车西站
婺江大桥
城北街道
城西街道
西关街道
秋滨街道
乾西
金华市工业园区